# Die Rechtsstellung der Juden im preußischen Volksschulrecht

nebst den bezüglichen

Gesetzen, Verordnungen und Entscheidungen.

Im Auftrage des

**Verbandes der deutschen Juden**

systematisch dargestellt

von

**Dr. Ismar Freund.**

Berlin 1908.

**J. Guttentag, Verlagsbuchhandlung,**

G. m. b. H.

# Vorwort.

Den ersten Anlaß zu dem vorliegenden Werke gab das Gesetz, betreffend die Unterhaltung der öffentlichen Volksschulen, vom 28. Juli 1906. Durch § 40 dieses Gesetzes ist hinsichtlich der Errichtung, Unterhaltung und Verwaltung der öffentlichen jüdischen Volksschulen, hinsichtlich der Anstellung jüdischer Lehrkräfte an den nichtjüdischen Volksschulen und des jüdischen Religionsunterrichts an solchen Anstalten bis auf weiteres im wesentlichen der bisherige Rechtszustand aufrechterhalten.

Diese Regelung führte zu der Frage: „Welches ist der bisherige Rechtszustand?" und diese Frage wiederum zu der Feststellung, daß es an einer erschöpfenden Beantwortung bisher gebricht.

Dieser Mangel veranlaßte den Verband der Deutschen Juden den Unterzeichneten mit einer Darstellung des durch § 40 VUG. umschriebenen Rechtszustandes zu betrauen.

Die gestellte Aufgabe führte von selbst zu einer weiteren und umfassenderen. Nicht nur für die Fragen, welche durch das Volksschulunterhaltungsgesetz berührt sind, sondern für das gesamte Volksschulrecht fehlt es bisher an einer eingehenden Darstellung des Sonderrechts der Juden.

Eine derartige Darstellung zu bieten, ist der Zweck der vorliegenden Arbeit.

Der erste Teil behandelt die öffentlichen jüdischen Volksschulen, der zweite die Rechtsstellung der Juden hinsichtlich der öffentlichen nichtjüdischen Volksschulen, der dritte die jüdisch-christlichen Simultanschulen.

Die Form der Darstellung war geboten durch die zwiefache Aufgabe, die sich der Verfasser gestellt hatte: ein Buch zu schaffen, das auch dem Nichtjuristen, insbesondere dem Lehrer und Schulvorsteher die Möglichkeit leichter Orientierung böte; sodann auch dem Juristen, sowie demjenigen, der eingehendere Information bezüglich einer einschlägigen Frage wünschte, das den gewonnenen Ergebnissen zugrunde liegende Material in möglichster Vollständigkeit zu bieten. Der ersten Aufgabe sollte eine fortlaufende systematische Darstellung des Gegenstandes dienen, der zweiten der wörtliche Abdruck der einschlägigen Gesetze, Verordnungen und höchstinstanzlichen Entscheidungen.

Um beiden Zwecken gerecht zu werden: um einerseits dem Erfordernis der Vollständigkeit zu genügen, ohne auf der anderen Seite den Fluß der Darstellung durch lange Einschaltungen zu unterbrechen, ist dort, wo die Sachlage es angezeigt erscheinen ließ, zu dem Auswege gegriffen worden, die einschlägigen Materialien an den Schluß der Darstellung oder in einen besonderen Kapitelanhang zu verweisen. Eine Zusammenstellung sämtlicher auf das jüdische Volksschulwesen bezüglichen Gesetzesbestimmungen enthält der Anhang am Ende des ganzen Werkes.

Bei der Darstellung glaubte sich der Verfasser nicht auf das geltende Recht beschränken zu sollen. Denn jedes Recht ist nur dann richtig zu verstehen, wenn man es nicht als etwas Absolutes, Gegebenes, sondern als etwas Gewordenes betrachtet. Deshalb ist darauf Bedacht genommen, die einzelnen Materien nicht nur nach ihrem gegenwärtigen Rechtsstande, sondern in ihrer geschichtlichen Entwicklung darzulegen.

Im Hinblick auf eine künftige Neugestaltung der Verhältnisse schien es angezeigt, auch frühere legislative Versuche in den Bereich der Darstellung zu ziehen. Um die Übersicht nicht zu stören, sind auch diese Ausführungen in besondere Kapitelanhänge verwiesen.

Hinsichtlich der Behandlung des ersten Teiles ist noch folgendes zu bemerken: In einer Reihe von Fragen gelten für die öffentlichen jüdischen Schulen dieselben Normen wie für die öffentlichen Schulen überhaupt. Da es sich um Bestimmungen handelt, die auch für die jüdischen Schulen gelten, durften sie in einer systematischen Darstellung des Rechtes der jüdischen Volksschule nicht fehlen. Da andererseits diese Fragen nicht nur die jüdische Volksschule betreffen, so konnte von einer eingehenden Behandlung hier abgesehen werden.

Nach diesen Gesichtspunkten ist verfahren worden: Es sind auch diejenigen Fragen behandelt, hinsichtlich deren für die jüdischen Volksschulen das gleiche Recht gilt, wie für die nichtjüdischen. Die Darstellung beschränkt sich hier aber auf die wesentlichsten Punkte, ebenso die Wiedergabe der Materialien auf den Abdruck der wichtigsten Gesetze und einiger grundlegender Ministerialerlasse, während im übrigen auf die amtlichen Publikationen und die einschlägige allgemeine Literatur, insbesondere auf die Werke von Schneider und v. Bremen und den siebenten Band von Brauchitsch verwiesen wird.

Wie bereits hervorgehoben, ist die Anregung zu dem vorliegenden Werke von dem Verbande der Deutschen Juden ausgegangen, in dessen Auftrage dasselbe auch erscheint. Mehrere Herren des Verbandsausschusses haben durch ihren Rat die Arbeit in dankenswerter Weise gefördert. Für den Inhalt des Werkes übernimmt jedoch der Verband keinerlei Verantwortung; diese trägt vielmehr lediglich der Verfasser.

Das dem Buche beigegebene chronologische Register der angeführten Gesetze, Verordnungen und Entscheidungen ist von Herrn Dr. Siegfried

Friedländer-Charlottenburg das alphabetische Sachregister von Herrn Dr. Martin Lewin-Berlin verfaßt. Beiden Herren sage ich für ihre freundliche Mühewaltung verbindlichsten Dank.

Das vorliegende Werk stellt einen ersten Versuch dar. Daß die Lösung keine vollständige ist, empfindet niemand lebhafter, als ich selbst. Immerhin hoffe ich aber eine Grundlage zu bieten, auf der weitergebaut werden kann. Jede Anregung, die mir zugehen sollte, jede Berichtigung und Ergänzung werde ich dankbar begrüßen als wertvollen Baustein für die Fortführung des Werkes. Möge das Fundament, das hier geboten wird, unter der Kritik der Praxis nicht als zu schwach befunden werden.

Berlin, im April 1908.

J. F.

# Inhaltsverzeichnis.

## Erster Teil: Die öffentliche jüdische Volksschule.

## Zweiter Teil: Die Rechtsstellung der Juden in Beziehung auf die nichtjüdischen öffentlichen Volksschulen.

## Dritter Teil.



## Vierter Teil (Anhang).

# Erster Teil.

## Die öffentliche jüdische Volksschule.

## Erstes Kapitel.

# Zur Rechtsgeschichte der jüdischen Volksschule.

Das Edikt vom 11. März 1812, welches die bürgerlichen Verhältnisse der preußischen Juden von Grund auf neu gestaltete, sah von einer Regelung des Unterrichtswesens ab. Diese sollte der Zukunft vorbehalten bleiben. § 39 des Gesetzes bestimmte:

> Die nötigen Bestimmungen wegen des kirchlichen Zustandes und der Verbesserung des Unterrichts der Juden, werden vorbehalten, und es sollen bei der Erwägung derselben, Männer des jüdischen Glaubensbekenntnisses, die wegen ihrer Kenntnisse und Rechtschaffenheit das öffentliche Vertrauen genießen, zugezogen und mit ihrem Gutachten vernommen werden.

Die in Aussicht gestellte gesetzliche Neuordnung der jüdischen Schulverhältnisse erfolgte jedoch in den nächsten Jahrzehnten nicht. Vielmehr beschränkte sich die staatliche Tätigkeit auf eine Reihe allgemeiner und spezieller Bestimmungen der Ministerien und Regierungen, welche dazu dienen sollten, die auffälligsten Übelstände abzustellen.

Unter dem 22. September 1823 erging ein Ministerialerlaß[1]) an die Regierung zu Bromberg, der die folgenden Grundsätze aufstellte:

1. Die Vorschriften des Allgemeinen Landrechts über die allgemeine Schulpflicht erstrecken sich, wie auf die christlichen, so auch auf die jüdischen Kinder.
2. Ihr zu genügen, gibt es für die Juden zwei Wege: Entweder eigene jüdische Elementarschulen einzurichten und zu unterhalten, welche dem Bedürfnis und den Vorschriften des Staates entsprechen, oder ihre Kinder den christlichen Schulen zuzuführen.
3. Der Besuch der christlichen Schulen durch die jüdischen Kinder erstreckt sich nicht auf die Teilnahme an dem Religionsunterrichte. Für den Unterricht der jüdischen Kinder in der jüdischen Religion und der hebräischen

[1]) Siehe unten S. 12.

Sprache zu sorgen, bleibt den Juden überlassen, und zwar auf dem Wege des Privatunterrichts.

4. An Orten, wo evangelische und katholische Schulen nebeneinander bestehen, bleibt den einzelnen jüdischen Hausvätern die Wahl, welchen von beiden Schulen sie sich anschließen wollen. Verweigern sie jedoch eine Erklärung, so entscheidet die Behörde nach Maßgabe der Umstände.
5. Die Lehrer an den jüdischen Schulen haben ihre Qualifikation für das Lehramt durch eine Prüfung nachzuweisen. Kein Lehrer, der diese Prüfung nicht abgelegt hat, darf an einer jüdischen Schule angestellt werden. Auf die Prüfung in der jüdischen Religion erstreckt sich diese Prüfung nicht.

In gleicher Richtung bewegte sich ein Ministerialerlaß vom 15. Mai 1824 an die Regierung zu Breslau[1]), dessen wesentlichster Inhalt sämtlichen Regierungen zur Beachtung zugefertigt wurde. Derselbe wiederholte die Grundsätze des Erlasses vom 22. September 1823 über die Anwendbarkeit der allgemeinen Schulpflicht auf die Juden und über ihre Erfüllung durch den Besuch christlicher Schulen. Er ging aber über jenen hinaus hinsichtlich der Anforderungen an die jüdischen Schulen und die jüdischen Lehrer. Die Schulen müßten der staatlichen Aufsicht unterstehen, wie die christlichen. Die Lehrer müßten sämtlich, die Elementarlehrer sowohl als die Religionslehrer und Privatlehrer, sich dem Staate gegenüber durch eine Prüfung über ihre Lehrbefähigung ausweisen. In diesem Sinne sei mit nachhaltigem Ernst und nötigenfalls durch angemessene Strenge darauf zu achten,

1. daß die Prüfung und Bestätigung der Lehr- und Einrichtungspläne auch der jüdischen Schulen, sowie die Prüfung der zum Gebrauch bestimmten Schulbücher und überhaupt die Aufsicht und Verwaltung des gesamten jüdischen Schulwesens ganz in der Art erfolge, wie dies durch die Konsistorial- und Regierungsinstruktion vom 23. Oktober 1817 im allgemeinen reguliert worden sei;
2. besonders, daß auch an den jüdischen Schulen kein Lehrer angestellt werde, der nicht in einer Prüfung, die mit ihm, die Religionskenntnisse ausgenommen, in ganz gleicher Art wie mit einem Lehrer an einer christlichen Schule der nämlichen Gattung vorzunehmen sei, als tüchtig zum Lehramte erfunden worden sei;
3. daß die vorige Bestimmung sich auf die etwa ausschließlich für den jüdischen Religionsunterricht zu bestellenden Lehrer insoweit erstrecke, daß zwar nicht ihre eigentlich jüdischen Religionskenntnisse Gegenstand der Prüfung sein, wohl aber untersucht werden solle, ob sie die übrigen, von einem dem Lehrstande gewidmeten Subjekte erwarteten Kenntnisse und Geschicklichkeiten besäßen; und endlich

[1]) Siehe unten S. 12ff.

4. daß auch diejenigen jüdischen Privatlehrer, welche Lehrstunden in den Häusern geben wollten, ihre Tüchtigkeit dazu in einer mit ihnen zu veranstaltenden Prüfung ausweisen müßten und ohne Konzession der Provinzialregierung nicht befugt sein sollten, Lehrstunden zu geben.

Hatten die Ministerialerlasse aus den Jahren 1823 und 1824 den Zweck, die Schulpflichtigkeit der jüdischen Kinder festzustellen, sie, wo keine geeigneten jüdischen Schulen vorhanden, zum Besuch der christlichen anzuhalten, die Einrichtung der jüdischen Schulen zu heben, und die Qualifikation der jüdischen Lehrer sicherzustellen, so zielte ein weiterer Erlaß des Ministers der geistlichen usw. Angelegenheiten vom 29. April 1827[1]) darauf ab, die Anstellungsverhältnisse der jüdischen Lehrer zu ordnen. Um namentlich dem willkürlichen Verfahren Einhalt zu tun, das bisher bei der Anstellung stattgefunden, um ferner dem häufigen Wechsel der Lehrkräfte vorzubeugen, wurden die folgenden Bestimmungen getroffen:

1. Es darf kein Lehrer bei einer jüdischen Gemeinde angestellt werden, ohne zuvor über seine Tüchtigkeit dazu in einer mit ihm zu veranstaltenden Prüfung sich auszuweisen und zu seiner Annahme die landesobrigkeitliche Genehmigung und Bestätigung der Regierung nachgesucht und erhalten zu haben.
2. Die betreffende jüdische Gemeinde hat sich dieserhalb zunächst an den Magistrat der Stadt zu wenden und ihrem diesfälligen Gesuche:
   a) den Nachweis des Staatsbürgerrechts des gewählten Lehrers;
   b) einen von ihm selbst in deutscher Sprache verfaßten Lebenslauf;
   c) die erforderlichen Zeugnisse über die frühere Erziehung und Bildung überhaupt und über die Vorbereitung zum Schulamte insbesondere;
   d) die Zeugnisse der Ortsbehörde und des jüdischen Gemeindevorstandes über bisherigen unbescholtenen Lebenswandel; ferner
   e) das Wahlprotokoll und
   f) ein genaues und vollständiges Verzeichnis der mit der fraglichen Lehrerstelle verbundenen Einkünfte beizufügen.
3. Der Magistrat hat diese Angaben und Nachweise sorgfältig zu prüfen, erforderlichenfalls darüber genaue Nachforschungen zu halten und dann das Gesuch der Gemeinde nebst den sämtlichen Beilagen (§ 2 a—f) mittels gutachtlichen Berichtes an die Kgl. Regierung einzureichen.
4. Wenn auf Grund dieses Berichtes und der von der Kgl. Regierung mit dem Gewählten veranstalteten Prüfung die Genehmigung der Kgl. Regierung zu der Anstellung desselben erfolgt ist, so hat die betreffende Gemeinde über die äußeren Bedingungen dieser Anstellung einen schriftlichen Vergleich mit ihm abzuschließen und denselben durch den Magistrat an die Regierung zur Genehmigung einzureichen.

---

[1]) Siehe unten S. 14 ff.

5. Der auf diese Weise Gewählte, Geprüfte und anstellungsfähig Erklärte darf jedoch nur provisorisch auf 1, 2 oder 3 Jahre angesetzt werden und hat nach Ablauf dieser Frist eine feste Anstellung nur alsdann zu erwarten, wenn von dem betreffenden jüdischen Schul- und Gemeindevorstande und von der ihm vorgesetzten Stadtschuldeputation seine Amtstüchtigkeit bezeugt wird. Der Kgl. Regierung bleibt dann vorbehalten, nach den Umständen entweder eine abermalige Prüfung oder sofort die feste Anstellung zu verfügen.
6. Die Gemeinde darf so wenig vor als nach Ablauf des abgeschlossenen Kontraktes den einmal angenommenen Lehrer nach Willkür wieder entlassen, sie soll vielmehr verpflichtet sein, der Kgl. Regierung davon bei Ablauf der festgesetzten Frist auf vorschriftsmäßigem Wege Anzeige zu machen, damit diese die Gründe der gewünschten Entlassung des Lehrers prüft und demgemäß darüber entscheidet.
7. Es soll zwar jedem Lehrer frei stehen, seine Stelle auch vor Ablauf des mit ihm geschlossenen Kontraktes niederzulegen, aber er hat dabei die Vorschriften des ALR. Teil II Tit. 10 § 97 und Teil II Tit. 6 §§ 175 und 176 genau zu berücksichtigen.
8. Die jüdischen Gemeinden sollen ermächtigt sein, in den von nun an mit ihren Lehrern zu schließenden Verträgen als Bedingung der Anstellung festzusetzen, daß sie nur zu Ostern und zu Michaelis, und nachdem sie drei volle Monate vor dem einen oder dem anderen Termine ihren bevorstehenden Abgang unter Anführung der Gründe, schriftlich angezeigt haben, entlassen werden können, es sei denn, daß die durch ihren Abgang erledigte Stelle früher besetzt werden kann.
9. Die Gemeinde muß die erwähnte Anzeige an den Magistrat gelangen lassen, welcher sie dann unverzüglich an die Kgl. Regierung zu weiterer Entschließung einzureichen hat.
10. Wird hierauf der Abgang des Lehrers von der Kgl. Regierung genehmigt, so muß die Gemeinde sich angelegen sein lassen, einen anderen geeigneten Lehrer auszumitteln, und falls er die vorschriftsmäßige Prüfung noch nicht bestanden haben sollte, denselben sogleich aufzufordern, diese Prüfung zunächst bei dem Superintendenten der Synode nachzusuchen, damit bis dahin, wo der Lehrer abgehen wird, der neue gewählt und angestellt werden kann.
11. Der oben § 4 erwähnte Kontrakt ist von dem betreffenden jüdischen Gemeinde- und Schulvorstand, sowie von dem Lehrer selbst und von der Stadtschuldeputation zu vollziehen und von dem Magistrate behufs der Bestätigung an die Kgl. Regierung einzureichen. Nur diejenigen Lehrer, welche eine definitive oder feste Anstellung erhalten, werden auf die ausdrückliche Bestimmung der Regierung mit einer förmlichen Vokation versehen.
12. Die obigen Festsetzungen erstrecken sich auch auf die ausschließlich für den jüdischen Religionsunterricht zu bestellenden Lehrer.

Hinsichtlich des den jüdischen Schulen beizulegenden rechtlichen Charakters schwankte der Standpunkt der Regierung.

Während noch im Jahre 1825[1]) die Errichtung öffentlicher jüdischer Elementarschulen als zulässig erklärt wurde, sprach man in der Folge den jüdischen Schulen den Charakter der Öffentlichkeit grundsätzlich ab.

So bestimmte ein Reskript der Ministerien des Innern und der geistlichen Angelegenheiten vom 22. September 1827[2]), daß es lediglich den Mitgliedern der jüdischen Gemeinden überlassen bleiben müsse, in welcher Art sie die Kosten zur Unterhaltung der jüdischen Elementarschulen aufbringen wollten, da diese jederzeit nur als Privatschulen gelten könnten.

In gleicher Weise erklärte ein Beschluß des Kgl. Staatsministeriums vom 10. Mai 1830, daß jüdische Elementarschulen, die von Juden und ausschließlich für Juden gegründet seien, nur als Privatschulen anzusehen seien. Als solche seien sie zwar von den Kgl. Regierungen zu beaufsichtigen. Diese dürften aber in ihre Verfassung nicht eingreifen[3]).

Zum ersten Male wurde dieses Prinzip für das Gebiet des Großherzogtums Posen durchbrochen. Die Verordnung vom 1. Juni 1833, welche die für die gesamte Monarchie dringend notwendig gewordene Neuordnung der jüdischen Angelegenheiten zunächst für das ehemalige Großherzogtum Posen brachte, sah unter anderem die Einrichtung öffentlicher jüdischer Elementarschulen vor. Die betreffenden Bestimmungen lauten:

§ 9. Die jüdischen Korporationen, und insbesondere ihre Verwaltungsbehörden, sind verpflichtet, dafür zu sorgen, daß es keinem schulfähigen Kinde — vom 7. bis zum zurückgelegten 14. Lebensjahre — an dem gehörigen Schulunterricht fehle. Sie sind dafür verantwortlich, daß alle Kinder, mithin sowohl Knaben als Mädchen, in diesem Alter die öffentlichen Schulen vorschriftsmäßig besuchen.....

§ 10. Unter öffentlichen Schulen werden sowohl die christlichen, als die mit Genehmigung des Staates nach einem bestimmten Lehrplane eingerichteten und mit vollständig qualifizierten und durch die Regierung bestätigten jüdischen Lehrern besetzten jüdischen Schulen verstanden.....

§ 12. Die Lehrsprache bei dem öffentlichen Unterrichte in den jüdischen Schulen ist die deutsche.

---

[1]) Vgl. die Bekanntmachung der Regierung zu Minden vom 16. März 1825, erlassen mit Genehmigung des Min. der geistl. usw. Angelegenheiten, abgedr. bei Rönne-Simon, Die Verhältnisse der Juden, S. 167f.:

§ 3: „Wenn die israelitischen Hausväter eines Ortes es vorziehen, für ihre Kinder eine eigene öffentliche Elementarschule zu unterhalten, so kann ihnen solches auf gehöriges Nachsuchen . . . gestattet werden . . ."

§ 4: „Alle . . . im Regierungsbezirk bestehenden öffentlichen israelitischen Elementarschulen sollen . . ."

[2]) Annalen XI N. 54 S. 120 abgedruckt Rönne-Simon S. 158.

[3]) Vgl. das Reskript des Min. der geistl. Angelegenheiten vom 4. Sept. 1835 Ann. XIX S. 731 Rönne-Simon S. 159 unten S. 6.

Für das übrige Gebiet der Monarchie wurde zunächst weiter an dem bisherigen Standpunkt festgehalten und den jüdischen Elementarschulen der öffentliche Charakter abgesprochen. So bestimmte unter anderem das Reskript des Ministers der geistlichen usw. Angelegenheiten vom 4. September 1835:

> „Da die jüdische Elementarschule zu N. von Juden und für Juden ausschließlich gegründet ist, sa darf die Kgl. Regierung dieselbe nach dem Beschlusse des Kgl. Staatsministeriums vom 10. Mai 1830 nur als Privatschule ansehen und als solche zwar beaufsichtigen, in ihre Verfassung aber nicht eingreifen. Die Kgl. Regierung .... hat daher auch keine Mittel, das Fortbestehen der gedachten Anstalt herbeizuführen und zu erzwingen, und sie kann mithin auch von hier aus nicht, wie Sie beantragen, veranlaßt werden zur Beschaffung des den Lehrern N.N. gebührenden Gehalts ergreifende Maßregeln zu treffen. Es muß vielmehr den Lehrern überlassen werden, sich wegen ihres Gehalts an die Ältesten der Judenschaft zu wenden, von welchen sie zu Lehrern der Gemeinde berufen sind."

Eine Ausnahme wurde nur für das Gebiet der Rheinprovinz gemacht. Mit Rücksicht darauf, daß die Juden auf dem linken Rheinufer gesetzlich alle Rechte der christlichen Einwohner hatten, insbesondere hinsichtlich ihrer Schulen nach der französischen Gesetzgebung den Christen gleichgestellt waren, erkannte ein Reskript der Ministerien der geistlichen Angelegenheiten und des Innern vom 18. Mai 1840[1]) die jüdische Schule in Gemünden als eine öffentliche an und sprach ihr das Recht einer Unterstützung aus Kommunalmitteln gleich den christlichen Schulen des Ortes zu, denen sie rechtlich gleichzustellen sei.

Die Verhältnisse bedingten jedoch bald eine generelle Neuordnung des jüdischen Schulwesens. Es zeigte sich, daß die bloße Beförderung jüdischer Privatschulen nicht ausreichte, es vielmehr notwendig einer Abtrennung der jüdischen Einwohner zu besonderen öffentlichen Schulen bedurfte.

Eine Neuordnung in diesem Sinne wurde eingeleitet durch die Verfügung des Unterrichtsministers an sämtliche Regierungen vom 14. März 1842[2]). Durch dieselbe wurde die Aufmerksamkeit der Regierungen darauf gerichtet, daß zur Behebung der Übelstände, die auf dem Gebiet des jüdischen Schulwesens noch zu konstatieren seien, neben der strengen Beobachtung und Handhabung der bestehenden Gesetze auch die Einrichtung eigener jüdischer Schulen und die Verbesserung des darin zu erteilenden Unterrichts auf angemessene Weise gefördert würde.

Nach den bestehenden Gesetzen kämen den vorhandenen jüdischen Unterrichtsanstalten mit Ausnahme der in der Provinz Posen bestehenden die Rechte öffentlicher Schulen nicht zu.

---

[1]) Abgedruckt bei Rönne-Simon S. 186 f.
[2]) Siehe unten S. 16 f.

Dieselben beständen nur in der Eigenschaft eines unter Aufsicht der Behörden errichteten Privatinstituts und die dabei beschäftigten Lehrer ständen im wesentlichen in einem privatrechtlichen Kontraktverhältnisse zu den sie besoldenden jüdischen Gemeinden.

Bereits Friedrich Wilhelm III. habe jedoch bei Gelegenheit eines zu seiner Kenntnis gelangten Spezialfalles den Grundsatz ausgesprochen, daß die Einrichtung öffentlicher Schulen für die jüdischen Glaubensgenossen an sich nicht unstatthaft sei, und nur die Festsetzung der näheren Bedingungen und Modalitäten, unter welchen dies geschehen könne, vorbehalten.

Über diese Bedingungen und Modalitäten könne zurzeit eine allgemein gültige Vorschrift noch nicht erlassen werden, da die Berücksichtigung der verschiedenartigen provinziellen und lokalen Interessen, deren Umfang noch durch keine Erfahrung festgestellt sei, eine große Verschiedenheit in der Behandlungsweise bedinge.

Durch die im allgemeinen erteilte königliche Bewilligung sei aber bereits angedeutet, daß es zweckmäßig sei, den jüdischen Schulunterricht da, wo dies in anderer Weise nicht füglich geschehen könne, durch die Errichtung eigener, die Rechte öffentlicher Schulen genießender Schulanstalten zu heben, den Schulbesuch der Kinder und den Unterhalt der Lehrer dadurch auf eine festere Grundlage zurückzuführen und um so eher gebildete Männer jüdischer Religion zu veranlassen, sich dem Unterrichte ihrer Glaubensgenossen zu widmen.

Dieser Zweck dürfe nicht aus dem Auge gelassen werden, und es könnten vorbehaltlich einer späteren allgemeinen Regulierung dieser Verhältnisse schon jetzt vorbereitende Schritte getan werden, um in einzelnen, dazu angetanen Fällen die Bedingungen zu ordnen, unter welchen eine jüdische Schulanstalt, mit den Rechten einer öffentlichen Schule als besondere jüdische Konfessionsschule ins Leben treten könne.

Als Gesichtspunkte, welche bei einer derartigen Vorbereitung der Begründung eines jüdischen Schulsystems zu beobachten wären, wurden im allgemeinen die folgenden bezeichnet:

„1. Eine geeignete Veranlassung zum Einschreiten der Kgl. Regierung wird alsdann vorhanden sein, wenn entweder die jüdische Gemeinde eines Orts auf die Errichtung einer eignen jüdischen Schule, oder die christliche Gemeinde auf Sonderung des jüdischen und christlichen Schulwesens anträgt und die Anzahl und der Wohlstand der christlichen und der jüdischen Bevölkerung des Schulbezirks ausreichend erscheint, um das Bestehen gesonderter Schulen zu sichern. In diesen Fällen sind, unter Einleitung kommissarischer Verhandlungen, die Vorbereitungen zur Absonderung des jüdischen Schulsystems zu treffen.

2. Die nächste Sorge wird alsdann der Feststellung der ökonomischen und rechtlichen Verhältnisse der jüdischen Schule gewidmet sein.

Zu diesem Ende wird die jüdische Gemeinde die Mittel zur Beschaffung der nötigen Gebäude und Lehrmittel und für die Gehalte und eventuelle

Pension der Lehrer nachzuweisen und sich über die Aufbringung der erforderlichen jährlichen Beiträge zu einigen haben.

Es wird ferner über den Umfang des Schulbezirks, aus welchem die jüdischen Eltern ihre Kinder in ihre neue Glaubensschule zu schicken haben, über die Berechtigung zur Berufung des Lehrers, die Feststellung des künftigen Lehrplans und die Bestellung eines jüdischen Schulvorstandes, welcher die nächste Aufsicht über die jüdische Schule zu führen und deren rechtliche Vertretung zu übernehmen befugt ist, eine definitive Festsetzung vorzubereiten sein.

Es versteht sich von selbst, daß die jüdischen Schulen und deren Lehrer der Aufsicht der Staatsbehörde in demselben Maße unterworfen bleiben müssen, in welchem die christlichen Schulen es sind, und wird die Kgl. Regierung im vorkommenden Falle auch in Erwägung zu ziehen haben, durch welche Organe diese Aufsicht an Ort und Stelle am zweckmäßigsten ausgeübt werden kann.

3. Ist durch die sub Nr. 2 angestellten Ermittlungen und Vorbereitungen die begründete Aussicht dargetan, daß ein eigenes jüdisches Schulsystem zustande kommen kann, so wird ferner die Auseinandersetzung mit den bestehenden christlichen Schulverbänden zu vermitteln sein.

Für die christlichen Schulanstalten existiert im allgemeinen keine Verpflichtung, aus ihrem Vermögen oder besonderen Einnahmen etwas zugunsten des sich absondernden jüdischen Schulsystems abzugeben. Dagegen fallen diejenigen Beiträge, welche nur bei wirklichem Schulbesuche jüdischer Kinder zu entrichten sind, z. B. Schulgeld, durch Überweisung der jüdischen Kinder an eine eigene Schule von selbst fort. Desgleichen können diejenigen Beiträge, welche nach § 29—33 II. 12 ALR. von den zur Schule gewiesenen Hausvätern entrichtet werden, von den jüdischen Einwohnern, nach § 30 das., fernerhin nicht mehr gefordert werden, sobald eine eigene jüdische Glaubensschule an dem Orte errichtet wird.

Ist dagegen die Unterhaltung der bestehenden christlichen Schulen eine Verpflichtung der Ortsgemeinde, und steuern die Juden unter den Kommunallasten mit zu deren Unterhaltung bei, so erscheint es billig, daß die Ortsgemeinde der jüdischen Gemeinde auf angemessene Weise zu Hilfe kommt, wenn die letztere durch Einrichtung eines eigenen jüdischen Schulsystems ihre Kinder aus den christlichen Schulen aussondert und dadurch die Unterhaltungslast derselben verringert. Hierüber ist im vorkommenden Falle ein freiwilliges, billiges Abkommen zu vermitteln, und wird eine Einigung besonders in den Fällen zu hoffen sein, wenn durch die Begründung des jüdischen Schulsystems und das Ausscheiden der jüdischen Schulkinder eine sonst bevorstehende Erweiterung der christlichen Schulen oder die Anstellung neuer Lehrer den Ortsgemeinden erspart wird.

4. Sind diese Vorbereitungen soweit geführt, daß die dauernde Begründung einer jüdischen öffentlichen Schule ohne Beeinträchtigung bestehender

Gerechtsame möglich erscheint, so sind die geschlossenen Verhandlungen zur weiteren Prüfung und Bestätigung, vorbehaltlich der Allerhöchsten Genehmigung Sr. Majestät des Königs mir (sc. dem Minister) einzureichen."

Unter dem 14. Juni 1845 richtete der damalige Kultusminister Eichhorn an den König den Antrag, für die jüdischen Gemeinden zu Aachen und Gollub die Errichtung besonderer öffentlicher Schulen zu genehmigen.

Diesem Antrag wurde durch die Allerhöchste Kabinettsordre vom 12. Juli 1845 mit der Maßgabe entsprochen, daß der Besuch dieser Schulen auf jüdische Kinder beschränkt bleiben müsse, und die dabei angestellten Lehrer auf die Vorrechte, welche den christlichen Lehrern nach gesetzlicher Vorschrift oder besonderem Herkommen namentlich in Hinsicht auf Befreiung von Staats- oder Kommunallasten zuständen, keinen Anspruch zu machen hätten.

Über die Gründe, aus denen der Unterrichtsverwaltung die Einrichtung öffentlicher jüdischer Elementarschulen wünschenswert erschien, sprach sich die Denkschrift, mit welcher das Staatsministerium den Entwurf eines Judengesetzes an den vereinigten Landtag vom Jahre 1847 begleitete[1]), wie folgt aus:

„....... Es zeigte sich aber bald, daß man auf diesem Wege, wo die Anlage oder die verbesserte Einrichtung eigener jüdischer Schulen dem freien Entschlusse der Gemeinde überlassen blieb, häufig wegen der nicht zustande kommenden Vereinigungen eben zu dem ..... Auswege geführt wurde, die jüdischen Kinder zur christlichen Schule anzuhalten. Hierbei konnte es indes rücksichtlich derjenigen Provinzen, wo besonders in den Städten sich jüdische Einwohner in bedeutender Zahl vorfinden, nicht unbeachtet bleiben, daß die dort vorhandenen christlichen Schulen häufig zur Mitaufnahme der jüdischen Kinder zu beschränkt waren oder deren Aufnahme in dieselben aus anderen Gründen nicht stattfinden konnte, und daß deshalb mit bloßer Beförderung jüdischer Privatschulen nicht auszureichen sei, es vielmehr, wo solche Verhältnisse obwalten, notwendig einer Abtrennung der jüdischen Einwohner zu besonderen öffentlichen Schulen bedürfe."

Noch ausführlicher legte die Gründe der Unterrichtsverwaltung für die Errichtung besonderer öffentlicher jüdischer Schulen der Kommissar des Kultusministeriums bei der Beratung des Gesetzentwurfes in der Dreiständekurie des vereinigten Landtages dar, indem er unter anderem ausführte[2]):

„Vielfach und andauernd wurde die Erfahrung gemacht, daß die Juden nicht geneigt waren, ihre Kinder in den öffentlichen Schulen unterrichten zu lassen. Es kann dazu die Besorgnis Veranlassung gegeben haben, die Kinder möchten durch den Besuch christlicher Schulen dem Christentum zugeführt

---

[1]) Vgl. Verhandlungen des Ersten Vereinigten Preußischen Landtages S. XXXII.
[2]) Vgl. Verhandlungen usw. S. 282 f.

werden. Eine ebenso wirksame Veranlassung scheint aber darin gelegen zu haben, daß die Privatschulen nicht leicht mit der Strenge, mit der fortdauernden Wachsamkeit beaufsichtigt werden können, wie öffentliche Schulen. Diese in der Natur der Sache begründete geringere Strenge der Beaufsichtigung der Privatschulen machte es den Juden leichter, die Kinder dem Schulunterricht zu entziehen und sie für ihre besonderen Interessen, für den Handel, zu benutzen und überhaupt die Vorschriften hinsichtlich des Schulzwanges zu umgehen. Ein dritter Grund lag darin, daß sie für eine Privatschule den wohlfeilsten Lehrer, und einen solchen annehmen konnten, welcher in seinem abhängigen Verhältnisse minder streng auf regelmäßigen Schulbesuch halten würde. Diese Wahrnehmungen veranlaßten das Gouvernement, darauf hinzuwirken, die jüdischen Kinder, den allgemeinen Bestimmungen gemäß, den öffentlichen Schulen zuzuführen, zugleich aber auch die Privatschulen und insbesondere die Annahme der Lehrer an denselben schärfer zu kontrollieren. Die Aufnahme der jüdischen Kinder in die christlichen Schulen konnte aber auch von seiten der christlichen Eltern Schwierigkeit und deshalb die Fortdauer des Privatschulwesens der Juden Begünstigung finden. Wir haben von einem Redner aus der Mitte der hohen Versammlung gehört, daß eine nähere Berührung mit Juden, ein näherer Umgang mit denselben unangenehm sein könne; auch christlichen Eltern mag der nähere Verkehr ihrer Kinder mit den in die Elementarschulen eintretenden jüdischen Kindern nicht angenehm gewesen und deshalb die Aufnahme derselben eben nicht erleichtert worden sein. Unter diesen Verhältnissen war eine Hinweisung der jüdischen Kinder in die christlichen Schulen, welche häufig auch nicht einmal den erforderlichen Raum darboten, nicht von dem gewünschten Erfolge, und da in jener Zeit den jüdischen Glaubensgenossen das Recht zur Errichtung öffentlicher Schulen nicht zustand, so blieb nur übrig, das Privatschulwesen derselben möglichst zu verbessern. Nähere Verordnungen sollten darauf hinwirken, insbesondere die Bestimmungen, daß die mit den Privatlehrern abzuschließenden Kontrakte der Aufsicht der Regierung unterworfen würden, um dem willkürlichen Entlassen derselben wenigstens einigermaßen vorzubeugen. Dieser Zustand hat fortgedauert bis in die neuesten Zeiten und immer von neuem bestätigt, daß, solange den christlichen Schulen gegenüber jüdische Privatschulen bestehen, es nicht möglich sein werde, genügenden Erfolg des Unterrichts für die jüdischen Kinder zu sichern. Es wurde dadurch von selbst der Weg zur Erreichung besserer Erfolge angedeutet, nämlich neben der Förderung der Aufnahme jüdischer Kinder in die allgemeinen öffentlichen Schulen das Privatschulwesen durch Gestattung öffentlicher jüdischer Schulen zu beschränken, zumal viele jüdische Gemeinden dies selbst als das Bessere anerkannten und wegen der in den Privatschulen fortdauernden Unordnung wiederholt die Bitte aussprachen, öffentliche Schulen errichten zu dürfen, wie dies in der Provinz Posen seit der Verordnung vom Jahre 1833 schon gestattet war, der Gestattung solcher Schulen mithin nicht eine erst in neuerer Zeit hervorgetretene Tendenz untergeschoben werden kann Bei den öffentlichen jüdischen Schulen konnte die Anstellung und Entlassung der Lehrer, die Erhebung des Lehrergehalts, die Regelmäßigkeit des Schulbesuches vollkommen gesichert werden......

Ein anderes Motiv, die Errichtung öffentlicher jüdischer Schulen zu gestatten, lag noch in dem besonderen Verhältnis des jüdischen Religionsunterrichtes, dessen Erteilung man erleichtern wollte. Die jüdischen Kinder, die in christlichen Schulen unterrichtet wurden, erhielten in diesen keinen Religionsunterricht; die Juden waren mithin in der Lage, neben den Kosten des gewöhnlichen Elementarunterrichts noch die Besoldung eines besonderen Religionslehrers aufzubringen. Den Religionslehrer als solchen konnte der Staat nicht prüfen; er verlangte aber, damit der Unterricht nicht ungebildeten Männern übertragen werde, von dem jüdischen Religionslehrer den Standpunkt der Bildung, der von jedem Elementarlehrer verlangt wird. Wurde ein solcher jüdischer Religionslehrer gewählt, so lag es nahe, daß die jüdischen Gemeinden den Wunsch hegten, demselben den Elementarunterricht auch anvertrauen zu dürfen, wogegen bei der nachgewiesenen Qualifikation auch gewiß nichts zu erinnern ist."

Durch das Gesetz vom 23. Juli 1847 wurde die Frage der Errichtung öffentlicher jüdischer Volksschulen allgemein g e s e t z l i c h geregelt. In den §§ 60—67[1]) des Gesetzes wurde der Grundsatz aufgestellt, daß die schulpflichtigen Kinder der Juden in bezug auf den öffentlichen Unterricht den ordentlichen Ortsschulen ihres Wohnsitzes angehören sollten. Sie sollten daher in der Regel eine Absonderung von den ordentlichen Ortsschulen nicht verlangen können. In dem Falle jedoch, wo in einem Orte oder Schulbezirke eine an Zahl und Vermögensmitteln hinreichende christliche und jüdische Bevölkerung vorhanden wäre, um auch für die jüdischen Einwohner ohne deren Überbürdung eine besondere öffentliche Schule anlegen zu können, könne, wenn sonst im allgemeinen Schulinteresse Gründe dazu vorhanden wären, auf den Antrag des Vorstandes der Synagogengemeinde eine Absonderung der Juden zu einem eigenen Schulverbande angeordnet werden. Eine derartige Schule habe die Eigenschaften und Rechte einer öffentlichen Schule.

Auf dieser Basis sind im Laufe der Zeit eine Reihe von öffentlichen jüdischen Volksschulen als Schulen der Synagogengemeinden ins Leben getreten. Daneben bestanden und entstanden jüdische öffentliche Schulen, welche von besonderen jüdischen H a u s v ä t e r s o z i e t ä t e n unterhalten wurden. Endlich entstanden auch eine Anzahl öffentlicher jüdischer K o m m u n a l s c h u l e n teils dadurch, daß bestehende jüdische Schulen von den bürgerlichen Gemeinden übernommen wurden, teils dadurch, daß die Kommunen, wie christliche, so auch besondere jüdische Schulen neu errichteten.

Im Jahre 1903 bestanden insgesamt 241 jüdische öffentliche Volksschulen in Preußen. Davon waren 28 Schulen der politischen Gemeinden, 103 solche

---

[1]) Siehe den Anhang am Ende des Buches.

von jüdischen Hausvätersozietäten und endlich 110 öffentliche Elementarschulen der Synagogengemeinden.

Im allgemeinen ist das jüdische öffentliche Schulwesen in den letzten Jahrzehnten zurückgegangen. Es waren in den jüdischen Schulen vorhanden:

| | | |
|---|---|---|
| 1886 | 13249 | jüdische Kinder |
| 1891 | 9502 | " " |
| 1896 | 8123 | " " |
| 1901 | 6337 | " " |

Etliche Schulen sind wegen zu geringer Kinderzahl eingegangen, etliche fristen aus dem gleichen Grunde ein kümmerliches Dasein und haben sich nur deshalb erhalten, weil der Lehrer zugleich als Kultusbeamter der Synagogengemeinde fungiert [1]).

---

Anhang zum ersten Kapitel.

## 1. Ministerialerlaß vom 22. September 1823.

Das Ministerium ist rücksichtlich der Ansicht der Kgl. Regierung in ihrem über die Einrichtung des jüdischen Schulwesens im dortigen Regierungsbezirk unter dem 3. ds. Mts. erstatteten Bericht vollkommen damit einverstanden, daß die Schulpflichtigkeit der jüdischen Kinder nach § 43 Titl. 12 Teil II des Allgemeinen Landrechts unzweifelhaft ist; daß sonach die Juden nötigenfalls mit Strenge angehalten werden können, entweder dem Bedürfnis und den Vorschriften des Staats entsprechende jüdische Elementarschulen einzurichten und zu unterhalten, oder mit Ausnahme des Religionsunterrichts gegen Erlegung der festgestellten Beiträge ihre Kinder den christlichen Ortschulen anzuvertrauen, wobei die Fürsorge für den Unterricht in der jüdischen Religion und in der hebräischen Sprache durch einen jüdischen Privatlehrer ihnen überlassen bleibt, und daß endlich den einzelnen jüdischen Hausvätern, wo katholische und evangelische Schulen nebeneinander bestehen, die Wahl überlassen werden muß, welcher von beiden Schulen sie sich anschließen wollen, die Behörde aber, wenn sie ihre Erklärung hierüber abzugeben verweigern, nach Maßgabe der Umstände entscheidet, und nötigenfalls Zwangsmaßregeln eintreten lassen kann....

Da auch die Vorschrift des § 24 Titl. 12 Teil II des Allgemeinen Landrechts nirgends aufgehoben ist, so versteht es sich von selbst, daß auch jüdische Winkelschulen nicht geduldet werden können, und daß, um zu erforschen, ob einem jüdischen Lehrer die von einem tüchtigen Elementarlehrer zu fordernden Kenntnisse und Fertigkeiten nicht abgehen, jeder an einer jüdischen Schule anzunehmende Lehrer sich einer Prüfung unterwerfen muß, die jedoch auf seine Religion nicht erstreckt werden kann.

(Abgedruckt bei Rönne-Simon a. a. O. S. 162.)

## 2. Ministerialerlaß vom 15. Mai 1824.

Extrakt.

Auch werden schwerlich die wohlwollenden Absichten, welche man für Verbesserung des sittlichen und bürgerlichen Zustandes der Juden hegt, erreicht werden, wenn man dabei auf ein bereitwilliges Entgegenkommen von ihrer Seite warten will.

---

[1]) Vgl. die Motive zu § 24 des Regierungsentwurfes zum Volksschulunterhaltungsgesetz von 1906.

Das dringendste und nächste Bedürfnis, für welches gesorgt werden muß, ist eine angemessene Einrichtung der für sie bestimmten Schulen. Von vielen Seiten wird anjetzt diese Sache zur Sprache gebracht. Allein, wenngleich die einsichtsvolleren unter den Juden selbst darauf bezügliche Veranstaltungen zu wünschen scheinen, so läßt sich doch von der größeren Masse nicht hoffen, daß sie aus freier Entschließung sich zu Einrichtungen verstehen werde, die zum Zwecke haben, sie dem verwahrloseten Zustande zu entreißen, in welchem sie sich befindet. Es wird vielmehr nötig, von seiten der Regierung mit Ernst und Nachdruck zu verfahren, und die bestehenden Gesetze gewähren dazu einen hinlänglichen Anhalt. Es kommt nur darauf an, daß folgende Punkte, nachdem selbige zur öffentlichen Kenntnis gebracht sind, mit nachhaltigem Ernst und nötigenfalls durch angemessene Strenge ausgeführt werden:

1. Daß, wie (nach ALR. II 12. § 43) jeder Einwohner, so auch die Juden, welche den nötigen Unterricht für ihre Kinder in ihrem Hause nicht besorgen können oder wollen, schuldig sind, dieselben nach zurückgelegtem 5. Jahre zur Schule zu schicken.
2. Daß auch die jüdischen schulfähigen Kinder, erforderlichenfalls durch Zwangsmittel und Bestrafung der nachlässigen Eltern, zum Besuch der Schule angehalten werden. (Ebendaselbst § 48.)
3. Daß die Juden, wo selbige eigene Schulen ihres Glaubens nicht eingerichtet haben, ihre Kinder in die öffentlichen christlichen Schulen zu schicken verpflichtet sind, in welchen diese jedoch dem Unterrichte in den eigentlich christlichen Religionswahrheiten wider willen beizuwohnen nicht gezwungen werden können. (Ebendaselbst § 11.)
4. Daß die Prüfung und Bestätigung der Lehr- und Einrichtungspläne auch der jüdischen Schulen, sowie die Prüfung der zum Gebrauch bestimmten Schulbücher, und überhaupt die Aufsicht und Verwaltung des gesamten jüdischen Schulwesens ganz in der Art erfolgt, wie dies durch die Konsistorial- und Regierungsinstruktion vom 23. Oktober 1817 im allgemeinen reguliert worden ist.
5. Besonders, daß auch an den jüdischen Schulen kein Lehrer angestellt wird, der nicht in einer Prüfung, die mit ihm, die Religionskenntnisse ausgenommen, in ganz gleicher Art wie mit einem Lehrer an einer christlichen Schule der nämlichen Gattung, vorzunehmen ist, als tüchtig zum Lehramte erfunden worden. (Ebendaselbst § 24.)
6. Daß die vorige Bestimmung sich auf die etwa ausschließlich für den jüdischen Religionsunterricht zu bestellenden Lehrer insoweit erstreckt, daß zwar nicht ihre eigentlich jüdischen Religionskenntnisse Gegenstand der Prüfung sein, wohl aber untersucht werden soll, ob sie die übrigen, von einem dem Lehrstande gewidmeten Subjekte erwarteten Kenntnisse und Geschicklichkeiten besitzen.
7. Und endlich, daß auch diejenigen jüdischen Privatlehrer, welche Lehrstunden in den Häusern geben wollen, ihre Tüchtigkeit dazu in einer mit ihnen zu veranstaltenden Prüfung ausweisen müssen (ebendaselbst § 8), und ohne eine, auf Grund des von der kompetenten Prüfungsbehörde ihnen über ihre hinlängliche Qualifikation ausgestellten Zeugnisses, von der Provinzialregierung erteilte Konzession nicht befugt sein sollen, Lehrstunden zu geben.

Wenn nach obigen Bestimmungen in allen Punkten ernstlich verfahren, wenn alle jüdischen Winkelschulen geschlossen, wenn zugleich mit allen bisher noch nicht geprüften jüdischen Lehrern die erforderliche Prüfung vorgenommen und denjenigen, welche darin nicht bestehen, oder derselben sich zu unterziehen sich weigern, das Unterrichtgeben nicht weiter verstattet, wenn alle schulfähige jüdische Kinder in die Ortsschulen eingewiesen, und die betreffenden Lokalbehörden zur pünktlichsten und aufmerksamsten Ausführung der gegebenen Vorschriften angehalten, auch allgemeinere Revisionen, um sich von der Art der Ausführung zu überzeugen, vorgenommen werden, so wird der wohltätige Erfolg dieser Anordnungen unfehlbar in kurzer Zeit sich erweisen.

Berlin, den 15. Mai 1824.

Ministerium der geistlichen usw. Angelegenheiten, Unterrichtsabteilung
(gez.) v. Kamptz.

(Anlagen der Denkschrift des Staatsministeriums zum Entwurf des Gesetzes vom 23. Juli 1847. Abgedruckt in „Der Erste Vereinigte Landtag", herausgegeben v. Ed. Bleich, S. 428f.)

## 3. Ministerialerlaß vom 29. April 1827.

Der Königlichen Regierung wird hierneben Abschrift eines von der Kgl. Regierung in Stettin eingereichten Entwurfes zu einer an die Magisträte und Schuldeputationen ihres Bezirkes zu erlassenden, von dem Ministerio zweckmäßig befundenen Verfügung, betreffend die Anstellung jüdischer Lehrer, mit dem Auftrage zugefertigt, auch in Ihrem Verwaltungsbezirke eine ähnliche Verordnung unter den dort etwa nötigen Modifikationen zu erlassen.

Berlin, den 29. April 1827.

Ministerium der geistlichen usw. Angelegenheiten
(gez.) v. Altenstein.

An sämtliche Regierungen.

Abschrift.

Um dem willkürlichen Verfahren, welches bei Anstellung der jüdischen Lehrer bisher stattgefunden hat, und dem häufigen Wechsel dieser Lehrer vorzubeugen, werden auf den Grund der bestehenden Gesetze und früheren Verordnungen insbesondere mit Bezug auf unsere Bekanntmachung vom 30. August 1824 und auf unsere Zirkularverfügung vom 3. Dezember 1822, folgende Bestimmungen hiedurch festgesetzt:

1. Es darf kein Lehrer bei einer jüdischen Gemeinde angestellt werden, ohne zuvor über seine Tüchtigkeit dazu in einer mit ihm zu veranstaltenden Prüfung sich auszuweisen und zu seiner Annahme unsere landesobrigkeitliche Genehmigung und Bestätigung nachgesucht und erhalten zu haben.
2. Die betreffende jüdische Gemeine hat sich dieserhalb zunächst an den Magistrat der Stadt zu wenden und ihrem diesfälligen Gesuche:
   a) den Nachweis des Staats-Bürgerrechtes des gewählten Lehrers;
   b) einen von ihm selbst in deutscher Sprache verfaßten Lebenslauf;
   c) die erforderlichen Zeugnisse über die frühere Erziehung und Bildung überhaupt und über die Vorbereitung zum Schulamte insbesondere;
   d) die Zeugnisse der Ortsbehörde und des jüdischen Gemeinevorstandes über bisherigen unbescholtenen Lebenswandel; ferner
   e) das Wahlprotokoll und
   f) ein genaues und vollständiges Verzeichnis der mit der fraglichen Lehrerstelle verbundenen Einkünfte

   beizufügen.
3. Der Magistrat hat diese Angaben und Nachweise sorgfältig zu prüfen, erforderlichenfalls darüber genaue Nachforschungen zu halten und dann das Gesuch der Gemeine nebst den sämtlichen Beilagen (§ 2 a—f) mittels gutachtlichen Berichtes an uns einzureichen.
4. Wenn auf den Grund dieses Berichtes und der von uns mit dem Gewählten veranstalteten Prüfung unsere Genehmigung zu der Anstellung desselben erfolgt ist, so hat die betreffende Gemeine über die äußeren Bedingungen dieser Anstellung einen schriftlichen Vergleich mit ihm abzuschließen und denselben durch den Magistrat an uns zur Genehmigung einzureichen.

5. Der auf diese Weise Gewählte, Geprüfte und anstellungsfähig Erklärte darf jedoch nur provisorisch auf 1, 2 oder 3 Jahre angesetzt werden und hat nach Ablauf dieser Frist eine feste Anstellung nur alsdann zu erwarten, wenn von dem betreffenden jüdischen Schul- und Gemeinevorstande und von der ihm vorgesetzten Stadtschuldeputation seine Amtstüchtigkeit bezeugt wird. Wir behalten uns dann vor, nach den Umständen entweder eine abermalige Prüfung oder sofort die feste Anstellung zu verfügen.
6. Die Gemeine darf so wenig vor, als nach Ablauf des abgeschlossenen Kontrakts den einmal angenommenen Lehrer nach Willkür wieder entlassen, sondern sie soll vielmehr verpflichtet sein, uns davon bei Ablauf der festgesetzten Frist auf vorschriftsmäßigem Wege Anzeige zu machen, damit wir dann die Gründe der gewünschten Entlassung des Lehrers prüfen und demgemäß darüber entscheiden.
7. Es soll zwar jedem Lehrer freistehen, seine Stelle auch vor Ablauf des mit ihm abgeschlossenen Kontrakts niederzulegen; aber er hat dabei die Vorschriften des ALR. Teil II Tit. 10 § 97 und Teil II Tit. 6 §§ 175 und 176 genau zu berücksichtigen.
8. Die jüdischen Gemeinen sollen ermächtigt sein, in den von nun an mit ihren Lehrern zu schließenden Verträgen als Bedingung der Anstellung festzusetzen, daß sie nur zu Ostern und zu Michaelis, und nachdem sie drei volle Monate vor dem einen oder dem anderen Termine ihren bevorstehenden Abgang, unter Anführung der Gründe, schriftlich angezeigt haben, entlassen werden können, es sei denn, daß die durch ihren Abgang erledigte Stelle früher besetzt werden kann.
9. Die Gemeine muß die erwähnte Anzeige an den Magistrat gelangen lassen, welcher sie dann unverzüglich an uns zu weiterer Entschließung einreichen wird.
10. Wird hierauf der Abgang des Lehrers von uns genehmigt, so muß die Gemeine sich angelegen sein lassen, einen andern geeigneten Lehrer auszumitteln, und falls er die vorschriftsmäßige Prüfung noch nicht bestanden haben sollte, denselben sogleich aufzufordern, diese Prüfung zunächst bei dem Superintendenten der Synode nachzusuchen, damit bis dahin, wo der Lehrer abgehen wird, der neue gewählt und angestellt werden kann.
11. Der oben § 4 erwähnte Kontrakt ist von dem betreffenden jüdischen Gemeine- und Schulvorstande, sowie von dem Lehrer selbst und von der Stadtschuldeputation zu vollziehen und von dem Magistrate behufs der Bestätigung an uns einzureichen. Nur diejenigen Lehrer, welche eine definitive oder feste Anstellung erhalten, werden auf unsere ausdrückliche Bestimmung mit einer förmlichen Vokation versehen.
12. Die obigen Festsetzungen erstrecken sich auch auf die ausschließlich für den jüdischen Religionsunterricht zu bestellenden Lehrer.

Wir machen dem Magistrat und der Schuldeputation hierdurch zur Pflicht, auf die Befolgung der vorstehenden Bestimmungen streng zu halten und zu dem Zweck solche der dortigen jüdischen Gemeine sowohl, als dem betreffenden jüdischen Lehrer in unserem Namen bekannt zu machen. Daß dies geschehen, hat der Magistrat binnen 14 Tagen anzuzeigen und dieser Anzeige zugleich das gehörig vollzogene Einkünften-Verzeichnis der dortigen jüdischen Lehrerstelle, wenn dasselbe noch nicht mit unserer Bestätigung versehen sein sollte, beizufügen. Unter diesem Verzeichnisse ist zugleich zu bemerken, bis zu welchem Zeitpunkte die provisorische Anstellung des jetzigen jüdischen Lehrers von uns genehmigt worden ist.

Von dem Einkünftenverzeichnisse sowohl, als von dem oben gedachten Kontrakte ist jedesmal eine beglaubigte Abschrift zu unseren Akten mit einzusenden.

Stettin, den ......

Königliche Preußische Regierung
Abteilung für die Kirchen- und Schulverwaltung.

(Vgl. Anlagen zu der Denkschrift des Regierungsentwurfs zum Gesetz vom 23. Juli 1847 a. a. O. S. 429f.)

## 4. Ministerialerlaß vom 14. März 1842.

Durch die Zirkularverfügungen des Ministeriums der geistlichen, Unterrichts- und Medizinalangelegenheiten vom 15. Mai 1824 und 29. April 1827 sind die Kgl. Regierungen bereits darauf aufmerksam gemacht worden, dem Schulunterrichte für die Kinder jüdischer Untertanen, sowie der fortschreitenden Verbesserung der jüdischen Unterrichtsanstalten und der gesicherten Stellung der von jüdischen Gemeinen angenommenen Lehrer ihre Sorgfalt zu widmen, und sind daselbst besondere Vorschriften aufgestellt, durch deren Beobachtung jener Zweck annäherungsweise erreicht werden soll.

Die Erfahrung hat jedoch gezeigt, daß diese Maßregeln noch nicht den Anforderungen entsprechen, welche an den Unterricht und die Bildung der schulpflichtigen Kinder jüdischen Glaubens im allgemeinen gemacht werden müssen. Bei einer von des Königs Majestät angeordneten Untersuchung über die Ursachen der verhältnismäßig größeren Zahl jüdischer Verbrecher ist zur Sprache gekommen, daß der Grund dieser Tatsache zum Teil dem Umstande zuzuschreiben ist, daß die Kinder jüdischer Untertanen im allgemeinen der Wohltat eines ordentlichen Schulunterrichts noch nicht im gleichen Maße teilhaftig werden, wie dies bei den Kindern christlicher Untertanen der Fall ist, und daß die Kinder jüdischer Eltern von letzteren nicht selten dem Unterrichte entzogen, auf Messen und Märkten herumgeführt und zu frühe schon zu den Geschäften des bürgerlichen Verkehres, namentlich zum Handelsgewerbe, angehalten werden.

Um diesen Umständen auf nachdrückliche Weise zu begegnen, wird die Kgl. Regierung zunächst auf die strenge Beobachtung und Handhabung der bestehenden Gesetze verwiesen.

Nach den Vorschriften des Allgemeinen Landrechts Teil II Tit. 12 §§ 43 bis 46 und der Allerhöchsten Kabinettsordre vom 14. Mai 1845 (GS. S. 149), welche für diejenigen Landesteile erlassen worden ist, in welche das Allgemeine Landrecht noch nicht eingeführt wurde, sind alle Untertanen des Staats, die jüdischen Untertanen nicht ausgeschlossen, verpflichtet, ihre Kinder vom zurückgelegten 5. Jahre an, sofern nicht durch provinzielle Verordnungen (wie namentlich für die Rheinprovinz durch den Allerhöchsten Landtagsabschied vom Jahre 1836, welcher das 6. Jahr als den Zeitpunkt des beginnenden Unterrichts bezeichnet) ein späterer Termin vorgeschrieben ist, bis zur Vollendung der ihren Verhältnissen entsprechenden Bildung zur Schule zu schicken. Sind die jüdischen Einwohner nicht imstande, ihre Kinder durch Privatlehrer oder in jüdischen Lehranstalten unterrichten zu lassen, so müssen sie dieselben in die nächste christliche Schule schicken, und kann deren Aufnahme daselbst nach § 10 Teil II Tit. 12 Allgemeinen Landrechtes nicht verweigert werden. Nur zu der Teilnahme am christlichen Religionsunterrichte dürfen die jüdischen Kinder in den christlichen Schulen nach § 11 daselbst nicht angehalten werden.

Werden diese Vorschriften gehörig beobachtet, und nötigenfalls die gesetzlichen Zwangsmittel gegen nachlässige jüdische Eltern zur Anwendung gebracht, so wird dadurch der frühzeitige Besuch der Messen und Märkte durch die jüdischen Kinder von selbst verhindert werden. Insbesondere ist durch die Verfügung des Ministeriums des Innern vom 5. August 1817, durch das Regulativ über den Gewerbebetrieb im Umherziehen vom 28. April 1824, durch die Verfügung der Ministerien des Innern und der Polizei und der Finanzen vom 17. März 1827 und der Ministerien der geistlichen, Unterrichts- und Medizinal-Angelegenheiten und des Innern und der Polizei vom 18. Juli 1836, ausreichende Vorkehrung getroffen, um die Verwendung schulpflichtiger Kinder zum Hausiergewerbe und anderen, im Herumziehen betriebenen Beschäftigungen zu verhüten. Durch diese bereits bestehenden Anweisungen werden die im Interesse des Schulunterrichts jüdischer Kinder zu ergreifenden Maßregeln unterstützt.

Die Aufmerksamkeit der Kgl. Regierung wird aber ferner auch dahin zu richten sein, daß die Einrichtung eigener jüdischer Schulen und die Verbesserung des darin zu erteilenden Unterrichts auf angemessene Weise befördert werde.

Nach den bestehenden Gesetzen kommen den vorhandenen jüdischen Unterrichts-Anstalten, mit Ausnahme der in der Provinz Posen bestehenden, die Rechte öffentlicher Schulen nicht zu. Dieselben bestehen nur in der Eigenschaft eines, unter Aufsicht der Behörden errichteten Privat-Institutes, und die dabei beschäftigten Lehrer stehen im wesentlichen in einem privatrechtlichen Kontrakts-Verhältnisse zu den sie besoldenden jüdischen Gemeinen. Des Hochseligen Königs Majestät haben jedoch bereits bei Gelegenheit eines zur Allerhöchsten Kenntnis gediehenen Spezialfalles auszusprechen geruht,

> daß die Einrichtung öffentlicher Schulen für die jüdischen Glaubensgenossen an sich nicht unstatthaft sei und nur die Festsetzung der näheren Bedingungen und Modalitäten, unter welchen dies geschehen könne, vorbehalten.

Über diese Bedingungen und Modalitäten kann zurzeit eine allgemein gültige Vorschrift noch nicht erlassen werden, da die Berücksichtigung der verschiedenartigen, provinziellen und lokalen Interessen, deren Umfang noch durch keine Erfahrung festgestellt ist, eine große Verschiedenheit in der Behandlungsweise bedingt.

Durch die von des Königs Majestät im Allgemeinen erteilte Billigung ist aber bereits der Gesichtspunkt angedeutet, daß es zweckmäßig sei, den jüdischen Schulunterricht da, wo dies in anderer Weise nicht füglich geschehen kann, durch die Errichtung eigener, die Rechte öffentlicher Schulen genießenden Schulanstalten zu heben, den Schulbesuch der Kinder und den Unterhalt der Lehrer dadurch auf eine festere Grundlage zurückzuführen und um so eher gebildete Männer jüdischer Religion zu veranlassen, sich dem Unterricht ihrer Glaubensgenossen zu widmen. Dieser Zweck darf nicht aus dem Auge gelassen werden, und es können, vorbehaltlich einer späteren allgemeinen Regulierung dieser Verhältnisse, schon jetzt vorbereitende Schritte getan werden, um in einzelnen dazu angetanen Fällen die Bedingungen zu ordnen, unter welchen eine jüdische Schulanstalt, mit den Rechten einer öffentlichen Schule, als besondere jüdische Konfessionsschule ins Leben treten kann. Erst durch eine sorgfältige Behandlung einzelner Spezialfälle wird eine sichere Erfahrung gewonnen werden, um das jüdische Schulwesen nach einem umfassenden Plane ordnen zu können.

Die Kgl. Regierung wird daher ermächtigt, in den dazu geeignet scheinenden Fällen mit den legitimierten Vorständen der jüdischen Gemeinen einerseits und der dabei interessierten christlichen Schulanstalten andererseits in Verhandlung zu treten, die Auseinandersetzung beider und die Begründung des jüdischen Schulsystems vorzubereiten und die näheren Bedingungen in der Weise zu ordnen, daß dieselben in Form eines besonderen Statuts für die jüdische Schulanstalt zur allerhöchsten Genehmigung seiner Majestät des Königs vorgelegt werden können.

Als Gesichtspunkte, welche hierbei zu beobachten, sind im allgemeinen folgende zu bezeichnen:

1. Eine geeignete Veranlassung zum Einschreiten der Kgl. Regierung wird alsdann vorhanden sein, wenn entweder die jüdische Gemeine eines Ortes auf die Errichtung einer eigenen jüdischen Schule, oder die christliche Gemeine auf Sonderung des jüdischen und christlichen Schulwesens anträgt, und die Anzahl und der Wohlstand der christlichen und der jüdischen Bevölkerung des Schulbezirks ausreichend erscheint, um das Bestehen gesonderter Schulen zu sichern.

   In diesen Fällen sind, unter Einleitung kommissarischer Verhandlungen, die Vorbereitungen zur Absonderung des jüdischen Schulsystems zu treffen.
2. Die nächste Sorge wird alsdann der Feststellung der ökonomischen und rechtlichen Verhältnisse der jüdischen Schule gewidmet sein.

Zu diesem Ende wird die jüdische Gemeine die Mittel zur Beschaffung der nötigen Gebäude und Lehrmittel und für die Gehalte und eventuelle Pension der Lehrer nachzuweisen und sich über die Aufbringung der erforderlichen jährlichen Beiträge zu einigen haben.

Es wird ferner über den Umfang des Schulbezirkes, aus welchem die jüdischen Eltern ihre Kinder in ihre neue Glaubensschule zu schicken haben, über die Berechtigung zur Berufung des Lehrers, die Feststellung des künftigen Lehrplans und die Bestellung eines jüdischen Schulvorstandes, welcher die nächste Aufsicht über die jüdische Schule zu führen und deren rechtliche Vertretung zu übernehmen befugt ist, eine definitive Festsetzung vorzubereiten sein.

Es versteht sich von selbst, daß die jüdischen Schulen und deren Lehrer der Aufsicht der Staatsbehörde in demselben Maße unterworfen bleiben müssen, in welchem die christlichen Schulen es sind, und wird die Kgl. Regierung im vorkommenden Falle auch in Erwägung zu ziehen haben, durch welche Organe diese Aufsicht an Ort und Stelle am zweckmäßigsten ausgeübt werden kann.

3. Ist durch die sub Nr. 2 angestellten Ermittlungen und Vorbereitungen die begründete Aussicht dargetan, daß ein eigenes jüdisches Schulsystem zu Stande kommen kann, so wird ferner die Auseinandersetzung mit den bestehenden christlichen Schulverbänden zu vermitteln sein.

Für die christlichen Schulanstalten existiert im allgemeinen keine Verpflichtung, aus ihrem Vermögen oder besonderen Einnahmen etwas zugunsten des sich absondernden jüdischen Schulsystems abzugeben. Dagegen fallen diejenigen Beiträge, welche nur bei wirklichem Schulbesuche jüdischer Kinder zu entrichten sind, z. B. Schulgeld, durch Überweisung der jüdischen Kinder an eine eigene Schule von selbst fort. Desgleichen können diejenigen Beiträge, welche nach § 29—33 Teil II Tit. 12 ALR. von den zur Schule gewiesenen Hausvätern entrichtet werden, von den jüdischen Einwohnern, nach § 30 das., fernerhin nicht mehr gefordert werden, sobald eine eigene jüdische Glaubensschule an dem Orte errichtet wird.

Ist dagegen die Unterhaltung der bestehenden christlichen Schulen eine Verpflichtung der Ortsgemeine, und steuern die Juden unter den Kommunallasten mit zu deren Unterhaltung bei, so erscheint es billig, daß die Ortsgemeine der jüdischen Gemeine auf angemessene Weise zu Hilfe kommt, wenn die letztere durch Einrichtung eines eigenen jüdischen Schulsystems ihre Kinder aus den christlichen Schulen aussondert und dadurch die Unterhaltungslast derselben verringert. Hierüber ist im vorkommenden Falle ein freiwilliges, billiges Abkommen zu vermitteln, und wird eine Einigung besonders in den Fällen zu hoffen sein, wenn durch die Begründung des jüdischen Schulsystems und das Ausscheiden der jüdischen Schulkinder eine sonst bevorstehende Erweiterung der christlichen Schulen oder die Anstellung neuer Lehrer den Ortsgemeinen erspart wird.

4. Sind diese Vorbereitungen soweit geführt, daß die dauernde Begründung einer jüdischen öffentlichen Schule ohne Beeinträchtigung bestehender Gerechtsame möglich erscheint, so sind die geschlossenen Verhandlungen zur weiteren Prüfung und Bestätigung, vorbehaltlich der Allerhöchsten Genehmigung Sr. Majestät des Königs, mir einzureichen.

Die hier angedeuteten Gesichtspunkte enthalten nur eine allgemeine Bezeichnung derjenigen Momente, welche bei der Errichtung öffentlicher jüdischer Schulen zu berücksichtigen sind. Es bleibt dem sachkundigen Ermessen der Kgl. Regierung vorbehalten, nach den eigentümlichen Verhältnissen eines jeden Orts und einer jeden Gemeine auch diejenigen anderweitigen Rechtsverhältnisse in Erwägung zu nehmen und zu ordnen, auf welche die Bildung des neuen jüdischen Schulsystems von Einfluß ist.

Über den Erfolg dieser Maßregel und die Fälle, in welchen dieselbe zur Anwendung gekommen ist, werde ich in dem jedesmaligen Jahresberichte eine nähere Anzeige erwarten.

In denjenigen Landesteilen, in welchen das Allgemeine Landrecht nicht Gesetzeskraft hat, oder in welchen besondere Provinzialgesetze der Anwendung der bezogenen Paragraphen desselben entgegenstehen, hat die Kgl. Regierung zu prüfen, welche Mittel die bestehende Gesetzgebung, soweit sie hier nicht schon ins Auge gefaßt worden, an die Hand gibt, um einen regelmäßigen Schulbesuch der jüdischen Kinder zu sichern, und darüber zu berichten.

Berlin, den 14. März 1842.

Der Minister der geistlichen, Unterrichts- und Medizinal-Angelegenheiten.

(gez.) Eichhorn.

An sämtliche Kgl. Regierungen.

(Vgl. Anlagen zur Denkschrift des Regierungsentwurfs zum Gesetz vom 23. Juli 1847 a. a. O. S. 431 f.)

### 5. Allerhöchste Cabinettsordre vom 12. Juli 1845.

Auf Ihren Bericht vom 14. vorigen Monats will Ich hierdurch die Errichtung besonderer öffentlicher Schulen für die jüdischen Gemeinden zu Aachen und Gollub mit der Maßgabe genehmigen, daß der Besuch dieser Schulen auf jüdische Kinder beschränkt bleiben muß, und die dabei angestellten Lehrer auf die Vorrechte, welche den christlichen Lehrern nach gesetzlicher Vorschrift oder besonderem Herkommen, namentlich in Hinsicht auf Befreiung von Staats- oder Kommunallasten zustehen, keinen Anspruch zu machen haben. — Zugleich ermächtige Ich Sie zur Bestätigung der wegen Einrichtung der gedachten beiden Schulen entworfenen Statuten; damit jedoch hieraus für Veränderungen, welche sich infolge des beabsichtigten allgemeinen Regulativs über das jüdische Kultus- und Unterrichtswesen als notwendig oder zweckmäßig ergeben möchten, kein Hindernis erwachse, so ist der Bestätigung ein entsprechender Vorbehalt beizufügen.

Elbing, den 12. Juli 1845.

(gez.) Friedrich Wilhelm.

An den Staatsminister Eichhorn.

(Vgl. Anlagen zu der Denkschrift des Regierungsentwurfs zum Gesetze vom 23. Juli 1847 a. a. O. S. 434.)

---

## Zweites Kapitel.

## Die Errichtung öffentlicher jüdischer Volksschulen.

Hinsichtlich der Neuerrichtung öffentlicher jüdischer Volksschulen läßt es das Volksschulunterhaltungsgesetz vom 28. Juli 1906 im wesentlichen bei dem bisherigen Rechtszustand. § 40 bestimmt:

> „Für die Errichtung ........ der für jüdische Kinder bestimmten und mit jüdischen Lehrkräften zu besetzenden öffentlichen Volksschulen gelten bis auf weiteres die jetzt bestehenden Vorschriften, mit der Maßgabe, daß der § 67 No. 3 des Gesetzes vom 23. Juli 1847 über die Verhältnisse der Juden (GS. Seite 263) für den ganzen Umfang der Monarchie zur Anwendung gelangt".

Demnach können auch nach Inkrafttreten des Volksschulunterhaltungsgesetzes wie bisher drei Arten von öffentlichen jüdischen Volksschulen neu errichtet werden:

1. Kommunalschulen,
2. Schulen der Synagogengemeinden und
3. Schulen besonderer jüdischer Schulgemeinden (Sozietätsschulen).

## A. Kommunalschulen.

### a) Die allgemeinen Grundsätze des V.U.G. hinsichtlich der Errichtung öffentlicher Volksschulen.

Für die Errichtung der öffentlichen Volksschulen im allgemeinen ist durch das Volksschulunterhaltungsgesetz das Kommunalprinzip und das Prinzip der Konfessionalität festgelegt. Zu Trägern der Volksschullast sind grundsätzlich die bürgerlichen Gemeinden gemacht, und diesen ist bei der Errichtung neuer, ebenso wie bei der Erhaltung der bestehenden Volksschulen, die Rücksicht auf die konfessionellen Verhältnisse nach Maßgabe der näheren Bestimmungen des Gesetzes zur Pflicht gemacht.

Im wesentlichen gelten hierbei die folgenden Grundsätze:

Regelmäßig sollen bei der Neugründung von Schulen die bisherigen Verhältnisse zur Norm dienen. So bestimmen:

§ 35 Abs. 1: An Volksschulen, die mit einer Lehrkraft besetzt sind, ist stets eine evangelische oder eine katholische Lehrkraft anzustellen, je nachdem die angestellte Lehrkraft oder die zuletzt angestellt gewesene Lehrkraft evangelisch oder katholisch war.

§ 36 Abs. 1: An einer Volksschule, an der nach ihrer besonderen Verfassung bisher gleichzeitig evangelische und katholische Lehrkräfte anzustellen waren, behält es dabei auch in Zukunft sein Bewenden; in einem Schulverbande, in dem lediglich Volksschulen der vorbezeichneten Art bestehen, können neue Volksschulen nur auf derselben Grundlage errichtet werden. Eine Änderung kann aus besonderen Gründen durch Beschluß des Schulverbandes mit Genehmigung der Schulaufsichtsbehörde herbeigeführt werden.

Abs. 2: Bestehen in einem Schulverbande neben Schulen der im Abs. 1 bezeichneten Art solche, an denen nur evangelische oder nur katholische Lehrkräfte anzustellen sind, so soll bei Errichtung neuer Schulen darauf geachtet werden, daß das bisherige Verhältnis der Beschulung der Kinder in Schulen der einen oder andern Art möglichst beibehalten wird.

§ 38 Abs. 1: Im übrigen sind an öffentlichen Volksschulen, welche mit mehreren Lehrkräften besetzt sind, nur evangelische oder nur katholische Lehrkräfte anzustellen. Bei der Anstellung weiterer Lehrkräfte an den bisher nur mit einer Lehrkraft besetzten Schulen (§ 35) sind evangelische oder katholische Lehrkräfte anzustellen, je nachdem die bisherige einzige Lehrkraft evangelisch oder katholisch war.

Daneben wird den christlichen Konfessionen unter gewissen Bedingungen ein rechtlicher Anspruch auf Umwandlung einer bestehenden andersartigen Schule in eine solche ihres Bekenntnisses und auf Errichtung einer neuen Schule der letzteren Art eigeräumt. So bestimmen:

§ 35 Abs. 2: Statt der evangelischen Lehrkraft soll bei Erledigung der Stelle in der Regel eine katholische angestellt werden, wenn fünf Jahre nacheinander minbestens zwei Drittel der die Schule besuchenden einheimischen Kinder, ausschließlich der Gastschulkinder, katholisch gewesen sind, und während dieser Zeit die Zahl der evangelischen Kinder weniger als zwanzig betragen hat. Unter den entsprechenden Voraussetzungen soll in der Regel statt einer katholischen Lehrkraft eine evangelische angestellt werden. Die Veränderung bedarf der Zustimmung des Unterrichtsministers.

§ 36 Abs. 9: Beträgt in einer gemäß Abs. 4 errichteten Schule die Zahl der die Schule besuchenden einheimischen evangelischen oder katholischen Kinder mit Ausschluß der Gastschulkinder während fünf aufeinanderfolgender Jahre über 60, in den Städten, sowie in Landgemeinden von mehr als 5000 Einwohnern über 120, so ist, sofern die gesetzlichen Vertreter von mehr als 60 bezw. 120 dieser Kinder den Antrag bei der Schulaufsichtsbehörde stellen, für diese eine Beschulung in Schulen mit lediglich evangelischen oder lediglich katholischen Lehrkräften einzurichten, falls im Schulverbande eine Schule der letzteren Art nicht bereits besteht, in welche die Kinder eingeschult werden können.

§ 38 Abs. 2: Statt der Besetzung der Schulstellen mit evangelischen Lehrkräften soll bei mehrklassigen Volksschulen in der Regel eine Besetzung mit katholischen Lehrkräften herbeigeführt werden, wenn fünf Jahre nacheinander mindestens zwei Drittel der die Schule besuchenden einheimischen Schulkinder, ausschließlich der Gastschulkinder, katholisch gewesen sind, und während dieser Zeit die Zahl der evangelischen Kinder weniger als vierzig betragen hat. Unter den entsprechenden Voraussetzungen sollen in der Regel statt katholischer Lehrkräfte evangelische angestellt werden. Die Veränderung bedarf der Zustimmung des Unterrichtsministers

§ 39 Abs. 1: Beträgt in einem Schulverbande, welcher lediglich mit katholischen Lehrkräften besetzte öffentliche Volksschulen enthält, die Zahl der einheimischen schulpflichtigen evangelischen Kinder, mit Ausschluß der Gastschulkinder, während fünf aufeinanderfolgender Jahre über 60, in den Städten, sowie in Landgemeinden von mehr als 5000 Einwohnern über 120, so ist, sofern seitens der gesetzlichen Vertreter von mehr als 60 bezw. 120 schulpflichtigen Kindern der genannten Art der Antrag bei der Schulaufsichtsbehörde gestellt wird, für diese eine Beschulung in Schulen mit lediglich evangelischen Lehrkräften einzurichten.

### b) Die Errichtung jüdischer Kommunalschulen.

Hinsichtlich der Errichtung jüdischer öffentlicher Volksschulen ist das Grundprinzip des Gesetzes durchbrochen. Eine Verpflichtung zur Errichtung öffentlicher, für jüdische Kinder bestimmter Volksschulen ist den Kommunen durch das Gesetz nicht auferlegt. Vielmehr ist nur der bestehende Rechtszustand aufrechterhalten, d. h. die Kommunen sind berechtigt, ebenso wie andere, so auch besondere jüdische Schulen zu errichten; ein Anspruch der jüdischen Einwohner auf Neuerrichtung einer derartigen Schule besteht jedoch ebensowenig, wie ein Anspruch auf Umwandlung einer bestehenden andersartigen Schule in eine jüdische Schule.

Das Recht der Kommunen zur Errichtung öffentlicher jüdischer Volksschulen ist in den Motiven zum Regierungsentwurf des VUG. (S. 67) ausdrücklich hervorgehoben. Es soll danach den bürgerlichen Gemeinden nach wie vor überlassen bleiben, öffentliche jüdische Schulen einzurichten, wo sie dieses nach den besonderen örtlichen Verhältnissen für zweckmäßig erachten.

Zur Errichtung derartiger Schulen bedarf es, wie zur Errichtung der übrigen öffentlichen Volksschulen, der Genehmigung der Regierung.

Es kann fraglich sein, ob bezw. in welcher Form der jüdischen Bevölkerung ein Einfluß auf die Errichtung einer jüdischen Kommunalschule zusteht: ob die bürgerliche Gemeinde berechtigt ist, aus eignem Antrieb, gegebenenfalls sogar gegen den Willen der jüdischen Bevölkerung eine derartige Schule zu errichten, oder ob es eines Antrages oder mindestens der Zustimmung der jüdischen Bevölkerung zu ihrer Errichtung bedarf. Nach § 64 des Ges. v. 23. Juli 1847 (s. u. S. 24 f.) ist zur Absonderung der Juden von den ordentlichen Ortschulen ein Antrag des Vorstandes der Synagogengemeinde erforderlich. Doch handelt § 64 a. a. O., wie der Zusammenhang mit den folgenden Paragraphen ergibt, von der Errichtung einer von den jüdischen Einwohnern, nicht von der bürgerlichen Gemeinde zu unterhaltenden Schule. Hinsichtlich der Errichtung einer Schule der letzterwähnten Art fehlt es an Bestimmungen, durch welche den jüdischen Interessenten ein Recht auf Mitwirkung gewährleistet würde. Wenn demnach auch regelmäßig die Errichtung auf Antrag oder wenigstens im Einvernehmen mit der jüdischen Bevölkerung des Ortes, insbesondere mit dem Vorstand der zuständigen Synagogengemeinde als deren berufenem Vertreter erfolgen wird, so kann es doch nicht als gesetzlich ausgeschlossen gelten, daß die Errichtung einer besonderen jüdischen Kommunalschule auch ohne die Mitwirkung der jüdischen Bevölkerung, ja gegen ihren Willen erfolgt.

## B. Schulen der Synagogengemeinden und jüdische Sozietätsschulen.

Neben den öffentlichen Kommunalschulen ist die Errichtung öffentlicher jüdischer Volksschulen durch spezifisch jüdische Verbände zulässig, und zwar kommen zwei Möglichkeiten in Frage: Entweder erfolgt die Errichtung der Schule durch die zuständige Synagogengemeinde, oder es wird ein besonderer Verband der jüdischen Hausväter ausschließlich zum Zweck der Errichtung und Unterhaltung der öffentlichen jüdischen Schule, eine jüdische Schulsozietät, gebildet. Beide Schularten sind fakultativ, nicht obligatorisch. Ihre Errichtung ist unter den weiter unten angegebenen Bedingungen zulässig. Ein Verpflichtung zu ihrer Begründung besteht aber für die jüdischen Bürger nicht. Vielmehr gehören die jüdischen Kinder grundsätzlich den öffentlichen Volksschulen ihres Wohnortes an und dürfen ihres Bekenntnisses wegen nicht von der Aufnahme in dieselben zurückgewiesen werden [1]).

Es ist denkbar, daß der Bezirk der Synagogengemeinde und der Schulbezirk räumlich zusammenfallen und daß trotzdem die Schulgemeinde und die Synagogengemeinde nicht identisch, vielmehr rechtlich völlig voneinander geschieden sind, besondere Satzungen, rechtlich voneinander unabhängige

---

[1]) Das Nähere s. u. S. 207 ff.

Organe, verschiedene Kassen und verschiedene Kreise von Beitragspflichtigen haben [1]). Dieser Fall wird jedoch nicht die Regel sein.

Regelmäßig wird vielmehr beim Zusammenfallen des Schulbezirks und des Bezirks der Synagogengemeinde die Errichtung der öffentlichen jüdischen Volksschule durch die Synagogengemeinde erfolgen und eine besondere Schulsozietät zwecks Errichtung und Unterhaltung einer solchen Schule nur dann gebildet werden, wenn der räumliche Bezirk der Synagogengemeinde und derjenige der neu zu errichtenden Schule voneinander verschieden sind [2]).

Diese Ungleichheit kann eine zwiefache sein. Entweder ist der Bezirk der Synagogengemeinde für die zu errichtende Schule zu klein oder zu groß. Zu klein dann, wenn es sich etwa empfiehlt, eine nahe gelegene, zu einem anderen Synagogenbezirk gehörige Ortschaft einzubeziehen. Zu groß dann, wenn der Synagogenbezirk von größerem Umfange ist als das Bedürfnis für die Errichtung einer besonderen öffentlichen jüdischen Schule oder die Möglichkeit ihrer Benutzung. Wenn z. B. zum Synagogenbezirke A außer der Ortschaft A die Ortschaften B, C und D gehören, die jüdischen Kinder von C und D aber die öffentlichen Schulen ihres Wohnortes besuchen und nur für die jüdischen Einwohner von A oder A und B die Notwendigkeit oder Zweckmäßigkeit einer besonderen jüdischen Schule besteht; oder die Ortschaften C und D so weit von dem Mittelpunkte A entfernt sind, daß die Möglichkeit der Benutzung einer in A belegenen Schule für die Kinder aus den Orten C und D wegfällt.

Die Entscheidung darüber, ob im gegebenen Falle eine öffentliche jüdische Volksschule als Schule der Synagogengemeinde zu errichten oder eine besondere jüdische Schulsozietät zu ihrer Unterhaltung zu bilden ist, und im letzteren Falle die Abgrenzung des Schulbezirks, steht der Regierung zu.

In den gesetzlichen Bestimmungen wird im allgemeinen zwischen den beiden Schularten, der jüdischen Sozietätsschule und der öffentlichen Volksschule der Synagogengemeinde, nicht oder nicht deutlich unterschieden. Insbesondere sind die Voraussetzungen für die Errichtung beider, abgesehen von der Frage des räumlichen Bezirks, die gleichen.

In den einzelnen Rechtsgebieten gilt das Folgende:

### I. Für die Provinzen Ost- und Westpreußen, Brandenburg, Pommern, Posen, Schlesien, Sachsen, Westfalen und Rheinprovinz

(d. i. das Gebiet des Gesetzes vom 23. Juli 1847).

Im Geltungsbereich des Gesetzes vom 23. Juli 1847 kommen nebeneinander öffentliche Volksschulen der Synagogengemeinden und jüdische Sozietätsschulen vor.

---

[1]) Das Nähere hierüber siehe im folgenden Kapitel: Unterhaltung der jüdischen Volksschulen.

[2]) Vgl. Ministerialerlaß vom 24. Januar 1865 unten S. 31.

### 1. Schulen der Synagogengemeinden.

Das Gesetz vom 23. Juli 1847 bestimmt:

§ 60. In Bezug auf den öffentlichen Unterricht gehören die schulpflichtigen Kinder der Juden den ordentlichen Elementarschulen ihres Wohnorts an.

§ 64. Eine Absonderung von den ordentlichen Ortsschulen können die Juden der Regel nach nicht verlangen; ..... Ist in einem Orte oder Schulbezirke eine an Zahl und Vermögensmitteln hinreichende christliche und jüdische Bevölkerung vorhanden, um auch für die jüdischen Einwohner ohne deren Überbürdung eine besondere öffentliche Schule anlegen zu können, so kann, wenn sonst im allgemeinen Schulinteresse Gründe dazu vorhanden sind, die Absonderung der Juden zu einem eigenen Schulverbande auf den Antrag des Vorstandes der Synagogengemeinde angeordnet werden.

§ 65. Die Regierung hat in solchem Falle über die beabsichtigte Schultrennung und den dazu entworfenen Einrichtungsplan die Kommunalbehörde des Orts und die übrigen Interessenten mit ihren Erklärungen und Anträgen zu vernehmen.

§ 66. Ergiebt sich hierbei ein allseitiges Einverständniß über die Zweckmäßigkeit der Schulabtrennung und über die Bedingungen der Ausführung, so ist die Regierung befugt, die entsprechenden Festsetzungen und Einrichtungen unmittelbar zu treffen.

Im Falle obwaltender Differenzen bleibt die Entscheidung dem Minister der geistlichen 2c. Angelegenheiten vorbehalten.

§ 67. Eine nach §§. 64—66. errichtete jüdische Schule, hat die Eigenschaften und Rechte einer öffentlichen Schule. Insbesondere gelten dabei folgende nähere Bestimmungen:

1. . . .
2. Die Errichtung ...... dieser Schule liegt in Ermangelung einer anderweitigen Vereinbarung den jüdischen Einwohnern des Schulbezirks allein ob. Die Aufbringung der erforderlichen Kosten wird nach Maßgabe der Bestimmung des §. 58.[1]) bewirkt.
3. Wo die Unterhaltung der Ortsschulen eine Last der bürgerlichen Gemeinde ist, haben die Juden im Falle der Errichtung einer eigenen öffentlichen Schule eine Beihülfe aus Kommunalmitteln zu fordern, deren Höhe, unter Berücksichtigung des Betrages der Kommunalabgaben der jüdischen Einwohner, der aus den Kommunalkassen für das Ortsschulwesen sonst gemachten Verwendungen und der Erleichterung, welche dem Kommunalschulwesen aus der Vereinigung der jüdischen Kinder in eine besondere jüdische Schule erwächst, zu bemessen, und in Ermangelung einer gütlichen Vereinbarung von den Ministern der geistlichen 2c. Angelegenheiten und des Innern festzusetzen ist.

Danach ergibt sich hinsichtlich der Errichtung öffentlicher jüdischer Schulen durch die Synagogengemeinden das Folgende:

#### Voraussetzungen der Errichtung:

a) Die christliche und jüdische Bevölkerung in einem Orte oder Schulbezirke muß an Zahl und Vermögensmitteln hinreichend sein, um auch für die jüdischen Einwohner ohne deren Überbürdung eine besondere öffentliche Schule anlegen zu können.

b) Es müssen im allgemeinen Schulinteresse Gründe zu der Absonderung vorhanden sein (§ 64 des Ges. v. 23. 7. 1847), oder wenigstens keine Gründe dagegen. (M. E. v. 29. Februar 1860, u. S. 26 f.).

---

[1]) siehe unten S. 76.

Als ausreichende Gründe zur Errichtung einer öffentlichen jüdischen Schule gibt die Denkschrift zu § 30 des Regierungsentwurfs zum Gesetz vom 23. Juli 1847 die folgenden an:

1. Mangel an Raum in der christlichen Schule zur Mitaufnahme der jüdischen Kinder bei regelmäßigem Schulbesuch.
2. Unausführbarkeit einer abhelfenden Erweiterung überhaupt und unverhältnismäßige Schwierigkeit und Kostspieligkeit derselben nach den Lokalumständen.
3. Unbillige Belastung insbesondere der christlichen Einwohner bei Mitheranziehung zu den für das vorzugsweise Bedürfnis des jüdischen Teils erforderlichen neuen Anlagen.
4. Besorgliche Rechtsverwicklung in betreff vorhandener, das Religionsbedürfnis mit berührender Schulstiftungen.
5. Obwaltendes Bedenken in pädagogischer Beziehung gegen die gemeinschaftliche Schulerziehung der jüdischen und der christlichen Kinder [1]).

## Das Errichtungsverfahren.

a) Die Absonderung zu einem besonderen Schulverbande muß von dem Vorstand der Synagogengemeinde bei der Regierung beantragt werden.

b) Die Regierung muß vor Erteilung der Genehmigung erstens die Kommunalbehörde des Ortes, sodann die übrigen Interessenten mit ihren Erklärungen und Anträgen sowohl über die beabsichtigte Schultrennung, als den dazu entworfenen Einrichtungsplan anhören.

In den Provinzen Posen und Westpreußen, für welche das VUG. keine Gültigkeit hat, sind auch weiterhin besondere Schulsozietäten als Träger der Volksschullast allgemein zulässig. Wo solche bestehen und die Absonderung der jüdischen Einwohner zu einem besonderen Schulverbande die Loslösung von einer bestehenden Schulsozietät bedingt, gehört zu den „übrigen Interessenten" derjenige Schulverband, dem die in Frage kommenden jüdischen Einwohner bisher angehören.

Für die übrigen Provinzen, in denen durch das VUG. die Schullast generell den Kommunen übertragen ist, dürften regelmäßig neben den jüdischen Einwohnern des Ortes, vertreten durch den Vorstand der Synagogengemeinde, und der Ortskommunalbehörde weitere Interessenten kaum in Frage kommen.

c) Ergibt sich ein allseitiges Einverständnis sowohl über die Zweckmäßigkeit der Schulabtrennung, als auch über die Bedingungen der Ausführung, so ist die Regierung befugt, unmittelbar die entsprechenden Festsetzungen und Einrichtungen zu treffen.

---

[1]) Vgl. auch den Ministerialerlaß vom 14. März 1842 o. S. 16ff.

d) Bestehen unter den Beteiligten Meinungsverschiedenheiten, so hat der Minister der geistlichen usw. Angelegenheiten die Entscheidung zu treffen.

e) Über die Frage, wem die Errichtung der Schule obliegt, entscheiden in erster Reihe etwaige Vereinbarungen. (§ 67 Nr. 2 a. a. O.)

Sind besondere Vereinbarungen nicht getroffen, so liegt die Errichtung der Schule den jüdischen Einwohnern des Schulbezirkes allein ob. Die Kosten werden als ein Teil der Synagogengemeindesteuern nach Maßgabe der dafür geltenden Bestimmungen von den Mitgliedern der Synagogengemeinde aufgebracht.

Die Kommune ist jedoch überall da, wo ihr die Unterhaltung der Ortsschulen obliegt, zu einem Kostenbeitrage verpflichtet. Das ist nach dem Inkrafttreten des VUG. im Geltungsbereich dieses Gesetzes allgemein, in den Provinzen Posen und Westpreußen, in denen das Gesetz keine Geltung hat, dort der Fall, wo die Kommunen die Volksschullast freiwillig übernommen haben. Über die Bemessung des Kommunalbeitrages s. u. S. 53 ff.

Über die Voraussetzungen der Errichtung öffentlicher Volksschulen der Synagogengemeinden sind die folgenden Ministerialerlasse ergangen:

## 1. Ministerialerlaß vom 29. Februar 1860 (M.-Bl. S. 93).

In den beifolgenden, an den mitunterzeichneten Minister der geistlichen usw. Angelegenheiten gerichteten Vorstellung bittet der Synagogenvorstand zu N. um Anerkennung der dort bestehenden jüdischen Schule als einer öffentlichen.

Unter Bezugnahme auf das Reskript vom 10. November 1857 bemerken wir hierzu Folgendes:

Die früher von der Kgl. Regierung gegen den Antrag geltend gemachten Gründe, daß die Errichtung öffentlicher jüdischer Schulen überhaupt nicht erwünscht und nicht anzuraten sei, so lange nicht für Vorbildung qualifizierter jüdischer Lehrer ausreichende Fürsorge getroffen sei, können wir nicht weiter als maßgebend in Betracht ziehen. Es handelt sich vielmehr darum, ob die im § 64. des Gesetzes vom 23. Juli 1847 *enthaltenen Voraussetzungen für Anlegung einer öffentlichen jüdischen Schule* im vorliegenden Falle als zutreffend anzusehen sind.

Es scheint dies bei einer Anzahl von ca. 50 schulpflichtigen jüdischen Kindern, und da die betreffenden Familienväter schon seither in einer auf ihre Kosten unterhaltenen Privatschule den Unterricht ihrer Kinder haben besorgen lassen, da ferner in den früheren Berichten aus dem allgemeinen Schulinteresse keine Gründe gegen Anlegung einer öffentlichen jüdischen Schule in N. angebracht worden sind, nicht zweifelhaft zu sein.

Der früher geltend gemachte Einwand, daß die Einnahmen der christlichen Ortsschulen durch die beantragte Einrichtung beeinträchtigt werden würden, dürfte nicht von Erheblichkeit sein. Die große Mehrzahl der jüdischen Kinder hat schon seither die jüdische Privatschule besucht und also zu der christlichen Schule kein Schulgeld bezahlt. Es kann sich daher nur noch um die eventuell eintretende *Befreiung der jüdischen Einwohner von den unmittelbaren persönlichen Leistungen behufs Unterhaltung* der Ortsschulen (§ 67 Nr. 4 l. c.), sowie *um die zur jüdischen Schule aus Kommunalmitteln zu gewährende Beihülfe* (Nr. 3. l. c.) handeln. In letzterer Beziehung haben es aber die Aufsichtsbehörden in der Hand, auf Grund der Bestimmungen des § 67 Nr. 3 l. c., weil im vorliegenden Fall eine dem Kommunal-Schulwesen aus der Errichtung einer besonderen jüdischen Schule erwachsende Erleichterung überhaupt in Abrede genommen werden kann, jene Beihülfe nöthigenfalls in quanto auf ein Minimum festzusetzen[1]).

Hiernach, und da es sich überhaupt nicht empfehlen kann, lediglich im Interesse der christlichen Bevölkerung die Errichtung öffentlicher jüdischer Schulen zu verhindern, veranlassen wir die Kgl. Regierung, die Sache in nochmalige Erwägung zu nehmen, dem Antrage der Petenten zu willfahren, wie Solches geschehen ist, binnen 3 Monaten anzuzeigen, oder in gleicher Frist über die entgegenstehenden Bedenken zu berichten.

Berlin, den 29. Februar 1860.

Der Minister der geistlichen usw. Angelegenheiten
v. Bethmann-Hollweg

Der Minister des Innern
Graf v. Schwerin.

## 2. Ministerialerlaß vom 29. Mai 1860.[2])

Berücksichtigung der Leistungsfähigkeit der Interessenten bei Gründung öffentlicher jüdischer Elementarschulen.

Auf die Vorstellung vom 22. November v. J. eröffne ich dem jüdischen Corporations-Vorstand nach Einsicht des Berichts der Kgl. Regierung zu N., daß die Absonderung der dortigen Juden zu einem besonderen Schulverband nicht gestattet werden kann, weil die Voraussetzung des §. 64. des Gesetzes vom 23. Juli 1847, daß eine an Anzahl und Vermögensmitteln hinreichende christliche und jüdische Bevölkerung vorhanden sei, um auch für die jüdischen Einwohner ohne deren Überbürdung eine besondere öffentliche Schule anlegen zu können, dort nach den vorliegenden thatsächlichen Ermittelungen nicht zutrifft, vielmehr bei einer Trennung der Schulen weder die christliche noch die jüdische aus eigenen Mitteln der Gemeinde würde bestehen können. Es muß daher bei den Verfügungen der Kgl. Regierung vom 10. März 1857 und vom 2. Juli v. J. bewenden[3]).

Berlin, den 29. Mai 1860.

Der Minister der geistlichen zc. Angelegenheiten
i. A. Lehnert.

### 2. Sozietätsschulen.

Die Einrichtung der Schulsozietäten ist im allgemeinen geregelt:

1. durch die Bestimmungen des ALR. II, Tit. 12 §§ 29 ff. und
2. durch die Geschäftsinstruktion für die Regierungen vom 23. Oktober 1817 (GS. S. 248).

Die zutreffenden Bestimmungen des ALR. Teil II Tit. 12 lauten:

§ 29. Wo keine Stiftungen für die Gemeindeschulen vorhanden sind, liegt die Unterhaltung der Lehrer den sämtlichen Hausvätern jedes Ortes, ohne Unterschied, ob sie Kinder haben oder nicht, und ohne Unterschied des Glaubensbekenntnisses ob.

---

[1]) Vgl. jedoch u. S. 53 ff., insbesondere die Ministerialerlasse vom 29. Januar 1873 und vom 11. September 1873 u. S. 54 ff.

[2]) Vgl. Z.-Bl. S. 505.

[3]) Zu vergl. ist auch der Ministerialerlaß vom 24. Januar 1865 S. 31 f.

§ 30. Sind jedoch für die Einwohner verschiedenen Glaubensbekenntnisses an einem Orte mehrere Gemeindeschulen errichtet, so ist jeder Einwohner nur zur Unterhaltung des Schullehrers von seiner Religionspartei beizutragen verbunden.

§ 31. Die Beiträge, sie bestehen nun in Gelde oder in Naturalien, müssen unter die Hausväter nach Verhältnis ihrer Besitzungen und Nahrungen billig verteilt und von der Gerichtsobrigkeit ausgeschrieben werden.

§ 32. Gegen Erlegung dieser Beiträge sind alsdann die Kinder der Kontribuenten von Entrichtung eines Schulgeldes für immer frei.

§ 33. Gutsherrschaften auf dem Lande sind verpflichtet, ihre Untertanen, welche zur Aufbringung ihres schuldigen Beitrages ganz oder zum Teil auf eine Zeitlang unvermögend sind, dabei nach Notdurft zu unterstützen.

### Schulgebäude.

§ 34. Auch die Unterhaltung der Schulgebäude und Schulmeisterwohnungen muß, als gemeine Last, von allen zu einer solchen Schule gewiesenen Einwohnern ohne Unterschied getragen werden.

§ 35. Doch trägt das Mitglied einer fremden zugeschlagenen Gemeinde zur Unterhaltung der Gebäude nur halb soviel bei, als ein Einwohner von gleicher Klasse an dem Orte, wo die Schule befindlich ist.

§ 36. Bei Bauten und Reparaturen der Schulgebäude müssen die Magisträte in den Städten und die Gutsherrschaften auf dem Lande, die auf dem Gute oder Kämmereieigentume, wo die Schule sich befindet, gewachsenen oder gewonnenen Materialien, soweit selbige hinreichend vorhanden und zum Bau notwendig sind, unentgeltlich verabfolgen.

Die bezügliche Bestimmung der Regierungsinstruktion lautet wie folgt:

§ 18. Die Kirchen- und Schulkommission (§ 2 Nr. 7), (jetzt Abt. für Kirchen- und Schulwesen, Kab.-O. vom 31. Dezember 1825 Lit. B II 2) ist, als solche, keine besondere Behörde, sondern ein integrierender Teil der ersten Abteilung der Regierung. Alles was für letztere und die Regierung überhaupt in der gegenwärtigen Instruktion vorgeschrieben worden, findet daher auf sie ebenfalls Anwendung. Ihr gebührt die Verwaltung aller geistlichen und Schulangelegenheiten, welche nicht dem Konsistorium in der demselben heute erteilten Instruktion ausdrücklich übertragen worden. Unter dieser Einschränkung gebührt ihr daher

a) — i) . . . . . Auch steht ihr ohne höhere Genehmigung frei:

k) Schulsozietäten einzurichten und zu verteilen, wo die Ortschaften es wünschen, oder Lokalumstände es nötig machen.

In allen diesen Angelegenheiten kommt es, behufs der Kompetenz der Kirchen- und Schulkommission, auf die Verschiedenheit der Religion und des Kultus nicht an. . . . .

Diese Kompetenz der Regierungen ist aufrechterhalten durch das Zuständigkeitsgesetz vom 1. August 1883 (GS. S. 237). § 49 Abs. 3 dieses Gesetzes bestimmt:

Die der Schulaufsichtsbehörde nach Maßgabe des Gesetzes zustehende Befugnis zur Einrichtung neuer oder Theilung vorhandener Schulsozietäten bleibt unberührt.

Nach den angeführten Bestimmungen der Instruktion von 1817 ist die Einrichtung und Verteilung der Schulsozietäten Aufgabe der Regierung, und zwar derart, daß die Einrichtung entweder auf Antrag der Interessenten oder aber auch, „wo Lokalumstände es nötig machen“, aus eignem Antrieb der Regierung erfolgen kann.

Es ergibt sich die Frage, ob die allgemeinen Bestimmungen über die Einrichtung von Schulsozietäten uneingeschränkt auch für jüdische Schulsozietäten gelten, ob insbesondere die Bildung einer jüdischen Schulsozietät von der Regierung auch ohne einen Antrag der jüdischen Interessenten, event. sogar gegen ihren Willen angeordnet werden kann.

Die Beantwortung der Frage wird abhängen von der Beantwortung der Vorfrage, ob die Bestimmungen des Gesetzes vom 23. Juli 1847 (o. S. 24 f.) sich nur auf Schulen der Synagogengemeinden oder auch auf jüdische Sozietätsschulen beziehen.

§ 67,2 a. a. O. bestimmt: „Die Aufbringung der erforderlichen Kosten wird nach Maßgabe der Bestimmung des § 58 bewirkt". § 58 a. a. O [1]) spricht von den Kosten des Kultus und der übrigen die Synagogengemeinde betreffenden Bedürfnisse. Danach wäre anzunehmen, daß in den §§ 64—67 a. a. O. lediglich von Schulen der Synagogengemeinden die Rede ist.

Andererseits geht § 64 a. a. O. davon aus, daß „in einem Orte oder Schulbezirke eine an Zahl und Vermögensmitteln hinreichende christliche und jüdische Bevölkerung vorhanden" ist. Diese Bestimmung in Verbindung mit dem ersten Satz des § 67,2 a. a. O.: „Die Errichtung und Unterhaltung dieser Schule liegt in Ermangelung einer anderweitigen Vereinbarung den jüdischen Einwohnern des Schulbezirks allein ob", wird in dem ME. v. 24. Januar 1865 [2]) dahin verstanden, daß die in Rede stehenden Bestimmungen des Gesetzes vom 23. Juli 1847 nicht nur die Schulen der Synagogengemeinden, sondern auch solche besonderer jüdischer Sozietäten im Auge haben.

Diese Erklärung ist nicht unbedenklich. Ihr steht einmal der im § 67,2 enthaltene Hinweis auf § 58 a. a. O. entgegen. Sodann braucht der Ausdruck „in einem Orte oder Schulbezirke" nicht einen Hinweis auf die besonderen jüdischen Schulgemeinden zu bedeuten. Vielmehr liegt es nahe, da es sich um die Absonderung der jüdischen Einwohner von den ordentlichen Ortsschulen handelt, die Wahl des Ausdrucks daraus zu erklären, daß die Schule, von der die Abtrennung vorgenommen werden soll, eine Schule des betreffenden Ortes oder eines besonderen Schulbezirks sein kann, und unter „Schulbezirk" den Bezirk der bereits bestehenden nicht-jüdischen, nicht aber der erst zu begründenden jüdischen Schule zu verstehen. Stellt man sich trotz dieser Bedenken auf den in dem ME. vertretenen Standpunkt, daß die in Rede stehenden Bestimmungen des Gesetzes von 1847 auch von den Sozietätsschulen sprechen, so ergibt sich als Konsequenz, daß die Voraussetzungen für die Errichtung einer besonderen jüdischen Schulsozietät, abgesehen von der Frage der räumlichen Begrenzung des Schulbezirks, die gleichen sind, wie für die Errichtung einer Schule der Synagogengemeinde [3]), und daß auch das Errichtungsverfahren in beiden Fällen dasselbe ist. Insbesondere

[1]) s. u. S. 76.
[2]) u. S. 31f.
[3]) cf. o. S. 24 ff.

würde also auch eine besondere jüdische Schulsozietät von der Regierung nur eingerichtet werden können, wenn seitens des Vorstandes der zuständigen Synagogengemeinde die Absonderung der Juden zu einem besonderen Schulverband beantragt worden ist.

Zur Frage der Errichtung jüdischer Sozietätsschulen sind mit ministerieller Genehmigung **vor Erlaß des Gesetzes von 1847,** durch das sie zum Teil überholt sind, die folgenden Regierungsverfügungen ergangen:

1.

**Verfügung der Kgl. Regierung zu Arnsberg vom 27. September 1822 gen. durch Ministerialerlaß vom 29. August desselben Jahres.**

1)—4)

5) Die gesamte Judenschaft einer Stadt oder eines ländlichen Bezirks wird von dem Zwange zur christlichen Schule, sowie von der Verpflichtung, Beiträge zum Bau und zur Unterhaltung derselben und zur Besoldung der christlichen Lehrer zu entrichten, völlig frei, wenn dieselbe eine besondere Schulanstalt auf gemeinschaftliche Kosten mit unserer Genehmigung errichtet und einen in vorbeschriebener Weise geprüften und tüchtig befundenen jüdischen Lehrer, unter Zusicherung eines auskömmlichen und anständigen Gehaltes auf Lebenszeit, ordnungsmäßig beruft, sobald der von den sämtlichen jüdischen Familien-Häuptern oder ihren Deputierten ausgestellte und vom Lehrer angenommene Beruf unsere durch die städtische Schulkommission oder den Schulinspektor nachzusuchende Bestätigung erhalten hat.

Sowohl die Schulen der . . . . . . . konzessionierten Privatlehrer, als der nach § 5 förmlich angestellten jüdischen Gemeindelehrer sind der Aufsicht der von uns angeordneten städtischen Schulkommissionen und Bezirks-Schulinspektoren unterworfen, welche diese, gemäß der ihnen erteilten Dienst-Instruktionen auszuüben und insbesondere auch dahin zu sehen haben, daß die israelitischen Kinder regelmäßig die Schule besuchen und die saumhaften Eltern zur Strafe gezogen werden. . . . .

(Ann. VI Seite 661, Rönne-Simon S. 166).

2.

**Bekanntmachung der Kgl. Regierung zu Minden vom 16. März 1825.**

Mind. Amtsblatt 1825 No. 22 (Rönne-Simon. Seite 167 f.).

. . . . . . . Gestützt auf diese Gesetze, namentlich auf das ALR Teil II Tit. 12 §§ 8, 11, 24, 43, 48 und der Regierungs-Instruktion vom 23. Oktober 1817, sowie mit Vorwissen und Genehmigung des K. Ministerii der g., U. u. Med. Ang., verordnen wir daher, wie folgt:

§ 1—2 . . . .

§ 3. Wenn die israelitischen Hausväter eines Orts es vorziehen, für ihre Kinder eine eigene öffentliche Elementarschule zu unterhalten, so kann ihnen solches, auf gehöriges Nachsuchen, zwar gestattet werden, jedoch immer unter folgenden Bedingungen:

1) daß der von ihnen anzunehmende israelitische Schullehrer in einer durch die Regierung anzuordnenden Prüfung, mit alleiniger Ausnahme des Religionspunkts, dieselbe Qualifikation zu seinem Berufe dartue, welche bei einem christlichen Elementar-Schullehrer erfordert wird,

2) daß für den Unterhalt desselben durch die Schulinteressenten hinlänglich auskömmlich gesorgt werde, um es ihm möglich zu machen, seinem Berufe ausschließlich oder doch hauptsächlich sich zu widmen,
3) daß ein passendes und bestimmtes Unterrichtslokal von den Interessenten beschafft werde,
4) daß die Annahme des Schullehrers nicht auf bestimmte Kontraktsfristen, sondern auf jährige oder halbjährige Kündigung erfolge, welche letztere jedoch, sobald der Lehrer einmal von der Regierung approbiert worden, niemals ohne Genehmigung der Regierung stattfinden darf.

§ 10. Alle zur Aufsicht über die christlichen Schulen verordneten Behörden sind verpflichtet, bei ihren Schulvisitationen nicht nur in den christlichen Schulen den daselbst etwa unterrichteten israelitischen Kindern und ihrer zweckmäßigen Behandlung abseiten des Lehrers und der Mitschüler eine vorzügliche Aufmerksamkeit zu widmen, sondern auch die innerhalb ihres Sprengels etwa befindlichen israelitischen Elementarschulen zu besuchen, von dem Zustande derselben, namentlich von der Zweckmäßigkeit ihres Lehrplanes, soweit wie derselbe nicht die Religion zum Gegenstande hat, sich zu überzeugen, und über etwa vorgefundene Mängel oder Mißbräuche zur Abhilfe an die Regierung zu berichten. . . . .

**Nach dem Inkrafttreten des Gesetzes vom 23. Juli 1847** sind die folgenden Ministerialerlasse ergangen:

## 1. Ministerialerlaß vom 24. Januar 1865.[1]

Dem jüdischen Corporations-Vorstand ist durch die diesseitige Verfügung vom 25. Juni 1862 eröffnet worden, daß der auf Grund der allgemeinen Instruction für die Schulvorstände im dortigen Regierungsbezirk vom 21. Februar 1834 gewählte Vorstand der jüdischen Schule beibehalten werden müsse, weil nur in den Orten, wo die Synagogengemeinde mit der jüdischen Schulgemeinde in den Personen zusammentrifft, eine Voraussetzung, welche bezüglich der dortigen jüdischen Schule fehle, die drei wechselnden Mitglieder des Schulvorstandes, und zwar eins von dem Corporationsvorstand und zwei von dem Repräsentanten-Collegium zu wählen seien.

Die gegen diese Entscheidung von dem Corporationsvorstand in den Vorstellungen vom 1. April und 27. Oktober v. J. erhobenen Einwendungen habe ich einer eingehenden Prüfung unterzogen, vermag dieselben aber nicht als begründet anzuerkennen.

Die Behauptung, daß die jüdische Schulgemeinde und die Synagogengemeinde in N. identisch seien, und daß das Gesetz vom 23. Juli 1847 über die Verhältnisse der Juden alle öffentlichen jüdischen Schulen als Anstalten der Synagogengemeinden auffasse und eine besondere jüdische Schulgemeinde neben der letztern überhaupt nicht zulasse, ist in ihrem erstern Theil thatsächlich unrichtig, in ihrem letztern Theil aber rechtlich unbegründet. Weder die vorläufige Verordnung wegen des Judenwesens in der dortigen Provinz vom 1. Juni 1833, noch das Gesetz vom 23. Juli 1847 gewähren für eine solche Auffassung einen Anhalt. Es ergiebt sich vielmehr das Gegentheil aus den Vorschriften der §§. 64. und 67. Nr. 3. des Gesetzes vom 23. Juli 1847, indem danach die Errichtung öffentlicher jüdischer Schulen für die jüdischen Einwohner eines „Orts- oder Schulbezirks" unter bestimmten Voraussetzungen gestattet und verordnet wird, daß die Unterhaltung dieser Schulen in Ermangelung einer anderweiten Vereinbarung „den jüdischen Einwohnern des Schulbezirks" allein obliege. Nur die Beschaffung des besonderen Religionsunterrichts für die jüdischen Kinder ist sowohl im §. 11. der erwähnten Verordnung, als auch im §. 62. des Gesetzes vom 23. Juli 1847 allgemein als eine Pflicht der Synagogengemeinden bezeichnet.

---

[1]) Vgl. Z.-Bl. S. 124 ff.

Hiernach können zwar die jüdischen Schulgemeinden und die Synagogengemeinden zusammenfallen; es ist das aber nicht nothwendig, wie denn auch zahlreiche öffentliche jüdische Schulen bestehen, welche nicht für den ganzen, oft sehr weitreichenden Bezirk der Synagogengemeinden bestimmt sind, und dann auch nicht von den Synagogengemeinden, sondern von den jüdischen Einwohnern des Schulbezirks unterhalten werden.

Dieses letztere Verhältnis besteht auch bezüglich der dortigen jüdischen Schule. Zu derselben gehören nur die Juden aus der Stadt und dem Dorfe N., während die Synagogengemeinde außerdem noch mehrere Ortschaften in der Umgegend umfaßt, deren jüdische Einwohner zu den ordentlichen Elementarschulen ihres Wohnorts eingeschult sind und für den Religionsunterricht ihrer Kinder größtenteils durch Privatlehrer sorgen. Die Juden in diesen Ortschaften dürfen mithin zu den Bedürfnissen der jüdischen Schule in N. nicht herangezogen werden.

Hiernach sind sowohl die Einwendungen des Korporationsvorstandes gegen die Verfügung vom 25. Juni 1862 wegen der Zusammensetzung des Schulvorstandes, als auch die damit im Zusammenhang stehenden Beschwerden über die Umlegung der Schulbedürfnisse und die Regulierung des Schuletats unbegründet.

Berlin, den 24. Januar 1865.

Der Minister der geistl. usw. Angelegenheiten
i. V. Lehnert.

Zu vergleichen ist auch der Ministerialerlaß vom 14. März 1842 o. S. 16ff.

## 2. Ministerialerlaß vom 21. Juni 1884.[1]

Der Kgl. Regierung erwidere ich auf den Bericht vom 19. Mai d. J. betreffend die Beschwerde der jüdischen Hausväter von L. und von S. wegen Zuweisung der jüdischen Hausväter in L. zu der dortigen katholischen Schule, daß dem eventuellen Wunsche der Beschwerdeführer entsprechend die Juden in den beiden genannten Gutsbezirken unter Errichtung einer öffentlichen jüdischen Schule gemäß § 18 Lit. k der Regierungsinstruktion vom 23. Oktober 1817 bezw. § 29 ff. Titel 12 Teil II ALR. und §§ 67 und 58 des Gesetzes vom 23. Juli 1847 GS. S. 263 zu einer besonderen jüdischen Schulsozietät zu konstituieren sind und die desfallsige Anordnung zum 1. Oktober d. J. zur Ausführung zu bringen ist, bis zu welchem Zeitpunkte es hinsichtlich der Zuweisung der Juden in L. zu der dortigen katholischen Schule bei der dieserhalb von der Kgl. Regierung getroffenen Anordnung sein Bewenden behält.

Die Kgl. Regierung beauftrage ich, hiernach das Weitere zu veranlassen und die Beschwerdeführer auf die an mich gerichteten, nebst einer Anlage wieder angeschlossenen Vorstellungen vom 8. November v. J. und 30. März d. J. in meinem Namen zu bescheiden.

Von der Intention, die jüdische Privatschule in S. als eine öffentliche jüdische Volksschule anzuerkennen, ist Abstand zu nehmen. Vielmehr wird, sobald unter Errichtung einer öffentlichen jüdischen Schule eine besondere jüdische Schulsozietät konstituiert sein wird, die jüdische Privatschule in S. aufzuheben bezw. die zu deren Einrichtung seinerzeit erteilte Konzession zurückzunehmen sein.

Der Minister der geistlichen usw. Angelegenheiten
von Goßler.

An die Kgl. Regierung zu L.

---

[1]) Vgl. Schneider-v. Bremen a. a. O. II. S. 99.

### II. Für das Gebiet der ehemaligen Herzogtümer Schleswig-Holstein und Lauenburg.

Für das jüdische Schulwesen des ehemaligen Herzogtums Holstein ist maßgebend das Gesetz vom 14. Juli 1863. Dieses gestattet die Errichtung öffentlicher jüdischer Volksschulen und bestimmt zum Träger der Unterhaltungslast die „jüdische Schulkommüne". Mangels entgegenstehender anderweiter Bestimmungen wird die Konstituierung der bestehenden Synagogengemeinde zur Schulkommüne und die Übernahme der Schulunterhaltungslast als Last der Synagogengemeinde für zulässig zu erachten sein. — Die gegenwärtig in Altona bestehende öffentliche jüdische Volksschule ist eine Schule der Synagogengemeinde.

Für das Gebiet des ehemaligen Herzogtums Schleswig ist das jüdische Schulwesen durch die Verordnung vom 8. Februar 1854 geregelt. Diese gestattet gleichfalls den Juden eines Ortes die Errichtung einer besonderen jüdischen Schule für ihre Kinder. Mangels ausdrücklicher Bestimmungen im Gesetze wird man sowohl die Errichtung einer besonderen Schulsozietät als die Begründung einer öffentlichen jüdischen Schule durch die Synagogengemeinde für angängig zu erachten haben.

Die bezüglichen Bestimmungen lauten:

#### a) Gesetz vom 14. Juli 1863 für das Herzogtum Holstein.

§ 18. Abs. 1. Die an einem Orte wohnhaften Juden sind befugt, besondere Schulen für ihre Kinder einzurichten, insofern sie die Gehalte der Lehrer und die übrigen Bedürfnisse der Schule aufzubringen vermögen. Wenn sie auf diese Weise eine eigene jüdische Schulkommüne bilden, sind sie von Personalschullasten für das christliche Volksschulwesen befreit.

#### b) Verordnung vom 8. Februar 1854 für das Herzogtum Schleswig.

§ 27. Abs. 1. Die an einem Ort sich aufhaltenden Juden sind befugt, besondere Schulen für ihre Kinder einzurichten, insofern sie die Gehalte der Lehrer und die übrigen Bedürfnisse der Schule aufzubringen vermögen.

Für das ehemalige Herzogtum Lauenburg bestehen keine besonderen Bestimmungen wegen Errichtung jüdischer Schulen.

### III. Provinz Hannover.

Das jüdische Schulwesen in dem ehemaligen Königreich Hannover wird geregelt durch das Gesetz vom 30. September 1842, die Bekanntmachung vom 19. Januar 1844 und die Schulordnung für die jüdischen Schulen vom 5. Februar 1854.

Danach ist die Regel die öffentliche jüdische Volksschule der Synagogengemeinde.

Doch können auch besondere Schulsozietäten gebildet werden.

Im einzelnen sind die Grundsätze für die Errichtung öffentlicher jüdischer Schulen im Gebiete des ehemaligen Königreichs Hannover die folgenden:

1. In der Regel bildet jede Synagogengemeinde einen Schulverband.
2. In besonderen Fällen können jedoch die Bezirke mit Genehmigung der Landdrostei anderweitig festgestellt werden. Wo solches den Schulbesuch oder die Einrichtung eines zweckmäßigen Schulwesens erleichtert, ist es zulässig, Synagogengemeinden oder einzelne Orte derselben, auch wenn sie verschiedenen Landrabbinaten angehören, zu einem Schulverbande zu vereinigen. Mit Genehmigung der Landdrostei ist festzusetzen, wo vollständig eingerichtete jüdische Schulen bestehen sollen. Die Bezirke der jüdischen Schulen sollen in der Weise festgestellt werden, daß allen zur Schulgemeinde gehörigen Kindern der Schulbesuch möglich ist.
3. Die einmal festgesetzten Bezirke können, sofern es sich als notwendig erweist, durch die Landdrosteien nach Vernehmung des betreffenden Landrabbiners und mit Genehmigung der Regierung abgeändert werden. (§ 1 der Bekanntmachung v. 19. Januar 1844). Doch sollen Abänderungen einmal eingerichteter Schulverbände nicht ohne vorgängige Vernehmung der Beteiligten, und gegen deren Willen nur infolge veränderter Verhältnisse oder aus sonst erheblichen Gründen vollzogen werden. (§ 10 d. Ges. v. 5. Februar 1854).
4. Die Errichtung jüdischer Volksschulen liegt den Juden ob (§ 19 d. Ges. v. 30. September 1842).
5. Zu der Errichtung ist die Genehmigung der Landdrostei erforderlich. (§ 27. d. Gesetzes).
6. Voraussetzung für die Genehmigung ist der Nachweis bei der Landdrostei, daß für den gehörigen Unterricht durch einen befähigten und geprüften Lehrer, für angemessene Diensteinnahme desselben und für die sonstigen Bedürfnisse der Schule genügend gesorgt ist (§ 38 d. Gesetzes).

Die bezüglichen gesetzlichen Bestimmungen lauten:

## a) Gesetz vom 30. September 1842.

§ 19. Den Juden steht die Ausübung des Gottesdienstes in der Synagoge frei. Auch können sie ihre Kinder in besonderen jüdischen Schulen unterrichten lassen.

§ 27. Die Anlegung neuer . . . . Schulen . . . . erfordert landdrosteiliche Genehmigung.

§ 38. Die Zulassung neuer jüdischer Schulen und die Beibehaltung der vorhandenen setzt die Nachweisung bei der Landdrostei voraus, daß für gehörigen Unterricht in allgemeinen Kenntnissen durch einen befähigten und geprüften Lehrer, für angemessene Diensteinnahme desselben und für sonstige Bedürfnisse der Schulanstalt genügend gesorgt sei.

§ 40. Die Bezirke der jüdischen Schulen sollen in der Art näher festgestellt werden, daß allen zur Schulgemeinde gehörenden Kindern der Besuch der Schule möglich ist. *Sofern es tunlich, sollen die Bezirke der Synagogengemeinden zum Grunde gelegt werden.*

### b) Bekanntmachung vom 19. Januar 1844.

§ 1. Die Bezirke der jüdischen .... Schulen, .... sowie solche gemäß den §§ 35, 40 und 48 des Gesetzes über die Rechtsverhältnisse der Juden festgestellt sind oder werden, können, wenn es sich künftig als angemessen darstellt, durch die Landdrostei nach Vernehmung des betreffenden Landrabbiners und mit unserer Genehmigung abgeändert werden.

§ 2. Die jetzt zugelassenen Schulen können wieder aufgehoben werden, wenn sich künftig zeigt, daß den Erfordernissen des Gesetzes im § 38 nicht genügt werden kann.

### c) Gesetz vom 5. Februar 1854.

§ 10. In der Regel bildet jede Synagogengemeinde einen Schulverband.

In besonderen Fällen können jedoch die Bezirke mit Genehmigung der Landdrostei anderweitig festgestellt werden.

Wo solches den Schulbesuch oder die Einrichtung eines zweckmäßigen Schulwesens erleichtert, ist es zulässig, Synagogengemeinden oder einzelne Orte derselben, auch wenn sie verschiedenen Landrabbinaten angehören, zu einem Schulverbande zu vereinigen.

Mit Genehmigung der Landdrostei ist festzusetzen, wo vollständig eingerichtete jüdische Schulen und wo Religionsschulen bestehen sollen.

Abänderungen einmal eingerichteter Schulverbände sind nicht ohne vorgängige Vernehmung der Beteiligten und gegen deren Willen nur infolge veränderter Verhältnisse oder aus sonst erheblichen Gründen zu verfügen.

## IV. Für das Gebiet des ehemaligen Kurfürstentums Hessen.

Das jüdische Schulwesen im Gebiete des ehemaligen Kurfürstentums Hessen wird geregelt durch die Verordnung vom 30. Dezember 1823 und das Gesetz vom 29. Oktober 1833. Die Regel ist im Gebiete des Kurfürstentums Hessen die öffentliche jüdische Volksschule der Synagogengemeinde.

Die Errichtung besonderer jüdischer Schulsozietäten ist jedoch nicht ausgeschlossen.

Die auf die Errichtung öffentlicher jüdischer Volksschulen bezüglichen Bestimmungen lauten:

### a) Verordnung vom 30. Dezember 1823.

§ 12. Die jüdischen Glaubensgenossen sind verbunden, ihre Kinder in die öffentlichen Schulen ihres Wohnortes zu schicken. Es stehet jedoch den Juden eines Ortes oder mehrerer benachbarten Orte frei, eine eigene öffentliche und mit geprüften Lehrern gehörig zu besetzende Schule, unter der Aufsicht des Vorsteheramtes sowie des Kreisrates und unter der Leitung der Regierung mit der Genehmigung Unseres Ministeriums des Innern einzurichten.

### b) Gesetz vom 29. Oktober 1833.

§ 12. Die Regierungen werden ermächtigt, denjenigen Synagogengemeinden, welche zum gesamten Jugendunterrichte fähige und nach vorstehendem Paragraphen geprüfte Lehrer vorzuschlagen und zu besolden vermögen, die nach § 12 der Verordnung vom 30. Dezember 1823 erforderliche Genehmigung zur Errichtung eigener vollständiger öffentlicher Schulen zu erteilen.

### V. Für das Gebiet des ehemaligen Großherzogtums Hessen.

Im Gebiete des ehemaligen Großherzogtums Hessen ist die Errichtung öffentlicher jüdischer Volksschulen durch die Edikte vom 17. Juli 1823 und 11. Juli 1832 gestattet.

Als Träger der Schullast sind die Synagogengemeinden vorgesehen.

Die bezüglichen Bestimmungen lauten:

#### a) Edikt wegen des Jugendunterrichts der Israeliten vom 17. Juli 1823.

1. Soll jeder Bekenner der mosaischen Religion verbunden sein, seine Kinder fernerhin zum Besuche der öffentlich angeordneten Schulen anzuhalten. . . . . .

2. . . . soll es allen mosaischen Religionsgemeinden freistehen, eigene Schulen zu errichten, oder ihre etwa schon bestehenden Religionsschulen auch für den hier beabsichtigten Unterricht einzurichten. Sie haben sich hierbei nach den, für die Volksschulen überhaupt, erteilten Vorschriften zu richten.

#### b) Edikt das Schulwesen in dem Großherzogtum überhaupt und insbesondere die Organisation der Behörden zur Leitung der Schulangelegenheiten betreffend vom 11. Juli 1832.

Art. 55. Die Bekenner der mosaischen Religion sind, insofern sie nicht eigene Elementarschulen haben, verpflichtet, ihre Kinder zum Besuche der öffentlich angeordneten christlichen Schulen anzuhalten und an dem in denselben erteilt werdenden Unterrichte, mit Ausnahme des Religionsunterrichts, während welchem die Kinder aus der Schule sich entfernen können, teilnehmen zu lassen.

Errichten die israelitischen Einwohner, nach den Bestimmungen des Edikts vom 17. Juli 1823, eigene Schulen, so finden auf diese alle, für die öffentlichen Schulen bestehenden Anordnungen volle Anwendung.

### VI. Für das Gebiet der früheren Landgrafschaft Hessen-Homburg (Obertaunuskreis)

ist die Errichtung öffentlicher jüdischer Volksschulen durch das Edikt vom 9. Oktober 1838 gestattet.

Besondere Bestimmungen darüber, ob die Errichtung seitens der Synagogengemeinden zu erfolgen hat oder eine besondere Schulgemeinde zu bilden ist, fehlen. Man wird demzufolge beide Schularten als zulässig zu erachten haben

Die bezüglichen Bestimmungen lauten:

#### Edikt vom 9. Oktober 1838 über die Einrichtung des Volksschulwesens im Oberamt Meisenheim.

Art. 46. Die Bekenner der mosaischen Religion sind, insofern sie nicht eigene Elementarschulen haben, verpflichtet, ihre Kinder die öffentliche christliche Schule ihres Ortes besuchen und an allen Unterrichtsgegenständen . . . teilnehmen zu lassen.

Wollen die israelitischen Bewohner eines Ortes eine eigene Schule gründen, so müssen sie hierzu die Erlaubnis von der Landesregierung erwirken, und es finden alsdann alle für die öffentlichen Volksschulen gegebenen Bestimmungen auch auf jene Schulen volle Anwendung.

### VII. Für das Amt Homburg.

Bezüglich der Errichtung öffentlicher jüdischer Schulen im Bezirk des Amtes Homburg gilt das unter 6 Gesagte.

Das Edikt vom 19. August 1842 bestimmt in diesem Sinne:

§ 1. Das unterm 9. Oktober 1838 erlassene und am 4. November desselben Jahres in Nr. 44 des damaligen Amtsblattes verkündigte Edikt über die Einrichtung des Volksschulwesens im Oberamt Meisenheim .... soll auch für das Amt Homburg Gültigkeit und Wirksamkeit haben.

### VIII. Für den Stadtkreis Frankfurt

und den Landkreis Frankfurt, soweit er zum Gebiet der ehemals freien Stadt Frankfurt gehört hat, bestehen keine besonderen gesetzlichen Bestimmungen über das jüdische Schulwesen.

### IX. Für den Landkreis Frankfurt,

soweit derselbe früher zu dem Kurfürstentum Hessen gehört hat, gelten die Kurhessischen Verordnungen (s. oben zu 4).

### X. Für das ehemalige Herzogtum Nassau

bestehen keine besonderen Vorschriften über das jüdische Schulwesen.

### XI. Für das Gebiet des ehemaligen Fürstentums Hohenzollern-Sigmaringen

ist die Errichtung besonderer öffentlicher jüdischer Schulen durch das Gesetz vom 9. August 1837 vorgesehen. Träger der Schullast sind die Synagogengemeinden.

Die bezüglichen Bestimmungen lauten:

## (Landesfürstliches) Gesetz vom 9. August 1837.

§ 28. Die Vorschriften und Anordnungen der allgemeinen Schulordnung, sowie alle im Schulwesen bestehenden oder künftig ergehenden Gesetze und Verordnungen, finden auch auf die in den Judengemeinden bestehenden Schulen volle Anwendung.

Anhang zum zweiten Kapitel.

# Die Errichtung jüdischer Volksschulen in den früheren Gesetzentwürfen.

## I. Entwurf von Altenstein vom 27. Juni 1819.[1])

§ 27 Abs. 6. Den Juden in den Städten sind besondere Schulen unter der Bedingung zu gestatten, daß dieselben ganz den Vorschriften dieser Schulordnung gemäß eingerichtet, beaufsichtet und verwaltet, und deren Kosten von den sich zu ihnen haltenden jüdischen Glaubensgenossen allein aufgebracht werden. (§ 50. 10.)

§ 50 Ziffer 10. Die Unterhaltung der besondern Schulen jüdischer Gemeinden liegt diesen ganz allein ob (§ 27), ohne daß deren einzelne Mitglieder deshalb von den auf sie fallenden Beiträgen für das gesammte städtische Schulwesen frei werden.

## II. Entwurf von Ladenberg vom Jahre 1850.[2])

§ 12 Ziffer 2. Für die in der Minderzahl befindliche Konfession, welche noch keine eigene Schule besitzt, ist die bürgerliche Gemeinde verpflichtet, eine besondere Schule einzurichten, wenn die im Orts-Schul- oder Gemeindebezirk vorhandene Schülerzahl der gedachten Konfession wenigstens 60 beträgt und wenn das Verlangen auf Errichtung einer solchen von der Mehrzahl der der betreffenden Konfession angehörigen Hausväter in einer von dem Gemeindevorstand zu veranlassenden Verhandlung bestellt wird.

Ziffer 3. Beträgt die Zahl der schulpflichtigen Kinder der betreffenden Konfession weniger als 60, und ist eine Zusammenlegung derselben mit Konfessionsverwandten anderer benachbarter Schulbezirke zu Einem Schulbezirk nicht ausführbar, so hat die bürgerliche Gemeinde zur Unterhaltung der schon bestehenden oder von der Konfessionsgemeinde auf ihre Kosten neu zu errichtenden besonderen Schulen nur so viel beizutragen, als für alle dieselben besuchenden schulpflichtigen Kinder die aus Gemeindemitteln für die öffentlichen Volksschulen des Bezirks überhaupt aufzuwendenden Kosten betragen.

(Unter Konfession im Sinne der vorstehenden Bestimmung ist auch die jüdische Konfession zu verstehen. Das ergibt sich aus § 61 Z. 1, Abs. 2 und 77 Abs. 2.

§ 61 Z. 1 Abs. 2 lautet: „Für jüdische Schulen hat der jüdische Gemeindevorstand dasjenige Mitglied des Schulvorstandes unter Genehmigung der Regierung zu bestimmen, welches an die Stelle des Pfarrers tritt."

§ 77 Abs. 2: „Für die Vorbildung der an jüdischen Schulen anzustellenden Lehrer wird nach dem vorhandenen Bedürfnis gesorgt.")

## III. Entwurf von Bethmann-Hollweg vom Jahre 1861.[3])

§ 18 Ziffer 4. Für diejenigen Angehörigen einer Konfession, welche noch keine eigene Schule besitzen, ist im Schulbezirk auf Kosten der zu derselben gehörenden Gemeinden eine besondere öffentliche Volksschule einzurichten, wenn wenigstens 40 schulpflichtige Kinder dieser Konfession angehören und die Mehrzahl der Hausväter dieser Konfession in einer dem Gemeindevorstand abzugebenden protokollarischen Erklärung darauf anträgt.

---

[1]) Die Gesetzgebung auf dem Gebiete des Unterrichtswesens in Preußen. Aktenstücke S. 15ff.

[2]) a. a. O. S. 160ff.

[3]) a. a. O. S. 200ff.

§ 172. Für die Kinder jüdischer Einwohner können nach Maßgabe des § 18 Nr. 4 auch öffentliche Volksschulen eingerichtet werden.

Solche öffentliche jüdische Schulen haben einen besonderen Vorstand, zu welchem der Bürgermeister, oder Ortsvorsteher, oder ein Magistrats-Mitglied gehören muß .....

Aus den Motiven:

Für Juden und Dissidenten, welche den evangelischen oder römisch-katholischen Religionsunterricht der öffentlichen Volksschule für ihre Kinder nicht benutzen wollen, muß daher das Gesetz drei Wege offen lassen:

Entweder ..... oder .... oder die betreffenden Religionsgesellschaften errichten mit Genehmigung der Regierung öffentliche Schulen, welche sodann, was ihre Unterhaltung betrifft, den übrigen öffentlichen Volkssulen gleichgestellt werden. ....[1])

Zu den §§ 170—178.

4. Die mit Korporationsrechten versehenen religiösen Vereine können die Kinder ihrer Angehörigen an dem Unterricht der öffentlichen Volksschulen teilnehmen lassen ..... oder sie können für ihre Kinder Privatschulen einrichten, .... oder sie können endlich öffentliche Volksschulen anlegen, in welchem Falle diese Schulen hinsichtlich ihrer Unterhaltung dieselben Rechte genießen wie die christliche Konfessionsschule gegenüber der bürgerlichen Gemeinde.

## IV. Entwurf von Mühler vom Jahre 1867.[2])

§ 8. Neu errichtete öffentliche Volksschulen sollen in der Regel evangelische oder katholische sein.

Wo eine ausreichende Zahl von jüdischen Kindern vorhanden ist, können auch jüdische Elementarschulen mit den Rechten öffentlicher Volksschulen errichtet werden.

Aus den Motiven:

Zu § 8.... Die Zulassung jüdischer Elementarschulen mit den Rechten öffentlicher Volksschulen ist für viele Gegenden ein wirkliches Bedürfnis und entspricht dem bisher schon geltenden Recht in dem größeren Teile der Monarchie. .....

## V. Entwurf von Mühler vom Jahre 1868.[3])

§ 4. Es sind in der Regel nur christliche und zwar für die evangelischen Kinder nur evangelische und für die katholischen Kinder katholische öffentliche Volksschulen einzurichten und zu unterhalten.

Wo eine ausreichende Zahl von jüdischen Kindern vorhanden ist, können auch jüdische Schulen mit den Rechten öffentlicher Volksschulen errichtet werden.

Aus den Motiven:

... Daneben ist die Zulassung jüdischer öffentlicher Volksschulen für manche Gegenden ein Bedürfnis und entspricht dem dort bisher schon geltenden Recht. Wo solche aber hiernach einzurichten und zu unterhalten sind, muß die Unterhaltungslast ganz ebenso, wie die der christlichen Volksschulen, von den bürgerlichen Gemeinden getragen werden, als deren Mitglieder die Juden auch zu der Unterhaltung der christlichen Volksschulen beitragen müssen und auf gleichmäßige Berücksichtigung ihrer Bedürfnisse Anspruch haben.

---

[1]) a. a. O. S. 236.

[2]) Abgedruckt Z.-Bl. 1867 S. 713ff.

[3]) Z.-Bl. 1868 S. 643ff.

## VI. Entwurf von Mühler vom Jahre 1869.[1])

§ 141. Für die Kinder jüdischer Einwohner sind auf deren Antrag nach Maßgabe des Bedürfnisses öffentliche Volksschulen zu errichten.

Solche öffentliche jüdische Schulen haben einen besonderen Vorstand, zu welchem der Bürgermeister, oder Ortsvorsteher, oder ein Magistrats-Mitglied gehören muß. . . .

Aus den Motiven:

. . . . . § 141 des Gesetzentwurfs macht die Errichtung öffentlicher jüdischer Volksschulen lediglich von dem vorhandenen Bedürfnis abhängig. Die Neigung der Juden, für ihre Kinder besondere Schulen zu errichten, ist nicht allgemein. Es muß abgewartet werden, inwieweit sich unter veränderten Verhältnissen ein Bedürfnis darnach geltend machen wird.

## VII. Entwurf von Goßler vom Jahre 1890.

§ 15. Wo die Zahl der Schulkinder einer Religionsgesellschaft in einem Schulbezirke über 60 steigt, kann die Schulaufsichtsbehörde die Errichtung einer besonderen Volksschule für dieselben anordnen.

## VIII. Entwurf von Zedlitz vom Jahre 1892.

§ 15. Wo die Zahl der Schulkinder einer vom Staate anerkannten Religionsgesellschaft in einer Schule anderer Konfession über 30 steigt, k a n n vorbehaltlich der Bestimmung des § 11 der Regierungspräsident bei Zustimmung der Gemeinde, (Gutsbezirks, Schulverband) die Einrichtung einer besonderen Volksschule für dieselben anordnen.

Die gleiche Anordnung h a t zu erfolgen, wenn die Zahl über 60 steigt.

Die versagte Zustimmung kann bei ländlichen Schulbezirken durch den Kreisausschuß, bei städtischen Schulbezirken durch den Bezirksausschuß ergänzt werden.

Aus den Motiven:

Zu § 15. In § 15 ist den konfessionellen Minderheiten der staatsseitig anerkannten Religionsgesellschaften (vgl. zu 17) die Möglichkeit gegeben, für ihre Kinder, wenn deren Zahl über 30 steigt, eine eigene Schule zu erlangen. Es ist indes die bestimmte Einrichtung dieser Schule . . . . . von der Zustimmung der Gemeinde abhängig gemacht, . . . . . es ist aber, um die Minderheit zu schützen, welcher die Gemeinde die erwünschte Errichtung einer besonderen Schule versagt, vorgesehen, daß die Zustimmung der Gemeinde auf Antrag des Regierungspräsidenten durch den Kreisausschuß bezw. den Bezirksausschuß, welche den persönlichen Verhältnissen ferner stehen, ergänzt werden kann.

Zu § 17. Was den Begriff der „vom Staate anerkannten" Religionsgesellschaften betrifft, so sind hierunter nach der geschichtlichen Entwickelung zu verstehen, einmal die öffentlich aufgenommenen bevorrechteten Kirchengesellschaften, nämlich die evangelische und katholische Kirche, sodann die aufgenommenen konzessionierten Kirchengesellschaften, . . . . . endlich die f r ü h e r s o g e n a n n t e n geduldeten Religionsgesellschaften wie die Mennoniten . . . . . und die Juden.

---

[1]) Schneider-v. Bremen III. S. 772 ff. X.

## Drittes Kapitel.

# Die Unterhaltung der öffentlichen jüdischen Volksschulen.

Während durch das Volksschulunterhaltungsgesetz, in Ausführung des Art. 25 der Verfassungsurkunde vom 31. Januar 1850, für den Geltungsbereich des Gesetzes, also für die gesamte Monarchie mit Ausnahme der Provinzen Westpreußen und Posen, die bürgerlichen Gemeinden zu Trägern der Volksschullast gemacht werden, nehmen die jüdischen Volksschulen eine Ausnahmestellung ein.

Hinsichtlich ihrer wird auch bezüglich der Unterhaltung im wesentlichen der bisherige Rechtszustand aufrecht erhalten.

§ 40 des Gesetzes bestimmt:

„Für die ..... Unterhaltung ..... der für jüdische Kinder bestimmten und mit jüdischen Lehrkräften zu besetzenden öffentlichen Volksschulen gelten bis auf weiteres die jetzt bestehenden Vorschriften mit der Maßgabe, daß der § 67 No. 3 des Gesetzes vom 23. Juli 1847 über die Verhältnisse der Juden (GS. Seite 263) für den ganzen Umfang der Monarchie zur Anwendung gelangt. Die zur Unterhaltung solcher Schulen Verpflichteten gelten als Schulverbände im Sinne dieses Gesetzes."

Danach ergibt sich hinsichtlich der Unterhaltung der jüdischen öffentlichen Volksschulen das folgende:

Von den drei Arten der jüdischen öffentlichen Volksschulen, den Kommunalschulen, den Schulen der Synagogengemeinden und den Sozietätsschulen bedarf die erste Art, die Kommunalschule, in diesem Zusammenhange keiner besonderen Erörterung, da zwischen den jüdischen und nichtjüdischen Kommunalschulen hinsichtlich der Unterhaltung ein Unterschied nicht besteht. Zu erörtern sind demnach nur die von besonderen jüdischen Schulgemeinden unterhaltenen Schulen, die Schulen der Synagogengemeinden und die Sozietätsschulen.

Für die Unterhaltung dieser Schularten kommen im wesentlichen vier Faktoren in Betracht.

1. der Staat,
2. die Kommunen,
3. die Gesamtheit der Schulverbände eines Regierungsbezirks und
4. die Synagogengemeinde bezw. die Schulsozietät.

### A. Die Staatsbeiträge.

Der Staat leistet zu den Unterhaltungslasten der öffentlichen Volksschulen Beiträge in zwiefacher Form:

Teils gewährt er derartige Beihilfen g e n e r e l l an die Unterhaltungspflichtigen, auf Grund besonderer gesetzlicher Bestimmungen, ohne Rücksicht darauf, ob die Verbände leistungsfähig sind oder nicht; auf diese Beihilfen haben die Schulunterhaltungspflichtigen einen gesetzlichen Anspruch. Teils gewährt er Beihilfen nur an leistungsschwache Verbände, und zwar nach freiem Ermessen der Unterrichtsverwaltung; auf diese Beihilfen hat der einzelne Schulverband demnach keinen Rechtsanspruch.

Beihilfen der ersten Art leistet der Staat:

1. Zu dem Grundgehalt der Lehrer und Lehrerinnen an den öffentlichen Volksschulen, sowie zu den Alterszulagen.[1])
2. Zu den Pensionen der Lehrer und Lehrerinnen an öffentlichen Volksschulen[2]).
3. Zu den Unterstützungen für die Witwen und Waisen der Lehrer[3]).
4. Zu den notwendigen Baulasten ausschließlich des Grunderwerbs[4]).

Aus Staatsmitteln werden ferner bestritten:

5. Die Umzugskosten bei Versetzungen im Interesse des Dienstes[5]).
6. Die Entschädigungen für die Reisen der Elementar-Lehrer und -Lehrerinnen zu den amtlichen Kreiskonferenzen.

Die Beiträge der zweiten Art haben ihren Grund in der Verfassungsurkunde, welche in Art. 25 Abs. 1 bestimmt:

„Die Mittel zur Errichtung, Erhaltung und Erweiterung der öffentlichen Volksschulen werden von den Gemeinden, und im Falle des nachgewiesenen Unvermögens, ergänzungsweise vom Staate aufgebracht. Die auf besonderen Rechtstiteln beruhenden Verpflichtungen Dritter bleiben bestehen."

In Anlehnung an diese Bestimmung und in Ausführung derselben bestimmt § 18 des VUG.:

„Im Falle des nachgewiesenen Unvermögens der Schulverbände zur Aufbringung der Volksschullasten werden ihnen in den Grenzen der durch den Staatshaushalts-Etat bereitgestellten Mittel Ergänzungs-

---

[1]) Gesetz, betreffend das Diensteinkommen der Lehrer und Lehrerinnen an öffentlichen Volksschulen, vom 3. März 1897 (GS. Seite 25).

[2]) G. v. 6. Juli 1885, betr. die Pensionierung der Lehrer und Lehrerinnen an den öffentlichen Volksschulen (GS. Seite 298) und G. v. 10. Juni 1907 (GS. Seite 133) wegen Abänderung des Ges., betr. die Pensionierung der Lehrer und Lehrerinnen an den öffentlichen Volksschulen, v. 6. Juli 1885.

[3]) G. v. 22. Dezember 1869, betr. die Erweiterung, Umwandlung und Neuerrichtung von Witwen- und Waisenkassen für Elementarlehrer (GS. 1870 Seite 1) nebst Ergänzungsgesetzen vom 24. Februar 1881 (GS. Seite 41) und vom 19. Juni 1889 (GS. Seite 131); Gesetz vom 27. Juni 1890, betreffend die Fürsorge für die Waisen der Lehrer an öffentlichen Volksschulen (GS. Seite 211), Ges., betr. die Fürsorge für die Witwen und Waisen der Lehrer an öffentlichen Volksschulen, v. 4. Dezember 1899 (GS. Seite 587 ff.) und G. v. 10. Juni 1907 (GS. Seite 137) wegen Abänderung des Gesetzes, betreffend die Fürsorge für die Witwen und Waisen der Lehrer an öffentlichen Volksschulen, v. 4. Dezember 1899.

[4]) VUG. § 17.

[5]) Ges. v. 3. März 1897, § 22; VUG. § 62 Abs. 2.

zuschüsse gewährt. Bei der Bewilligung kann angeordnet werden, daß die Zuschüsse zur besonderen Erleichterung bestimmter Kreise von Abgabenpflichtigen zu verwenden sind.

Ein Anspruch gegen den Staat kann weder im Rechtswege noch im Verwaltungsstreitverfahren geltend gemacht werden."

Die aus dieser Bestimmung sich ergebende Verpflichtung ist nach oben hin unbegrenzt. Nach unten hin findet sie eine Schranke in einer Reihe von Fonds, welche durch das VUG. gesetzlich festgelegt sind. Diese Fonds sind:

1. der Fonds zur Gewährung widerruflicher Staatsbeihilfen (§ 19),
2. der sogenannte Ausgleichsfonds (§ 20),
3. der Unterstützungsfonds zur Errichtung neuer Schulstellen (§ 21),
4. der Fonds zur Gewährung widerruflicher Ergänzungszuschüsse (§ 22),
5. der Fonds zur Gewährung einmaliger Ergänzungszuschüsse (§ 23 Abs. 4).

Über den Begriff des „nachgewiesenen Unvermögens" sagt die Begründung des Gesetzentwurfes[1]):

„Die Leistungsfähigkeit der Schulverbände ist nur relativ zu beurteilen. Es kommt dabei auf der einen Seite auf die Natur des Bedürfnisses an, welches durch die aufzuerlegende Last befriedigt werden soll. Es ist ein Unterschied, ob eine Gemeinde, um für ihre Kinder die Schulwege abzukürzen, eine eigene Schule haben will, oder ob es sich z. B. darum handelt, ohne jede Gegenleistung eine vorhandene Last anders auf verschiedene Steuerträger zu verteilen. Es ist ein Unterschied, ob allgemein zwangsweise eine Erhöhung der Lehrergehälter vorgenommen werden soll, oder ob eine Gemeinde, um einen ihr lieb gewordenen Lehrer zu halten, freiwillig eine Gehaltszulage beschließt, und was dergleichen Fälle mehr sind. Auf der anderen Seite kommt es auf die Höhe der vorhandenen, zur Unterstützung leistungsschwacher Gemeinden bestimmten Mittel und den Vergleich mit anderen in ähnlicher Lage befindlichen Schulverbänden an. Feste Normen für die Bewilligung der widerruflichen Beihilfen an die einzelnen Schulverbände lassen sich hiernach nicht aufstellen. Ein gewisses diskretionäres Ermessen ist unerläßlich. Es kann nur im allgemeinen als leitender Grundsatz bezeichnet werden, daß neben dem Bedürfnis die Leistungsfähigkeit zu berücksichtigen ist, und daß bei Bemessung der Leistungsfähigkeit neben der Höhe der Schullasten im Verhältnis zu der Steuerkraft die sonstige Belastung mit öffentlichen Abgaben und die gesamten wirtschaftlichen und Erwerbsverhältnisse des Schulverbandes zu berücksichtigen sind".

Eine bestimmte Belastungsgrenze ist also nicht vorgeschrieben. Als Richtlinien für die Beurteilung im speziellen Falle dienten bisher die in den Ministerialerlassen vom 3. Juni 1893 (Z.-Bl. für die U.-V. Seite 645), vom

[1]) Entwurf S. 101

21. Juni 1894 (ebenda Seite 571), vom 22. Oktober 1895 (ebenda 1896 Seite 227) und vom 4. Januar 1896 (ebenda Seite 228) dargelegten Grundsätze. Bei der Verteilung der Mittel aus den angegebenen Fonds bedient sich der Staat der Selbstverwaltungskörperschaften.

Im einzelnen gilt hinsichtlich der Staatsbeiträge zu den Volksschullasten das Folgende:

### I. Generelle Leistungen des Staates.

#### 1. Beiträge des Staates zu dem Grundgehalt und den Alterszulagen der Lehrer und Lehrerinnen an den öffentlichen Volksschulen.

Nach § 27 I des Gesetzes betreffend das Diensteinkommen der Lehrer und Lehrerinnen an den öffentlichen Volksschulen vom 3. März 1897 wird aus der Staatskasse zu dem Diensteinkommen der Lehrer und Lehrerinnen, und soweit er hierzu nicht erforderlich ist, zur Deckung der Kosten für andere Bedürfnisse des betreffenden Schulverbandes ein Beitrag gezahlt, welcher derart berechnet wird, daß für einen alleinstehenden sowie einen ersten Lehrer ein Betrag von 500 ℳ, für jeden anderen Lehrer ein solcher von 300 ℳ, für eine Lehrerin ein Betrag von 150 ℳ jährlich gezahlt wird.

Der Staatsbeitrag wird bis zur Höchstzahl von 25 Schulstellen für jede politische Gemeinde gewährt.

Außerdem zahlt der Staat einen Beitrag an die Alterszulagekasse, und zwar für jede Lehrerstelle im Betrage von 337 ℳ jährlich, für jede Lehrerinstelle einen solchen von 184 ℳ.

Im einzelnen lauten die betreffenden Bestimmungen:

§ 27.

Leistungen des Staates.

I. Aus der Staatskasse wird ein jährlicher Beitrag zu dem Diensteinkommen der Lehrer und Lehrerinnen und, soweit er hierzu nicht erforderlich ist, zur Deckung der Kosten für andere Bedürfnisse des betreffenden Schulverbandes an die Kasse desselben gezahlt.

Der Beitrag wird so berechnet, daß für die Stelle eines alleinstehenden sowie eines ersten Lehrers 500 Mark, eines anderen Lehrers 300 Mark, einer Lehrerin 150 Mark jährlich gezahlt werden. Bei der Berechnung kommen nur Stellen für vollbeschäftigte Lehrkräfte in Betracht. Darüber, ob eine Lehrkraft vollbeschäftigt ist, entscheidet ausschließlich die Aufsichtsbehörde.

Außer Betracht bleiben neu errichtete Stellen, bis dieselben durch eine besondere Lehrkraft versehen werden.

Das Recht auf den Bezug des Staatsbeitrages ruht, solange und soweit durch dessen Zahlung eine Erleichterung der nach öffentlichem Recht zur Schulunterhaltung Verpflichteten mit Rücksicht auf vorhandenes Schulvermögen oder auf Verpflichtungen Dritter aus besonderen Rechtstiteln nicht würde bewirkt werden.

II. Der Staatsbeitrag wird bis zur Höchstzahl von 25 Schulstellen für jede politische Gemeinde gewährt.

Sind für die Einwohner einer politischen Gemeinde mehr als 25 Schulstellen vorhanden, so wird der Staatsbeitrag innerhalb der Gesamtzahl von 25 Stellen für so viele erste Lehrerstellen, andere Lehrerstellen und Lehrerinnenstellen gewährt, als dem Verhältnis der Gesamtzahl dieser Stellen untereinander entspricht. Bruchteile werden bei denjenigen Schulstellen, für welche der höhere Staatsbeitrag zu zahlen ist, ausgeglichen.

Wo die Grenzen der politischen Gemeinde sich mit denen des Schulverbandes nicht decken, dergestalt, daß der Schulverband aus mehreren politischen Gemeinden oder Teilen von solchen besteht und für die Einwohner einer dieser politischen Gemeinden mehr als 25 Stellen vorhanden sind, wird durch Beschluß der Schulaufsichtsbehörde nach Anhörung der Beteiligten mit Rücksicht auf die Zahl der Einwohner des Schulverbandes und der Schulkinder, welche den einzelnen politischen Gemeinden angehören, sowie mit Rücksicht auf die Einrichtung der Schule festgesetzt, wieviele ganze der im Schulverbande bestehenden (ersten, anderen Lehrer-, Lehrerinnen-) Stellen auf jede zum Schulverbande gehörende politische Gemeinde oder Teile von Gemeinden zu rechnen sind, für wie viele Stellen demgemäß an den Schulverband der Staatsbeitrag zu zahlen ist. Der Beschluß ist den beteiligten Schulverbänden zuzustellen. Denselben steht binnen vier Wochen nach der Zustellung die Beschwerde an den Ober-Präsidenten (in den Hohenzollernschen Landen an den Unterrichtsminister) zu, welcher endgültig entscheidet. Bei einer erheblichen Änderung der Verhältnisse kann eine neue Berechnung von den beteiligten Schulverbänden beantragt oder von der Schulaufsichtsbehörde von Amtswegen beschlossen werden.

Gehören die Einwohner einer politischen Gemeinde verschiedenen Schulverbänden an, so werden die für die politische Gemeinde zu berechnenden Staatsbeiträge für erste, andere Lehrer- und Lehrerinnenstellen auf die einzelnen Schulverbände durch die Schulaufsichtsbehörde nach dem Verhältnis derjenigen Staatsbeiträge verteilt, welche den Schulverbänden bei Gewährung der Staatsbeiträge für sämtliche Schulstellen zu zahlen sein würden.

Die in diesen Vorschriften angeordnete Festsetzung und Verteilung bleibt bis zum Schluß desjenigen Rechnungsjahres maßgebend, in welchem eine neue getroffen ist.

Auf Beschwerden entscheidet der Ober-Präsident (in den Hohenzollernschen der Unterrichtsminister) endgültig.

III. In Schulverbänden, in denen der Staatsbeitrag für alle Schulstellen gezahlt wird, ist er für einstweilig angestellte Lehrer und für Lehrer, welche noch nicht vier Jahre im öffentlichen Schuldienste gestanden haben, um 100 Mark jährlich zu Landen kürzen.

IV. Für diejenigen Lehrerstellen, für welche der Staat den Besoldungsbeitrag (Nr. I) an den Schulverband gewährt, wird aus der Staatskasse ein jährlicher Zuschuß von 337 Mark, für die Lehrerinnenstellen dieser Art ein jährlicher Zuschuß von 184 Mark an die Alterszulagekasse des betreffenden Bezirks gezahlt und dem Schulverbande auf seinen Beitrag zur Kasse angerechnet.

In dem Falle der Nr. II Absatz 4 erfolgt die Zahlung und Anrechnung für die einzelnen Schulverbände nach dem Verhältnis der ihnen zu gewährenden Besoldungsbeiträge.

In Berlin wird der staatliche Zuschuß zu den Alterszulagen an die Schulkasse gezahlt.

V. Wenn innerhalb mehrerer Gemeinden die Grenzen geändert werden, so wird derjenige Betrag, um welchen sich nach den vorstehenden Bestimmungen der für sämtliche beteiligte Gemeinden zu gewährende Staatsbeitrag verringern würde, auch fernerhin fortgezahlt. In dem Auseinandersetzungsverfahren, welches sich an die Abänderung der Gemeindegrenzen knüpft, wird auch darüber verfügt, an wen im Sinne der vorstehenden Bestimmungen diese Fortzahlung zu leisten ist.

VI. Denjenigen politischen Gemeinden, denen nach den Bestimmungen zu I, II und IV am 1. April 1897 geringere Zahlungen aus der Staatskasse zu leisten sind, als ihnen nach den Vorschriften der Gesetze vom 14. Juni 1888 und 31. März 1889 (Gesetz-Samml. S. 240 und 64) zustehen würden, wird der Ausfall durch Gewährung eines dauernden Zuschusses aus der Staatskasse insoweit ersetzt, wie dieser Ausfall den Betrag von zwei vom Hundert des Veranlagungssolls übersteigt, welches der Gemeindebesteuerung der Einkommen von mehr als 900 Mark jährlich für das Jahr 1. April 1897/98 bei Anwendung der Vorschriften des Kommunalabgabengesetzes vom 14. Juli 1893 (Gesetz-Samml. S. 152) zu Grunde zu legen ist.

Gehören die Einwohner einer dieser politischen Gemeinden verschiedenen Schulverbänden an, so finden die Vorschriften des Absatz 1 mit der Maßgabe Anwendung, daß der Staatszuschuß, welcher danach der politischen Gemeinde zustände, wenn die öffentlichen Volksschulen in derselben als Gemeindeanstalten unterhalten würden, auf die einzelnen Schulverbände nach dem Verhältnis des für letztere entstandenen Ausfalls an bisher zahlbar gewesenen Staatsbeiträgen verteilt wird.

Zur Abrundung der nach Absatz 1 und 2 zu gewährenden festen Zuschüsse sowie zur weiteren Gewährung solcher Zuschüsse an diejenigen unter den obengedachten politischen Gemeinden und Schulverbänden, deren Steuerkraft im Vergleich mit den Volksschul- und Kommunallasten ihrer Mitglieder verhältnismäßig gering ist, wird ein Betrag von 250 000 Mark verwandt.

Die Festsetzung der Staatszuschüsse für die einzelnen beteiligten politischen Gemeinden und Schulverbände erfolgt durch Königliche Verordnung.

VII. Soweit in einem Jahre der für die Gewährung des Mindestsatzes der Alterszulagen erforderliche Bedarf hinter dem Staatszuschuß zurückbleibt, ist der Staatszuschuß entsprechend zu kürzen. Der Überschuß ist zur Unterstützung solcher Alterszulagekassen zu verwenden, in denen der Bedarf für die Gewährung des Mindestsatzes durch den Staatszuschuß nicht gedeckt wird. Soweit der Überschuß nicht hierzu Verwendung zu finden hat, ist er zur Unterstützung von leistungsunfähigen Schulverbänden bei Elementarschulbauten in den Staatshaushalts-Etat einzustellen.

VIII. Die Staatsbeiträge sind vierteljährlich im voraus zu zahlen, soweit sie nicht gegen die von den Schulverbänden zu entrichtenden Alterszulage- und Ruhegehaltskassenbeiträge (§ 11 des Gesetzes vom 23. Juli 1893, Gesetz-Samml. S. 194) aufgerechnet werden.

Die den Lehrern und Lehrerinnen an öffentlichen Volksschulen aus Staatsfonds gewährten Alterszulagen kommen in Fortfall.

### 2. Beiträge des Staates zu den Pensionen der Lehrer und Lehrerinnen.

Nach Art. I § 26 des Gesetzes vom 6. Juli 1885 hatte der Staat die Pension der Lehrer und Lehrerinnen an den öffentlichen Volksschulen bis zur Höhe von 600 ℳ für jede einzelne Lehrkraft zu zahlen. Durch das Abänderungsgesetz vom 10. Juni 1907 ist diese Bestimmung dahin geändert, daß die Zahlung aus der Staatskasse bis zur Höhe von 700 ℳ erfolgt.

Die bezüglichen Bestimmungen lauten:

## a) Gesetz vom 6. Juli 1885.

Artikel I.

§ 26. Die Pension wird bis zur Höhe von Sechshundert Mark aus der Staatskasse, über diesen Betrag hinaus von den sonstigen bisher zur Aufbringung der Pension des Lehrers Verpflichteten, sofern solche nicht vorhanden sind, von den bisher zur Unterhaltung des Lehrers während der Dienstzeit Verpflichteten gezahlt. Die auf besonderen Rechtstiteln beruhenden Verpflichtungen Dritter bleiben bestehen.

Das Stelleneinkommen darf zur Aufbringung der nach diesem Gesetz zu zahlenden Pensionsbeträge nur insoweit als dies bisher bereits statthaft war und nur soweit herangezogen werden, daß es nicht unter $^3/_4$ seiner Höhe und unter das Mindestgehalt sinkt[1]).

Die in Gemäßheit des § 22 Absatz 3 nach den in dem vormaligen Herzogtum Nassau und der vormaligen freien Stadt Frankfurt geltenden Vorschriften berechneten Pensionen fallen der Staatskasse nur insoweit zur Last, als sie die unter Zugrundelegung dieses Gesetzes zu bemessenden Beträge nicht übersteigen.

Artikel II.

Die Pensionen der Lehrer und Lehrerinnen, welche aus einer der im Artikel I § 1 genannten Schulstellen vor dem Inkrafttreten dieses Gesetzes in den Ruhestand versetzt sind, werden bis zu dem Betrage von Sechshundert Mark auf die Staatskasse übernommen.

Artikel III.

Dieses Gesetz tritt mit dem 1. April 1886 in Kraft.

Mit dem gedachten Zeitpunkte treten alle dem gegenwärtigen Gesetze entgegenstehenden Bestimmungen, sie mögen in allgemeinen Landes- und Provinzialgesetzen und Verordnungen oder in besonderen Gesetzen und Verordnungen enthalten sein, außer Kraft.

### b) Gesetz vom 10. Juni 1907.

Art. II Abs. 3: Die auf Grund dieses Gesetzes festgesetzten Pensionen werden gemäß Art. I § 26 des Gesetzes vom 6. Juli 1885 mit der Maßgabe aufgebracht, daß die Zahlung aus der Staatskasse bis zur Höhe von 700 Mark erfolgt.

### 3. Staatsaufwendungen für die Witwen und Waisen der Lehrer.

Seit dem Jahre 1820 wurden, meist bezirksweise, Schullehrer-Witwen- und Waisen-Unterstützungskassen für Elementarlehrer errichtet. Die Einnahmen bestanden aus Antrittsgeldern, Jahresbeiträgen und einmaligen besonderen Beiträgen der Mitglieder (anläßlich von Gehaltsverbesserungen, Wiederverheiratung usw.), den Zinsen eines staatsseitig gewährten Stammkapitals von etwa 1000 Talern und den später angesammelten Kapitalien aus den Erträgen von Kirchenkollekten und aus sonstigen außerordentlichen Zuwendungen und Einnahmen.

Das Gesetz vom 22. Dezember 1869, betreffen die Erweiterung, Umwandlung und Neuerrichtung von Witwen- und Waisenkassen für Elementarlehrer, reformierte die bisherigen Kassen. Der Mindestbetrag der Witwenpension

---

[1]) Die Heranziehung des Stelleneinkommens zur Aufbringung des Ruhegehaltes ist vom 1. Juli 1893 ab gänzlich aufgehoben worden durch den § 15 des Gesetzes vom 23. Juli 1893 betreffend Ruhegehaltskassen für die Lehrer und Lehrerinnen an den öffentlichen Volksschulen. Derselbe lautet:

„Für die Aufbringung des Beitrags der Schulverbände (Schulsozietäten, Gemeinden, Gutsbezirke) finden die Bestimmungen des Artikels I § 26 des Gesetzes, betreffend die Pensionierung der Lehrer und Lehrerinnen an den öffentlichen Volksschulen, vom 6. Juli 1885 (Gesetz-Samml. S. 298) über die Aufbringung des Ruhegehalts Anwendung; jedoch darf das Stelleneinkommen zur Aufbringung des Ruhegehalts oder des Beitrags vom 1. Juli 1893 ab nicht herangezogen werden."

wurde auf 150 *M* festgesetzt. Den Gemeinden und Gutsbezirken wurde unabhängig davon, ob sie schulunterhaltungspflichtig waren oder nicht, eine Abgabe von 4 Talern für jede Lehrerstelle auferlegt. Für ein etwaiges Defizit wurde subsidiär die Staatskasse haftbar gemacht.

Durch die Ergänzungsgesetze vom 24. Februar 1881 und 19. Juni 1889 wurde der Mindestsatz der Witwenpension auf 250 *M* erhöht und der Beitrag der Lehrer beseitigt.

Das Gesetz vom 27. Juni 1890, betreffend die Fürsorge für die Waisen der Lehrer, setzte für jede Halbwaise eine aus der Staatskasse zu zahlende Pension von 50 *M*, für jede Vollwaise eine solche von 84 *M* fest, soweit nicht den Vollwaisen schon aus einer nach den Vorschriften der Gesetze vom Jahre 1869 und 1881 eingerichteten Witwen- und Waisenkasse ein Waisengeld gewährt wurde.

Durch das Gesetz, betreffend die Fürsorge für die Witwen und Waisen der Lehrer an den öffentlichen Volksschulen, vom 4. Dezember 1899 ist die Fürsorge für die Witwen und Waisen der Lehrer an den öffentlichen Volksschulen für das Gebiet der gesamten Monarchie einheitlich geregelt worden.

Zu den auf Grund des Gesetzes zu leistenden Witwen- und Waisengeldern leistet der Staat Beiträge, und zwar zu dem Witwengeld bis zur Höhe von 420 *M* jährlich, zu dem Waisengeld, für Halbwaisen bis zur Höhe von 84 *M*, für Vollwaisen bis zur Höhe von 140 *M* jährlich in jedem einzelnen Falle.

Die betreffende Bestimmung lautet:

§ 14. Das Wittwengeld wird bis zur Höhe von 420 *M*, das Waisengeld für Halbwaisen (§ 4 Nr. 1) bis zur Höhe von 84 *M*, für Vollwaisen (§ 4 Nr. 2) bis zur Höhe von 140 *M* jährlich aus der Staatskasse gezahlt.

Diese Vorschrift findet auf die Hinterbliebenen derjenigen Lehrer keine Anwendung, welche zur Zeit ihres Todes oder ihrer Versetzung in den Ruhestand an einer öffentlichen Volksschule der Stadt Berlin angestellt waren.

Zur Aufbringung des nicht durch Staatsbeitrag gedeckten Wittwen- und Waisengeldes sind die zur Aufbringung des nicht durch Staatsbeitrag gedeckten Theiles des Ruhegehalts des Lehrers (der Ruhegehaltskassenbeiträge), im Fürstenthum Hohenzollern-Hechingen die bisher zur Unterhaltung des Lehrers während der Dienstzeit auf der letzten Schulstelle Verpflichteten verbunden.

Durch das Gesetz vom 10. Juni 1907 (GS. S. 137) [1]) wegen Abänderung des Gesetzes betr. die Fürsorge für die Witwen und Waisen der Lehrer an öffentlichen Volksschulen vom 4. Dezember 1899 Art. II ist festgesetzt, daß das Witwengeld regelmäßig mindestens dreihundert Mark betragen und dreitausendfünfhundert Mark nicht übersteigen solle. Die Höhe des Staatsbeitrages ist durch das Abänderungsgesetz nicht berührt.

### 4. Staatsbeiträge zu den notwendigen Baulasten.

Über die Verpflichtung des Staates zur Leistung von Beihilfen an die Schulunterhaltungspflichtigen zu den Aufwendungen für notwendige Bauten zu Volksschulzwecken, bestimmt § 17 des VUG.:

---

[1]) Siehe unten S. 180 f.

Der Staat erstattet den Schulverbänden mit nicht mehr als sieben Schulstellen ein Drittel desjenigen Teilbetrages der durch notwendige Bauten für Volksschulzwecke ausschließlich des Grunderwerbs entstandenen Kosten, welcher im Etatsjahre 500 ℳ für die Stelle überstiegen hat und weder Dritten zur Last fällt, noch auch durch Brandschadenversicherung gedeckt ist. Bei Berechnung des staatlichen Baubeitrags dürfen etwaige Naturaldienste nur bis zum Höchstwerte von fünfzehn vom Hundert der Gesamtbausumme in Ansatz gebracht werden. Der staatliche Baubeitrag wird nicht gezahlt, soweit der Aufwand für Bauten dadurch entstanden ist, daß der Schulverband seine Gebäude seit Inkrafttreten des Gesetzes nicht mit der gebotenen Sorgfalt unterhalten hat.

Bei Streitigkeiten über die Verpflichtung zur Zahlung des staatlichen Baubeitrags oder über seine Bemessung beschließt auf Anrufen der Beteiligten, zu denen in Gesamtschulverbänden auch die einzelnen Gemeinden (Gutsbezirke) gehören, der Kreisausschuß, sofern eine Stadt beteiligt ist, der Bezirksausschuß. Gegen den Beschluß des Kreisausschusses oder des Bezirksausschusses steht den Beteiligten binnen zwei Wochen die Beschwerde an den Provinzialrat zu.

Die Schulverbände haben, sofern die Kosten der baulichen Herstellungen im Einzelfalle 2000 ℳ übersteigen, vor Beginn des Baues einen Bauplan mit Kostenanschlag der Schulaufsichtsbehörde zur Genehmigung vorzulegen. Diese ist befugt, einen staatlichen Baubeamten mit der Beaufsichtigung des Baues zu betrauen.

### 5. Leistungen des Staates zur Entschädigung der Lehrer und Lehrerinnen für die Kosten eines Umzuges.

Bezüglich der Umzugskosten bei Versetzungen im Interesse des Dienstes bestimmte der § 22 des Diensteinkommensgesetzes:

Lehrer und Lehrerinnen an öffentlichen Volksschulen erhalten bei Versetzungen im Interesse des Dienstes aus der Staatskasse eine Vergütung für Umzugskosten unter Wegfall der von den Schulunterhaltungspflichtigen zu entrichtenden Anzugs- oder Herbeiholungskosten.

Die näheren Bestimmungen über die Höhe der Vergütung werden von dem Unterrichtsminister in Gemeinschaft mit dem Finanzminister getroffen.

Im Übrigen bewendet es bei den bestehenden Vorschriften über die Gewährung von Anzugs- und Herbeiholungskosten.

Unberührt bleibt auch die Vorschrift im Artikel III Absatz 1 des Gesetzes vom 15. Juli 1886 (Gesetz-Samml. S. 185).

Bei Versetzungen gilt der Verlust einer Dienstwohnung nebst Hausgarten oder die Verringerung der Miethsentschädigung nicht als Verringerung des Diensteinkommens.

Diese Bestimmung ist abgeändert durch § 62 Abs. 2 des Volksschulunterhaltungsgesetzes, welcher lautet:

„Den ohne Mitwirkung des Berechtigten angestellten Lehrkräften wird eine Vergütung der Umzugskosten aus der Staatskasse gewährt. Die näheren Bestimmungen über die Höhe der Vergütung werden durch ein von dem Unterrichtsminister in Gemeinschaft mit dem Finanzminister zu erlassendes Regulativ getroffen."

### 6. Aufwendungen des Staates zur Entschädigung der Elementar-Lehrer und -Lehrerinnen für die Reisen zu den amtlichen Kreiskonferenzen.

Auf Grund der Resolution des Abgeordnetenhauses vom 18. April 1897 anläßlich der Beratung des Lehrerbesoldungsgesetzes sind die Entschädigungen der Elementarlehrer und -Lehrerinnen für die Reisen zu den amtlichen Kreiskonferenzen im vollen Umfange und ohne Rücksicht auf die Leistungsfähigkeit der Schulunterhaltungspflichtigen auf die Staatskasse übernommen worden.

## II. Leistungen des Staates für unvermögende Schulverbände.

### 1. Fonds zur Gewährung widerruflicher Staatsbeihilfen.

VUG. § 19. Zur Unterstützung von Schulverbänden mit fünfundzwanzig oder weniger Schulstellen, welche zur Aufbringung der Volksschullasten unvermögend sind, wird durch den Staatshaushalts-Etat der Betrag bereit gestellt, welcher am 31. März 1908 für diesen Zweck den Regierungen überwiesen ist. Der Unterrichtsminister, der Finanzminister und der Minister des Innern bestimmen die auf die Provinzen und die Hohenzollernschen Lande entfallenden Anteile nach Maßgabe der bisher überwiesenen widerruflichen Staatsbeihilfen.

Innerhalb der Provinzen erfolgt die weitere Verteilung auf die Landkreise unter Berücksichtigung der bisher auf sie entfallenden Beträge durch den Oberpräsidenten nach Anhörung des Provinzialrats, in den Hohenzollernschen Landen durch den Unterrichtsminister nach Anhörung des Bezirksausschusses.

### 2. Ausgleichsfonds.

VUG. § 20. Außerdem werden für die Schulverbände mit fünfundzwanzig oder weniger Schulstellen, welche zur Aufbringung der Volksschullasten unvermögend sind, zum Zwecke der Ausgleichung unbilliger Verschiebungen in der Aufbringung der Volksschullasten, welche infolge dieses Gesetzes entstehen, sowie sonstiger unbilliger Ungleichheiten in der Höhe der Volksschullasten durch den Staatshaushalts-Etat alljährlich 5000000 Mark bereitgestellt und auf die Provinzen (Hohenzollernschen Lande) und Landkreise auf dem im § 19 bezeichneten Wege verteilt.

### 3. Unterstützungsfonds zur Errichtung neuer Schulstellen.

VUG. § 21. Dem Unterstützungsfonds der einzelnen Kreise wachsen die Ergänzungszuschüsse zu, welche aus Zentralfonds Schulverbänden des Kreises mit fünfundzwanzig oder weniger Schulstellen zur Errichtung neuer Schulstellen laufend bewilligt werden.

Im übrigen ändern sich, abgesehen vom Falle des § 22, die den Kreisen überwiesenen Beträge nur

1. bei dem Übertritt eines Schulverbandes mit fünfundzwanzig oder weniger Schulstellen in die Reihe derjenigen mit mehr als fünfundzwanzig Schulstellen;
2. bei dem umgekehrten Vorgange;
3. infolge von Umgemeindungen und Veränderungen der Landkreise mit derselben Wirkung.

Im ersten Falle geht vom Anfang des nächsten Etatsjahrs der dem Schulverbande bewilligte Ergänzungszuschuß auf den Zentralfonds zur Unterstützung von Schulverbänden mit mehr als fünfundzwanzig Schulstellen über, im zweiten wächst von demselben Zeitpunkte ab der der Gemeinde etwa aus dem Zentralfonds bewilligte Ergänzungszuschuß dem Unterstützungsfonds des Kreises zu. Im Falle der Nr. 3 finden diese Bestimmungen sinngemäß Anwendung.

### 4. Fonds zur Gewährung widerruflicher Ergänzungszuschüsse.

VUG. § 22. Behufs Gewährung widerruflicher Ergänzungszuschüsse an unvermögende Schulverbände mit fünfundzwanzig oder weniger Schulstellen wird für jeden Kreis eine Summe in Höhe der Hälfte der von seinen Schulverbänden gemäß § 14 anzusammelnden Beträge aus Staatsmitteln bereitgestellt.

### 5. Fonds zur Gewährung einmaliger Ergänzungszuschüsse.

VUG. § 23 Abs. 4. In dem Verteilungsplan[1]) ist ein angemessener Betrag, mindestens fünf vom Hundert, zur Gewährung einmaliger Ergänzungszuschüsse vorzusehen. Dem Betrage wachsen die heimgefallenen Ergänzungszuschüsse zu. Die Bewilligung erfolgt durch den Kreisausschuß mit Genehmigung der Schulaufsichtsbehörde. Gegen die Versagung der Genehmigung steht dem Kreisausschusse innerhalb vier Wochen die Beschwerde an den Unterrichtsminister zu. Wird die Beschwerde abgelehnt, so wird nach dem Beschlusse der Schulaufsichtsbehörde verfahren.

Über die Unterverteilung der Staatsmittel aus den angegebenen Fonds bestimmt § 23 des VUG.:

Für die Unterverteilung der Staatsmittel (§§ 19, 20, 21, 22) auf die Schulverbände ist vom Kreisausschusse nach Anhörung des Kreisschulinspektors für je fünf Jahre ein Verteilungsplan aufzustellen, der der Feststellung durch die Schulaufsichtsbehörde bedarf. Die Feststellung tritt in Kraft, wenn nicht innerhalb vier Wochen von dem Kreisausschusse dagegen Beschwerde bei dem Unterrichtsminister erhoben ist. Dieser entscheidet endgültig.

Die den einzelnen Schulverbänden bewilligten Ergänzungszuschüsse können durch den Kreisausschuß während der Bewilligungszeit nur gekürzt werden

wegen Aufhebung oder Veränderung des Schulverbandes,
wegen Aufhebung einer Schulstelle,
wegen gänzlichen oder teilweisen Fortfalls der Verpflichtung zur Ansammlung eines Baufonds (§ 14).

Der Beschluß des Kreisausschusses bedarf der Genehmigung der Schulaufsichtsbehörde. Gegen ihn steht den Beteiligten binnen zwei Wochen die Beschwerde an den Provinzialrat zu.

## III. Die Gewährung von Staatsbeiträgen für die öffentlichen jüdischen Schulen.

An beiden Arten von Staatsbeihilfen, den allgemeinen, wie den für die unvermögenden Schulverbände bestimmten, nehmen, da etwas Abweichendes nicht bestimmt ist, die öffentlichen jüdischen gleich allen anderen öffentlichen Volksschulen teil.

In diesem Sinne äußerte sich auch der Vertreter der preußischen Unterrichtsverwaltung auf eine bezügliche Anfrage bei der Beratung des VUG. im Abgeordnetenhause, indem er ausführte:

„Was die erste Anfrage angeht, so sind für die Unterstützung öffentlicher jüdischer Volksschulen diejenigen Mittel bestimmt, die im Staatshaushaltsetat für die Unterstützung öffentlicher Volksschulen überhaupt

[1]) S. u. § 23.

vorhanden sind, sodaß der Fonds unter Kap. 121 Tit. 34 einschließlich der Erhöhung, die er jetzt erfährt, auch für öffentliche jüdische Volksschulen wird verwendet werden können, sodaß die Mittel vorhanden sind, um diesen Schulen in ausreichendem Maße zu Hilfe zu kommen."[1])

Das gleiche ergibt sich hinsichtlich der im VUG. erwähnten an die Schulverbände zu leistenden Staatsbeiträge aus § 40 Abs. 1 des Gesetzes, welcher ausdrücklich bestimmt, daß die zur Erhaltung der jüdischen Schulen Verpflichteten als Schulverbände im Sinne des VUG gelten.

In entsprechender Weise bestimmt der Ausführungserlaß des Ministers der geistlichen pp. Angelegenheiten vom 25. Februar 1907 (Z.-Bl. Seite 311):

Für die jüdischen, sowie für die jüdisch-christlichen Volksschulen bleiben die bisherigen Vorschriften maßgebend, ... Die zu ihrer Unterhaltung Verpflichteten gelten aber als Schulverbände im Sinne des Gesetzes (§ 40). Auf sie finden daher insbesondere auch die §§ 14 ff., 17, 18 ff. Anwendung. Bei der Aufstellung des Verteilungsplanes durch die Kreisausschüsse (§ 23) sind sie zu berücksichtigen. Bei der Beurteilung der Leistungsfähigkeit der jüdischen Schulverbände sind die ihnen von den bürgerlichen Gemeinden nach § 40 Abs. 1 des Gesetzes in Verbindung mit § 67 Nr. 3 des Gesetzes vom 23. Juli 1847 (GS. Seite 263) zu leistenden Beihilfen zu beachten.

Für das jüdische Schulwesen der Provinz Hannover ist die Bewilligung besonderer Mittel durch das Gesetz vom 7. März 1868 (GS. Seite 223) § 1 Nr. 3 vorgesehen. Dasselbe überweist dem provinzialständischen Verband der Provinz Hannover aus den Staatshaushaltseinnahmen die Summe von jährlich 500 000 Talern zur Verwendung für verschiedene Zwecke, insbesondere auch zur Unterhaltung und Unterstützung des jüdischen Schulwesens mit der Maßgabe, daß, soweit die überwiesene Summe nicht ausreicht, die hierfür erforderlichen Kosten von dem Provinzialverband aufzubringen sind.

Die Bestimmungen dieses Gesetzes sind durch das Volksschulunterhaltungsgesetz aufrecht erhalten. § 40 Abs. 4 des Gesetzes bestimmt:

„Für die Provinz Hannover bewendet es bei dem Gesetz vom 7. März 1868 (GS. Seite 223), § 1 Nr. 3, betreffend die Unterstützung des jüdischen Schulwesens der Provinz durch den Provinzialverband."

## B. Beiträge der Kommunen zur Unterhaltung der jüdischen öffentlichen Volksschulen.

Das Gesetz vom 23. Juli 1847 sieht im § 67 Ziffer 3 für den Fall, daß die Unterhaltung der Ortsschulen eine Last der bürgerlichen Gemeinde ist, eine Beihilfe zur Unterhaltung der öffentlichen jüdischen Volksschulen aus Kommunalmitteln vor. Die Denkschrift zu dem Regierungsentwurf des Gesetzes begründete diese Bestimmung wie folgt:

„An solchen Orten, wo wie schon jetzt in den westlichen Provinzen, die Unterhaltung der bestehenden christlichen Schule eine Verpflichtung der Ortsgemeinde ist, wird sich diese, da die Juden unter den Kommunallasten mit zu deren Unterhaltung beisteuern, nicht entziehen können, den

[1]) Sten. Ber. S. 5188.

Juden aus dem Kommunal-Schulfonds auf angemessene Weise zu Hülfe zu kommen, wenn dieselben auf Anordnung der Schulbehörde durch Errichtung eines eigenen jüdischen Schulsystems ihre Kinder aus der christlichen Schule aussondern und dadurch die Unterhaltungslast der letzteren verringert wird".[1])

Nachdem durch das Volksschulunterhaltungsgesetz das Kommunalprinzip grundsätzlich allgemein zur Durchführung gelangt ist und nur für die jüdischen Schulen eine Ausnahme gemacht ist, ergibt sich als Konsequenz, daß der Grundsatz der Kommunalbeihilfe zur Unterhaltung der jüdischen Schulen auf den ganzen Geltungsbereich des Gesetzes Anwendung finden muß.

Diese Konsequenz ist auch durch § 40 des Volksschulunterhaltungsgesetzes gezogen, welcher bestimmt, „daß der § 67 Nr. 3 des Gesetzes vom 23. Juli 1847 über die Verhältnisse der Juden (GS. Seite 263) für den ganzen Umfang der Monarchie zur Anwendung gelangt".

Da die von dem Geltungsbereiche des Volksschulunterhaltungsgesetzes ausgenommenen Provinzen, Westpreußen und Posen, ohnedies unter die Bestimmungen des Gesetzes vom 23. Juli 1847 fallen, gilt § 67 Abs. 3 dieses Gesetzes somit für die gesamte preußische Monarchie.

§ 67 Nr. 3 lautet:

„Wo die Unterhaltung der Ortsschulen eine Last der bürgerlichen Gemeinden ist, haben die Juden im Falle der Errichtung einer eigenen öffentlichen Schule eine Beihilfe aus Kommunalmitteln zu fordern, deren Höhe unter Berücksichtigung des Betrages der Kommunalabgaben der jüdischen Einwohner, der aus den Kommunalkassen für das Ortsschulwesen sonst gemachten Verwendungen und der Erleichterung, welche dem Kommunalschulwesen aus der Vereinigung der jüdischen Kinder in eine besondere jüdische Schule erwächst, zu bemessen, und in Ermangelung einer gütlichen Vereinbarung von den Ministern der geistlichen pp. Angelegenheiten und des Innern festzusetzen ist."

Nach dieser Bestimmung kommen für die Bemessung der kommunalen Beihilfe drei Faktoren in Betracht:

1. der Betrag der jüdischen Kommunalabgaben,
2. die Aufwendungen der Kommune für das übrige Schulwesen,
3. die Erleichterung, welche dem Kommunalschulwesen durch die Einrichtung der besonderen jüdischen Schule erwächst.

Über die Bedeutung der einzelnen Faktoren für die Höhe des Kommunalbeitrages und ihr Verhältnis zueinander sind die folgenden Ministerialerlasse ergangen:

1. Min.-Erl. vom 30. April 1859,
2. „ „ 29. Januar 1873,
3. „ „ 11. September 1873 und
4. „ „ 13. November 1877[2]).

Der Erlaß vom 30. April 1859 entschied, daß die kommunale Beihilfe genau der Summe zu entsprechen habe, welche die jüdischen Einwohner zu

---

[1]) Vollständige Verhandlungen usw. S. XXXV.

[2]) Vgl. auch ME. vom 29. Februar 1860 o. S. 26 f.

den Unterhaltungskosten des städtischen Schulwesens (in dem fraglichen Falle nach sechsjähriger Fraktion) beigetragen hätten.

Der Erlaß vom 29. Januar 1873 erklärte, daß die verschiedenen im Gesetz angeführten Faktoren nebeneinander berücksichtigt werden müßten und die einseitige Berücksichtigung des einen oder des anderen unzulässig sei. Es sei daher nicht gerechtfertigt, die Beihilfe lediglich nach dem Verhältnis der Beisteuer der Juden zu den Unterhaltungskosten des städtischen Schulwesens zu berechnen. Ebenso einseitig und ungerechtfertigt sei jedoch das Verlangen der Stadt, daß bei der Bemessung des Betrages nur die Erleichterung berücksichtigt werde, welche der Stadt aus dem Bestehen der besonderen jüdischen Schule erwachse.

Als zweckmäßige Unterlage für die Bemessung des Kommunalbeitrages sei vielmehr das Medium aus beiden Faktoren anzusehen.

Im gleichen Sinne sprachen sich die Ministerialreskripte vom 11. September 1873 und 13. November 1877 aus.

Auch die Ausführungsbestimmungen des Ministers der geistlichen pp. Angelegenheiten zum Volksschulunterhaltungsgesetze, vom 25. Februar 1907, verweisen auf die Erlasse vom 29. Januar und 11. September 1873. Der bezügliche Passus der Ausführungsbestimmungen lautet:

„Wegen der Grundsätze für die Gewährung dieser Beihilfen (sc. der von den bürgerlichen Gemeinden zu leistenden) wird auf die Erlasse vom 29. Januar und 11. September 1873 (Z.-Bl. d. Unterrichtsverwaltung 1873 S. 185 und 1874 S. 403) verwiesen. Die Beihilfe ist unter Berücksichtigung der gesamten in Betracht kommenden Verhältnisse (s. § 67 Nr. 3 a. a. O.) in billiger Weise zu bemessen. Die Feststellung der Höhe ist zunächst der gütlichen Vereinbarung der Beteiligten überlassen. Falls eine Verständigung nicht zu erreichen ist, hat die Kgl. Regierung behufs der Festsetzung zu berichten."

Die erwähnten Ministerialerlasse lauten:

## 1. Ministerialerlaß vom 30. April 1859 (U. 9541).

Unter Rücksendung der Anlagen des Berichts der Kgl. Regierung vom 9. April d. J. bestätige ich hierdurch die Entscheidung derselben, nach welcher zu den Kosten der Unterhaltung der in M. zu errichtenden öffentlichen jüdischen Schule aus der dortigen Stadtkasse eine fortlaufende jährliche Beihilfe von ... Thalern zu gewähren ist.

Auf den von dem Magistrat und den Stadtverordneten dagegen erhobenen Widerspruch kann keine Rücksicht genommen werden, weil die festgesetzte Beihilfe genau der Summe entsprechend berechnet worden ist, welche die jüdischen Einwohner zu den Unterhaltungskosten des städtischen Schulwesens nach sechsjähriger Fraktion seither beigetragen haben.

## 2. Ministerialreskript vom 29. Januar 1873 (M.-Bl. S. 115).

Der Kgl. Regierung zu N. erwidern wir auf den Bericht vom 15. September pr., die von der Stadt N. zur Unterhaltung der jüdischen öffentlichen Schulen daselbst zu gewährende Beihilfe betreffend, das Folgende:

Das Verlangen der jüdischen Gemeinde, die Höhe der vorerwähnten Beihilfe lediglich nach dem Verhältniß ihrer kommunalen Besteuerung zu den Unterhaltungskosten des städtischen Schulwesens zu berechnen, ist ebenso einseitig und deshalb nicht gerechtfertigt, wie das Verlangen der Stadt, welches dahin geht, diese ihre Verpflichtung nur nach Maaßgabe der ihrem Kommunalschulwesen durch das Bestehen der jüdischen Schule erwachsenden Erleichterung zu bemessen. Es kann daher auch dem der ersten dieser beiden Alternativen entsprechende Antrag der Königlichen Regierung, die städtische Beihilfe auf jährlich — Thlr. pro 1865—1869, und auf — Thlr. pro 1870—1874 festzusetzen, nicht stattgegeben werden. Die Absicht der Nr. 3 des § 67 des Gesetzes vom 23. Juli 1847 geht vielmehr dahin, den städtischen Beitrag zur Unterhaltung jüdischer öffentlicher Schulen unter Berücksichtigung der gesamten in Betracht kommenden Verhältnisse auf ein billiges Maaß zurückzuführen. Als wesentliche Faktoren in dieser Beziehung dienen, der Anweisung des Gesetzes entsprechend, zunächst beide Eingangs erwähnte Arten der Berechnung neben einander. Das Medium aus denselben wird, ohne allein maaßgebend zu sein, eine zweckmäßige Unterlage bieten, um unter Vermeidung von Härten nach der einen oder anderen Seite den von der Stadt N. zur Unterhaltung der jüdischen öffentlichen Schule daselbst zu leistenden Beitrag den Umständen entsprechend festsetzen zu können.

Der königlichen Regierung überlassen wir daher, die Sache aus diesem Gesichtspunkte unter Festhaltung der vereinbarten Dauer der städtischen Beihilfe auf je 5 Jahre, nämlich einmal für die Zeit von 1865—1869 und sodann für die Zeit von 1870—1874 wieder aufzunehmen, und falls eine Vereinigung beider Theile nicht stattfinden sollte, zum Zwecke diesseitiger Entscheidung anderweitig zu berichten.

Berlin, den 29. Januar 1873.

| Der Minister des Innern | Der Minister der geistl. pp. Angeleg. |
|---|---|
| i. A.: | i. V.: |
| von Klützow. | Achenbach. |

## 3. Ministerialreskript vom 11. September 1873 (M.-Bl. S. 153).

Da in N. die Unterhaltung der Ortsschulen aus städtischen Mitteln erfolgt, können nach § 67 Nr. 3 des Gesetzes vom 23. Juli 1847 (GS. Seite 276) auch die Juden einen Anspruch auf eine Beihülfe aus Kommunalmitteln zur Unterhaltung der dort bestehenden öffentlichen jüdischen Schule erheben.

Eine solche Beihülfe ist ihnen demgemäß auch für 1872 gewährt. Daß dieselbe aber unter einseitiger Berücksichtigung des Betrages der Kommunalabgaben der jüdischen Einwohner bemessen worden, steht, wie wir in dem Erlaß vom 29. Januar cr. — MBl. Jahrg. 1873 Seite 115 — bereits ausgeführt haben, mit den Bestimmungen des § 67 unter Nr. 3 a. a. O. nicht im Einklang.

Danach soll bei der Bemessung der städtischen Beihülfe vielmehr neben den Kommunalabgaben der jüdischen Einwohner auch der Betrag der aus den Kommunalkassen für das Ortsschulwesen sonst gemachten Verwendungen und der Erleichterung, welche dem Kommunalschulwesen aus der Vereinigung der jüdischen Kinder in eine besondere jüdische Schule erwächst, in Betracht gezogen und die Höhe der städtischen Beihülfe unter Berücksichtigung der gesammten in Betracht kommenden Verhältnisse auf ein billiges Maaß festgesetzt werden.

Andrerseits ist freilich auch die Annahme des jüdischen Gemeinde-Vorstandes in der Beschwerdeschrift vom 28. Februar d. J., daß die bisherige Beihülfe von 49 Thlrn. lediglich in Erfüllung der Bestimmung unter Nr. 4 a. a. O. von der Stadt N. zu leisten sei, nicht gerechtfertigt.

Ew. Hochwohlgeboren wollen von diesen Gesichtspunkten aus die Angemessenheit der in Rede stehenden Beihülfe nochmals prüfen und den Versuch einer Vereinbarung machen, event. Sich darüber gutachtlich äußern, auf welchen Betrag unter Berücksichtigung aller in Betracht kommenden Verhältnisse die Beihülfe aus Kommunalmitteln festzusetzen sei.

Berlin, den 11. September 1873.

Der Minister des Innern. i. A. Ribbeck.

Der Minister der geistl. pp. Angelegenheiten. i. V. Sydow.

## 4. Ministerialreskript vom 13. November 1877. (Z.-Bl. S. 663 ff.)

Bei Rücksendung der Anlagen des Berichts vom 13. März d. J. gereicht der Kgl. Regierung zum Bescheide, daß kein Grund vorliegt, davon abzusehen, die Unterhaltungskosten der Volksschulen in der Stadt N. nach den Bestimmungen der Provinzial-Schulordnung vom 11. Dezember 1845 auf den Gemeindehaushalt zu übernehmen. Was zunächst die christlichen Schulen anbelangt, so sind die Beschwerden über die von den betreffenden Konfessionsverwandten zu bestreitende Unterhaltung dieser Schulen in Rücksicht auf die Bestimmungen des §. 39. der bezeichneten Schulordnung für begründet zu erachten, weil nach dieser Bestimmung die Mittel zur Unterhaltung der Elementarschulen von der bürgerlichen Gemeinde in derselben Weise, wie die übrigen Kommunalbedürfnisse aufzubringen sind. In dieser Hinsicht kann es also bei den Verfügungen der Kgl. Regierung vom 27. Oktober und 6. Dezember v. J. bewenden. Was aber die Unterhaltung der jüdischen Schule betrifft, so scheint die Kgl. Regierung nach dem Schlußsatz Ihrer Verfügung vom 6. Dezember v. J. und nach dem in Rede stehenden Bericht von der Voraussetzung auszugehen, daß der §. 49. der Provinzialschulordnung vom 11. Dezember 1845 noch in Kraft sei. Denn die Kgl. Regierung setzt voraus, daß die Juden bezw. die jüdische Gemeinde nicht gezwungen werden könnten, Kommunalsteuern, soweit solche zur Unterhaltung der städtischen Schulen erforderlich seien, zu zahlen, daß deshalb mit der jüdischen Gemeinde eine Verständigung herbeigeführt werden müsse und zwar auf der Grundlage, daß dieselbe auf die ihr nach Meinung der Kgl. Regierung auf Grund des §. 49. der Provinzial-Schulordnung zustehende Freiheit von Beiträgen zur Unterhaltung der Gemeindeschulen gegen eine nach den Bestimmungen des §. 67. Nr. 3 des Ges. vom 23. Juli 1847 zu normierende Beihülfe verzichte. Dieser Auffassung kann nicht beigetreten werden.

Der §. 63. des Ges. vom 23. Juli 1847 über die Verhältnisse der Juden schreibt ganz allgemein vor, daß zur Unterhaltung der Ortsschulen die Juden in gleicher Weise und in gleichem Verhältnisse wie die christlichen Gemeindeglieder den Gesetzen und bestehenden Verfassungen gemäß beizutragen haben, und der §. 67. Nr. 3 a. a. O. bestimmt, daß, wo die Unterhaltung der Ortsschulen eine Last der bürgerlichen Gemeinde ist, die Juden im Falle der Errichtung einer eigenen öffentlichen Schule eine nach den dort gegebenen näheren Vorschriften zu bemessende und beim Mangel gütlicher Vereinbarung von den Ministern der geistlichen rc. Angelegenheiten und des Innern festzusetzende Beihülfe aus Kommunalmitteln zu fordern haben.

Durch diese Bestimmungen ist in Rücksicht darauf, daß der §. 72. des Gesetzes vom 23. Juli 1847 mit dem Marginale „Aufhebung abweichender Gesetze" alle von den Bestimmungen dieses Gesetzes abweichenden allgemeinen und besonderen gesetzlichen Vorschriften außer Kraft setzt, die besondere Bestimmung des §. 49. der Provinzial-Schulordnung vom 11. Dezember 1845 für aufgehoben zu erachten.

Wegen Bemessung der zur Unterhaltung einer jüdischen öffentlichen Schule aus Kommunalmitteln zu gewährenden Beihülfe nehmen wir auf den Erlaß vom 29. Januar 1873 (Centralblatt für die ges. Unterrichts-Verwaltung, Jahrgang 1873 S. 185) Bezug.

Hiernach wolle die Kgl. Regierung das Weitere veranlassen und die Schuldeputation auf die Vorstellung vom 2. Februar d. J. bescheiden.

Die Minister
im allerhöchsten Auftrage:

des Innern
Friedenthal.

der geistlichen usw. Angelegenheiten
Falk.

Von den drei im Gesetz angegebenen Faktoren, Betrag der Kommunalabgaben der Juden, Aufwendungen der Kommune für das übrige Schulwesen und Erleichterung der Kommune durch die Einrichtung der besonderen jüdischen Schule, wird die Feststellung der ersten beiden in der Regel keine Schwierigkeiten bereiten.

Der Betrag der von den jüdischen Bürgern geleisteten Kommunalabgaben wird ohne weiteres festzustellen sein. Ebenso der Gesamtaufwand der Kommune für das Schulwesen. Aus der Verbindung beider Faktoren ergibt sich die Beitragsleistung der jüdischen Bürger zu den Schulaufwendungen der Stadt. Bezeichnet man den Gesamtbetrag der Kommunalabgaben mit A, den Gesamtbetrag der von den jüdischen Bürgern geleisteten Kommunalabgaben mit B, den Gesamtbetrag der städischen Aufwendungen für das Schulwesen mit c, und den Beitrag der Juden zu den Kommunalschullasten mit x, so ist

$$x = \frac{B \cdot c}{A}$$

Beträgt z. B. der Gesamtbetrag der Kommunalsteuern ℳ 10000000, der Gesamtbetrag der von den jüdischen Bürgern geleisteten Kommunalabgaben ℳ 200000, die Gesamtaufwendungen der Stadt für das Schulwesen ℳ 400000, so würde der Beitrag der Juden zu den Schulaufwendungen betragen:

$$\frac{200000 \cdot 400000}{10000000} = ℳ\ 8000.—$$

Schwieriger wird häufig der dritte Faktor festzustellen sein, nämlich die Erleichterung, welche dem Kommunalschulwesen aus der Vereinigung der jüdischen Kinder in eine besondere jüdische Schule erwächst. Es ist der Fall denkbar, daß die Stadt, wenn nicht in anderer Weise für den Unterricht der jüdischen schulpflichtigen Kinder gesorgt wäre, nach Lage der Dinge zur Errichtung einer weiteren Schule gezwungen wäre, weil die vorhandenen städtischen Schulen zur Unterbringung sämtlicher Kinder, einschließlich der jüdischen, nicht ausreichen würden. In diesem Falle würde durch die Vereinigung der jüdischen Kinder zu einer besonderen jüdischen Schule die Stadt um den Gesamtbetrag der für die jüdische Sonderschule erforderlichen Aufwendungen erleichtert sein. Es besteht die weitere Möglichkeit, daß bei einer Überweisung der jüdischen Kinder an die kommunalen Volksschulen nur die Errichtung einiger neuer

Klassen, die Anstellung einiger neuer Lehrer und dergl., kurz nur eine Erweiterung der ohne die jüdischen Kinder erforderlichen Schulen notwendig wäre. In diesem Falle würde die Stadt nur um den Betrag erleichtert sein, welchen die Einrichtung der neuen Klassen, die Anstellung der neuen Lehrer usw. erfordern würde. Es ist ferner denkbar, daß eine Aufnahme der jüdischen Kinder in die kommunalen Schulen ohne weiteres angängig wäre, so daß, abgesehen von den Lehrmitteln und anderen verhältnismäßig geringfügigen Aufwendungen, der Stadt durch die Aufnahme der jüdischen Kinder in die städtischen Schulen keine Lasten und demzufolge durch die Vereinigung der jüdischen Kinder zu einer besonderen jüdischen Schule gar keine oder nur eine geringe Erleichterung erwachsen würde. Es ist endlich nicht ausgeschlossen, daß eine genaue Feststellung der Erleichterung, welche dem Kommunalschulwesen durch die besondere jüdische Schule erwächst, nicht möglich ist.

Im letzteren Fall wird es sich empfehlen, die Erleichterung vorzüglich nach zwei Gesichtspunkten zu bemessen. Entweder als in Betracht kommenden Betrag die Unterhaltungskosten der jüdischen Schule anzunehmen, oder, wo nach Lage der Dinge sich dieses Verfahren verbietet, die Erleichterung der Stadt nach dem durchschnittlich für jedes schulpflichtige Kind seitens der Stadt aufzuwendenden Betrag einerseits, und der Zahl der schulpflichtigen jüdischen Kinder andererseits zu bemessen.

In jedem Falle ist zu beachten, daß als Aufwendungen der Kommune nicht nur die Lehrergehälter sondern auch die Pensionen, die Ausgaben für Lehrmittel, Heizung und Beleuchtung, die Zinsen des Kapitals für den Grund und Boden, den Bau und die Einrichtung des Schulgebäudes, ferner auch die Amortisation für die Abnützung des Schulgebäudes und des Inventars anzusetzen ist.

Der Kommunalbeitrag ist, wie § 67 Nr. 3 bestimmt, zunächst durch gütliche Verhandlung zwischen der jüdischen Schulgemeinde einerseits und der bürgerlichen Gemeinde auf der anderen Seite festzustellen. Der zu leistende Beitrag wird zu suchen sein zwischen dem Betrag der Erleichterung, welche der Kommune aus der besonderen jüdischen Schule erwächst, und dem Betrag der Beisteuer der Juden zu dem städtischen Schulwesen. Der eine Betrag wird das Minimum, der andere das Maximum der zu leistenden Beihilfe abgeben. Hierbei wird in der Regel die Kommunalerleichterung den Mindestbetrag, die jüdische Kommunalschulbeisteuer den in Frage kommenden Höchstbetrag darstellen. Es ist jedoch der Fall denkbar, daß die Kommunalbeihilfe den von den Juden geleisteten Beitrag zu den Gesamtaufwendungen der Kommune für Schulzwecke übersteigt. Dieser Fall könnte z. B. dann eintreten, wenn an einem Orte eine größere Anzahl schulpflichtiger jüdischer Kinder vorhanden, die jüdische Einwohnerschaft aber von geringerer Steuerkraft und ihre Beisteuer zu den Kommunallasten dementsprechend gering ist. Dann könnte die Einrichtung einer besonderen Schule durch die Zahl der jüdischen Kinder geboten und der für dieselbe erforderliche Aufwand größer sein als der in den Kommunalabgaben der jüdischen Einwohner enthaltene Beitrag zu den Gesamtschullasten der Stadt. In diesem Falle würde die kommunale Beihilfe zu suchen sein in der Mitte zwischen der Beisteuer der jüdischen Einwohner zu den städtischen Gesamtschullasten als unterster und den gesamten Unterhaltungskosten der jüdischen Schule als oberster Grenze. Die Kommune würde nicht in der Lage sein, nur einen, und zwar den ihr günstigen Faktor zu berücksichtigen, den anderen aber außer Betracht zu lassen. Sie dürfte also gegebenenfalls nicht etwa die Beisteuer der jüdischen Einwohner zu den städtischen Schullasten mit Rücksicht darauf ignorieren, daß die Erleichterung, welche der Stadt aus der besonderen jüdischen Schule erwächst, nur geringfügig oder eine solche überhaupt nicht vorhanden ist. Sie würde ebenso wenig die Erleichterung, die ihr aus der Vereinigung der jüdischen Kinder zu einer besonderen Schule erwächst, außer Betracht lassen können mit Rücksicht darauf, daß die Beitragsleistung der jüdischen Einwohner zur Gesamtheit der städtischen Schullasten geringer ist als die etwa geforderte kommunale Beihilfe.

Eine unbillige Belastung der Kommune könnte in einer derartigen Bemessung der kommunalen Beihilfe um so weniger erblickt werden, als der Fall sehr häufig, ja die Regel sein wird, daß die jüdischen Einwohner in ihren Kommunalabgaben zur Unterhaltung auch der christlichen Volksschulen mit beisteuern.

Für den Fall, daß eine gütliche Vereinbarung zwischen der jüdischen Schulgemeinde und der bürgerlichen Gemeinde nicht zustande kommt, erfolgt die Entscheidung über die Höhe der von der Kommune zu leistenden Beihilfe durch die Minister der geistlichen usw. Angelegenheiten und des Innern.

## C. Gemeinsame Lasten der Schulverbände eines Regierungsbezirkes.

Von den Lasten zur Unterhaltung der öffentlichen Volksschulen, die der Staatsbeitrag nicht deckt und die daher von den Schulunterhaltungspflichtigen aufzubringen sind, wird ein Teil in der Weise bestritten, daß die öffentlichen Volksschulverbände eines Regierungsbezirkes die erforderlichen Beträge gemeinsam aufbringen. Zu diesem Behufe werden in jedem Regierungsbezirke für bestimmte Zwecke gemeinsame Kassen gebildet. Derartige gemeinsame Bezirkskassen sind einzurichten:

1. zur Aufbringung des durch den Staatsbeitrag nicht gedeckten Teils der Ruhegehälter der Lehrer und Lehrerinnen[1]) (Ruhegehaltskassen),
2. zur Bestreitung der Alterszulagen für die Lehrer und Lehrerinnen[2]) (Alterszulagekassen),

[1]) Vgl. u. S. 170 ff.
[2]) Vgl. u. S. 164 f.

3. zur Bestreitung des durch den Staatsbeitrag nicht gedeckten Teiles der Witwen- und Waisengelder[1]) (Witwen- und Waisenkassen).

Die näheren Bestimmungen über die Verteilung der gemeinsamen Lasten auf die an die Bezirkskasse angeschlossenen Verbände lauten wie folgt:

### I. Ruhegehaltskassen[2]).

## Gesetz betreffend Ruhegehaltskassen für die Lehrer und Lehrerinnen an den öffentlichen Volksschulen vom 23. Juli 1893.

§ 1: Behufs gemeinsamer Bestreitung des durch den Staatsbeitrag nicht gedeckten Theils der Ruhegehälter der Lehrer und Lehrerinnen an den öffentlichen Volksschulen vom 1. Juli 1893 ab wird für die zur Aufbringung verpflichteten Schulverbände (Schulsozietäten, Gemeinden, Gutsbezirke) in jedem Regierungsbezirk eine Ruhegehaltskasse gebildet.

§ 5: Die den Schulverbänden (Schulsozietäten, Gemeinden, Gutsbezirken) zur Last fallenden Ruhegehälter werden von der Kasse an die Bezugsberechtigten gezahlt.

§ 6: Für jedes mit dem 1. April beginnende Rechnungsjahr wird der Bedarf der Kasse nach dem Stande der im § 5 gedachten Ruhegehälter am 1. Oktober des Vorjahres unter Hinzurechnung der voraussichtlichen Verwaltungskosten berechnet.

§ 7: Den Maßstab für die Vertheilung des Bedarfs auf die Schulverbände (Schulsozietäten, Gemeinden, Gutsbezirke) bildet die Jahressumme des ruhegehaltsberechtigten Diensteinkommens der Lehrer und Lehrerinnen an den öffentlichen Volksschulen des Kassenbezirks am 1. Oktober des Vorjahres. Von diesem Diensteinkommen bleibt für jede Stelle ein Betrag bis zu 800 Mark außer Berechnung. Bei unbesetzten Stellen sind Dienstalterszulagen nicht in Anrechnung zu bringen.

Die für jeden Schulverband (Schulsozietät, Gemeinde, Gutsbezirk) sich ergebende Gesamtsumme des Diensteinkommens wird im Verteilungsplane nach unten auf Hunderte von Mark abgerundet.

§ 8: Für die Berechnung des Wertes der freien Wohnung und Feuerung, sowie der ihrer Natur nach steigenden und fallenden Dienstbezüge ist die Festsetzung der Schulaufsichtsbehörde nach Anhörung des Kreisausschusses beziehungsweise in Stadtkreisen des Gemeindevorstandes maßgebend. Diese Festsetzung gilt bezüglich des Werts der freien Wohnung und Feuerung auch für die Berechnung des Ruhegehalts[3]).

§ 16: Der Stadtkreis Berlin und das Fürstentum Hohenzollern-Hechingen werden einer Ruhegehaltskasse nicht angeschlossen.

§ 18: Königlicher Verordnung bleibt vorbehalten der Erlaß von Vorschriften über:

1) die Einrichtung besonderer Ruhegehaltskassen für die Stolbergschen Grafschaften oder über den Anschluß der letzteren an die Kasse eines anderen Bezirks,
2) die Umgestaltung der für die Lehrer des ehemaligen Herzogtums Nassau auf Grund des Gesetzes vom 18. Februar 1851 (V.-Bl. S. 41) bestehenden Pensionskasse,

---

1) Vgl. u. S. 177 ff.
2) Vgl. auch unten S. 104 f.
3) Vgl. auch §§ 9, 10, 11, 12, 13, 15 u. S. 105.

3) den Anschluß der übrigen zum Regierungsbezirk Wiesbaden gehörigen Gebietsteile an die unter 2 bezeichnete Pensionskasse.

Bis zum Erlasse der unter 2 vorgesehenen Königlichen Verordnung bleibt die Einrichtung einer Ruhegehaltskasse für den Regierungsbezirk Wiesbaden ausgesetzt.

### II. Alterszulagekassen [1]).

## Gesetz betreffend das Diensteinkommen der Lehrer und Lehrerinnen an den öffentlichen Volksschulen vom 3. März 1897.

§ 8 Abs. 1: Behufs gemeinsamer Bestreitung der Alterszulagen wird für die zur Aufbringung verpflichteten Schulverbände in jedem Regierungsbezirk (ausschließlich der Stadt Berlin) eine Kasse gebildet.

Abs. 6: Für jedes mit dem 1. April beginnende Rechnungsjahr wird der Bedarf der Kasse nach dem Stande der Alterszulagen vom 1. Oktober des Vorjahres unter Berücksichtigung der voraussichtlichen Steigerung oder Verminderung der Alterszulagen und unter Hinzurechnung der voraussichtlichen Verwaltungskosten berechnet.

Abs. 7: Den Maßstab für die Verteilung des Bedarfs auf die Schulverbände bildet die Anzahl der der Alterszulagekasse angeschlossenen Lehrer- und Lehrerinnenstellen in Verbindung mit dem Einheitssatze der Alterszulagen der betreffenden Stellen.

Abs. 8: Für Schulstellen, welche nach Aufstellung des Verteilungsplanes im Laufe des Jahres neu errichtet werden, ist der Beitrag zur Alterszulagekasse von dem Tage an zu zahlen, seit welchem die Stelle durch eine besondere Lehrkraft versehen wird.

Abs. 9: Für die Aufstellung des Verteilungsplanes, die Einziehung der Beiträge und die Bestellung eines Kassenanwaltes finden die §§ 3, 4 und 9 bis 14 des Gesetzes vom 23. Juli 1893, betreffend Ruhegehaltskassen für die Lehrer und Lehrerinnen an den öffentlichen Volksschulen (Gesetz-Samml. S. 194), sinngemäße Anwendung, jedoch mit der Maßgabe, daß diejenigen Beträge, die nach § 11 Nr. 2 beim Übertritt eines Lehrers oder einer Lehrerin von einer Privatschule in den öffentlichen Volksschuldienst gezahlt werden, nur soweit Verwendung finden dürfen, als der für jede Stelle zur Gewährung des Mindestsatzes erforderliche Bedarf den nach § 27 IV zu zahlenden Staatszuschuß übersteigt. Dem Kassenanwalte steht kein Einspruch gegen die Festsetzung und Anweisung der einzelnen Alterszulagen zu.

Abs. 10: Auf die Alterszulagen der Lehrer und Lehrerinnen in Berlin findet der § 5 nur mit der Maßgabe Anwendung, daß der Bezug spätestens nach siebenjähriger Dienstzeit im öffentlichen Schuldienste zu beginnen hat, und daß der Höchstbetrag spätestens nach weiteren vierundzwanzig Dienstjahren erreicht sein muß.

### III. Witwen- und Waisenkassen [2]).

## Gesetz vom 4. Dezember 1899 betreffend die Fürsorge für die Witwen und Waisen der Lehrer an öffentlichen Volksschulen.

§ 15: Behufs gemeinsamer Bestreitung des durch den Staatsbeitrag nicht gedeckten Teiles der Witwen- und Waisengelder werden die zur Aufbringung verpflichteten Schulverbände (Schulsozietäten, Gemeinden, Gutsbezirke) in jedem Regierungsbezirke zu Bezirks-Witwen- und Waisenkassen verbunden.

Sind für die Mitglieder eines Schulverbandes, welcher keine widerrufliche Staatsbeihilfe zur Unterhaltung der öffentlichen Volksschulen bezieht, mehr als 25

---

[1]) Vgl. auch unten S. 106.

[2]) Vgl. unten S. 106.

Schulstellen vorhanden, so ist der Schulverband einer Bezirks-Wittwen- und Waisenkasse nicht anzuschließen, wenn er dies innerhalb sechs Wochen nach dem Inkrafttreten des gegenwärtigen Gesetzes bei der Bezirksregierung beantragt. Wird einem hiernach der Bezirkskasse nicht angeschlossenen Schulverbande später auf seinen Antrag eine widerrufliche Staatsbeihilfe gewährt, so wird von der Bezirksregierung der Anschluß desselben an die Kasse von dem nächsten mit dem 1. April beginnenden Rechnungsjahr ab angeordnet. Der Austritt eines der Kasse angeschlossenen Schulverbandes ist unstatthaft.

Während der Dauer des auf Antrag eines Schulverbandes erfolgten Ausschlusses desselben aus der Kasse findet die Vorschrift des § 14 Abs. 1 auf die Hinterbliebenen derjenigen Lehrer keine Anwendung, welche zur Zeit ihres Todes oder ihrer Versetzung in den Ruhestand an einer Volksschule dieses Schulverbandes angestellt waren.

Den Maßstab für die Verteilung des Kassenbedarfs auf die Schulverbände (Schulsozietäten, Gemeinden, Gutsbezirke) bildet die Jahressumme des ruhegehaltsberechtigten Diensteinkommens der zur Kasse gehörigen Lehrerstellen am 1. Oktober des Vorjahrs. Von diesem Diensteinkommen bleibt für jede Stelle ein Betrag bis zu 1200 Mark außer Berechnung. Bei unbesetzten Stellen sind Dienstalterszulagen nicht in Anrechnung zu bringen. Die für jeden Schulverband (Schulsozietät, Gemeinde, Gutsbezirk) sich ergebende Gesamtsumme des Diensteinkommens wird im Verteilungsplane nach unten auf Hunderte von Mark abgerundet. Der Verteilungsplan gilt ohne Rücksicht auf die inzwischen eingetretenen Veränderungen jedesmal für drei Rechnungsjahre.

Im übrigen finden auf die Einrichtung und Verwaltung der Kassen die §§ 2 bis 6, 8 bis 14 und 17 des Gesetzes, betreffend Ruhegehaltskassen für die Lehrer und Lehrerinnen an den öffentlichen Volksschulen, vom 23. Juli 1893 (Gesetz-Samml. S. 194) sinngemäße Anwendung[1]).

Das Nähere über die Einrichtung der Kassen und ihre Verwaltung siehe unter „Verwaltung der jüdischen Schulen" u. S. 104 ff.

## D. Die Lasten der jüdischen Schulgemeinde (Schulsozietät bezw. Synagogengemeinde).

### I. Der Umfang der Lasten der Schulgemeinde.

Soweit die Unterhaltungskosten der jüdischen öffentlichen Schulen nicht durch die Beiträge des Staates und der Kommune gedeckt werden, sind dieselben von der jüdischen Schulgemeinde, d. i. der Schulsozietät bezw. der Synagogengemeinde, zu tragen.

Die Lasten der Schulgemeinde sind dreifacher Natur:

a. auf gesetzlichen Bestimmungen beruhende (gesetzlich fixierte) Leistungen;
b. Anforderungen der Aufsichtsbehörde;
c. freiwillige Leistungen der Schulgemeinde.

1. Die gesetzlich fixierten Leistungen:

Durch die neueren Volksschulgesetze sind die Leistungen der Schulunterhaltungspflichtigen für eine Reihe von Schulzwecken gesetzlich festgelegt, so die Pensionen der Lehrer und Lehrerinnen, das Witwen- und Waisengeld,

[1]) S. oben S. 60, unten S. 105.

der Mindestbetrag des Grundgehaltes und der Alterszulagen für die Lehrer und Lehrerinnen; außerdem ist die Frage der Gewährung einer Dienstwohnung durch das Diensteinkommengesetz vom 3. März 1897 gesetzlich geregelt[1]).

Durch das Volksschulunterhaltungsgesetz sind des weiteren die Schulverbände mit 25 oder weniger Schulstellen verpflichtet, zur Bestreitung der Kosten von Volksschulbauten, welche nicht zu den kleineren laufenden Reparaturen gehören, bestimmte Beträge nach Maßgabe des Gesetzes anzusammeln und verzinslich zu belegen.

Die näheren Bestimmungen des VUG. hierüber lauten:

§ 14: Jeder Schulverband mit fünfundzwanzig oder weniger Schulstellen ist verpflichtet, jährlich 60 Mark für die einzige oder erste, 50 Mark für die zweite, 40 Mark für die dritte und je 30 Mark für jede weitere Stelle des Schulverbandes zur Bestreitung der Kosten von Volksschulbauten, welche nicht zu den laufenden kleineren Reparaturen gehören, anzusammeln und verzinslich zu belegen.

Sind die im Abs. 1 gedachten Baukosten ganz oder teilweise von Dritten zu decken, so sind die Schulverbände zu der Ansammlung überhaupt nicht oder in entsprechend geringerer Höhe anzuhalten. Die Schulaufsichtsbehörde entscheidet endgültig darüber, ob und inwieweit hiernach von der Anforderung der Ansammlung Abstand zu nehmen ist.

Die Schulaufsichtsbehörde ist befugt, auf Antrag eines Schulverbandes eine Aussetzung oder Minderung der Ansammlung zuzulassen. Ist anzunehmen, daß der von einem Schulverbande angesammelte Fonds unter Hinzurechnung der Zinsen und Zinseszinsen des staatlichen Baubeitrages (§ 17) und der etwaigen Leistungen Dritter zur Deckung des für die nächsten 50 Jahre voraussehbaren Baubedürfnisses ausreichen werde, so hat auf Antrag des Schulverbandes die Schulaufsichtsbehörde die Einstellung dieser Zahlung anzuordnen. Die Fortsetzung der Zahlungen ist anzuordnen, sobald die vorbezeichnete Voraussetzung wegfällt. Gibt die Schulaufsichtsbehörde einem Antrage auf Anordnung der Einstellung dieser Zahlungen nicht statt, oder ist der Schulverband mit der Anordnung der Fortsetzung der eingestellt gewesenen Zahlungen nicht einverstanden, so finden die Vorschriften der § 2 und 3 des Gesetzes vom 26. Mai 1887 betreffend die Anforderungen für die Volksschulen (GS. Seite 175) mit der Maßgabe Anwendung, daß die Leistungsfähigkeit des Schulverbandes außer Betracht bleibt.

§ 15: Die Belegung der angesammelten Mittel hat bei der Kasse einer Gemeinde eines weiteren Kommunalverbandes oder einer öffentlichen Kreditanstalt zu erfolgen. Mit dieser Maßgabe bestimmt die Schulaufsichtsbehörde, bei welcher Kasse und unter welchen Bedingungen die Belegung erfolgen soll. Sie vereinbart für die Schulverbände diese Bedingungen mit der Kasse, welche als Ansammlungsstelle bestimmt ist, zahlt die anzusammelnden Beträge an die Ansammlungsstelle ein und bringt die eingezahlten Beträge bei Entrichtung der nach dem Gesetz vom 3. März 1897, betreffend das Diensteinkommen der Lehrer und Lehrerinnen an den öffentlichen Volksschulen (GS. Seite 25) an die Schulverbände zu leistenden Staatsbeiträge diesen Verbänden in Anrechnung.

§ 16: Den Schulverbänden ist die Erhebung der für sie gemäß § 14 angesammelten Beträge nur mit Genehmigung der Schulaufsichtsbehörde gestattet.

Diese Genehmigung muß erteilt werden, wenn die beabsichtigte Verwendung des Guthabens einem erheblichen Baubedürfnisse des Schulverbandes entspricht, und entweder die Befriedigung dieses Bedürfnisses nur mit Hilfe der angesammelten Mittel ohne besonderen Druck für den Schulverband erfolgen kann oder anzunehmen

---

[1]) Das Nähere siehe unter „Rechtsstellung der Lehrer" u. S. 163 ff.

ist, daß binnen längerer Frist anderweitige außerordentliche bauliche Bedürfnisse des Schulverbandes, zu deren Erfüllung die Verwendung der angesammelten Mittel erforderlich ist, nicht eintreten werden.

Gegen die Versagung der Genehmigung steht den Schulverbänden binnen zwei Wochen die Beschwerde an den Provinzialrat zu[1]).

### 2. Anforderungen der Aufsichtsbehörde.

Zu den durch das Gesetz fixierten Aufwendungen für die Volksschule kommen die von der Aufsichtsbehörde geforderten. Diese können zwiefacher Art sein:

1. Leistungen, die dem Schulverband nach öffentlichem Rechte obliegen und von der Behörde innerhalb der Grenzen ihrer Zuständigkeit festgesetzt werden, ohne daß dadurch ein Mehr über das bisher für die Schule Gewährte hinaus begründet werden soll, und
2. Anforderungen, welche durch neue oder erhöhte Leistungen des Schulverbandes zu gewähren sind.

Weigert sich der Schulverband, den Anforderungen der Aufsichtsbehörde nachzukommen, so ist im Falle zu 1, d. h. wenn mit der Leistung der Anforderung keine Mehraufwendungen verbunden sind, die Aufsichtsbehörde berechtigt, die Eintragung der Ausgabe in den Etat, und im Falle einer außerordentlichen Ausgabe, die Feststellung zu verfügen (Zwangsetatisierung). Im Falle zu 2, d. h. bei Anforderungen, die neue oder erhöhte Leistungen der Schulgemeinde bedingen, erfolgt die Feststellung bei Landschulen durch Beschluß des Kreisausschusses, bei Stadtschulen durch Beschluß des Bezirksausschusses.

Im Falle zu 1 steht der Schulgemeinde gegen die Verfügung der vorgesetzten Behörde die Klage zu, und zwar gegen die Verfügung des Landrats (bei Landschulen) beim Bezirksausschusse, gegen Verfügung des Regierungspräsidenten (bei Stadtschulen) bei dem Oberverwaltungsgerichte.

Im Falle zu 2 ist gegen die Beschlüsse des Kreisausschusses bezw. Bezirksausschusses die Beschwerde an den Provinzialrat zulässig.

Die hierauf bezüglichen Bestimmungen sind enthalten in dem Zuständigkeitsgesetz vom 1. August 1883 und im Gesetz betr. Feststellung von Anforderungen für Volksschulen vom 26. Mai 1887. Dieselben lauten:

### a. Zuständigkeitsgesetz vom 1. August 1883. (GS. S. 237.)

§ 47: Über die Anordnung von Neu- und Reparaturbauten bei Schulen, welche der allgemeinen Schulpflicht dienen, über die öffentlich-rechtliche Verpflichtung zur Aufbringung der Baukosten, sowie über die Vertheilung derselben auf Gemeinden (Gutsbezirke), Schulverbände und Dritte, statt derselben oder neben denselben Verpflichtete beschließt, sofern Streit entsteht, die Schulaufsichtsbehörde.

Gegen den Beschluß findet die Klage im Verwaltungsstreitverfahren statt. Dieselbe ist, soweit der in Anspruch Genommene zu der ihm angesonnenen Leistung

[1]) Über die Beiträge des Staates zu den Baulasten s. o. S. 48 f.

aus Gründen des öffentlichen Rechts statt seiner einen Anderen für verpflichtet erachtet, zugleich gegen diesen zu richten.

Auch im Uebrigen unterliegen Streitigkeiten der Betheiligten (Absatz 1) darüber, wem von ihnen die öffentlich-rechtliche Verbindlichkeit zum Bau oder zur Unterhaltung einer der Erfüllung der allgemeinen Schulpflicht dienenden Schule obliegt, der Entscheidung im Verwaltungsstreitverfahren.

Die Klage ist in den Fällen des zweiten Absatzes innerhalb zwei Wochen anzubringen. Die zuständige Behörde kann zur Vervollständigung der Klage eine angemessene Nachfrist gewähren. Durch den Ablauf dieser Fristen wird jedoch die Klage im Verwaltungsstreitverfahren auf Erstattung des Geleisteten gegen einen aus Gründen des öffentlichen Rechts verpflichteten Dritten nicht ausgeschlossen.

Zuständig im Verwaltungsstreitverfahren ist in erster Instanz der Kreisausschuß und, sofern es sich um Stadtschulen handelt, der Bezirksausschuß.

§ 48: Unterläßt oder verweigert ein Schulverband[1]) (Schulgemeinde, Schulsozietät, Schulkommune rc.), bei Schulen, welche der allgemeinen Schulpflicht dienen, in anderen als den im §. 47 Absatz 1 bezeichneten Fällen die ihm nach öffentlichem Rechte obliegenden, von der Behörde innerhalb der Grenzen ihrer Zuständigkeit festgestellten Leistungen auf den Haushaltsetat zu bringen oder außerordentlich zu genehmigen beziehungsweise zu erfüllen, so verfügt der Landrath und, sofern es sich um Stadtschulen handelt, der Regierungspräsident die Eintragung in den Etat, beziehungsweise die Feststellung der außerordentlichen Ausgabe.

Gegen die Verfügung des Landraths steht dem Schulverbande die Klage bei dem Bezirksausschusse, gegen die Verfügung des Regierungspräsidenten die Klage bei dem Oberverwaltungsgerichte zu. Dabei finden die Bestimmungen des §. 47 Absatz 2 Satz 2 und Absatz 4 sinngemäße Anwendung.

## b. Gesetz betreffend die Feststellung von Anforderungen für Volksschulen vom 26. Mai 1887 (GS. S. 175).

§ 1: Unter Volksschulen im Sinne dieses Gesetzes sind diejenigen öffentlichen Schuleinrichtungen zu verstehen, welche zur Erfüllung der allgemeinen Schulpflicht dienen.

§ 2: Werden von den Schulaufsichtsbehörden für eine Volksschule Anforderungen gestellt, welche durch neue oder erhöhte Leistungen der zur Unterhaltung der Schule Verpflichteten (Gemeinden, Gutsbezirke, Schulgemeinden, Schulsozietäten, Schulkommunen usw. und dritte, statt derselben oder neben denselben Verpflichtete) zu gewähren sind, so wird in Ermangelung des Einverständnisses der Verpflichteten die zu gewährende Anforderung, soweit solche innerhalb der gesetzlichen Zuständigkeit nach dem Ermessen der Verwaltungsbehörden zu bestimmen ist, bei Landschulen durch Beschluß des Kreisausschusses, bei Stadtschulen durch Beschluß des Bezirksausschusses, insbesondere mit Rücksicht auf das Bedürfnis der Schule und auf die Leistungsfähigkeit der Verpflichteten festgestellt.

§ 3: Die Einleitung des Beschlußverfahrens erfolgt auf Antrag der Schulaufsichtsbehörde.

Gegen die Beschlüsse des Kreisausschusses beziehungsweise Bezirksausschusses ist binnen einer Frist von zwei Wochen nur die Beschwerde an den Provinzialrath zulässig.

---

[1]) „Schulverband ist der von der Schulaufsichtsbehörde behufs Befriedigung des Unterrichtsbedürfnisses angeordnete und auf diese einzige Aufgabe beschränkte Zweckverband, daher nicht eine Kirchengemeinde, welche die Schullast trägt (Z.-Bl. 1895, S. 585), hier findet vielmehr das betreffende Kirchenaufsichtsgesetz Anwendung.“ v. Bremen, Volksschule, S. 585.

Die zuständige Behörde kann zur Vervollständigung der Beschwerde eine angemessene Nachfrist gewähren. Die Beschwerde hat aufschiebende Wirkung.

Die Vorschrift des zweiten Absatzes findet auf die Hohenzollernschen Lande keine Anwendung. Die Beschlußfassung des Bezirksausschusses in den Hohenzollernschen Landen bezüglich der Stadtschulen ist endgiltig.

§ 4: In den Provinzen Schleswig-Holstein, Westfalen und in der Rheinprovinz tritt bis zu dem in dem §. 155 des Gesetzes über die allgemeine Landesverwaltung vom 30. Juli 1883 (Gesetz-Samml. S. 195) bezeichneten Zeitpunkte an die Stelle des im § 2 erwähnten Kreisausschusses und Bezirksausschusses in Stadtkreisen die Gemeindevertretung, im Uebrigen die Kreisschulkommission.

Letztere besteht aus dem Landrath als Vorsitzendem und sechs von der Kreisvertretung aus der Zahl der Kreisangehörigen nach absoluter Stimmenmehrheit auf die Dauer von sechs Jahren zu erwählenden Mitgliedern.

In der Beschwerdeinstanz beschließt an Stelle des Provinzialrats — §. 2 — die Provinzialschulkommission.

Dieselbe besteht aus dem Oberpräsidenten als Vorsitzendem und sechs von dem Provinziallandtag aus den Angehörigen der Provinz nach absoluter Stimmenmehrheit auf die Dauer von sechs Jahren zu erwählenden Mitgliedern.

Von der Mitgliedschaft in der Kreis- und Provinzialschulkommission ausgeschlossen sind Geistliche, Kirchendiener und Elementarlehrer.

Für die Wählbarkeit zum Mitgliede der Kreisschulkommission und der Provinzialschulkommission gelten im Uebrigen die Vorschriften der §§. 17 und 18 der Provinzialordnung vom 29. Juni 1875 (Gesetz-Samml. S. 335).

Für das Verfahren finden die Bestimmungen des III. Titels 1. und 3. Abschnitt des Gesetzes über die allgemeine Landesverwaltung vom 30. Juli 1883 (Gesetz-Samml. S. 195) entsprechende Anwendung.

§ 5: Auf Schulbausachen im Sinne des §. 47 Abs. 1 des Gesetzes über die Zuständigkeit der Verwaltungs- und Verwaltungsgerichtsbehörden vom 1. August 1883 (Gesetz-Samml. S. 237) findet dies Gesetz keine Anwendung.

Auch bleiben die Vorschriften des Gesetzes vom 6. Juli 1885, betreffend die Pensionierung der Lehrer und Lehrerinnen an den öffentlichen Volksschulen (Gesetz-Samml. S. 298), unberührt.

§ 6: Für die Provinz Posen bewendet es bei den bestehenden Bestimmungen.

§ 7: Der Minister des Innern und der Minister der geistlichen, Unterrichts- und Medizinalangelegenheiten sind mit der Ausführung dieses Gesetzes beauftragt.

### 3. Freiwillige Leistungen der Schulgemeinde.

Zu den durch Gesetz festgestellten oder von der Schulaufsichtsbehörde geforderten Leistungen des Schulverbandes kommen endlich die freiwilligen Aufwendungen desselben, welche unter der Aufsicht der Behörden dem Ermessen der verfassungsmäßigen Organe der Schulgemeinde anheimgestellt sind[1]).

## II. Die Aufbringung der Lasten der Schulgemeinde.

Für die Aufbringung der durch den Staats- und Kommunalbeitrag nicht gedeckten Schullasten kommen, soweit der Schulgemeinde nicht Stiftungen und sonstige Fonds zur Verfügung stehen, vornehmlich zwei Faktoren in Betracht:

---

[1]) Solche freiwillige Aufwendungen kann der Schulverband z. B. beschließen: zur besseren Besoldung der Lehrer, zur Verbesserung der Schulbauten, zur Ausgestaltung der Unterrichtsmittel, zur Gewährung freier Schulbücher u. dgl. mehr.

a. Die Erhebung von Schulgeld;
b. Beiträge der Mitglieder der Schulgemeinde.

### 1. Schulgeld.

Durch die Gesetze vom 14. Juni 1888 und 31. März 1889 ist grundsätzlich für den ganzen Umfang der Monarchie das Schulgeld für den Besuch der Volksschulen aufgehoben.

Eine Ausnahme ist nur zugelassen,

1. für nicht im Schulbezirk heimische Kinder,
2. insoweit, als durch die Staatsbeiträge der durch den Fortfall des Schulgeldes sich ergebende Ausfall nicht gedeckt ist. Soweit danach eine Forterhebung des Schulgeldes überhaupt angängig ist, bedarf die Festsetzung desselben der von 5 zu 5 Jahren zu erneuernden Genehmigung des Bezirks- bezw. Kreisausschusses.

Die beiden Gesetze lauten, soweit sie noch Gültigkeit haben, wie folgt:

### a. Gesetz betreffend die Erleichterung der Volksschullasten vom 14. Juni 1888 (GS. S. 240) für den ganzen Umfang der Monarchie.

§ 4: Die Erhebung eines Schulgeldes bei Volksschulen findet fortan nicht statt. Ausnahmen sind nur gestattet:

1) für solche Kinder, welche innerhalb des Bezirks der von ihnen besuchten Schule nicht einheimisch sind,
2) soweit als das gegenwärtig bestehende Schulgeld durch den Staatsbeitrag (§. 1) nicht gedeckt wird, und andernfalls eine erhebliche Vermehrung der Kommunal- oder Schulabgaben eintreten müßte. Das danach einstweilen in der Schule überhaupt noch zulässige Schulgeld ist in Landschulen mit Genehmigung des Kreisausschusses, in Stadtschulen mit Genehmigung des Bezirksausschusses festzustellen. Von fünf zu fünf Jahren ist zur Weitererhebung eine erneute Genehmigung erforderlich. . . .

§ 5: Wo seither das Schulgeld als ein seiner Natur nach steigendes und fallendes persönliches Dienstemolument des Lehrers einen Theil des Diensteinkommens desselben gebildet hat, ist dem Lehrer der durchschnittliche Betrag des Schulgeldes während der letzten drei Etatsjahre vor dem Etatsjahre, in welchem dieses Gesetz in Kraft tritt, als Theil seines baaren Gehalts zu gewähren.

§ 6: Das gegenwärtige Gesetz tritt mit dem 1. Oktober 1888 in Kraft. . . .

§ 7: Mit der Ausführung dieses Gesetzes werden der Minister der geistlichen, Unterrichts- und Medizinalangelegenheiten und der Finanzminister beauftragt.

### b. Gesetz betreffend die Erleichterung der Volksschullasten vom 31. März 1889. (GS. S. 64.) für den ganzen Umfang der Monarchie.

Art. II.

Wo bei Volksschulen für Kinder, welche innerhalb des Bezirkes der von ihnen besuchten Schule einheimisch sind, eine Erhebung von Schulgeld noch stattfindet, fällt dasselbe in demjenigen Betrage fort, um welchen infolge der Einrichtung neuer

Schulstellen in einem Schulverbande nach dem Inkrafttreten des Gesetzes vom 14. Juni 1888 oder gemäß der Vorschrift in Artikel I des gegenwärtigen Gesetzes eine Erhöhung des Staatsbeitrages bereits eingetreten ist oder fortan eintritt.

Das hiernach einstweilen vom 1. April 1889 ab noch zulässige Schulgeld ist nach §. 4 Nr. 2 des Gesetzes vom 14. Juni 1888 erneut festzustellen.

Art. III.

Das gegenwärtige Gesetz tritt mit dem 1. April 1889 in Kraft.

Art. IV.

Mit der Ausführung dieses Gesetzes werden der Minister der geistlichen, Unterrichts- und Medizinal-Angelegenheiten und der Finanzminister beauftragt.

Die Frage des Fremdenschulgeldes hat durch das VUG. eine nähere Ausführung erhalten. Es bestimmt

VUG. § 6: „Der Schulverband kann für den Besuch der Schule durch nicht einheimische Kinder ein Fremdenschulgeld verlangen.

Als einheimisch gelten Kinder, welche reichsangehörig sind und im Schulverband oder im Gastschulbezirke (§ 5) entweder an dem Wohnorte dessen, welchem die Sorge für die Person des Kindes obliegt oder oblag, wohnen oder von Privatpersonen unentgeltlich in Pflege und Kost genommen sind. Das Fremdenschulgeld darf den im Durchschnitte der drei letzten Rechnungsjahre auf jedes Schulkind entfallenden Betrag der dem Schulverbande erwachsenen Schulunterhaltungskosten nicht übersteigen.

Die Feststellung der Schulgeldsätze unterliegt der Genehmigung der Schulaufsichtsbehörde.

Gegen die Versagung der Genehmigung steht der Gemeinde binnen zwei Wochen die Beschwerde an den Provinzialrat zu.

Auf Beschwerden und Einsprüche, betreffend die Heranziehung oder Veranlagung zu dem Fremdenschulgelde, finden die bezüglich der Heranziehung und Veranlagung zu den Gemeindeabgaben geltenden gesetzlichen Vorschriften Anwendung."

Im übrigen sind die Bestimmungen der beiden Gesetze vom 14. Juni 1888 und 31. März 1889 durch das V.U.G. aufrecht erhalten. Es bestimmt:

VUG. § 64: „Die fortdauernde Geltung der Vorschriften . . . des Gesetzes vom 14. Juni 1888/31. März 1889, betreffend die Erleichterung der Volksschullasten (Ges.-Samml. S. 240/64) . . . wird durch dieses Gesetz nur insoweit berührt, als an die Stelle der bisher . . . verpflichteten Schulverbände, Schulsozietäten, Gemeinden und Gutsbezirke die nach diesem Gesetze gebildeten Schulverbände treten."

In verschiedenen Gebietsteilen der Monarchie bestehen hinsichtlich des Schulgeldes für die jüdischen öffentlichen Schulen besondere Normen. Soweit dieselben den angeführten Bestimmungen der Gesetze vom 14. Juni 1888 und 31. März 1889 und des VUG. widersprechen, sind sie als aufgehoben und ungiltig zu betrachten.

Für Hannover enthält derartige Bestimmungen das Gesetz vom 5. Februar 1854:

§ 11: Jedes zahlungsfähige Mitglied eines Schulverbandes ist pflichtig, zu den Kosten der jüdischen Schuleinrichtung beizutragen.

Eltern, welche ihre Kinder in den christlichen Schulen oder durch Privatlehrer unterrichten lassen, werden hiedurch von der Erlegung des Schulgeldes oder von sonstigen Beiträgen zu den Kosten der Unterhaltung der jüdischen Schule nicht befreit.

§ 12: Besteht über den Beitragsfuß schon eine Bestimmung, so hat es dabei sein Bewenden.

Ist ein solcher nicht vorhanden oder der vorhandene nicht angemessen, so ist für jedes schulpflichtige Kind zunächst ein Schulgeld zu entrichten.

Der alsdann, in Ermangelung stiftungsmäßiger ausreichender Fonds, sich noch ergebende Bedarf ist, wie die übrigen Gemeindebeiträge, auf die Mitglieder des Schulverbandes von einer aus dessen Mitte erwählten Kommission zu vertheilen oder, soweit nöthig, von den Behörden eine Bestimmung zu treffen.

Für die vom Schulorte entfernter wohnenden Mitglieder ist eine Ermäßigung des Schulbeitrages zulässig.

§ 13: Das Schulgeld soll, sofern nicht ein Anderes besonders angeordnet wird, jährlich mindestens Einen Thaler für jedes Kind betragen.

Für Schüler, welche einem auswärtigen Schulverbande angehören, kann das Schulgeld bis auf das Doppelte des sonst festgesetzten Betrages erhöht werden (§ 36). Der das gewöhnliche Schulgeld übersteigende Betrag soll den Lehrern zufallen.

Diese Bestimmung leidet auf Kinder nicht Anwendung, denen ihrer Armuth halber vom Schulvorstande das Schulgeld ganz oder bis auf den gewöhnlichen Betrag erlassen ist.

§ 14: Von der Erlegung des Schulgeldes an die Schulkasse (§ 26) ihres Schulbezirks sind jedoch befreit:

a) die Kinder, welche eine auswärtige Schule besuchen, wenn sie zugleich auswärts untergebracht sind und dort Schulgeld bezahlen.

Eine Befreiung vom Schulgelde überhaupt sollen ferner genießen:

b) die Kinder, welche wegen körperlicher oder geistiger Gebrechen auf wenigstens ein Vierteljahr vom Schulbesuche dispensirt sind;

c) die Kinder derjenigen Armen, welche von Gemeindebeiträgen befreit sind.

Eine theilweise Ermäßigung oder ein gänzlicher Erlaß des Schulgeldes kann zugestanden werden:

d) für Kinder der Angestellten der Gemeinde;

e) für das dritte und die folgenden Kinder derselben Familie, welche gleichzeitig die nämliche Schule besuchen.

§ 15: Zweifel und Streitigkeiten über den Betrag der Kosten und die Art ihrer Aufbringung sind durch die Behörden zu entscheiden.

## 2. Beiträge der Mitglieder des Schulverbandes.

### a. Sozietätsschulen.

Die Bestimmungen des ALR. über die Hausvätersozietäten sind oben bereits abgedruckt (vgl. oben S. 27 ff.).

Unter Berücksichtigung dieser grundlegenden Vorschriften, unter Berücksichtigung ferner der sonstigen gesetzlichen Bestimmungen und der Judikatur der höchsten Gerichte ergibt sich hinsichtlich der Beiträge der Sozietätsmitglieder das folgende:

#### α. Kreis der Sozietätsmitglieder.

„Hausvater" im Sinne des Gesetzes, also Mitglied der Sozietät und schulsteuerpflichtig, ist jede wirtschaftlich selbständige, physische Person, die im Schulbezirke wohnt und ein eigenes Einkommen hat[1]).

---

[1]) Vgl. OVG. E. III S. 137, VII S. 226, IX S. 123, v. Kamptz, Bd. II S. 720 ff., S. 729.

Die Mitgliedschaft ist insbesondere unabhängig von der Großjährigkeit, vom Geschlecht, von dem Eingehen der Ehe, von dem Besitz schulpflichtiger Kinder, von der Führung eines eigenen Haushaltes, von der Stellung in fremden Diensten[1]).

Als Sozietätsmitglieder sind auch anzusehen und mit ihrem vollen Einkommen heranzuziehen die Beamten, sowohl die staatlichen und Kommunalbeamten, als auch die Beamten der Synagogengemeinden, also Rabbiner und sonstige Kultus- sowie Verwaltungsbeamte, auch wenn sie nach der besonderen Verfassung der betreffenden Synagogengemeinde von den Abgaben an diese befreit sind. Ebenso die Lehrer der Schule. Dagegen gehören nicht zu den Mitgliedern der Sozietät die Forensen, sofern nicht vor Einführung des ALR. ein dahingehendes Herkommen sich gebildet hat.[2])

Der Begriff des Wohnsitzes bestimmt sich lediglich nach dem bürgerlichen Recht, nicht nach der Sondervorschrift des Bundesgesetzes vom 13. Mai 1870[3]).

Entscheidend ist der Wohnsitz zur Zeit der Heranziehung der Steuer; ein bloßes Absteigequartier genügt nicht[4]).

Ein Verbot der Doppelbesteuerung, wie es für andere Gebiete des Abgabewesens ausgesprochen ist, besteht hinsichtlich der Schulsteuer nicht[5]). Doch soll die Doppelbesteuerung im Verwaltungswege möglichst beseitigt werden[6]).

Der Austritt aus dem Judentum in Gemäßheit des Gesetzes vom 14. Mai 1873[7]) bewirkt nicht ohne weiteres den Austritt aus der Schulsozietät. Zwar bestimmt § 3 dieses Gesetzes, daß der Austretende nach Abgabe der gerichtlichen Erklärung zu Leistungen, die auf der persönlichen Kirchen- oder Kirchengemeindeangehörigkeit beruhen, nicht mehr verpflichtet ist. Zu solchen Leistungen gehören aber nicht solche an die Volksschulen. Denn diese ist auch dann, wenn sie auch nur für eine einzelne Religionspartei bestimmt ist, kein kirchliches Institut, sondern gemäß ALR. II, 12 § 1, eine Staatsanstalt. Wenn der Ausgetretene keiner anderen oder doch nur einer solchen Religionsgemeinschaft beitritt, über deren Zuweisung zu einer von mehreren Schulen keine Bestimmung getroffen ist, so bleibt er in seinem

---

[1]) Vgl. OVG. IX S. 123, III S. 137, Pr.-V.-Bl. XXII S. 56.

[2]) Vgl. v. Bremen, S. 549 ff., v. Brauchitsch S. 16 ff.

[3]) Vgl. OVG. E. vom 25. März und 21. Mai 1904, Pr.-V.-Bl. XXVI S. 183, 184.

[4]) Vgl. Pr.-V.-Bl. XXIV S. 503, OVG.E. XV S. 61, XXX S. 28, Pr.-V.-Bl. XXIII S. 148.

[5]) Vgl. OVG. XV S. 217, XXIV S. 144, Pr.-V.-Bl. XVII S. 343, XX S. 529, XXI S. 350.

[6]) Erl. v. 3. August 1886, zit. bei v. Bremen „Die Volksschule", S. 548 N. 5.

[7]) Die Bestimmungen des Gesetzes gelten auch für den Austritt aus dem Judentum (§ 8 des Gesetzes).

bisherigen Schulverbande, bis über seine Zuweisung zu einem anderen, seitens der Regierung als der zuständigen Schulaufsichtsbehörde, verfügt ist[1]).

Der Austritt endlich aus der Synagogengemeinde ist für die Mitgliedschaft zur Schulsozietät ohne Belang. In diesem Sinne bestimmt das Gesetz betreffend den Austritt aus der jüdischen Synagogengemeinde vom 28. Juli 1876 § 6 letzter Satz:

„Leistungen, welche nicht auf persönlicher Angehörigkeit zur Synagogengemeinde beruhen, insbesondere auch sämtliche Leistungen für Zwecke der öffentlichen jüdischen Schulen, jedoch mit Ausnahme der Religionsschulen der Synagogengemeinden, werden durch die Austrittserklärung nicht berührt."

### β. Verteilung der Lasten auf die einzelnen Sozietätsmitglieder.

Nach § 31 a. a. O. ALR. müssen die Beiträge „unter die Hausväter nach Verhältnis ihrer Besitzungen und Nahrungen billig verteilt" werden.

Dieser Grundsatz bezieht sich auf die Feststellung des Besteuerungs fußes, nicht auf die der Beitragsquote des einzelnen Hausvaters.

Einen normalen Maßstab für die Verteilung bilden die direkten Staatssteuern[2]). Als „billiger" Maßstab ist auch der nach der Einkommensteuer anzusehen[3]). In jedem Falle muß aber ein fester Steuerfuß bestehen, welcher die „Besitzungen und Nahrungen" zu berücksichtigen hat. Die Festsetzung des Steuerfußes kann durch Sozietätsbeschluß (Beschluß der Gesamtheit der Hausväter oder der Repräsentanten) oder auf Anordnung der Regierung erfolgen[4]).

Eine willkürliche Verteilung der Beiträge, insbesondere auch eine Freistellung einzelner Mitglieder nach freiem Ermessen des Schulvorstandes oder der Schulaufsichtsbehörde, ist nicht zulässig[5]).

Vertragsmäßige Abreden zwischen der Schulgemeinde und einem ihrer Mitglieder über die Steuerpflicht sind an sich zulässig, bedürfen aber der Genehmigung der Schulaufsichtsbehörde[6]).

Die Ausschreibung der Beiträge erfolgt durch den Schulvorstand[7]).

Fehlt es an einem Schulvorstand, oder will oder kann der bestellte nicht ausschreiben, so kann die Schulaufsichtsbehörde einen Vertreter bestellen oder seine Funktionen wahrnehmen[8]).

---

[1]) Vgl. OVG.E. v. 4. Februar 1893, XXIV S. 124, vom 13. März 1900, XXXVII S. 186, v. 17. Juni 1902, Z.-Bl. d. U.-V. S. 682.

[2]) Vgl. OVG.E. II S. 208 und I S. 183.

[3]) Vgl. OVG. XII S. 202.

[4]) Vgl. OVG.E. XXVI S. 160 und Pr.-V.-Bl. XVIII S. 11.

[5]) Vgl. OVG.E. X S. 148, XII S. 202, XIV S. 230.

[6]) Vgl. OVG. XL S. 198.

[7]) Vgl. OVG. II S. 202, OVG. XV S. 262, Brauchitsch a. a. O. S. 19.

[8]) cf. Z.-Bl. 1900 S. 814, Pr.-V.-Bl. III S. 340, OVGE IX S. 138.

Die Zahlungspflicht wird unmittelbar durch Bekanntmachung der Heberolle, durch amtliche Aufforderung, auch bei der Zwangsvollstreckung selbst, begründet[1]).

Unzulässig ist eine Nachforderung, wenn eine Ausschreibung in dem betreffenden Jahre erfolgt, und dabei der Pflichtige übergangen oder zu niedrig eingeschätzt ist[2]).

### γ. Beschwerden und Einsprüche gegen die Heranziehung zu Schulsozietätsabgaben.

Bezüglich der Beschwerden und Einsprüche der Sozietätsmitglieder gegen ihre Veranlagung bestimmt § 46 des Zuständigkeitsgesetzes vom 1. August 1883:

Auf Beschwerden und Einsprüche, betreffend die Heranziehung zu Abgaben und sonstigen nach öffentlichem Rechte zu fordernden Leistungen für Schulen, welche der allgemeinen Schulpflicht dienen, beschließt, vorbehaltlich der Bestimmungen des §. 47, die örtliche Behörde, welche die Abgaben und Leistungen für die Schule ausgeschrieben hat (Vorstand des Schulverbandes, der Schulgemeinde, Schulsozietät, Schulkommune ꝛc.).

Gegen den Beschluß findet innerhalb zwei Wochen die Klage im Verwaltungsstreitverfahren statt.

Der Entscheidung im Verwaltungsstreitverfahren unterliegen desgleichen Streitigkeiten zwischen Beteiligten über ihre in dem öffentlichen Rechte begründete Verpflichtung zu Abgaben und Leistungen für Schulen, welche der allgemeinen Schulpflicht dienen.

Zuständig in erster Instanz ist im Verwaltungsstreitverfahren der Kreisausschuß und, sofern es sich um Stadtschulen handelt, der Bezirksausschuß.

Die Entscheidung über streitige Abgaben und sonstige nach öffentlichem Rechte zu fordernde Leistungen für Schulen der bezeichneten Art oder für deren Beamte, sowie über streitiges Schulgeld für solche Schulen nach §. 15 des Gesetzes über die Erweiterung des Rechtsweges vom 24. Mai 1861 (Gesetz-Samml. S. 241) erfolgt fortan im Verwaltungsstreitverfahren.

Einsprüche gegen die Höhe von Zuschlägen für Schulzwecke zu den direkten Staatssteuern, welche sich gegen den Prinzipalsatz der letzteren richten, sind unzulässig.

Die Beschwerden und Einsprüche, sowie die Klage haben keine aufschiebende Wirkung.

Die Vorschriften dieses Paragraphen finden auf solche Abgaben und Leistungen für Schulen, welche zu den Gemeindelasten (§§. 18, 34) gehören, keine Anwendung.

Voraussetzung für die Klage im Verwaltungsstreitverfahren ist ein Einspruch und ein bestimmt ablehnender Bescheid über eine bestimmte Steuerforderung seitens der zur Ausschreibung berechtigten Behörde[3]).

Der Einspruch ist bei derjenigen Behörde zu erheben, die veranlagt hat, auch wenn die Benachrichtigung durch eine andere Behörde erfolgt ist[4]).

---

[1]) cf. Z.-Bl. 1895 S. 415, OVGE. XIV S. 196, XXIII S. 158, XXI S. 154, Pr.-V.-Bl. XIV S. 64.

[2]) Z.-Bl. 1891 S. 645, 1895 S. 416, 1896 S. 269.

[3]) Vgl. Pr.-V.-Bl. XIV S. 64, XXI S. 558, XXII S. 142, 143, O.-V.-G. XIV S. 196, OVG. VII S. 228, Pr.-V.-Bl. III S. 340, IV S. 148, Z.-Bl. 1895 S. 648, OVG. VI S. 129, Pr.-V.-Bl. VII S. 379, Pr.-V.-Bl. VII S. 313, X S. 584.

[4]) Vgl. OVG. XI S. 190, XIV S. 196, Pr.-V.-Bl. X S. 584.

Die Form kann mündlich oder schriftlich sein[1]); es muß nur die Unzufriedenheit zum Ausdruck gebracht und Befreiung verlangt werden[2]).

Die Frist für den Einspruch ist 3 Monate nach der Veranlagung und läuft bei periodischen, nicht aufs neue veranlagten Abgaben vom Beginn des Etatsjahres ab[3]).

Gegenstand der Klage ist nur die einzelne steuerartige Leistung, nicht die Leistungspflicht[4]).

„Der Grund der Anfechtung kann nur aus dem Steuerrecht entnommen, nicht durch Bemängelung des Etats begründet werden, sofern es sich nicht um Ausgaben gegen die Grundverfassung der Sozietät handelt[5]).
Die Klagefrist läuft von der Zustellung ab[6]).
Wiedereinsetzung in den vorigen Stand ist zulässig[7]).
Eine bloß falsche Bezeichnung der beklagten Behörde ist unschädlich[8]).
Die Zuständigkeit bestimmt sich durch den Sitz der Behörde[9]).
Der Klageantrag ist durch den ziffermäßigen Nachweis zu begründen, um wie viel bei einer richtigen Handhabung der Steuerordnung, z. B. Einstellung des Staatsbeitrages[10]), Außerachtlassung der angewandten, vom Kläger bestrittenen, vom Schulvorstand zu beweisenden Observanz[11]), die Steuerschuld geringer sein würde[12])".

## δ. Beitreibung der Schulabgaben.

Die Beitreibung der Sozietätsabgaben ist Sache der Verwaltungsbehörde[13]).

Die Kabinettsordre vom 19. Juni 1836 (GS. S. 198) bestimmt bezüglich der Einziehung der Schulabgaben das folgende:

1) Alle beständige dingliche oder persönliche Abgaben und Leistungen, welche an Kirchen und öffentliche Schulen, oder an deren Beamte, vermöge einer allgemeinen gesetzlichen, oder auf notorischer Orts- oder Bezirksverfassung beruhenden Verbindlichkeit zu entrichten sind, desgleichen die Forderungen öffentlicher Schul- und Erziehungs-Anstalten an Schul- und Pensionsgeld, unterliegen bei Säumigkeit der Debenten sowohl hinsichtlich der laufenden als der aus den letzten zwei Jahren rückständig verbleibenden Beträge der exekutivischen Beitreibung durch die betreffende Verwaltungsbehörde.

---

[1]) Pr.=V.=Bl. XV S. 26.
[2]) Vgl. OVG. IX S. 138.
[3]) Vgl. Pr.=V.=Bl. V S. 391, Z.=Bl. 1896 S 271.
[4]) Vgl. OVG. XXV S. 177.
[5]) Vgl. Pr.=V.=Bl. XI S. 241, Z.-Bl. 1895 S. 415.
[6]) Vgl. Pr.=V.=Bl. XVII S. 390.
[7]) Vgl. OVG. VII S. 227, Pr.=V.=Bl. XII S. 529.
[8]) Vgl. Z.=Bl. 1894 S. 384, OVG. XIII S. 253.
[9]) Vgl. Pr.=V.=Bl. XXII S. 43.
[10]) Vgl. Z.=Bl. 1893 S. 260.
[11]) Vgl. Pr.=V.=Bl. XIII S. 113.
[12]) Vgl. v. Bremen, „Die Volksschule", S. 578 ff.; Z.=Bl. 1895 S. 415.
[13]) Vgl. OVG. V S. 178, VI S. 182, XV S. 232.

2) Die exekutivische Beitreibung wird gehemmt, wenn der in Anspruch Genommene eine Exemption behauptet und wenigstens seit zwei Jahren, vom letzten Verfalltermine zurückgerechnet, im Besitze der Freiheit sich befindet.

Wegen des Verwaltungs-Zwangsverfahrens vgl. Verordnung vom 15. November 1899, betreffend das Verwaltungszwangsverfahren wegen Beitreibung von Geldbeträgen (GS. S. 545 ff.).

ε. Freiheit der Sozietätsmitglieder von Leistungen für andere Schulzwecke.

Der im ALR. Teil II Tit. 12 § 30 ausgesprochene Grundsatz, daß beim Vorhandensein mehrerer öffentlicher Volksschulen für die Einwohner verschiedenen Glaubensbekenntnisses ein jeder nur zur Beitragsleistung für die Schule seines Religionsverbandes verpflichtet sei, hat hinsichtlich der Juden in dem Gesetz vom 23. Juli 1847 besonderen Ausdruck gefunden. Auch die Gesetze verschiedener der neu hinzugekommenen Gebietsteile enthalten ähnliche Bestimmungen.

Die in Betracht kommenden Gesetzesvorschriften lauten:

### αα. Gesetz vom 23. Juli 1847.

§ 67 Ziff. 4: Die Juden werden, wenn sie eine öffentliche jüdische Schule unterhalten, sowohl von der Entrichtung des Schulgeldes, als auch von allen unmittelbaren, persönlichen Leistungen zur Unterhaltung der ordentlichen Ortsschulen frei.

Die Denkschrift zum Regierungsentwurfe des Gesetzes begründete diese Bestimmung wie folgt:

„Schon nach jetziger Lage der Sache ist von den Verwaltungsbehörden wiederholt angenommen worden, daß, wenn die Anordnung der jüdischen Schule als einer öffentlichen Anstalt des Orts von der Regierung selbst ausgegangen ist, der jüdischen Gemeine alsdann die Bestimmungen der §§ 30, 34, Tit. 12 Theil II A LR. zu Statten kommen, wonach bei Existenz mehrerer Gemeineschulen für die Einwohner verschiedenen Glaubensbekenntnisses an einem Orte jeder Einwohner nur zur Unterhaltung der Schule seiner Religionspartei beizutragen hat, und daß in solchem Falle die jüdischen Einwohner von der Mitverpflichtung zur Unterhaltung der christlichen Schulen bis dahin befreit bleiben müssen, wo sie durch die Wiederaufhebung ihrer Schulen in den allgemeinen Schulverband des Orts werden zurückgetreten sein. Hiergegen ist zwar in einzelnen zur richterlichen Entscheidung gekommenen Fällen von den Gerichtsbehörden geltend gemacht worden, daß die erwähnten Bestimmungen des ALR. nur auf c h r i s t l i c h e Schulen zu beziehen sind, und es läßt sich allerdings nicht verkennen, daß dieser Ansicht nicht unerhebliche Gründe zur Seite stehen; diese Meinungsverschiedenheit wird aber ihre Erledigung finden, wenn, wie in dem § 33 des Entwurfs (jetzt § 67) vorgeschlagen worden ist, allgemein bestimmt wird, daß solche jüdische Schulen die Eigenschaften und Rechte einer öffentlichen Ortsschule haben, indem es alsdann keinem Bedenken unterliegt, daß im Falle der Errichtung einer besonderen öffentlichen jüdischen Schule die zu dieser Schule gehörenden jüdischen Einwohner von der Leistung derjenigen Beiträge, welche nach § 29—32 Tit. 12, Theil II ALR. von den zur Schule gewiesenen Hausvätern entrichtet werden, befreit bleiben. Daß diejenigen Beiträge, welche nur beim wirklichen Schulbesuche jüdischer Kinder zu entrichten sind, z. B. Schulgeld, durch Überweisung der jüdischen Kinder in eine eigene jüdische Schule von selbst fortfallen, bedarf keiner Erwähnung."

### ββ. Hannoversches Gesetz vom 30. September 1842.

§ 29: Die Juden sind zu Beiträgen für das christliche . . . Schul . . Wesen nicht verpflichtet, vorbehältlich der folgenden Bestimmungen:

§ 30: 1. sind Lasten dieser Art bisher nicht besonders aufgebracht, sondern aus einer Gemeinde-Casse bestritten, zu welcher alle Einwohner der Gemeinde beizutragen verpflichtet sind, so tritt in Ansehung der Juden keine Ausnahme ein.

§ 31: 2. Letztere haben von ihrem etwaigen Grundbesitze zu allen denjenigen Lasten beizutragen, welche ganz oder theilweise bisher von den Grundeigenthümern der Gemeinde getragen sind oder in Zukunft von denselben etwa zu tragen sein werden.

§ 32: 3. eigentliche Reallasten, welche in Bezug auf das christliche . . . Schul . . . Wesen Statt finden, bleiben bestehen.

### γγ. Gesetz vom 14. Juli 1863 für das Herzogtum Holstein.

§ 18 Abs. 1: Die an einem Orte wohnhaften Juden sind befugt, besondere Schulen für ihre Kinder einzurichten, insofern sie die Gehalte der Lehrer und die übrigen Bedürfnisse der Schule aufzubringen vermögen. Wenn sie auf diese Weise eine eigene jüdische Schulkommüne bilden, sind *sie von Personal-Schullasten für das christliche Volksschulwesen befreiet.*

Der Grundsatz der Steuerfreiheit bezieht sich jedoch nur auf eine Mehrheit von Sozietätsschulen, nicht aber auf die Konkurrenz einer Sozietätsschule mit einer oder mehreren kommunalen Schulen (vgl. OVG. XXV S. 190). Nachdem durch das Volksschulunterhaltungsgesetz das Kommunalprinzip grundsätzlich zur Einführung gelangt ist, und nach § 7 des VUG. die Schullasten als Gemeindelasten aufgebracht werden, ist deshalb regelmäßig die Befreiung der jüdischen Sozietätsmitglieder von dem Beitrag zu den Unterhaltungskosten der übrigen Ortsschulen beseitigt. An ihre Stelle ist der gesetzlich vorgeschriebene Beitrag der Kommunen an die jüdische Schulsozietät getreten[1]).

Die Befreiung der jüdischen Sozietätsmitglieder von den Leistungen für die übrigen Ortsschulen gilt nur noch für die nicht zum Geltungsbereich des VUG. gehörigen Provinzen Posen und Westpreußen, soweit diese Ortsschulen nicht Kommunalschulen sind.

### b. Schulen der Synagogengemeinden.

Die Lasten für die Unterhaltung der Schulen der Synagogengemeinden werden von den Gemeindemitgliedern als Teil der Gemeindelasten aufgebracht.

Der Kreis der Beitragspflichtigen entspricht dem Kreise derjenigen, welche zu den Abgaben der Synagogengemeinde überhaupt beizutragen haben. Wo zum Beispiel die Kultus- und Verwaltungsbeamten oder sonstige Personenkreise von den Gemeindesteuern befreit sind, haben sie auch zu den Schullasten der Synagogengemeinde nicht beizutragen. Andrerseits haben grundsätzlich auch diejenigen Mitglieder der Synagogengemeinde, welche nicht am Orte

---

[1]) Siehe oben S. 52 ff.

der Schule wohnen und deren Kinder die Schule nicht besuchen, mit den allgemeinen Synagogengemeindeabgaben auch zur Unterhaltung der Schule beizutragen. Im Geltungsgebiete des Gesetzes von 1847 würde freilich in diesem Falle seitens der Regierung eine Herabsetzung der Steuern angeordnet werden können[1]). Ebenso ist im Gebiet des Königreichs Hannover für die vom Schulorte entfernter wohnenden Mitglieder eine Beitragsermäßigung zulässig[2]).

Der Beitragsfuß ist der für die Synagogengemeindesteuern überhaupt festgesetzte. Für das Gebiet des Gesetzes von 1847 ist er der Regelung durch das Gemeindestatut vorbehalten. Für das Gebiet des ehemaligen Kurhessen trifft die Verordnung vom 30. Dezember 1823 die erforderlichen Bestimmungen, Für das Gebiet des ehemaligen Königreichs Hannover ist die Regelung durch die Gesetze vom 30. September 1842 ,19. Januar 1844 und 5. Februar 1854 gegeben. Was die Beschwerden und Einsprüche von Gemeindemitgliedern gegen die erfolgte Veranlagung, ferner die Zulässigkeit des Rechtsweges und endlich die Einziehung bezw. die Beitreibung der Abgaben betrifft, so gelten hierfür die für die Gemeindesteuern überhaupt maßgebenden Normen.

Im einzelnen lauten die betreffenden Bestimmungen wie folgt:

a. Für die Provinzen Ost- und Westpreußen, Brandenburg, Pommern, Posen, Schlesien, Sachsen, Westfalen und die Rheinprovinz:

## Gesetz vom 23. Juli 1847.

§ 67: Eine nach §§. 64—66. errichtete jüdische Schule, hat die Eigenschaften und Rechte einer öffentlichen Schule. Insbesondere gelten dabei folgende nähere Bestimmungen:

1) . . . .

2) Die Errichtung und Unterhaltung dieser Schule liegt in Ermangelung einer anderweitigen Vereinbarung den jüdischen Einwohnern des Schulbezirks allein ob. Die Aufbringung der erforderlichen Kosten wird nach Maaßgabe der Bestimmungen des §. 58. bewirkt.

§ 58: Die Kosten des Kultus und der übrigen die Synagogen-Gemeinde betreffenden Bedürfnisse . . . werden nach den durch das Statut einer jeden Synagogen-Gemeinde näher zu bestimmenden Grundsätzen auf die einzelnen Beitragspflichtigen umgelegt, und nachdem die Heberollen von der Regierung für vollstreckbar erklärt worden sind, im Verwaltungswege eingezogen. Der Rechtsweg ist wegen solcher Abgaben und Leistungen nur in soweit zulässig, als Jemand aus besonderen Rechtstiteln die gänzliche Befreiung von Beiträgen geltend machen will, oder in der Bestimmung seines Antheils über die Gebühr belastet zu sein behauptet.

Ob und in wieweit einzelne, zerstreut und von dem Mittelpunkte des Synagogen-Bezirks entfernt wohnende Juden zu den von der Synagogen-Gemeinde aufzubringenden Kosten, insbesondere zu den Kultus-Bedürfnissen beizutragen haben, ist von den Regierungen nach Maßgabe der Vortheile festzusetzen, welche jenen Juden durch die Verbindung mit der Synagogen-Gemeinde zu Theil werden.

---

[1]) Vgl. weiter unten Ges. v. 23. Juli 1847 § 58 Absatz 2.

[2]) Hannöversches Ges. v. 5. Februar 1854 § 12 letzter Satz u. S. 77.

Die Denkschrift zum Regierungsentwurfe des Gesetzes vom 23. Juli 1847 besagt zur Begründung der angeführten Gesetzesvorschriften das folgende:

„Daß die Beiträge zur Unterhaltung öffentlicher jüdischer Schulen und zur Besoldung der an denselben angestellten Lehrer als eine öffentliche Last angesehen werden müssen, welche der Festsetzung und Einziehung im administrativen Wege nach Maßgabe der Bestimmung des § 23 (jetzt § 58) unterliegen, ist eine Folge der Gleichstellung der christlichen und jüdischen Schulen."

β. Für das Gebiet des ehemaligen Königreichs Hannover.

### αα) Gesetz vom 30. September 1842.

§ 28: Die Juden haben die Kosten ihres .... Schul .... Wesens, sofern nicht in Rücksicht auf Schul .... Wesen eine Verbindung mit dem christlichen eintritt (§§ 41 und 49) allein zu tragen.

Der Betrag dieser Kosten und die Art ihrer Aufbringung ist, soweit nöthig, durch die Behörden festzustellen.

Die etwa nöthige Beitreibung kann auf dem Verwaltungswege erfolgen.

### ββ) Gesetz vom 19. Januar 1844.

§ 8: Der Fuß für Aufbringung der Beiträge zu den Kosten des jüdischen .... Schul .... Wesens richtet sich nach dem, was darüber feststeht, und sofern nichts besteht, oder das Bestehende nicht für angemessen zu halten ist, nach dem, was darüber von den Betheiligten mit obrigkeitlicher Genehmigung beschlossen, oder soweit nöthig, von der Obrigkeit bestimmt wird (§ 28 des Gesetzes) ....

### γγ) Gesetz vom 5. Februar 1854.

§ 11: Jedes zahlungsfähige Mitglied eines Schulverbandes ist pflichtig, zu den Kosten der jüdischen Schuleinrichtung beizutragen.

Eltern, welche ihre Kinder in den christlichen Schulen oder durch Privatlehrer unterrichten lassen, werden hiedurch von der Erlegung des Schulgeldes oder von sonstigen Beiträgen zu den Kosten der Unterhaltung der jüdischen Schule nicht befreit.

§ 12: Besteht über den Beitragsfuß schon eine Bestimmung, so hat es dabei sein Bewenden.

Ist ein solcher nicht vorhanden oder der vorhandene nicht angemessen, so ist für jedes schulpflichtige Kind zunächst ein Schulgeld [1]) zu entrichten.

Der alsdann, in Ermangelung stiftungsmäßiger ausreichender Fonds, sich noch ergebende Bedarf ist, wie die übrigen Gemeindebeiträge auf die Mitglieder des Schulverbandes von einer aus dessen Mitte erwählten Kommission zu vertheilen oder, soweit nöthig, von den Behörden eine Bestimmung zu treffen.

Für die vom Schulorte entfernter wohnenden Mitglieder ist eine Ermäßigung des Schulbeitrages zulässig.

§ 15: Zweifel und Streitigkeiten über den Betrag der Kosten und die Art ihrer Aufbringung, sind durch die Behörden zu entscheiden.

---

[1]) Vgl. Ges. v. 14. Juni 1888 (o. S. 67).

## 7. Für das Gebiet des ehemaligen Kurhessen.

### aa. Verordnung vom 30. Dezember 1823.

§ 38: Als besondere Abgaben der Israeliten zu den Kosten ihres Gottesdienstes, Unterrichtes und Armenwesens ....... finden Statt:

a. eine Einkommensteuer [1]), welche von dem Haupte einer jeden Familie für sich und die dazu gehörigen Glieder, sowie von denjenigen Israeliten, welche zwar noch nicht Familien-Vorstände sind, jedoch einen selbständigen Erwerb haben, erhoben wird;

b. die Abgaben, welche von religiösen Ceremonien und anderen geistlichen Handlungen abhängen, und einer genauen Festsetzung unterzogen werden sollen.

§ 39: Die Einkommensteuer wird nach Maaßgabe des ungefähren jährlichen Einkommens in vierteljährlichen Zielen entrichtet, und bei der Bestimmung desselben sind alle Arten der Einnahme vom Grund- und Mobiliar-Vermögen sowie der sonstige Erwerb in Anschlag zu bringen.

§ 40: Zur Errichtung eines Katasters des Einkommens, wonach die einzelnen Israeliten zu den aufzubringenden Kosten beizutragen haben, werden folgende Vorschriften ertheilt:

a. In jeder Synagogen-Gemeinde soll ein Schatzungsbuch angelegt werden, in welches zwei oder mehrere verpflichtete Schätzer das jährliche Einkommen eines jeden Steuerpflichtigen, welcher von Seiten der Gemeinde-Ältesten vorzuladen ist, nach der Vernehmung desselben, oder ohne diese bei dessen Ausbleiben, einem gewissenhaften und möglich genauesten Anschlage gemäß eintragen.

b. Dieses Buch hat der Kreis-Vorsteher mit sämmtlichen Gemeinde-Ältesten im Kreise genau zu prüfen, wegen etwa zu gering erscheinenden Anschlages die erforderlichen Nachrichten einzuziehen, und sodann das Einkommen anderweit nach pflichtmäßigem Ermessen abzuschätzen, auch jedem Steuerpflichtigen den ihn betreffenden Ansatz bekannt zu machen.

c. Einsprüche gegen die Abschätzung sind nur binnen vierzehn Tagen, seit dem Tage der Bekanntmachung des Ansatzes zulässig, und binnen dieser Frist bei dem Kreisrathe anzubringen, welcher eine genaue Untersuchung (wozu auch eine, vor der Polizei-Kommission abzulegende, eidliche Versicherung des Reklamanten gefordert werden kann) vorzunehmen, und das Untersuchungs-Protokoll an den landesherrlichen Kommissar einzusenden hat. Dieser theilt darauf die Sache dem Vorsteher-Amte zu der, unter seiner Mitwirkung abzugebenden, Entscheidung mit, gegen welche nur binnen vierzehn Tagen, vom Tage ihrer Bekanntmachung an, ein Rekurs an die Regierung Statt findet. Die schließliche Entscheidung ist in dem Schatzungsbuche anzumerken.

d. Das durch das Kreisamt beglaubigte Duplikat des Schatzungsbuches wird von dem Kreis-Vorsteher an das Vorsteher-Amt eingesandt, und auf den Grund dieses Buches ein jeder Steuerpflichtige nach Wohnort, Vor- und Zunamen und Gewerbe in das Kataster eingetragen, aus solchem aber einer jeden Gemeinde ein sie betreffender Auszug zugefertigt.

§ 41: Diese Anlage der jüdischen Einkommensteuer soll von drei Jahren zu drei Jahren einer Revision unterliegen, und in diesem Zeitraume der Regel nach auf keine Verminderung des Einkommens Rücksicht genommen werden, dagegen auch keine Erhöhung Statt finden. Sollte indessen durch Todesfälle oder Auswanderung im Laufe der drei Jahre ein Steuerpflichtiger gänzlich ausfallen, oder völlig vermögens- und erwerblos werden; so hat der Kreis-Vorsteher solches sofort dem Vorsteher-Amte anzuzeigen.

---

[1]) Aufgehoben durch § 17 des Gesetzes vom 29. Oktober 1833 u. S. 79.

Im Fall ein Steuerpflichtiger neu zugehen würde, soll es mit dessen Ansatze zur Steuer ebenso, wie es im vorhergehenden Paragraphen bestimmt ist, gehalten werden.

§ 42: Wider die Rechnungsführer (s. §§ 47 und 52) findet in den geeigneten Fällen die Verordnung vom 2ten Mai 1822 Anwendung, und die Gerichte haben auf die ihnen von denselben vorgelegten Restanten-Listen die erforderlichen Zahlungs- und Beitreibungs-Befehle zu erlassen.

§ 43: Die etwaigen Ausfälle bei den verschiedenen Erhebungen sind, soweit dieselben nicht schon in dem Überschlage des Bedarfes für das betreffende Jahr berücksichtigt worden, jedesmal bei der Veranschlagung des Bedarfs für das folgende Jahr (s. §§ 45, 50, 57 und 59) zuzusetzen.

## ββ. Gesetz vom 29. Oktober 1833.

§ 17: An die Stelle der durch den § 38 der Verordnung vom 30ten Dezember 1823 eingeführten sogenannten Einkommensteuer soll vom 1ten Januar k. J. an eine Klassensteuer treten, und nach der im Anhange zu diesem Gesetze bezeichneten Stufenfolge veranlagt werden.

Jede dieser Klassen bezeichnet das Maaß, nach welchem jeder Steuerpflichtige zu den israelitischen Lasten beizutragen fähig und verbunden ist, sofern solche durch direkte Besteuerung aufgebracht werden müssen.

§ 18: Für die Veranlagung der im vorhergehenden Paragraphen angeordneten Klassensteuer gelten folgende Vorschriften:

1) Ein jeder Steuerpflichtige wird von den Ältesten seiner Synagogen-Gemeinde und von durch deren Glieder gewählten, zu beeidigenden, besonderen Schätzern zu einer der zweiundvierzig Klassen abgeschätzt, und mit dem seiner Steuerfähigkeit entsprechenden Satze in die Steuerrolle eingetragen. Auch die Steuerunfähigen werden darin aufgeführt und nur die Stelle für den Steuersatz durchstrichen.

2) Die Steuerrollen sämmtlicher Gemeinden eines Kreises werden an das Kreisamt eingeliefert, welches sämmtliche Gemeinde-Ältesten und Schätzer des Kreises und den Kreisvorsteher an einem bestimmten Tage versammelt. Diese prüfen alle Gemeinde-Steuerrollen genau und berichtigen solche, wo nöthig, durch Versetzung der dazu geeigneten Steuerpflichtigen in eine höhere oder geringere Klasse. Hierbei entscheidet einfache Stimmenmehrheit, und bei gleichen Stimmen giebt die des Kreisvorstehers den Ausschlag. Sämmtliche Gemeinde-Ältesten, Schätzer und der Kreisvorsteher unterzeichnen die revidirten Steuerrollen, und das Kreisamt, welches das Geschäft zu beaufsichtigen und zu leiten hat, beglaubigt dessen regelmäßigen Vollzug und jene Unterschriften.

   Die auswärtigen Theilnehmer erhalten auf Begehren Reise- und Zehrungskosten aus ihren Gemeindekassen, nach der von den Regierungen zu treffenden Bestimmung.

3) Die Steuerrollen aus sämmtlichen Kreisen der Provinz werden hierauf an den landesherrlichen Kommissar eingesandt. Dieser beruft sämmtliche Kreisvorsteher an den Provinz-Hauptort zusammen und nimmt mit zwei von ihm zu wählenden Mitgliedern des Vorsteher-Amtes die weitere Revision vor, und bestätigt oder verändert, wo nöthig, die von der zweiten Schätzungsstufe geschehenen Ansätze. Zu einer Abänderung sind zwei Drittel der Stimmen erforderlich, und wo solche nicht herauskommen, bleibt es bei diesen Ansätzen.

   Die auswärtigen Kreisvorsteher erhalten Reise- und Zehrungskosten, nach der Bestimmung der Regierung, aus der judenschaftlichen Provinzialkasse vergütet.

4) Die so revidirten und von den revidirenden Personen zu unterzeichnenden Steuerrollen werden an das Vorsteher-Amt der Provinz abgegeben, welches

sie aufbewahrt und ein Duplikat nebst Rollen für jeden Kreis an die Regierung einsendet. Letztere werden darauf den Kreisämtern zugefertigt, daraus von diesen Gemeinde-Steuerrollen verfertigt und den Gemeinde-Ältesten mitgetheilt, welche solche vor versammelter Gemeinde zu verlesen und jedem Steuerpflichtigen den ihn betreffenden Steueransatz besonders bekannt zu machen, und diesen die ihm geschehene Bekanntmachung durch Namensunterschrift mit Beisetzung des Tages, wo sie geschehen, anerkennen zu lassen haben.

§ 19: Einsprüche gegen die Veranlagung finden nur innerhalb der nächsten vierzehn Tage nach der vorbezeichneten Bekanntmachung Statt, haben indeß keine aufschiebende Wirkung. Sie werden durch Vernehmung sämmtlicher Schätzer, Gemeinde-Ältesten des Kreises und des Kreisvorstehers, und wo es auf widersprochene Thatsachen ankommt, durch besondere Untersuchung vom Kreisamte erörtert und das Protokoll darüber an den landesherrlichen Kommissar eingesandt. Dieser zieht das Gutachten des Vorsteher-Amtes ein, und legt die Sache der Regierung zur Entscheidung vor. Gegen diese findet ein weiterer Einspruch nicht Statt. Wird dadurch der Einspruch verworfen, so ist der Reklamant den vernommenen Personen Reise- und Zehrungskosten zu ersetzen verbunden, nach der unter 2) im § 18 dieses Gesetzes erwähnten Bestimmung.

§ 20: Jene Veranlagung einer Klassensteuer soll von drei zu drei Jahren einer Revision unterliegen und in der Zwischenzeit auf eine Erhöhung oder Verminderung der Steuerfähigkeit keine Rücksicht genommen werden. Nur gänzlicher Abgang eines Steuerpflichtigen oder gänzliche Vermögens- oder Erwerbslosigkeit heben die Steuerpflichtigkeit auf, welche aber bei der nächsten Revision wieder zur Prüfung kommt.

Vorher neu zugehende Steuerpflichtige werden bis dahin einstweilen auf die im § 18 dieses Gesetzes in den Sätzen 1 und 2 bestimmte Weise und hiernächst bei der Revision definitiv veranlagt.

Bei der Revision dienen die vorhin festgestellten Steuerrollen zur Grundlage, und es werden dabei die unterdessen eingetretenen Veränderungen in den Vermögens- und Erwerbs-Verhältnissen hauptsächlich in Betracht gezogen, dergestalt, daß, wo diese Statt gefunden, eine Erhöhung oder Minderung des alten Steuersatzes eintreten muß.

Die Revision selbst geschicht durch die im § 18 dieses Gesetzes bestimmten Personen und in der daselbst vorgeschriebenen Weise.

§ 21: Die Lasten, welche aufzubringen sind, werden nach den Klassensteuersätzen dergestalt repartirt und ausgeschrieben, daß von diesen ganze, halbe Simplen, oder sonstige Theile derselben erhoben werden.

### Anlage zu § 17.

### Stufenfolge der Klassensteuer zu gemeinheitlichen Zwecken der Israeliten.

| Klasse der Israeliten, welche jährlich zahlen können | | | | | Mark [1]) |
|---|---|---|---|---|---|
| 1te | " | " | " | " | 1.50 |
| 2te | " | " | " | " | 2.— |
| 3te | " | " | " | " | 2.50 |
| 4te | " | " | " | " | 3.— |
| 5te | " | " | " | " | 3.75 |
| 6te | " | " | " | " | 4.50 |
| 7te | " | " | " | " | 6.— |
| 8te | " | " | " | " | 7.50 |

[1]) Im Gesetz ist die alte Währung nach Talern und guten Groschen angegeben.

| Klasse der Israeliten, welche jährlich zahlen können | | | | | Mark |
|---|---|---|---|---|---|
| 9te | " | " | " | " | 9.— |
| 10te | " | " | " | " | 10.50 |
| 11te | " | " | " | " | 12.— |
| 12te | " | " | " | " | 13.50 |
| 13te | " | " | " | " | 15.— |
| 14te | " | " | " | " | 18.— |
| 15te | " | " | " | " | 21.— |
| 16te | " | " | " | " | 24.— |
| 17te | " | " | " | " | 27.— |
| 18te | " | " | " | " | 30.— |
| 19te | " | " | " | " | 36.— |
| 20te | " | " | " | " | 42.— |
| 21te | " | " | " | " | 48.— |
| 22te | " | " | " | " | 54.— |
| 23te | " | " | " | " | 60.— |
| 24te | " | " | " | " | 75.— |
| 25te | " | " | " | " | 90.— |
| 26te | " | " | " | " | 105.— |
| 27te | " | " | " | " | 120.— |
| 28te | " | " | " | " | 135.— |
| 29te | " | " | " | " | 150.— |
| 30te | " | " | " | " | 180.— |
| 31te | " | " | " | " | 210.— |
| 32te | " | " | " | " | 240.— |
| 33te | " | " | " | " | 270.— |
| 34te | " | " | " | " | 300.— |
| 35te | " | " | " | " | 360.— |
| 36te | " | " | " | " | 420.— |
| 37te | " | " | " | " | 480.— |
| 38te | " | " | " | " | 540.— |
| 39te | " | " | " | " | 600.— |
| 40te | " | " | " | " | 675.— |
| 41te | " | " | " | " | 750.— |
| 42te | " | " | " | " | 900.— |

## E. Zuwendungen aus dem Kapitalvermögen aufgehobener Elementarlehrer-Witwen- und Waisenkassen.

Zu erwähnen sind schließlich noch die Bestimmungen des Gesetzes vom 4. Dezember 1899.

§ 18 Abs. 2: Sobald sämmtliche Verpflichtungen einer Elementarlehrer-Wittwen- und Waisenkasse erloschen sind, ist das etwa noch vorhandene Kapitalvermögen zur Deckung des Aufwandes der Schulverbände desjenigen Bezirkes zu verwenden, für dessen Schulverbände es angesammelt ist. Die Verwendung erfolgt zur Deckung der Belastung dieser Schulverbände mit Ausgaben für Wittwen- und Waisengelder der Volksschullehrer.

Die nähere Ausführung dieser Vorschrift erfolgt durch den Unterrichtsminister in Gemeinschaft mit dem Finanzminister. Dieselben können auch schon vor dem im Abs. 1 bezeichneten Zeitpunkt eine der dort getroffenen Vorschrift entsprechende Verwendung von Mitteln der Kassen insoweit anordnen, als dies bei voller Sicherung einer Erfüllung der Verbindlichkeiten der Kassen möglich ist.

§ 19: Die nach § 4 des Gesetzes vom 22. Dezember 1869 (Gesetz-Samml. 1870 S. 1) und nach § 7 Nr. 3 des Gesetzes vom 8. April 1856, betreffend die E r r i c h t u n g einer allgemeinen Schullehrer-Wittwenkasse für das Herzogthum Holstein, (Gesetz- und Ministerial-Blatt S. 116) den Gemeinden (Gutsbezirken rc.) obliegenden Beiträge für Lehrerstellen an öffentlichen Volksschulen werden vom 1. April 1901 ab von Jahr zu Jahr um eine Mark jährlich herabgesetzt. Bei denjenigen Kassen, welche auch bei einer weitergehenden Herabsetzung dieser Beiträge voraussichtlich eines Staatszuschusses (§ 5 des Gesetzes vom 22. Dezember 1869, Gesetz-Samml. 1870 S. 1) zur Erfüllung ihrer Verpflichtungen nicht bedürfen, kann vom Unterrichtsminister in Gemeinschaft mit dem Finanzminister schon der frühere Fortfall der Gemeindebeiträge genehmigt werden, sobald mit Sicherheit anzunehmen ist, daß die bezeichnete Voraussetzung zutrifft.

Zur Deckung der den einzelnen Elementarlehrer-Wittwen- und Waisenkassen obliegenden Verbindlichkeiten sind vor einer Inanspruchnahme des im § 5 des Gesetzes vom 22. Dezember 1869 (Gesetz-Samml. 1870 S. 1) bestimmten Staatszuschusses außer den sonstigen Einnahmen der betreffenden Kasse auch die angesammelten Kapitalien zu verwenden, soweit sie nicht stiftungsmäßig besonderen Zwecken dienen. Sind die Kapitalien der Kasse vollständig verbraucht und stehen ihr auch sonstige Einnahmen nicht zu, so werden die der Kasse obliegenden Verbindlichkeiten unmittelbar aus der Staatskasse gedeckt.

§ 20: Die Einführung des Gesetzes in die Stolbergschen Grafschaften bleibt Königlicher Verordnung vorbehalten.

---

# Viertes Kapitel.

# Die Verwaltung der öffentlichen jüdischen Volksschulen, insbesondere die Lehreranstellung.

## A. Die Verwaltung der einzelnen jüdischen Schulen.

Durch das Gesetz, betreffend die Unterhaltung der öffentlichen Volksschulen ist die Verwaltung der öffentlichen Volksschulen einer einheitlichen Neuordnung unterzogen worden [1]).

Die jüdischen Schulen sind auch in diesem Punkte von der allgemeinen Neuregelung ausgenommen worden.

§ 40 des VUG. bestimmt:

Für die . . . Verwaltung der für jüdische Kinder bestimmten und mit jüdischen Lehrkräften zu besetzenden öffentlichen Volksschulen gelten bis auf Weiteres die jetzt bestehenden Vorschriften. . . .

Über den bisherigen Rechtszustand ist das Folgende zu sagen:

In einzelnen Teilen der Monarchie bestehen gesetzliche Bestimmungen, welche die Verwaltung der öffentlichen jüdischen Volksschulen regeln.

In anderen Gebieten wieder fehlt es an entsprechenden gesetzlichen Normen. Für diese Fälle greift die Instruktion vom 23. Oktober 1817 Platz, welche die Regierungen zur Regelung der vorliegenden Frage für zuständig erklärt.

---

[1]) Das Nähere darüber siehe unten im sechsten Kapitel des zweiten Teiles.

Diese Instruktion bestimmt:

§ 18: . . . Ihr (der Kirchen- und Schulkommission der Regierung) gebührt die Verwaltung aller geistlichen und Schul-Angelegenheiten, welche nicht dem Konsistorium in der demselben heute erteilten Instruktion ausdrücklich übertragen worden. Unter dieser Einschränkung gebührt ihr daher:

. . . . . . . . . .

e. Die Aufsicht und Verwaltung des gesamten Elementarschulwesens.

§ 8: Bei den einzelnen Geschäften und Anordnungen müssen von der Regierung überall die bestehenden Gesetze und Vorschriften strenge beobachtet, und selbige nach ihrer Bekanntmachung, ohne daß es dazu einer besonderen Anweisung bedarf, soweit sie ihren Geschäftskreis betreffen, von ihnen sofort zur Anwendung und Ausführung gebracht werden.

Es ist auch ihre Pflicht, darauf zu sehen und zu halten, daß den Gesetzen und Vorschriften überall gehörig nachgelebt werde.

In allen Fällen, wo klare und bestimmte Gesetze und Vorschriften vorhanden sind, können die Regierungen aus eigener Macht das Nötige verfügen und ausführen, und es werden ihnen in dergleichen Fällen alle Anfragen sogar ausdrücklich untersagt.

In zweifelhaften Fällen, welche dringend sind, haben die Regierungen gleichfalls ohne Anstand im Geiste und nach Analogie der Gesetze, der Verfassung und angenommenen Verwaltungsgrundsätze zu verfahren; darüber aber gleichzeitig höheren Orts zu berichten, und wenn die Sache nicht dringend ist, solches vorher zu tun, ehe sie handeln.

Dasselbe ist in Fällen zu beobachten, wo es an bestimmten Gesetzen und Vorschriften ermangelt.

Abweichungen und Ausnahmen von bestehenden Vorschriften dürfen sich die Regierungen nur aus höchst dringenden Veranlassungen und wenn Gefahr im Verzuge vorhanden ist, erlauben, müssen aber gleichfalls sofort darüber berichten.

Niemals können sie etwas verfügen, was einem ausdrücklichen Gesetz entgegenläuft. Die Bestimmung dieser Instruktion § 5 Nr. 5 versteht sich daher auch nur von solchen Vorschriften, welche nicht auf ausdrücklichen Landesgesetzen, sondern ministeriellen Verfügungen beruhen.

Ebensowenig dürfen die Regierungen neue allgemeine Einrichtungen, Anlagen und Verfassungen oder Abänderungen der bestehenden vornehmen, ohne daß sie vorher höhere Genehmigung dazu einholen.

Demnach ist es Sache der Regierungen, eventuell mit höherer Genehmigung, überall da, wo es an einer gesetzlichen Regelung fehlt, die Verwaltung der jüdischen Schulen zu ordnen.

Diese Ordnung kann durch allgemeine, für den ganzen Bezirk gültige oder durch Sonderverfügungen für die einzelnen Schulen erfolgen.

Beide Arten der Regelung sind bisher praktisch geworden. Die Konsequenz ist eine bunte Mannigfaltigkeit. Nicht nur in den verschiedenen Rechtsgebieten sind die Verhältnisse verschieden, sondern auch innerhalb derselben Provinz, ja sogar innerhalb desselben Regierungsbezirkes.

Im wesentlichen lassen sich 4 Fälle unterscheiden:

1. Es bestehen für die Verwaltung der jüdischen Schulen besondere Schulvorstände unter verschiedenem Namen, in verschiedener Zusammensetzung und mit sehr verschiedener Zuständigkeit.
2. Die jüdischen Schulen unterstehen unmittelbar den städtischen Schuldeputationen.

3. Es bestehen beide Körperschaften nebeneinander (der besondere jüdische Schulvorstand unter der städtischen Schuldeputation).
4. Es bestehen neben den Schulvorständen besondere Schulrepräsentanten.

Was die Befugnisse der Schulvorstände betrifft, so ist ihnen teils nur die äußere Ordnung des Schulwesens, teils daneben die Vertretung der Schulgemeinden und eine Mitwirkung bei der Ausübung der Schulaufsicht übertragen.

Es würde zu weit führen, diese Verschiedenheiten in allen ihren Einzelheiten eingehend zu verfolgen. Eine derartige Ausführlichkeit erübrigt sich auch, da die Einzelverhältnisse rechtlicher Konsequenzen über ihren unmittelbaren Kreis hinaus entbehren.

Im folgenden soll daher neben den gesetzlichen Bestimmungen und allgemeinen Regierungsverfügungen auf die tatsächlichen Verhältnisse im einzelnen nur soweit eingegangen werden, als erforderlich ist, um ein ungefähres Bild von den bisherigen Verhältnissen zu geben.

Da die Regierungen soweit besondere gesetzliche Bestimmungen fehlen, die Ordnung der Verwaltung für die jüdischen Schulen in der Regel an die für die nichtjüdischen Schulen geltenden Normen anlehnen werden, soll dort, wo besondere gesetzliche Normen für die Verwaltung der jüdischen Schulen nicht vorhanden sind, auf die bisher gültigen Bestimmungen über die Verwaltung der nicht jüdischen öffentlichen Volksschulen Bezug genommen werden.

Für die einzelnen Rechtsgebiete ergibt sich danach das Folgende:

## I. Die älteren Provinzen.

Nach dem allgemeinen Landrecht kommen für die Verwaltung der öffentlichen Volksschulen im allgemeinen als Organe der für sie gebildeten Schulsozietäten in Betracht:

a) Die Schulvorsteher oder besondere kollegialisch formierte Schulvorstände;
b) besondere Beamte (Rendanten);
c) die sogen. Repräsentanten;
d) besondere Bevollmächtigte der Schule.

### a. Die Schulvorsteher bezw. Schulvorstände.

Das Amt der Schulvorsteher ist ein Ehrenamt. Jedes Mitglied der Sozietät ist verpflichtet, dasselbe anzunehmen. Die Schulvorstände verwalten das Vermögen und haften für die Sorgfalt eines ordentlichen Hausvaters. Sie werden von der Gemeinde gewählt oder von der Obrigkeit bestellt und vertreten die Schulgemeinde in den Rechtsangelegenheiten der Schule.[1])

[1]) E. d. O V G. vom 19. September 1876. Abgedr. bei Schneider und v. Bremen § 19 Nr. 2.

b. Die besonderen Beamten (Rendanten).

Die Stellung der besonderen Beamten ist dieselbe wie bei allen anderen Korporationen. (ALR. Th. 2. Tit. 6).

c. Die Repräsentanten.

Die Repräsentanten werden als Vertreter der Schulgemeinde für außerordentliche Fälle gewählt. Als Befugnisse der Repräsentanten führt das ALR. Th. 2. Tit. 11 auf:

1. Einwilligung zur Aufnahme von Schulden (§ 645).
2. Einwilligung zur Veräußerung und Belastung von Grundstücken, Gerechtigkeiten, Kapitalien (§ 647, vgl. auch Th. II Tit. 6 § 153).
3. Teilnahme an der Rechnungslegung der Vorsteher bzw. Abnahme der Rechnung (§§ 691 und 693).
4. Einwilligung zu Prozessen und Teilnahme an denselben, wo die Gesamtheit gegenüber der Schulanstalt interessiert ist (§ 218 und Tit. 6 § 152).

d. Besondere Bevollmächtigte.

Besondere Bevollmächtigte werden an Stelle der Vorsteher seitens der Obrigkeit für die Schulsozietät dann bestellt, wenn die Schulvorsteher sich weigern, Rechte der Sozietät auszuüben, oder sonst die Interessen der Schulvorsteher mit denen der Sozietät kollidieren (§§ 659—661).

Für die Städte bestimmt sodann die Städteordnung vom 19. November 1808[1]:

§ 179. Von gemischten Deputationen und Kommissionen aus dem Magistrat und der Bürgerschaft:

„Zur Geschäftsverwaltung in Deputationen und Kommissionen sind geeignet usw.

b) Schulsachen.

Die Organisation der Behörde zur Besorgung der inneren Angelegenheiten wird besondern Bestimmungen vorbehalten."

Diese vorbehaltene Anordnung erging in der Instruktion vom 26. Juni 1811, welche vorschreibt:

1. Die Behörden für die inneren und für die äußeren Angelegenheiten des Schulwesens der Städte im Allgemeinen sollen nicht abgesondert von einander bestehen, sondern es soll, um das Ganze unter eine einfache und harmonische Leitung zu bringen, in jeder Stadt nur eine einzige Behörde für die innern sowohl als für die äußern Verhältnisse ihres Schulwesens unter den Namen der Schuldeputation errichtet werden.
2. Die Schuldeputationen sollen nach Maßgabe der Größe der Städte und ihres Schulwesens bestehen aus einem bis höchstens drei Mitgliedern des Magistrats, ebensoviel Deputierten des Stadtverordneten-Kollegii, einer gleichen Anzahl des Schul- und Erziehungswesens kundiger Männer. . . .

Außerdem sollen in den großen Städten die Superintendenten, in wiefern sie nicht schon zu ordentlichen Mitgliedern der Schuldeputation gewählt sind,

[1]) Die folgenden Ausführungen bis „durchgeführt" auf S. 87 schließen sich der in den Motiven des Regierungsentwurfs zum VUG. gegebenen Darstellung an.

das Recht haben, in denselben die Schulangelegenheiten ihrer resp. Diözesen vorzutragen und darüber ihre Stimme abzugeben.

3. bis 10. usw.

11. Das den Schuldeputationen zugestandene Recht der Aufsicht erstreckt sich dahin, daß sie auf genaue Befolgung der Gesetze und Anordnungen des Staates in Ansehung des ihnen untergebenen Schulwesens halten, auf die zweckmäßigste und den Lokalverhältnissen angemessenste Art sie auszuführen suchen, darauf sehen, daß das Personale derer, die am Schulwesen arbeiten, seine Pflicht tue — endlich, daß sie regelmäßigen und ordentlichen Schulbesuch sämmtlicher schulfähigen Kinder des Orts zu bewirken und zu befördern suchen.

12. bis 15. usw.

16. Sie haben dafür zu sorgen, daß jeder Ort die seiner Bevölkerung und seiner Bedeutsamkeit angemessene Anzahl und Art von Schulen erhalte.

17. Mit der Fürsorge für die Schulen hängt zusammen die Aufsicht über die Verwaltung ihres Vermögens, welche den Schuldeputationen in betreff der ihnen uneingeschränkt übergebenen Schulen zusteht.

Diese Bestimmungen, welche sich nicht bloß auf dem Gebiete der eigentlichen Gemeindeverwaltung bewegen, sind durch die Städteordnung vom 30. Mai 1853 für die östlichen Provinzen nicht berührt und haben in der Preußischen Schulordnung vom 11. Dezember 1845 § 36 ihre gesetzliche Anerkennung gefunden.

Nach diesen Vorschriften wird in den Städten der östlichen Provinzen die Verwaltung des örtlichen Schulwesens geführt. Eine Erweiterung ihrer Zuständigkeiten ist in einer großen Anzahl der kreisfreien Städte nach dem Ministerialerlaß vom 9. Februar 1898 (Zentralbl. f. d. Unterr.-V. S. 271) erfolgt, insbesondere bezüglich der Einrichtung neuer Klassen und Schulen, Beurlaubung von Lehrpersonen, Versetzung der Lehrer im Stadtgebiete, vorzeitiger Entlassung der Schulkinder usw.

Ferner ist durch Ministerialerlaß vom 22. Februar 1902 (Zentralbl. f. d. Unterr.-V. S. 293) die Aufnahme eines Lehrers in die Schuldeputationen allgemein angeregt.

Für Berlin ist unter dem 20. Juni 1829 eine besondere Ordnung getroffen, die in einigen Beziehungen von der Instruktion von 1811 abweicht. Die Schuldeputation sollte sich zusammensetzen aus:

a) 3 Mitgliedern des Magistrats,
b) 4 Superintendenten,
c) 5 Mitgliedern der Stadtverordnetenversammlung,
d) einer durch das Bedürfnis zu bestimmenden Zahl von außerordentlichen Mitgliedern.

Wegen wachsenden Umfanges der Geschäfte konnte im Laufe der Zeit diese Beschränkung nicht innegehalten werden, und besteht die Deputation gegenwärtig[1]) aus:

---

[1]) d. h. bis zum 1. April 1908; von diesem Zeitpunkt ab gelten auch für die städtische Schuldeputation zu Berlin die Bestimmungen des VUG. vgl. u. im sechsten Kapitel des zweiten Teiles.

a) 6 Mitgliedern des Magistrats,
b) 4 Superintendenten und dem katholischen Propst zu St. Hedwig,
c) 11 Mitgliedern der Stadtverordnetenversammlung und
d) 11 außerordentlichen Mitgliedern.

Für das platte Land erging die Instruktion vom 28. Oktober 1812:

Zur Einführung und Handhabung einer bestimmten Aufsicht und guten Ordnung auch im Landschulwesen ist es notwendig, für dieses ähnliche Schulvorstände, wie in den Städten anzuordnen ... Der Vorstand jeder Schule soll, wenn sie nicht Königlichen Patronats ist, aus dem Patron derselben, immer aber aus dem Prediger und nach Verhältnis des Umfanges der Sozietät, aus zwei bis vier Familienvätern derselben, unter denen, wo es angeht, der Schulze des Orts sein muß, bestehen. Der Prediger soll vornehmlich für das Innere des Schulwesens Sorge tragen, die übrigen Vorsteher für das Äußere.

Demgemäß sind auf Grund von speziellen Instruktionen der beteiligten Bezirksregierungen die Schulvorstände eingerichtet. Allgemein ist durch den Ministerialerlaß vom 12. Februar 1902 (Zentralbl. f. d. Unterr.-V. S. 293) die Aufnahme eines Lehrers in den Schulvorstand angeregt und von den Bezirksregierungen, soweit nicht gesetzliche Vorschriften entgegenstehen, nach Lage der besonderen Verhältnisse in ihrem Bezirke durchgeführt."

Hinsichtlich der Verwaltung der öffentlichen jüdischen Schulen fehlt es in den älteren Provinzen an einer besonderen gesetzlichen Regelung. Das Gesetz vom 23. Juli 1847 entbehrt der Bestimmungen hierüber. Auch Ministerialerlasse, durch welche die Frage einer einheitlichen Gestaltung unterzogen worden wäre, sind nicht ergangen.

Nur der Ministerialerlaß vom 14. März 1842, durch welchen die bei der Errichtung öffentlicher jüdischer Volksschulen zu beobachtenden allgemeinen Gesichtspunkte festgestellt wurden (s. o. S. 16 ff.), sah die Bestellung eines jüdischen Schulvorstandes vor, welcher „die nächste Aufsicht über die jüdische Schule zu führen und deren rechtliche Vertretung zu übernehmen befugt" wäre.

Weitere Bestimmungen über die Befugnisse des Schulvorstandes, über seine Zusammensetzung und die Wahl der Mitglieder, enthält der Erlaß nicht. Demnach ist die Regelung dieser Fragen den Regierungen im Rahmen der Instruktion vom 23. Oktober 1817 überlassen, die entweder für den konkreten Fall oder einheitlich für den ganzen Bezirk Bestimmungen getroffen haben und auch weiterhin treffen können. Hinsichtlich der einzelnen Provinzen ist noch das Folgende zu bemerken:

### 1. Provinz Pommern.

Bezüglich der Verwaltung der öffentlichen jüdischen Schulen im Regierungsbezirk Köslin bestimmt das Publ. der Kgl. Regierung vom 11. Januar 1823 (Ann. VII S. 90, Rönne-Simon a. a. O. S. 164):

§ 13: Die Judenschulen sind der allgemeinen Orts-Schul-Behörde untergeordnet, und es steht dieser das Recht zu, von Allem, was den innern und äußern

Zustand solcher Schulen betrifft (mit Ausnahme des Religions- und hebräischen Sprach-Unterrichts) sich in Kenntniß zu setzen und über die Befolgung der eingeführten Schul-Ordnung zu wachen. Die Lehrer sind verbunden den Anordnungen der Behörde pünktlich Folge zu leisten.

§ 14: Außer dem allgemeinen Orts-Schul-Vorstande kann jede jüdische Schule noch einen besondern, aus einigen jüdischen Hausvätern bestehenden, Vorstand erhalten. Diesem würde vorzüglich die Aufsicht über die äußere Ordnung in der Schule und die Sorge für die Unterhaltung derselben obliegen....

Zurzeit bestehen in der Provinz Pommern keine öffentlichen jüdischen Volksschulen.

## 2. Schlesien.

Für den Regierungsbezirk Liegnitz ist unter dem 6. April 1820[1]) die folgende Verfügung ergangen:

„1—4.....

„5. Alle jüdische, sowohl öffentliche als Privatschulen, sollen wie die christlichen verwaltet und beaufsichtigt werden. Sie stehen zunächst unter einem eigenen, von der jüdischen Ortsgemeinde zweckmäßig anzuordnenden Vorstande, bleiben aber der Aufsicht der Orts-Schulbehörde unterworfen . . ."

Für die Regierungsbezirke Breslau und Oppeln fehlt es an allgemeinen Normen.

Zurzeit bestehen in den Regierungsbezirken Breslau und Liegnitz keine öffentlichen jüdischen Volksschulen.

Im Regierungsbezirk Oppeln existieren eine Reihe jüdischer Kommunal- und Sozietätsschulen.

Die jüdischen Kommunalschulen unterstehen regelmäßig unmittelbar der städtischen Schuldeputation (z. B. in Beuthen und Groß-Strehlitz).

Die jüdischen Sozietätsschulen haben einen besonderen Schulvorstand (z. B. in Laurahütte und in Zabrze, woselbst die Umwandlung der Sozietätsschule in eine Kommunalschule im Gange ist).[2])

## 3. Provinz Posen.

In der Provinz Posen sind die öffentlichen Volksschulen im allgemeinen meist Sozietätsschulen. Bisweilen haben die Kommunen die Sozietäten abgelöst und die Schullast übernommen.

An denjenigen Orten, in denen die Schulen von besonderen konfessionellen Sozietäten unterhalten werden, fehlt es in der Regel an einer, die Verwaltung sämtlicher Volksschulen des Ortes umfassenden städtischen Schuldeputation, und die einzelnen Schulen haben besondere Schulvorstände.

---

[1]) Vgl. Rönne-Simon a. a. O. S. 163 f.

[2]) Die tatsächlichen Angaben hier und im Folgenden beruhen auf einer Umfrage, welche der Verfasser im Juni 1907 bei den in Betracht kommenden Synagogengemeinden gehalten hat. Es ist, bei den teilweise recht verwickelten Verhältnissen, nicht ausgeschlossen, daß in den Antworten Irrtümer untergelaufen sind.

In denjenigen Städten, in denen die Volksschullast von den Kommunen übernommen ist, sind zum Teil städtische Schuldeputationen eingerichtet, welchen sämtliche Schulen des Ortes unmittelbar unterstehen; zum Teil fehlt es an einer städtischen Schuldeputation, und die einzelnen öffentlichen Volksschulen des Ortes haben besondere Schulvorstände; zum Teil endlich bestehen für die Verwaltung des Volksschulwesens städtische Schuldeputationen und neben diesen besondere Schulvorstände für die einzelnen Schulen.

Hinsichtlich der jüdischen Schulen ist das Folgende zu bemerken:

Es bestehen in der Provinz Posen öffentliche jüdische Kommunalschulen, öffentliche jüdische Sozietätsschulen und öffentliche Schulen der Synagogengemeinden.

Die Schulen der jüdischen Sozietäten, ebenso die Schulen der Synagogengemeinden haben regelmäßig einen besonderen Schulvorstand.

Bezüglich der Kommunalschulen liegen die Verhältnisse verschieden: Teils haben die jüdischen Schulen einen besonderen Schulvorstand, neben dem auch besondere jüdische Schulrepräsentanten vorkommen (z. B. Schrimm). Regelmäßig besteht jedoch für sämtliche städtische Schulen eine Schuldeputation. In diesem Falle fehlt es an einem besonderen jüdischen Schulvorstand, und die jüdischen Schulen unterstehen gleich den übrigen öffentlichen Volksschulen unmittelbar der städtischen Schuldeputation (z. B. Schneidemühl, Samotschin, Schönlanke).

Die besonderen jüdischen Schulvorstände setzen sich sowohl bei den Sozietätsschulen, als bei den Schulen der Synagogengemeinden in der Regel zusammen:

aus dem Bürgermeister als Vorsitzenden,
dem Inspektor der Schule,
einem Lehrer und
drei Mitgliedern der Schulsozietät bezw. der Synagogengemeinde.

Der dem Schulvorstand angehörige Lehrer wird in der Regel von der Regierung ernannt.

Die Mitglieder der Synagogengemeinde bezw. der Schulsozietät werden von den Mitgliedern der Synagogengemeinde bezw. der Schulsozietät gewählt.

Neben den Schulvorständen bestehen in den Sozietätsschulen bisweilen besondere Schulrepräsentanten (so z. B. in Czempin, Filehne, Koschmin, Rogasen, Jarotschin, Gnesen, Kobylin, Wreschen).

Bisweilen bestehen derartige besondere Schulrepräsentanten neben den Schulvorständen auch für die Schulen der Synagogengemeinden (so z. B. in Lissa, Neustadt b. Pinne, Krotoschin, Packwitz, Nakel, Schwersenz und Buk.)

Die Befugnisse der Schulrepräsentanten sind verschieden. In einzelnen Fällen haben sie den Etat zu genehmigen (z. B. in Czempin und Wronke), in anderen, Ausgaben, die im Etat nicht vorgesehen sind, zu genehmigen, in Bauangelegenheiten und anderen Angelegenheiten von größerer Wichtigkeit mitzuwirken u. dgl. m.

Die Obliegenheiten der Schulvorstände sind gleichfalls verschieden. Zumeist liegt ihnen die Feststellung des Etats, die Vermögensverwaltung und die Mitwirkung bei der Lehrerwahl ob.

### 4. Ost- und Westpreußen.

Hinsichtlich der Verwaltung der öffentlichen Volksschulen im allgemeinen besagen die Motive zum Regierungsentwurfe des VUG. das folgende:

„Für die Provinzen Ost- und Westpreußen bestimmt die Schulordnung vom 11. Dezember 1845 (Gesetz-Samml. 1846 S. 1):

§ 29: Dem Schulpatron steht die Direktion des Schulvorstandes und die Befugnis zu, dessen Versammlungen mit vollem Stimmrecht und bei Stimmengleichheit mit entscheidender Stimme beizuwohnen und darin den Vorsitz zu führen.

§ 30: Sind mehrere Schulpatrone vorhanden, so sind die ihnen nach §§ 28 und 29 zustehenden Rechte durch Einen aus ihrer Mitte auszuüben, dessen Bestimmung ihrer freien Einigung überlassen bleibt. Kommt binnen drei Monaten nach erlassener Aufforderung eine Einigung hierüber unter ihnen nicht zu Stande, so wechselt die Ausübung nach einer von der Regierung, mit Rücksicht auf die Betheiligung der einzelnen Gutsherren, über die Reihenfolge und die Dauer der Ausübung zu erlassenden Bestimmung. Zu den öffentlichen Schulprüfungen und Schulfeierlichkeiten, welche am Sonntage vorher von dem Pfarrer verkündigt werden müssen, sind jederzeit sämmtliche Gutsherren des Schulbezirks durch den Schulvorstand besonders einzuladen.

§ 31: Der Schulvorstand besteht:

1. aus dem Pfarrer des Kirchspiels (Lokalinspektor der Schule), welcher in Abwesenheit des Schulpatrones den Vorsitz führt;
2. aus den Ortsvorstehern der Gemeinden des Schulbezirks;
3. aus 2 bis 4 Familienvätern der zur Schule gehörigen Gemeinden. Diese Familienväter werden von den zur Schule gehörigen Gemeinden gewählt und vom Landrathe bestätigt. . . . Gehören mehrere Gemeinden zur Schule, so muß aus jeder Gemeinde mindestens ein Familienvater Mitglied des Schulvorstandes sein.

§ 32: Der Schulvorstand hat für die Handhabung der äußeren Ordnung im Schulwesen . . . . zu sorgen. . . . Auch liegt ihm ob:

1. bei allen Schulprüfungen, bei Einführung neuer Lehrer und bei sonstigen Schulfeierlichkeiten zugegen zu sein;
2. das Vermögen der Schule und die Schulkasse, wo eine solche noch neben der Kommunalkasse besteht, in derselben Weise, wie die Kirchenvorsteher das Kirchenvermögen, unter Aufsicht des Schul-Patrons zu verwalten;
3. die Schule in Prozessen und sonstigen Rechtsangelegenheiten unter Theilnahme des Schulpatrons zu vertreten.

In den Landgemeinden erfolgt die Wahl der Hausväter in der Regel nach Maßgabe der Vorschriften der Landgemeindeordnung für die sieben östlichen Provinzen der preußischen Monarchie vom 3. Juli 1891 (§§ 59 ff).

In den aus einem oder mehreren Gutsbezirken bestehenden Schulbezirken gehören außer den Besitzern oder Vorstehern der Güter in der Regel ein oder mehrere von den Gutsvorstehern ernannte Hausväter eines jeden Gutsbezirkes dem Schulvorstande an.

In den aus Gemeinden und Gutsbezirken zusammengesetzten Schulbezirken haben sich die Verhältnisse verschiedenartig entwickelt. In einzelnen Kreisen gehören die Gutsbesitzer oder Gutsvorsteher und ein oder mehrere von diesen ernannte Hausväter des Gutsbezirkes dem Schulvorstande an. In anderen Kreisen bildet eine derartige Vertretung der Gutsbezirke im Schulvorstande nicht die Regel, in einer dritten Kategorie von Kreisen endlich fehlt sie ganz.

Ausnahmsweise werden die Hausväter des Gutsbezirkes von den Gutsanwohnern gewählt.

Bei den gewählten oder ernannten Schulvorstandsmitgliedern entspricht die Konfession derselben in der Regel der Konfession der an der Schule angestellten Lehrer.

Bei den Gutschulen besteht der Schulvorstand zum Teil nur aus den Gutsherrn und dem Pfarrer, zum Teil treten Hausväter hinzu, die ausnahmsweise nach Ortsgewohnheit von den Hausvätern selbst aus ihrer Mitte gewählt, in der Regel aber durch den Gutsvorsteher ernannt werden.

Lehrer sind nur vereinzelt in den Schulvorstand gewählt, werden aber vielfach und zwar meist als Protokollführer zu den einzelnen Beratungen herangezogen und nehmen in diesem Falle an den Beratungen teil, jedoch ohne Stimmrecht.

Der Schulkassenrendant wird nicht mehr durch „die gesamte Schulgemeinde", sondern durch den Schulvorstand aus seiner Mitte gewählt; falls unter den Schulvorstandsmitgliedern keine geeignete Persönlichkeit ist und deshalb ein anderer gewählt werden muß, ist dazu die Genehmigung der Schulverbandsortschaften einzuholen.

Für die rechtlichen Verhältnisse der Schule und des Schulverbandes zum Schulvorstand ist der § 32 Nr. 2 und 3 der Schulordnung maßgebend. Durch die Rechtsprechung des Kgl. Oberverwaltungsgerichts ist dieser Paragraph dahin erläutert, daß der Schulvorstand die Schule als solche in Prozessen zu vertreten habe, dagegen zur Vertretung des Schulverbandes, d. h. der zur Schule gehörenden Gemeinden und Ortschaften nicht berufen ist."

Für die Verwaltung der öffentlichen jüdischen Schulen bestehen keine besonderen Bestimmungen.

In Westpreußen bestehen zwei jüdische Kommunalschulen (in Dtsch.-Krone und Gollub). Dieselben unterstehen unmittelbar den städtischen Schuldeputationen. Besondere Schulvorstände sind nicht vorhanden.

Die öffentliche jüdische Volksschule in Stallupönen (Ostpreußen) ist eine Schule der Synagogengemeinde. Sie besitzt gleichfalls keinen besonderen Schulvorstand.

### 5. Rheinprovinz.

In der Rheinprovinz bestehen öffentliche Volksschulen der Synagogengemeinden und jüdische Kommunalschulen.

#### a) Schulen der Synagogengemeinden.

Für die von den Synagogengemeinden unterhaltenen jüdischen Volksschulen der Rheinprovinz ist die Einsetzung von Schulvorständen durch das

Publikandum des Königlichen Oberpräsidiums zu Koblenz vom 13. September 1824 allgemein festgesetzt. Es lautet:

**Publ. des Kgl. Oberpräsidiums zu Coblenz vom 13. Sept. 1824.**

(Ann. VIII Seite 842 Rönne-Simon 169 f.)

Es ist notwendig gefunden worden, über die Einrichtung des jüdischen Schulwesens in den Rheinprovinzen Folgendes festzusetzen:

§ 1—13.

§ 14: Die israelitische Gemeinde-Schule mit ihren Lehrern ..... stehen unter der Aufsicht der Orts-, Kreis- und Departements-Schulbehörden, und es bedürfen die Lehr- und Einrichtungspläne derselben, und die zum Unterrichte bestimmten Schulbücher ebenso der Prüfung und Bestätigung, sowie die Verwaltung des gesammten jüdischen Schulwesens ebenso der Aufsicht und Leitung dieser Behörden, wie dieselbe für die christlichen Schulen jedes Regierungs-Bezirks vorgeschrieben ist ....

§ 16: Die nächste unmittelbare Aufsicht über die jüdische Gemeinde-Schule führt zwar ein, von den beteiligten israelitischen Familienvätern aus ihrer Mitte gewählter, und durch die Provinzial-Behörde bestätigter Schulvorstand, jedoch ist ein von der Orts-Schulbehörde ernannter Commissarius berechtigt, die Schule zu jeder Zeit zu besuchen und zur Aufrechterhaltung der bestehenden gesetzlichen Vorschriften jede ihm nötige Auskunft zu fordern, welche die israelitischen Schulvorsteher und die Lehrer der Schule ihm unweigerlich zu erteilen haben. Auch ist derselbe zu der jährlich zu haltenden öffentlichen Schulprüfung einzuladen, nach deren Beendigung er seinen Bericht über die Schule an seine Behörde zu erstatten hat.

Tatsächlich haben die von den Synagogengemeinden unterhaltenen öffentlichen jüdischen Volksschulen fast ausnahmslos einen Schulvorstand.

Die Zusammensetzung ist in den verschiedenen Regierungsbezirken, ja selbst für die Schulen desselben Bezirkes, verschieden.

So wird z. B. der Schulvorstand für die öffentliche Volksschule der Synagogengemeinde zu Aachen gebildet: von dem Ortsschulinspektor, zwei von dem Ortsschulinspektor vorzuschlagenden und dem Oberbürgermeister zu ernennenden Gemeindemitgliedern und dem Hauptlehrer der Schule; der Schulvorstand für die öffentliche Schule der Synagogengemeinde zu Düren (gleichfalls im Regierungsbezirk Aachen) aus dem Ortsschulinspektor und zwei Gemeindemitgliedern, die auf Vorschlag des Bürgermeisters durch den Landrat ernannt werden; der Schulvorstand für die öffentliche Schule der Synagogengemeinde zu Mayen (Rgbz. Koblenz) aus dem Bürgermeister, dem ersten Vorsteher der Synagogengemeinde und zwei weiteren Gemeindemitgliedern. Der Schulvorstand für die öffentliche Volksschule der Synagogengemeinde zu Dierdorf (gleichfalls Rgbz. Koblenz) aus drei Mitgliedern der Gemeinde, von denen zwei seitens des Vorstandes der Synagogengemeinde und einer von der Regierung gewählt bezw. ernannt wird.

b) Kommunalschulen.

Auch hinsichtlich der Verwaltung der öffentlichen jüdischen Kommunalschulen besteht in den verschiedenen Regierungsbezirken und selbst innerhalb desselben Bezirkes keine Einheitlichkeit.

Teils unterstehen die jüdischen gleich den übrigen öffentlichen Kommunalschulen unmittelbar der städtischen Schuldeputation, teils haben die jüdischen Schulen einen besonderen Schulvorstand neben der städtischen Schuldeputation, teils endlich fehlt es an einer städtischen Schuldeputation überhaupt, und die jüdischen Schulen haben ebenso wie die übrigen Schulen der Stadt einen eigenen Schulvorstand.

So untersteht die öffentliche jüdische Kommunalschule in Köln unmittelbar der städtischen Schuldeputation, desgleichen die jüdische Kommunalschule in Linz (Rgbz. Koblenz). Derselbe Zustand ist auch die Regel im Regierungsbezirk Trier, wo beispielsweise die jüdischen Kommunalschulen in Trier, Wittlich und Illingen unmittelbar der städtischen Schuldeputation(-kommission) unterstehen.

In Neuwied (Rgbz. Koblenz) wiederum fehlt es an einer städtischen Schuldeputation, und die jüdische Kommunalschule hat einen besonderen Schulvorstand.

In Essen und Rheydt (Rgbz. Düsseldorf) endlich bestehen neben den städtischen Schuldeputationen besondere jüdsche Schulvorstände.

Der Regierungsbezirk Düsseldorf weist alle drei Formen der Verwaltung nebeneinander auf. So unterstehen die jüdischen Kommunalschulen in Krefeld und M.-Gladbach unmittelbar den städtischen Schuldeputationen; die jüdische Kommunalschule in Steele hat einen besonderen Schulvorstand, während es an einer städtischen Schuldeputation fehlt. Die Schulen in Essen und Rheydt endlich unterstehen, wie bereits erwähnt, einem besonderen Schulvorstande neben der städtischen Schuldeputation.

Was die Zusammensetzung der Schulvorstände betrifft, so herrscht auch in dieser Hinsicht große Mannigfaltigkeit.

Den besonderen jüdischen Schulvorständen gehört zum Teil der Bürgermeister (z. B. Neuwied und Steele) oder ein anderes Magistratsmitglied (z. B. Essen) als Vorsitzender an, zuweilen ist Mitglied der Kreisschulinspektor (Essen, Rheydt), in einigen Fällen (z. B. Essen und Steele) der Lehrer. Stets sind Mitglieder des Schulvorstandes einige Mitglieder der Synagogengemeinde. Unter diesen befindet sich bisweilen (z. B. in Neuwied und Steele) der Vorstandsvorsitzende der Synagogengemeinde. Im übrigen werden die Mitglieder teils von der Stadtverordnetenversammlung gewählt (Neuwied), teils von der Schuldeputation (Essen), bisweilen von letzterer auf Vorschlag des Vorstandes der Synagogengemeinde (Rheydt).

## 6. Westfalen.

Über die Verwaltung der öffentlichen Volksschulen im allgemeinen besagen die Motive des Regierungsentwurfs zum VUG. das Folgende:

„Für die Provinz Westfalen bestehen Schulvorstände auf Grund der Dienstinstruktion vom 6. November 1829.

Der Schulvorstand ist nach derselben in allen Schulangelegenheiten die nächste Behörde für die Schulgemeinde und den Schullehrer (§ 2). Er bildet eine beratende und aufsichtführende Behörde und in Ansehung der Verwaltung des Schulvermögens hat er eben die Rechte und Pflichten auszuüben, welche durch das ALR. II 11, §§ 619ff. den Kirchenvorstehern und den Kirchenkollegien in Ansehung der Verwaltung des Kirchenvermögens beigelegt sind (§ 3). Der Vorstand soll den Pfarrer, Lokalschulinspektor (oder die Pfarrer), den Patron und den ersten Gemeindebeamten zu ständigen Mitgliedern haben. — Diesen ständigen Mitgliedern werden als wechselnde Mitglieder bei gewöhnlichen Elementarschulen zwei, bei größeren Anstalten drei oder vier der einsichtsvollsten, gemeinsinnigsten, geachtetsten und für das Wohl der Schule sich vorzüglich interessierenden Mitgliedern der Schulgemeinde beigeordnet (§ 5). — Die Wahl der wechselnden Mitglieder soll das erste Mal von der Schulgemeinde und weiterhin jedesmal von dem gesamten Kollegium der bleibenden und ausscheidenden Mitgliedern geschehen (§ 9). Lehrer sind zurzeit nur in Ausnahmefällen Mitglieder des Schulvorstandes und in der Regel nur mit beratender Stimme. Dem Schulvorstand liegt die Fürsorge für das innere und äußere Wohl der ihm anvertrauten Schulen ob (§ 14). Der Aufsicht über die inneren Angelegenheiten des Schulwesens haben sich vorzugsweise die Pfarrer (Lokalschulinspektoren) zu unterziehen (§ 22). Den Vorsitz in den Versammlungen des Schulvorstandes und die Leitung der Verhandlungen hat in äußeren Angelegenheiten der erste Gemeindebeamte, in inneren Angelegenheiten der Pfarrer (Lokalschulinspektor) (§ 23). In außerordentlichen Fällen (Aufnahme von Anleihen, Erwerb und Veräußerung von Grundstücken, Festsetzung neuer Beiträge, Ausführung von Bauten) sind gemäß §§ 159, 645, 647 ALR. II, 11 besondere Repräsentanten der Gemeinde zu hören.

Es können auch für mehrere Schulen einer Stadt nach der Instruktion von 1829 Gesamtschulkommissionen gebildet werden. Wo die bürgerliche Gemeinde die Schullasten auf ihren Etat übernommen hat, werden ihr in der Regel die Schuletats zur Prüfung vorgelegt.

In den Städten sind neuerdings nach Maßgabe der Instruktion vom 26. Juni 1811 Schuldeputationen eingerichtet, neben denen die Schulsozietäten als Vertreter der Korporationen den bisherigen Schulvorstand nach Maßgabe der Instruktion von 1829 behalten."

Bezüglich der Verwaltung der öffentlichen jüdischen Schulen ist das Folgende zu bemerken:

In der Provinz Westfalen bestehen öffentliche jüdische Kommunalschulen, öffentliche jüdische Sozietätsschulen und öffentliche Schulen der Synagogengemeinden.

Sowohl die Sozietätsschulen als auch die Schulen der Synagogengemeinden haben besondere Schulvorstände.

Vorsitzender des Schulvorstandes ist regelmäßig sowohl bei den Schulen der Synagogengemeinden als bei den Sozietätsschulen der Bürgermeister.

Dem Schulvorstand gehört außerdem in einer Reihe von Fällen sowohl bei Schulen der Synagogengemeinden als bei Sozietätsschulen der Ortsschulinspektor an. (Von Schulen der Synagogengemeinden z. B. in Burgsteinfurth; von Sozietätsschulen z. B. in Beverungen.)

Mehrfach ist Mitglied des Schulvorstandes auch ein Lehrer der Schule (z. B. in Soest, Beverungen, Recklinghausen, Bocholt).

Sämtlichen Vorständen endlich gehören mehrere, in der Regel zwei bis drei Mitglieder der Schul- bezw. der Synagogengemeinde an. Dieselben werden in den Synagogengemeinden teils von den Mitgliedern der Synagogengemeinde (z. B. in Burgsteinfurt), teils von den Schulrepräsentanten (z. B. in Recklinghausen) gewählt. Zum Teil sind die jeweiligen Mitglieder des Gemeindevorstandes auch Mitglieder des Schulvorstandes (z. B. in Bocholt). In den Schulsozietäten erfolgt die Wahl regelmäßig durch die Mitglieder der Sozietät.

Neben den Schulvorständen finden sich in einer Reihe von Fällen besondere Schulrepräsentanten, sowohl bei den Sozietätsschulen (z. B. in Wattenscheid und Gelsenkirchen) als auch bei den Schulen der Synagogengemeinden (z. B. in Burgsteinfurt).

Besondere städtische Schuldeputationen neben den jüdischen Schulvorständen der Sozietätsschulen und der Schulen der Synagogengemeinden bestehen in der Regel nicht.

Die jüdischen Kommunalschulen stehen zum Teil unmittelbar unter der städtischen Schuldeputation (so z. B. in Hattingen). Meist bestehen jedoch für die jüdischen Schulen besondere Schulvorstände (so in Warburg, Rheine, Nieder-Marsberg, Witten und Dortmund). Diese Schulvorstände unterstehen zum Teil einer städtischen Schuldeputation (z. B. in Dortmund und Witten), zum Teil fehlt es bisher an einer solchen.

Die Zusammensetzung der besonderen Vorstände für die jüdischen Kommunalschulen ist eine verschiedenartige. Vorsitzender ist regelmäßig der Bürgermeister bezw. ein anderes Mitglied des Magistrats (so z. B. in Dortmund). Im übrigen gehört in einigen Fällen ein Lehrer der Schule, der von der Regierung ernannt wird, dem Kollegium an, zuweilen der Rabbiner (so in Dortmund). Meist gehören außerdem mehrere jüdische Bürger zum Vorstande, die bald von der städtischen Schuldeputation (z. B. in Dortmund), bald von der jüdischen Gemeinde gewählt werden (z. B. in Nieder-Marsberg). Anderwärts wieder gehört der Vorstand der Synagogengemeinde dem Schulvorstande an (so in Warburg), in Witten gehört neben dem Oberbürgermeister und dem städtischen evangelischen Rektor das jüdische Mitglied der Schuldeputation, welches von der Stadtverordnetenversammlung gewählt wird, zum besonderen Vorstand der jüdischen Kommunalschule u. a. m.

### II. Die ehemaligen Herzogtümer Schleswig und Holstein.

Für das nichtjüdische Schulwesen verlangte die Allgemeine Schulordnung für die Herzogtümer Schleswig und Holstein vom 24. August 1814 die Bestellung von zwei Schulvorstehern für jede Distriktsschule. Ihre Aufgabe bestand im wesentlichen darin, die Hebungen der Schullehrer einzufordern und zu bestimmten Zeiten an sie abzuliefern, ferner dafür zu sorgen, daß das Schulgebäude in baulichem Zustande erhalten würde, endlich durch ihren Einfluß auf ihre Mitinteressenten den Schulfleiß der Kinder zu fördern (a. a. O. § 64).

Das Patent vom 16. Juli 1864 betr. die Errichtung von Schulkollegien zur Vertretung der Schulkommunen in der Verwaltung des Schulwesens, insbesondere der ökonomischen Angelegenheiten derselben (Ges.- u. V.-Bl. f. d. Herzogt. Holstein u. Lauenburg Nr. 126 S. 201) bestimmte für das Gebiet des Herzogtums Holstein, daß in sämtlichen Schuldistrikten, wo solches ausführbar erschiene, zur Verwaltung des Schulwesens Schulkollegien bestehen sollten. Dieselben sollten zusammengesetzt sein aus dem Schulinspektor als Vorsitzenden, drei bis fünf gewählten Mitgliedern der Schulkommune und wenigstens einem Mitgliede des Ortsvorstandes (§§ 1 und 2 d. Ges.).

Die Verwaltung der öffentlichen jüdischen Schulen liegt nach dem Gesetze vom 8. Februar 1854 im Gebiet des ehemaligen Herzogtums Schleswig dem Vorstand der Synagogengemeinde ob. Zu seinen Funktionen gehört insbesondere die Führung des Kassenwesens, die Lehrerwahl und die Sorge für die Erfüllung der Schulpflicht hinsichtlich der jüdischen Kinder.

Weitere Einzelbestimmungen bezüglich der Schulverwaltung enthält das Gesetz nicht. Ihre Festsetzung ist vielmehr besonderen Regulativen vorbehalten. Dieselben bedürfen der Genehmigung der Schulaufsichtsbehörde.

Für das Gebiet des ehemaligen Herzogtums Holstein fehlt es bezüglich der Verwaltung der jüdischen Schulen an besonderen Festsetzungen. Das Gesetz vom 14. Juli 1863 bestimmt nur allgemein, daß jede Gemeinde zur Besorgung der Gemeindeangelegenheiten Vorsteher haben soll, während die näheren Bestimmungen über die Organisation der Verwaltung der Festsetzung durch besondere Regulative vorbehalten ist. Die allgemeinen Gemeinderegulative werden von der Gemeinde entworfen und von der Regierung bestätigt. Die besonderen Schulregulative werden von der Regierung erlassen.

Die Bestellung eines besonderen Schulvorstandes zur Verwaltung der Schulangelegenheiten auf dem Wege des gesetzlich vorbehaltenen Regulativs, ist weder im Gebiet des ehemaligen Herzogtums Schleswig noch im Gebiet des ehemaligen Herzogtums Holstein ausgeschlossen.

Die öffentliche jüdische Volksschule in Altona (ehemaliges Herzogtum Holstein) wird von einer besonderen Schulkommission verwaltet. Diese wird von der Verwaltung der jüdischen Gemeinde ernannt und bedarf der Bestätigung durch die Königliche Regierung. Sie ist dem Kreisschulinspektor unterstellt. Technischer Leiter ist der Oberrabbiner.

Die bezüglichen gesetzlichen Bestimmungen lauten:

## 1. Verordnung für das Herzogtum Schleswig vom 8. Februar 1854 betreffend die Verhältnisse der Juden.

§ 18: An denjenigen Orten, wo mehrere jüdische Familien wohnen, sollen zur Besorgung ihrer gemeinschaftlichen Angelegenheiten Vorsteher erwählt werden, welche Männer von unbescholtenem Rufe sein und das 25ste Jahr zurückgelegt haben sollen. Die Wahl wird von den zu den Gemeindelasten beitragenden Mitgliedern vorzunehmen und von der Obrigkeit zu bestätigen sein.

§ 19: Den Vorstehern liegt es besonders ob, die Aufsicht über den Gottesdienst und die Schule der beikommenden Juden zu führen, für die Aufbringung und Repartition der erforderlichen Geldmittel zu sorgen und über Einnahmen und Ausgaben gehörige Rechnung zu führen . . .

§ 20: Das hinsichtlich der Organisation, Verwaltung usw. der einzelnen Gemeinden weiter Erforderliche wird nötigenfalls durch besondere Regulative festgesetzt.

§ 27: Abs. 2, Satz 2, Die Schulgesetze und der Lehrplan bedürfen der Genehmigung Unseres Ministerii für das Herzogtum Schleswig.

Abs. 3: Die Wahl der Lehrer, insofern diese nicht zugleich das Amt eines Geistlichen bekleiden, wird den Vorstehern überlassen; jedoch sind dieselben von der Aufsichtsbehörde zu bestätigen.

Schulpflichtigkeit.

§ 28: Die Eltern und Pflegeeltern jüdischer Religion sind verpflichtet ihre Kinder oder Pflegekinder vom vollendeten 6ten Jahre an bis zum vollendeten 15ten Jahre für die Knaben und 14ten Jahre für die Mädchen an dem öffentlichen Schulunterrichte theilnehmen zu lassen, insofern sie nicht nachweisen, daß dieselben sonst einen von der Aufsichtsbehörde für zulänglich erachteten Unterricht durch Privatlehrer oder in einer christlichen Schule genießen.

Besuch der allgemeinen Ortsschule.

§ 29: Abs. 2: Wenn Eltern und Pflegeeltern sich in Erfüllung der ihnen nach § 28 obliegenden Verpflichtungen säumig beweisen, so haben die Vorsteher, falls Ermahnungen nicht fruchten, solches der Aufsichtsbehörde anzuzeigen, welche die Säumigen, nötigenfalls durch bei der Obrigkeit zu bewirkende Zwangsmittel, zur Erfüllung ihrer Verbindlichkeit anhält.

## 2. Gesetz betreffend die Verhältnisse der Juden im Herzogtum Holstein vom 14. Juli 1863.

§ 13: Zur Besorgung der Gemeindeangelegenheiten soll jede Gemeinde Vorsteher haben, welche von der Gemeinde gewählt werden, Männer von unbescholtenem Rufe, sowie am Sitz der Gemeinde wohnhaft sein und das 25ste Lebensjahr zurückgelegt haben müssen . . .

§ 15: Das hinsichtlich der Organisation, Verwaltung usw. der einzelnen Gemeinden weiter Erforderliche, insbesondere die näheren Bestimmungen über Gemeindewahlen, über die Anzahl der Gemeindevorsteher, deren Offizien und die Geschäftsverteilung unter denselben, über die Grenzen der Befugnisse des Vorstandes gegenüber der Gemeinde, über die Geschäftsordnung in den Gemeinde- und Vorstands-Versammlungen, über Budget- und Rechnungswesen, über die Aufbringung der Gemeindeabgaben s. w. d. a. werden für die einzelnen Gemeinden, soweit diese Angelegenheiten nicht bereits in zufriedenstellender Weise geordnet sind, durch besondere, von der Gemeinde zu entwerfende und regierungsseitig zu bestätigende Regulative festgesetzt.

§ 18: Abs. 4. Die jüdischen Schulen sind von der Regierung mit besonderen Regulativen zu versehen, in welchen über die Bedingungen der Anstellung der Lehrer, Lehrplan, Schulinspektion usw. das Nähere festgestellt werden wird.

§ 19: An denjenigen Orten, wo besondere jüdische Schulen vorhanden, sind die Eltern und Pflegeeltern jüdischer Religion verpflichtet, ihre Kinder oder Pflegekinder vom vollendeten 6ten Jahre an, bis dieselben die im § 17 vorgeschriebene Religionsprüfung bestanden haben, an dem Unterricht in diesen Schulen teilnehmen zu lassen, insofern sie nicht nachweisen, daß die Kinder anderweitig einen von der Aufsichtsbehörde für zulänglich erachteten Unterricht durch Privatlehrer oder in einer christlichen Schule genießen.

Wenn Eltern oder Pflegeeltern sich in Erfüllung dieser Verpflichtung säumig zeigen, so haben die Vorsteher, falls Ermahnungen nicht fruchten, solches der Aufsichtsbehörde anzuzeigen, welche die Säumigen nötigenfalls durch Zwangsmittel zur Erfüllung ihrer Verbindlichkeit anhält oder anhalten läßt.

### III. Das ehemalige Königreich Hannover.

Im Gebiet des ehemaligen Königreichs Hannover ist die Bestellung eines Schulvorstandes zur Verwaltung der öffentlichen jüdischen Volksschulen gesetzlich vorgeschrieben.

Ist die Schule eine Schule der Synagogengemeinde, so ist der Vorstand der letzteren in der Regel gleichzeitig Schulvorstand. (Ges. vom 19. Januar 1844, § 11; Ges. vom 5. Februar 1854, § 18.)

Ausnahmsweise kann, und zwar in größeren Verbänden, neben dem Vorstand der Synagogengemeinde ein besonderer Schulvorstand bestellt werden, welcher von den stimmfähigen Gemeindemitgliedern aus ihrer Mitte gewählt wird. (Ges. vom 5. Februar 1854, § 18 Abs. 2; vgl. auch Ges. vom 19. Januar 1844, § 48.)

Regelmäßig hat jede Synagogengemeinde nur einen Vorsteher. In den größeren Synagogengemeinden können jedoch auch mehrere bestellt werden. (Ges. vom 19. Januar 1844, § 11.)

Außer dem Vorsteher ist zur Erhebung der Einnahmen und zur Leistung der Ausgaben ein Rechnungsführer zu bestellen. (A. a. O. §§ 34 ff.)

In kleinen Gemeinden kann das Amt des Vorstehers und des Rechnungsführers mit Genehmigung der Obrigkeit in einer Person vereinigt werden. (Ges. vom 19. Januar 1844, § 34.)

In der Regel wird die Rechnungsführung für das Schulwesen und die übrigen Angelegenheiten der Synagogengemeinde in einer Hand liegen. Es können aber auch beide Ämter getrennt werden.

Wird die Schule nicht von der Synagogengemeinde, sondern von einem besonderen Schulverbande unterhalten, so ist von dem Schulverbande ein besonderer Schulvorsteher zu bestellen. Die Bestellung des Synagogenvorstehers zum Vorsteher der besonderen Schulsozietät ist zulässig. (Ges. vom 19. Januar 1844, § 11.)

Die Befugnisse des Schulvorstandes bestehen in der Beaufsichtigung und Verwaltung des Schulwesens.

Seine Aufsichtsbefugnisse sind umschrieben in den §§ 16 und 17 des Ges. vom 19. Januar 1844 und §§ 18—22 des Ges. vom 5. Februar 1854. Seine Verwaltungsobliegenheiten in den §§ 14, 24, 35—38, 40—48 des Ges. vom 19. Januar 1844 und den §§ 24—26 des Ges. vom 5. Februar 1854.

Die auf die Verwaltung des jüdischen öffentlichen Schulwesens im Gebiete des ehemaligen Königreichs Hannover bezüglichen gesetzlichen Bestimmungen lauten wörtlich wie folgt:

## 1. Gesetz vom 19. Januar 1844.

§ 7: Es ist darauf zu halten, daß das Vermögen der ... Schulen ... erhalten und die Einkünfte desselben zweckgemäß verwendet, auch etwaige Schulden, abgetragen werden.

§ 11: Jede Synagogen-Gemeinde soll einen Vorsteher haben. In den größeren Synagogen-Gemeinden können, wenn es angemessen ist, auch mehrere bestellt werden.

§ 14: Die Vorsteher haben zugleich die Angelegenheiten der jüdischen Schulen, insbesondere auch das etwaige Vermögen derselben zu verwalten.

§ 15: Fällt der Bezirk der Schule nicht mit dem Bezirk der Synagogengemeinde zusammen, so ist von dem Schulverbande für die Schulangelegenheiten ein besonderer Vorsteher zu bestellen. Es kann jedoch auch der Synagogenvorsteher dazu bestellt werden.

§ 16: Die Vorsteher haben insbesondere darauf zu halten, daß die schulpflichtigen jüdischen Kinder die jüdische Schule gehörig besuchen, sofern sie nicht in den christlichen Schulen unterrichtet werden (§ 39 des Gesetzes).

Es finden dabei die nämlichen Zwangsmittel wie gegen christliche Schulkinder und ihre Eltern Statt.

§ 17: Besteht keine jüdische Schule für allgemeinen Unterricht, so ist von den Vorstehern, unter Mitwirkung des christlichen Schullehrers usw., welchem ein Verzeichnis der schulpflichtigen jüdischen Kinder mitzuteilen ist, darauf zu halten, daß sie die christliche Schule besuchen (§ 41 des Gesetzes).

§ 24: Die Vorsteher vertreten ... den Schulverband ... namentlich auch vor Gericht (vergl. jedoch § 44).

§ 26: Der Dienst der Vorsteher ist als Ehrenamt unentgeltlich zu führen, vorbehältlich der eingeführten Gebühren und des Ersatzes von Auslagen.

§ 27: Die Vorsteher sind von der jüdischen Gemeinde zu wählen.

§ 28: Die Wahl geschieht in einer Versammlung der Gemeinde (§ 48 und f.) nach absoluter Stimmenmehrheit.

Bei Stimmengleichheit wählt die Obrigkeit unter den beiden, zwischen welchen die Stimmen sich teilen.

§ 29: Die Wahl geschieht auf drei Jahre. Gegen die Zeit des Ablaufs derselben ist eine neue Wahl vorzunehmen.

Der Abgehende ist wieder wählbar (§ 30.).

Da, wo mehrere Vorsteher sind, ist die Einrichtung zu treffen, daß sie in verschiedenen Jahren abgehen.

§ 30: Jedes stimmfähige Mitglied ist zur Annahme der auf ihn gefallenen Wahl schuldig.

Die Obrigkeit kann jedoch von der Annahme der Wahl entbinden, wenn der Gewählte Gründe der Ablehnung vorbringt, welche nach ihrem Ermessen für erheblich zu halten sind.

Entschuldigt sind namentlich Ärzte, Wundärzte, Personen über 60 Jahre und der, welcher zuletzt den Dienst versehen hat.

§ 31: Unfähig zur Bekleidung des Vorsteher-Dienstes ist, wer wegen eines Verbrechens zur Untersuchung gezogen worden, ohne freigesprochen zu seyn.

§ 32: Der Gewählte bedarf der Bestätigung der Obrigkeit und ist von ihr auf getreue und vorschriftsmäßige Führung seines Dienstes eidlich oder, sofern die Mehrheit der Versammlung sich damit einverstanden erklärt, durch Gelöbnis an Eidesstatt zu verpflichten.

Das hierüber aufgenommene Protokoll ist dem Gewählten in beglaubigter Abschrift zuzustellen.

Von der erfolgten Bestellung ist dem Landrabbiner Kenntnis zu geben.

§ 34: Außer dem Vorsteher muß für jede Synagogengemeinde ein Rechnungsführer zur Erhebung der Einnahme und Leistung der Ausgabe bestellt werden.....

§ 35: Der Rechnungsführer hat in der Regel die Rechnung für ... Schule und Armenpflege zu führen.

Es können jedoch, sofern es angemessen erscheint, für Schul- und Armenwesen besondere Rechnungsführer bestellt werden.

§ 36: Der Rechnungsführer ist in der nämlichen Weise wie die Vorsteher (§ 27 und f.) zu bestellen. Er kann jedoch auch auf längere Zeit als drei Jahre gewählt werden.

§ 37: Der Rechnungsführer hat, sofern es von der Gemeinde für nötig gehalten wird, Sicherheit zu leisten.

Auch bleibt derselben die geeignete Anordnung von Sicherungsmaßregeln bei erheblichem Kassenvorrate vorbehalten.

§ 38: Ist der Rechnungsführer nicht bereit, den Dienst als Ehrenamt unentgeltlich zu führen, so ist von der Gemeinde Bestimmung wegen der Vergütung zu treffen, vorbehältlich obrigkeitlicher.... Genehmigung.

§ 40: Werden neben den Angelegenheiten der Synagoge auch die der Schule und der Armenpflege von ihm (nämlich dem Vorsteher der Synagogengemeinde unter Mitwirkung des Rechnungsführers) versehen, so sind die Übersichten (nämlich der Aufbringung des Fehlenden) darnach, soweit nötig, getrennt aufzustellen.

§ 41: Erfolgt in der Versammlung (nämlich der Gemeinde) die Genehmigung (nämlich des Voranschlages, der mutmaßlichen Ein- und Ausgaben), so sind die Beiträge der Gemeindeglieder nebst den sonstigen Einnahmen an Schulgeld ..... durch den Rechnungsführer nötigenfalls unter obrigkeitlicher Hilfe (§ 28 des Gesetzes), zu heben und zu berechnen.

§ 42: Der Rechnungsführer darf ohne Genehmigung des Vorstehers keine Zahlung leisten.

§ 43: Der Vorsteher darf keine Ausgabe genehmigen, welche nicht von der Gemeindeversammlung bewilligt ist.

Dies gilt auch von außerordentlichen Ausgaben, welche über den desfallsigen allgemeinen Satz in dem Voranschlage hinausgehen.

§ 44: Ohne Genehmigung der Gemeinde-Versammlung darf der Vorsteher nicht Veräußerungen vornehmen, Kapitalien kündigen, einziehen, belegen, Vergleiche abschließen, einen Rechtsstreit anfangen, noch sich darauf einlassen.

§ 45: Der Rechnungsführer hat jährlich Rechnung über sämtliche Einnahmen und Ausgaben mit Belegen zu stellen.

Diese Rechnung ist zunächst dem Vorsteher zur Vorprüfung mitzuteilen, von diesem acht Tage hindurch zu jedes Mitgliedes Einsicht an geeignetem Orte auszulegen und sodann in einer dazu zu berufenden Gemeinde-Versammlung abzunehmen.

Etwaige Erinnerungen sind, wo tunlich, in der Versammlung zu erledigen.

§ 46: Nach geschehener Abnahme ist die Rechnung der Obrigkeit zur Superrevision und zur etwa nötigen Entscheidung über unerledigte Erinnerungen mitzuteilen.

§ 48: So oft zu Wahlen oder sonstigen Zwecken des jüdischen ... Schul ... Wesens eine Versammlung der jüdischen Gemeinde Statt finden muß, sind durch die Vorsteher oder, wo diese noch fehlen, durch die Obrigkeit sämmtliche stimmfähigen Mitglieder zu laden.

## 2. Gesetz vom 5. Februar 1854.

§ 18: Nach näherer Anweisung der Landrabbiner hat der Gemeindevorsteher, als Schulvorstand, die Angelegenheiten des jüdischen Schulwesens zu beaufsichtigen und zu verwalten.

In größeren Schulverbänden kann ein besonderer Schulvorstand von den stimmfähigen Gemeindemitgliedern aus deren Mitte erwählt werden.

§ 19: Das berufsmäßige Verhalten der Lehrer, die vorschriftsmäßige Erteilung des Unterrichts, eine angemessene Handhabung der Schulzucht und das Stattfinden eines geregelten Schulbesuchs unterliegen der Aufsicht des Schulvorstandes.

§ 20: Mängel und Hindernisse, welche die ersprießliche Unterweisung der Jugend und die erfolgreiche Tätigkeit der Lehrer in Erfüllung ihres Berufes erschweren, sind von dem Schulvorstande, soweit tunlich, zu beseitigen.

Wenn eine Rücksprache mit dem Lehrer oder demselben erteilte Rügen ohne Erfolg bleiben, oder es der Mitwirkung der Behörden zur Abstellung der Mängel bedarf, hat der Schulvorstand dem Landrabbiner die nötige Anzeige zu machen. Ein Eingreifen in die Tätigkeit des Lehrers ist jedoch weder dem Schulvorstande noch einzelnen Gemeindegliedern gestattet. Etwaige Beschwerden der letzteren sind dem Schulvorstande anzuzeigen.

§ 21: Dem Schulvorstande steht das Recht zu, von dem innern und äußern Zustand der Schule zu jeder Zeit Kenntnis zu nehmen. Er ist verpflichtet, mindestens einmal im Monate die Schule zu besuchen und sich die Schulregister (§ 39) zu Einsicht und Unterschrift vorlegen zu lassen.

§ 22: Über die nicht gerechtfertigten Schulversäumnisse hat der Schulvorstand am Ende jedes Monats eine Liste bei der Obrigkeit einzureichen. Die erkannten Strafgelder fallen der jüdischen Schulcasse zu.

§ 23: Der Schulvorstand hat dafür zu sorgen, daß die Verbindlichkeiten gegen die Schule rechtzeitig erfüllt werden.

Er wacht darüber, daß die Schuleinrichtung der vorgeschriebenen Ordnung (§§ 28—44) entspricht und die Lernenden sich im Besitze der nötigen Schulbücher und Lehrmittel befinden. Die Kinder der Armen sind auf Kosten der Armencasse mit letzteren zu versehen.

Sofern andere Gemeindeglieder ihre desfällige Verpflichtung unerfüllt lassen, ist dies der Obrigkeit anzuzeigen.

§ 24: Der Schulvorstand hat für die Erhaltung des Vermögens und der Dotation der Schule zu sorgen. Von ihm ist das Inventar über die Gegenstände der Schule zu führen und in Ordnung zu halten.

§ 25: Die Rechnungsführung über Einnahme und Ausgabe der Schule hat der Schulvorstand, wo nicht besondere Rechnungsführer bestellt sind, zu übernehmen, und, sofern die Gemeinde dies für nötig hält, Sicherheit zu leisten.

§ 26: Wo dem Schulvorstande die Rechnungsführung übertragen wird, hat er die den Rechnungsführern nach den bestehenden Vorschriften obliegenden Verpflichtungen zu erfüllen (§§ 39—47 der Bekanntmachung vom 19ten Januar 1844).

Dem Rechnungsführer liegt es ob, das Schulgeld, wo nicht kürzere Zahlungsfristen eingeführt sind, vierteljährlich zu erheben und an die Schulcasse abzuliefern.

§ 27: Am Schlusse jedes Schuljahrs ist von dem Lehrer ein Bericht über den Zustand der Schule (§ 58) an den Schulvorstand einzureichen und von diesem an den Landrabbiner mit seinen Bemerkungen einzusenden.

### IV. Das ehemalige Kurfürstentum Hessen.

Über die Verwaltung der öffentlichen Volksschulen des ehemaligen Kurfürstentums Hessen im allgemeinen besagen die Motive des Regierungsentwurfes zum VUG. das Folgende:

In der Provinz Hessen-Nassau sind für das vormalige Kurfürstentum Hessen Schulvorstände ähnlich denjenigen in den älteren Provinzen nicht vorhanden. Dagegen existieren Schulvorstände, die in den Landgemeinden für jede Schule von dem Landrat und dem zuständigen Geistlichen als Lokalschulinspektor gebildet werden, zu welchen Personen in den Städten und in einzelnen größeren Landgemeinden noch der Rektor, der Bürgermeister und ein oder der andere Gemeindevertreter hinzutreten. In den größeren Städten bestehen Schuldeputationen.

Hinsichtlich der jüdischen Schulen bestimmt die Verordnung vom 30. Dezember 1823, daß sie der Aufsicht des Vorsteheramtes sowie des Kreisrates und der Leitung der Regierung unterstehen.

Die bezüglichen Bestimmungen lauten:

§ 12: Die jüdischen Glaubensgenossen sind verbunden, ihre Kinder in die öffentlichen Schulen ihres Wohnortes zu schicken.

Es steht jedoch den Juden eines Ortes oder mehrerer benachbarter Orte frei, eine eigene öffentliche und mit geprüften Lehrern zu besetzende Schule unter der Aufsicht des Vorsteheramtes, sowie des Kreisrates und unter der Leitung der Regierung mit der Genehmigung unseres Ministeriums des Innern einzurichten.

§ 29: Die Vorsteher-Ämter, welche an dem Sitze der Regierungen, diesen untergeordnet, errichtet sind, haben:

1—4.

5. die Mitaufsicht auf den jüdischen Jugendunterricht (vergl. § 12—14 und § 55).

Tatsächlich ist die Verwaltung der öffentlichen jüdischen Volksschulen in ähnlicher Weise geordnet, wie bei den nicht-jüdischen öffentlichen Volksschulen. In größeren Städten unterstehen die öffentlichen jüdischen Volksschulen der städtischen Schuldeputation (so in Marburg), sonst einem von der Regierung bestellten Schulvorstande. Derselbe wird bald von dem Landrat und dem Ortsschulinspektor (so z. B. in Bischhausen, Borken, Falkenberg), bald dem Landrat, Orts- und Kreisschulinspektor (so z. B. in Rothenberg und Gudensberg) gebildet. Bisweilen gehören neben dem Ortsschulinspektor der Bürgermeister und ein Rektor (so in Bergen, Kreis Hanau) oder neben dem Landrat die Bürgermeister der zum Landratsamte gehörigen Gemeinden (so z. B. in Zwesten) dem Schulvorstande an.

Die Mitwirkung der Vorsteherämter erstreckt sich im wesentlichen auf die Vorschläge für die Anstellung der Lehrer.

### V. Die ehemalige Landgrafschaft Hessen-Homburg.

Für das Gebiet des ehemaligen Hessen-Homburg bestimmt das Edikt vom 9. Oktober 1838 über die Einrichtung des Volksschulwesens im Oberamt Meisenheim:

Artikel 46 Abs. 2: Wollen die israelitischen Bewohner eines Ortes eine eigene Schule gründen, so müssen sie hierzu die Erlaubnis von der Landesregierung bewirken und es finden alsdann alle für die öffentlichen Volksschulen gegebenen Bestimmungen auch auf jene Schulen volle Anwendung.

Zurzeit bestehen im Gebiet der ehemaligen Landgrafschaft Hessen-Homburg keine öffentlichen jüdischen Volksschulen.

### VI. Das ehemalige Herzogtum Nassau.

Über die Verwaltung der öffentlichen Volksschulen im allgemeinen besagen die Motive des Regierungsentwurfes zum VUG. das Folgende:

„Im ehemaligen Herzogtum Nassau sind nach § 13 des Ediktes von 1817 „zur nächsten Aufsicht über die Volksschulen" in allen Schulbezirken besondere Schulvorstände aus den Ortsgeistlichen und dem Schultheißen als ständigen und nach der Population aus zwei bis drei unständigen Mitgliedern vom Gemeindevorstand oder dem Feldgericht bestehend an- und den Schulinspektoren untergeordnet."

Besondere Bestimmungen für die Verwaltung jüdischer Volksschulen bestehen im Gebiet des ehemaligen Herzogtums Nassau nicht.

Zurzeit sind jüdische öffentliche Volksschulen im Gebiet des ehemaligen Herzogtums Nassau nicht vorhanden.

### VII. Das ehemalige Großherzogtum Hessen.

Bezüglich der Verwaltung der öffentlichen Volksschulen im allgemeinen besagen die Motive zum Regierungsentwurf des VUG. das Folgende:

„Ähnliche Vorschriften (nämlich wie für das ehemalige Herzogtum Nassau, s. o.) bestehen für die vormals hessischen Landesteile."

Hinsichtlich der Verwaltung der jüdischen öffentlichen Volksschulen bestehen keine abweichenden Bestimmungen, vielmehr gelten die gleichen Normen, wie für die übrigen öffentlichen Volksschulen.

In diesem Sinne bestimmt das Edikt vom 17. Juli 1823:

8. Die Leitung des Schulwesens der Bekenner der mosaischen Religion ist, solange hierüber keine anderweitige Bestimmung erfolgt, derselben Behörde übertragen, welcher die Aufsicht und Leitung des Schulwesens überhaupt anvertraut ist

Ferner die Verordnung vom 11. Juli 1832, Art. 55, Abs. 2:

Errichten die israelitischen Einwohner nach den Bestimmungen des Edikts vom 17. Juli 1823 eigene Schulen, so finden auf diese alle für die öffentlichen Schulen bestehenden Anordnungen volle Anwendung.

### VIII. Das ehemalige Fürstentum Hohenzollern-Sigmaringen.

Hinsichtlich der Verwaltung der öffentlichen Schulen im allgemeinen besagen die Motive zum Regierungsentwurf des VUG. das Folgende:

„In den Hohenzollernschen Landen ... sind ebenfalls besondere Schulvorstände, bestehend aus dem Lokalschulinspektor, dem Bürgermeister und einem Schulaufseher, eingesetzt."

Bezüglich der jüdischen öffentlichen Volksschulen bestimmt das Gesetz vom 9. August 1837:

§ 28: Die Vorschriften und Anordnungen der allgemeinen Schulordnung, sowie alle im Schulwesen bestehenden oder künftig ergehenden Gesetze und Verordnungen finden auch auf die in den Judengemeinden bestehenden Schulen volle Anwendung.

Tatsächlich hat die in Haigerloch bestehende öffentliche jüdische Kommunalschule einen besonderen Schulvorstand (Ortsschulbehörde genannt). Die Ortsschulbehörde besteht aus dem jeweiligen Vorsteheramte und dem Kreisschulinspektor, welcher den Vorsitz führt.

Das Vorsteheramt setzt sich zusammen aus dem Rabbiner, seinem Stellvertreter, dem Vorsänger und wenigstens drei Beisitzern, die von der Gemeinde aus ihrer Mitte gewählt und von der Aufsichtsbehörde bestätigt werden. (§ 42 des Ges.) Zurzeit besteht das Vorsteheramt, da ein Rabbiner nicht vorhanden ist, aus dem Lehrer und vier Gemeindevertretern.

### IX. Das ehemalige Fürstentum Hohenzollern-Hechingen.

Für die öffentliche jüdische Volksschule in Hechingen bestimmt die hochfürstliche Regierungsverordnung vom 23. April 1836:

X. Abschnitt.

§ 1: Die unmittelbare und nächste Aufsicht über die Schule liegt dem Fürstl. Regierungs-Commissär für israelitische Angelegenheiten, dem Rabbiner und zweien Schulaufsehern, die von der Deputation mit Zuziehung des Ausschusses nach der Mehrheit der Stimmen aus der Gemeinde gewählt werden, ob. Sie machen miteinander eine eigene Lokalschulkommission aus, deren Pflicht es ist, nicht bloß über die genaue Befolgung der in dieser Verordnung enthaltenen Punkte zu wachen, sondern auch unausgesetzt dahin zu arbeiten, daß das Wohl und Beste ihrer Schule stets befördert und gehandhabt werde.

## B. Die Verwaltung der Bezirkskassen.

Die Bestimmungen über die Verwaltung der Bezirkskassen lauten, wie folgt:

### I. Ruhegehaltskassen:

### Gesetz, betreffend Ruhegehaltskassen für die Lehrer und Lehrerinnen an den öffentlichen Volksschulen vom 23. Juli 1893. (GS. S. 194 ff.)

§ 1: Behufs gemeinsamer Bestreitung des durch den Staatsbeitrag nicht gedeckten Theils der Ruhegehälter der Lehrer und Lehrerinnen an den öffentlichen Volksschulen vom 1. Juli 1893 ab wird für die zur Aufbringung verpflichteten Schulverbände (Schulsozietäten, Gemeinden, Gutsbezirke) in jedem Regierungsbezirk eine Ruhegehaltskasse gebildet.

§ 2: Die Verwaltung der Kasse erfolgt durch die Bezirksregierung. Die Kassengeschäfte werden durch die Regierungshauptkasse und durch die ihr unterstellten Kassen unentgeltlich besorgt.

§ 3: Die Interessen der Schulunterhaltungspflichtigen an der Kasse sind von einem am Sitze der Bezirksregierung wohnenden Kassenanwalt nach Vorschrift dieses Gesetzes wahrzunehmen. Der Kassenanwalt wird von dem Provinzialausschuß, in der Provinz Hessen-Nassau und in den Hohenzollernschen Landen von dem Landesausschuß, für je sechs Rechnungsjahre gewählt.

§ 4: Der Kassenanwalt erhält eine angemessene Entschädigung, deren Betrag von dem Provinzialausschuß, in der Provinz Hessen-Nassau und in den Hohenzollernschen Landen von dem Landesausschuß, festgesetzt und aus der Kasse bestritten wird.

§ 5: Die den Schulverbänden (Schulsozietäten, Gemeinden, Gutsbezirken) zur Last fallenden *Ruhegehälter werden von der Kasse an die Bezugsberechtigten gezahlt.*

§§ 6, 7, 8: . . .

§ 9: Der Vertheilungsplan wird von der Bezirksregierung entworfen und mit den der Aufstellung zu Grunde gelegten Unterlagen dem Kassenanwalte mitgetheilt. Der letztere kann innerhalb einer Frist von vier Wochen bei der Bezirksregierung Erinnerungen gegen den Vertheilungsplan geltend machen und, soweit er damit nicht durchdringt, binnen weiteren zwei Wochen, vom Tage des Empfangs der ablehnenden Entscheidung an gerechnet, durch Beschwerde bei dem Oberpräsidenten verfolgen.

§ 10: Der solchergestalt festgestellte Vertheilungsplan ist von der Bezirksregierung durch das Amtsblatt bekannt zu machen.

§ 11: Die in dem Vertheilungsplane festgestellten Beiträge werden von den Schulverbänden (Schulsozietäten, Gemeinden, Gutsbezirken) in vierteljährlichen Vorauszahlungen eingezogen oder bei der Zahlung der nach den Gesetzen vom $\frac{\text{14. Juni 1888}}{\text{31. März 1889}}$, betreffend die Erleichterung der Volksschullasten (Gesetz-Samml. S. 240, 64), an die Verbände zu zahlenden Staatsbeiträge in Abrechnung gebracht.

§ 12: Innerhalb einer Frist von vier Wochen nach der Bekanntmachung des Vertheilungsplanes (§ 10) steht den Schulverbänden (Schulsozietäten, Gemeinden, Gutsbezirken) die Klage im Verwaltungsstreitverfahren auf Abänderung des Planes gegen die Bezirksregierung zu. Die Klage hat keine aufschiebende Wirkung.

Zuständig für die Entscheidung in erster Instanz ist der Bezirksausschuß.

§ 13: Nachträgliche Änderungen des Vertheilungsplanes werden bei der nächsten Vertheilung berücksichtigt.

§ 14: Ueberschüsse oder Fehlbeträge eines Rechnungsjahres sind bei der Bemessung des Bedarfs für das auf den Jahresabschluß der Kasse folgende Jahr in Abgang oder Zugang zu bringen.

§ 15: Für die Aufbringung des Beitrags der Schulverbände (Schulsozietäten, Gemeinden, Gutsbezirke) finden die Bestimmungen des Artikels I § 26 des Gesetzes, betreffend die Pensionirung der Lehrer und Lehrerinnen an den öffentlichen Volksschulen, vom 6. Juli 1885 (Gesetz-Samml. S. 298) über die Aufbringung des Ruhegehalts Anwendung; jedoch darf das Stelleneinkommen zur Aufbringuug des Ruhegehalts oder des Beitrags vom 1. Juli 1893 ab nicht herangezogen werden.

§ 16: . . .

§ 17: Von jeder Ruhegehaltsfestsetzung ist dem Kassenanwalte Kenntniß zu geben. Auf sein Verlangen ist ihm behufs Prüfung der Festsetzung Einsicht in die der letzteren zu Grunde gelegten Rechnungsunterlagen zu gewähren.

Der durch Artikel I § 15 des Gesetzes, betreffend die Pensionirung der Lehrer und Lehrerinnen an den öffentlichen Volksschulen, vom 6. Juli 1885 (Gesetz-Samml. S. 298) den zur Unterhaltung der Schule Verpflichteten gegebene Beschwerde- und Rechtsweg gegen die Festsetzung des Ruhegehalts steht auch dem Kassenanwalt offen.

In den Fällen des § 15 a. a. O. steht die Entscheidung an Stelle des Unterrichtsministers dem Oberpräsidenten zu.

Bis zur endgültigen Erledigung der Beschwerden oder Klagen werden die Ruhegehälter nach Maßgabe der Festsetzung der Schulaufsichtsbehörde vorschußweise an die Bezugsberechtigten gezahlt.

§ 18: . . .

§ 19: Der Unterrichtsminister und der Finanzminister sind mit der Ausführung dieses Gesetzes beauftragt.

### II. Alterszulagekassen:

## Gesetz, betreffend das Diensteinkommen der Lehrer und Lehrerinnen an den öffentlichen Volksschulen vom 3. März 1897.

§ 8 Abs. 2—5: Die Verwaltung der Alterszulagekasse erfolgt durch die Bezirksregierung.

Die Kassengeschäfte werden durch die Regierungshauptkasse und durch die ihr unterstellten Kassen unentgeltlich besorgt.

Die Alterszulagen werden von der Kasse an die Bezugsberechtigten gezahlt. Die Kosten der Zusendung trägt die Kasse.

In städtischen Schulverbänden erfolgt die Auszahlung durch die Schulverbände für Rechnung der Alterszulagekasse. Das gleiche Verfahren kann von der Schulaufsichtsbehörde in größeren ländlichen Schulverbänden angeordnet werden.

Abs. 9: Für die Aufstellung des Vertheilungsplanes, die Einziehung der Beträge und die Bestellung eines Kassenanwaltes finden die §§ 3, 4 und 9 bis 14 des Gesetzes vom 23. Juli 1893, betreffend Ruhegehaltskassen für die Lehrer und Lehrerinnen an den öffentlichen Volksschulen (Gesetz-Samml. S. 194) sinngemäß Anwendung, jedoch mit der Maßgabe, daß diejenigen Beträge, die nach § 11 Nr. 2 beim Übertritt eines Lehrers oder einer Lehrerin von einer Privatschule in den öffentlichen Volksschuldienst gezahlt werden, nur soweit Verwendung finden dürfen, als der für jede Stelle zur Gewährung des Mindestsatzes erforderliche Bedarf den nach § 27 IV zu zahlenden Staatszuschuß übersteigt. Dem Kassenanwalte steht kein Einspruch gegen die Festsetzung und Anweisung der einzelnen Alterszulagen zu.

### III. Witwen- und Waisenkassen:

## Gesetz vom 4. Dezember 1899 betreffend die Fürsorge für die Witwen und Waisen der Lehrer an öffentlichen Volksschulen.

§ 15: Behufs gemeinsamer Bestreitung des durch den Staatsbeitrag nicht gedeckten Theiles der Witwen- und Waisengelder werden die zur Aufbringung verpflichteten Schulverbände (Schulsozietäten, Gemeinden, Gutsbezirke) in jedem Regierungsbezirke zu Bezirks-Witwen- und Waisenkassen verbunden.

Im übrigen finden auf die Einrichtung und Verwaltung der Kassen die §§ 2 bis 6, 8 bis 14 und 17 des Gesetzes, betreffend Ruhegehaltskassen für die Lehrer und Lehrerinnen an den öffentlichen Volksschulen, vom 23. Juli 1893 (GS. S. 194) sinngemäße Anwendung.

## C. Die Anstellung der Lehrer an den öffentlichen jüdischen Volksschulen

Durch das VUG. ist die Anstellung der Volksschullehrer bis zum Erlaß eines allgemeinen Gesetzes über die Lehreranstellung einer provisorischen Neuordnung unterzogen worden.

Die hierauf bezüglichen Bestimmungen des Gesetzes lauten:

VUG. § 58: Bis zum Erlaß eines allgemeinen Gesetzes über die Lehreranstellung finden die folgenden Vorschriften (§§ 58—62) Anwendung:

Directoren, Hauptlehrer, Lehrer und Lehrerinnen an den öffentlichen Volksschulen werden von der Schulaufsichtsbehörde unter der durch dieses Gesetz geordneten Beteiligung der Schulverbände aus der Zahl der Befähigten angestellt.

VUG. § 59: Die Lehrer und Lehrerinnen an den öffentlichen Volksschulen werden von der Gemeindebehörde aus der Zahl der Befähigten innerhalb einer von der Schulaufsichtsbehörde zu bestimmenden Frist gewählt; jedoch erfolgt in Schulverbänden mit 25 oder weniger Schulstellen die Wahl aus drei von der Schulaufsichtsbehörde als befähigt Bezeichneten.

Das Wahlrecht wird ausgeübt:

1) in Gemeinden, die einen eigenen Schulverband bilden, durch den Gemeindevorstand nach Anhörung der Schuldeputation oder des Schulvorstandes und der etwa vorhandenen Schulkommission, beim Vorhandensein mehrerer Schulkommissionen derjenigen, für deren Schule die Anstellung zunächst erfolgen soll. In den Orten, wo ein kollegialer Gemeindevorstand nicht besteht, wird das Wahlrecht durch die Schuldeputation (Schulvorstand) ausgeübt;
2) in solchen Gutsbezirken und Gesamtschulverbänden, auf welche die Bestimmungen der §§ 8 Abs. 1 und 50 Abs. 9 zutreffen, durch den Gutsbesitzer nach Anhörung des Schulvorstandes;
3) in den übrigen Schulverbänden durch den Schulvorstand (Schuldeputation § 57).

Die Gewählten bedürfen der Bestätigung durch die Schulaufsichtsbehörde und werden von ihr unter Ausfertigung der Ernennungsurkunde für den Schulverband angestellt. Die Bestätigung darf nur aus erheblichen Gründen versagt werden.

Versagt die Schulaufsichtsbehörde die Bestätigung, so fordert sie unter Mitteilung hiervon zu einer anderweiten Wahl binnen einer von ihr zu bestimmenden Frist auf.

Das Wahlrecht erlischt für den betreffenden Fall, wenn die Fristen nicht innegehalten werden oder wenn die Schulaufsichtsbehörde zum zweiten Mal die Bestätigung des Gewählten versagt. Die Anstellung erfolgt in diesem Falle unmittelbar durch die Schulaufsichtsbehörde für den Schulverband.

VUG. § 60: In Stellen, deren Inhabern Leitungsbefugnisse zustehen (Rektoren, Hauptlehrern usw.), sind solche Lehrer zu berufen, welche den besonderen, auf Gesetz oder rechtsgültigen Verwaltungsanordnungen beruhenden Voraussetzungen entsprechen. Hierbei hat eine angemessene Berücksichtigung auch der im Schuldienst außerhalb des Schulverbandes angestellten und bewährten Lehrpersonen, insbesondere von Hauptlehrern und Präparandenlehrern zu erfolgen.

Die Besetzung dieser Stellen erfolgt durch die Schulaufsichtsbehörde nach Anhörung der im § 59 Abs. 2 bezeichneten Organe.

VUG. § 61: In den einen eigenen Schulverband bildenden Gemeinden, in welchen bisher die bürgerliche Gemeinde Trägerin der Schullast gewesen ist, und die Gemeindeorgane ein Recht auf weitergehende Mitwirkung bei der Berufung der Lehrkräfte besessen oder eine solche weitergehende Mitwirkung bei der Berufung ausgeübt haben, bewendet es hierbei. Dasselbe findet in den einen eigenen Schulverband bildenden und unter § 8 Abs. 1 fallenden Gutsbezirken sowie in den unter die Bestimmungen des § 50 Abs. 9 fallenden Gesamtschulverbänden hinsichtlich des bisher dem Gutsherrn zustehenden Rechtes auf weitergehende Mitwirkung bei der Berufung von Lehrkräften mit der Maßgabe statt, daß dieses Recht durch den Gutsbesitzer ausgeübt wird; ebenso in den nach § 24 aufgehobenen Schulgemeinden (Sozietäten), die ein Recht auf weitergehende Mitwirkung bei der Berufung der Lehrkräfte besessen oder eine solche Mitwirkung ausgeübt haben, und in den Gesamtschulverbänden, denen eine solche bürgerliche Gemeinde angehört. In den beiden letzteren Fällen geht das Mitwirkungsrecht auf den nach diesem Gesetz gebildeten Schulverband mit der Maßgabe über, daß es durch die im § 59 Abs. 2 bezeichneten Organe ausgeübt wird. Diese Vorschriften finden keine Anwendung, wenn die weitergehende Mitwirkung bei der Berufung der Lehrkräfte von der Schulaufsichtsbehörde nur unter Vorbehalt zugelassen worden ist, oder wenn gegen sie innerhalb der Zeit vom 1. Januar 1900 bis zum 1. Januar 1905 von der Schulaufsichtsbehörde Widerspruch erhoben worden ist.

Darüber, ob die Voraussetzungen von Abs. 1 Satz 1 vorliegen, beschließt die Schulaufsichtsbehörde. Gegen deren Beschluß steht den Beteiligten binnen 3 Monaten bei dem Kreisausschusse, sofern eine Stadt beteiligt ist, bei dem Bezirksausschusse, die Klage im Verwaltungsstreitverfahren zu.

Hinsichtlich der Bestätigung, der Ausfertigung der Ernennungsurkunde und der Anstellung finden die Bestimmungen des § 59 Abs. 3 bis 5 sinngemäß Anwendung.

VUG. § 62: Die Ausübung des Wahlrechts, des Berufungs- (Vorschlags- usw.) Rechts oder die Anhörung (§§ 59, 60 und 61) findet nicht statt, wenn die Besetzung der Stelle durch Versetzung im Interesse des Dienstes (§ 87 Nr. 1 des Gesetzes vom 21. Juli 1852, Gesetz-Samml. S. 465) erfolgt.

Den ohne Mitwirkung des Berechtigten angestellten Lehrkräften wird eine Vergütung für Umzugskosten aus der Staatskasse gewährt. Die näheren Bestimmungen über die Höhe der Vergütung werden durch ein von dem Unterrichtsminister in Gemeinschaft mit dem Finanzminister zuerlassendes Regulativ getroffen.

Wo mit dem Schulamt ein kirchliches Amt vereinigt ist, wird an dem bestehenden Rechte hinsichtlich der Berufung zu dem kirchlichen Amte nichts geändert.

Das Verfahren bei der Verwendung nicht voll oder auftragsweise beschäftigter Lehrkräfte wird durch ein vom Unterrichtsminister zu erlassendes Regulativ geordnet.

Es fragt sich, ob diese Bestimmungen auch für die Anstellung jüdischer Lehrer Gültigkeit haben.

Die Beantwortung der Frage hängt ab von der Beantwortung der Vorfrage, ob die Lehreranstellung unter den Begriff der Schulverwaltung fällt oder nicht. Bejaht man die Vorfrage, so bleibt es hinsichtlich der Lehreranstellung, ebenso wie bezüglich der übrigen Verwaltungsangelegenheiten der jüdischen Schulen, bei dem bisherigen Rechte. Verneint man sie, so finden die allgemeinen Bestimmungen des VUG. über die Lehreranstellung auch auf die Anstellung der Lehrer an den öffentlichen jüdischen Volksschulen Anwendung.

Unabhängig von dem vorliegenden Gesetz dürfte man geneigt sein, die gestellte Vorfrage unbedenklich zu bejahen und anzunehmen, daß die Lehreranstellung einen Akt der Schulverwaltung darstellt.

Die Fassung des VUG. spricht gleichfalls **für** diese Entscheidung. Der 5. Abschnitt trägt die Überschrift: „Verwaltung der Volksschulangelegenheiten und Lehreranstellung.“ Er enthält 4 Unterabteilungen mit folgenden Überschriften:

1. Stadtgemeinden;
2. Landgemeinden und Gutsbezirke;
3. Gesamtschulverbände;
4. Gemeinsame Bestimmungen (Lehrerberufung).

Der Umstand, daß die „Lehrerberufung“ nicht der „Verwaltung“ koordiniert, sondern als Ziffer 4 den drei Unterabteilungen der Verwaltung (Ziffer 1—3) gleichgestellt wird, spricht dafür, daß im Sinne des VUG. die „Lehrerberufung“ gleichfalls als Unterabteilung der Verwaltung anzusehen ist, und zwar als eine Unterabteilung, die ihrer besonderen Wichtigkeit wegen eine besondere Hervorhebung in der Überschrift des von der Verwaltung handelnden Abschnittes gefunden hat.

Ist demnach die Lehreranstellung als eine Unterabteilung der Schulverwaltung anzusehen, so gilt für die Anstellung der Lehrer an den jüdischen öffentlichen Volksschulen dasselbe, wie für die Verwaltung der jüdischen Schulen, d. h. es findet die Bestimmung des § 40 Anwendung, derzufolge „bis auf weiteres die jetzt bestehenden Vorschriften" in Geltung bleiben[1]).

Für dieses Ergebnis spricht auch der folgende Umstand. Die Grundtendenz des VUG. hinsichtlich der Schulverhältnisse der Juden geht dahin, im wesentlichen alles bei dem bisherigen Rechtszustande zu lassen. Daß in der Frage der Lehreranstellung von diesem Grundsatz abgegangen werden sollte, ist weder im Gesetze ausgesprochen noch aus dem Gange der Verhandlungen zu entnehmen.

Die Regelung, welche danach die Anstellung der Lehrer an den jüdischen Schulen durch das VUG. gefunden hat, weicht von der allgemeinen Regelung der Lehreranstellung im VUG. insofern nicht wesentlich ab, als auch sonst durch § 61 der allgemeine Grundsatz des Gesetzes durchbrochen und bestimmt ist, daß in den Schulverbänden, in welchen bisher die Gemeindeorgane ein Recht auf weitergehende Mitwirkung bei der Lehrerberufung besessen oder eine solche weitergehende Mitwirkung bei der Berufung ausgeübt haben, es hierbei auch für die Folge bewenden, mit anderen Worten, im wesentlichen der bisherige Zustand erhalten bleiben soll.

Diese Regelung entspricht dem provisorischen Charakter der Bestimmungen des VUG. über die Lehrerberufung.

Ebenso wie nun im allgemeinen durch das VUG. nicht nur nachweisbare Rechte der Gemeinden auf Mitwirkung bei der Lehrerberufung aufrecht erhalten werden, sondern auch die bisherige t a t s ä c h l i c h e Übung den Gemeinden für die Folge ein entsprechendes Recht gewährleisten soll, wird man auch die Bestimmung, daß es hinsichtlich der jüdischen Schulen bei den „jetzt bestehenden Vorschriften" bewenden soll, dahin auszulegen haben, daß nicht nur der bisherige g e s e t z l i c h e Zustand aufrecht erhalten werden soll, sondern daß, wo bisher t a t s ä c h l i c h den Organen der Schulgemeinden (Sozietäten oder Synagogengemeinden) eine Mitwirkung bei der Lehrerberufung eingeräumt gewesen ist, es hierbei bis zu einer gesetzlichen Neuregelung auch fernerhin sein Bewenden hat.

Im einzelnen ist der bisherige Zustand ein äußerst mannigfaltiger.

Teils sind die Anstellungsverhältnisse der Lehrer an den öffentlichen jüdischen Volksschulen g e s e t z l i c h geregelt. So z. B. in den Provinzen Hannover und Schleswig-Holstein. Für die meisten Gebietsteile aber fehlt es an einer gesetzlichen Regelung, und es haben sich die Dinge entsprechend der Verschiedenheit der konkreten Verhältnisse verschiedenartig entwickelt.

---

[1]) Ebenso v. Bremen, Schulunterhaltungsgesetz, § 58 N. 1 S. 171.

Hierbei ist das Folgende zu beachten:

Die in vielen Fällen bestehende Notwendigkeit, dem Lehrer auch den Unterricht in der jüdischen Religion zu übertragen, ferner die besonders in kleineren Gemeinden häufige Verbindung des Lehramtes mit dem Kultusamte, lassen eine Mitwirkung der Synagogengemeinden bzw. der Schulgemeinden und ihrer Organe bei der Lehreranstellung häufiger notwendig erscheinen, als die Mitwirkung der Kommunen bei der Anstellung der Lehrer an den Kommunalschulen.

Tatsächlich ist den Synagogengemeinden bezw. jüdischen Schulsozietäten und ihren Organen häufig eine Mitwirkung, sei es in Form eines Wahl-, sei es in Form eines Vorschlags- oder Wunschrechtes, eingeräumt worden; nicht selten sogar bei der Anstellung von Lehrern an jüdischen Kommunalschulen.

Auch bei der Frage der Lehreranstellung erübrigt es sich, allen Verschiedenheiten im einzelnen nachzugehen, da sich Rechtskonsequenzen über den unmittelbar beteiligten Kreis hinaus nicht ergeben.

Es soll daher auch hier auf die Einzelverhältnisse nur soweit eingegangen werden, als erforderlich ist, um ein ungefähres Bild von dem bisherigen, durch das VUG. aufrecht erhaltenen Zustande zu bieten.

Für diejenigen Gebietsteile, in denen es an einer gesetzlichen Regelung der Lehreranstellung an den öffentlichen jüdischen Volksschulen fehlt, scheint es angezeigt, neben dem Überblick über die bisherigen tatsächlichen Verhältnisse an den jüdischen Schulen auch auf die bisherige Regelung der Lehrerberufungsfrage im allgemeinen hinzuweisen.

Demnach ist über die Lehreranstellung in den verschiedenen Gebietsteilen der Monarchie das Folgende zu bemerken:

### I. Die älteren Provinzen.

1. Über den bisherigen allgemeinen Rechtszustand im Gebiete des Allgemeinen Landrechts besagen die Motive zum Entwurf des VUG. das Folgende:

„Für das Gebiet des Preußischen Allgemeinen Landrechts, — d. h. im allgemeinen für die Provinzen Brandenburg, Pommern (ausschließlich Neuvorpommern), Schlesien (die evangelischen Schulen), Sachsen —, bestimmt der § 22 Teil II Tit. 12:

Die Bestellung der Schullehrer kommt in der Regel der Gerichtsobrigkeit zu.

Dazu verordnet für die Städte die Instruktion vom 26. Juni 1811 über die Zusammensetzung der Schuldeputationen unter Nr. 20:

Die Lehrerwahlen bleiben bei den Schulen, die rein städtischen Patronats sind, noch bei den Magistraten, nur daß das Gutachten der sachverständigen Mitglieder der Schuldeputation jedesmal eingezogen werden muß.

Der Stadtverordnetenversammlung steht dabei keine Mitwirkung zu.

Den Landgemeinden steht bei der Wahl und Bestellung des Schullehrers kein Einfluß zu, unbeschadet der Befugnis des Gutsherrn, bei der Anstellung des Schullehrers die Wünsche der Gemeinde auf erlaubte Art zu erforschen und zu berücksichtigen (Ministerial-Erlaß vom 3. November 1824).

In einzelnen Bezirken haben auf Grund besonderer geschichtlicher Entwickelung kirchliche Interessenten ein Recht zur Beteiligung an der Bestellung der Schullehrer, auch soweit es sich nicht um vereinigte Kirchen- und Schulämter handelt, und bei diesen selbst über die auf Besetzung des kirchlichen Amts hinausgehende Rechte."

Hinsichtlich der Anstellung der Lehrer an den öffentlichen jüdischen Volksschulen bestehen im Gebiete des ALR. besondere gesetzliche Bestimmungen nicht; desgleichen auch keine allgemeine Verwaltungsnormen.

Demzufolge behält es hinsichtlich der bereits bestehenden Schulen bei der bisherigen Übung sein Bewenden.

Bei der Neugründung öffentlicher jüdischer Volksschulen wird zugleich mit der Regelung der übrigen Verhältnisse auch die Frage der Lehrerberufung von der Regierung auf Grund der Instruktion vom 23. Oktober 1817 zu regeln sein.

2. Für die Provinzen Posen und Westpreußen bestimmt das Gesetz vom 15. Juli 1886, betreffend die Anstellung und das Dienstverhältnis der Lehrer und Lehrerinnen an den öffentlichen Volksschulen im Gebiete der Provinzen Posen und Westpreußen (GS. S. 185) das Folgende:

Artikel I.

§ 1: Die Anstellung der Lehrer und Lehrerinnen an den öffentlichen Volksschulen erfolgt, insoweit dieselbe seither nicht durch den Staat stattfindet, mit der Maßgabe durch den Staat, daß vor der Anstellung

1) in Städten der Magistrat und die Schuldeputation, sofern aber die Schulunterhaltungspflicht nicht der Stadtgemeinde, sondern einer oder mehreren Schulgemeinden (Schulsozietäten) obliegt, statt des Magistrats der Vorstand der betheiligten Schulgemeinde (Schulvorstand),
2) auf dem Lande bei Gemeindeschulen der Gemeinde-(Guts-)Vorstand, bei Sozietätsschulen der Schulvorstand,

darüber zu hören ist, ob Einwendungen gegen die Person des für die betreffende Stelle Bestimmten zu erheben sind. Auf Beschwerden der Anzuhörenden entscheidet Unterrichtsminister.

Alle hinsichtlich des Ernennungs-, Berufungs-, Wahl- und Vorschlagsrechts bei Besetzung von Lehrer- und Lehrerinnenstellen an Volksschulen den vorstehenden Vorschriften entgegenstehenden Bestimmungen treten außer Kraft.

§ 2: Die Bestimmungen des §. 1 finden auf Stadtkreise und auf die Landkreise Deutsch-Krone, Marienburg, Rosenberg und Elbing, sowie auf die in der Provinz Westpreußen belegenen Städte mit mehr als 10 000 Einwohnern auf Antrag der städtischen Vertretung keine Anwendung.

§ 3: Der Artikel 112 der Verfassungsurkunde wird, insoweit er den vorstehenden Bestimmungen entgegengeht, für den Geltungsbereich dieses Gesetzes aufgehoben.

Artikel II.

Gegen Lehrer und Lehrerinnen an öffentlichen Volksschulen kann die in §. 16 Ziffer 1 des Gesetzes, betreffend die Dienstvergehen der nichtrichterlichen Beamten 2c. vom 21. Juli 1852 (Gesetz-Samml. S. 465) bestimmte Disziplinarstrafe verhängt werden.

Artikel III.

Bei Versetzungen im Interesse des Dienstes oder in Vollstreckung einer die Strafversetzung ohne Verlust des Anspruchs auf Umzugskosten verhängenden Entscheidung der Disziplinarbehörde ist eine Vergütung für Umzugskosten aus der Staatskasse zu gewähren, unter Wegfall der in den §§ 19 und 20 der Schulordnung für die Elementarschulen der Provinz Preußen vom 11. Dezember 1845 (Gesetz-Samml. 1846 S. 1) und in den §§. 39 bis 42 Titel 12 Theil II des Allgemeinen Landrechts bestimmten Anzugs- und Herbeiholungskosten.

Die näheren Bestimmungen über die Höhe der Vergütung für Umzugskosten werden durch ein von dem Unterrichtsminister in Gemeinschaft mit dem Finanzminister zu erlassendes Regulativ getroffen.

Artikel IV.

Dieses Gesetz tritt mit dem Tage der Verkündigung in Kraft.[1])

Das Gesetz findet, da das Gegenteil nicht ausdrücklich bestimmt ist, auch auf die Anstellung der Lehrer an den öffentlichen jüdischen Volksschulen Anwendung.

Demnach hat die Anstellung in allen Fällen durch den Staat zu erfolgen. Und zwar zum Teil ohne Mitwirkung anderer Faktoren: dies ist überall da der Fall, wo den Regierungen schon vor Erlaß des Gesetzes dieses Recht zustand. Zum Teil unter Mitwirkung der beteiligten Schulverbände: das gilt für alle übrigen Fälle.

Diese Mitwirkung besteht darin, daß

a) Bei Kommunalschulen der Magistrat und die Schuldeputation,

b) Bei den jüdischen Sozietätsschulen und den Schulen der Synagogengemeinden die Schulvorstände

vor der Anstellung zu hören sind.

Dem entsprechen auch die tatsächlichen Verhältnisse [2]).

Teils stellt die Regierung die Lehrer völlig selbständig ohne Mitwirkung der beteiligten Schulverbände an. Das ist sowohl bei Kommunalschulen (z. B. Schönlanke), als auch bei Sozietätsschulen (z. B. Rogasen und Schubin) und Schulen der Synagogengemeinden (z. B. Filehne) der Fall.

Wo die Anstellung nicht selbständig durch die Regierung erfolgt, sondern die beteiligten Schulverbände bei der Anstellung mitwirken, geschieht dies auf verschiedene Weise:

Teils präsentiert die Regierung dem Schulverband eine Lehrkraft zur Äußerung, ob gegen die Person des für die betreffende Stelle Bestimmten Einwendungen zu erheben sind: das geschieht sowohl bei Kommunalschulen (z. B. Schrimm und Samotschin) als auch bei Sozietätsschulen und Schulen der Synagogengemeinden (z. B. Krotoschin). Teils — und dieser Fall ist der häufigste — schlägt der Schulverband: die Kommune (z. B. in Schneidemühl) bzw. die Schulsozietät (z. B. in Wronke, Lobsens, Koschmin, Jarotschin, Gnesen,

---

[1]) Vgl. Ministerialerlaß vom 26. Januar 1887, Z.-Bl. S. 380.

[2]) Vgl. die Anm. oben.

Kurnik, Wreschen) oder die Synagogengemeinde (z. B. in Schwersenz, Buk, Neustadt, Packwitz, Nakel und Wongrowitz) der Regierung einen Kandidaten vor. Die Wahl des der Regierung Vorzuschlagenden erfolgt in den Synagogengemeinden und den Sozietäten meist durch den Schulvorstand, zuweilen (z. B. in Lissa) durch die Schulrepräsentanten, bei denjenigen Kommunalschulen, die einem besonderen jüdischen Schulvorstande unterstehen (z. B. in Schrimm) gleichfalls durch den Schulvorstand, bei den übrigen Kommunalschulen durch die zuständigen städtischen Organe.

3. Für den Regierungsbezirk Köslin ist durch die Verfügung vom 11. Januar 1823[1]) den Gemeinden die Lehrerwahl übertragen.

Die bezügliche Bestimmung lautet:

§ 9: Der von der Gemeinde gewählte Lehrer muß sich, Behufs der Prüfung seiner Fähigkeiten, Kenntnisse und Fertigkeiten, zu gleicher Zeit bei uns melden, und die erforderlichen glaubwürdigen Zeugnisse über seinen sittlich guten Lebenswandel, über seine erfüllte Militärpflicht und über seine, bei einem jüdischen Rabbiner in dem Preußischen Staate bereits bestandene Prüfung in der mosaischen Religion und der hebräischen Sprache, einreichen. . . . .

§ 14: . . . Die betreffenden jüdischen Schullehrer, gleichviel, ob sie von der ganzen Gemeinde bloß als Religions- und Sprachlehrer, oder als wirkliche Schullehrer angenommen sind, . . . sind unserer Bestimmung . . . zufolge anzuweisen, daß sie die erforderlichen Zeugnisse innerhalb 3 Monaten durch den Magistrat ihres Wohnortes hieher einsenden, wonach dann Behufs ihrer Prüfung und Anstellung als öffentliche Schullehrer die weitern Verfügungen zu gewärtigen sind. . . .

Zurzeit bestehen im Regierungsbezirk Köslin keine öffentlichen jüdischen Volksschulen.

4. Über den bisherigen allgemeinen Rechtszustand in Neuvorpommern besagen die Motive zum Regierungsentwurf des VUG. das Folgende:

„Für Neuvorpommern ordnet das Regulativ über die Errichtung und Unterhaltung der Landschulen im Artikel 6 an:

Das Patronat über die neu zu errichtenden Schulen steht dem Gutsherrn zu. Sollte aber beim Bau usw. einer der Gutsherren die übrigen übertragen wollen, so gehört einem solchen das Schulpatronat allein. Freie Eigentümer außerhalb der Königlichen Bauerndörfer, welche eine eigene Schule errichten und unterhalten, erlangen darüber das Patronat in Gemeinschaft.

Für die städtischen Volksschulen werden die Lehrer von den Magistraten berufen, mit Ausnahme der Lehrer für einzelne Stellen in Bergen a. R. und Gützkow, über welche das Patronat der Regierung zusteht. Gewöhnlich erfolgt aber in diesen Fällen die Ernennung auf den Vorschlag der Schulkommission. Die Lehrpersonen für die katholischen Schulen in Stralsund und Greifswald werden auf Vorschlag der katholischen Schulinspektion von der Regierung ernannt."

Für das jüdische Volksschulwesen gibt es besondere Bestimmungen nicht.

[1]) Vgl. Rönne-Simon a. a. O. S. 165.

Zurzeit sind öffentliche jüdische Volksschulen im Gebiete des ehemaligen Neu-Vorpommern nicht vorhanden.

5. Über den bisherigen allgemeinen Rechtszustand in der Provinz Westfalen besagen die Motive zum Regierungsentwurf des VUG. das Folgende:

„In der Provinz Westfalen kommt für einen Teil des ehemaligen Großherzogtums Berg (ausgeschlossen sind die Teile im Regierungsbezirke Münster) noch der Ministerialerlaß vom 14. Juni 1827 in Betracht, nach welchem den Schulvorständen ein Vorschlag für die Besetzung der Lehrerstellen eingeräumt werden kann.

Im allgemeinen erfolgt, von standesherrlichen Rechten abgesehen, die Anstellung lediglich durch die Regierungen, welche nach Ermessen die Gemeinden oder Ortsschulbehörden mit ihren Wünschen hören, ohne hierzu durch gesetzliche Vorschriften verpflichtet zu sein."

Hinsichtlich der Anstellung der Lehrer an den öffentlichen jüdischen Schulen fehlt es an gesetzlichen Normen. Auch allgemeine Verordnungen oder Verfügungen bestehen nicht.

Der bisherige tatsächliche Zustand ist ein sehr verschiedener. Durchgängig bedürfen die Lehrerwahlen der Bestätigung durch die Regierung.

Die Wahl erfolgt:

a) für die Kommunalschulen teils durch die Schuldeputation (z. B. Dortmund und Witten), teils durch die Synagogengemeinde und die Kommune gemeinsam (z. B. Warburg), teils durch den Schulvorstand (z. B. Gelsenkirchen und Nieder-Marsberg u. a. m.).

b) für die Schulen der Synagogengemeinden (z. B. Burgsteinfurt, Bocholt und Bichhausen) und Schulsozietäten (z. B. Beverungen) meist durch die Gemeinde (Synagogen- bzw. Schulgemeinde).

6. Über die bisherigen Rechtsverhältnisse in der Rheinprovinz besagen die Motive des Regierungsentwurfs zum VUG. Folgendes:

„In der Rheinprovinz ist im Verwaltungswege durch die Gouvernementsverordnungen vom 15. Juli 1814 und 12. August 1815 für den Bereich derselben die Einrichtung getroffen, daß der Schulvorstand für patronatsfreie Lehrerstellen der Regierung drei Subjekte zu präsentieren hat, aus denen die Regierung den Lehrer wählt. Die Berufungsurkunde wird im Regierungsbezirk Köln vom Schulvorstand, in den Regierungsbezirken Düsseldorf und Aachen von der Regierung ausgestellt; einzelne Städte dürfen einen Bewerber allein vorschlagen. Ein Rechtsanspruch der Schulvorstände oder Gemeinden, mit Vorschlägen gehört zu werden, besteht jedoch nicht. In den Regierungsbezirken Koblenz und Trier findet gewohnheitsrechtlich eine Beteiligung der Gemeinden und Schulvorstände bei der Wahl der Lehrer nicht statt. Dieselben werden vielmehr unmittelbar von der Regierung ernannt. Nur den großen Städten und im Regierungsbezirke Koblenz auch bedeutenderen Landgemeinden wird

Gelegenheit zur Äußerung ihrer Wünsche gegeben. In den früheren Mediatgebieten findet in der Regel eine Beteiligung der Standesherren statt".

Hinsichtlich der Anstellung der Lehrer an den öffentlichen jüdischen Volksschulen fehlt es an gesetzlichen Bestimmungen und generellen Verwaltungsnormen.

Im einzelnen herrscht große Verschiedenheit.

a. Kommunalschulen.

Bei der Anstellung der jüdischen Lehrer haben teilweise die Synagogengemeinden ein Vorschlagsrecht (so in Linz und Neuwied im Rgbz. Koblenz, Rheydt im Rgbz. Düsseldorf und Wittlich im Rgbz. Trier); teilweise ruht das Vorschlagsrecht bei dem Schulvorstand der jüdischen Schule, und zwar erfolgt der Vorschlag entweder direkt an die Regierung (z. B. in Steele im Rgbz. Düsseldorf) oder an die städtische Schuldeputation (z. B. in Essen im Rgbz. Düsseldorf); teils erfolgt die Wahl durch die städtischen Organe ohne Mitwirkung der Synagogengemeinden (so in Krefeld und in München-Gladbach, Rgbz. Düsseldorf, und in Trier.)

b. Schulen der Synagogengemeinden.

Bei der Anstellung der Lehrer an den öffentlichen Volksschulen der Synagogengemeinden steht den letzteren meist das Wahl- bzw. das Vorschlagsrecht zu (so in Mayen im Rgbz. Koblenz, Düren im Rgbz. Aachen, Kerpen im Rgbz. Köln und in Aachen, wo der Vorstand der Synagogengemeinde die Wahl auf Vorschlag des Schulvorstandes vornimmt).

## II. Schleswig-Holstein.

Die Wahl der Lehrer für die öffentlichen jüdischen Volksschulen steht im Gebiete des ehemaligen Herzogtums Schleswig dem Vorstand der Synagogengemeinde, im Gebiete des ehemaligen Herzogtums Holstein der Gemeinde zu. Die Wahl bedarf der Bestätigung der Schulaufsichtsbehörde.

Die bezüglichen Bestimmungen lauten:

### 1. Verordnung vom 8. Februar 1854 für das Herzogtum Schleswig.

§ 27 Abs. 3: Die Wahl der Lehrer, insofern diese nicht zugleich das Amt eines Geistlichen bekleiden, wird den Vorstehern überlassen; jedoch sind dieselben von der Aufsichtsbehörde zu bestätigen.

### 2. Gesetz vom 14. Juli 1863 für das Herzogtum Holstein.

§ 18 Abs. 3: Die Wahl der Lehrer, insofern diese nicht zugleich das Amt eines Geistlichen bekleiden, wird den Gemeinden überlassen, jedoch bedürfen dieselben der Bestätigung der Aufsichtsbehörden.

Die jüdischen Schulen sind von der Regierung mit besonderen Regulativen zu versehen, in welchen über die Bedingungen der Anstellung der Lehrer, Lehrplan, Schulinspektion usw. das Nähere festgestellt wird.

## III. Hannover.

Im Gebiete des ehemaligen Königreichs Hannover erfolgt die Wahl der Lehrer an den jüdischen öffentlichen Volksschulen durch die Gemeindemitglieder nach Stimmenmehrheit.

Wenn die Wiederbesetzung einer vakanten Stelle durch die Gemeinde nicht binnen einer Frist von 2 Monaten erfolgt, so steht dem Landrabbiner das Recht zu, die Stelle einem geeigneten Lehrer zu übertragen.

Die Anstellungsurkunde bedarf der Bestätigung der Regierung.

Die in Betracht kommenden Bestimmungen lauten:

### 1. Gesetz vom 30. Dezember 1842.

§ 22: Die Anstellung der . . . . Schullehrer setzt eine Prüfung durch den Landrabbiner und einen von der Landdrostei zu ernennenden Commissarius, auch Bestätigung der Landdrostei voraus . . . .

Die Entlassung der . . . . Schullehrer erfordert Genehmigung der Landdrostei.

### 2. Gesetz vom 19. Januar 1844.

§ 56: Die Anträge der Gemeinden auf Anstellung und Entlassung von . . . . Lehrern sind durch den Landrabbiner gutachtlich der Landdrostei zur Bestätigung (§ 22) vorzulegen.

### 3. Gesetz vom 5. Februar 1854.

§ 55: Die eingetretene Erledigung einer Lehrerstelle ist vom Schulvorstande dem Landrabbiner sofort anzuzeigen und, wenn dieser es für erforderlich erachtet, unter Angabe der damit verbundenen Diensteinnahme öffentlich bekannt zu machen.

Die Wiederbesetzung der Lehrerstelle muß vom Schulverbande spätestens zwei Monate nach der eingetretenen Erledigung erfolgen. Unter mehreren Bewerbern entscheider die Stimmenmehrheit der Gemeindeglieder.

Erfolgt die Wiederbesetzung der Stelle nicht während der genannten Frist, so steht dem Landrabbiner das Recht zu, die Stelle einem geeigneten Lehrer zu übertragen.

Unter sonst gleichen Verhältnissen ist auf den Ausfall der Prüfung und die bisher bewährte Treue vorzugsweise Gewicht zu legen. Die Anstellungsurkunde ist der Landdrostei zur Bestätigung vorzulegen. In dieser ist das Diensteinkommen genau anzugeben.

## IV. Hessen-Nassau.

Über den bisherigen Rechtszustand im allgemeinen besagen die Motive zum Regierungsentwurf des VUG. das Folgende:

„In der Provinz Hessen-Nassau gilt für den Bereich des ehemaligen Herzogtums Nassau das Edikt von 1817, nach dessen § 25 alle Lehrer von der Regierung angestellt werden. Den Standesherren werden von der Regierung drei Subjekte zur Auswahl vorgeschlagen. Einzelnen Magistraten ist es gestattet, drei Bewerber vorzuschlagen. Der Schuldeputation in Wiesbaden ist nachgelassen, einen Bewerber zu präsentieren. In den ehemals hessen-darmstädtischen Gebietsteilen hat ein Standesherr Präsentationsrechte, im übrigen besetzt die Regierung (Edikt vom 6. Juni 1832 Art. 5).

In den ehemals landgräflich hessischen Bezirken werden der Ortsschulkommission drei Lehrer von der Regierung zur Begutachtung in Vorschlag gebracht.

Für die Stadt Frankfurt a. M. hat der Magistrat unter Bestätigung der Regierung das Besetzungsrecht, für die Landdistrikte schlägt der Schulvorstand der Regierung Personen vor.

Im ehemaligen Kurfürstentum Hessen stellt in der Regel die Regierung die Lehrer an, der Schulvorstand (Schuldeputation) macht Vorschläge (Ausschreiben vom 25. März 1822, Kurhessische Gesetz-Samml. S. 10 §§ 2 ff.). Einige große Städte wählen die Lehrer, welche die Regierung bestätigt. Privatpatrone präsentieren einen Lehrer (Ministerialbeschluß vom 14. Mai 1827)."

Hinsichtlich der Anstellung der Lehrer an den öffentlichen jüdischen Volksschulen räumt für das Gebiet des ehemaligen Kurfürstentums Hessen das Gesetz vom 29. Oktober 1833 den Synagogengemeinden ein Vorschlagsrecht ein.

§ 12 dieses Gesetzes bestimmt:

Die Regierungen werden ermächtigt, denjenigen Synagogen-Gemeinden, welche zum gesammten Jugend-Unterrichte fähige ... geprüfte Lehrer vorzuschlagen ... vermögen, die nach § 12 der Verordnung vom 30sten Dezember 1823 erforderliche Genehmigung zu Errichtung eigener vollständiger öffentlichen Schulen zu ertheilen.

Die Vorschläge der Gemeinden erfolgen regelmäßig durch Vermittelung der Vorsteherämter.

In den übrigen Teilen der Provinz fehlt es an besonderen gesetzlichen Bestimmungen über die Anstellung der Lehrer an den öffentlichen jüdischen Schulen.

### V. Frankfurt.

a) Für den Landkreis Frankfurt, soweit derselbe früher zu dem Kurfürstentum Hessen gehört hat, gelten die Kurhessischen Verordnungen.

b) für den Stadtkreis Frankfurt und den Landkreis, soweit er zu dem Gebiet der ehemals freien Stadt Frankfurt gehört hat, bestehen keine besonderen Bestimmungen über das jüdische Schulwesen.

Öffentliche jüdische Volksschulen bestehen zurzeit weder im Stadt- noch im Landkreise Frankfurt.

### VI. Hohenzollern-Sigmaringen.

Hinsichtlich der Anstellung der Lehrer an den öffentlichen jüdischen Volksschulen im Gebiete des ehemaligen Fürstentums Hohenzollern-Sigmaringen bestimmt das Gesetz vom 9. August 1837:

§ 29: Die anzustellenden Schullehrer und Provisoren haben sich ebenfalls der Staatsprüfung zu unterziehen und werden von der Regierung ernannt.

§ 30: Damit die Schuldienste bei künftigen Erledigungsfällen der Vorsängerstellen mit diesen je nach Umständen vereinigt werden können, soll bei der Prüfung der Schullehrer hierauf die erforderliche Rücksicht genommen werden.

An der öffentlichen jüdischen Kommunalschule in Haigerloch erfolgt die Anstellung der Lehrer auf Vorschlag der israelitischen Gemeinde.

### VII. Hechingen.

Für die öffentliche jüdische Volksschule in Hechingen erfolgt die Ernennung der Lehrer durch die Schulkommission. Die Wahl bedarf der Bestätigung durch die Regierung. Hierüber bestimmt die Hochfürstliche Regierungsverordnung vom 23. April 1836:

VI. Abschnitt.

§ 3: Die Ernennung der Schullehrer erfolgt von der Schulkommission, unterliegt aber der Bestätigung der Regierung. Bei dieser Ernennung haben jene Schulkandidaten den Vorzug, die in der Schullehrer-Bildungs-Anstalt in Hechingen den gesetzlich vorgeschriebenen Unterricht genossen haben, sowie auch jene, die Angehörige der hiesigen israelitischen Gemeinde sind; — und nur in dem Falle, daß in derselben kein zum Lehramte taugliches Subjekt sich vorfindet, kann ein anderes dazu ernannt werden. — Vor der Ernennung eines neuen Schullehrers ist jedesmal der Bericht des Rabbiners darüber einzuholen, und auch der Gemeinde-Vorstand über den guten Leumund des in Vorschlag gebrachten Schul-Candidaten zu befragen, welcher sodann in Gegenwart des Rabbiners und Gemeinde-Vorstandes von der Schulkommission öffentlich geprüft werden muß. — Es versteht sich von selbst, daß, in dem Falle einer Einrede oder Beschwerde jede nachtheilige Angabe über das zum Lehrer zu ernennende Subjekt einer gerichtlichen Untersuchung unterliege. — Der neu ernannte Schullehrer wird sodann von dem Rabbiner mit einer passenden Anrede, der Schuljugend und der Gemeinde vorgestellt und in sein Amt eingesetzt.

---

## Fünftes Kapitel.

# Einrichtung und Lehrplan der öffentlichen jüdischen Volksschulen.

## A. Einrichtung und Lehrplan der öffentlichen Volksschulen im allgemeinen.

Über Einrichtung, Aufgabe und Ziel der preußischen Volksschule ist unter dem 15. Oktober 1872 eine allgemeine Verfügung des Unterrichtsministers ergangen[1]). Dieselbe hat für das gesamte Gebiet der Monarchie Geltung, soweit nicht gesetzliche Bestimmungen etwas anderes verordnen.

---

[1]) Siehe die folgende Seite.

Diese Einschränkung ergibt sich aus allgemeinen staatsrechtlichen Grundsätzen; sie ist überdies in dem einleitenden Ministerialerlaß noch ausdrücklich ausgesprochen.

Die allgemeine Verfügung nebst dem Einführungserlaß (Z.-Bl. S. 585) lautet:

Berlin, den 15. Oktober 1872.

Nachdem ich unter dem heutigen Tage die im Anschlusse beigefügte Allgemeine Verfügung über Einrichtung, Aufgabe und Ziel der Volksschule erlassen habe, ist nach Maßgabe derselben überall da, wo nicht gesetzliche Bestimmungen ein Anderes verordnen, zu verfahren.

Insbesondere sind in Betreff der Ausstattung der Schulzimmer und der für den Unterricht zu beschaffenden Lehrmittel, sowie wegen Vertheilung der Stunden auf die einzelnen Lehrgegenstände die bezüglichen Bestimmungen jedenfalls im nächsten Sommersemester durchzuführen. Die Schulinspectoren haben die neuen Lehrpläne schleunigst auszuarbeiten und ebenso ihre Vorschläge rücksichtlich der neu einzuführenden Lehr- und Lernbücher baldigst einzureichen.

In dem über die Ausführung meiner Allgemeinen Verfügung zu erstattenden Berichte erwarte ich gleichzeitig eine genaue Angabe der in den einzelnen Bezirken vorkommenden verschiedenen Arten der Volksschule.

Das Regulativ vom 3. Oktober 1854 und dessen spätere Ergänzungen, insbesondere die Erlasse vom 19. November 1859 und vom 16. Februar 1861 sind aufgehoben.

Der Minister der geistlichen pp. Angelegenheiten.

Falk.

## Allgemeine Verfügung über Einrichtung, Aufgabe und Ziel der preußischen Volksschule.

### 1. Die normalen Volksschuleinrichtungen.

Normale Volksschuleinrichtungen sind die mehrklassige Volksschule (5.), die Schule mit 2 Lehrern (4.), und die Schule mit einem Lehrer, welche entweder die einklassige Volksschule (2.) oder die Halbtagsschule ist (3.).

### 2. Die einklassige Volksschule.

In der einklassigen Volksschule werden Kinder jedes schulpflichtigen Alters in ein und demselben Lokale durch einen gemeinsamen Lehrer gleichzeitig unterrichtet. Die Zahl derselben soll nicht über achtzig steigen. In der einklassigen Volksschule erhalten die Kinder der Unterstufe in der Regel wöchentlich 20, der Mittel- und Oberstufe 30 Lehrstunden, einschließlich des Turnens für die Knaben und der weiblichen Handarbeiten für die Mädchen.

### 3. Die Halbtagsschule.

Wo die Anzahl der Kinder über achtzig steigt, oder das Schulzimmer auch für eine geringere Zahl nicht ausreicht, und die Verhältnisse die Anstellung eines zweiten Lehrers nicht gestatten; sowie da, wo andere Umstände dies nothwendig erscheinen lassen, kann mit Genehmigung der Regierung die Halbtagsschule eingerichtet werden, für deren Klassen zusammen wöchentlich 32 Stunden angesetzt werden.

### 4. Die Schule mit zwei Lehrern.

Sind zwei Lehrer an einer Schule angestellt, so ist der Unterricht in zwei gesonderten Klassen zu ertheilen. Steigt in einer solchen Schule die Zahl der Kinder über hundert und zwanzig, so ist eine dreiklassige Schule einzurichten. In dieser kommen auf die dritte Klasse wöchentlich 12, auf die zweite Klasse wöchentlich 24, auf die erste Klasse wöchentlich 28 Lehrstunden.

### 5. Die mehrklassige Volksschule.

In Schulen von drei und mehr Klassen, soweit dieselben nicht unter 4. fallen, erhalten die Kinder der unteren Stufe wöchentlich 22, die der mittleren 28, die der oberen 30 bis 32 Unterrichtsstunden.

### 6. Die Trennung der Geschlechter in der Schule.

Für mehrklassige Schulen (5.) ist rücksichtlich der oberen Klassen eine Trennung der Geschlechter wünschenswerth. Wo nur zwei Lehrer angestellt sind, ist eine Einrichtung mit zwei, beziehungsweise drei aufsteigenden Klassen derjenigen zweier nach den Geschlechtern getrennten einklassigen Volksschulen vorzuziehen.

### 7. Vereinigung kleiner Schulgemeinden zu einem gemeinsamen Schulsystem.

Wo an einem Orte mehrere einklassige Schulen bestehen, ist deren Vereinigung zu einer mehrklassigen Schule anzustreben.

### 8. Die Einrichtung und Ausstattung des Schulzimmers.

Das Schulzimmer muß mindstens so groß sein, daß auf jedes Schulkind ein Flächenraum von 0,6 □ m kommt; auch ist dafür zu sorgen, daß es hell und luftig sei, eine gute Ventilation habe, Schutz gegen die Witterung gewähre und ausreichend mit Fenstervorhängen versehen sei. Die Schultische und Bänke müssen in ausreichender Zahl vorhanden und so eingerichtet und aufgestellt sein, daß alle Kinder ohne Schaden für ihre Gesundheit sitzen und arbeiten können. Die Tische sind mit Tintenfässern zu versehen.

Zur ferneren Ausstattung des Schulzimmers gehört namentlich eine hinreichende Anzahl von Riegeln für die Mützen, Tücher, Mäntel u. dgl.; ferner eine Schultafel mit Gestell, eine Wandtafel, ein Katheder oder ein Lehrertisch mit Verschluß, ein Schrank für die Aufbewahrung von Büchern und Heften, Kreide, Schwamm.

### 9. Die unentbehrlichen Lehrmittel.

Für den vollen Unterrichtsbetrieb sind erforderlich:

1) je ein Exemplar von jedem in der Schule eingeführten Lehr- und Lernbuche,
2) ein Globus,
3) eine Wandkarte von der Heimathsprovinz,
4) eine Wandkarte von Deutschland,
5) eine Wandkarte von Palästina,
6) einige Abbildungen für den weltkundlichen Unterricht,
7) Alphabete weithin erkennbarer auf Holz- oder Papptäfelchen geklebter Buchstaben zum Gebrauch beim ersten Leseunterricht,
8) eine Geige,
9) Lineal und Zirkel,
10) eine Rechenmaschine;

in evangelischen Schulen kommen noch hinzu:

11) eine Bibel und
12) ein Exemplar des in der Gemeinde eingeführten Gesangbuches.

Für die mehrklassigen Schulen sind diese Lehrmittel angemessen zu ergänzen.

### 10. Tabellen und Listen.

Der Lehrer hat eine Schulchronik, ein Schülerverzeichniß, einen Lehrbericht (Nachweisung der erledigten Unterrichtsstoffe) und eine Absentenliste regelmäßig zu führen. Außerdem muß er den Lehrplan, den Lektionsplan und die Pensenvertheilung für das laufende Semester stets im Schulzimmer haben.

### 11. Die Schulbücher und Schulhefte.

Lernmittel für die Schüler der Volksschule mit einem oder zwei Lehrern sind folgende:

a) Bücher:
1) die Lesefibel und das Schullesebuch,
2) ein Schülerheft für den Rechenunterricht,
3) ein Liederheft,
außerdem die für den Religionsunterricht besonders eingeführten Bücher,
b) eine Schiefertafel nebst Griffel, Schwamm, Lineal und Zirkel,
c) Hefte mindestens:
1) ein Diarium,
2) Schönschreibheft,
3) ein Heft zu orthographischen und Aufsatzübungen,
auf den oberen Stufen
4) ein Zeichenheft.

Den Schülern der mehrklassigen Volksschule darf die Anschaffung besonderer kleiner Leitfäden für den Unterricht in den Realien, sowie diejenige eines stufenweise fortschreitenden mehrbändigen Lesebuches und eines Handatlas zugemuthet werden. Ebenso haben diese für die einzelnen Lehrgegenstände besondere Hefte zu führen.

### 12. Die Gliederung der Volksschule.

Die Volksschule, auch die einklassige, gliedert sich in drei Abteilungen, welche den verschiedenen Alters- und Bildungsstufen der Kinder entsprechen. Wo eine Volksschule vier Klassen hat, sind der Mittelstufe zwei, wo sie deren sechs hat, jeder Stufe zwei Klassen zuzuweisen.

### 13. Die Lehrgegenstände der Volksschule.

Die Lehrgegenstände der Volksschule sind Religion, deutsche Sprache (Sprechen, Lesen, Schreiben), Rechnen nebst den Anfängen der Raumlehre, Zeichnen, Geschichte, Geographie, Naturkunde und für die Knaben Turnen, für die Mädchen weibliche Handarbeiten.

In der einklassigen Volksschule vertheilen sich die Stunden auf die einzelnen Gegenstände und Stufen wie folgt:

| | Unterstufe. | Mittelstufe. | Oberstufe. |
|---|---|---|---|
| Religion | 4 | 5 | 5 |
| Deutsch | 11 | 10 | 8 |
| Rechnen<br>Raumlehre | 4 | 4 | 5 |
| Zeichnen | — | 1 | 2 |
| Realien | — | 6 | 6 |
| Singen | 1 | 2 | 2 |
| Turnen<br>(Handarbeit) | — | 2 | 2 |
| | 20. | 30. | 30. |

In der mehrklassigen Schule:

| | Unterstufe. | Mittelstufe. | Oberstufe. |
|---|---|---|---|
| Religion | 4 | 4 | 4 |
| Deutsch | 11 | 8 | 8 |
| Rechnen | 4 | 4 | 4 |
| Raumlehre | — | — | 2 |
| Zeichnen | — | 2 | 2 |
| Realien | — | 6 | 6 (8) |
| Singen | 1 | 2 | 2 |
| Turnen (Handarbeit) | 2 | 2 | 2 |
| | 22. | 28. | 30 (32). |

In der Halbtagsschule und in der Schule mit zwei Lehrern und drei Klassen (4.) treten die nöthigen Veränderungen nach Maßgabe des Bedürfnisses ein.

### 14. Der katholische Religionsunterricht.

In Bezug auf den katholischen Religionsunterricht bleiben die bis jetzt geltenden Bestimmungen mit denjenigen Modificationen, welche sich aus der Veränderung der Stundenzahl ergeben, bis auf Weiteres in Kraft.

### 15. Aufgabe und Ziel des evangelischen Religionsunterrichtes.

Die Aufgabe des evangelischen Religionsunterrichtes ist die Einführung der Kinder in das Verständniß der heiligen Schrift und in das Bekenntniß der Gemeinde, damit die Kinder befähigt werden, die heilige Schrift selbstständig lesen und an dem Leben, sowie an dem Gottesdienste der Gemeinde lebendigen Antheil nehmen zu können.

### 16. Die heilige Geschichte.

Die Einführung der Schüler in die heilige Schrift stellt sich als Unterricht in der biblischen Geschichte und Auslegung zusammenhängender Schriftabschnitte, insbesondere auch der evangelischen und epistolischen Perikopen des Kirchenjahres dar.

Den Kindern der Unterstufe werden wenige Geschichten vorgeführt; aus dem alten Testamente werden vorzüglich solche aus dem ersten Buche Mosis und etwa noch die von Moses und von Davids erster Zeit, aus dem neuen die von der Geburt, der Kindheit, dem Tode, und der Auferstehung Jesu Christi und einige dem kindlichen Verständnis vorzugsweise naheliegende Erzählungen aus seinem Leben gewählt.

Im weiteren Fortgang des Unterrichtes erhalten die Schüler eine planmäßig geordnete Reihe der wichtigsten Erzählungen aus allen Perioden der heiligen Geschichte des alten und neuen Testamentes, und auf Grund derselben eine zusammenhängende Darstellung der heiligen Geschichte, in welcher namentlich das Lebensbild Jesu deutlich hervortritt und in die auch die Pflanzung und erste Ausbreitung der Kirche aufzunehmen ist. An diese Geschichte schließt sich diejenige der Begründung des Christenthums in Deutschland, der deutschen Reformation und Nachrichten über das Leben der evangelischen Kirche in unserer Zeit an.

In mehrklassigen Schulen ist dieser Unterricht und insbesondere auch die Darstellung der christlichen Kirchengeschichte entsprechend zu erweitern.

Der Lehrer hat die biblischen Geschichten in einer dem Bibelwort sich anschließenden Ausdrucksweise frei zu erzählen, sie nach ihrem religiösen und sittlichen Inhalt in einer Geist und Gemüth bildenden Weise zu entwickeln und fruchtbar zu machen. Geistloses Einlernen ist zu vermeiden.

17. Das Bibellesen.

In den biblischen Geschichtsunterricht der Oberstufe fügt sich die Erklärung zusammenhängender Schriftabschnitte aus den prophetischen und den poetischen Büchern des alten Testamentes, besonders der Psalmen, und aus den Schriften des neuen Testamentes.

Das Maß des in diesem Unterrichte zu behandelnden Stoffes und die Auswahl desselben ist je nach den Verhältnissen der einzelnen Schulen in dem Lehrplane derselben zu bestimmen.

18. Die Perikopen.

An jedem Sonnabend sind den Kindern die Perikopen des nächstfolgenden Sonntages vorzulesen und kurz auszulegen. Ein Memoriren der Perikopen findet nicht statt.

19. Der Katechismus.

Die Einführung in das Bekenntniß der Gemeinde wird durch die Erklärung des in derselben eingeführten Katechismus unter Heranziehung von biblischen Geschichten, Bibelsprüchen und Liederversen oder ganzen Liedern vermittelt; dabei ist aber Überladung des Gedächtnisses zu vermeiden.

Im Allgemeinen gilt es als Regel, daß besondere Stunden für den Katechismus in der Volksschule mit einem oder zwei Lehrern erst auf der oberen Stufe, in der mehrklassigen Schule frühestens in den Mittelklassen eintreten.

Es sind dafür höchstens zwei Stunden anzusetzen.

Wofern nicht besondere Verhältnisse eine Änderung nöthig machen, fallen, wo der lutherische Katechismus eingeführt ist, nur die drei ersten Hauptstücke desselben in das Pensum der Volksschule, und zwar in der Art, daß auf der Unterstufe der einfache Wortlaut der zehn Gebote und des Vaterunsers, auf der Mittelstufe die beiden ersten Hauptstücke des kleinen Katechismus mit der lutherischen Erklärung, auf der Oberstufe das dritte Hauptstück zur Aneignung kommen.

Die Erklärung der folgenden Hauptstücke bleibt dem Confirmationsunterrichte überlassen.

20. Das geistliche Lied.

Auf allen Stufen des Religions-Unterrichtes ist die Beziehung auf das Kirchenlied zu nehmen. Auf der Unterstufe kommen vorzugsweise einzelne Verse, auf den beiden oberen neben solchen auch ganze Lieder zur Behandlung. Diese hat sich nicht auf diejenigen Lieder zu beschränken, welche memorirt werden sollen, und es sind bei der Auswahl der Lieder auch diejenigen aus der neueren und neuesten Zeit zu berücksichtigen.

Wo nicht ein besonderes Schulgesangbuch eingeführt ist, werden die Texte der Lieder in der Regel aus dem in der betreffenden Kirchengemeinde in Brauch befindlichen Gesangbuche genommen.

Zur gedächtnißmäßigen Aneignung sind höchstens 20 Lieder zu wählen, welche nach Inhalt und Form dem Verständniß der Kinder angemessen sind. Dem Memoriren muß die Erklärung des Liedes und die Übung im sinngemäßen Vortrage desselben vorangehen.

21. Gebete.

Bereits auf der Unterstufe lernen die Kinder einige kurze und leichte Morgen-, Mittags- und Abendgebete, auf den oberen Stufen ist ihnen die Einrichtung des öffentlichen Gottesdienstes zu erklären. Gedächtnißmäßige Aneignung des allgemeinen Kirchengebetes sowie anderer Theile des liturgischen Gottesdienstes findet nicht statt.

22. Der Unterricht im Deutschen.

Der Unterricht im Deutschen schließt die Übungen im Sprechen, Lesen und Schreiben in sich. Diese Gegenstände müssen auf allen Stufen, in organischem Zusammenhange mit einander bleiben, und soweit dies angeht, in gleichmäßigem Fortschritte gefördert werden.

## 23. Die Übungen im mündlichen Ausdrucke.

Die Übungen im mündlichen Ausdrucke erfordern keinen abgesonderten Unterricht. Sie bereiten vielmehr den Schreib- und Leseunterricht vor und begleiten ihn auf seinen weiteren Stufen.

Ihre Stoffe nehmen sie auf der Unterstufe von den einfachsten und den Kindern zumeist bekannten Gegenständen, auf der Mittelstufe von Gruppenbildern u. dergl., auf der oberen von den Sprachstücken des Lesebuches.

Ihr formelles Ziel ist, fortschreitend auf den verschiedenen Stufen, die Befähigung des Schülers zu richtiger und deutlicher Aussprache jedes einzelnen Wortes und zum freien Ausdruck seiner Gedanken im einfachen Satze, die Befähigung zum correcten und sicheren Ausdrucke im zusammengesetzten Satze unter Überwindung der gewöhnlichen Fehler im Gebrauche der Wortformen und in der Satzbildung, und endlich die Befähigung zur freien und richtigen Wiedergabe fremder Stoffe, wie zur Ordnung und klaren Darstellung der eigenen Gedanken.

## 24. Der Unterricht im Schreiben und Lesen.

Der Unterricht im Schreiben und Lesen ist nach der im Seminare des betreffenden Bezirks eingeführten Methode zu ertheilen; die Anwendung der Buchstabirmethode ist ausgeschlossen.

Ziel ist: für die Unterstufe die Befähigung der Kinder, zusammenhängende Sprachstücke richtig lesen und kurze Sätze nicht nur ab- sondern auch selbständig aufschreiben zu können, für die Mittelstufe diejenige, ganze Sprachstücke in gebundener und ungebundener Rede, in deutscher und lateinischer Schrift ohne Anstoß und sinnrichtig zu lesen, ein einfaches Diktat richtig aufzuschreiben und ein nach Form und Inhalt leichtes Sprachstück selbständig niederzuschreiben. Auf der Oberstufe sind die Schüler dahin zu führen, daß sie schwierigere Sprachstücke, deren Inhalt ihrem Lebenskreise nicht zu fern liegt, leicht und mit Ausdruck vom Blatt lesen, Diktate dieser Art fehlerfrei niederschreiben und auch größere Sprachstücke richtig wiedergeben können.

Für die Übung im Schreiben werden besondere Schreibstunden auf der Mittel- und auf der Oberstufe der Schule mit einem oder zwei Lehrern, sowie in den Mittelklassen der mehrklassigen Schule eingerichtet. In den Oberklassen der letzteren kann die Übung außerdem zum Gegenstand häuslicher Aufgaben gemacht werden. Ziel des Unterrichtes ist die Aneignung einer saubern, deutlichen und gewandten Schrift in allen, auch in schnell gefertigten Schriftsätzen.

Die Resultate eines guten Unterrichtes müssen demnach in allen Heften der Schüler zum Vorschein kommen.

Als Inhalt der Vorschriften empfehlen sich volksthümliche Sprüchwörter, gute und zeitgemäße Muster von geschäftlichen Formularen und Aufsätzen.

## 25. Der Unterricht in der deutschen Sprachlehre.

In den Oberklassen mehrklassiger Schulen sind für Unterricht und Übung in der deutschen Sprachlehre besondere Stunden anzusetzen; in der Schule mit einem oder zwei Lehrern ist derselbe mit dem übrigen Sprachunterrichte zu verbinden.

Ziel ist für die Mittelstufe: Kenntniß des einfachen Satzes und der einfachsten Verhältnisse aus der Wortlehre; für die Oberstufe: der erweiterte Satz und weitergehende Belehrungen aus der Wort- und Wortbildungslehre.

## 26. Das Lesebuch.

Dem gesammten Unterrichte im Deutschen liegt das Lesebuch zu Grunde.

Bei der Behandlung desselben ist womöglich der gesammte Inhalt desselben nach und nach zu verarbeiten.

Das Lesebuch ist nicht nur zur Erzielung der Lesefertigkeit, sondern auch zur Einführung in das Verständniß der in demselben enthaltenen Musterstücke zu benutzen. Die Auswahl der Stücke ist so zu treffen, daß jährlich wechselnd ungefähr 30 zur Behandlung kommen.

Geeignete Sprachstücke poetischer Form und zwar in Schulen mit einem oder zwei Lehrern besonders Volksliedertexte, werden auf allen drei Stufen nach vorangegangener Besprechung memorirt.

Auf der Oberstufe mehrklassiger Schulen wird das Lesebuch auch dazu benutzt, den Kindern Proben von den Hauptwerken der vaterländischen, namentlich der volksthümlichen Dichtung und einige Nachrichten über die Dichter der Nation zu geben: doch beschränken sich diese Mittheilungen auf die Zeit nach der Reformation.

Die Auswahl der einzuführenden Lesebücher ist aus denen zu treffen, welche ein volksthümliches Gepräge tragen und durch ihren gesammten Inhalt den erziehlichen Zweck der Schule fördern.

Unter diesen aber verdienen diejenigen den Vorzug, welche in ihrer Form correct sind und auch in den geschichtlichen und realistischen Theilen nicht eigene Ausarbeitungen der Herausgeber, sondern Proben aus den besten populären Darstellungen der Meister auf diesem Gebiete geben und welche sich von kirchlichen und politischen Tendenzen freihalten. Für Schulen, welche von Kindern verschiedener Konfession besucht werden, sind möglichst nur solche Lesebücher zu wählen, welche keinen eigentlich confessionellen Charakter haben. Aus den bereits eingeführten Lesebüchern sind die Sprachstücke confessionellen Inhaltes in den Religionsunterricht zu verweisen.

### 27. Der Sprachunterricht in Schulen mit Kindern verschiedener Nationalität.

Bezüglich des Sprachunterrichtes in solchen Schulen, in welchen die Kinder oder ein Theil derselben eine andere als die deutsche Sprache reden, kommen die hierüber ergangenen oder noch ergehenden besonderen Bestimmungen zur Anwendung.

### 28. Der Rechenunterricht.

Auf der Unterstufe werden die Operationen mit benannten und unbenannten Zahlen im Zahlenraum von 1 bis 100, auf der mittleren diejenigen im unbegrenzten Zahlenraum mit benannten und unbenannten Zahlen gelernt und geübt; auf der letzteren auch angewandte Aufgaben aus der Durchschnittsrechnung, Resolutionen und Reductionen und einfache Regel de tri gerechnet; Pensum der Oberstufe sind die Bruchrechnung, welche bereits auf den unteren Stufen in der geeigneten Weise vorbereitet werden muß, und deren Anwendung in den bürgerlichen Rechnungsarten, sowie eingehende Behandlung der Decimalbrüche.

In der mehrklassigen Schule erweitert sich das Pensum in den bürgerlichen Rechnungen durch Aufnahme der schwierigen Arten und das in der Rechnung mit Dezimalen durch die Lehre von den Wurzelextractionen.

Auf der Unterstufe wird in der Schule mit einem oder zwei Lehrern, soweit es sein kann, in der mehrklassigen Schule regelmäßig nur im Kopfe gerechnet. Bei Einführung einer neuen Rechnungsart geht auf allen Stufen das Kopfrechnen dem Tafelrechnen voran. Bei der practischen Anleitung ist überall die Beziehung auf das bürgerliche Leben ins Auge zu fassen; darum sind die Exempel mit großen und vielstelligen Zahlen zu vermeiden und die angewandten Aufgaben so zu stellen, wie sie den wirklichen Verhältnissen entsprechen.

Durch diese Aufgaben sind die Schüler zugleich mit dem geltenden Systeme der Maße, Münzen und Gewichte bekannt zu machen.

Das Rechnen ist auf allen Stufen als Übung im klaren Denken und richtigen Sprechen zu betreiben; doch ist als der letzte Zweck stets die Befähigung der Schüler zu selbstständiger, sicherer und schneller Lösung der ihnen gestellten Aufgaben anzusehen.

Dem Unterrichte sind in allen Schulen Aufgaben-(Schüler-)Hefte, zu denen der Lehrer das Facitbüchlein in Händen hat, zu Grunde zu legen.

### 29. Der Unterricht in der Raumlehre.

Das Pensum der Raumlehre bilden: die Linie (gerade, gleiche, ungleiche, gleichlaufende), der Winkel und dessen Arten, Dreiecke, Vierecke, regelmäßige Figuren, der Kreis und dessen Hülfslinien, die regelmäßigen Körper.

In der mehrklassigen Schule kommt die Lehre von den Linien und Winkeln und von der Gleichheit und Congruenz der Figuren in elementarer Darstellung hinzu.

Der Unterricht in der Raumlehre ist sowohl mit demjenigen im Rechnen, wie mit dem Zeichenunterrichte in Verbindung zu setzen. Während die Schüler in dem letzteren die Formen der Linien, Flächen und Körper richtig anzuschauen und darzustellen geübt werden, lernen sie im ersteren mit deren Maßzahlen sicher und verständig operiren, die Länge der Linien, die Ausdehnung der Flächen und den Inhalt der Körper berechnen.

### 30. Der Zeichenunterricht.

In dem Zeichenunterrichte sind alle Kinder gleichzeitig und gleichmäßig zu beschäftigen und bei steter Übung des Auges und der Hand dahin zu führen, daß sie unter Anwendung von Lineal, Maß und Zirkel vorgezeichnete Figuren nach gegebenem verjüngten oder erweiterten Maßstabe nachzuzeichnen und geometrische Ansichten von einfach gestalteten Gegenständen nach gegebenem Maßstab darzustellen vermögen, z. B. von Zimmergeräthen, Gartenflächen, Wohnhäusern, Kirchen und andern Körpern, welche gerade Kanten und große Flächen darbieten.

Wo dieses Ziel erreicht ist, kann besonders begabten Kindern Gelegenheit gegeben werden, nach Vorlegeblättern zu zeichnen.

Für den Zeichenunterricht der mehrklassigen Volksschule wird eine besondere Instruction vorbehalten.

### 31. Der Unterricht in den Realien.

Beim Unterrichte in den Realien ist das Lesebuch zur Belebung, Ergänzung und Wiederholung des Lehrstoffes, welchen der Lehrer nach sorgfältiger Darstellung anschaulich und frei darzustellen hat, zu benutzen. In mehrklassigen Schulen können daneben besondere Leitfäden zur Anwendung kommen. Dictate sind nicht zu gestatten, ebenso ist das rein mechanische Einlernen von Geschichtszahlen, Regentenreihen u.s.w., Länder- und Städtenamen, Einwohnerzahlen, von Namen, Merkmalen der Pflanzen, Maß- und Verhältnißzahlen in der Naturlehre verboten. In der Geographie und der Naturkunde ist von der Anschauung auszugehen, welche in der Geographie durch den Globus und die Karte, in der Naturbeschreibung durch die zur Besprechung gebrachten Gegenstände oder durch gute Abbildungen, in der Naturlehre wenigstens in der mehrklassigen Schule durch das Experiment zu vermitteln ist.

Überall, auch in mehrklassigen Schulen, ist unter stufenweiser Erweiterung des Stoffes von dem Leichteren zum Schwereren, von dem Näheren zum ferner Liegenden fortzuschreiten.

### 32. Geschichte.

In der Geschichte sind aus der älteren Geschichte des deutschen Vaterlandes und aus der älteren brandenburgischen Geschichte einzelne Lebensbilder zu geben; von den Zeiten des dreißigjährigen Krieges und der Regierung des großen Kurfürsten an ist die Reihe der Lebensbilder ununterbrochen fortzuführen. Soweit sie dem Verständniß der Kinder zugänglich sind, werden die culturhistorischen Momente in die Darstellung mit aufgenommen.

Die Ausführlichkeit und die Zahl der Bilder bestimmt sich nach der Art der Schule und dem Maße der Zeit, die auf den Gegenstand verwendet werden kann.

## 33. Geographie.

Der geographische Unterricht beginnt mit der Heimathskunde; sein weiteres Pensum bilden das deutsche Vaterland und das Hauptsächlichste von der allgemeinen Weltkunde: Gestalt und Bewegung der Erde, Entstehung der Tages- und Jahreszeiten, die Zonen, die fünf Weltmeere und die fünf Erdtheile, die bedeutendsten Staaten und Städte der Erde, die größten Gebirge und Ströme.

Das Maß des darzubietenden Stoffes wird durch die Art der Schule bedingt; es ist indeß bei Aufstellung des Lehrplanes vorzuziehen, nöthigenfalls den Umfang des Lehrstoffes zu beschränken, statt auf dessen Veranschaulichung zu verzichten und den Unterricht in Mittheilung bloßer Nomenclatur ausarten zu lassen.

## 34. Naturbeschreibung.

Gegenstand des Unterrichts in der Naturbeschreibung bilden außer dem Bau und dem Leben des menschlichen Körpers: die einheimischen Gesteine, Pflanzen und Thiere, von den ausländischen die großen Raubthiere, die Thier- und Pflanzenwelt des Morgenlandes und diejenigen Culturpflanzen, deren Producte bei uns in täglichem Gebrauche sind (z. B. Baumwollenstaude, Theestrauch, Kaffeebaum, Zuckerrohr). Von den einheimischen Gegenständen treten diejenigen in den Vordergrund, welche durch den Dienst, den sie dem Menschen leisten (z. B. Hausthiere, Vögel, Seidenraupe, Getreide- und Gespinnstpflanzen, Obstbäume, das Salz, die Kohle), oder durch den Schaden, den sie dem Menschen thun (Giftpflanzen), oder etwa durch die Eigenthümlichkeit ihres Lebens und ihrer Lebensweise (z. B. Schmetterling, Trichine, Bandwurm, Biene, Ameise) besonderes Interesse erregen.

In der mehrklassigen Schule kann nicht nur eine Vermehrung der Gegenstände, sondern auch eine systematische Ordnung derselben und ein näheres Eingehen auf ihre gewerbliche Verwendung stattfinden. Die Gewöhnung der Kinder zu einer aufmerksamen Beobachtung und ihre Erziehung zu sinniger Betrachtung der Natur ist überall zu erstreben.

## 35. Naturlehre.

In dem naturkundlichen Unterrichte der Schule mit einem oder zwei Lehrern sind die Schüler zu einem annähernden Verständniß derjenigen Erscheinungen zu führen, welche sie täglich umgeben.

In der mehrklassigen Schule ist der Stoff so zu erweitern, daß das Wichtigste aus der Lehre vom Gleichgewichte und der Bewegung der Körper, vom Schall, vom Lichte und von der Wärme, vom Magnetismus und der Electricität zu geben ist, so daß die Kinder im Stande sind, die gewöhnlicheren Naturerscheinungen und die gebräuchlichsten Maschinen erklären zu können.

## 36. Gesang.

In dem Gesangunterrichte wechseln Choräle und Volkslieder ab. Ziel ist, daß jeder Schüler nicht nur im Chor, sondern auch einzeln richtig und sicher singen könne und bei seinem Abgange eine genügende Anzahl von Chorälen und Volksliedern, letztere möglichst unter sicherer Einprägung der ganzen Texte, als festes Eigenthum inne habe.

## 37. Der Turnunterricht.

Der Turnunterricht wird auf der Mittel- und der Oberstufe den Knaben in wöchentlich zwei Stunden nach dem durch Circular-Verordnung vom 8. October 1868 eingeführten Leitfaden für den Turnunterricht in den preußischen Volksschulen ertheilt. Wünschenswerth ist, daß auch auf der Unterstufe Turnspiele und Vorübungen angestellt werden.

38. Unterricht in weiblichen Handarbeiten.

Der Unterricht in weiblichen Handarbeiten wird, wenn thunlich, schon von der Mittelstufe an in wöchentlich zwei Stunden ertheilt.

Berlin, den 15. October 1872.

Der Minister der geistlichen, Unterrichts- und Medicinalangelegenheiten.

Falk.

## B. Einrichtung und Lehrplan der öffentlichen jüdischen Volksschulen.

### I. Allgemeines.

Die „Allgemeine Verfügung" gilt auch für die jüdischen öffentlichen Volksschulen, jedoch mit zwei Einschränkungen.

Die erste Einschränkung ist die auch für die nichtjüdischen Schulen geltende, daß nämlich, soweit gesetzliche Bestimmungen vorhanden sind, mit denen die ministeriellen Anordnungen sich nicht vereinbaren lassen, die gesetzlichen Bestimmungen vorgehen.

Die zweite Einschränkung ergibt sich aus der Natur der Sache. In Ziffer 14—21 wird der katholische und evangelische Religionsunterricht behandelt. Diese Bestimmungen kommen für die jüdischen Volksschulen selbstverständlich nicht in Betracht.

Die besonderen gesetzlichen Bestimmungen, die sich auf die Einrichtung und den Lehrplan der öffentlichen jüdischen Volksschulen beziehen, sind die folgenden:

a. Für das Geltungsgebiet des Gesetzes vom 23. Juli 1847. § 67 Z. 1 des Gesetzes:

Die Unterrichtssprache in einer solchen Schule muß die deutsche sein.

b. Für das Gebiet des ehemaligen Herzogtums Schleswig. Gesetz vom 8. Februar 1854:

§ 27 Abs. 2 Satz 2: Die Schulgesetze und der Lehrplan bedürfen der Genehmigung Unseres Ministerii für das Herzogtum Schleswig.

c. Für das Gebiet des ehemaligen Herzogtums Holstein. Gesetz vom 14. Juli 1863:

§ 18 Abs. 4: Die jüdischen Schulen sind von der Regierung mit besonderen Regulativen zu versehen, in welchen über ... Lehrplan ... u.s.w. das Nähere festgestellt werden wird.

d. Für das Gebiet des ehemaligen Königreichs Hannover. Gesetz vom 5. Februar 1854:

§ 28: In jedem Schulverbande muß ein gesundes, hinreichend geräumiges und helles Schullocal vorhanden sein.

Das Schullocal darf nicht zur Wohnung des Lehrers benutzt werden.

§ 29: Die Reiheschule, wo bald in diesem, bald in jenem Hause Unterricht ertheilt wird, ist, sofern nicht das Lokal mindestens auf ein ganzes Jahr überlassen wird, nicht gestattet.

§ 30: In der Schule müssen alle nothwendigen Geräthe, insbesondere Tische, Bänke, Dintenfässer, eine schwarze Tafel, ein verschließbarer Schrank mit Fächern zur Aufbewahrung der Lehrmittel (Wandkarten, Vorlegblätter, Censurbücher u.s.f.) vorhanden sein.

§ 31: Der Schulverband hat auf seine Kosten für angemessene Heizung, Beleuchtung und das Reinhalten des Schullocals zu sorgen.

§ 32: In den jüdischen Elementarschulen sollen wöchentlich wenigstens dreiunddreißig Stunden Unterricht ertheilt und mindestens eilf Stunden auf die Religionsgegenstände verwendet werden.

Die Vertheilung der Stunden auf die einzelnen Unterrichtsgegenstände, so wie die Festsetzung der wöchentlich in den Religionsschulen zu ertheilenden Stunden bleibt den Landrabbinern überlassen (§§ 7 und 17).

§ 33: Der Unterricht in den jüdischen Religionsschulen umfaßt folgende Lehrgegenstände:

a) hebräisch Lesen und jüdisch Schreiben
b) hebräische Sprüche und Gebete, so wie die Übersetzung derselben
c) Übersetzung und Erklärung der Heiligen Schrift
d) hebräische Grammatik
e) biblische und jüdische Geschichte
f) systematische Religionslehre und, wo thunlich,
g) rabbinische Schriften und Gesang.

§ 34: In jüdischen Elementarschulen kommen zu diesen Gegenständen noch deutsch Lesen und Schreiben, deutsche Sprache, Rechnen, Geographie, Geschichte, Naturkunde, so wie Denk- und Sprechübungen.

§ 35: Die bei dem Unterrichte in den jüdischen Schulen zu benutzenden Lehrbücher werden, mit Genehmigung des Ministeriums des Innern, von den Landrabbinern gemeinsam bestimmt.

§ 36: Das jüdische Schuljahr beginnt in der Woche nach dem Pesachfeste und zerfällt in zwei Halbjahre.

Die Aufnahme und Entlassung der Schüler findet in der Regel nur halbjährlich Statt. Ausnahmen von dieser Vorschrift können vom Schulvorstande in dringenden Fällen zugelassen werden.

Kinder, welche einem auswärtigen Schulverbande angehören, dürfen nicht, ohne Anzeige bei dem Schulvorstande, in die Schule aufgenommen werden.

Die Theilnahme an dem Unterrichte soll denselben jedoch nur aus erheblichen Gründen versagt werden.

§ 37: Vier Wochen vor dem Beginne des Schuljahres sind die Lehr- und Stundenpläne dem Landrabbiner zur Prüfung vorzulegen. Nach erfolgter Genehmigung ist der Stundenplan im Schulzimmer anzuheften und eine Abschrift vom Schulvorstande der Obrigkeit mitzutheilen.

§ 38: Der Lehrer hat, unter Mitwirkung des Schulvorstandes, darüber zu wachen, daß Fleiß, Ordnung und gute Zucht unter den Lernenden herrscht. Zur Aufrechterhaltung der Schulzucht dienen dieselben Mittel, welche in den christlichen Schulen angewendet werden.

§ 39: Die Schulregister, Versäumnißlisten, Klassenbücher und Censuren sind, nach näherer Anordnung der Landrabbiner, möglichst gleichmäßig einzurichten und sorgfältig aufzubewahren. Bei jeder Schulvisitation (§§ 17 und 21) sind dieselben zur Einsicht und Unterschrift vorzulegen.

§ 40: Fortgeschrittene und sonst dazu geeignete Schüler kann der Lehrer bei der Beaufsichtigung der minder geübten zuziehen und dieselben zum Hülfsunterricht in einzelnen Fächern anleiten.

§ 41: Dispensationen vom Schulbesuche, welche über die Dauer von drei Tagen hinausgehen, sind bei dem Schulvorstande zu erwirken. Dieselben sind nur in dringenden Fällen, nach Rücksprache mit dem Lehrer, unter Angabe der Gründe schriftlich zu ertheilen.

§ 42: Bei einer größeren Zahl von Schulkindern ist auf die Absonderung nach den Geschlechtern und eine passende Klassenabstufung möglichst Bedacht zu nehmen.

§ 43: An jeder Schule ist mindestens einmal im Jahre eine Prüfung vorzunehmen. Dieselbe soll, wenn die Umstände es zulassen, öffentlich gehalten werden. Auch die Kinder, welche Privatunterricht genießen, sind verpflichtet, an diesen Prüfungen Theil zu nehmen und bei den Visitationen der Schule, welche die Landrabbiner vornehmen, zugegen zu sein.

§ 44: Die Ferien sind mit Genehmigung der Landrabbiner festzustellen und nicht willkürlich abzuändern.

§ 62: Ein Abdruck dieser Schulordnung soll sich beständig in jeder Synagogengemeinde und in jeder jüdischen Schule befinden.

5. Für das Gebiet des ehemaligen Großherzogtums Hessen. Edikt vom 17. Juli 1823:

3. Die Lehrgegenstände in diesen Schulen sind mit Ausnahme des Religions-Unterrichtes die in den Volksschulen überhaupt vorgeschriebenen. Der Unterricht in der hebräischen Sprache soll daher in denselben nicht erteilet werden, sondern es bleibt solcher den höheren Lehranstalten vorbehalten.

6. Die in diesen Schulen zu gebrauchenden Vorlesebücher sind vorerst der Schulbehörde zur Genehmigung vorzulegen.

6. Für das Gebiet des ehemaligen Fürstentums Hohenzollern-Sigmaringen. Gesetz vom 9. August 1837:

§ 28: Die Vorschriften und Anordnungen der allgemeinen Schulordnung, sowie alle im Schulwesen bestehenden oder künftig ergehenden Geseze und Verordnungen, finden auch auf die in den Judengemeinden bestehenden Schulen volle Anwendung.

§ 32: Der Religions-Unterricht in den israelitischen Elementarschulen ist von dem Rabbiner wenigstens wöchentlich zwei Mal, und bei dessen Verhinderung oder Abwesenheit, von dessen Stellvertreter oder dem Schullehrer, nach Anleitung des Rabbiners, und zwar in deutscher Sprache, zu ertheilen.

7. Für das ehemalige Fürstentum Hohenzollern-Hechingen kommen folgende Abschnitte der Regierungsverordnung vom 23. April 1836 hier in Betracht (wörtlich abgedruckt unten im Anhang am Ende des Buches.

I. Abschnitt: Bestimmung der Schulzeit und pflichtmäßigen Schulbesuches für die Winter-, Sommer- und Wiederholungsschule.
II. Abschnitt: Lehrgegenstände und Unterrichtsmethode in der Schule.
III. Abschnitt: Sittliche Erziehung in der Schule.
IV. Abschnitt: Schulgebäude und innere Einrichtung desselben.
V. Abschnitt: Von den Schulversäumnissen.
VII. Abschnitt: Von den Schulkonferenzen.

## II. Der Religionsunterricht.

Des jüdischen Religionsunterrichts[1]) wird in der „Allgemeinen Verfügung" keine Erwähnung getan. Es ergibt sich hiernach die Frage, welche Stellung dem jüdischen Religionsunterricht an den öffentlichen jüdischen Volksschulen einzuräumen ist.

---

[1]) Vgl. zu dem Folgenden auch unten S. 219 ff., insbesondere S. 227.

1. Für das Gebiet des Gesetzes vom 23. Juli 1847 fehlt es an ausdrücklichen gesetzlichen Bestimmungen hierüber. Doch hat die Denkschrift des Staatsministeriums zu dem Regierungsentwurf des Gesetzes zu der Frage Stellung genommen. In der Denkschrift[1]) heißt es:

„Es fragt sich, ob der jüdische Religions-Unterricht in den Lehrplan der öffentlichen jüdischen Schulen aufgenommen werden darf, oder ob derselbe den jüdischen Gemeinden zur besonderen Veranstaltung überlassen bleiben soll?

Streng genommen, ist die Ausschließung des Religions-Unterrichts von dem Lehrplan der für jüdische Glaubensgenossen bestimmten öffentlichen Ortsschulen lediglich eine Folge des allgemeinen Grundsatzes über das Verhältniß der Juden als einer blos geduldeten Religionsgesellschaft, von welchem Grundsatze es abzuweichen scheint, wenn in der Elementarschule, als einer zu öffentlichen Rechten bestehenden Anstalt, auch der jüdische Religions-Unterricht ertheilt wird. Es war hierbei indes schon immer vorausgesetzt, daß die Juden sich des Lokals und des Lehrerpersonals der Elementarschule auch zu den Privatlehrstunden in der Religion, in einer praktisch sonach ziemlich auf dasselbe hinausgehenden Art, bedienen könnten und würden. Um so weniger scheint es einem Bedenken zu unterliegen, daß, nachdem inmittelst auch in einem Spezialfalle mit einer Abweichung von jenem Grundsatze vorgegangen ist, die Aufnahme des Religions-Unterrichts in den Lehrplan einer öffentlichen jüdischen Schule, ohne ausdrückliche Bestimmung hierüber in dem zu erlassenden Gesetze, nachgegeben werde."

Die Entscheidung des K. G. vom 14. März 1901 (vgl. u. S. 245 f.) läßt die Frage, ob die Teilnahme an dem in den jüdischen öffentlichen Volksschulen erteilten jüdischen Religionsunterrichte obligatorisch ist oder nicht, offen.

2. Für das Gebiet des ehemaligen Königreichs Hannover ist der Unterricht in der jüdischen Religion durch die §§ 33 und 34 des Gesetzes vom 5. Februar 1854[2]) ausdrücklich unter die obligatorischen Lehrgegenstände der jüdischen Elementarschulen aufgenommen worden. Nach § 32 a. a. O. sollen mindestens 11 Stunden wöchentlich auf die Religionsgegenstände verwendet werden.

3. Für das Gebiet des ehemaligen Großherzogtums Hessen ist durch das Gesetz vom 17. Juli 1823 Z. 3[3]) der Unterricht in der hebräischen Sprache von dem Lehrplane der öffentlichen jüdischen Volksschulen ausgeschlossen worden. Daraus folgt, daß im übrigen der jüdische Religionsunterricht zu den Lehrgegenständen dieser Schulen zählt.

---

[1]) A. a. O. S. XXXVI.
[2]) Oben S. 129.
[3]) Oben S. 130.

4. Für das Gebiet des ehemaligen Fürstentums Hohenzollern-Sigmaringen bestimmt § 32[1]) des Gesetzes vom 9. August 1837, daß der Religionsunterricht in den israelitischen Elementarschulen von dem Rabbiner und bei dessen Verhinderung oder Abwesenheit von dessen Stellvertreter wenigstens wöchentlich zweimal zu erteilen ist.

5. Für das Gebiet des ehemaligen Fürstentums Hohenzollern-Hechingen endlich führt die Regierungsverordnung vom 23. April 1836 in § 2 des II. Abschnittes[2]) den Religionsunterricht unter den „wesentlich notwendigen" Lehrgegenständen der israelitischen Elementarschule auf. Die Versäumnis wird nach den Bestimmungen im V. Abschnitt[2]) mit Strafe belegt.

Was den Inhalt des jüdischen Religionsunterrichts betrifft, so hat die preußische Unterrichtsverwaltung mit Rücksicht auf die Stellung der jüdischen Religionsgesellschaft als einer geduldeten, den Grundsatz aufgestellt, daß die Aufsicht des Staates sich auf den Inhalt des jüdischen Religionsunterrichts nicht zu erstrecken und der Staat sich hierum nicht zu kümmern habe. Von diesem Standpunkt ging auch das Gesetz vom 23. Juli 1847 aus. So besagte die Denkschrift[3]) des Staatsministeriums zum Entwurf des Gesetzes:

„Wenn es indeß den Verhältnissen der Juden, als einer geduldeten Religionssekte, entspricht, daß der Staat lediglich den Judengemeinen die Entscheidung über das Maaß von Religionskenntnissen, welches sie von ihren Religionslehrern verlangen wollen, und über deren Rechtgläubigkeit überläßt, und daß er auch von dem materiellen Inhalte des den jüdischen Kindern zu ertheilenden Religions-Unterrichtes keine nähere Kenntniß nehmen kann....."

Wiewohl nun die Unterscheidung zwischen „öffentlich-aufgenommenen" und „geduldeten" Religionsgesellschaften durch die Verfassungsurkunde vom 5. Dezember 1848 aufgehoben und auch in die Verfassungsurkunde vom 31. Januar 1850 nicht wieder aufgenommen worden ist[4]), so hat sich doch der Standpunkt der Unterrichtsverwaltung nur in der Begründung nicht aber in der Sache selbst geändert. Als Grund dafür, daß der Staat sich um den Inhalt des jüdischen Religionsunterrichts nicht kümmere, wird nunmehr seitens der Unterrichtsverwaltung angegeben, daß der Staat nicht wisse, was jüdischer Religionsunterricht sei. Die Gesamtheit der jüdischen Synagogengemeinden sei nicht so organisiert, wie die großen evangelischen und katholischen Volkskirchen. Es fehle daher dem Staate an Organen, die Frage zu prüfen und zu entscheiden, welche Auffassung des Judentums, die orthodoxe oder die liberale, die richtige wäre[5]).

---

[1]) Oben S. 130.

[2]) Siehe unten im Anhang am Ende des Buches.

[3]) A. a. O. S. XXXIII; vgl. auch den Min.-Erl. vom 8. Mai 1860 (Z.-Bl. S. 505).

[4]) Vgl. unten S. 225 f.

[5]) Vgl. die Erklärungen der Unterrichtsverwaltung anläßlich der Beratungen über das VUG., insbesondere im Kommissionsbericht des Abgeordnetenhauses S. 313, u. 569 und im Kommissionsbericht des Herrenhauses S. 78; vgl. ferner die Sten. Ber. des A. H. S. 5194, 5196, 5198; vgl. auch unten S. 231.

In den Gesetzgebungen der neu erworbenen Gebietsteile finden sich jedoch verschiedentlich auf den Inhalt des jüdischen Religionsunterrichts bezügliche Bestimmungen.

Für Hannover sind durch §§ 33 und 34 des Gesetzes vom 5. Februar 1854 als Lehrgegenstände des Religionsunterrichts festgesetzt:

a) hebräisch Lesen und jüdisch Schreiben;
b) hebräische Sprüche und Gebete, sowie die Uebersetzung derselben;
c) Uebersetzung und Erklärung der Heiligen Schrift;
d) hebräische Grammatik;
e) biblische und jüdische Geschichte;
f) systematische Religionslehre und wo tunlich
g) rabbinische Schriften und Gesang.

Für das Gebiet des ehemaligen Großherzogtums Hessen ist negativ bestimmt, daß der Religionsunterricht in den jüdischen Volksschulen sich auf den Unterricht im Hebräischen nicht auszudehnen habe (Gesetz vom 17. Juli 1823 Z. 3, siehe oben S. 130).

Für das Gebiet des ehemaligen Kurhessen bestimmt die Verordnung vom 30. Dezember 1823:

§ 13: „Die israelitischen Religionslehrer haben in dem Unterrichte der Jugend und der Erwachsenen allgemeine Menschenliebe, Unterwürfigkeit unter die Obrigkeit, Fügung in die bürgerliche Ordnung und Liebe zu dem Lande, in welchem sie geboren oder ihren Lebensunterhalt und Schutz finden, nach eigener Angabe und richtiger Auslegung ihrer wesentlichen Religions-Vorschriften zu lehren".

Für das Gebiet des ehemaligen Herzogtums Schleswig bestimmt § 21 des Gesetzes vom 8. Februar 1854:

„Für den Unterricht in der Religion wird ein bestimmtes Lehrbuch in dänischer und deutscher Sprache autorisirt werden..."

Ebenso für das Gebiet des ehemaligen Herzogtums Holstein § 17 des Gesetzes vom 14. Juli 1863:

„Für den Unterricht in der jüdischen Religion wird ein bestimmtes Lehrbuch in deutscher Sprache autorisirt werden.

Für Hechingen endlich wird im § 2 des II. Abschnitts der Schulordnung vom 23. April 1836 angeordnet, daß der Unterricht umfassen müsse:

„Unterricht in der hebräischen Sprache; und zwar bei letzterer nicht bloß in der Grammatik, sondern auch in allen hebräischen Lehrgegenständen, worin bisher die Schuljugend unterrichtet wurde; ... Religions- und Sittenlehre, und somit überhaupt Alles, was zur Erziehung und Bildung guter Israeliten und Unterthanen wesentlich erfordert wird."

## III. Schulbeginn, Schulschluß und Ferien.

Hinsichtlich des Schulbeginnes und Schulschlusses bezw. der Ferien an den öffentlichen jüdischen Volksschulen sind in den Gesetzgebungen einzelner der neu erworbenen Gebietsteile Anordnungen getroffen.

So für das ehemalige Königreich Hannover durch §§ 36 und 44 der Verordnung vom 5. Februar 1854[1]). Ferner für das ehemalige Fürstentum

[1]) Siehe oben S. 129 u. 130.

Hohenzollern-Hechingen durch §§ 1 und 5 des I. Abschnittes der Schulordnung vom 23. April 1836[1]).

Außerdem sind bezüglich dieser Frage die folgenden Verfügungen ergangen:

### 1. Verfügung der Regierung zu Düsseldorf vom 16. Mai 1879 II, A. 4168[2]).

Infolge an uns ergangener Anfragen bestimmen wir hiermit, daß in den israelitischen Schulen unseres Bezirks an folgenden jüdischen Festtagen der gesamte Schulunterricht ausgesetzt werde.

1. Am Tage vor dem Osterfeste, sowie an den zwei ersten und den zwei letzten Tagen des Osterfestes,
2. an den zwei ersten und zwei letzten Tagen des Laubhüttenfestes.
3. an den zwei Tagen des Pfingstfestes.
4. an den zwei Tagen des Neujahrsfestes.
5. am Tage vor dem Versöhnungsfeste, sowie an dem Versöhnungsfeste selbst.
6. am Tage der Zerstörung Jerusalems.

Außerdem kann auch noch sowohl am siebenten Tage des Laubhüttenfestes, wie am Purimfeste in der Stunde von 8—9 Uhr morgens der Schulunterricht ausgesetzt werden.

Sofern diese Festtage nicht in den durch unsere Verf. vom 20. Mai 1873 I. V.A. 3579 für die Volksschulen unseres Bezirks festgesetzten Ferien liegen, sind die Ferien der israelitischen Schulen um so viele Tage zu verkürzen, als durch die Festtage in Anspruch genommen werden.

### 2. Ministerialerlaß vom 12. Dezember 1894 U. III. A. 2870 (Z.-Bl. 1895 S. 205).

Der Königlichen Regierung erwidere ich auf den Bericht vom ..... betreffend Unterrichtsfreiheit der jüdischen Volksschulen an jüdischen Feiertagen, nachdem den übrigen Königlichen Regierungen Gelegenheit gegeben ist, sich in dieser Angelegenheit ebenfalls zu äußern, daß ich gegen die Freilassung der jüdischen Feiertage, die nicht in die Schulferien fallen, und zwar ohne Anrechnung auf die Gesammtdauer der Ferien, keine Bedenken finde, indem dadurch die jüdischen Schulen hinsichtlich der Ferien den übrigen Schulen gleichgestellt werden.

Ein Übermaß von Unterrichtsausfall in den jüdischen Volksschulen wird durch eine geeignete Festsetzung der Ferien verhütet.

---

## Sechstes Kapitel.

# Die Schulpflicht der jüdischen Kinder.

Die Bestimmungen über Beginn und Ende der Schulpflicht sind für die jüdischen Kinder in den verschiedenen Teilen der Monarchie nicht die gleichen.

1. Für den Geltungsbereich des Gesetzes vom 23. Juli 1847 bestimmt § 61 des Gesetzes:

---

[1]) Siehe unten im Anhang am Ende des Buches.
[2]) Abgedruckt bei Giebe-Hildebrandt I, S. 960.

„Die Juden sind schuldig, ihre Kinder zur regelmäßigen Theilnahme an dem Unterrichte in der Ortsschule während des gesetzlich vorgeschriebenen Alters anzuhalten, sofern sie nicht vor der Schulbehörde sich ausweisen, daß ihre Kinder anderweitig durch häusliche Unterweisung oder durch ordentlichen Besuch einer anderen vorschriftsmäßig eingerichteten öffentlichen oder Privat-Lehr-Anstalt einen regelmäßigen und genügenden Unterricht in den Elementarkenntnissen erhalten."

Was unter „gesetzlich vorgeschriebenem" Alter zu verstehen ist, ergibt sich aus dem Allgemeinen Landrecht. Dasselbe bestimmt Teil II, Tit. 12.:

§ 43: Jeder Einwohner, welcher den nötigen Unterricht für seine Kinder in seinem Hause nicht besorgen kann oder will, ist schuldig, dieselben nach zurückgelegtem fünften Jahre zur Schule zu schicken.

§ 44: Nur unter Genehmigung der Obrigkeit und des geistlichen Schulvorstehers kann ein Kind länger von der Schule zurückgehalten, oder der Schulunterricht desselben wegen, vorkommender Hindernisse für einige Zeit ausgesetzt werden.

§ 46: Der Schulunterricht muß so lange fortgesetzt werden, bis ein Kind, nach dem Befunde seines Seelsorgers[1]), die einem jeden vernünftigen Menschen seines Standes nothwendigen Kenntnisse gefaßt hat.

Die Bestimmungen des ALR. sind durch die Kabinettsordre vom 14. Mai 1825, betreffend die Schulpflicht und die Schulzucht (GS. S. 149) auch auf diejenigen Landesteile ausgedehnt worden, in denen das ALR. bis dahin nicht eingeführt war.

Wenn auch durch § 43 a. a. O. des ALR. (ebenso § 1 der A.C.O. vom 14. Mai 1825) das zurückgelegte fünfte Lebensjahr als Anfangspunkt der Schulpflichtigkeit festgesetzt worden ist, so ist doch durch § 44 a. a. O. ALR. und § 3 der angeführten Kabinettsordre den Schulaufsichtsbehörden die Befugnis eingeräumt, in Fällen des Bedürfnisses den Beginn der Schulpflicht auf ein späteres Lebensalter hinauszurücken[2]). Von dieser Befugnis ist in den meisten Regierungsbezirken in der Weise Gebrauch gemacht worden, daß das vollendete sechste Lebensjahr als Anfangspunkt der Schulpflichtigkeit festgesetzt worden ist[3]).

Als Endtermin der Schulpflichtigkeit (vgl. oben § 46 a. a. O. ALR.), wird regelmäßig das vollendete vierzehnte Lebensjahr angenommen[4]). Zwingend ist dieser Termin jedoch nicht.

2. Für das Gebiet des ehemaligen Königreichs Hannover bestimmt die Schulordnung vom 5. Februar 1854:

§ 2: Schulpflichtiges Alter.

Das schulpflichtige Alter für jüdische Elementar- und Religionsschulen (§§ 3—6) beginnt mit dem vollendeten sechsten und endet mit dem zurückgelegten vierzehnten Lebensjahre.

---

[1]) An die Stelle des „Seelsorgers" ist seit dem Erlaß des Schulaufsichtsgesetzes der Schulinspektor getreten.

[2]) Vgl. den Ministerialerlaß vom 14. Januar 1862 bei Schneider-v. Bremen III, S. 15.

[3]) Vgl. Schneider-v. Bremen III, S. 15.

[4]) Vgl. die Rede des Ministers v. Goßler in der Sitzung des Abgeordnetenhauses vom 6. Februar 1884 (Z.-Bl. S. 151).

In einzelnen dringenden Fällen kann der Landrabbiner, auf Antrag des Schulvorstandes, es gestatten, daß das schulpflichtige Alter um ein Jahr abgekürzt wird.

3. Für das Gebiet des ehemaligen Herzogtums Schleswig bestimmt das Gesetz vom 8. Februar 1854:

§ 28: Schulpflichtigkeit.

Die Eltern und Pflegeeltern jüdischer Religion sind verpflichtet ihre Kinder oder Pflegekinder vom vollendeten 6ten Jahre an bis zum vollendeten 15ten Jahre für die Knaben, und 14ten Jahre für die Mädchen an dem öffentlichen Schulunterricht Theil nehmen zu lassen, insofern sie nicht nachweisen, daß dieselben sonst einen von der Aufsichtsbehörde für zulänglich erachteten Unterricht durch Privatlehrer oder in einer christlichen Schule genießen.

4. Für das Gebiet des ehemaligen Herzogtums Holstein bestimmt das Gesetz vom 14. Juli 1863:

§ 19: An denjenigen Orten, wo besondere jüdische Schulen vorhanden, sind die Eltern und Pflegeeltern jüdischer Religion verpflichtet, ihre Kinder oder Pflegekinder vom vollendeten 6ten Jahre an, bis dieselben die im § 17 vorgeschriebene Religionsprüfung bestanden haben, an dem Unterricht in diesen Schulen Theil nehmen zu lassen, insofern sie nicht nachweisen, daß die Kinder anderweitig einen von der Aufsichtsbehörde für zulänglich erachteten Unterricht durch Privatlehrer oder in einer christlichen Schule genießen.

Die Religionsprüfung ist nach § 17 a. a. O. für die Knaben nach vollendetem 15., für die Mädchen nach vollendetem 14. Lebensjahre abzulegen[1]).

5. Für das Gebiet des ehemaligen Kurfürstentums Hessen bestimmt das Gesetz vom 29. Oktober 1833:

§ 13: Die Schulpflichtigkeit der israelitischen Kinder beginnt mit dem 7. Jahre und dauert bis zur Vollendung des 14. Lebensjahres.

6. Für das Gebiet des ehemaligen Großherzogtums Hessen bestimmt das Edikt vom 17. Juli 1823:

1. Soll jeder Bekenner der mosaischen Religion verbunden seyn, seine Kinder fernerhin zum Besuche der öffentlich angeordneten Schulen anzuhalten. Was die Bestimmungen über Anfang und Dauer dieses Unterrichtes betrifft, so gelten hinsichtlich ihrer dieselben Vorschriften, welche überhaupt desfalls ertheilet sind.

7. Für das ehemalige Fürstentum Hohenzollern-Sigmaringen bestimmt das Gesetz vom 9. August 1837:

§ 28: Die Vorschriften und Anordnungen der allgemeinen Schulordnung, sowie alle im Schulwesen bestehenden oder künftig ergehenden Gesetze und Verordnungen, finden auch auf die in den Judengemeinden bestehenden Schulen volle Anwendung.

§ 31: Die aus der israelitischen Elementarschule entlassenen Kinder beiderlei Geschlechtes haben vom 14ten bis 20sten Jahre die Sabbathschule zu besuchen, welche von den israelitischen Schullehrern, zur Erhaltung der in der Schule erworbenen Kenntnisse und zur weiteren Fortbildung in denselben, zu halten ist.

---

[1]) Vgl. unten S. 223.

8. Für das ehemalige Fürstentum Hohenzollern-Hechingen endlich ist die Schulpflicht für die Elementarschulen auf die Zeit vom zurückgelegten sechsten bis zum vollendeten dreizehnten[1]), für die Wiederholungsschule vom dreizehnten bis achtzehnten Lebensjahre festgesetzt[2]).

## Siebentes Kapitel.

## Die Aufnahme christlicher Kinder in öffentliche jüdische Volksschulen.

§ 67 Ziffer 5 des Gesetzes vom 23. Juli 1847 bestimmt:

„Der Besuch der öffentlichen jüdischen Schulen bleibt auf die jüdischen Kinder beschränkt."

Die Denkschrift des Staatsministeriums zum Entwurf des Gesetzes begründete diese Vorschrift wie folgt[3]):

„Der Besuch der öffentlichen jüdischen Schulen muß auf die jüdischen Kinder beschränkt bleiben, denn dem Elementarunterrichte der christlichen Kinder liegt überall eine dem Christenthume entsprechende Auffassung der Lebensverhältnisse zum Grunde, und die Schule soll zugleich im christlichen Geiste bilden und erziehen."

Es fragt sich, ob die Beschränkung der öffentlichen jüdischen Volksschulen auf die jüdischen Kinder durch das VUG. aufrechterhalten ist.

§ 34 VUG. bestimmt:

„Lediglich wegen des Religionsbekenntnisses darf keinem Kinde die Aufnahme in die öffentliche Volksschule seines Wohnorts versagt werden."

Danach würde auch einem christlichen Kinde lediglich seines Religionsbekenntnisses wegen die Aufnahme in eine jüdische öffentliche Volksschule seines Wohnorts nicht versagt werden können.

Nach § 63 VUG. treten alle diesem Gesetze entgegenstehenden Bestimmungen außer Kraft. Es würde somit § 67 Z. 5 des Gesetzes vom 23. Juli 1847 als durch § 34 VUG. aufgehoben zu erachten sein, falls nicht aus sonstigen Bestimmungen des VUG. sich die Unanwendbarkeit des § 34 a. a. O. auf die jüdischen Schulen ergibt.

Im allgemeinen sind die jüdischen Volksschulen im § 40 VUG. besonders behandelt. Es fragt sich, ob diese Sonderstellung auch hinsichtlich der Einschulungsbedingungen gilt. Die Frage ist M. E. zu verneinen. Die Einschulung wird geregelt durch § 34 in Verbindung mit § 33 VUG.[4]). § 33 a. a. O. nimmt nun ausdrücklich Bezug auch auf die jüdischen Volksschulen[5]). Da überdies die

---

[1]) Schulordnung vom 23. April 1836 I. Abschn. § 2; s. u. im Anhang am Ende des Buches.

[2]) A. a. O. § 7.

[3]) vgl. Verhandlungen S. XXXV.

[4]) Das Nähere s. u. S. 209 ff.

[5]) „Wo ... neben Schulen der im § 36 bezeichneten Art solche der in den §§ 35, 38 und 40 Abs. 1 bezeichneten Art bestehen .."

allgemeine Bestimmung des § 34 hinsichtlich der jüdischen Schulen keinerlei Einschränkung erhalten hat, muß man die Grundsätze der §§ 33 und 34 über die Einschulung auch auf die jüdischen Schulen für anwendbar erklären.

Auch die Frage, ob diese Anwendbarkeit etwa durch § 40 a. a. O. ausgeschlossen wird, ist zu verneinen. § 40 spricht von „für jüdische Kinder bestimmten und mit jüdischen Lehrkräften zu besetzenden öffentlichen Volksschulen", nicht aber von „ausschließlich" für jüdische Kinder bestimmten Schulen. Die gewählte Ausdrucksweise ist, falls man sich auf den hier vertretenen Standpunkt stellt, durchaus korrekt. Die betreffenden Schulen sind eben zunächst und regelmäßig für jüdische Kinder bestimmt, wie die evangelischen Schulen für evangelische, die katholischen für katholische Kinder. Sie sind aber mangels einer ausdrücklichen gegenteiligen Bestimmung ebensowenig ausschließlich für jüdische Kinder bestimmt, wie jene ausschließlich für evangelische bezw. katholische Kinder.

Für diese Auffassung spricht auch die Entstehungsgeschichte des Gesetzes. § 24 Abs. 2 des Regierungsentwurfes enthielt die Worte:

> „ausschließlich für die jüdischen Kinder bestimmte, lediglich mit jüdischen Lehrkräften zu besetzende öffentliche Volksschulen..."

Diese Formulierung ist jedoch in der Folge fallen gelassen und das Wort „ausschließlich" in den § 40 nicht aufgenommen worden.

Für den hier vertretenen Standpunkt ist endlich noch das Folgende anzuführen:

Von dem Abgeordneten Cassel wurden eine Reihe von Abänderungsanträgen zu dem jetzigen § 40 gestellt, u. a. auch der, die Worte: „für jüdische Kinder bestimmten" im Abs. 1 zu streichen, um auch nur den Anschein zu vermeiden, „als sei es Andersgläubigen verboten, ihre Kinder in öffentliche Volksschulen zu schicken, die von jüdischen Kindern besucht werden", wenngleich „schon die allgemeine Bestimmung, daß niemandem wegen seines Glaubensbekenntnisses der Eintritt in eine öffentliche Volksschule versagt werden kann, eine solche Möglichkeit des Verbots der Aufnahme von Kindern anderen Glaubens in jüdische öffentliche Volksschulen ausschließt"[1]).

Die Abänderungsanträge Cassel zu § 40 wurden zwar sämtlich abgelehnt. Es wurde jedoch von keiner Seite der Auffassung widersprochen, daß die allgemeine, in den § 34 des Gesetzes übergegangene Bestimmung das Verbot der Aufnahme andersgläubiger Kinder in jüdische Schulen ausschließe.

Somit muß im Rahmen der allgemeinen, durch die §§ 33 und 34 gegebenen Grenzen[2]) die Aufnahme nichtjüdischer Kinder in öffentliche jüdische Volksschulen auf Grund des VUG. als zulässig erachtet werden.[3])

---

[1]) Stenogr. Berichte des Abgeordnetenhauses S. 5190.

[2]) Vergl. unten S. 209 ff.

[3]) Andrer Ansicht: v. Bremen, Kommentar zum VUG. S. 108 N. 1; v. Rohrscheidt, 3. Aufl. S. 219.

# Achtes Kapitel.

# Die Lehrer an den öffentlichen jüdischen Volksschulen.

## A. Die Konfession der Lehrer an den öffentlichen jüdischen Volksschulen.

Die Lehrer an den öffentlichen jüdischen Volksschulen müssen der jüdischen Religion angehören[1]).

Ausgenommen sind die Lehrkräfte für den technischen Unterricht (Zeichnen, Turnen, Handarbeit, Handfertigkeit, Hauswirtschaft). Diese können ohne Rücksicht auf das religiöse Bekenntnis angestellt werden[2]).

Im übrigen vgl. zu der vorliegenden Frage auch die Ausführungen im II. Teil Kap. 5, unten S. 294 ff., insbesondere S. 299 ff.

## B. Die Ausbildung der jüdischen Lehrer.

### I. Die Vorbildung der Volksschullehrer im allgemeinen.

Die Befähigung zur endgiltigen Anstellung als Volksschullehrer wird durch Ablegung zweier Prüfungen erlangt.

Die Ablegung der ersten Prüfung gewährt die Qualifikation zur provisorischen Verwaltung eines Volksschulamtes, die Ablegung der zweiten die Befähigung zur definitiven Anstellung.

Die Vorbildung für die erste Prüfung kann auf zwiefache Weise erworben werden:

Erstens durch den Besuch besonderer Lehrerbildungsanstalten, der Seminare. Sodann auf dem Wege privater Vorbereitung.

Die näheren Bestimmungen über die erste Lehrerprüfung an den Seminaren, sowie über die Zulassung von Kandidaten, die nicht an den Seminaren vorgebildet sind, zu dieser Prüfung, sind enthalten in der Prüfungsordnung vom 15. Oktober 1872[3]) und dem Ministerialerlaß vom 1. Juli 1901[4]).

Die Meldung zur zweiten Lehrerprüfung hat zu erfolgen, nachdem der Lehrer mindestens 2, höchstens 5 Jahre an preußischen Schulen vollbeschäftigt gewesen ist, und zwar an einem Seminar des Regierungsbezirkes, in welchem der betreffende Lehrer im Schuldienst steht.

---

[1]) VUG. § 40 Abs. 1: „Für die Errichtung ... der für jüdische Kinder bestimmten und mit jüdischen Lehrkräften zu besetzenden öffentlichen Volksschulen gelten bis auf weiteres die jetzt bestehenden Vorschriften..."

[2]) VUG. § 41: „Die Vorschriften der §§ 33 bis 40 beziehen sich nicht auf die lediglich für den technischen Unterricht (Zeichnen, Turnen, Handarbeit, Handfertigkeit, Hauswirtschaft) angestellten oder anzustellenden Lehrkräfte." Vgl. auch die vierte Ausführungsanweisung zum VUG. vom 14. März 1908 unten im Anhang am Ende des Buches.

[3]) Vgl. v. Bremen S. 261 ff.

[4]) A. a. O. S. 264 ff

Die Prüfung soll nicht eine Wiederholung der Seminarentlassungsprüfung sein; sie hat nicht den Zweck festzustellen, ob der Bewerber das in der Entlassungsprüfung nachgewiesene Wissen in den verschiedenen Lehrfächern noch besitzt, sondern es ist ihre Aufgabe, nach Maßgabe der Vorschriften, welche in der Prüfungsordnung näher bestimmt sind, die Tüchtigkeit des zu prüfenden Lehrers für die Verwaltung eines Schulamtes zu ermitteln.

Die Bestimmungen über die zweite Lehrerprüfung sind enthalten in der Prüfungsordnung vom 1. Juli 1901[1]).

## II. Die Vorbildung der jüdischen Volksschullehrer.

Für die jüdischen Volksschullehrer gelten im wesentlichen dieselben Bestimmungen wie für die Volksschullehrer im allgemeinen.

Daß insbesondere die Ablegung der zweiten Lehrerprüfung auch bei den jüdischen Lehrern die Vorbedingung für die definitive Anstellung bildet, ist in dem folgenden Ministerialerlaß zum Ausdruck gebracht[2]).

Berlin, den 26. November 1873.

Bei Rückgabe der Anlage des Gesuches vom 28. v. M. eröffne ich Ihnen, daß nach den bestehenden Bestimmungen die definitive Anstellung der Lehrer von der Absolvirung einer zweiten Prüfung abhängig ist. (Vgl. allgemeine Bestimmungen vom 15. Oktober 1872, Prüfungsordnung I. § 17 ff.)

Diese Bestimmung gilt für alle Lehrer, also auch die jüdischen, und macht es keinen Unterschied, mit welchem Prädicate die erste Prüfung bestanden ist, auch nicht woher das Einkommen der Schulstelle fließt, an welcher die Anstellung erfolgt.

Der Minister der geistlichen usw. Angelegenheiten
i. A.: Greiff.

An Besonderheiten ist das Folgende zu bemerken:

### 1. Die Aufnahme von Juden in die staatlichen Seminare.

Die staatlichen Seminare haben regelmäßig christlich-konfessionellen Charakter. Die Erziehung der Seminaristen in denselben geschieht auf kirchlich-konfessioneller Grundlage. Mit Rücksicht hierauf sind jüdische Bewerber von der Aufnahme in dieselben ausgeschlossen. Hingegen sollen sie als Hospitanten zugelassen werden, und es soll ihnen nicht nur die unentgeltliche Teilnahme an dem Seminarunterricht gestattet, sondern erforderlichenfalls durch Unterstützungen seitens des Provinzialschulkollegiums oder des Ministers die Erreichung ihres Studienzweckes erleichtert werden.

Nach Absolvierung des vorgeschriebenen Kurses sind sie gleich den übrigen Abiturienten zu den Entlassungsprüfungen zuzulassen.

---

[1]) Vgl. v. Bremen, die Volksschule S. 282 ff.

[2]) Vgl. Schneider-v. Bremen I. S. 637.

Diese Regelung ist gegeben in den Ministerialerlassen vom 19. September 1848 (Min.-Bl. S. 298) und vom 13. November 1860 (Min.-Bl. 1861 S. 17).

Dieselben lauten:

## 1. Ministerialerlaß vom 19. September 1848.

Nach dem Berichte des Königl. Provinzial-Schul-Kollegiums vom 3. d M. hat dasselbe die in neuester Zeit mehrfach vorgekommenen Anträge jüdischer Schulamts-Aspiranten um Aufnahme in die nach ihrer jetzigen Einrichtung spezifisch konfessionellen Schullehrer-Seminare zu Posen und Bromberg, sowie um Theilnahme an der den Zöglingen der Anstalten gewährten freien Wohnung und Stipendienunterstützung, zwar abgelehnt, dagegen den Bittstellern die unentgeltliche Theilnahme an dem Seminarunterricht gewährt.

Solange die Seminarien in ihrer jetzigen Einrichtung als konfessionell verschiedene und den Relig onsunterricht, sowie das konfessionell kirchliche Leben zur Grundlage der Erziehung machende Anstalten fortbestehen, kann ich mich mit dem von dem Königl. Provinzial-Schul-Kollegium eingehaltenen Verfahren nur einverstanden erklären. Bis in Folge der bereits eingeleiteten Reorganisation des Volksschulwesens entweder für jüdische Schulamts-Präparanden eigene Seminarien eingerichtet, oder die bereits vorhandenen so gestaltet worden sind, daß in dieselben ohne Gefährdung des Zwecks nach beiden Seiten hin auch jüdische Schulamts-Präparanden ihre vollständige Ausbildung für das Schulamt erhalten können, wolle daher das Königl. Provinzial-Schul-Kollegium, soweit es der Raum und die Lehrkräfte der Seminarien gestatten, jüdischen Aspiranten nicht nur die Benutzung des Seminarunterrichts gestatten, sondern erforderlichen Falls denselben auch durch Gewährung von Unterstützungen die Erreichung ihres Zweckes erleichtern, oder die Verleihung solcher Unterstützungen bei mir beantragen.

Berlin, den 19. September 1848.

Für den Minister der geistlichen pp. Angelegenheiten
im Allerhöchsten Auftrage:
v. Ladenberg.

## 2. Ministerialerlaß vom 13. November 1860.

... Was den Antrag auf Ausbildung jüdischer Lehrer in den staatlichen Seminarien betrifft, so wird bemerkt, daß schon jetzt nach den bestehenden Bestimmungen jüdische Schulamts-Aspiranten als Hospitanten zu dem Unterricht der Schullehrer-Seminarien, und wenn sie den vorgeschriebenen Kursus absolvieren, auch zu den Abiturienten-Prüfungen der Seminarien zugelassen werden können. Übrigens steht die Errichtung besonderer jüdischer Seminarien den Juden frei, und wird die tunliche Förderung solcher Anstalten von Staatswegen nach wie vor nicht versagt werden......

Berlin, den 13. November 1860.

Der Justizminister: Simons.

Der Minister der geistlichen usw. Angelegenheiten: v. Bethmann-Hollweg.

Der Minister des Innern: Graf v. Schwerin.

2. Die jüdischen Lehrerbildungsanstalten:

Neben den staatlichen Seminaren bestehen für jüdische Lehramtsaspiranten besondere Bildungsanstalten. Zurzeit gibt es deren fünf. Es sind dies die jüdischen Lehrerbildungsanstalten in Berlin, Münster, Hannover, Kassel und Köln. Der Plan und die Organisation dieser Anstalten entspricht im wesentlichen den Verhältnissen an den staatlichen Seminaren. Im einzelnen ist über sie das Folgende zu bemerken:

### a. Das jüdische Lehrerseminar zu Kassel.

Die Anstalt ist gegründet im Jahre 1810 durch das Kgl. Westfälische Konsistorium der Israeliten. Der bezügliche Erlaß des Konsistoriums vom 1. Oktober 1810 hat den folgenden Wortlaut:

„Die Errichtung des Seminars für künftige Schul- und Volkslehrer der Israeliten gehört unstreitig unter die wichtigsten Bedürfnisse. Nur durch sie kann dem drückenden Mangel einer hinreichenden Anzahl guter jüdischer Lehrer und der so gerechten Besorgnis, echte Religiosität werde am Ende ganz verschwinden, wirksam abgeholfen werden.

Zu einem nicht geringen Vergnügen gereicht es uns demnach, wenn wir hierdurch bekannt machen können, daß ein solches Seminar, in welchem unter der unmittelbaren Aufsicht des Konsistoriums junge, fähige Israeliten zu guten Schullehrern und echt religiösen Rabbinern gebildet werden sollen, am 23. v. M. allhier zu Cassel wirklich eröffnet und durch Herrn Ministerialrath Steinhardt der Unterricht in Talmud und Maimonides angefangen ist.

Es bestehen die Seminaristen jetzt nur noch aus denjenigen fähigen Knaben, die in der hiesigen öffentlichen israelitischen Schule zu diesem Unterrichte vorbereitet werden konnten. Leicht erachtlich ist ihre Zahl nur noch gering. Wir wünschen demnach, daß mehrere junge Israeliten, die Beruf zum Lehrer- oder Rabbinerstande fühlen, Antheil an der neugegründeten Anstalt nehmen mögen, wozu sie die nöthige Vorbereitung, insofern ihnen solche noch abgehen sollte, in der erwähnten hiesigen Schule zuvor erlangen können.“[1])

Mit dem Verschwinden des Königreichs Westfalen hörte auch das Seminar auf. Auf Grund der Kurhessischen Verordnung vom 30. Dezember 1823 wurde im Jahre 1824 vom Vorsteheramt der Kurfürstlichen Regierung ein Lehr- und Schulplan eingereicht, der auch den Plan für ein Seminar zur Ausbildung israelitischer Schullehrer enthielt. Derselbe wurde mit einigen Änderungen genehmigt, und die Anstalt trat auf Grund dieses so geänderten Planes von neuem ins Leben[2]).

Die Anstalt ist nicht Staats-, sondern Privatanstalt, aber nach dem Muster der staatlichen Seminare eingerichtet. Sie umfaßt entsprechend den staatlichen Seminaren drei Klassen. Eine Präparandenanstalt ist mit ihr nicht verbunden, wohl aber eine Elementarschule als Übungsschule für die Seminaristen. Die Anstalt ist Internat. Sie steht unter der Oberaufsicht des Kgl. Provinzialschulkollegiums. Die Verwaltung liegt dem Vorsteheramt ob, unter welchem ein Schulvorstand die laufenden Geschäfte besorgt. Die Unterhaltung der Anstalt erfolgt durch einen Beitrag aus der Kasse der jüdischen Gemeinde

---

[1]) Vgl. Stein, Bericht über fünfundzwanzigjährige Amtstätigkeit. Kassel 1891, S. 6 f.

[2]) Stein, a. a. O.

zu Kassel, aus Zinsen, Verpflegungsgeldern der Zöglinge und einem Beitrage aus der judenschaftlichen Provinzialkasse. Letztere dient zur Bestreitung der Provinziallasten, zu denen nach § 55 der Verordnung vom 30. Dezember 1823 auch die Unterhaltung der Lehrerbildungsanstalt gehört. Die Aufbringung der Provinziallasten erfolgt durch die Glieder sämtlicher Synagogengemeinden der Provinz, auf welche sie von dem Vorsteheramt nach Kreisen und Gemeinden umgelegt werden (§ 49 ff. a. a. O.).

Einen staatlichen Zuschuß erhält das Seminar nicht. Ein am 12. November 1873 dem Kgl. Provinzialschulkollegium unterbreitetes hierauf bezügliches Gesuch hatte nicht den gewünschten Erfolg.

Die Entlassungsprüfung der Abiturienten erfolgt, in analoger Weise wie bei den staatlichen Seminaren, an der Anstalt selbst vor einer Kgl. Prüfungskommission, die aus einem Mitglied des Provinzialschulkollegiums als Vorsitzenden, einem Vertreter der Kgl. Regierung, dem Direktor und dem Lehrerkollegium besteht.

Das Seminar besitzt als einzige der jüdischen Lehrerbildungsanstalten in Preußen die Berechtigung zur Abnahme auch der z w e i t e n Lehrerprüfung. Zu derselben sind nur jüdische Kandidaten zuzulassen, jedoch auch solche, die nicht zum Bezirke des Seminars gehören.

Im Jahre 1867 ist durch Erlaß des Kriegsministers und des Ministers des Innern vom 14. Juni den Abiturienten der Anstalt gleich den Zöglingen der staatlichen Seminare die Berechtigung verliehen worden, ihrer Militärpflicht durch sechswöchigen Dienst bei einem Infanterieregimente zu genügen. In dem Erlaß heißt es:

„Das genannte Seminar ist mit Genehmigung der Landesregierung von der Judenschaft der vormaligen Provinz Niederhessen zur Ausbildung israelitischer Elementarlehrer dauernd gegründet. Es hat zwar den Charakter einer Privatlehranstalt, steht aber unter Aufsicht und Leitung der Staatsbehörde und die letztere hat zur Prüfung der in der Anstalt ausgebildeten Abiturienten eine Prüfungscommission ernannt, welche nach denselben Grundsätzen zu verfahren hat, die bei den Abiturienten-Prüfungen der vom Staate begründeten Seminarien zur Anwendung kommen.

Der obige Antrag (des Oberpräsidenten zu Kassel auf Gewährung des Privilegiums der sechswöchigen aktiven Dienstzeit an die Abiturienten des Seminars) erscheint daher um so mehr gerechtfertigt, als die im vormaligen Kurfürstenthum Hessen bestehenden israelitischen Elementar-Volksschulen einen öffentlichen Charakter haben und in dieser Beziehung den christlichen Volksschulen gleichstehen."

Das Privileg ist hinfällig geworden, nachdem vom 1. Januar 1900 ab zufolge des Allerhöchsten Erlasses vom 27. Januar 1895 für sämtliche Volksschullehrer und diejenigen Kandidaten des Volksschulamts, welche ihre Befähigung für das Schulamt in vorschriftsmäßiger Prüfung nachgewiesen haben, die aktive Dienstzeit auf ein Jahr festgesetzt worden ist.

Die den s t a a t l i c h e n Schullehrerseminaren durch den Erlaß des Reichskanzlers vom 19. Februar 1896 zuerkannte Berechtigung zur Ausstellung giltiger Zeugnisse über die wissenschaftliche Befähigung für den E i n j ä h r i g - F r e i w i l l i g e n D i e n s t ist trotz der Gründe, welche der zitierte Ministerialerlaß für die Gleichstellung des Seminars mit den staatlichen Anstalten anführt, jenem bisher nicht zugebilligt worden.

b. Die Bildungsanstalt für jüdische Lehrer zu Hannover.[1])

Die Anstalt ist am 7. November 1848 eröffnet worden. Der Gedanke der Errichtung eines Lehrerseminars reicht jedoch schon in frühere Zeit zurück. Im Jahre 1839 bereits lag ein Plan des damaligen Landrabbiners Dr Adler für ein solches vor. Die Ausführung unterblieb jedoch zunächst. Im Jahre 1846 wurde durch das Ministerium des Innern eine Immediatkommission zur Begründung und Einrichtung der Anstalt eingesetzt. Dieselbe bestand aus zwei Staatsbeamten, dem Landrabbiner und mehreren Mitgliedern der Synagogengemeinde zu Hannover.

Die Kommission stellte die innere Einrichtung der Anstalt fest, ebenso den von dem Landrabbiner Dr Meyer entworfenen Lehrplan. Dieser ging davon aus, daß die Anstalt dasjenige zu lehren habe, was die Zöglinge wissen und können müßten, um das Lehramt bei einer Synagogengemeinde mit Nutzen und Ehren zu bekleiden. Das Ziel des allgemeinen Wissens, das anderen Volksschullehrerseminaren vom Staate und von der fortschreitenden pädagogischen Wissenschaft gesteckt werde, sollte auch für die Lehrerbildungsanstalt maßgebend sein; daneben aber eine tunlichst umfassende Kenntnis der jüdischen Religionslehre in ihren Quellen und ihrer Anwendung erstrebt werden. Die praktische Fertigkeit und Tüchtigkeit im Lehren und Unterrichten sollte auf dem Grunde ernster jüdisch-religiöser Gesinnung und Charakterbildung erwachsen.

Die erforderlichen Mittel wurden zunächst aufgebracht durch freiwillige Beiträge, sowie durch staatliche Beiträge, welche von dem Minister des Innern aus dem sogenannten Einschußfonds überwiesen wurden. In der Folgezeit wurden aus diesem Fonds zur Erhaltung der Anstalt jährliche Zuschüsse bewilligt, welche im Jahre 1854 auf die von den Ständen bewilligte Budgetposition zur Beförderung des jüdischen Synagogen- und Schulwesens übernommen wurden. Im Jahre 1861 wurde diese Position wesentlich erhöht und in den Jahren 1866 und 1867 von der neuen Regierung fortbewilligt. Seit dem Jahre 1868 ist die für die Erhaltung der Anstalt erforderliche Beihilfe auf den Provinzialfonds übernommen. Zurzeit werden aus diesem Fonds von der Budgetposition für das jüdische Synagogen- und Schulwesen, der Bildungsanstalt jährlich 7500 Mark zugewiesen. Der Rest der erforderlichen Mittel wird teils aus Zinsen von eigenem Vermögen, teils durch Zuschüsse der Synagogengemeinde aufgebracht.

Die Anstalt ist als öffentliche anerkannt. Sie ist nach dem Muster der Königlichen Seminare eingerichtet. Sie enthält drei Seminarklassen und ist mit einer Präparandenanstalt, die gleichfalls drei, allerdings in den meisten Fächern kombinierte Klassen umfaßt, und einer dreiklassigen Elementar-

[1]) Vgl. den Bericht der Verwaltungskommission der Anstalt vom Oktober 1873.

übungsschule verbunden. Das Seminar ist Internat. Doch ist dieses nicht organisch mit der Anstalt verbunden, vielmehr werden die Unterhaltskosten durch einen besonderen Verein bestritten.

Die Prüfung der Abiturienten findet durch eine Kgl. Prüfungskommission statt, welche aus einem Kommissar des Kgl. Provinzialschulkollegiums als Vorsitzendem und dem Lehrerkollegium besteht. Über die Besonderheit bei der Prüfung in den Religionswissenschaften siehe das Erforderliche unten S. 151 f. unter b.

Die Berechtigung zur Abhaltung zweiter Lehrerprüfungen ist der Anstalt nicht eingeräumt. Desgleichen auch nicht die Berechtigung zur Ausstellung giltiger Zeugnisse für den Einjährig-Freiwilligen Dienst.

Die Anstalt untersteht der Leitung einer Verwaltungskommission, welche aus einem Kommissar des Provinzialschulkollegiums, dem Landrabbiner zu Hannover, dem ersten Vorsteher der Synagogengemeinde zu Hannover, einem von dieser gewählten Mitgliede und dem Oberlehrer der Anstalt besteht.

Die Kommission wählt auch den Direktor und die Lehrer. Die Wahlen bedürfen der Bestätigung durch das Provinzialschulkollegium.

c. Die Lehrerbildungsanstalt zu Berlin.

Die Anfänge der Lehrerbildungsanstalt reichen bis in das Jahr 1824 zurück. Am 22. November dieses Jahres überreichte der damalige Vizeoberlandrabbiner von Berlin, M. S. Weyl, dem Minister Freiherrn v. Altenstein den Lehrplan eines israelitischen Seminars. Am 11. Mai 1825 fand dieser Plan die Bestätigung. Die Anstalt trat ins Leben, führte aber ein kümmerliches Dasein und hörte am 31. Dezember 1839 zu existieren auf. Am 18. November 1840 wurde ein neues Seminar, das zwei Klassen mit je anderthalbjährigem Kursus enthielt, eröffnet. Der Anstalt wurde jedoch das Recht, Entlassungsprüfungen vorzunehmen nicht eingeräumt. Im Jahre 1850 wurde sie durch den Vorstand der jüdischen Gemeinde geschlossen. Im Jahre 1859 wurde durch Reskript des Kgl. Polizeipräsidiums vom 25. März dem Vorstand der jüdischen Gemeinde die Genehmigung zur Errichtung einer neuen Lehrerbildungsanstalt auf Grund eines eingereichten Planes erteilt. Danach sollte der Kursus ein dreijähriger sein, der Lehrstoff auf drei Klassen verteilt werden. Nach beendetem Kursus sollte von einer Kommission unter dem Vorsitz eines Kommissars des Kgl. Provinzialschulkollegiums eine Entlassungsprüfung vorgenommen werden.

Am 6. November 1859 wurde die Anstalt eröffnet.

Die erste Entlassungsprüfung fand im Jahre 1862 statt. Eine zweite im Jahre 1863. Im gleichen Jahre wurde jedoch durch Reskript des Ministers der geistlichen pp. Angelegenheiten (v. Mühler) der Lehrerbildungsanstalt als einer Privatanstalt das Recht zu Entlassungsprüfungen entzogen[1]).

[1]) Vgl. den Bericht des Schul- und T.-T. Vorstandes der jüdischen Gemeinde zu Berlin v. J. 1895: „Die Schulen der hiesigen jüdischen Gemeinde".

Durch Reskript des Ministers vom Oktober 1864 wurde die Frage der Prüfung einer Neuregelung unterzogen und demnächst den folgenden Grundbestimmungen durch Erlaß des Ministers der geistlichen pp. Angelgenheiten vom 31. Mai 1865 die endgiltige Genehmigung erteilt.

## Grundbestimmungen der jüdischen Lehrer-Bildungs-Anstalt zu Berlin.

§ 1: Es wird eine Anstalt mit der Bezeichnung:

Lehrerbildungs-Anstalt des Talmud-Tora-Instituts der jüdischen Gemeinde zu Berlin

begründet. Zweck derselben ist die Bildung von Elementar- und Religionslehrern, sowie von Vorbetern.

§ 2: Der aufzunehmende Schüler muß mindestens das siebenzehnte Lebensjahr zurückgelegt und das Alter der Bildungsfähigkeit noch nicht überschritten haben. Ausnahmsweise können Schüler von genügender Vorbildung, Reife des Charakters und besonderer Neigung zum Lehrerberuf auch kurz vor zurückgelegtem siebenzehnten Lebensjahr aufgenommen werden.

§ 3: Der aufzunehmende Schüler muß die allgemeinen Vorkenntnisse im Hebräischen, in Biblischer Geschichte, sowie in den Elementargegenständen besitzen. Zu dem Ende wird er von einer, aus dem mit der Oberaufsicht der Anstalt betrauten, dem Schul- und Talmud-Tora-Vorstande angehörigen Mitgliede des Rabbinats, dem Dirigenten und dem Hauptlehrer für das Hebräische bestehenden Commission einer Prüfung unterworfen.

§ 4: Die Aufnahme von Zöglingen kann alljährlich nur einmal erfolgen.

§ 5: Das erste Semester ist als Probezeit für den Schüler zu betrachten. Nach Ablauf desselben ist durch die in §. 3. bezeichnete Commission unter Zuziehung der übrigen Lehrer der Anstalt eine abermalige Prüfung zu veranstalten. Weist das Ergebniß derselben aus, daß der Aufgenommene sich für das Schulfach nicht eignet, oder war seine Führung in religiöser und sittlicher Beziehung keine angemessene, so kann er durch Beschluß des Talmud-Tora-Vorstandes aus der Anstalt entfernt werden.

§ 6: Der Lehr-Cursus ist ein dreijähriger.

§ 7: Die Schüler der Anstalt erhalten den Unterricht in drei Klassen in Gemäßheit des angeschlossenen Lehrplans, welcher die Lehrgegenstände namhaft macht und die Vertheilung derselben nach Stunden, Klassen und Pensen angiebt.

§ 8: Nach einer mit den Zöglingen der Anstalt vorzunehmenden Prüfung werden dieselben vom vierten Semester ab als Auskultanten in die Gemeinde-Knabenschule zugelassen, wo ihnen Gelegenheit gegeben wird über die zweckmäßige Handhabung des Lehrstoffes und die Aufrechthaltung der Disciplin Erfahrungen zu sammeln und versuchsweise zu unterrichten.

§ 9: In den beiden letzten Semestern unterrichten die Seminaristen in den unteren Klassen der Schule zunächst unter Leitung und Aufsicht des Klassenlehrers. Die Seminarlehrer haben diese Unterrichtsversuche zu überwachen und das Mangelhafte derselben den Zöglingen zum Bewußtsein zu bringen.

§ 10: Nach beendigtem Cursus werden die Zöglinge von einer Commission, welche aus dem Lehrer-Collegium und dem in den Schulvorstand gewählten Rabbiner besteht, einer Prüfung in den Religions-Wissenschaften unterzogen. Nur wenn das Ergebniß dieser Prüfung dahin ausfällt, daß ein Zögling zur Ertheilung des Religionsunterrichts befähigt ist, erfolgt seine Zulassung zur Prüfung für das Lehramt.

Die Prüfung der für das Letztere wird von einer dazu ernannten Königlichen Commission vollzogen, welcher die Befugniß zusteht, in den einzelnen Fächern auch durch die Lehrer der Anstalt prüfen zu lassen. Seitens der Anstalt werden der

Commission vor der Prüfung die von den Lehrern der Anstalt über die Führung der Zöglinge und ihre Leistungen in den einzelnen Fächern ausgestellten Censuren vorgelegt und von dieser bei Feststellung des Gesammturtheils angemessen berücksichtigt. Das von der Königlichen Commission auszustellende Entlassungszeugniß enthält einen ausdrücklichen Vermerk darüber, daß ein besonderes Prüfungszeugniß die Befähigung des Zöglings zur Ertheilung des Religionsunterrichtes ausspreche und dem Entlassungszeugniß beigeheftet sei.

§ 11: Die Mitglieder des Schul- und Talmud-Tora-Vorstandes, sowie des Vorstandes der jüdischen Gemeinde sind berechtigt, allen mit den Zöglingen der Anstalt vorzunehmenden Prüfungen (§§. 3. 5. 10.) beizuwohnen.

§ 12: Die Anstalt gewährt unentgeldlichen Unterricht. Für ihre Subsistenz haben die Seminaristen selbst zu sorgen und sollen nicht früher aufgenommen werden, als bis sie den Nachweis derselben führen können. Dagegen wird der Talmud-Tora-Vorstand, soweit seine Mittel es gestatten, Freitische für die Zöglinge begründen und danach streben diese Freitische womöglich bei einem an der Anstalt unterrichtenden Lehrer einzurichten, wodurch die Controlle der Zöglinge auch außerhalb der Anstalt wesentlich ermöglicht wird; überhaupt werden die Direction und Verwaltung der Anstalt es sich zur unabweislichen Aufgabe machen auch das häusliche und sittliche Leben der Zöglinge nach Kräften zu beaufsichtigen. Stipendien sollen von Seiten des Talmud-Tora Vorstandes nur ausnahmsweise gewährt werden.

Berlin, den 22. November 1864.

Der Schul- und Thalmud-Tora-Vorstand der jüdischen Gemeinde.

Nach § 10 der Grundbestimmungen erfolgt die eigentliche Prüfung[1]) für das Lehramt durch eine dazu ernannte Kgl. Kommission, welcher die Befugnis zusteht, in den einzelnen Fächern auch durch die Lehrer der Anstalt prüfen zu lassen. Im Laufe der Zeit ist die Entwicklung dahin gegangen, daß die Anstaltslehrer Mitglieder der Prüfungskommission geworden sind. Diese besteht nunmehr aus dem Lehrerkollegium und drei Königlichen Kommissarien (einem Mitglied des Provinzialschulkollegiums als Vorsitzenden, dem Direktor eines staatlichen Seminars und einem staatlichen Seminarlehrer). Das Formular, welches im Jahre 1903 seitens des Provinzialschulkollegiums für die Entlassungszeugnisse vorgeschrieben ist, enthält dementsprechend die Unterschrift:

Die Kgl. Prüfungskommission:

Das Lehrerkollegium der Lehrerbildungsanstalt:

Die Königlichen Kommissarien:

Die Anstalt ist ein Externat.

Die Einrichtung entspricht genau dem Muster der staatlichen Seminare. Das Seminar zählt drei durchgängig geteilte Klassen. Mit ihm ist eine Präparandenanstalt verbunden, die gleichfalls drei getrennte Klassen enthält. Als Übungsschule für die Seminaristen dient die Knabenschule der jüdischen Gemeinde zu Berlin.

---

[1]) Über die Prüfung in den Religionswissenschaften siehe das Erforderliche unten S. 152 unter c.

Die Unterhaltung der Anstalt geschieht aus den Erträgnissen des Talmud-Thora-Institutes, das von der jüdischen Gemeinde verwaltet wird. Der erforderliche Zuschuß wird von der jüdischen Gemeinde zu Berlin geleistet. Die Verwaltung der Anstalt untersteht dem Schul- und Talmud-Thora-Vorstand der jüdischen Gemeinde zu Berlin als Organ des Vorstandes dieser Gemeinde. Die Anstellung des Leiters und der Lehrer erfolgt nach den für die Anstellung der Lehrkräfte an den Schulen der jüdischen Gemeinde geltenden Grundsätzen.

Durch Erlaß des Reichskanzlers ist im Jahre 1903 der Anstalt die Berechtigung zuerkannt worden, ihren Abiturienten giltige Zeugnisse über die wissenschaftliche Befähigung für den Einjährig-Freiwilligen Dienst auszustellen. Das Recht zur Abnahme zweiter Lehrerprüfungen besitzt die Anstalt nicht.

### d. Die jüdische Lehrerbildungsanstalt der Marks-Haindorfschen Stiftung zu Münster.

Die Anstalt ist gegründet im Jahre 1825. Ihre Wirksamkeit war ursprünglich nur für die Provinz Westfalen berechnet. Seit dem Jahre 1834 ist sie auch auf die Rheinprovinz ausgedehnt worden. Die Anstalt ist ins Leben gerufen worden von dem Professor Dr Alexander Haindorf. Ihre Unterhaltung ist ermöglicht worden durch einen jährlichen Beitrag von 1000 Talern seitens des Rentiers Marks in Hamm, sowie durch andere freiwillige Beiträge und die Erträgnisse verschiedener Vermächtnisse. Durch den Rittergutsbesitzer Loeb zu Kaldenhof bei Hamm ist sie zu einer Stiftung unter dem Namen „Marks-Haindorf-Stiftung zur Bildung von Elementarlehrern und zur Beförderung von Handwerken und Künsten unter den Juden" erhoben, mit einer auf das Gut Kaldenhof eingetragenen Rente von jährlich 1000 Talern dotiert und mit einem Grundstück in der Stadt Hamm beschenkt worden. Für diese Stiftung und die Zuwendung des Rittergutsbesitzers Loeb ist durch Allerhöchste Ordre vom 14. April 1866 die landesherrliche Genehmigung erteilt worden.[1])

Das Seminar ist eine Privatanstalt. Es wird erhalten aus den Zinsen des Stiftungskapitals, aus den staatlich zugelassenen alljährlichen Sammlungen in den Gemeinden des Rheinlands und Westfalens, aus etatsmäßigen Beiträgen besonders der größeren Gemeinden. Außerdem erhält es seit dem Jahre 1875 einen Staatszuschuß von jährlich 6000 *M.*

Die Einrichtung der Anstalt enspricht derjenigen der staatlichen Seminare. Es sind drei völlig getrennte Seminarklassen vorhanden. Mit dem Seminar ist eine Präparandenanstalt verbunden, die gleichfalls drei, in den Hauptfächern getrennte Klassen umfaßt. Ferner eine als öffentlich anerkannte Elementarübungsschule.

---

[1]) Vgl. Schneider-v. Bremen I. S. 510ff.

Prüfungen für das Lehramt abzunehmen ist die Anstalt nicht befugt (s. u. S. 153.). Die Zöglinge werden vom Kuratorium beim Provinzialschulkollegium zur Prüfung an einem staatlichen Lehrerseminar angemeldet (seit einigen Jahren am kath. Lehrerseminar in Werl). Nach bestandener Prüfung vor der Kgl. Prüfungskommission des staatlichen Seminars erhalten die Zöglinge das Abgangszeugnis der Lehrerbildungsanstalt zugleich mit dem Prüfungszeugnis, das dem Kuratorium von dem Provinzialschulkollegium eingehändigt wird.

Über die Religionsprüfung siehe das Erforderliche unten S. 153 unter d.

Die Anstalt ist Internat.

Die Verwaltung wird geführt von einem aus fünf Personen bestehenden Kuratorium unter der Oberaufsicht des Provinzialschulkollegiums der Provinz Westfalen.

Den Abiturienten der Anstalt stand gleich den an den staatlichen Seminaren ausgebildeten Lehrern die Berechtigung zu, ihrer aktiven Militärpflicht durch sechswöchigen Dienst in einem Infanterieregiment zu genügen.

Durch die neueren Bestimmungen über die Militärverhältnisse der Volksschullehrer (vgl. oben S. 143, unten, S. 162 f.) ist dieses Privileg außer Kraft gesetzt.

Die Statuten der Marks-Haindorf-Stiftung enthalten bezüglich des Seminars die folgenden Bestimmungen:

§ 1. Die Marks-Haindorf'sche Stiftung, von dem Professor Dr Alexander Haindorf errichtet und von dem Rentier Elias Marks bezw. dessen Universalerben, Gutsbesitzer Jacob Löb und Sophie geb. Haindorf fundirt, ist eine mit einer Elementarschule verbundene Anstalt zur Ausbildung jüdischer Lehrer für die Provinzen Westphalen und Rheinland, hat zugleich den Zweck, Handwerke und Künste unter den Juden zu befördern, und besitzt die Rechte einer mit juristischer Persönlichkeit bekleideten Schule. Ihr Domizil ist Hamm.

§ 2. Die Stiftung wird von einem aus fünf Personen bestehenden C u r a t o r i u m unter der Oberaufsicht der das Schulwesen in der Provinz Westphalen leitenden Behörde, zur Zeit des Provinzial-Schulcollegiums, v e r w a l t e t.

§ 15: Die Schulordnung und der Lehrplan für das Lehrer-Seminar und für die Elementarschule werden von dem Curatorium festgesetzt, müssen aber dem Königlichen Provinzial-Schulcollegium zur Kenntnißnahme eingereicht werden.

§ 16: Die nach Bestimmung des Präses des Curatoriums in das Lehrer-Seminar aufzunehmenden Zöglinge zahlen zu ihren Ausbildungs- und Unterhaltungskosten einen vorher zu bestimmenden jährlichen Zuschuß, dessen Höhe sich nach den jedesmaligen, amtlich nachzuweisenden Vermögensverhältnissen der Aufzunehmenden richtet, in halbjährlichen Raten pränumerando. Es kann aber auch eine Anzahl nachweislich armer junger Leute ohne irgend welchen Zuschuß zur Aufnahme zugelassen werden. Diese Zöglinge erhalten alsdann den Unterricht nebst Wohnung und Beköstigung unentgeltlich.

Das Curatorium bestimmt die Zahl derselben und die Aufnahme erfolgt nach Bestimmung des Präses des Curatoriums, nachdem die Lehrer der Anstalt auf Grund einer Prüfung die in der Schulordnung vorgeschriebene Qualifikation attestirt haben.

Der Präses des Curatoriums hat den jüdischen Gemeinden auf deren Begehren aus der Zahl der Zöglinge, welche das Lehrerexamen bestanden haben, einen Lehrer in Vorschlag zu bringen. Dieselben müssen:

a) nach bestandenem Lehrerexamen jede Schulstelle antreten und verwalten, welche ihnen mit Genehmigung der Königlichen Regierung überwiesen wird; dürfen

b) während eines Zeitraumes von zehn Jahren ohne Vorwissen des Curatoriums keine andere, als die ihnen zugewiesene Schulstelle übernehmen, insbesondere in keine andere Provinz, als in Rheinland und Westphalen oder gar in's Ausland verziehen, in welchem letzteren Falle sie ebenso, als wenn sie dem Lehramt untreu werden und ein anderes Amt oder ein Gewerbe erwählen, die Kosten ihrer Ausbildung mit „einhundert Thalern" für jedes Jahr ihres Aufenthalts in der Anstalt erstatten müssen;

c) Nach erfolgter Anstellung müssen sie während zwanzig Jahren jährlich fünf Thaler an die Kasse zahlen.

Ebenso müssen die Kosten mit jährlich hundert Thalern erstattet werden, wenn ein Lehrerzögling, d. h., einer der behufs Ausbildung zum Lehrerfache in der Anstalt befindlichen Jünglinge, dieselbe eigenmächtig verläßt oder im Disziplinarwege seine Entlassung nothwendig wird. Gegen die letztere, welche nur durch Collegialbeschluß des Lehrercollegs unter Zustimmung des Präses des Curatoriums verhängt werden kann, steht den Betreffenden frei, auf Entscheidung des Provinzial-Schulcollegiums zu provociren, die in diesem Falle als endgiltig betrachtet werden soll. —

### e. Das jüdische Lehrerseminar in Köln.

Die Anstalt ist im Jahre 1867 unter der Leitung des Rabbiners Dr W. Feilchenfeld eröffnet worden und hatte zunächst ihren Sitz in Düsseldorf. Im Jahre 1874 erfolgte die Verlegung nach Ehrenfeld (bei Köln), im Jahre 1876 nach Köln.

Die Anstalt ist reine Privatanstalt. Sie wird unterhalten aus den Zinsen ehemaliger Stiftungen, aus kleineren, ihr alljährlich zufließenden Jahrzeitsstiftungen, aus Jahresbeiträgen von Einzelmitgliedern, Vereinen und Synagogengemeinden und aus Spenden. Einen Staatsbeitrag erhält sie nicht.

Die innere Organisation des Seminars entspricht derjenigen der staatlichen Seminare. Die Bestimmungen des Ministerialerlasses vom 1. Juli 1901 sind an ihm zur Durchführung gelangt, sowohl hinsichtlich des inneren Unterrichtsbetriebes, als auch bezüglich der Vorbildung der Lehrer und der Übungsschule.

Die Anstalt besitzt nicht die Berechtigung zur Abnahme der ersten Lehrerprüfung. Die in ihr vorgebildeten Zöglinge legen vielmehr, wie andere privatim vorgebildete Kandidaten, die Prüfung an irgend einem staatlichen Seminar als Extranei ab. Eine Rücksichtnahme auf den vorausgegangenen Besuch des jüdischen Lehrerseminars findet hierbei nicht statt.

Über die Prüfung der Seminarzöglinge in den Religionswissenschaften siehe das Erforderliche unten S. 153 unter e.

## 3. Die Prüfung der jüdischen Kandidaten in den Religionswissenschaften.

Bei der ersten Prüfung christlicher Examinanden wird eine Ausarbeitung aus dem Gebiete des Religionsunterrichts, bei der mündlichen Prüfung ein Examen in den Religionswissenschaften erfordert (§ 6, 2 und 10 der Prüfungsordnung vom 15. Oktober 1872, Ziff. 2,2 und 3 des Erlasses vom 1. Juli 1901).

Bei der Prüfung jüdischer Kandidaten an den staatlichen Seminaren bildet die Religion keinen Prüfungsgegenstand (§ 11 der Prüfungsordnung vom 15. Oktober 1872).

Durch Erlaß des Ministers der geistlichen pp. Angelegenheiten vom 11. Februar 1897 (U. III D. 84) ist zwar für Berlin bestimmt worden, daß in Zukunft für die Befähigung zur Erteilung jüdischen Religionsunterrichts in allen Fällen die Ablegung einer Prüfung in Religion vor der an der jüdischen Lehrerbildungsanstalt für die Prüfung in den Religionswissenschaften bestehenden Kommission (siehe unten 3c) unter Zuziehung eines Vertreters des Provinzialschulkollegiums verlangt, auch die Zulassung zur Lehrer- und Lehrerinnenprüfung vom vorherigen Bestehen der Religionsprüfung abhängig gemacht werden solle.

Bisher ist dieser Erlaß jedoch nicht in Wirksamkeit getreten.

An den jüdischen Lehrerbildungsanstalten bildet der jüdische Religionsunterricht durchgängig einen integrierenden Bestandteil des Seminarunterrichts und, soweit an den Anstalten Prüfungen abgenommen werden, auch der Prüfung. Doch besteht in letzterer Hinsicht zwischen den verschiedenen Anstalten ein Unterschied, der z. T. auf die in den verschiedenen Gebieten hinsichtlich des jüdischen Unterrichtswesens bestehende Rechtsverschiedenheit zurückzuführen ist.

a) An dem Seminar zu Kassel, erfolgt die Prüfung in den Religionswissenschaften in gleicher Weise, wie in den übrigen Disziplinen, durch die Kgl. Prüfungskommission, welche, wie an den staatlichen Seminaren, aus einem Kommissarius des Provinzialschulkollegiums als Vorsitzendem, einem Vertreter der Regierung, dem Direktor und den ordentlichen Lehrern der Anstalt besteht [1]). Das Ergebnis der Prüfung in den Religionswissenschaften wird gleich dem in den übrigen Unterrichtsgegenständen erzielten Ergebnis in das Entlassungszeugnis aufgenommen.

b) An der Lehrerbildungsanstalt zu Hannover ist die Prüfung in den Religionswissenschaften mit der Entlassungsprüfung verbunden, die unter dem Vorsitze eines Mitgliedes des Provinzialschulkollegiums von dem Lehrerkollegium abgenommen wird. Jedoch unterscheidet sich die Prüfung in den Religionswissenschaften von der Prüfung in den übrigen Disziplinen dadurch, daß bei ihr das Mitglied des Provinzialschulkollegiums nicht anwesend ist, vielmehr an seiner Statt als staatlicher Kommissar der Landrabbiner den Vorsitz führt.

[1]) Vgl. oben S. 143 und § 8 der Verordnung vom 30. Dezember 1823 u. S. 154.

Die Frage der Abschlußprüfung an der Lehrerbildungsanstalt zu Hannover ist geregelt durch den Ministerialerlaß vom 31. Dezember 1872, welcher lautet:

„Auf den Bericht vom 12. d. M. will ich meine Zustimmung dazu aussprechen, daß die Entlassungsprüfung an der dortigen Bildungs-Anstalt für jüdische Lehrer in der bisherigen Weise unter Vorsitz eines Commissarius des Königlichen Provinzial-Schulcollegiums und in Verbindung mit der in Gemäßheit der §§ 20—22[1]) des Gesetzes vom 30. September 1842 durch den Landrabbiner abzunehmenden Religionsprüfung abgehalten werde, gebe aber anheim zu erwägen, ob es sich nicht empfehlen dürfte, wenigstens noch den Director des dortigen Haupt-Seminars zu der Prüfung hinzuzuziehen.

Allgemeine Bestimmungen über die Bildung der jüdischen Lehrer und der für dieselben zu errichtenden Anstalten müssen der Gesetzgebung vorbehalten bleiben.

Das Kgl. Provinzialschulcollegium wolle die Verwaltungscommission der dortigen Bildungsanstalt für jüdische Lehrer, deren Vorstellung zurückfolgt, danach bescheiden."

Das Ergebnis der Prüfung in den Religionswissenschaften wird gleich dem Ergebnis der übrigen Prüfungsgegenstände in das Entlassungszeugnis aufgenommen.

c) An der Lehrerbildungsanstalt zu Berlin erstreckt sich die von der Kgl. Prüfungskommission vorzunehmende Prüfung nicht auf die Religionswissenschaften. Der § 10 des Statuts der Lehrerbildungsanstalt (o. S. 146 f.) sieht jedoch eine Religionsprüfung vor, welche von den Zöglingen nach beendigtem Kursus vor einer besonderen Kommission, bestehend aus dem Lehrerkollegium und dem in den Schulvorstand gewählten Rabbiner abzulegen ist. Wiewohl an dieser Prüfung die Königlichen Kommissare nicht teilnehmen, entbehrt sie dennoch nicht der staatlichen Anerkennung. Denn es wird satzungsgemäß zu der eigentlichen, vor der Kgl. Kommission abzulegenden Prüfung für das Lehramt ein Kandidat nur dann zugelassen, wenn die Prüfung in

---

[1]) Die §§ 20—22 des Gesetzes vom 30. September 1842 lauten:

§ 20: „Das Synagogen-, Schul- und Armenwesen der Juden steht unter Aufsicht der Regierung.

Diese Aufsicht wird, neben den Ortsobrigkeiten, zunächst durch die Landrabbiner unter Leitung der Landdrosteien ausgeübt.

§ 21: Die Landrabbiner werden für gewisse, näher zu bestimmende Bezirke bestellt.

Sie werden von der Judenschaft eines jeden Bezirks nach weiter zu erlassenden Vorschriften gewählt und durch das Ministerium des Innern bestätigt.

Ihre etwaige Entlassung erfordert Genehmigung dieses Ministeriums.

§ 22: Die Anstellung der Rabbiner, Vorsänger und Schullehrer setzt eine Prüfung durch den Landrabbiner und einen von der Landdrostei zu ernennenden Commissarius, auch Bestätigung der Landdrostei voraus.

Die in dieser Beziehung einzelnen Magistraten verfassungsmäßig etwa zustehenden besonderen Befugnisse bleiben jedoch bestehen.

Die Entlassung der Rabbiner, Vorsänger und Schullehrer erfordert Genehmigung der Landdrostei.

den Religionswissenschaften vor der Sonderkommission vorausgegangen und derart ausgefallen ist, daß dem Kandidaten die Fähigkeit zur Erteilung des Religionsunterrichtes zuerkannt worden ist. Das von der Kgl. Kommission auszustellende Entlassungszeugnis enthält über das Ergebnis der Religionsprüfung nichts, wohl aber ist ein ausdrücklicher Vermerk darüber aufzunehmen, daß ein besonderes Prüfungszeugnis die Befähigung des Zöglings zur Erteilung des Religionsunterrichtes ausspreche und dem Entlassungszeugnis beigeheftet sei.

d) An dem jüdischen Lehrerseminar zu Münster wird nach vollendetem Seminarkursus eine Prüfung der Abiturienten in den Religionswissenschaften von dem Lehrerkollegium abgenommen. Ein staatlicher Kommissar wohnt der Prüfung nicht bei. Die eigentliche Prüfung für das Lehramt wird nicht an der Anstalt selbst abgelegt, da dieser das Recht zur Vornahme von Entlassungsprüfungen nicht zusteht. Die Zöglinge werden vielmehr vom Kuratorium beim Provinzialschulkollegium zur Prüfung an einem staatlichen Lehrerseminar angemeldet (früher in der Regel am Kgl. Seminar Soest, seit einigen Jahren am katholischen Lehrerseminar in Werl). Das Bestehen der Prüfung in den Religionswissenschaften vor dem Lehrerkollegium des jüdischen Seminars ist Bedingung für die Zulassung zur Prüfung der Abiturienten vor der Kgl. Prüfungskommission.

e) An dem jüdischen Lehrerseminar in Köln endlich wird die Religionslehrerprüfung nach bestandener erster Lehrerprüfung abgelegt, und zwar nach Absolvierung eines Aus- und Fortbildungskursus für das Kultusamt. Der Kursus, welcher nach Ablegung der ersten Lehrerprüfung beginnt, dauert regelmäßig ein Jahr, bei ausreichenden Vorkenntnissen ein halbes Jahr. Er dient der Vervollkommnung der während des dreijährigen Seminarbesuches gewonnenen Kenntnisse in den Religionsfächern.

Die Prüfung hat, dem privaten Charakter der Anstalt entsprechend, rein privaten Charakter und entbehrt völlig der staatlichen Sanktion. Der Nachweis insbesondere eines bestandenen Religionsexamens wird von den Kandidaten als Erfordernis ihrer Zulassung zur staatlichen Lehrerprüfung nicht verlangt.

### 4. Gesetzliche Sonderbestimmungen in den verschiedenen Teilen der Monarchie.

In den neueren Provinzen bestehen verschiedentlich gesetzliche Bestimmungen über die Ausbildung und Prüfung der jüdischen Lehrer. Soweit solche vorhanden sind, gehen sie den Ministerialverfügungen vor. Die oben erwähnten Erlasse haben also für die betreffenden Gebietsteile nur insoweit Gültigkeit, als sie nicht mit ausdrücklichen gesetzlichen Bestimmungen im Widerspruch stehen.

Diese Bestimmungen lauten:

a) Hannover.

### α) Gesetz vom 30. September 1842.

§ 22 Abs. 1: Die Anstellung der Rabbiner, Vorsänger und Schullehrer setzt eine Prüfung durch den Landrabbiner und einen von der Landdrostei zu ernennenden Commissarius, auch Bestätigung der Landdrostei voraus.

### β) Gesetz vom 5. Februar 1854.

§ 50: Die Anstellungsfähigkeit der Lehrer ist durch das Bestehen der bei der Entlassung vom Seminar vorgenommenen, oder einer die Fähigkeit zur Verwaltung eines Lehramts sonst genügend bekundenden Prüfung (§§ 51—54) bedingt.

§ 51: Die Prüfung der Lehrer ist von dem Landrabbiner zu halten; bei der Prüfung der Elementarlehrer soll ein von der Landdrostei zu ernennender Commissarius zugegen sein.

Über den Ausfall der Prüfung ist an die Landdrostei zu berichten.

§ 52: Die Prüfung zerfällt in eine schriftliche und mündliche. Für die Religionslehrer erstreckt dieselbe sich auf die in dem § 33, für die Elementarlehrer auf die in den §§ 53 und 54 genannten Gegenstände der Schulunterweisung.

Bei beiden ist die im Allgemeinen erworbene pädagogische Ausbildung durch die Prüfung zu ermitteln.

Zur Darlegung der vorhandenen Lehrgabe ist eine Probelection zu halten.

§ 53: Das Zeugniß hat das Ergebniß der Prüfung durch die Prädicate
sehr gut
gut
genügend
auszudrücken. Das Maß der erworbenen Kenntnisse in den einzelnen Lehrfächern ist in dem Zeugniß genau anzugeben und hiemit ein Urtheil über das Lehrgeschick des Geprüften zu verbinden.

§ 54: Lehrer, welche die Prüfung das erste Mal nicht mit dem gewünschten Erfolge bestanden haben, können erst nach Ablauf eines Jahrs zu einer nochmaligen Prüfung zugelassen werden.

§ 60: Alle dieser Schulordnung widersprechenden älteren Bestimmungen werden hiedurch aufgehoben.

§ 61: Auf Antrag des Landrabbiners oder der Obrigkeiten kann die Landdrostei solche Abweichungen von dieser Schulordnung zulassen, welche nach den besonderen Verhältnissen nothwendig sind.

b) Kurhessen.

### α) Verordnung vom 30. Dezember 1823.

§ 8: Diejenigen Israeliten, welche Unterricht in der Religion ertheilen wollen, müssen zuvor über die Kenntnisse, welche von dergleichen Lehrern im Allgemeinen erfordert werden, und zwar die Bewerber um Rabbinen-Stellen, durch die geeigneten Mitglieder der philosophischen Fakultät in Marburg, sowie die übrigen Lehrer durch die betreffende Commission zur Prüfung der Bewerber um Schulstellen, sämmtlich aber rücksichtlich der jüdischen Religionslehre durch das Landrabbinat, im Beiseyn des landesherrlichen Commissars (s. § 35) oder eines geeigneten Stellvertreters desselben, geprüft und zum Berufe eines Lehrers und beziehungsweise eines Rabbinen und Seelsorgers tüchtig befunden seyn......

### β) Gesetz vom 29. Oktober 1833.

§ 11: Die, im § 8 der Verordnung vom 30sten Dezember 1823 vorgeschriebene, Prüfung
a) der Bewerber um Rabbinen-Stellen soll.....
b) der Bewerber um blose Lehrer-Stellen an israelitischen Schulen aber durch besondere, von Unserm Ministerium des Innern zu bestellende, Prüfungs-Commissionen, welchen Lehrer und sonst wissenschaftlich gebildete Männer israelitischen Glaubens beizuordnen sind,

vorgenommen werden, bis die vollständige Besetzung des Landrabbinats anderweite Anordnungen ausführbar gemacht haben wird.

## c) Großherzogtum Hessen.

### Edict vom 17. Juli 1823.

4. Die anzustellenden Lehrer sind von der dazu verordneten Prüfungsbehörde, unter Zuziehung eines Bekenners der mosaischen Religion, nach den bestehenden Vorschriften zu prüfen. Ohne diese Prüfung und darauf erfolgte Approbation darf keiner eine Lehrerstelle an einer öffentlichen Schule übernehmen. Dasselbe gilt von Hauslehrern und Vorstehern von Privatlehr- und Erziehungsanstalten.

5. Um aber den dem Lehramte sich widmenden Jünglingen die Gelegenheit zu ihrer Ausbildung zu verschaffen, und zu bewirken, daß in Zukunft tüchtige, bewährte, mit der vorgeschriebenen Methode vertraute Lehrer zu erhalten seyen, soll es den Lehramts-Candidaten mosaischer Religion verstattet seyn, die Schullehrer-Seminarien des Landes zu besuchen, und an den darin Statt findenden Vorlesungen und Übungen theilzunehmen. Das Wohnen in den Seminarien selbst wird jedoch nicht von ihnen gefordert.

## d) Hohenzollern-Sigmaringen.

### Gesetz vom 9. August 1837.

§ 29: Die anzustellenden Schullehrer und Provisoren haben sich ebenfalls der Staatsprüfung zu unterziehen und werden von der Regierung ernannt.

§ 30: Damit die Schuldienste bei künftigen Erledigungsfällen der Vorsängerstellen mit diesen je nach Umständen vereinigt werden können, soll bei der Prüfung der Schullehrer hierauf die erforderliche Rücksicht genommen werden.

## e) Hechingen.

### Schulordnung vom 23. April 1836.

VIII. Abschnitt.

Von der Schullehrerbildungsanstalt.

§ 1: Unter der besondern Leitung des bei der Stadtschule in Hechingen (siehe Abschnitt C. § 3) angestellten Geistlichen, steht daselbst die Schullehrerbildungs-Anstalt. Dieser Geistliche ist verbunden, den Schulpräparanden den für ihre Bestimmung nöthigen Unterricht unentgeldlich zu ertheilen.

§ 2: Die Gegenstände, in denen die Schulpräparanden Unterricht erhalten, sind: erstens nothwendige; — hierher gehören hauptsächlich: Lesen des Gedruckten und Geschriebenen in Deutscher und Lateinischer Sprache; Schön- und Rechtschreiben mit deutschen und lateinischen Buchstaben; Kopf- und Tafelrechnen; deutsche Sprache und Stylübungen; Pädagogik und Methodik, zweitens nützliche; — hier kömmt besonders vor: das Nothwendigste und Wissenswürdigste aus der Naturgeschichte, Naturlehre, Erdbeschreibung, Geschichte, Gesundheitslehre, Technologie und Landwirthschaft. — Nebstdem, daß die Schulpräparanden in den angeführten Lehrgegenständen sich die nothwendigen Kenntnisse erwerben, haben dieselben auch, während ihres Aufenthaltes in der Schullehrerbildungs-Anstalt dahier, Unterricht in der Mosaischen Religion und in der hebräischen Sprache bei dem hiesigen Rabbiner zu nehmen, damit sie auch hierin die nöthige Fähigkeit erlangen.

§ 3: Die Schulpräparanden werden als solche, nach vorläufig erstandener Prüfung über die nothwendigen Vorkenntnisse, von der Schul-Commission in die Anstalt aufgenommen, und sie sind gehalten, auch außer dem für sie bestimmten besonderen Unterricht zugleich die allgemeine Stadtschule zu besuchen, wo ihnen Gelegenheit gegeben werden muß, unter der gehörigen Aufsicht ihre bereits erworbenen Kenntnisse den Kindern methodisch mitzutheilen, um so das wirkliche Schulhalten zu erlernen.

§ 4: Denselben ist gleichfalls eine Weisung besonders bei vorkommenden Fällen zu ertheilen, um die einzelnen Kinder zu beurtheilen und nach dieser Beurtheilung ein zweckmäßiges Verfahren gegen sie einschlagen zu können.

§ 5: Nur diejenigen sind in die Schullehrerbildungs-Anstalt aufzunehmen, welche bereits ihr 15tes Lebensjahr zurückgelegt haben, und aus der Schule mit guten Zeugnissen entlassen worden sind, welche die erforderlichen körperlichen und geistigen Anlagen zu einem künftigen Lehrer besitzen, und deren Religiosität und sittlicher Lebenswandel keinem gegründeten Zweifel unterliegt; auch dürfen ihnen die nöthigen Mittel zu ihrem Unterhalt, während dieser ihrer Lehrzeit und bis zu ihrer dereinstigen Anstellung keineswegs fehlen, worüber sich vor ihrer Aufnahme die Schul-Commission zu versichern hat.

§ 6: Die Dauer des Unterrichtes der Schulpräparanden ist wenigstens zwei Jahre; während dieser Zeit werden sie alle 6 Monate durch die Schul-Commission geprüft, und die Ergebnisse dieser Prüfungen, sowie die fortdauernden Zeugnisse über ihre sittliche Aufführung bezeichnen ihre Tauglichkeit, sowohl um in der Lehranstalt zu verbleiben, als auch späterhin einen Lehrerdienst zu erhalten.

§ 7: Ein Schulpräparand, der durch seine Schuld von der Anstalt und zwar durch einen Bescheid der Schul-Commission, welcher dieses allein zusteht, ausgeschlossen wurde, kann keinen Lehrerdienst mehr erhalten.

§ 8: Haben die Schulpräparanden die gesetzlich vorgeschriebene Bildungszeit vollendet, und sich in der darauf erfolgten Prüfung fähig und tauglich bewiesen, so werden sie unter die Schul-Candidaten aufgenommen, und ihnen hierüber von der Schul-Commission die erforderlichen Zeugnisse zugestellt, welche sie berechtigen, einen Lehrerdienst nachzusuchen. —

§ 9: Die Schulpräparanden und Schul-Candidaten genießen als solche die Personal-Freiheit mit Ausnahme der Militärpflichtigkeit.

### 5. Die Unterweisung der jüdischen Lehrer in der Obst- und Gartenbaukunde.

Hinsichtlich der Unterweisung jüdischer Lehrer in der Obst- und Gartenbaukunde ist unter dem 4. November 1898 der folgende Ministerialerlaß ergangen (Z.-Bl. 1898 S. 793).

Es ist darüber geklagt worden, daß es jüdischen Lehrern an der wünschenswerten Bekanntschaft mit der Obst- und Gartenkunde fehle. Die Kgl. Regierung wird veranlaßt, bei der Berufung von Lehrern zur Teilnahme an Obst- und Gartenbaukursen auch auf jüdische Lehrer gebührende Rücksicht zu nehmen.

## C. Die Rechtsstellung der Lehrer an den öffentlichen jüdischen Volksschulen.

### I. Die Rechtsstellung der Volksschullehrer im allgemeinen.

#### 1. Anstellung der Lehrer.

„Die Anstellung der Lehrer und Lehrerinnen erfolgt zunächst nur provisorisch.

Der Vorbehalt der provisorischen Anstellung wird von der Schulaufsichtsbehörde aufgehoben, nachdem die Lehrer die zweite Prüfung abgelegt haben und die Lehrerinnen sich im Amt bewährt haben, frühestens nach zwei, spätestens nach fünf Jahren.

Die Vokationen der Berufungsberechtigten sind unbedingt auszufüllen. (Erlaß vom 9. März und 7. Oktober 1880, 20. Oktober 1883, Z.-Bl. S. 662, 747 und Z.-Bl. 1899 S. 548).

Die provisorische Anstellung darf längstens fünf Jahre dauern. Lehrer, die dann noch nicht die zweite Prüfung abgelegt haben, sind zu entlassen. Eine Ausdehnung der Frist bedarf ministerieller Genehmigung (Z.-Bl. 1896 S. 586). Desgleichen sind Lehrerinnen zu entlassen, die sich in fünf Jahren nicht bewährt haben (Z.-Bl. 1899 S. 548).

Lehrer, welche ihrer Militärdienstpflicht noch nicht genügt haben, werden nur auftragsweise beschäftigt (E. v. 15. Februar 1900)."[1]) Voraussetzung für die Anstellung ist die Ablegung der vorgeschriebenen Prüfungen vor den preußischen Behörden (Z.-Bl. 1893 S. 644), „oder bei Angehörigen anderer Staaten vor den außerpreußischen Behörden, deren Prüfungszeugnisse den preußischen als gleichwertig anerkannt sind.

Lehrer, welche ihre Befähigung durch Zeugnisse außerpreußischer Prüfungsbehörden im Deutschen Reiche dargetan haben, können unter Vorbehalt der Ablegung der zweiten Prüfung provisorisch angestellt werden. (Z.-Bl. 1877 S. 151 und 343, 632, 1896 S. 705)"[2]).

Ausländer, d. h. diejenigen Personen, welche nicht Angehörige des Deutschen Reiches sind, dürfen nur mit Genehmigung des Ministers angestellt werden. (E. v. 29. Juni 1886 Z.-Bl. S. 702).

#### 2. Vereidigung der Lehrer.

Sämtliche Lehrer an öffentlichen Volksschulen haben bei der Anstellung den Diensteid ausschließlich in derjenigen Form abzuleisten, welche für die unmittelbaren und mittelbaren Staatsbeamten durch die Allerhöchsten Verordnungen vom 22. Januar und 6. Mai 1867 (GS. S. 132. 715) und den im Anschluß an die erstere erlassenen Staatsministerialbeschluß vom 31. Oktober 1867 vorgeschrieben ist. Die Vereidigung erfolgt bei der ersten Anstellung, gleichviel ob dieselbe eine definitive, provisorische oder interimistische ist. Die

---

[1]) v. Bremen: Die Volksschule S. 368.

[2]) v. Bremen: Die Volksschule a. a. O.

Vereidigung erfolgt in der Regel durch den Lokalschulinspektor. Es kann jedoch, wo dies angemessen erscheint, auch der Kreisschulinspektor damit beauftragt werden.

Der in den angeführten Allerhöchsten Verordnungen vorgeschriebene Diensteid für die preußischen Beamten (unmittelbaren oder mittelbaren Staatsbeamten) einschließlich der öffentlichen Lehrer hat den folgenden Wortlaut [1]):

> Ich N. N. schwöre zu Gott dem Allmächtigen und Allwissenden, daß Seiner Königlichen Majestät von Preußen, meinem Allergnädigsten Herrn, ich unterthänig, treu und gehorsam sein und alle mir vermöge meines Amtes obliegenden Pflichten nach meinem besten Wissen und Gewissen genau erfüllen, auch die Verfassung gewissenhaft beobachten [2]) will, so wahr mir Gott helfe usw.

Dem Schwörenden bleibt es überlassen, den vorstehend festgestellten Eidesworten die seinem religiösen Bekenntnis entsprechende Bekräftigungsformel hinzuzufügen.

### 3. Beamtenqualität der Volksschullehrer.

Die Verfassungsurkunde vom 31. Januar 1850 bestimmt in Art. 23 Abs. 2:

> Die öffentlichen Lehrer haben die Rechte und Pflichten der Staatsdiener.

Dieser Artikel ist zurzeit noch suspendiert.

Die Volksschullehrer sind nicht Gemeindebeamte [3]), sondern mittelbare Staatsdiener. (OVG. Bd. 37 S. 118).

### 4. Der Ausschluß von gewissen öffentlichen Ämtern.

Die Elementarlehrer sind, ebenso wie die Geistlichen und Kirchendiener, von bestimmten öffentlichen Ämtern ausgeschlossen, und zwar:

a) vom Amte eines Stadtverordneten [4]);

b) von der Mitgliedschaft im Magistrat [5]);

---

[1]) Formulierung vom 6. Mai 1867.

[2]) In der Formulierung vom 22. Januar 1867 für die Beamten der neu erworbenen Landesteile sind die Worte: „auch die Verfassung gewissenhaft beobachten" nicht enthalten, doch ist ihre Aufnahme in die Eidesformel für sämtliche Beamte durch den Beschluß des Königlichen Staatsministeriums vom 31. Oktober 1867 betreffend die Vereidigung der Staatsbeamten der neu erworbenen Landesteile (Justiz-Min.-Bl. S. 397) angeordnet.

[3]) OVG. Bd. 14 S. 75, Erlaß vom 4. Juli 1868, Z.-Bl. S. 480, Z.-Bl. 1889 S. 696, OVG. im Z.-Bl. 1897 S. 400.

[4]) vgl. St.-O. für die sechs östlichen Provinzen vom 30. Mai 1853 (GS. S. 261 ff.) § 17; St.-O. f. d. Provinz Westfalen vom 19. März 1856 (GS. S. 237 ff.) § 17; St.-O. f. d. Rheinprovinz vom 15. Mai 1856 (GS. S. 406 ff.) § 16; St.-O. f. d. Provinz Schleswig-Holstein vom 14. April 1869 (GS. S. 589 ff.) § 38; St.-O. f. Frankfurt a. M. vom 25. März 1867 (GS. S. 401 ff.) § 26; St.-O. f. d. Provinz Hessen-Nassau vom 4. August 1897 (GS. S. 254 ff.) § 19. Für die Provinz Hannover besteht eine derartige Vorschrift nicht (Entsch. d. OVG. vgl. Z.-Bl. 1896 S. 406).

[5]) Vgl. St.-O. f. d. sechs östlichen Provinzen vom 30. Mai 1853 § 30; St.-O. f. d. Provinz Westfalen vom 19. März 1856 § 30; St.-O. f. d. Rheinprovinz vom

c) vom Amte eines Gemeindeverordneten[1]);
d) von dem Amte eines Mitgliedes des Kreisausschusses[2]);
e) von dem Amte eines Schöffen[3]);
f) vom Amte eines Geschworenen[4]) und
g) von dem Amte eines Mitgliedes des Waldschutzgerichtes[5]);

5. Das Disziplinarrecht der Volksschullehrer.

Die Behandlung von Dienstvergehen der Volksschullehrer wird geregelt durch das Gesetz betreffend die Dienstvergehen der nicht richterlichen Beamten vom 21. Juli 1852 (GS. S. 564).

Über die Zwangspensionierung der Volksschullehrer verhält sich der Erlaß vom 5. September 1888. Derselbe lautet (Z.-Bl. S. 765 ff.):

U. III b Nr. 7741. Berlin, den 5. September 1888.

An sämtliche königliche Regierungen und an das königliche Provinzialschulkollegium hier.

Unter Aufhebung der Zirkularerlasse vom 9. Dezember 1843 — U. 17549 — (Central-Bl. 1864 S. 366) und vom 30. November 1881 — U. III b 7145 — (Central-Bl. 1881 S. 688) bestimme ich hierdurch, daß in Fällen der zwangsweisen Versetzung von Lehrern und Lehrerinnen an Volksschulen in den Ruhestand fortan nach den folgenden Vorschriften zu verfahren ist:

1) Ein an einer Volksschule definitiv angestellter Lehrer, welcher durch Blindheit, Taubheit oder ein sonstiges körperliches Gebrechen oder wegen Schwäche seiner körperlichen oder geistigen Kräfte zu der Erfüllung seiner Amtspflichten dauernd unfähig ist, soll in den Ruhestand versetzt werden.

2) Sucht der Lehrer in einem solchen Falle seine Versetzung in den Ruhestand nicht nach, so wird ihm oder seinem nöthigenfalls hierzu besonders zu bestellenden Pfleger von der vorgesetzten Schulaufsichtsbehörde (Regierung bezw. im Stadtkreise Berlin Provinzialschulkollegium) unter Angabe des zu gewährenden Pensionsbetrages

---

15. Mai 1856 § 29; St.-O. f. d. Provinz Schleswig-Holstein vom 14. April 1869 § 29; St.-O. f. Frankfurt a. M. vom 25. März 1867 § 39; St.-O. f. d. Provinz Hessen-Nassau vom 4. August 1897 § 33.

[1]) Vgl. LGO. f. d. sieben östlichen Provinzen vom 3. Juli 1897 (GS. S. 233 ff.) § 53; LGO. f. d. Provinz Westfalen vom 19. März 1856 (GS. S. 265 ff.) § 30 (vgl. auch § 39 bzgl. der Gemeindevorsteher); LGO. f. d. Rheinprovinz vom 15. Mai 1856 (GS. S. 435 ff.) Art. 14; LGO. f. Schleswig-Holstein vom 4 Juli 1892 § 53; LGO. f. Hessen-Nassau vom 4. August 1897 (GS. S. 301 ff.) § 24; LGO. f. Hohenzollern vom 2. Juli 1900 (GS. S. 189 ff.) § 24.

[2]) Vgl. Kreis-Ordnung f. d. Provinzen Preußen, Brandenburg, Pommern, Posen, Schlesien und Sachsen vom 13. Dezember 1872 (GS. S. 661 ff.) § 131; Kr.-O. f. Hannover vom 6. Mai 1884 (GS. S. 181 ff.) § 88; Kr.-O. f. Hessen-Nassau vom 7. Juni 1885 (GS. S. 193 ff.) § 89; Kr.-O. f. Westfalen vom 31. Juli 1886 (GS. S. 217 ff.) § 76; Kr.-O. f. d. Rheinprovinz vom 30. Mai 1887 (GS. S. 209 ff.) § 76; Kr.-O. f. Schleswig-Holstein vom 26. Mai 1888 (GS. S. 139 ff.) § 119; für Posen Gesetz über die allgemeine Landesverwaltung pp. in der Provinz Posen vom 19. Mai 1889 (GS. S. 109 ff.) Art. 4 § 1.

[3]) Vgl. GVG. vom 27. Januar 1877 § 34 Z. 8.

[4]) Ebenda § 85.

[5]) Vgl. Gesetz betr. Schutzwaldungen und Waldgenossenschaften vom 6. Juli 1875 (GS. S. 416) § 49.

und der Gründe der Pensionirung eröffnet, daß der Fall seiner Versetzung in den Ruhestand vorliege.

3) Innerhalb sechs Wochen nach einer solchen Eröffnung (Nr. 2) kann der Lehrer seine Einwendungen bei der Schulaufsichtsbehörde anbringen.

Ist dieses geschehen, so beschließt die Schulaufsichtsbehörde, ob dem Verfahren Fortgang zu geben sei.

In diesem Falle hat der damit von der Schulaufsichtsbehörde zu beauftragende Beamte die streitigen Tatsachen zu erörtern — das Gutachten von Sachverständigen einzuholen, die etwa sonst zur Aufklärung dienenden Beweise zu beschaffen rc., erforderlichen Falles Zeugen zu vernehmen — und zum Schlusse den in den Ruhestand zu versetzenden Lehrer oder dessen Pfleger über das Ergebnis der Ermittelungen mit seiner Erklärung und seinem Antrage zu hören.

Auf Grund der geschlossenen Verhandlungen trifft die Schulaufsichtsbehörde, wenn sie nach dem Ergebnisse der Ermittelungen die dauernde Dienstunfähigkeit des Lehrers für dargethan erachtet, durch Kollegial-Beschluß, welcher mit Gründen versehen sein muß, Bestimmung darüber,

daß und zu welchem Zeitpunkte der Lehrer in den Ruhestand zu versetzen ist,

gleichzeitig aber gemäß den Vorschriften des Pensionsgesetzes vom 6. Juli 1885 (GS. S. 298) Entscheidung darüber,

welche Pension dem Lehrer bei seiner Versetzung in den Ruhestand zusteht (zu vgl. Nr. 6 dieses Erlasses).

Der Abfassung eines Plenarbeschlusses bedarf es nicht.

Eine Ausfertigung des Beschlusses ist dem Lehrer oder dessen Pfleger zuzustellen.

Gegen diesen Beschluß steht dem Lehrer, insoweit sich der Beschluß auf die Bestimmung erstreckt,

daß und zu welchem Zeitpunkte der Lehrer in den Ruhestand zu versetzen ist,

die Beschwerde an den Oberpräsidenten (Unterrichtsminister) binnen einer Frist von vier Wochen nach Empfang des Beschlusses zu.

Des Beschwerderechtes ungeachtet, kann der Lehrer von der Schulaufsichtsbehörde sofort der weiteren Amtsverwaltung vorläufig enthoben werden. Unberührt durch die vorstehenden Vorschriften bleibt die Bestimmung des § 15 des Pensionsgesetzes vom 6. Juli 1885.

4) Dem Lehrer, dessen Versetzung in den Ruhestand verfügt ist, wird das volle Gehalt noch bis zum Ablaufe desjenigen Vierteljahres fortgezahlt, welches auf den Monat folgt, in dem ihm die schließliche Verfügung über die Versetzung in den Ruhestand mitgeteilt worden ist.

5) Wenn der Lehrer gegen die ihm gemachte Eröffnung (Nr. 2) innerhalb sechs Wochen keine Einwendungen erhoben hat, so wird in derselben Weise verfügt, als wenn er seine Pensionierung selbst nachgesucht hätte.

Die Zahlung des vollen Gehaltes dauert bis zu dem unter Nr. 4 bestimmten Zeitpunkte (zu vgl. § 16 des Pensionsgesetzes vom 6. Juli 1885).

6) Ist ein Lehrer vor dem Zeitpunkte, mit welchem die Pensionsberechtigung für ihn eingetreten sein würde, dienstunfähig geworden, so kann er gemäß §. 95 Absatz 2 des Gesetzes, betreffend die Dienstvergehen der nicht richterlichen Beamten die Versetzung derselben auf eine andere Stelle oder in den Ruhestand, vom 21. Juli 1852 (Gesetz-Samml. S. 465), gegen seinen Willen nur unter Beobachtung derjenigen Formen, welche für das förmliche Disziplinarverfahren vorgeschrieben sind, in den Ruhestand versetzt werden.

Wird es jedoch für angemessen befunden, dem Lehrer eine Pension zu dem Betrage zu bewilligen, welcher ihm bei Erreichung des vorgedachten Zeitpunktes zustehen würde, so kann die Pensionierung desselben nach den Vorschriften unter Nr. 1 bis 5 erfolgen.

Es sind hierbei die Vorschriften der §§. 1 bis 4 in Verbindung mit den §§. 22 und 23 des Pensionsgesetzes vom 6. Juli 1885 zu beachten.

7) Die vorstehenden Vorschriften finden gleichmäßig Anwendung auf die zwangsweise Versetzung von definitiv angestellten Lehrerinnen an Volksschulen in den Ruhestand.

8) Alle zur Zeit etwa bereits eingeleiteten Verhandlungen wegen zwangsweiser Versetzung von Lehrern und Lehrerinnen in den Ruhestand sind in das durch diesen Erlaß vorgeschriebene Verfahren überzuleiten und in demselben zum Abschluß zu bringen.

9) Lehrer und Lehrerinnen an Volksschulen, welche nicht definitiv, sondern auf Widerruf (einstweilig, provisorisch ꝛc.) angestellt sind, können, wenn sie durch ein körperliches Gebrechen oder wegen Schwäche ihrer körperlichen oder geistigen Kräfte zu der Erfüllung ihrer Amtspflichten dauernd unfähig sind, gemäß der Vorschrift des §. 83 des Gesetzes vom 21. Juli 1852 (GS. S. 465) von der Schulaufsichtsbehörde entlassen werden.

Dieser Erlaß ist durch das Amtsblatt zu veröffentlichen.

Der Minister der geistlichen ꝛc. Angelegenheiten.

In Vertretung: Nasse.

## 6. Vorrechte der Volksschullehrer.

Über die Freiheit der Lehrer von Gemeindeabgaben bestimmt § 41 des Kommunalabgabengesetzes vom 14. Juli 1893 (GS. S. 152):

Die Heranziehung der ... Geistlichen, Kirchendiener und Elementarschullehrer, sowie der Wittwen und Waisen dieser Personen zu Einkommen- und Aufwandssteuern (§. 23) wird durch besonderes Gesetz geregelt. Bis zum Erlasse dieses Gesetzes kommen die Bestimmungen der Verordnung, betreffend die Heranziehung der Staatsdiener zu den Kommunalauflagen in den neu erworbenen Landestheilen, vom 23. September 1867 (Gesetz-Samml. S. 1648) mit der Maßgabe zur Anwendung, daß das nothwendige Domizil außer Berücksichtigung bleibt.

Die angezogene Verordnung vom 23. September 1867 bestimmt:

§ 1: Von allen direkten Kommunalauflagen, sowohl der einzelnen bürgerlichen Stadt- und Landgemeinden, als der weiteren kommunalen Körperschaften (Amtsbezirke, Distriktsgemeinden, Armendistrikte, Wegeverbände u. s. w.) und der kreis-, kommunal- und provinzialständischen Verbände, sind vollständig befreit:

3) Die Geistlichen und Elementarlehrer hinsichtlich ihrer Besoldungen und Emolumente, einschließlich der Ruhegehälter, ingleichen die unteren Kirchendiener, wo und soweit den letzteren eine derartige Befreiung seither rechtsgültig zugestanden hat;

5) die hinterbliebenen Wittwen und Waisen der unter 1—4. genannten Personen hinsichts ihrer aus Staatsfonds oder aus einer öffentlichen Versorgungskasse zahlbaren Pensionen und laufenden Unterstützungen;

6) die Sterbe- und Gnadenmonate;

7) alle diejenigen Dienst-Emolumente, welche blos als Ersatz baarer Auslagen zu betrachten sind.

§ 6. Auf Staatssteuern und Staatslasten, welche gemeindeweise abgetragen werden, finden die Bestimmungen dieser Verordnung keine Anwendung.

§ 9. Von ihrem etwanigen besonderen Vermögen haben auch die nach §. 3. begünstigten Staatsdiener ....., die Geistlichen und Elementarlehrer, ihre Beiträge zu den Kommunallasten gleich anderen Angehörigen der betreffenden Verbände zu entrichten.

§ 10. Durch die nach den vorstehenden Bestimmungen zu bemessenden Geldbeiträge sind die Pflichtigen zugleich von persönlichen Kommunaldiensten frei. .....

Geistliche und Elementarlehrer bleiben von allen persönlichen Gemeindediensten, soweit dieselben nicht auf ihnen gehörigen Grundstücken lasten, befreit; ...

§ 11. Zu den indirekten Gemeinde-Abgaben müssen auch die nach §§. 1—5. begünstigten Personen gleich anderen Gemeinde-Einwohnern beitragen. Sie sind nicht befugt, was sie hierauf entrichten, bei ihren direkten Kommunalbeiträgen in Anrechnung zu bringen...

§ 12: Alle entgegenstehenden gesetzlichen Bestimmungen werden aufgehoben. Wo jedoch weitergehende Immunitäten für Beamte ..... oder Lehrer nach statutarischem Recht oder besonderen Privilegien bestehen, soll in denselben hierdurch nichts geändert werden.

§ 68 des Kommunalabgabengesetzes vom 14. Juli 1893 bestimmt:

Die Steuerpflichtigen können durch Gemeindebeschluß zu Naturaldiensten (Hand- und Spanndiensten) herangezogen werden. .....

Die in §§. 40, 41, 42 aufgeführten Personen sind von Naturaldiensten, soweit diese nicht auf den ihnen gehörenden Grundstücken lasten, befreit; .....

§ 24 des Kommunalabgabengesetzes vom 14. Juli 1893 bestimmt:

Den Steuern vom Grundbesitz sind die in der Gemeinde belegenen bebauten und unbebauten Grundstücke unterworfen, mit Ausnahme

k) der Dienstgrundstücke und Dienstwohnungen der ..... Volksschullehrer, soweit ihnen bisher Steuerfreiheit zugestanden hat.

### 7. Die Militärverhältnisse der Volksschullehrer.

1. Durch Erlaß des Reichskanzlers vom 19. Februar 1896 [1]) sind die staatlichen Schullehrerseminare als Lehranstalten anerkannt, welche für die im Seminar vorgebildeten Lehramtskandidaten giltige Zeugnisse über die wissenschaftliche Befähigung für den Einjährig-Freiwilligendienst ausstellen dürfen (Z.-Bl. 1896 S. 662; 1898 S. 755).

Die Vorschriften über die Nachsuchung der Berechtigung zum Einjährig-Freiwilligen Dienst sind enthalten in der Wehrordnung vom 22. Juli 1901 § 88 ff. Nach § 89 Nr. 3 daselbst muß die Berechtigung spätestens bis zum 1. Februar des ersten Militärpflichtjahres nachgesucht werden; da die erste Lehrerprüfung frühestens mit dem vollendeten 20. Lebensjahre abgelegt werden kann, werden Fälle häufig sein, in denen die Lehrbefähigung erst in einem späteren Lebensalter erreicht wird. Die Militärpflichtigen haben in diesem Falle ihre Zurückstellung nach § 29, 4b, § 32,2f und 5 der Wehrordnung nachzusuchen [2]), falls das Zeugnis nicht noch rechtzeitig nachgesendet werden kann [3]). Die Übernahme der Kosten des Unterhalts während der Dienstzeit kann durch den gesetzlichen Vertreter oder durch einen Dritten erfolgen. Unterschrift und Leistungsfähigkeit derselben sind obrigkeitlich zu bescheinigen [4]). Die Seminaristen sind über die Vorschriften zu belehren [5]).

2. Im übrigen werden die Militärverhältnisse der Lehrer geregelt:

a) durch § 9 Ziffer 1—4 der deutschen Wehrordnung vom 22. Juli 1901;

---

[1]) Z.-Bl. S. 284.

[2]) Erl. des Kriegsministers u. des Min. d. Inn. v. 22. März 1900 (Z.-Bl. S. 537).

[3]) Erl. des Kriegsministers u. d. Min. d. Inn. v. 3. Dezember 1902 (Z.-Bl. 1903 S. 595).

[4]) Min.-Erl. v. 2. April 1900 (Z.-Bl. S. 466).

[5]) Min.-Erl. v. 22. Januar 1903 (Z.-Bl. S. 254).

b) durch den Allerhöchsten Erlaß vom 8. Februar 1900 betreffend die Bestimmungen über die Dienstzeit der Volksschullehrer und Kandidaten des Volksschulamtes vom Jahre 1900 ab;

c) durch den Ministerialerlaß betreffend die Militärpflicht der Volksschullehrer vom 15. Februar 1900 (Z.-Bl. S. 407 ff.).

Die wesentlichsten Bestimmungen lauten:

„Auf Volksschullehrer und Kandidaten des Volksschulamts, welche ihrer aktiven Dienstzeit als Einjährig-Freiwillige genügen wollen oder genügen, finden die in der ..... Heerordnung enthaltenen Bestimmungen über Einjährig-Freiwillige Anwendung" (Allerhöchster Erlaß vom 8. Februar 1900, Z. 1).

„Alle übrigen Volksschullehrer, welche ihre Befähigung für das Schulamt in vorschriftsmäßiger Prüfung nachgewiesen haben, sind vom Jahre 1900 ab nach einjähriger aktiver Dienstzeit bei einem Infanterieregiment zur Reserve zu beurlauben" (ebenda Z. 2).

„Für die Volksschullehrer und die Kandidaten des Volksschulamts, welche ihre Befähigung für das Schulamt in vorschriftsmäßiger Prüfung nachgewiesen haben, hat die bisherige Abkürzung der aktiven Dienstzeit auf die Dauer von zehn Wochen aufgehört. An ihre Stelle ist vom 1. Januar 1900 ab die einjährige aktive Dienstzeit gesetzt." (Ministerialerlaß vom 15. Februar 1900 Abs. 2).

„Volksschullehrer und Kandidaten des Volksschulamts, welche ihre Befähigung für das Schulamt in vorschriftsmäßiger Prüfung nachgewiesen haben, können nach kürzerer Einübung mit den Waffen zur Reserve beurlaubt werden. Die näheren Bestimmungen hierüber sind in der Heerordnung enthalten..... Gibt der .. Beurlaubte seinen bisherigen Beruf gänzlich auf, oder wird er aus dem Schulamte für immer entlassen, so kann er vor Ablauf des Kalenderjahres, in welchem er das 25. Lebensjahr vollendet, zur Ableistung des Restes seiner aktiven Dienstzeit sofort wieder eingezogen werden". (Wehrordnung vom 22. Juli 1901, § 9 Z. 1 und 2).

## 8. Das Diensteinkommen der Lehrer.

Das Diensteinkommen der Lehrer an den öffentlichen Volksschulen wird geregelt:

a) durch das Gesetz vom 3. März 1897 (G. S. S. 25) und

b) durch die vom 20. März 1897 datierte Ausführungsverfügung zu diesem Gesetze (abgedruckt bei v. Bremen S. 410 ff).

Die bezüglichen Bestimmungen des Gesetzes v. 3. März 1897 lauten wie folgt:

Wir Wilhelm, von Gottes Gnaden König von Preußen rc. verordnen, mit Zustimmung beider Häuser des Landtages, für den Umfang der Monarchie, bis zum Erlaß eines allgemeinen Volksschulgesetzes, was folgt:

§ 1.

Diensteinkommen der Lehrer und Lehrerinnen an den öffentlichen Volksschulen.

Die an einer öffentlichen Volksschule endgültig angestellten Lehrer und Lehrerinnen erhalten ein festes, nach den örtlichen Verhältnissen und der besonderen Amtsstellung angemessenes Diensteinkommen.

Dasselbe besteht:
1) in einer festen, ihrem Betrage nach in einer bestimmten Geldsumme zu berechnenden Besoldung (Grundgehalt),
2) in Alterszulagen,
3) in freier Dienstwohnung oder entsprechender Miethsentschädigung.

Auf Lehrer und Lehrerinnen, deren Zeit und Kräfte durch die ihnen übertragenen Geschäfte nur nebenbei in Anspruch genommen sind, findet diese Vorschrift keine Anwendung.

Die Entscheidung darüber, ob ein Lehrer oder eine Lehrerin nur nebenbei beschäftigt ist, steht lediglich der Schulaufsichtsbehörde zu.

§ 2.

Grundgehalt.

Das Grundgehalt darf für Lehrerstellen nicht weniger als 900 Mark, für Lehrerinnenstellen nicht weniger als 700 Mark jährlich betragen.

Rektoren, sowie solche erste Lehrer an Volksschulen mit drei oder mehr Lehrkräften, denen Leitungsbefugnisse übertragen sind (Hauptlehrer), erhalten nach Maßgabe der örtlichen und amtlichen Verhältnisse ein höheres Grundgehalt, als die anderen an derselben Schule angestellten Lehrer.

§ 3.

Besoldung der jüngeren Lehrer und der einstweilig angestellten Lehrer und Lehrerinnen.

Die Besoldung der einstweilig angestellten Lehrer und Lehrerinnen, sowie derjenigen Lehrer, welche noch nicht vier Jahre im öffentlichen Schuldienste gestanden haben, beträgt ein Fünftel weniger als das Grundgehalt der betreffenden Schulstelle. Jedoch darf die Besoldung der Lehrerinnen nicht weniger als 700 Mark jährlich betragen.

Der Minderbetrag kann durch Beschluß des Schulverbandes auf einen geringeren Bruchtheil beschränkt werden.

§ 5.

Alterszulagen.

Die Alterszulagen sind nach Maßgabe der örtlichen Verhältnisse in der Weise zu gewähren, daß der Bezug nach siebenjähriger Dienstzeit im öffentlichen Schuldienste (§ 10) beginnt, und daß neun gleich hohe Zulagen in Zwischenräumen von je drei Jahren gewährt werden.

§ 6.

Höhe der Alterszulagen.

Die Alterszulage darf in keinem Falle weniger betragen als:
1) für Lehrer jährlich 100 Mark, steigend von drei zu drei Jahren um je 100 Mark bis auf jährlich 900 Mark;
2) für Lehrerinnen jährlich 80 Mark, steigend von drei zu drei Jahren um je 80 Mark bis auf jährlich 720 Mark.

§ 7.

Anspruch auf Alterszulagen.

Ein rechtlicher Anspruch auf Neugewährung einer Alterszulage steht den Lehrern und Lehrerinnen nicht zu, die Versagung ist jedoch nur bei unbefriedigender Dienstführung zulässig.

Die Versagung bedarf der Genehmigung der Bezirksregierung, in Berlin des Provinzialschulkollegiums.

Die zeitweise Vorenthaltung der Alterszulage ist ohne Einfluß auf die Berechnung der Dienstzeit bei späterer Gewährung der Zulage.

§ 9.

Beginn der Zahlung der Alterszulagen.

Der Bezug der Alterszulagen beginnt mit dem Ablaufe desjenigen Vierteljahres, in welchem die erforderliche Dienstzeit vollendet wird.

§ 10.

Berechnung der Dienstzeit für die Gewährung des vollen Grundgehalts, der Alterszulagen und der Miethsentschädigung.

Bei Berechnung der Dienstzeit der Lehrer und Lehrerinnen kommt die gesammte Zeit in Ansatz, während welcher sie im öffentlichen Schuldienste in Preußen oder in den nach ihrem Eintritt in den öffentlichen Schuldienst von Preußen erworbenen Landestheilen sich befunden haben.

Ausgeschlossen bleibt die Anrechnung derjenigen Dienstzeit, während welcher die Zeit und Kräfte eines Lehrers oder einer Lehrerin nach der Entscheidung der Schulaufsichtsbehörde durch die ihnen übertragenen Geschäfte nur nebenbei in Anspruch genommen gewesen sind.

Die Dienstzeit wird vom Tage der ersten eidlichen Verpflichtung für den öffentlichen Schuldienst an gerechnet.

Kann ein Lehrer oder eine Lehrerin nachweisen, daß die Vereidigung erst nach dem Eintritt in den öffentlichen Schuldienst stattgefunden hat, so wird die Dienstzeit von letzterem Zeitpunkt an gerechnet.

Der Dienstzeit im Schulamte wird die Zeit des aktiven Militärdienstes hinzugerechnet.

Die Dienstzeit, welche vor den Beginn des einundzwanzigsten Lebensjahres fällt, bleibt außer Berechnung.

Als öffentlicher Schuldienst ist auch anzurechnen:

1) diejenige Zeit, während welcher ein Lehrer an einer Anstalt thätig gewesen ist, welche vertragsmäßig die Vorbereitung von Zöglingen für die staatlichen Lehrerbildungsanstalten übernommen hat;
2) diejenige Zeit, während welcher ein Lehrer oder eine Lehrerin als Erzieher oder Erzieherin an einer öffentlichen Taubstummen-, Blinden-, Idioten-, Waisen-, Rettungs- oder ähnlichen Anstalt sich befunden hat.

Mit Genehmigung des Unterrichtsministers kann auch die im außerpreußischen öffentlichen Schuldienste zugebrachte Zeit angerechnet werden.

§ 11.

Anrechnung der Dienstzeit an Privatschulen.

Für diejenigen Lehrer und Lehrerinnen, die vor ihrem Eintritt in den öffentlichen Volksschuldienst an Privatschulen, in denen nach dem Lehrplane einer öffentlichen Volksschule unterrichtet wird, voll beschäftigt waren, gelten bei Bemessung der Alterszulagen folgende Vorschriften:

1) Sofern sie sich beim Inkrafttreten dieses Gesetzes bereits im öffentlichen Volksschuldienste befinden, sind ihnen die an derartigen Privatschulen zugebrachten Dienstjahre anzurechnen.
2) Sofern sie erst nach dem Inkrafttreten dieses Gesetzes in den öffentlichen Volksschuldienst übertreten, erlangen sie bis zum Höchstmaß von zehn Jahren eine Anrechnung dieser Dienstzeit oder eines Theiles derselben soweit, als ein Beitrag von jährlich 270 Mark für Lehrer und 120 Mark für Lehrerinnen für diese Zeit an die Alterszulagekasse, in Berlin an die Schulkasse, nachgezahlt wird. Für die vor dem 1. April 1897 zurückgelegene Zeit ermäßigen sich die vorstehenden Sätze auf ein Drittheil. Die Stadt Berlin ist befugt, bei der Anrech-

nung jener Dienstzeit über das Höchstmaß von zehn Jahren hinauszugehen und auf die Einzahlungen an die Schulkasse ganz oder theilweise zu verzichten.

3) Die Beschäftigung, welche vor den Beginn des einundzwanzigsten Lebensjahres oder vor die erlangte Befähigung zur Anstellung im öffentlichen Volksschuldienste fällt, bleibt außer Berechnung.

Der Beschäftigung an einer preußischen Privatschule im Sinne des ersten Absatzes steht gleich, wenn ein Lehrer oder eine Lehrerin, sei es als Lehrer oder Lehrerin, sei es als Erzieher oder Erzieherin an einer privaten Taubstummen-, Blinden-, Idioten-, Waisen-, Rettungs- oder ähnlichen Anstalt beschäftigt ist.

Mit Genehmigung des Unterrichtsministers kann unter gleichen Bedingungen auch die im außerpreußischen Privatschuldienste zugebrachte Zeit ganz oder theilweise angerechnet werden.

Die auf Grund der vorstehenden Bestimmungen erfolgte Anrechnung ist auch für den Anspruch auf Ruhegehalt maßgebend.

§ 12.

Dienstwohnung.

Wo seither Lehrern oder Lehrerinnen freie Dienstwohnung gewährt wurde, ist die Einziehung der Wohnung nur mit Genehmigung der Schulaufsichtsbehörde zulässig.

Die Genehmigung darf nicht versagt werden, wenn die Gemeinde sich bereit erklärt, die feststehende oder eine ausreichende Miethsentschädigung zu zahlen, und wenn genügende Miethswohnungen in der Gemeinde vorhanden sind.

§ 13.

Dienstwohnung auf dem Lande.

Auf dem Lande sollen erste und alleinstehende Lehrer in der Regel, bei vorhandenem Bedürfnis auch andere Lehrer und Lehrerinnen eine freie Dienstwohnung erhalten.

§ 14.

Größe der Dienstwohnung.

Bei der Anlage und Veränderung von Dienstwohnungen sind die örtlichen Verhältnisse und die Amtsstellung zu berücksichtigen.

Gegen die Festsetzungen der Schulaufsichtsbehörde über Nothwendigkeit, Umfang und Einrichtung ist das Verwaltungsstreitverfahren zulässig.

§ 15.

Unterhaltung der Dienstwohnung.

Die von der Dienstwohnung zu entrichtenden öffentlichen Lasten und Abgaben werden von den Schulunterhaltungspflichtigen getragen.

Denselben liegt auch, unbeschadet der Verpflichtungen Dritter aus besonderen Rechtstiteln, die bauliche Unterhaltung der Dienstwohnung ob.

§ 16.

Miethsentschädigung.

Als Miethsentschädigung für die Lehrer und Lehrerinnen ist eine Geldsumme zu gewähren, die eine ausreichende Entschädigung für die nicht gewährte Dienstwohnung darstellt; sie soll aber in der Regel ein Fünftel des Grundgehalts und des für die Schulstelle von dem Schulverbande zu zahlenden Alterszulagekassenbeitrags nicht übersteigen.

Einstweilig angestellte Lehrer und unverheirathete Lehrer ohne eigenen Hausstand, sowie diejenigen Lehrer, welche noch nicht vier Jahre im öffentlichen Schuldienste gestanden haben, erhalten in der Regel eine um ein Drittel geringere Miethsentschädigung.

§ 17.

Beschaffung von Brennmaterial.

Wo eine Wohnung auf dem Dienstgrundstücke gegeben wird, und wo es bisher üblich ist, kann die Schulaufsichtsbehörde die Beschaffung des dem Bedarfe entsprechenden Brennmaterials für die Lehrer und Lehrerinnen verlangen.

Im Uebrigen wird an bestehenden Verpflichtungen zur Beschaffung, Anfuhr und Zerkleinerung von Brennmaterial für die Schule oder die Schulstelle nichts geändert.

§ 18.

Gewährung von Dienstland.

Wo auf dem Lande eine Dienstwohnung gegeben wird, ist als Zubehör, ohne Anrechnung auf das Grundgehalt, sofern es nach den örtlichen Verhältnissen thunlich ist, ein Hausgarten zu gewähren.

Wo die örtlichen Verhältnisse es thunlich erscheinen lassen und wo ein Bedürfniß dazu vorliegt, soll auf dem Lande für einen alleinstehenden oder ersten Lehrer in Anrechnung auf das Grundgehalt eine Landnutzung gewährt werden, welche dem durchschnittlichen Wirthschaftsbedürfniß einer Lehrerfamilie entspricht.

Zur Bewirthschaftung des Landes sind erforderlichenfalls Wirthschaftsgebäude herzustellen.

Die öffentlichen Lasten und Abgaben von dem Schullande werden von den Schulunterhaltungspflichtigen getragen.

Wo mit einer Stelle bisher eine größere Landnutzung oder sonstige Berechtigungen verbunden gewesen sind, behält es dabei sein Bewenden. Eine Einschränkung bedarf der Genehmigung der Schulaufsichtsbehörde.

Auf Anrufen von Betheiligten beschließt der Kreisausschuß und, sofern es sich um Stadtschulen handelt, der Bezirksausschuß darüber, welcher Theil des Dienstlandes als Hausgarten anzusehen ist. Der Beschluß des Bezirksausschusses in erster oder zweiter Instanz ist endgültig.

§ 19.

Naturalleistungen.

Wo bisher die Gewährung von Naturalleistungen stattgefunden hat, behält es dabei unter Anrechnung auf das Grundgehalt bis zur Ablösung der Naturalleistungen oder bis zur Aufhebung des bisherigen Gebrauchs sein Bewenden. Die Aufhebung bedarf der Zustimmung der Betheiligten und der Genehmigung der Schulaufsichtsbehörde.

§ 20.

Anrechnung auf das Grundgehalt.

Auf das Grundgehalt (§§ 1, 2, 4) oder die nach § 3 gewährte Besoldung sind anzurechnen:

1) Der Ertrag der Landnutzung (§ 18 Absatz 2 und 5).
2) Die sonstigen Diensteinkünfte an Geld oder Naturalleistungen.

Bei amtlicher Festsetzung des Diensteinkommens beschließt auf Anrufen von Betheiligten über die Anrechnung dieser Diensteinkünfte sowie des Ertrages der Landnutzung der Kreisausschuß und, sofern es sich um Stadtschulen handelt, der Bezirksausschuß. Der Beschluß des Bezirksausschusses in erster oder zweiter Instanz ist endgültig.

Eine anderweite Festsetzung ist bei erheblicher Aenderung der ihr zu Grunde liegenden thatsächlichen Verhältnisse zulässig.

Die Festsetzung gilt auch für die Berechnung des Ruhegehalts.

3) Das Brennmaterial (§ 17). Dasselbe wird mit dem nach § 8 des Gesetzes vom 23. Juli 1893, betreffend Ruhegehaltskassen für die Lehrer und Lehrerinnen an den öffentlichen Volksschulen (Gesetz-Samml. S. 194), festgesetzten Betrage mit der Beschränkung angerechnet, daß das verbleibende Grundgehalt (§ 2) einschließlich der zu 1 und 2 angeführten Bezüge bei Lehrern nicht unter 840 Mark, bei Lehrerinnen nicht unter 650 Mark jährlich betragen darf. In gleicher Weise ist das Grundgehalt, von welchem die nach § 3 festzusetzende Besoldung gewährt wird, zu berechnen.

§ 21.

Zahlung des baaren Diensteinkommens.

Die Zahlung des baaren Diensteinkommens erfolgt an endgültig angestellte Lehrer und Lehrerinnen vierteljährlich, an einstweilig angestellte monatlich, im Voraus.

§ 22.

Umzugskosten.

Lehrer und Lehrerinnen an öffentlichen Volksschulen erhalten bei Versetzungen im Interesse des Dienstes aus der Staatskasse eine Vergütung für Umzugskosten unter Wegfall der von den Schulunterhaltungspflichtigen zu entrichtenden Anzugs- oder Herbeiholungskosten.

Die näheren Bestimmungen über die Höhe der Vergütung werden von dem Unterrichtsminister in Gemeinschaft mit dem Finanzminister getroffen.

Im Uebrigen bewendet es bei den bestehenden Vorschriften über die Gewährung von Anzugs- und Herbeiholungskosten.

Unberührt bleibt auch die Vorschrift im Artikel III Absatz 1 des Gesetzes vom 15. Juli 1886 (Gesetz-Samml. S. 185).

Bei Versetzungen gilt der Verlust einer Dienstwohnung nebst Hausgarten oder die Verringerung der Miethsentschädigung nicht als Verringerung des Diensteinkommens.

§ 23.

Gnadenquartal.

Hinterläßt ein an einer öffentlichen Volksschule endgültig oder einstweilig angestellter Lehrer eine Wittwe oder eheliche Nachkommen, so gebührt den Hinterbliebenen außer dem Sterbemonate für das auf denselben folgende Vierteljahr noch das volle Diensteinkommen des Verstorbenen als Gnadenquartal.

Der gleiche Anspruch steht den ehelichen Nachkommen einer im Wittwenstande verstorbenen Lehrerin zu.

An wen die Zahlung des Gnadenquartals zu leisten ist, bestimmt die Ortsschulbehörde.

Sind solche Personen, welchen das Gnadenquartal gebührt, nicht vorhanden, so kann die Bezirksregierung, in Berlin das Provinzialschulkollegium, nach Anhörung des Schulverbandes anordnen, daß das Diensteinkommen auf die gleiche Zeit an Eltern, Geschwister, Geschwisterkinder oder Pflegekinder des (der) Verstorbenen gezahlt werde, wenn er (sie) ihr Ernährer gewesen ist und sie in Bedürftigkeit hinterläßt, oder daß dasselbe an solche Personen, welche die Kosten der letzten Krankheit oder der Beerdigung bestritten haben, soweit gezahlt werde, als der Nachlaß zu deren Deckung nicht ausreicht.

Die Schulunterhaltungspflichtigen sind zur Gewährung der Gnadenbezüge verpflichtet.

Soweit eine Vertretung im Amte nicht zu ermöglichen ist, kann die Wiederbesetzung der Stelle auch während der Gnadenzeit erfolgen.

§ 24.

Belassung in der Dienstwohnung.

In dem Genusse der von einem verstorbenen Lehrer (einer Lehrerin) innegehabten Dienstwohnung ist die hinterbliebene Familie, welche mit ihm (ihr) die Wohnung getheilt hat, nach Ablauf des Sterbemonats noch drei fernere Monate zu belassen. Hinterläßt der (die) Verstorbene keine solche Familie, so ist denjenigen, auf welche der Nachlaß übergeht, eine vom Todestage an zu rechnende dreißigtägige Frist zur Räumung der Dienstwohnung zu gewähren.

In jedem Falle muß auf Erfordern der Schulaufsichtsbehörde demjenigen, welcher mit der Verwaltung der Stelle beauftragt wird, ohne Anspruch auf Entschädigung in der Dienstwohnung ein Unterkommen gewährt werden.

§ 25.

Rechtsweg bei Streitigkeiten wegen des Diensteinkommens.

Auf die Lehrer und Lehrerinnen an öffentlichen Volksschulen finden die Bestimmungen des ersten Abschnitts des Gesetzes, betreffend die Erweiterung des Rechtsweges, vom 24. Mai 1861 (Gesetz-Samml. S. 241) mit folgender Maßgabe Anwendung:

1) die Klage ist gegen die Vertreter des Schulverbandes und, soweit es sich um Zahlungen aus der Alterszulagekasse handelt, zugleich gegen die Bezirksregierung als Verwalterin der Alterszulagekasse zu richten;
2) im Falle des § 2 a. a. O. tritt an die Stelle des Verwaltungschefs der Ober-Präsident, in den Hohenzollernschen Landen der Unterrichtsminister;
3) bei der richterlichen Beurtheilung sind die auf Grund dieses Gesetzes erfolgten Festsetzungen über das Diensteinkommen der Stelle, insbesondere über die Höhe des Grundgehalts und der Dienstalterszulage, über Dienstwohnung oder Miethsentschädigung, über Dienstland, über Naturalleistungen, sowie über die Anrechnung von Dienstbezügen auf das Grundgehalt zu Grunde zu legen.

§ 26.

Streitigkeiten bei Auseinandersetzungen.

Bei Streitigkeiten zwischen dem abgehenden Lehrer (der Lehrerin) oder den Erben des verstorbenen Lehrers (der Lehrerin) und dem anziehenden Lehrer (der Lehrerin) oder dem Schulverbande über die Auseinandersetzung wegen der Landnutzung, der Naturalleistungen, der Dienstwohnung einschließlich des Hausgartens oder des baaren Diensteinkommens trifft die Bezirksregierung, in Berlin das Provinzialschulkollegium, vorbehaltlich des Rechtsweges eine im Verwaltungswege vollstreckbare einstweilige Entscheidung.

Bei Versetzungen kann dieselbe anordnen, daß die von dem Lehrer (der Lehrerin) zuviel erhobenen Beträge für Rechnung desselben (derselben) den Schulunterhaltungspflichtigen unmittelbar aus denjenigen Bezügen erstattet werden, welche der Lehrer (die Lehrerin) in der neuen Schulstelle zu empfangen hat.

Die Bezirksregierung, in Berlin das Provinzialschulkollegium, ist befugt, die Entscheidung allgemein den ihr nachgeordneten Behörden zu übertragen.

§ 28.

Übergangs- und Schlußbestimmungen.

Die bestehenden Gehaltsregulative, Ordnungen und Festsetzungen sind in denjenigen Fällen, in denen dies erforderlich ist, nach den Vorschriften dieses Gesetzes neu zu gestalten.

Für diejenigen Stellen, deren Gehaltsbezüge bereits den Vorschriften dieses Gesetzes (§§ 2, 4 und 6) entsprechen, sind diese Gehaltsbezüge zu leisten, ohne daß es einer Neuregelung der Besoldungsverhältnisse bedarf. Bleiben diese Gehaltsbezüge hinter den Mindestsätzen (§§ 2 und 6) zurück, so sind zunächst die Mindestsätze zu zahlen, auch ohne daß eine vorherige Beschlußfassung der Schulunterhaltungspflichtigen erfolgt ist.

Die vor dem Inkrafttreten dieses Gesetzes endgültig angestellten Lehrer und Lehrerinnen sind hinsichtlich der für ihre Stelle neu getroffenen Bestimmungen und Besoldungsvorschriften zur Erklärung darüber aufzufordern, ob sie sich diesen unterwerfen oder bei der bisherigen Ordnung verbleiben wollen. Die Erklärung ist binnen vier Wochen nach Zustellung der Aufforderung schriftlich abzugeben und ist unwiderruflich. Wird keine Erklärung abgegeben, so wird die Unterwerfung unter die neue Ordnung angenommen.

Verbleiben hiernach eine oder mehrere Stellen in der bisherigen Ordnung, so erfolgen bis zur Erledigung der Stellen die Zahlungen aus der Alterszulagekasse nach Maßgabe der neuen Besoldungsordnung an den betreffenden Schulverband. Der Schulverband hat die Alterszulagen, welche den Stelleninhabern nach der neuen oder der alten Besoldungsordnung zustehen, an diese zu zahlen und betreffs der in der alten Ordnung verbliebenen Stellen auch diejenigen Alterszulagen zu übernehmen, welche bisher für diese Stellen aus Staatsfonds zu gewähren waren.

Eine Verschlechterung des nach den bisherigen Ordnungen festgestellten durchschnittlichen Diensteinkommens soll in der Regel nicht stattfinden und ist nur in besonderen Ausnahmefällen mit Genehmigung des Unterrichtsministers zulässig.

Das Gesetz tritt mit dem 1. April 1897 in Kraft. Die Gehaltsordnungen sind nach Maßgabe dieses Gesetzes derart festzustellen, daß sie von diesem Termin ab in Wirksamkeit treten. Für das Rechnungsjahr 1. April 1897/98 wird der Bedarf der Alterszulagekassen (§ 8 Absatz 6) nach dem Stande der Alterszulagen vom 1. April 1897 berechnet.

Alle entgegenstehenden Vorschriften werden aufgehoben, insbesondere auch diejenigen, welche einen Höchstbetrag für die Besoldungen der Lehrer und Lehrerinnen vorschreiben.

Die §§ 1 bis 3 des Gesetzes vom 14. Juni 1888 (Gesetz-Samml. S. 240) und Artikel I des Gesetzes vom 31. März 1889 (Gesetz-Samml. S. 64), betreffend die Erleichterung der Volksschullasten, treten außer Kraft.

Die Einführung dieses Gesetzes in die Stolbergschen Grafschaften bleibt Königlicher Verordnung vorbehalten.

## 9. Die Umzugskosten der Lehrer.

Bezüglich der Umzugskosten sind die folgenden Bestimmungen ergangen:

a) Runderlaß vom 7. April 1897 (Z.-Bl. S. 403);
b) Gesetz vom 21. Juni 1897 (GS. S. 193);
c) Runderlaß vom 22. September 1897 (Z.-Bl. S. 772).

## 10. Die Pensionsverhältnisse der Lehrer.

Die Pensionsverhältnisse der Volksschullehrer werden geregelt:

a) durch das Gesetz betreffend die Pensionierung der Lehrer und Lehrerinnen an den öffentlichen Volksschulen vom 6. Juli 1885 (GS. S. 298 ff.);
b) die Ausführungsanweisung zu diesem Gesetze vom 2. März 1886[1]);

[1]) Abgedruckt bei v. Bremen S. 436 ff.

c) das Gesetz betreffend Ruhegehaltskassen für die Lehrer und Lehrerinnen an den öffentlichen Volksschulen vom 23. Juli 1893[1]);

d) die Ausführungsbestimmung zu diesem Gesetze vom 28. Juli 1893[2]);

e) den Erlaß vom 14. September 1893[2]) und

f) das Gesetz vom 10. Juni 1907 (GS. S. 133) wegen Abänderung des Gesetzes, betreffend die Pensionierung der Lehrer und Lehrerinnen an den öffentlichen Volksschulen vom 6. Juli 1885.

Die bezüglichen Bestimmungen des Gesetzes vom 6. Juli 1885 lauten:

Wir Wilhelm, von Gottes Gnaden König von Preußen ꝛc. verordnen, unter Zustimmung beider Häuser des Landtages der Monarchie, für den ganzen Umfang derselben, was folgt:

Artikel I.

Bis zum Erlasse eines Gesetzes über die Unterhaltung der öffentlichen Volksschulen[3]) gelten für die Pensionirung der Lehrer und Lehrerinnen an denselben folgende Bestimmungen:

§ 1: Jeder an einer zur Erfüllung der allgemeinen Schulpflicht dienenden öffentlichen Schule (öffentlichen Volksschule) definitiv angestellte Lehrer erhält eine lebenslängliche Pension, wenn er nach einer Dienstzeit von wenigstens zehn Jahren in Folge körperlichen Gebrechens oder wegen Schwäche seiner körperlichen oder geistigen Kräfte zur Erfüllung seiner Amtspflichten dauernd unfähig ist und deshalb in den Ruhestand versetzt wird.

Ist die Dienstunfähigkeit die Folge einer Krankheit, Verwundung oder sonstigen Beschädigung, welche der Lehrer bei Ausübung des Dienstes oder aus Veranlassung desselben ohne eigene Verschuldung sich zugezogen hat, so tritt die Pensionsberechtigung auch bei kürzerer als zehnjähriger Dienstzeit ein.

Bei Lehrern, welche das fünfundsechszigste Lebensjahr vollendet haben, ist eingetretene Dienstunfähigkeit nicht Vorbedingung des Anspruchs auf Pension.

Lehrern, welche, abgesehen von dem Falle des Absatzes 2, vor Vollendung des zehnten Dienstjahres dienstunfähig und deshalb in Ruhestand versetzt werden, kann bei vorhandener Bedürftigkeit von dem Unterrichtsminister eine Pension entweder auf bestimmte Zeit oder lebenslänglich bewilligt werden.

§ 2[4]): Die Pension beträgt, wenn die Versetzung in den Ruhestand nach vollendetem zehnten, jedoch vor vollendetem elften Dienstjahre erfolgt, $^{15}/_{60}$ und steigt von da ab mit jedem weiter zurückgelegten Dienstjahre um $^{1}/_{60}$ des im § 4 bestimmten Diensteinkommens. Über den Betrag von $^{45}/_{60}$ dieses Einkommens hinaus findet eine Steigung nicht statt.

In dem im § 1 Absatz 2 erwähnten Falle beträgt die Pension $^{15}/_{60}$, in dem Falle des § 1 Absatz 4 höchstens $^{15}/_{60}$ des vorbezeichneten Diensteinkommens.

§ 3: Bei jeder Pension werden überschießende Markbrüche auf volle Mark abgerundet.

---

[1]) Oben S. 104 f.

[2]) Abgedruckt bei v. Bremen a. a. O.

[3]) Das Gesetz vom 6. Juli 1885 ist durch das VUG. nicht aufgehoben. Vielmehr bestimmt der § 64 VUG. ausdrücklich:

„Die fortdauernde Geltung der Vorschriften des Gesetzes vom 6. Juli 1885, betr. die Pensionierung der Lehrer und Lehrerinnen an den öffentlichen Volksschulen (GS. S. 298) ... wird durch dieses Gesetz nur insofern berührt, als an die Stelle der bisher zur Aufbringung des ...Ruhegehalts... verpflichteten Schulverbände ... die nach diesem Gesetze gebildeten Schulverbände treten".

[4]) Abgeändert durch das Gesetz vom 10. Juni 1907 siehe unten S. 175.

§ 4: Der Berechnung der Pension wird das von dem Lehrer zuletzt bezogene, mit der ihm verliehenen Lehrerstelle nach Festsetzung oder mit Genehmigung der Schulaufsichtsbehörde dauernd verbundene Diensteinkommen an Geld, an freier Wohnung und Feuerung, beziehungsweise Mieths- und Feuerungsentschädigung, sowie an Naturalien und Ertrag von Dienstländereien zu Grunde gelegt.

Außerdem kommt die aus Staatsfonds widerruflich gewährte Dienstalterszulage, welche der Lehrer zur Zeit der Pensionirung bezieht, in Anrechnung.

Naturalien und der Ertrag von Dienstländereien kommen mit demjenigen Betrage zur Berechnung, auf welchen deren Geldwerth als Theil der von der Schulaufsichtsbehörde festgesetzten Besoldung festgestellt worden ist, vorbehaltlich der Vorschrift des § 45 des Gesetzes über die Zuständigkeit der Verwaltungsbehörden und Verwaltungsgerichtsbehörden vom 1. August 1883 (Gesetz-Samml. S. 237).

Dienstemolumente, welche ihrer Natur nach steigend und fallend sind, insbesondere Einkünfte an Schulgeld, werden nach den bei Verleihung des Rechtes auf diese Dienstemolumente deshalb getroffenen Festsetzungen und in Ermangelung solcher Festsetzungen nach ihrem durchschnittlichen Betrage während der drei letzten Etatsjahre vor dem Etatsjahre, in welchem die Pension festgesetzt wird, zur Anrechnung gebracht.

Diese Vorschriften gelten auch für die Berechnung der Pension eines Lehrers, mit dessen Schulamt ein kirchliches Amt vereinigt ist, dergestalt, daß der Berechnung das Diensteinkommen der vereinigten Stelle, ohne Rücksicht darauf, aus welchen Quellen solches oder einzelne Theile desselben fließen, als ein einheitliches Stelleneinkommen zum Grunde zu legen ist.

§ 5: Bei Berechnung der Dienstzeit kommt die gesammte Zeit in Anrechnung, während welcher ein Lehrer im öffentlichen Schuldienste in Preußen sich befunden hat.

Die Dienstzeit wird vom Tage der ersten eidlichen Verpflichtung für den öffentlichen Schuldienst an gerechnet.

Kann jedoch ein Lehrer nachweisen, daß seine Vereidigung erst nach seinem Eintritte in den öffentlichen Schuldienst stattgefunden hat, so wird die Dienstzeit von letzterem Zeitpunkte an gerechnet.

§ 6: Bei Berechnung der Dienstzeit kommt auch die Zeit in Anrechnung, während welcher ein Lehrer

1) im Dienste des Preußischen Staates, des Norddeutschen Bundes oder des Deutschen Reiches sich befunden hat, oder
2) als anstellungsberechtigte ehemalige Militärperson nur vorläufig oder auf Probe im Civildienste des Preußischen Staates, des Norddeutschen Bundes oder des Deutschen Reiches beschäftigt worden ist, oder
3) in den von Preußen neu erworbenen Landestheilen im öffentlichen Schuldienste oder im unmittelbaren Dienste der damaligen Landesherrschaft sich befunden hat.

Ausgeschlossen bleibt die Anrechnung derjenigen Dienstzeit, während welcher die Zeit und Kräfte eines Lehrers durch die ihm übertragenen Geschäfte nur nebenbei in Anspruch genommen gewesen sind.

§ 7: Der Dienstzeit im Schulamte wird die Zeit des aktiven Militärdienstes hinzugerechnet.

§ 8[1]): Die Dienstzeit, welche vor den Beginn des einundzwanzigsten Lebensjahres fällt, bleibt außer Berechnung.

Nur die in die Dauer eines Krieges fallende und bei einem mobilen oder Ersatztruppentheile abgeleistete Militärdienstzeit kommt ohne Rücksicht auf das Lebensalter zur Anrechnung.

Als Kriegszeit gilt in dieser Beziehung die Zeit vom Tage einer angeordneten Mobilmachung, auf welche ein Krieg folgt, bis zum Tage der Demobilmachung.

---

[1]) Abgeändert durch das Gesetz vom 10. Juni 1907, siehe unten S. 175.

§ 9[1]): Für jeden Feldzug, an welchem ein Lehrer im Preußischen oder im Reichsheere, oder in der Preußischen oder Kaiserlichen Marine derart Theil genommen hat, daß er wirklich vor den Feind gekommen oder in dienstlicher Stellung den mobilen Truppen in das Feld gefolgt ist, wird demselben zu der wirklichen Dienstzeit Ein Jahr zugerechnet.

Ob eine militärische Unternehmung in dieser Beziehung als ein Feldzug anzusehen ist und inwiefern bei Kriegen von längerer Dauer mehrere Kriegsjahre in Anrechnung kommen sollen, dafür ist die nach § 23 des Reichsgesetzes vom 27. Juni 1871 (Reichs-Gesetzbl. S. 275) in jedem Falle ergehende Bestimmung des Kaisers maßgebend.

Für die Vergangenheit bewendet es bei den hierüber durch Königliche Erlasse gegebenen Vorschriften.

§ 10: Die Zeit

a) eines Festungsarrestes von einjähriger und längerer Dauer
b) der Kriegsgefangenschaft

kann nur unter besonderen Umständen mit Königlicher Genehmigung angerechnet werden.

§ 11: Von dem Unterrichtsminister kann zukünftig bei der Anstellung nach Maßgabe der Bestimmungen in den §§ 5 bis 9 die Anrechnung der Zeit zugesichert werden, während welcher ein Lehrer außerhalb Preußens im Schuldienste oder im In- oder Auslande im Kirchendienste gestanden, oder als Lehrer oder Erzieher an einer Taubstummen-, Blinden-, Idioten-, Waisen-, Rettungs- oder ähnlichen Anstalt im Dienste einer Gemeinde oder eines sonstigen kommunalen Verbandes, oder im Dienste einer Stiftungsanstalt der bezeichneten Art sich befunden hat.

Für die zur Zeit des Inkrafttretens dieses Gesetzes bereits definitiv angestellten Lehrer kann die Anrechnung der im ersten Absatze genannten Zeit bei der Versetzung in den Ruhestand von dem Unterrichtsminister genehmigt werden.

§ 12: Hat der Inhaber eines vereinigten Kirchen- und Schulamtes bei der Versetzung in den Ruhestand eine Pension aus kirchlichen Mitteln zu beanspruchen, so wird der Betrag derselben auf die nach den Vorschriften dieses Gesetzes zu gewährende Pension angerechnet.

§ 13: Die Bestimmung darüber, ob und zu welchem Zeitpunkte dem Antrage eines Lehrers auf Versetzung in den Ruhestand stattzugeben ist, erfolgt durch die Schulaufsichtsbehörde.

§ 14: Die Entscheidung darüber, ob und welche Pension einem Lehrer bei seiner Versetzung in den Ruhestand zusteht, erfolgt durch die Schulaufsichtsbehörde.

§ 15: Die Beschreitung des Rechtsweges gegen diese Entscheidung (§ 14) steht dem Lehrer, sowie den zur Unterhaltung der Schule Verpflichteten offen; doch muß die Entscheidung des Unterrichtsministers der Klage vorangehen und letztere sodann, bei Verlust des Klagerechts, innerhalb sechs Monaten, nachdem diese Entscheidung den Beschwerdeführern bekannt gemacht worden ist, erhoben werden. Der Verlust des Klagerechts tritt auch dann ein, wenn von den Betheiligten gegen die Entscheidung der Schulaufsichtsbehörde über den Anspruch auf Pension nicht binnen gleicher Frist die Beschwerde an den Unterrichtsminister erhoben ist.

§ 16: Die Versetzung in den Ruhestand tritt, sofern nicht auf den Antrag oder mit ausdrücklicher Zustimmung des Lehrers ein früherer Zeitpunkt festgesetzt wird, mit dem Ablaufe desjenigen Vierteljahres ein, welches auf den Monat folgt, in welchem dem Lehrer die Entscheidung der Schulaufsichtsbehörde über seine Versetzung in den Ruhestand und die Höhe der ihm etwa zustehenden Pension bekannt gemacht worden ist.

§ 17[1]): Die Pensionen werden monatlich im Voraus gezahlt.

§ 18: Das Recht auf den Bezug der Pension kann weder abgetreten noch verpfändet werden.

---

[1]) Abgeändert durch das Gesetz vom 10. Juni 1907, siehe unten S. 175.

§ 19[1]): Das Recht auf den Bezug der Pension ruht:

1) wenn ein Pensionär das Deutsche Indigenat verliert, bis zur etwaigen Wiedererlangung desselben,
2) wenn und so lange ein Pensionär im Reichs- oder Staatsdienste, im Dienste einer Gemeinde oder eines sonstigen kommunalen Verbandes, im öffentlichen Schuldienste oder im Kirchendienste ein Diensteinkommen bezieht, insoweit der Betrag dieses neuen Diensteinkommens unter Hinzurechnung der Pension den Betrag des von dem Lehrer vor der Pensionierung bezogenen pensionsfähigen Diensteinkommens übersteigt.

§ 20[1]): Ein pensionirter Lehrer, welcher in eine an sich zur Pension berechtigende Stellung im öffentlichen Volksschuldienste wieder eingetreten ist, erwirbt für den Fall des Zurücktretens in den Ruhestand den Anspruch auf Gewährung einer neuen Pension nur dann, wenn die neue Dienstzeit wenigstens ein Jahr betragen hat.

Bei der Pensionirung aus der neuen Stelle ist dem Lehrer eine Pension von $^{1}/_{60}$ seines neuen pensionsfähigen Diensteinkommens für jedes nach der früheren Pensionierung zurückgelegte Dienstjahr zu gewähren.

Insoweit der Betrag der neuen Pension und der früher bewilligten Pension zusammen $^{45}/_{60}$ des höchsten Diensteinkommens, von welchem eine dieser Pensionen berechnet ist, übersteigen würde, fällt das Recht auf den Bezug der früher bewilligten Pension hinweg.

§ 21: Die Einziehung, Kürzung oder Wiedergewährung der Pension auf Grund der Bestimmungen in den §§ 19 und 20 tritt mit dem Beginn des Monats ein, welcher auf das eine solche Veränderung nach sich ziehende Ereigniß folgt.

Im Falle vorübergehender Beschäftigung im Reichs- oder Staatsdienste, im Dienste einer Gemeinde oder eines sonstigen kommunalen Verbandes, im öffentlichen Schuldienste oder im Kirchendienste gegen Tagegelder oder eine anderweitige Entschädigung wird die Pension für die ersten sechs Monate dieser Beschäftigung unverkürzt, dagegen vom siebenten Monat ab nur zu dem nach den vorstehenden Bestimmungen zulässigen Betrage gewährt.

§ 22: Ist die nach Maßgabe dieses Gesetzes bemessene Pension geringer als die Pension, welche dem Lehrer hätte gewährt werden müssen, wenn er am 31. März 1886 nach den bis dahin für ihn geltenden Bestimmungen pensionirt worden wäre, so wird diese Pension an Stelle der ersteren bewilligt.

Eine Pension nach Maßgabe der bis zum 31. März 1886 für ihn geltenden Bestimmungen ist dem Lehrer auch dann zu gewähren, wenn demselben zur Zeit der Versetzung in den Ruhestand nach den früheren Bestimmungen ein Anspruch auf Pension zugestanden haben würde, nach den Bestimmungen des gegenwärtigen Gesetzes jedoch nicht.

Die zur Zeit des Inkrafttretens dieses Gesetzes im Gebiete des vormaligen Herzogthums Nassau, der vormaligen freien Stadt Frankfurt und in Hohenzollern-Hechingen angestellten Lehrer sind berechtigt, zu verlangen, nach den bis dahin für sie geltenden Bestimmungen pensionirt zu werden.

§ 23: Zusicherungen, welche in Bezug auf dereinstige Bewilligung von Pensionen an einzelne Lehrer oder Kategorien von Lehrern durch den König oder einen der Minister, oder durch eine Provinzialbehörde, oder mit deren Genehmigung gemacht worden sind, bleiben in Kraft.

§ 24: Die vorstehenden Bestimmungen finden auch auf die an den in § 1 bezeichneten Schulen definitiv angestellten Lehrerinnen Anwendung.

§ 25[1]): Hinterläßt ein pensionirter Lehrer eine Wittwe oder eheliche Nachkommen, so gebührt den Hinterbliebenen die Pension des Verstorbenen noch für den auf den Sterbemonat folgenden Monat.

---

[1]) Abgeändert durch das Gesetz vom 10. Juni 1907, siehe unten S. 176.

Der gleiche Anspruch steht den ehelichen Nachkommen einer im Wittwenstande verstorbenen Lehrerin zu.

An wen die Zahlung erfolgt, bestimmt die Schulaufsichtsbehörde.

Die Zahlung der Pension für den auf den Sterbemonat folgenden Monat kann auf Verfügung dieser Behörde auch dann stattfinden, wenn der Verstorbene Eltern, Geschwister, Geschwisterkinder oder Pflegekinder, deren Ernährer er gewesen ist, in Bedürftigkeit hinterläßt, oder wenn der Nachlaß nicht ausreicht, um die Kosten der letzten Krankheit und der Beerdigung zu decken.

## Das Gesetz vom 10. Juni 1907 lautet:

### Artikel I.

An die Stelle der §§ 2, 8, 9, 17, 19, 20 und 25 des Artikels I des Gesetzes, betreffend die Pensionierung der Lehrer und Lehrerinnen an den öffentlichen Volksschulen, vom 6. Juli 1885 (Gesetzsamml. S. 298) treten folgende Vorschriften:

§ 2: Die Pension beträgt, wenn die Versetzung in den Ruhestand nach vollendetem zehnten, jedoch vor vollendetem elften Dienstjahr eintritt, $^{20}/_{60}$ und steigt mit jedem weiter zurückgelegten Dienstjahre bis zum vollendeten dreißigsten Dienstjahr um $^{1}/_{60}$ und von da ab um $^{1}/_{120}$ des im § 4 bestimmten Diensteinkommens. Über den Betrag von $^{45}/_{60}$ dieses Einkommens hinaus findet eine Steigerung nicht statt.

In dem im § 1 Abs. 2 erwähnten Falle beträgt die Pension $^{20}/_{60}$, in dem Falle des § 1 Abs. 4 höchstens $^{20}/_{60}$ des vorbezeichneten Diensteinkommens.

§ 8: Die Dienstzeit, welche vor Beginn des achtzehnten Lebensjahrs liegt, bleibt außer Berechnung.

Im Kriegsfalle wird die Militärdienstzeit vom Beginne des Krieges, beim Eintritt in den Militärdienst während des Krieges vom Tage des Eintritts ab gerechnet.

§ 9: Für jeden Krieg, an welchem ein Lehrer im preußischen oder im Reichsheer oder in der preußischen oder Kaiserlichen Marine oder bei den Kaiserlichen Schutztruppen teilgenommen hat, wird demselben zu der wirklichen Dauer der Dienstzeit ein Jahr zugerechnet; jedoch ist für mehrere in ein Kalenderjahr fallende Kriege die Anrechnung nur eines Kriegsjahres zulässig.

Wer als Teilnehmer an einem Kriege anzusehen ist, unter welchen Voraussetzungen bei Kriegen von längerer Dauer mehrere Kriegsjahre anzurechnen sind, welche militärische Unternehmung als ein Krieg im Sinne dieses Gesetzes anzusehen und welche Zeit als Kriegszeit zu rechnen ist, wenn keine Mobilmachung oder Demobilmachung stattgefunden hat, dafür ist die nach § 17 und § 7 der Reichsgesetze vom 31. Mai 1906 (Reichs-Gesetzbl. S. 565 und 593) in jedem Fall ergehende Bestimmung des Kaisers maßgebend.

Für die Vergangenheit bewendet es bei den hierüber durch Königliche oder Kaiserliche Erlasse gegebenen Bestimmungen.

§ 17: Die Pensionen werden für jedes Kalendervierteljahr im voraus in einer Summe gezahlt.

§ 19: Das Recht auf den Bezug der Pension ruht:

1. wenn ein Pensionär das deutsche Indigenat verliert, bis zur etwaigen Wiedererlangung desselben;
2. wenn und solange ein Pensionär im Reichs- oder Staatsdienst, im Dienste einer Gemeinde oder eines sonstigen kommunalen Verbandes, im öffentlichen Schuldienst oder im Kirchendienst ein Diensteinkommen bezieht, insoweit der Betrag dieses neuen Diensteinkommens unter Hinzurechnung der Pension den Betrag des von dem Lehrer vor der Pensionierung bezogenen pensionsfähigen Diensteinkommens übersteigt.

Als Reichs- oder Staatsdienst sowie als Dienst einer Gemeinde oder eines sonstigen kommunalen Verbandes im Sinne dieser Vorschrift gilt außer dem Militär- und Gendarmeriedienste jede Anstellung oder Beschäftigung als Beamter oder in der Eigenschaft eines Beamten im Dienste des Deutschen Reichs, eines Bundesstaats, eines deutschen Kommunalverbandes, der Versicherungsanstalten für die Invalidenversicherung und ständischer oder solcher Institute, welche ganz oder zum Teil aus Mitteln des Reichs, eines Bundesstaats oder eines deutschen Kommunalverbandes unterhalten werden.

Bei Berechnung des neuen Diensteinkommens sind diejenigen Beträge, welche für die Bestreitung von Repräsentations- oder Dienstaufwandskosten sowie zur Entschädigung für außergewöhnliche Teuerungsverhältnisse gewährt werden und die Ortszulagen der Auslandsbeamten nicht in Ansatz zu bringen; die Dienstwohnung ist mit dem pensionsfähigen oder sonst hierfür festgesetzten Werte, der Wohnungsgeldzuschuß oder eine entsprechende Zulage mit dem pensionsfähigen Betrag oder, sofern er nicht pensionsfähig ist, mit dem Durchschnittssatz anzurechnen. Ist jedoch der wirkliche Betrag des Wohnungsgeldzuschusses oder der Zulage geringer, so ist nur dieser anzurechnen.

§ 20: Ein pensionierter Lehrer, welcher in eine an sich zur Pension berechtigende Stellung im öffentlichen Volksschuldienste wieder eingetreten ist, erwirbt für den Fall des Zurücktretens in den Ruhestand den Anspruch auf Gewährung einer neuen Pension nur dann, wenn die neue Dienstzeit wenigstens ein Jahr betragen hat.

Bei der Pensionierung aus der neuen Stelle ist dem Lehrer eine Pension von $^1/_{60}$, insoweit aber die der früheren Pensionierung zu Grunde gelegte alte und die neue Dienstzeit zusammen dreißig Dienstjahre übersteigt, von $^1/_{120}$ seines neuen pensionsfähigen Diensteinkommens für jedes nach der früheren Pensionierung zurückgelegte Dienstjahr zu gewähren.

Insoweit der Betrag der neuen Pension und der früher bewilligten Pension zusammen $^{45}/_{60}$ des höchsten Diensteinkommens, von welchem eine dieser Pensionen berechnet ist, übersteigen würde, fällt das Recht auf den Bezug der früher bewilligten Pension hinweg.

Erdient ein pensionierter Lehrer außerhalb des öffentlichen Volksschuldienstes in einem der im § 19 Nr. 2 genannten Dienste eine Pension, so ist daneben die alte Pension nur bis zur Erreichung desjenigen Pensionsbetrags zu zahlen, welcher sich für die alte und neue Dienstzeit zusammen aus dem der Festsetzung der alten Pension zu Grunde gelegten Diensteinkommen ergibt.

§ 25: Hinterläßt ein pensionierter Lehrer eine Witwe oder eheliche oder legitimierte Nachkommen, so wird die Pension noch für die auf den Sterbemonat folgenden drei Monate (Gnadenvierteljahr) unter Anrechnung des vor dem Tode des Pensionärs fällig gewordenen Betrags gezahlt. Die Zahlung erfolgt im voraus in einer Summe.

Der gleiche Anspruch steht den ehelichen Nachkommen einer im Witwenstande verstorbenen pensionierten Lehrerin zu.

An wen die Zahlung erfolgt, bestimmt die Schulaufsichtsbehörde.

Die Zahlung kann auf Verfügung dieser Behörde auch dann stattfinden, wenn der Verstorbene Verwandte der aufsteigenden Linie, Geschwister, Geschwisterkinder oder Pflegekinder, deren Ernährer er ganz oder überwiegend gewesen ist, in Bedürftigkeit hinterläßt, oder wenn und soweit der Nachlaß nicht ausreicht, um die Kosten der letzten Krankheit und der Beerdigung zu decken.

### Artikel II.

Dieses Gesetz tritt mit Wirkung vom 1. April 1907 in Kraft.

Die auf gesetzlichem Anspruche beruhenden Pensionen der bereits zu oder vor diesem Zeitpunkt in den Ruhestand getretenen Lehrer sind, sofern diese an einem der von deutschen Staaten vor 1871 oder von dem Deutschen Reiche geführten Kriege teilgenommen haben, auf Grund des Artikels I § 2 mit Wirkung vom 1. April 1907 anderweitig festzusetzen. Unter der gleichen Voraussetzung und in der gleichen Weise können die auf Grund des Artikels I § 1 Abs. 4 des Gesetzes vom 6. Juli 1885 bewilligten Pensionen erhöht werden.

Die auf Grund dieses Gesetzes festgesetzten Pensionen werden gemäß Artikel I § 26 des Gesetzes vom 6. Juli 1885 mit der Maßgabe aufgebracht, daß die Zahlung aus der Staatskasse bis zur Höhe von 700 Mark erfolgt.

Die Vorschriften des Artikels I § 19 finden auch auf die zu oder vor dem 1. April 1907 in den Ruhestand getretenen Lehrer Anwendung; desgleichen die Vorschriften des Artikels I § 20, wenn die Lehrer nach dem Inkrafttreten dieses Gesetzes aus den neuen Stellen ausscheiden.

Der auf Grund dieses Gesetzes den bereits pensionierten Lehrern zu zahlende Pensionsbetrag darf nicht hinter demjenigen zurückbleiben, welcher ihnen nach den bisherigen Vorschriften zusteht.

Die Vorschriften des Artikels I § 25 finden auf die Hinterbliebenen aller Pensionäre Anwendung, deren Tod am 1. April 1907 oder später eintritt.

Die Vorschrift des Artikels I § 17 gilt für alle nach dem Inkrafttreten dieses Gesetzes zahlbaren Pensionen.

## 11. Die Reliktenverhältnisse der Lehrer.

Die Reliktenverhältnisse der Lehrer sind geregelt:

a) durch das Gesetz vom 19. Juni 1889 (GS. S. 131) betreffend Abänderung des Gesetzes über die Erweiterung, Umwandlung und Neuerrichtung von Witwen- und Waisenkassen für Elementarlehrer vom 22. Dezember 1869 (GS. 1870 S. 1);

b) durch das Gesetz betreffend die Fürsorge für die Waisen der Lehrer an öffentlichen Volksschulen vom 27. Juni 1890 (GS. S. 211);

c) durch das Gesetz vom 4. Dezember 1899 betreffend die Fürsorge für die Witwen und Waisen der Lehrer an öffentlichen Volksschulen (GS. S. 587);

d) durch die Ausführungsbestimmungen zu diesem Gesetze vom 20. Februar 1900 (Z.-Bl. 1900 S. 220) und

e) durch das Gesetz vom 10. Juni 1907 (GS. S. 137) wegen Abänderung des Gesetzes betreffend die Fürsorge für die Wittwen und Waisen der Lehrer an öffentlichen Volksschulen vom 4. Dezember 1899 (GS. S. 587).

Die bezüglichen Bestimmungen des Gesetzes vom 4. Dezember 1899 lauten:

Wir Wilhelm, von Gottes Gnaden König von Preußen rc. verordnen mit Zustimmung beider Häuser des Landtags für den Umfang der Monarchie[1]) bis zum Erlaß eines Gesetzes über die Unterhaltung der öffentlichen Volksschulen, was folgt:

---

[1]) Das Gesetz vom 4. Dezember 1899 ist durch das VUG. nicht aufgehoben. Vielmehr bestimmt der § 64 VUG. ausdrücklich: „Die fortdauernde Geltung der Vorschriften . . . des Gesetzes vom 4. Dezember 1899, betreffend die Fürsorge für die Witwen und Waisen der Lehrer an öffentlichen Volksschulen (Gesetz-Samml. S. 587), wird durch dieses Gesetz nur insoweit berührt, als an die Stelle der bisher zur Aufbringung des . . . . Witwen- und Waisengeldes, . . . der Beiträge zu den . . . . Witwen- und Waisenkassen u.s.w. verpflichteten Schulverbände . . . die nach diesem Gesetze gebildeten Schulverbände treten."

§ 1: Die Wittwe und die hinterbliebenen ehelichen oder durch nachgefolgte Ehe[1]) legitimirten Kinder eines Lehrers, welcher zur Zeit seines nach dem Inkrafttreten dieses Gesetzes erfolgten Todes entweder an einer öffentlichen Volksschule angestellt war und Anspruch auf lebenslängliches Ruhegehalt im Falle der Versetzung in den Ruhestand erworben hatte, oder aus dem Dienste an einer öffentlichen Volksschule mit lebenslänglichem Ruhegehalt in den Ruhestand versetzt war, erhalten Wittwen- und Waisengeld.

§ 2: Keinen Anspruch auf Wittwen- und Waisengeld auf Grund dieses Gesetzes haben:

1. diejenigen Wittwen und Waisen, welchen ein Anspruch auf Wittwen- und Waisengeld auf Grund des Gesetzes vom 20. Mai 1882, betreffend die Fürsorge für die Wittwen und Waisen der unmittelbaren Staatsbeamten (Gesetz-Samml. S. 298), zusteht;
2. die Wittwen und Waisen derjenigen Lehrer, welche zur Zeit ihres Todes oder ihrer Versetzung in den Ruhestand nur nebenamtlich im öffentlichen Volksschuldienst angestellt waren;
3. die Wittwe und die hinterbliebenen Kinder aus der Ehe eines in den Ruhestand getretenen Lehrers, welche erst nach seiner Versetzung in den Ruhestand geschlossen ist;
4. die Wittwe und die Kinder eines mit Belassung eines Theiles des gesetzlichen Ruhegehalts aus dem Dienste entlassenen Lehrers.

§ 3: Das Wittwengeld besteht in vierzig vom Hundert desjenigen Ruhegehalts, zu welchem der Verstorbene berechtigt gewesen ist oder berechtigt gewesen sein würde, wenn er am Todestag in den Ruhestand versetzt worden wäre.

Das Wittwengeld soll jedoch, vorbehaltlich der im § 5 verordneten Beschränkung mindestens 216 Mark jährlich betragen und 2000 Mark nicht übersteigen[2]).

§ 4: Das Waisengeld beträgt:

1. für Kinder, deren Mutter lebt und zur Zeit des Todes des Lehrers zum Bezuge von Wittwengeld berechtigt war, ein Fünftel des Wittwengeldes für jedes Kind;
2. für Kinder, deren Mutter nicht mehr lebt oder zur Zeit des Todes des Lehrers zum Bezuge von Wittwengeld nicht berechtigt war, ein Drittel des Wittwengeldes für jedes Kind.

§ 5: Witwen- und Waisengeld dürfen weder einzeln noch zusammen den Betrag des Ruhegehalts übersteigen, zu welchem der Verstorbene berechtigt gewesen ist oder berechtigt gewesen sein würde, wenn er am Todestag in den Ruhestand versetzt wäre.

Bei Anwendung dieser Beschränkung werden das Wittwen- und das Waisengeld verhältnißmäßig gekürzt.

§ 6: Bei dem Ausscheiden eines Wittwen- oder Waisengeldberechtigten erhöht sich das Wittwen- und Waisengeld der verbleibenden Berechtigten von dem nächstfolgenden Monat an insoweit, als sie sich noch nicht im vollen Genusse der ihnen nach den §§ 3 bis 5 gebührenden Bezüge befinden.

§ 7: War die Wittwe mehr als 15 Jahre jünger als der Verstorbene, so wird das nach Maßgabe der §§ 3 und 5 berechnete Wittwengeld für jedes angefangene Jahr des Altersunterschieds über 15 bis einschließlich 25 Jahre um $1/20$ gekürzt.

Auf den nach § 4 zu berechnenden Betrag des Waisengeldes sind diese Kürzungen des Wittwengeldes ohne Einfluß.

Nach fünfjähriger Dauer der Ehe wird für jedes angefangene Jahr ihrer weiteren Dauer dem gekürzten Betrag $1/20$ des nach Maßgabe der §§ 3 und 5 zu berechnenden Wittwengeldes so lange hinzugesetzt, bis der volle Betrag wieder erreicht ist[3]).

---

[1]) Die Worte „durch nachgefolgte Ehe“ sind fortgefallen. Vergl. das Gesetz vom 10. Juni 1907. Artikel I unten S. 180.

[2]) Abgeändert durch das Gesetz vom 10. Juni 1907 Art. II, siehe unten S. 181.

[3]) Vgl. Gesetz vom 10. Juni 1907 Art. III unten S. 181.

§ 8: Keinen Anspruch auf Wittwengeld hat die Wittwe, wenn die Ehe mit dem verstorbenen Lehrer innerhalb dreier Monate vor seinem Ableben geschlossen und die Eheschließung zu dem Zwecke erfolgt ist, um der Wittwe den Bezug des Wittwengeldes zu verschaffen.

§ 9: Stirbt einer der im § 1 bezeichneten Lehrer, welchem, wenn er am Todestag in den Ruhestand versetzt wäre, auf Grund des Artikels I § 1 Abs. 4 des Gesetzes, betreffend die Pensionirung der Lehrer und Lehrerinnen an den öffentlichen Volksschulen, vom 6. Juli 1885 (Gesetz-Samml. S. 298) ein Ruhegehalt hätte bewilligt werden können,[1]) so kann der Wittwe und den Waisen desselben vom Unterrichtsminister in Gemeinschaft mit dem Finanzminister Wittwen- und Waisengeld bewilligt werden.

Stirbt einer der im § 1 bezeichneten Lehrer, welchem nach Artikel I §§ 10 und 11 des Gesetzes, betreffend die Pensionirung der Lehrer und Lehrerinnen an den öffentlichen Volksschulen, vom 6. Juli 1885 (Gesetz-Samml. 1885 S. 298, Gesetz-Samml. 1890 S. 89) im Falle seiner Versetzung in den Ruhestand die Anrechnung gewisser Zeiten[2]) auf die in Betracht kommende Dienstzeit hätte bewilligt werden können, so ist der Unterrichtsminister befugt, eine solche Anrechnung auch bei Festsetzung des Wittwen- und Waisengeldes anzuordnen.

§ 10: Die Zahlung des Wittwen- und Waisengeldes beginnt mit dem Ablaufe der Gnadenzeit, die Zahlung des in dem § 4 Ziffer 2 bestimmten Waisengeldes nicht vor dem Beginne desjenigen Monats, welcher auf den Zeitpunkt des Eintritts der dort bezeichneten Voraussetzung folgt.

Das Wittwen- und Waisengeld wird monatlich im Voraus gezahlt. An wen die Zahlung gültig zu leisten ist, bestimmt die Schulaufsichtsbehörde.

§ 11: Der Anspruch auf Wittwen- und Waisengeld kann mit rechtlicher Wirkung weder abgetreten noch verpfändet oder sonst übertragen werden.

§ 12: Das Recht auf den Bezug des Wittwen- und Waisengeldes erlischt:

1. für jeden Berechtigten mit Ablauf des Monats, in welchem er sich verheirathet oder stirbt;
2. für jede Waise außerdem mit Ablauf des Monats, in welchem sie das achtzehnte Lebensjahr vollendet.

Das Recht auf den Bezug des Wittwen- und Waisengeldes ruht, wenn der Berechtigte die Deutsche Staatsangehörigkeit verliert, bis zur etwaigen Wiedererlangung derselben.

§ 13: Die Entscheidung darüber, ob und welches Wittwen- und Waisengeld den Wittwen und Waisen eines Lehrers zusteht, erfolgt durch die Schulaufsichtsbehörde. Gegen die Entscheidung der Schulaufsichtsbehörde findet die Beschwerde an den Oberpräsidenten statt, welcher endgültig entscheidet.

Die Beschreitung des Rechtswegs gegen diese Entscheidung steht den Betheiligten offen, doch muß die Entscheidung des Oberpräsidenten der Klage vorhergehen und letztere sodann bei Verlust des Klagerechts innerhalb sechs Monaten, nachdem den Betheiligten die Entscheidung des Oberpräsidenten bekannt gemacht worden, erhoben werden.

---

[1]) d. s. Lehrer, welche vor Vollendung des zehnten Dienstjahres dienstunfähig und deshalb in Ruhestand versetzt werden, ohne daß sie sich die Dienstunfähigkeit bei Ausübung des Dienstes oder aus Veranlassung desselben ohne eignes Verschulden zugezogen haben (s. o. S. 171).

[2]) Anrechnungsmöglichkeit besteht für die Zeit eines Festungsarrestes von einjähriger und längerer Dauer und für die Zeit der Kriegsgefangenschaft (§ 10 a. a. O.), für den Schuldienst außerhalb Preußens, den Kirchendienst im In- oder Ausland, für die Tätigkeit als Lehrer oder Erzieher an einer Taubstummen-, Blinden-, Idioten-, Waisen-, Rettungs- oder ähnlichen Anstalt im Dienste einer Gemeinde oder eines sonstigen kommunalen Verbandes, oder im Dienste einer Stiftungsanstalt der bezeichneten Art (§ 11 a. a. O.); vgl. o. S. 173.

Der Verlust des Klagerechts tritt auch dann ein, wenn von den Betheiligten gegen die Entscheidung der Schulaufsichtsbehörde über den Anspruch auf Wittwen- und Waisengeld nicht binnen gleicher Frist die Beschwerde an den Oberpräsidenten erhoben ist.

Für die Hohenzollernschen Lande entscheidet an Stelle des Oberpräsidenten der Unterrichtsminister.

§ 16: Kein Lehrer einer öffentlichen Volksschule ist fortan verpflichtet, einer die Fürsorge für die Hinterbliebenen bezweckenden Veranstaltung beizutreten, oder, sofern er einer solchen auf Grund einer ihm dahin auferlegten Verpflichtung beigetreten ist, in derselben zu verbleiben.

Scheidet er auf Grund dieses Gesetzes aus der Veranstaltung aus, so verliert er alle Ansprüche an dieselbe ohne Entschädigung.

Haben einzelne Schulverbände besondere Veranstaltungen getroffen, durch welche unter Aufwendung von Mitteln der Schulverbände den Hinterbliebenen der Lehrer an öffentlichen Volksschulen an Stelle der, oder neben den ihnen nach den Gesetzen vom 22. Dezember 1869 (Gesetz-Samml. 1870 S. 1), 24. Februar 1881 (Gesetz-Samml. S. 41) und 27. Juni 1890 (Gesetz-Samml. S. 211) zustehenden Bezügen besondere Vortheile zugesichert sind, so sind die Schulverbände berechtigt, zu verlangen, daß diese Vortheile zu Gunsten einer Ermäßigung ihrer eigenen Aufwendungen insoweit gekürzt werden, als die den Hinterbliebenen nach dem gegenwärtigen Gesetze zustehenden Wittwen- und Waisengelder die ihnen nach der seitherigen Gesetzgebung zustehenden Bezüge übersteigen. Eine Kürzung findet nicht statt, soweit diese Vortheile als Entgelt für diejenigen Beiträge anzusehen sind, welche von den Lehrern zu diesen Veranstaltungen nach dem Inkrafttreten dieses Gesetzes fortgeleistet werden. Bei Streitigkeiten der Betheiligten über die Höhe der hiernach den Hinterbliebenen zustehenden Vortheile trifft die Bezirksregierung eine im Verwaltungswege vollstreckbare einstweilige Entscheidung. Gegen diese Entscheidung steht den Betheiligten binnen sechs Wochen die Beschwerde an den Oberpräsidenten, in den Hohenzollernschen Landen an den Unterrichtsminister zu.

Gegen die Entscheidung des Oberpräsidenten oder des Unterrichtsministers steht den Betheiligten innerhalb einer weiteren Ausschlußfrist von sechs Wochen die Beschreitung des Rechtswegs offen.

§ 17: Den Mitgliedern der Elementarlehrer-Wittwen- und Waisenkassen und den Mitgliedern der nach § 11 des Gesetzes vom 22. Dezember 1869 (Gesetz-Samml. 1870 S. 1) an deren Stelle getretenen Veranstaltungen steht frei, binnen sechs Wochen nach dem Inkrafttreten dieses Gesetzes bei der Bezirksregierung des Bezirks, in welchem sie an einer öffentlichen Volksschule angestellt sind oder angestellt waren, die schriftliche Erklärung abzugeben, daß sie in der Kasse oder Veranstaltung verbleiben und auf die Vortheile dieses Gesetzes für ihre künftigen Hinterbliebenen verzichten. Erfolgt die Erklärung, so behalten ihre Hinterbliebenen alle Ansprüche an die Kasse oder Veranstaltung, sowie alle nach besonderer gesetzlicher Vorschrift oder nach dem Gesetze vom 27. Juni 1890 (Gesetz-Samml. S. 211) ihnen zustehenden Ansprüche.

Erfolgt eine solche Erklärung nicht, so scheiden sie aus der Kasse oder Veranstaltung aus und es erlischt auch der Anspruch ihrer Kinder auf Waisengeld aus dem Gesetze vom 27. Juni 1890 (Gesetz-Samml. S. 211) sowie derjenige ihrer Hinterbliebenen auf die ihnen sonst nach besonderer gesetzlicher Vorschrift zustehenden Bezüge.

§ 18 Abs. 1: Mit dem Inkrafttreten dieses Gesetzes werden die Elementarlehrer-Wittwen- und Waisenkassen für jeden neuen Beitritt geschlossen.

## Das Gesetz vom 10. Juni 1907 lautet:

### Artikel I.

Im § 1 des Gesetzes, betreffend die Fürsorge für die Witwen und Waisen der Lehrer an öffentlichen Volksschulen, vom 4. Dezember 1899 (Gesetzsamml. S. 587) fallen die Worte „durch nachgefolgte Ehe“ fort.

Artikel II.

An die Stelle des § 3 Abs. 2 des Gesetzes vom 4. Dezember 1899 tritt folgende Vorschrift:

Das Witwengeld soll jedoch, vorbehaltlich der im § 5 verordneten Beschränkung, mindestens dreihundert Mark betragen und dreitausendfünfhundert Mark nicht übersteigen.

Artikel III.

Hinter § 7 des Gesetzes vom 4. Dezember 1899 wird folgende Vorschrift eingeschaltet:

§ 7 a.

Ist der Verstorbene nach seiner Pensionierung als Lehrer außerhalb des öffentlichen Volksschuldienstes in einem der im Artikel I § 19 Nr. 2 des Gesetzes vom 6. Juli 1885 (Gesetzsamml. S. 298) in der Fassung des Gesetzes vom 10. Juni 1907 genannten Dienste wiederangestellt gewesen, so sind auf das Lehrer-Witwen- und Waisengeld die den Hinterbliebenen aus der neuen Stellung des Verstorbenen zustehenden Versorgungsansprüche anzurechnen, insoweit die Hinterbliebenen ohne diese Anrechnung mehr beziehen würden, als ihnen nach den Bestimmungen dieses Gesetzes bei Zugrundelegung des im Artikel I § 20 Abs. 4 des Gesetzes vom 6. Juli 1885 in der Fassung des Gesetzes vom 10. Juni 1907 gedachten Pensionsbetrags zustehen würde.

Artikel IV.

Dieses Gesetz tritt mit Wirkung vom 1. April 1907 in Kraft.

Die Bestimmung des § 17 des Gesetzes vom 4. Dezember 1899 (Gesetzsamml. S. 587) findet auch auf diejenigen Lehrer Anwendung, welche am 1. April 1907 Mitglieder der dort bezeichneten Kassen oder Veranstaltungen waren. Die schriftliche Erklärung ist binnen sechs Wochen nach Verkündung dieses Gesetzes abzugeben.

## II. Die Rechtsstellung der Lehrer an den öffentlichen jüdischen Volksschulen.

Die Rechtsstellung der an den öffentlichen jüdischen Volksschulen angestellten Lehrkräfte entspricht im wesentlichen derjenigen der übrigen Volksschullehrer. Es gelten demnach auch bezüglich ihrer im allgemeinen die unter I angeführten Normen.

Über die Besonderheiten ist das Folgende zu sagen:

1. In einigen neueren Provinzen gelten besondere gesetzliche Bestimmungen über die Rechtsstellung der Lehrer an den öffentlichen jüdischen Volksschulen. Soweit diese Bestimmungen sich auf Verhältnisse beziehen, welche durch die vorerwähnten allgemeinen Gesetze eine einheitliche Regelung für das Gebiet der Gesamtmonarchie erfahren haben (Diensteinkommen, Ruhegehalt, Witwen- und Waisenversorgung), sind sie durch die entgegenstehenden späteren Gesetze außer Kraft gesetzt. Soweit sie jedoch Verhältnisse betreffen, die einer gesetzlichen Neuregelung nicht unterworfen worden sind, behalten die partikularen Sonderbestimmungen fortdauernde Geltung.

Die bezüglichen Bestimmungen lauten:

### a. Gebiet des ehemaligen Königreichs Hannover.

#### α) Bekanntmachung vom 19. Januar 1844.

§ 3: Der Dienst eines Schächters soll ..., wo es thunlich ist, auch von dem des Lehrers getrennt werden.

#### β) Gesetz vom 5. Februar 1854.

V. Lehrer. Rechte und Verhältnisse derselben.

§ 45: Die Einnahme der jüdischen Lehrer soll, neben angemessener Wohnung und ohne Anrechnung der Beköstigung, nicht unter vierzig Thaler jährlich betragen.

§ 46: Es soll auf Abstellung der Reihetische gegen einen angemessenen Geldersatz thunlichst hingewirkt werden.

Ist dies nicht zu erreichen, so soll der Lehrer das ganze Jahr hindurch täglich, Morgens, Mittags und Abend freie Beköstigung auf seinen Wunsch möglichst in seiner Wohnung erhalten.

Die Mitglieder des Schulverbandes außerhalb des Schulorts sind in der Regel (§ 12) verpflichtet, eine angemessene Beihilfe für diesen Zweck, so wie für die Wohnung zu geben.

§ 47: Kann dem Lehrer eine dauernde Wohnung nicht angewiesen werden, so darf dieselbe wider seinen Willen, ohne Zustimmung des Landrabbiners, nicht häufiger als halbjährlich wechseln.

§ 48: Die Besoldung, so wie die Geldvergütungen für Beköstigung, Wohnung und Feurung sind, wo nicht kürzere Zahlungsfristen bestehen, am Ende jedes Vierteljahres auszuzahlen.

§ 49: Das Einkommen aller einzelnen jüdischen Schulstellen ist mit Genehmigung der Landdrostei festzustellen.

Der Geldersatz, welcher an die Stelle von Naturalleistungen tritt (§§ 46 u. 47), ist nach den örtlichen Verhältnissen zu bestimmen. Gebühren und etwaige sonstige Einkommensbezüge der Lehrer sind, wo nöthig, einer Festsetzung zu unterziehen.

In Betreff der Befreiung von den Beiträgen zur jüdischen Gemeinde verbleibt es bei dem Herkommen.

Spätere Abänderungen der festgesetzten Einnahme sind nur mit Genehmigung der Landdrostei statthaft.

Die bereits angestellten Lehrer sollen eine Schmälerung ihrer bisherigen Einnahme hierdurch nicht erleiden.

### b. Gebiet des ehemaligen Großherzogtums Hessen.

#### Edict das Volksschulwesen usw. betreffend publicirt am 11. Juli 1832.

§ 55 Abs. 2: Errichten die israelitischen Einwohner, nach den Bestimmungen des Edicts vom 17. Julius 1823, eigene Schulen, so finden auf diese alle, für die öffentlichen Schulen bestehenden Anordnungen volle Anwendung. Insbesondere bleibt es, was den Gehalt solcher an israelitischen, vorschriftsmäßig organisirten Volksschulen angestellten Lehrer betrifft, bei der Bestimmung, daß die Juden mit ihren Schullehrern wegen des Einkommens und der Besoldung weder Privatverträge abschließen, noch viel weniger sie nach Gutdünken wieder verabschieden können, sondern es soll in solchen Fällen, nach Verhältniß der Arbeit, für den Lehrer eine angemessene Besoldung, nebst der Art und Weise, wie solche unter den Gliedern der jüdischen Gemeinde zu erheben sey, festgesetzt, den Schullehrern eine, ihre Competenz regulirende Instruction ertheilt und ihr ganzes Dienstverhältniß auch in dieser Hinsicht unter die Aufsicht der betreffenden Staatsbehörden gestellt werden.

c. Gebiet des ehemaligen Fürstentums Hohenzollern-Sigmaringen.

**Gesetz vom 9. August 1837.**

§ 33: Die wegen der Schullehrer-Lesegesellschaften und Schullehrer-Conferenzen bestehenden Anordnungen finden auch auf die israelitischen Schullehrer Anwendung; es sind hienach dieselben zu jenen Anstalten in den betreffenden Bezirken beizuziehen.

2. Abgesehen von diesen partikularen gesetzlichen Sonderbestimmungen ist hinsichtlich der Rechtsstellung der jüdischen Lehrer noch das Folgende zu bemerken:

a. Hinsichtlich der Bemessung des Dienstalters bestimmt der Ministerialerlaß vom 7. Oktober 1886 (Z.-Bl. S. 239):

Jüdischen Volksschullehrern kann die Zeit, während welcher sie als Religionslehrer, Kantor und Vorleser im Dienste der Synagogengemeinden sich befunden haben, als Dienstzeit bei der Pensionirung nicht angerechnet werden.

b. Hinsichtlich der Kündigungsfristen für die Lehrer der von Synagogengemeinden unterhaltenen Schulen bestimmt der Ministerialerlaß vom 30. Dezember 1892:

Der Herr Minister ist damit einverstanden, daß die Verfügungen der Regierungen zu Arnsberg und Münster aufrecht erhalten werden, nach welchen die Synagogenvorstände den anzustellenden Religions- und Elementarlehrern eine geräumige, mindestens 6 monatliche Kündigungsfrist zur Bedingung zu machen, ihrerseits aber einen solchen Lehrer ohne die vorher nachzusuchende Genehmigung der Regierung weder zu kündigen noch denselben zu entlassen haben[1]).

c. Hinsichtlich der Besoldung der jüdischen Lehrkräfte spricht sich der Ministerialerlaß vom 21. Februar 1872 dahin aus, daß kein gesetzlicher Grund vorliege, die Gehälter der jüdischen Lehrer denjenigen der christlichen Lehrer gleichzustellen. Vielmehr komme es darauf an, den jüdischen Elementarlehrern ein den Lebensverhältnissen des Ortes entsprechendes Einkommen zu sichern[2]).

d. Zur Festsetzung der Gehälter für Lehrer an öffentlichen jüdischen Volksschulen erklärt derselbe Erlaß die Königliche Regierung für zuständig.

Der auf c und d bezügliche Teil des Erlasses lautet wörtlich:

Ich trete der Kgl. Regierung darin bei, daß kein gesetzlicher Grund vorliegt, die Gehälter der jüdischen Lehrer denjenigen der christlichen Lehrer gleichzustellen, es vielmehr darauf ankommt, den jüdischen Elementarlehrern ein den dortigen Lebensverhältnissen entsprechendes Einkommen zu sichern.

Die Kompetenz der Kgl. Regierung, die Gehälter auch der Lehrer an öffentlichen jüdischen Schulen festzusetzen, ergeben die §§ 60 ff. des Gesetzes vom 23. Juli 1847 und scheint auch von der Kgl. Regierung selbst nicht in Zweifel gezogen zu werden.

---

[1]) Dieser Erlaß ist auf die Rheinprovinz ausgedehnt. Erlaß des Oberpräsidenten zu Coblenz vom 18. Februar 1893 Nr. 1882. Giebe-Hildebrandt, Bd. I S. 959.

[2]) Vgl. jedoch das Lehrerbesoldungsgesetz oben S. 163 ff.

e. Das Vorrecht der Befreiung von den öffentlichen Kommunallasten und -abgaben, welches den christlichen Volksschullehrern zustand, wurde den jüdischen Volksschullehrern lange Zeit nicht zuerkannt.

So äußerte sich das Min.-Reskr. vom 12. Juni 1840 dahin, daß die fragliche Befreiung auf spezieller Verordnung beruhe. Den jüdischen Lehrern sei sie zu keiner Zeit eingeräumt gewesen. Auf diese sei sie daher nicht zu beziehen.

In gleicher Weise sprach sich die Denkschrift des Staatsministeriums zu dem Entwurf des Gesetzes vom 23. Juli 1847 aus. In derselben heißt es (S. XXXV):

„Die Gleichstellung der öffentlichen jüdischen Schulen mit den christlichen kann nur so weit reichen, als dabei die Qualität der Juden als einer blos geduldeten Religionspartei nicht in Betracht kommt. Es folgt hieraus, daß die an öffentlichen Schulen fungierenden jüdischen Lehrer auf diejenigen Vorrechte, welche den christlichen Lehrern zustehen, wie auf die Befreiung von der Zahlung der Klassensteuer und von den Kommunallasten, keinen Anspruch zu machen haben."

Bei den Verhandlungen über den Entwurf wurde in der Herrenkurie der Antrag gestellt, den Juden dieselben Rechte zuzugestehen wie den christlichen Lehrern und sie gleichfalls von der Klassensteuer und den Kommunallasten zu befreien.

Der Antrag wurde jedoch abgelehnt (Verhandlungen S. 69 f.).

Auf denselben ablehnenden Standpunkt stellte sich das Min.-Reskr. vom 10. Januar 1848. Dasselbe erklärte, die Immunität des geistlichen und Lehrstandes von den Beiträgen zu den Kommunallasten beschränke sich nur auf die Geistlichen und Schullehrer der christlichen Konfessionen. Hierin sei auch infolge des Gesetzes vom 23. Juli 1847 keine Änderung eingetreten. Denn aus der Gleichstellung der christlichen und jüdischen Untertanen im Genusse bürgerlicher Rechte folge noch nicht, daß den jüdischen Untertanen auch die besonderen Vorrechte einzelner privilegierter Klassen christlicher Untertanen beigelegt worden seien.

Eine Änderung in der Behandlung der Frage ist durch die Entscheidung des Oberverwaltungsgerichts vom 4. Februar 1898 (Bd. 34 S. 168) herbeigeführt worden. Dieselbe spricht aus, daß durch das Kommunalabgabengesetz vom 14. Juli 1893 in Verbindung mit der Verordnung vom 23. September 1867 Elementarlehrer hinsichtlich ihrer Besoldung und Emolumente von allen direkten Kommunalauflagen befreit seien. Unter Elementarlehrern seien die Lehrer an öffentlichen Volksschulen zu verstehen. Auf christliche Elementarlehrer oder auf Lehrer an christlichen Elementarschulen habe das Gesetz die Befreiung nicht beschränkt. Diese müsse vielmehr auch jüdischen Lehrern und Lehrern an jüdischen Schulen zugestanden werden. Die Voraussetzung des Erlasses vom 10. Januar 1848, daß nur den Schullehrern der christlichen Konfessionen oder nur den Lehrern an christlichen öffentlichen Schulen das Steuervorrecht eingeräumt sei, könne für zutreffend nicht erachtet werden. Für die Steuerfreiheit der Elementarlehrer sei der Charakter der Schule als öffentlicher Volksschule entscheidend, sodaß die Befreiung allen an solchen Schulen angestellten Lehrern ohne Rücksicht auf den religiösen Charakter der Schule und die Religion der Lehrer zukommen müsse.

Diese Entscheidung ist bestätigt durch das Urteil des Oberverwaltungsgerichts vom 1. Juni 1900.

Danach sind alle an öffentlichen jüdischen Volksschulen angestellten Lehrer von den Kommunalabgaben befreit.

Die angezogenen Erlasse und Entscheidungen lauten:

## 1. Ministerialerlaß vom 12. Juni 1840 (M.-Bl. S. 221).

Die unterzeichneten Ministerien können, wie der Kgl. Regierung auf den Bericht vom 25. April d. J. hierdurch eröffnet wird, den Antrag derselben auf Befreiung der jüdischen Schullehrer von den öffentlichen und Kommunal-Lasten und Abgaben nicht für statthaft erachten. Die diesfällige Befreiung der christlichen Schullehrer beruht auf spezieller Verordnung, wodurch die bis zum Jahre 1806 genossenen Immunitäten wieder hergestellt worden. Jüdische Lehrer haben die fraglichen Bevorrechtungen zu keiner Zeit gehabt; es ist daher auf sie die Immunitäts-Bestimmung nicht zu beziehen.

Berlin, den 12. Juni 1840.

Ministerium des Innern und der Polizei.
v. Rochow.

Minister der geistlichen pp. Angelegenheiten.
v. Ladenberg.

## 2. Ministerialerlaß vom 10. Januar 1841 (M.-Bl. S. 41).

Auf die Eingabe vom 23. September v. J. gereicht Ihnen hierdurch zum Bescheide, daß die Verfügung der Kgl. Regierung zu N., wonach Ihr Anspruch auf Befreiung von den öffentlichen und Kommunalabgaben für unbegründet erachtet worden ist, von uns nur bestätigt werden kann.

Nach dem Gesetze wegen Einführung der Klassensteuer vom 30. Mai 1820 sind dieser Steuer alle Einwohner unterworfen, insoweit sie nicht durch ein Gesetz ausdrücklich davon befreit, oder durch frühere Spezialbestimmungen seit dem Jahre 1815 von den gewöhnlichen Personalsteuern bereits entbunden sind. In letzterer Beziehung hat eine Befreiung der jüdischen Rabbiner und Schullehrer von der Klassensteuer bisher nicht stattgefunden, vielmehr beschränkt sich die diesfällige Immunität des geistlichen und Lehrstandes nur auf die Geistlichen und Schullehrer der christlichen Konfessionen. Dasselbe gilt nach dem Gesetze vom 11. Juli 1822 von den Beiträgen zu den Kommunallasten. Hierin ist auch in Folge des Gesetzes vom 23. Juli v. J. keine Aenderung eingetreten. Denn aus der Gleichstellung der christlichen und jüdischen Unterthanen im Genusse bürgerlicher Rechte, wie sie der § 1 daselbst vorschreibt, folgt noch nicht, daß den jüdischen Unterthanen auch die besonderen Vorrechte einzelner privilegirter Klassen christlicher Unterthanen beigelegt worden sind, und ebenso wenig ist daraus, daß der § 67 den nach Vorschrift der §§ 64—66 eingerichteten jüdischen Schulen die Eigenschaften und Rechte öffentlicher Schulen beilegt, zu folgern, daß den bei solchen Schulen angestellten Lehrern ein Anspruch auf die den christlichen Lehrern als ein besonderes Vorrecht verliehene Befreiung von öffentlichen und Kommunalabgaben zusteht.

Berlin, den 10. Januar 1848.

Die Minister des Innern, der Finanzen, der geistlichen ꝛc. Angelegenheiten
v. Bodelschwingh. v. Düesberg. i. A.: v. Ladenberg.

### 3. Entscheidung des Oberverwaltungsgerichts.

(Endurteil des I. Senats vom 4. Februar 1898 Rep.-J.C. 39/97 I. Kreisausschuß des Kreises Stolzenau, II. Bez.-Ausschuß zu Hannover.) (Entsch. OVG. **34**, 168.)

Zu den Gemeindeabgaben für das Steuerjahr 1895 in der Landgemeinde St. (Provinz Hannover) in Höhe von M. 18.20 herangezogen, hatte der jüdische Lehrer Sp. daselbst nach fruchtlosem Einspruch Klage auf Freistellung mit der Begründung erhoben, daß ihm in der Eigenschaft als Elementarlehrer das Kommunalsteuervorrecht nach Maßgabe des § 1 Nr. 3 der Verordnung vom 23. September 1867 zustehe. In den Vorinstanzen abgewiesen, legte er Revision ein, der das Oberverwaltungsgericht unter Zurückweisung der Sache an den Kreisausschuß stattgab.

Gründe.

Nach § 1 Nr. 3 der im § 41 des Kommunalabgabengesetzes vom 14. Juli 1893 aufrecht erhaltenen Verordnung vom 23. September 1867 (GS. S. 1648) sind Elementarlehrer hinsichtlich ihrer Besoldungen und Emolumente von allen direkten Kommunalauflagen befreit. Unter Elementarlehrern sind die Lehrer an öffentlichen Volksschulen zu verstehen, d. h. an den der allgemeinen Schulpflicht dienenden Schulen, zu deren Einrichtung und Unterhaltung die öffentlich-rechtlichen Träger der Schullast verpflichtet sind, die einerseits besucht werden müssen, andererseits den schulpflichtigen Kindern nicht verschlossen bleiben dürfen (Entscheidungen des Oberverwaltungsgerichts Bd. XVII S. 160, 162 Bd. XX S. 120). Auf christliche Elementarlehrer oder auf Lehrer an christlichen Elementarschulen hat das Gesetz die Befreiung nicht beschränkt. Werden auch die Elementarlehrer hinter den Geistlichen und vor den unteren Kirchendienern aufgeführt, so beweist dies doch nicht, daß die Elementarlehrer, ebenso wie die Geistlichen und unteren Kirchendiener, einer christlichen Kirche angehören müssen (vgl. Nöll, Kommunalabgabengesetz, 2. Aufl. S. 274 ff. über die Veranlassung zur Voranstellung der Lehrer entgegen dem § 45 des Hannoverschen Gesetzes vom 5. Juli 1856). Das im Eingange der Verordnung vom 23. September 1867 in Bezug genommene Gesetz vom 11. Juli 1822 spricht im § 10 litt. f gleichfalls von Geistlichen und Schullehrern ohne anzudeuten, daß nur christliche Schullehrer, oder Lehrer an christlichen Schulen gemeint seien (vgl. auch den Ministerialerlaß vom 28. Februar 1817 in von Kamptz' Annalen Bd. I S. 138). Nach dem Rechtszustande bei Erlaß des Gesetzes vom 11. Juli 1822 durften allerdings nur christliche Lehrer an öffentlichen Volksschulen angestellt und öffentliche jüdische Schulen nicht errichtet werden, sodaß damals nur christliche, an christlichen Schulen angestellte Lehrer zu der Befreiung von der Kommunalsteuer gelangen konnten. Allein darauf läßt sich die Schlußfolgerung nicht gründen, daß das christliche Bekenntnis des Lehrers oder der christliche Charakter der Schule eine Bedingung der Befreiung sei. Diese muß vielmehr auch jüdischen Lehrern und Lehrern an jüdischen Schulen zugestanden werden, wenn nach der späteren Gesetzgebung die Anstellung jüdischer Lehrer an öffentlichen Volksschulen und die Errichtung öffentlicher jüdischer Schulen statthaft geworden ist. Damit steht zwar der Ministerialerlaß vom 10. Januar 1848 (M.-Bl. d. i. V. S. 40) nicht im Einklang; aber die Voraussetzung dieses Erlasses, daß nur den Schullehrern der christlichen Konfessionen oder nur den Lehrern an christlichen öffentlichen Schulen das Steuervorrecht eingeräumt sei, kann für zutreffend nicht erachtet werden. Nach § 1 Teil II Tit. 12 ALR. sind die Volksschulen, welchen religiösen Charakter sie auch haben mögen (vgl. Entscheidungen des Oberverwaltungsgerichts Bd. XXVII S. 169), Veranstaltungen des Staats; insofern folgt also nicht an sich aus dem hier zunächst maaßgebenden landrechtlichen Begriffe des Schullehrers (vgl. a. a. O. Bd. XX S. 122), daß er einer christlichen Konfession angehören oder an einer christlichen Schule angestellt sein müsse. Übrigens sprach schon das Edikt, betreffend die bürgerlichen Verhältnisse der Juden, vom 11. März 1812 im § 8 aus, daß Juden akademische Lehr- und Schul- auch Gemeindeämter, zu welchen sie sich geschickt gemacht haben, verwalten können.

Ebensowenig, wie aus der Vorschrift des Gesetzes vom 11. Juli 1822, ergiebt sich aus den die Elementarlehrer betreffenden Befreiungsbestimmungen späterer Gesetze — vgl. § 4 der Städteordnung vom 30. Mai 1853, § 4 der Städteordnung für Westfalen vom 19. März 1856, § 61 der Landgemeinde-Ordnung für Westfalen vom 19. März 1856, § 4 der Städteordnung für die Rheinprovinz vom 15. Mai 1856, Art. 10 des Gesetzes, betreffend die Gemeindeverfassung der Rheinprovinz vom 15. Mai 1856 — die Beschränkung auf christliche Lehrer oder Lehrer an christlichen Schulen, obgleich nach dem vorher erlassenen Gesetze vom 23. Juli 1847 über die Verhältnisse der Juden (§§ 64 ff) öffentliche jüdische Schulen errichtet werden durften, bei Erlaß der späteren Gesetze also die Anstellung von Lehrern nicht mehr an öffentlichen christlichen Schulen allein möglich war.

Im Interesse der öffentlichen Volksschulen ist den an diesen angestellten Lehrern die Steuerfreiheit gewährt. Für die Steuerfreiheit der Elementarlehrer ist daher der Charakter der Schule als öffentlicher Volksschule entscheidend (Entscheidungen des Oberverwaltungsgerichts Bd. XX S. 124, sowie die Ministerialerlasse vom 30. Juli 1870 und 24. Mai 1880 bei Schneider und v. Bremen, Volksschulwesen Bd. I S. 827), sodaß die Befreiung allen an solchen Schulen angestellten Lehrern ohne Rücksicht auf den religiösen Charakter der Schule und die Religion der Lehrer zukommen muß. Auch andere neuere Gesetze erwähnen neben Geistlichen und Kirchendienern Elementarlehrer, ohne daß dies nur auf christliche Lehrer zu beziehen wäre (vgl. § 24 k des Kommunalabgabengesetzes vom 14. Juli 1893 in Verbindung mit § 4 e des Grundsteuergesetzes vom 21. Mai 1861 und § 3 Nr. 5 des Gebäudesteuergesetzes vom 21. Mai 1861; § 53 Nr. 5 der Landgemeindeordnung vom 3. Juli 1891; § 17 Nr. 3 der Städteordnung vom 30. Mai 1853; § 17 Nr. 3 der Städteordnung für Westfalen vom 19. März 1856; § 30 Nr. 5 der Landgemeindeordnung für Westfalen vom 19. März 1856; § 16 Nr. 3 der Städteordnung für die Rheinprovinz vom 15. Mai 1856: Art. 14 des Gemeindeverfassungsgesetzes für die Rheinprovinz vom 15. Mai 1856; § 38 Nr. 3 der Städteordnung für Schleswig-Holstein vom 14. April 1869 usw.).

Im gleichen Sinne hat das Oberverwaltungsgericht schon früher zu der hier erörterten Frage insofern Stellung genommen, als bei jüdischen Lehrern die Befreiung von der Kommunalsteuer nur aus dem Grunde verneint worden ist, weil die Schule nicht als eine öffentliche Volksschule anzusehen war (J.C. 119/95, J.C. 120/95).

Hiernach unterliegt die Vorentscheidung, welche auf der Annahme beruht, daß nur christliche Lehrer oder Lehrer an christlichen Schulen Gemeindesteuerfreiheit genössen, der Aufhebung.

Bei freier Beurteilung kommt es darauf an, ob der Kläger als Lehrer an einer öffentlichen Volksschule angestellt ist.

Nach der im ehemaligen Königreich Hannover geltenden Schulordnung für die jüdischen Schulen vom 5. Februar 1854 (GS. Abt. I S. 49) ist zwar den dortigen jüdischen Schulverbänden die Einrichtung jüdischer Elementarschulen nicht unbedingt zur Pflicht gemacht, sondern es ist nach § 10 Abs. 4 mit Genehmigung der Landdrostei — jetzt der Regierung — festzusetzen, wo vollständig eingerichtete jüdische Schulen und wo Religionsschulen bestehen sollen. Soweit aber solche Festsetzung getroffen ist, sind die jüdischen Schulverbände als öffentlich-rechtliche Träger der Schullast zur Einrichtung und Unterhaltung vollständiger jüdischer Schulen verpflichtet, wie denn auch jedes zahlungsfähige Mitglied eines solchen Schulverbandes zu den Kosten der Schuleinrichtung beizutragen hat (§ 11). Wo vollständig eingerichtete jüdische Schulen bestehen, erfolgt nach § 3 a. a. O. die Unterweisung der jüdischen Kinder in diesen, falls nicht die Eltern es vorziehen, ihren Kindern den Unterricht in den christlichen Ortsschulen erteilen zu lassen, oder Privatunterricht vom Schulbesuche befreit (§ 9). Mit dieser, den Charakter als öffentlicher Volksschule nicht ändernden Maaßgabe ist also der Besuch der Schulen obligatorisch (vgl. § 1), während andererseits die Kinder in die Schule aufgenommen werden müssen. Die vollständig eingerichteten jüdischen Schulen dienen somit der allgemeinen Schulpflicht. Im § 9 der Schulordnung werden auch die Schulen als öffentliche bezeichnet. Diesem ihrem Charakter entsprechend regelt dann die Schulordnung in den §§ 28 ff. die äußere und innere Einrichtung der Schulen sowie die Verhältnisse der Lehrer durch eingehende Vorschriften, wovon nur die Landdrostei auf Antrag des Landrabbiners oder der Obrigkeiten Abweichungen zulassen darf (§ 61). Demgemäß sieht die im Preußischen Verwaltungsblatte Jahrg. XIX S. 82 abgedruckte Entscheidung des II. Senats des Oberverwaltungsgerichts vom 10. Juli 1897 die nach der Schulordnung vom 5. Februar 1854 in der Provinz Hannover eingerichteten jüdischen Elementarschulen, gleich den christlichen, für öffentliche Volksschulen an, durch welche die dem Staate obliegende Fürsorge für den Volksschulunterricht erfüllt werde. Die Lehrer an derartigen Schulen sind daher auch als Staatsbeamte zu betrachten (Art. 23 Abs. 2 der Preußischen Verfassungsurkunde, Staatsministerialbeschluß vom 31. Oktober 1868 bei Schneider und v. Bremen, Bd. I S. 888; Seidel, Disziplinargesetz, 2. Aufl. S. 17). Die vorgedachten, für das Gebiet des ehemaligen Kurfürstenthums Hessen ergangenen Entscheidungen des I. Senats (J.C. 119/95 und 120/95) versagen bloßen Religionsschulen die Anerkennung als öffentlicher Volksschulen, beziehen sich aber nicht auf die vollständig eingerichteten jüdischen Schulen in der Provinz Hannover.

Vorerst ist jedoch die Sache nicht spruchreif, weil nicht erhellt, ob der Kläger, wie er behauptet, an einer öffentlichen Volks-(Elementar-)Schule oder an einer nach der Schulordnung vom 5. Februar 1854 vollständig eingerichteten jüdischen Schule wirklich angestellt ist. Der Beklagte bestreitet dies, indem er den Nachweis verlangt, daß der Kläger wirklich Staatsdiener oder Elementarlehrer sei. Bisher ist das Anstellungsverhältnis überhaupt nicht näher erörtert und der Charakter der Schule als öffentlicher Volksschule nicht geprüft worden. Zur Erörterung dieser, überwiegend thatsächlichen Fragen (vgl. Entscheidungen des Oberverwaltungsgerichts Bd. XVII S. 162) war deshalb der Streit an den Kreisausschuß zurückzuverweisen. Ist der Kläger als Lehrer an einer öffentlichen Elementarschule angestellt, so genießt er Befreiung von den Kommunalsteuern hinsichtlich seiner Besoldung als Lehrer und der ihm in dieser Stellung zufließenden Emolumente. Auf Einnahmen aus einem Nebenamte als jüdischer Kultusbeamter (vgl. § 57 der Schulordnung) erstreckt sich die Befreiung nicht, da die jüdischen Kultusbeamten den Geistlichen der christlichen Kirchen und den unteren Kirchendienern nicht gleichstehen. Nebeneinkünfte für Beerdigungen, wie sie der Kläger zu beziehen scheint, würden also der Besteuerung unterliegen.

Auf die Frage, ob den jüdischen Elementarlehrern im ehemaligen Königreich Hannover vor der Verordnung vom 23. September 1867 Kommunalsteuerfreiheit zustand, braucht nicht eingegangen zu werden, weil der beschränkende Zusatz im § 1

Nr. 3 der Verordnung: „wo und soweit den letzteren eine derartige Befreiung seither rechtsgültig zugestanden hat", nur auf die unmittelbar vorher genannten unteren Kirchendiener bezogen werden kann, und weil etwaige, nach § 12 Abs. 2 der Verordnung in Geltung gebliebene weitergehende Immunitäten der Lehrer nicht in Betracht kommen, soweit schon aus der Verordnung vom 23. September 1867 deren Kommunalsteuerfreiheit folgt.

## 4. Entscheidung des Oberverwaltungsgerichts I. Senat vom 1. Juni 1900 (Z.-Bl. 1901 S. 304ff.).

Der jüdische Lehrer Sp., welcher vom Magistrate zu St. für das Steuerjahr... mit ..... zu den Gemeindeabgaben herangezogen worden ist, verlangt als Elementarlehrer Befreiung von der Steuer. Die nach Zurückweisung des Einspruchs erhobene Klage wurde in den Vorinstanzen abgewiesen, weil die Befreiung nur christlichen Lehrern oder Lehrern an christlichen Schulen zustehe. Das Oberverwaltungsgericht hob aber durch Urteil vom 4. Februar 1898 die Vorentscheidungen auf, indem es die Sache zur anderweitigen Verhandlung und Entscheidung an den Kreisausschuß zurückwies. Das Oberverwaltungsgericht führte aus, daß die Befreiung allen an öffentlichen Volksschulen angestellten Lehrern ohne Rücksicht auf den religiösen Charakter der Schule und die Religion des Lehrers zukommt, sowie daß die nach Maßgabe der Hannoverschen Schulordnung für die jüdischen Schulen vom 5. Februar 1854 vollständig eingerichteten jüdischen Elementarschulen als öffentliche Volksschulen anzusehen sind. Zur Feststellung, ob die Schule in St., an welcher der Kläger angestellt ist, danach die Eigenschaft einer öffentlichen Volksschule habe, wurde die Sache an den Kreisausschuß zurückgewiesen...

Wie das Oberverwaltungsgericht bereits in der früheren Entscheidung vom 4. Februar 1898 dargelegt hat, sind die nach Maßgabe der Schulordnung vom 5. Februar 1854 bestehenden, vollständig eingerichteten jüdischen Schulen als öffentliche Volksschulen anzusehen.

Schon vor Erlaß der Schulordnung hatte das Amt zu St. in einem Berichte vom 23. Januar 1851 beantragt, die jüdische Schule daselbst zu einer öffentlichen zu erklären, und hatte darauf die Landdrostei zu H. durch Erlaß vom 7. März 1851 die Erklärung der Schule zu einer jüdischen Volksschule unter Feststellung des Schulbezirks genehmigt, indem sie zur Bedingung machte, daß für den Unterhalt des Lehrers und für das Bedürfnis der Schulanstalt dauernd gesorgt werde. Nach Erlaß der Schulordnung vom 5. Februar 1854 wurde dann die Schule fortgesetzt seitens der Behörden als öffentliche Volksschule behandelt, wie namentlich die unbestrittene Thatsache, daß ein Staatszuschuß gemäß dem Gesetze vom 14. Juni 1888 gewährt worden ist, und die Anwendung des Lehrerdiensteinkommensgesetzes vom 3. März 1897 sowie die wiederholte Bestätigung der Lehrer zeigt.

Wenn nach § 10 Abs. 4 der Schulordnung vom 5. Februar 1854 mit Genehmigung der Landdrostei — jetzt der Regierung — festzusetzen ist, wo vollständig eingerichtete jüdische Schulen und wo bloße Religionsschulen bestehen sollen, so bedarf es doch dazu nicht notwendig einer ausdrücklichen Erklärung der Landdrostei oder der Regierung noch nach Erlaß der Schulordnung. Die frühere, mit Genehmigung der Landdrostei erfolgte Regelung behält vielmehr bis zur Abänderung ihre Geltung. Außerdem enthält die fernere thatsächliche Anerkennung des Bestehens der Schule durch die Behörden — namentlich durch die Landdrostei und durch die Regierung — die erforderliche Genehmigung, da diese auch stillschweigend erteilt werden kann. Dem Verfahren der Behörden liegt nicht die irrtümliche Annahme früherer ausdrücklicher Genehmigung, sondern der Wille zu Grunde, daß die Schule als vollständig eingerichtete jüdische Schule für den bestimmten Bezirk bestehen soll. Denn dafür, daß die Schule nur darum geduldet worden wäre, weil eine frühere ausdrückliche Genehmigung irrtümlich vorausgesetzt wurde, fehlt jeglicher Anhalt; es muß daher angenommen werden, daß die den Behörden bekannte und bei ihren Anordnungen festgehaltene Regelung des jüdischen Schulwesens in St. auch von den Behörden gewollt ist.

Auf die rechtliche Eigenschaft, welche die zugelassenen jüdischen Schulen in Hannover vor dem Erlasse der Schulordnung vom 5. Februar 1854 hatten, braucht nicht eingegangen zu werden, weil sich deren Eigenschaft, auch wenn sie schon früher mit Genehmigung der Landdrostei bestanden haben, nunmehr nach der Schulordnung bestimmt. Darüber, daß die Schule in St. keine bloße Religionsschule, sondern eine vollständig eingerichtete Schule im Sinne der Schulordnung ist, herrscht kein Streit, wie ja der Beklagte durch die Bemerkung, „der jüdische Lehrer könnte sich auf den Religionsunterricht beschränken", anerkennt, daß auch in anderen Fächern unterrichtet wird. Die Behauptung des Klägers, daß sich der Unterricht auf alle im § 34 der Schulordnung vom 5. Februar 1854 erwähnten Fächer erstrecke, ist vom Beklagten nicht ausdrücklich bestritten worden...

Nach Obigem ist die jüdische Schule in St. als eine nach Maßgabe der Schulordnung bestehende, vollständig eingerichtete jüdische Schule, mithin als eine öffentliche Volksschule anzusehen.

Der Kläger ist an dieser Schule angestellt und von der Regierung bestätigt.

Ist somit der Kläger als Lehrer an einer öffentlichen Volksschule zu betrachten, so genießt er hinsichtlich seines Einkommens als Lehrer, obschon er Jude und die Schule eine jüdische ist, nach dem früheren Urteile des Oberverwaltungsgerichts Freiheit von den Gemeindesteuern.

---

## Neuntes Kapitel.

# Die Aufsicht über die jüdischen Volksschulen.

### A. Die allgemeinen Grundsätze über die Beaufsichtigung der Volksschulen.

Art. 23, Abs. 1 der Verfassungsurkunde vom 31. Januar 1850 bestimmt:

„Alle öffentlichen und Privat-Unterrichts- und Erziehungsanstalten stehen unter der Aufsicht vom Staate ernannter Behörden."

Art. 23 ist durch Art. 112 VU. bis nach Erlaß des im Art. 26 verheißenen allgemeinen Unterrichtsgesetzes suspendiert[1]). Er hat jedoch eine besondere Ausführung gefunden durch das Gesetz vom 11. März 1872 betreffend die

---

[1]) Durch Gesetz vom 10. Juli 1906 (GS. S. 333) ist Art. 112 der V.-U. aufgehoben und Art. 26 V.-U. wie folgt gefaßt worden:

„Das Schul- und Unterrichtswesen ist durch Gesetz zu regeln. Bis zu anderweitiger gesetzlicher Regelung verbleibt es hinsichtlich des Schul- und Unterrichtswesens bei dem geltenden Recht."

Diese Verfassungsänderung bedeutet keine materielle Änderung des bisherigen Rechtszustandes. Sie bezweckt vielmehr nur eine authentische Interpretation der bisherigen Verfassungsbestimmungen, dahingehend, daß nicht notwendigerweise das gesamte Schul- und Unterrichtswesen durch ein Gesetz geregelt werden müsse, sondern daß die gesetzliche Regelung auch einzelner Teile des Gesamtgebietes angängig ist.

Beaufsichtigung des Unterrichts- und Erziehungswesens (GS. S. 183). Dasselbe lautet:

„Wir Wilhelm, ..... verordnen, in Ausführung des Artikels 23 der Verfassungsurkunde vom 31. Januar 1850 mit Zustimmung der beiden Häuser des Landtages für den Umfang der Monarchie, was folgt:

§ 1: Unter Aufhebung aller in einzelnen Landestheilen entgegenstehenden Bestimmungen steht die Aufsicht über alle öffentlichen und Privat-Unterrichts- und Erziehungs-Anstalten dem Staate zu.

Demgemäß handeln alle mit dieser Aufsicht betrauten Behörden und Beamten im Auftrage des Staates.

§ 2: Die Ernennung der Lokal- und Kreis-Schul-Inspektoren und die Abgrenzung ihrer Aufsichtsbezirke gebührt dem Staate allein.

Der vom Staate den Inspektoren der Volksschule ertheilte Auftrag ist, sofern sie dies Amt als Neben- oder Ehrenamt verwalten, jederzeit widerruflich.

Alle entgegenstehenden Bestimmungen sind aufgehoben.

§ 3: Unberührt durch dieses Gesetz bleibt die den Gemeinden und deren Organen zustehende Theilnahme an der Schulaufsicht, sowie der Artikel 24 der Verfassungs-Urkunde vom 31. Januar 1850.

§ 4: Der Minister der geistlichen, Unterrichts- und Medizinal-Angelegenheiten wird mit der Ausführung dieses Gesetzes beauftragt.

Danach unterstehen sämtliche Unterrichtsanstalten der Aufsicht des Staates.

Nach § 18 Lit. f der Geschäftsinstruktion für die Regierungen in Verbindung mit der Allerh. Ordre vom 31. März 1825 ist die Aufsicht über die Volksschulen den Kgl. Regierungen, Abteilung für die Kirchenverwaltung und das Schulwesen, übertragen.

Die Organe, deren sich die Regierungen zur unmittelbaren Ausübung der Schulaufsicht bedienen, sind die Lokal- und Kreisschulinspektoren.

Volksschulen mit weniger als sechs Klassen unterstehen zunächst den Lokalschulinspektoren. Volksschulen mit sechs und mehr Klassen sind unmittelbar den Kreisschulinspektoren unterstellt, während die Obliegenheiten der Ortsschulinspektoren von den Rektoren ausgeübt werden[1]).

Die Rechte und Pflichten sowohl der Orts- als der Kreisschulinspektoren sind durch provinzielle Instruktionen geregelt[2]).

Das Schulinspektorat wird entweder im Haupt- oder im Nebenamte wahrgenommen. Soweit es nebenamtlich ausgeübt wird, wird es in der Regel Geistlichen übertragen[3]).

---

[1]) Ministerialerlaß vom 25. Juli 1894 (Z-Bl. S. 704).

[2]) Vgl. z. B. die Dienstinstruktionen der Kgl. Kreisschulinspektoren der katholischen Elementarschulen in der Provinz Posen vom 27. Oktober 1872, abgedruckt bei Schneider und v. Bremen, Bd. 1 S. 49 ff., die Dienstinstruktion für die Kreisinspektoren der Regierung in Königsberg, ebenda, die Anweisung für die Lokal-Inspektoren in der Provinz Posen, Min.-Reskr. vom 27. Dezember 1870, ebenda S. 51.

[3]) Die Schulinspektion lag bis zum Erlaß des Schulaufsichtsgesetzes, sowohl nach dem ALR., als auch nach den Provinzialgesetzen in den Händen der Ortsgeistlichen (Lokalschulinspektoren), und der Superintendenten, Erzpriester usw. (Kreisschulinspektoren). Zu der Ausübung dieser Aufsicht waren die Geistlichen kraft ihres

Der den Inspektoren nebenamtlich erteilte Auftrag ist jederzeit widerruflich.

Die Anstellung der hauptamtlichen Kreisinspektoren erfolgt durch den Minister[1]).

Die Ernennung der nebenamtlichen Schulinspektoren, sowohl der Lokal- als der Kreisschulinspektoren, erfolgt, sofern die Ernennung von der Kgl. Regierung für unbedenklich erachtet wird, durch diese[2]).

Die Übertragung der Ortsschulinspektion erfolgt ohne förmliche Ernennungsurkunde durch eine Mitteilung der Kgl. Regierung an den mit der Inspektion zu Betrauenden, „daß ihm der widerrufliche Auftrag zur Führung der Ortsaufsicht erteilt werde[3]).“

## B. Die Beaufsichtigung der öffentlichen jüdischen Volksschulen.

Für die Aufsicht über die jüdischen Volksschulen gelten im wesentlichen dieselben Bestimmungen wie für die christlichen Schulen. Nicht erst seit dem Schulaufsichtsgesetze. Bereits in einer Reihe früherer Erlasse ist dieser Grundsatz ausgesprochen. So bestimmte

1. die Bekanntmachung der Kgl. Regierung zu Minden vom 16. März 1825[4]) (mit Vorwissen und Genehmigung des Ministers der geistlichen usw. Angelegenheiten):

§ 10: Alle zur Aufsicht über die christlichen Schulen verordneten Behörden sind verpflichtet, bei ihren Schulvisitationen nicht nur in den christlichen Schulen den daselbst etwa unterrichteten israelitischen Kindern und ihrer zweckmäßigen Behandlung abseiten des Lehrers und der Mitschüler eine vorzügliche Aufmerksamkeit zu

---

Amtes sowohl verpflichtet als auch berechtigt: Das Schulaufsichtsamt war ein Ausfluß des geistlichen Amtes, mit dem es unmittelbar verbunden war (M.-E. vom 13. März 1872, Schneider und v. Bremen, Bd. I S. 33). Die wesentliche durch das Schulaufsichtsgesetz geschaffene Neuerung besteht nun darin, daß dem Staat die unbeschränkte Freiheit in der Auswahl der Aufsichtsorgane eingeräumt ist. Der Staat kann sich der Geistlichen bedienen, er kann aber auch besondere weltliche Schulinspektoren bestellen. Soweit er die Geistlichen mit der Schulaufsicht betraut, üben sie dieselbe nicht mehr kraft ihres geistlichen Amtes aus, sondern lediglich als Organe des Staates und auf Grund des von dem Staat ihnen erteilten und jederzeit widerruflichen Auftrages. Der unmittelbare Zusammenhang zwischen dem geistlichen und dem Schulaufsichtsamt ist damit gelöst. — Vgl. auch den Ministerialerlaß vom 17. Mai 1881, zitiert bei Schneider und v. Bremen, I. S. 3 f.

[1]) Vgl. Ministerialerlaß vom 21. September 1891 (Z.-Bl. S. 662). — Unter Umständen sind die amtlichen Kreisschulinspektoren verpflichtet, die Ortsschulinspektion als Teil ihrer Amtsgeschäfte unentgeltlich zu übernehmen.

[2]) Ministerialerlaß vom 14. April 1891 (Z.-Bl. S. 419):

„Die Kgl. Regierung hat bei der Auswahl von Personen für die nebenamtliche Wahrnehmung der Kreisschulaufsicht auf das sorgfältigste zu Werke zu gehen und nur solche Männer mit den Geschäften zu beauftragen, hinsichtlich deren Zuverlässigkeit und Gewissenhaftigkeit kein Zweifel obwaltet, und von deren bewährter Kenntnis des Volksschulwesens eine rege Förderung der Volksschulinteressen zu erwarten steht.“

[3]) Ministerialerlaß vom 6. Mai 1887 (Z.-Bl. S. 514).

[4]) Vgl. Rönne-Simon a. a. O. S. 167 f.

widmen, sondern auch die innerhalb ihres Sprengels etwa befindlichen israelitischen Elementarschulen zu besuchen, von dem Zustande derselben, namentlich von der Zweckmäßigkeit ihres Lehrplanes, soweit derselbe nicht die Religion zum Gegenstande hat, sich zu überzeugen, und über etwa vorgefundene Mängel oder Mißbräuche zur Abhilfe an die Regierung zu berichten. .....

2) das Publikandum der Kgl. Regierung zu Liegnitz vom 6. April 1820[1]):

5. Alle jüdische, sowohl öffentliche als Privatschulen, sollen wie die christlichen verwaltet und beaufsichtigt werden. Sie stehen zunächst unter einem eigenen, von der jüdischen Ortsgemeinde zweckmäßig anzuordnenden Vorstande, bleiben aber der Aufsicht der Orts-Schulbehörde unterworfen, und diese ist nicht nur berechtigt, mittelst des Vorstandes, alle ihr nötigen Nachrichten über die jüdischen Schulen des Orts einzuziehen, sondern auch verpflichtet, sich von der Beschaffenheit und dem Fortgange derselben durch öftere Visitationen in Kenntniß zu erhalten.

3) das Publikandum der Kgl. Regierung zu Köslin vom 11. Januar 1823[2]):

§ 13: Die Judenschulen sind der allgemeinen Orts-Schulbehörde untergeordnet, und es steht dieser das Recht zu, von Allem, was den innern und äußern Zustand solcher Schulen betrifft (mit Ausnahme des Religions- und hebräischen Sprach-Unterrichts), sich in Kenntniß zu setzen und über die Befolgung der eingeführten Schulordnung zu wachen. Die Lehrer sind verbunden den Anordnungen der Behörde pünktlich Folge zu leisten.

§ 14: Außer dem allgemeinen Orts-Schulvorstande kann jede jüdische Schule noch einen besondern, aus einigen jüdischen Hausvätern bestehenden, Vorstand erhalten. Diesem würde vorzüglich die Aufsicht über die äußere Ordnung in der Schule und die Sorge für die Unterhaltung derselben obliegen. .....

4) das vorläufige Reglement der Kgl. Regierung zu Arnsberg vom 27. September 1822 (genehmigt durch Min.-Erl. vom 29. August 1822)[3]):

5. .....

Sowohl die Schulen der ..... konzessionierten Privatlehrer, als der nach § 5 förmlich angestellten jüdischen Gemeindelehrer sind der Aufsicht der von uns angeordneten städtischen Schulkommissionen und Bezirks-Schulinspektoren unterworfen, welche diese, gemäß der ihnen erteilten Dienst-Instruktionen auszuüben und insbesondere auch dahin zu sehen haben, daß die israelitischen Kinder regelmäßig die Schule besuchen und die saumhaften Eltern zur Strafe gezogen werden. .....

5) das Publikandum des Kgl. Oberpräsidiums zu Koblenz vom 13. September 1824[4]):

§ 14: Die israelitische Gemeinde-Schule mit ihren Lehrern, ..... stehen unter der Aufsicht der Orts-, Kreis- und Departements-Schulbehörden, und es bedürfen die Lehr- und Einrichtungspläne derselben, und die zum Unterrichte bestimmten Schulbücher ebenso der Prüfung und Bestätigung, sowie die Verwaltung des gesammten jüdischen Schulwesens ebenso der Aufsicht und Leitung dieser Behörden, wie dieselbe für die christlichen Schulen jedes Regierungs-Bezirks vorgeschrieben ist. .....

endlich

6) der Ministerialerlaß vom 10. März 1847, (mitgeteilt in dem Erlasse des Oberpräsidenten der Rheinprovinz vom 24. März desselben Jahres Nr. 2657)[5]):

---

[1]) Vgl. Rönne-Simon a. a. O. S. 164.
[2]) Vgl. Rönne-Simon a. a. O.
[3]) Vgl. Rönne-Simon a. a. O. S. 166.
[4]) Vgl. Rönne-Simon a. a. O. S. 169 f.
[5]) Vgl. Giebe-Hildebrandt I. S. 961.

„Der Minister der geistlichen Angelegenheiten hat sich in einem mir zugegangenen Erlasse vom 10. d. M. No. U. III 2795 in Betreff der Beaufsichtigung der jüdischen Schulen dahin ausgesprochen, daß die jüdischen gleich den christlichen Schulen neben der stattfindenden Lokal-Aufsicht der Aufsicht des betreffenden Kreisschulinspektors zu unterstellen seien."

Was die Übertragung der Aufsicht über die jüdischen Volksschulen an die Rabbiner, entsprechend der über die christlichen Volksschulen an die christlichen Geistlichen, betrifft, so hat der Standpunkt der Unterrichtsverwaltung in dieser Frage gewechselt.

Unter dem 1. August 1866 ist ein Ministerialerlaß ergangen, der die Übertragung der Lokalschulinspektion über die öffentlichen jüdischen Volksschulen an den Rabbiner der jüdischen Gemeinde bloß ausnahmsweise und im Notfall für zulässig erklärt. Zur Begründung dieser Entscheidung wurde ausgeführt, daß die Organe, deren sich die Kgl. Regierungen bei der ihnen obliegenden Leitung und Beaufsichtigung des Schulwesens zu bedienen hätten, zur Ausübung der ihnen übertragenen Funktionen befähigt und dienstlich verpflichtet sein müßten. Beides sei bei den katholischen und evangelischen Geistlichen der Fall, nicht aber bei den Rabbinern. Diesen fehle einerseits der Nachweis ihrer Befähigung zur Schulaufsicht, wenn diese Befähigung auch in einzelnen Fällen vorausgesetzt werden dürfe. Andererseits seien sie gesetzlich zur Führung der Aufsicht nicht verpflichtet. Ihre Unterordnung unter die Königlichen Regierungen sei daher nur eine freiwillige, welche im Falle der Störung nicht zu disziplinarischen Zwangs- und Strafmaßregeln führen könne.

Eine Änderung in dieser Auffassung wurde durch die Intervention des Abgeordnetenhauses herbeigeführt. Die jüdische Gemeinde zu Nakel hatte sich an das Abgeordnetenhaus mit einer Petition gewandt, in der um die Übertragung der Aufsicht über die jüdische Schule an den Ortsrabbiner gebeten wurde.

In der Sitzung vom 28. Februar 1868 beschloß das Abgeordnetenhaus, die Petition der Staatsregierung zur Berücksichtigung zu überweisen.

In Verfolg dieses Beschlusses nahm der Kultusminister in einem Reskript vom 16. Mai 1868 erneut zu der Frage Stellung. Der in dem Erlaß vom 1. Aug. 1866 vertretene Standpunkt wurde dahin modifiziert, daß ein prinzipielles Hindernis nicht bestehe, einem dazu befähigten und bereitwilligen Rabbiner die Lokalinspektion über eine jüdische Elementarschule als ein besonderes Amt von Staats wegen zu übertragen, da in den gesetzlichen Bestimmungen für die Staatsbehörde keine Nötigung liege, die Lokalinspektion über eine jüdische Elementarschule dem christlichen Ortsgeistlichen zu übertragen. Auch der Rabbiner trete, wenn er zum Lokalschulinspektor bei einer jüdischen Elementarschule ernannt werde, mit der Übernahme dieses Amtes in gleicher Weise wie jeder andere Lokalschulinspektor unter die Disziplin der vorgesetzten Behörde. Die Staatsbehörden seien jedoch in der Wahl ihrer lokalen Aufsichtsorgane hinsichtlich der jüdischen Schulen nicht beschränkt. Eine Notwendigkeit, die Aufsicht, wo sich dies als ausführbar erweise, dem Rabbiner zu übertragen, liege nicht vor. In dem der Petition an das Abgeordnetenhaus zugrunde liegenden Falle sei sie daher dem christlichen Geistlichen, dem sie einmal übertragen sei, weiter zu belassen.

Infolge einer erneuten Vorstellung der jüdischen Gemeinde beschloß das Abgeordnetenhaus am 17. November 1869 die Petition der Staatsregierung zur Abhilfe zu überweisen. In Verfolg dieses Beschlusses erging unter dem 14. März 1870 ein erneutes Reskript des Kultusministers, in dem zum Ausdruck gebracht wurde, daß es der Natur der Sache und den hierauf beruhenden allgemeinen Grundsätzen der Schulverwaltung entspreche, Schulen von bestimmt ausgeprägtem religiösen Charakter durch staatliche Organe derselben Religionsgemeinschaft beaufsichtigen zu lassen. Es unterliege prinzipiell keinem Bedenken, diesen Grundsatz auch auf die bestehenden jüdischen Schulen in Anwendung zu bringen. Seine praktische Ausführung hänge allerdings davon ab, ob es in den einzelnen jüdischen Schulgemeinedn nicht an Juden fehle, welche befähigt und bereit seien, die Lokalschulinspektion über die Schule als ein ihnen vom Staat übertragenes Amt zu übernehmen. Das Rabbinat sei an und für sich weder als zureichender Nachweis, noch als notwendige Voraussetzung jener Befähigung anzusehen. Von diesen Erwägungen aus solle fortan die Übertragung der Lokalschulinspektion über jüdische Schulen an Juden überall da als Verwaltungsgrundsatz festgehalten werden, wo es an geeigneten Organen zur Beaufsichtigung jüdischer Schulen nicht fehle.

Dieser Erlaß ist in der Folge weder abgeändert noch aufgehoben worden. Der in ihm ausgesprochene Grundsatz ist auch heute noch als maßgebend anzusehen. Die Lokalschulinspektion über jüdische Schulen ist somit überall, wo es an geeigneten Organen nicht fehlt, von den Regierungen an Juden zu übertragen.

Die angeführten Ministerialerlasse lauten:

### 1. Ministerialerlaß vom 1. August 1866 (Min.-Bl. S. 159).

Auf den Bericht vom 5. Juni cr., die Ernennung der Rabbiner zu Inspektoren der jüdischen Societätsschulen betreffend, eröffne ich der Kgl. Regierung Folgendes:

Die Organe, deren sich die Königlichen Regierungen bei der ihnen obliegenden Leitung und Beaufsichtigung des Schulwesens zu bedienen haben, müssen zur Ausübung der ihnen übertragenen Funktionen befähigt und dienstlich verpflichtet sein. Beides ist der Fall bei den evangelischen und katholischen Geistlichen, da diese ihre Befähigung zur Lokalschulinspektion in geordneter Weise nachzuweisen haben und da sie den Anordnungen der Königlichen Regierungen Folge zu leisten gesetzlich verbunden, auch in ihrer Eigenschaft als Schulinspektoren der Disciplin derselben unterworfen sind. Anders ist es bei den jüdischen Rabbinern.

Darf auch ihre Befähigung zur Schulaufsicht in einzelnen Fällen vorausgesetzt werden, so ist sie doch nicht festgestellt und kann durch den Nachweis der Ablegung irgend einer der bis jetzt angeordneten Prüfungen als nachgewiesen nicht erachtet werden. Eine Verpflichtung der jüdischen Rabbiner zur Führung der Schulinspektion ist ferner durch kein Gesetz ausgesprochen, (ihre Unterordnung unter die Königlichen Regierungen ist daher nur eine freiwillige, welche im Fall der Störung nicht zu disciplinarischen Zwangs- und Straf-Maßregeln führen kann, sondern lediglich die Lösung des Verhältnisses zur Folge haben kann.

Hiernach entbehrt die Schulaufsicht durch die Rabbiner der gesetzlichen Grundlage, auf welcher dieselbe beruht, wenn sie durch die evangelischen und katholischen Geistlichen geführt wird, und ich kann mich deshalb nur dahin entscheiden, daß die Lokal-Schulinspektion über die öffentlichen jüdischen Schulen bloß ausnahmsweise und im Nothfall dem Rabbiner der jüdischen Gemeinde zu übertragen ist. Ein solcher Ausnahmsfall liegt in N. nicht vor, und es hat daher bei der bisherigen Einrichtung, derzufolge die Inspektion der dortigen jüdischen Schule dem Pastor N. überwiesen ist, zu bewenden.

Wo aber der Mangel an einem durch das Gesetz berufenen Organ dazu nöthigt, einen jüdischen Rabbiner oder, da die Eigenschaft eines Rabbiners für den Schulinspektor nicht erforderlich ist, eine andere geeignete Persönlichkeit mit der Schulinspektion zu beauftragen, ist von einer bestimmten Prüfung der Qualifikation Abstand zu nehmen, da es der Kgl. Regierung nicht schwer werden kann, sich davon zu überzeugen, ob die für eine solche außerordentliche Übertragung von Funktionen ins Auge gefaßte Persönlichkeit sich dazu eignet.

Berlin, den 1. August 1866.

Der Minister der geistlichen pp. Angelegenheiten
v. Mühler.

## 2. Ministerialerlaß vom 16. Mai 1868 (Min.-Bl. S. 243).

Nachdem das Haus der Abgeordneten in der Sitzung vom 28. Februar d. J. beschlossen hat, die Petition des Vorstandes vom 16. Nov. pr., betreffend die Inspektion der jüdischen Elementarschule dortselbst, der Kgl. Staatsregierung zur Berücksichtigung zu empfehlen, ist diese Petition an mich gelangt und der Gegenstand derselben nochmals erwogen worden. Ich habe mich jedoch zu einer Abänderung meiner Verfügung vom 13. September 1866 aus folgenden Gründen nicht veranlaßt finden können. Wie dem Vorstand in den Vorbescheiden schon eröffnet worden, so ist auch bei den Berathungen der Sache im Hause der Abgeordneten allseitig anerkannt worden, daß der jüdischen Gemeinde dortselbst keine gesetzliche Bestimmung zur Seite steht, wonach sie die Berufung ihres Rabbiners zur Inspektion über ihre Schule als ein Recht in Anspruch nehmen könnte. Es hat sich nun weiter allerdings auch die Meinung geltend gemacht, daß die bestehenden Gesetze ebensowenig nöthigen, die Lokalinspektion über die jüdischen Elementarschulen den christlichen Ortsgeistlichen zu übertragen. Ist dies richtig, so folgt indes nichts weiter daraus, als daß die mit der Aufsicht über das Elementarschulwesen betrauten Staatsbehörden in der Wahl ihrer lokalen Aufsichtsorgane hinsichtlich der jüdischen Elementarschulen durch die Gesetze nicht beschränkt sind, vielmehr in jedem einzelnen Falle nach ihrem Ermessen zu verfahren haben. Wenn hiernach zwar ein prinzipielles Hinderniß nicht besteht, einem dazu befähigten und bereitwilligen Rabbiner die Lokalinspektion über eine jüdische Elementarschule als ein besonderes Amt von Staatswegen zu übertragen, so ist doch auch ebensowenig eine Nothwendigkeit vorhanden, daß eine solche Einrichtung überall getroffen werden müsse, wo sie sich als ausführbar erweist. Müssen also die besonderen Verhältnisse jedes einzelnen Falles maaßgebend bleiben, so kommt hier in Betracht, daß keinerlei praktische Gründe geltend zu machen sind, welche die beantragte Änderung in der Local-inspektion über die jüdische Elementarschule dortselbst nothwendig oder auch nur vorzugsweise nützlich erscheinen lassen, und daß es jedenfalls sehr gewichtiger Gründe bedürfen würde, wenn dem Geistlichen, der seit Ostern 1866 mit der Inspektion über die jüdische Schule definitiv betraut ist und diese Inspektion mit voller Hingebung zum Segen der Schule und zur Zufriedenheit der vorgesetzten Behörden geführt hat, das Amt jetzt wieder abgenommen werden sollte.

An den Vorstand der jüdischen Gemeinde zu N.

Abschrift empfängt die Kgl. Regierung zur Kenntnißnahme und Beachtung mit dem Bemerken, daß sich hiernach mein Erlaß vom 1. August 1866 (Min.-Bl. S. 159), in sofern modificirt, als ich in Übereinstimmung mit den bezüglichen Ausführungen in dem Bericht der Unterrichts-Kommission des Abgeordneten-Hauses — Verhandlungen des Hauses der Abgeordneten de 1867—1868 Aktenstück Nr. 260 S. 520 folg. — annehme, daß die bestehenden gesetzlichen Bestimmungen allerdings die Staatsbehörde nicht nöthigen, die Lokalinspektion über eine jüdische Elementarschule dem christlichen Ortsgeistlichen zu übertragen, und daß ferner auch ein Rabbiner, wenn er zum Lokalschulinspektor bei einer jüdischen Elementarschule ernannt wird, mit der Übernahme dieses Amtes in gleicher Weise wie jeder andere Lokalschulinspektor unter die Disciplin der vorgesetzten Behörden tritt.

Berlin, den 16. Mai 1868.

Der Minister der geistlichen pp. Angelegenheiten.

v. Mühler.

An die Kgl. Regierung zu N.

## 3. Ministerialerlaß vom 14. März 1870 (Min.-Bl. S. 93).

In der abgelaufenen Landtags-Session hat die jüdische Gemeinde zu N. ihre Petition wegen Übertragung der Lokalinspektion über die dortige jüdische Schule an ihren Rabbiner wiederholt. Das Abgeordnetenhaus hat diese Petition mittels Beschlusses vom 17. November v. Js. der Staats-Regierung zur Abhilfe überwiesen.

Die rechtlichen Gesichtspunkte, nach welchen die Angelegenheit zu beurtheilen ist, habe ich in der Verfügung vom 16. Mai 1868 — (Min.-Bl. S. 243) — bezeichnet. Sie wurzeln in dem Artikel 47 der Verfassungs-Urkunde, wonach die Besetzung der Staatsdienststellen, soweit nicht das Gesetz ein anderes verordnet, der Executive zusteht, und müssen auch ferner maaßgebend bleiben. Ich habe jedoch die Frage von Neuem erwogen, in welcher Weise die Staats-Regierung von ihrem verfassungsmäßigen Recht in Beziehung auf den zur Verhandlung stehenden Gegenstand den richtigsten Gebrauch machen würde. Hierbei kommt in Betracht, daß es der Natur der Sache und den hierauf beruhenden allgemeinen Grundsätzen der Schulverwaltung entspricht, Schulen von bestimmt ausgeprägtem religiösen Charakter durch staatliche Organe derselben Religions-Gemeinschaft beaufsichtigen zu lassen. Diesen Grundsatz auch auf die bestehenden jüdischen Schulen in Anwendung zu bringen, unterliegt principiell keinem Bedenken. Seine praktische Ausführung hängt allerdings davon ab, ob es in den einzelnen jüdischen Schulgemeinden nicht an Juden fehlt, welche befähigt und bereit sind, die Local-Inspektion über die Schule als ein ihnen vom Staat übertragenes Amt zu übernehmen. Das Rabbinat an und für sich ist weder als zureichender Nachweis noch als nothwendige Voraussetzung jener Befähigung anzusehen.

Von diesen Erwägungen aus habe ich, zumal der in N. hervorgetretene Wunsch der Juden nicht vereinzelt dasteht, beschlossen, fortan die Übertragung der Lokal-Inspektion über jüdische Schulen an Juden überall da als Verwaltungsgrundsatz festzuhalten, wo es an geeigneten jüdischen Organen zur Beaufsichtigung jüdischer Schulen nicht fehlt.

Indem ich die Prüfung, ob die bezeichneten Voraussetzungen im einzelnen Falle gegeben sind, der Kgl. Regierung überlasse, beauftrage ich dieselbe, Sich der Erledigung sowohl der beifolgenden Petition der jüdischen Gemeinde in N., als auch anderer an Sie herantretender gleicher Anträge im Sinne des vorstehenden Erlasses zu unterziehen.

Berlin, den 14. März 1870.

Der Minister der geistlichen pp. Angelegenheiten.
v. Mühler.

In einer Reihe von Fällen ist dem angegebenen Grundsatz entsprechend die Ortsschulinspektion über die jüdische Schule dem Rabbiner oder einer anderen geeigneten Person jüdischen Glaubens übertragen worden.

Ebenso wie die Orts- kann selbstverständlich auch die Kreisschulinspektion über die jüdischen Volksschulen besonderen jüdischen Aufsichtsbeamten übertragen werden. So ist den Landrabbinern in der Provinz Hannover, entsprechend der Stellung, die ihnen in der hannöverschen Gesetzgebung eingeräumt war (vgl. u. S 199), das Amt des Kreisschulinspektors für die jüdischen Schulen ihres Regierungsbezirkes, dem Rabbiner der Synagogengemeinde zu Aachen das Amt eines Kreisschulinspektors für den jüdischen Religionsunterricht im Regierungsbezirk Aachen übertragen worden. Ihre Obliegenheiten entsprechen denen der übrigen Kreisschulinspektoren. Besondere Instruktionen sind für sie nicht ergangen.

In den verschiedenen Partikulargesetzgebungen finden sich auch Bestimmungen über die Beaufsichtigung der jüdischen Schulen. Soweit sie dem Schulaufsichtsgesetze vom 11. März 1872 nicht widersprechen, sind sie auch nach Erlaß dieses Gesetzes in Geltung geblieben. Insbesondere sind die den Schulvorständen eingeräumten Aufsichtsbefugnisse, ebenso der Anteil der Vorsteherämter im Gebiet des ehemaligen Kurfürstentums Hessen an der Schulaufsicht unberührt geblieben.

Die bezüglichen Bestimmungen lauten:

1. Für das Gebiet des ehemaligen Herzogtums Schleswig.

## Verordnung vom 8. Februar 1854.

§ 27 Abs. 2: Zur Aufsicht über die Schulen sollen besondere Aufsichtsbehörden ernannt werden, in welcher Beziehung eine nähere Bestimmung vorbehalten wird. Die Schulgesetze und der Lehrplan bedürfen der Genehmigung Unseres Ministerii für das Herzogthum Schleswig.

2. Für das Gebiet des ehemaligen Herzogtums Holstein.

## Gesetz vom 14. Juli 1863.

§ 18 Abs. 2: Zur Aufsicht über die Schulen sollen besondere Aufsichtsbehörden bestellt werden, deren nähere Anordnung der Regierung vorbehalten bleibt.

3. Für das Gebiet des ehemaligen Königreichs Hannover.

### a) Gesetz vom 30. September 1842.

§ 26: Die Aufsicht der Regierung erstreckt sich auch auf die Verwaltung des Vermögens der jüdischen .... Schulen.

### b) Bekanntmachung vom 19. Januar 1844.

§ 9: Erstreckt sich der .... Schul .... Verband durch die Bezirke mehrerer Obrigkeiten, so ist von der Landdrostei diejenige Obrigkeit zu bestimmen, welche nach § 20 des Gesetzes neben dem Landrabbiner die Aufsicht über jüdisches ...Schul... Wesen zu führen hat.

Geeignete Mitwirkung der andern Obrigkeit ist jedoch nicht ausgeschlossen.

§ 10: Die obrigkeitlichen Geschäfte, durch jene Aufsichtsführung veranlaßt, erfolgen unentgeltlich.

§ 53: Die Landrabbiner haben in ihren Bezirken, unter Leitung der Landdrosteien, die Oberaufsicht über .... Schul ... Wesen der Juden, ..... zu führen (§ 20 u. f. des Gesetzes).

§ 54: Sie haben wahrgenommene Mängel in diesen Angelegenheiten abzustellen, auch Beschwerden und Streitigkeiten darüber zu schlichten (§ 23 des Gesetzes).

Sofern es nöthig ist, haben Landdrostei oder Obrigkeit dabei mitzuwirken.

§ 55: Sie haben darauf zu halten, daß die jüdischen .... Schulen mit geprüften .... Lehrern besetzt seyn (§ 22 des Gesetzes).

§ 58: Die Landrabbiner haben alle Synagogen-Gemeinden ihres Bezirks mindestens alle fünf Jahre, und so oft es sonst von der Landdrostei bestimmt wird, zu bereisen, um sich vom Zustande des ....Schul.... Wesens Kenntniß zu verschaffen.

Sie haben darüber der Landdrostei Bericht zu erstatten.

### c) Gesetz vom 5. Februar 1854.

§ 16: Die Aufsicht über das jüdische Schulwesen wird neben den Ortsobrigkeiten zunächst durch die Landrabbiner unter Leitung der Landdrosteien in dem durch das Gesetz begründeten Umfange ausgeübt.

§ 17: Die Landrabbiner haben darüber zu wachen, daß die bestehenden Anordnungen von Seiten der jüdischen Gemeinden und Lehrer in ihrem wahren Sinne vollzogen und befolgt werden.

Die zur Vervollkommnung des jüdischen Schulwesens dienenden Bestimmungen sind von den Landrabbinern bei den zuständigen Behörden in Antrag zu bringen.

Sie haben dahin zu sehen, daß in dem Zeitmaße und der Stufenfolge der Unterrichtsgegenstände, in der Festsetzung des Lehrzieles und in der Anwendung der Schulzucht und Lehrart richtige Grundsätze befolgt werden.

Mindestens alle drei Jahre sind von ihnen sämmtliche Schulen ihres Bezirks einer sorgfältigen Visitation zu unterziehen.

In der Zwischenzeit sind sie ermächtigt, durch tüchtige Lehrer ihres Bezirks einzelne Schulen untersuchen und sich über den Befund berichten zu lassen.

§ 18: Nach näherer Anweisung der Landrabbiner hat der Gemeindevorsteher, als Schulvorstand, die Angelegenheiten des jüdischen Schulwesens zu beaufsichtigen und zu verwalten.

In größeren Schulverbänden kann ein besonderer Schulvorstand von den stimmfähigen Gemeindegliedern aus deren Mitte erwählt werden.

§ 19: Das berufsmäßige Verhalten der Lehrer, die vorschriftsmäßige Ertheilung des Unterrichts, eine angemessene Handhabung der Schulzucht und das Stattfinden eines geregelten Schulbesuchs unterliegen der Aufsicht des Schulvorstandes.

§ 20: Mängel und Hindernisse, welche die ersprießliche Unterweisung der Jugend und die erfolgreiche Thätigkeit der Lehrer in Erfüllung ihres Berufes erschweren, sind von dem Schulvorstande, soweit thunlich, zu beseitigen.

Wenn eine Rücksprache mit dem Lehrer oder demselben ertheilte Rügen ohne Erfolg bleiben, oder es der Mitwirkung der Behörden zur Abstellung der Mängel bedarf, hat der Schulvorstand dem Landrabbiner die nöthige Anzeige zu machen.

Ein Eingreifen in die Thätigkeit des Lehrers ist jedoch weder dem Schulvorstande, noch einzelnen Gemeindegliedern gestattet. Etwaige Beschwerden der letzteren sind dem Schulvorstande anzuzeigen.

§ 21: Dem Schulvorstande steht das Recht zu, von dem innern und äußern Zustand der Schule zu jeder Zeit Kenntniß zu nehmen. Er ist verpflichtet, mindestens einmal im Monate die Schule zu besuchen und sich die Schulregister (§ 39) zur Einsicht und Unterschrift vorlegen zu lassen.

§ 22: Über die nichtgerechtfertigten Schulversäumnisse hat der Schulvorstand am Ende jedes Monats eine Liste bei der Obrigkeit einzureichen. Die erkannten Strafgelder fallen der jüdischen Schulcasse zu.

4. Für das Gebiet des ehemaligen Kurhessen.

## Verordnung vom 30. December 1823.

§ 12: Die jüdischen Glaubensgenossen sind verbunden, ihre Kinder in die öffentlichen Schulen ihres Wohnortes zu schicken. Es stehet jedoch den Juden eines Ortes oder mehrerer benachbarten Orte frei, eine eigene öffentliche und mit geprüften Lehrern gehörig zu besetzende Schule, unter der Aufsicht des Vorsteher-Amtes sowie des Kreisrathes und unter der Leitung der Regierung, mit der Genehmigung Unseres Ministeriums des Innern einzurichten.

§ 29: Die Vorsteher-Ämter, welche an dem Sitze der Regierungen, diesen untergeordnet, errichtet sind, haben:

1—4 . . . . . .

5. Die Mitaufsicht auf den jüdischen Jugend-Unterricht (vergl. §§ 12—14, und § 55).

5. Für das ehemals zum Großherzogtum Hessen gehörige Gebiet.

## a) Edict wegen des Jugendunterrichts der Israeliten. (Publ. den 1. August 1823.)

6. Die in diesen Schulen zu gebrauchenden Vorlesebücher sind vorerst der Schulbehörde zur Genehmigung vorzulegen.

8. Die Leitung des Schulwesens der Bekenner der mosaischen Religion ist, solange hierüber keine anderweite Bestimmung erfolgt, derselben Behörde übertragen, welcher die Aufsicht und Leitung des Schulwesens überhaupt anvertraut ist.

## b) Edict das Schulwesen in dem Großherzogthum p.p. betreffend vom 11. Julius 1832

Artikel 55 Abs. II: Errichten die israelitischen Einwohner, nach den Bestimmungen des Edicts vom 17. Julius 1823, eigene Schulen, so finden auf diese alle, für die öffentlichen Schulen bestehenden Anordnungen volle Anwendung. Insbesondere bleibt es . . . . bei der Bestimmung, daß . . . . den Schullehrern eine, ihre Competenz regulirende Instruktion ertheilt und ihr ganzes Dienstverhältniß auch in dieser Hinsicht unter die Aufsicht der betreffenden Staatsbehörden gestellt werden.

6. Für das ehemals zur Landgrafschaft Hessen-Homburg gehörige Gebiet.

## Edict vom 9. März 1838.

Über die Einrichtung des Volksschulwesens im Oberamt Meisenheim.

Artikel 46 Abs. II: Wollen die israelitischen Bewohner eines Ortes eine eigene Schule gründen, so müssen sie hierzu die Erlaubnis von der Landesregierung erwirken und es finden alsdann alle für die öffentlichen Volksschulen gegebenen Bestimmungen auch auf jene Schulen volle Anwendung.

7. Für Hechingen.

## Schulordnung vom 26. April 1836.

X. Abschnitt.

Beaufsichtigung der Schule und des Schulwesens.

§ 1: Die unmittelbare und nächste Aufsicht über die Schule liegt dem Fürstl. Regierungs-Commissär für israelitische Angelegenheiten, dem Rabbiner und zweien Schulaufsehern, die von der Deputation mit Zuziehung des Ausschusses nach der Mehrheit der Stimmen aus der Gemeinde gewählt werden, ob. Sie machen mit einander eine eigene Localschul-Kommission aus, deren Pflicht es ist, nicht blos über die genaue Befolgung der in dieser Verordnung enthaltenen Punkte zu wachen, sondern auch unausgesetzt dahin zu arbeiten, daß das Wohl und Beste ihrer Schule stets befördert und gehandhabt werde.

§ 2: Der Rabbiner wird aufs nachdrücklichste erinnert, diesem höchst wichtigen Theil seines Amtes eine ungetheilte Aufmerksamkeit und die gewissenhafteste Tätigkeit zu widmen, indem ihm dadurch die Mittel an die Hand gegeben sind, die intellectuelle und sittliche Erziehung und Bildung der Schuljugend zu leiten und zu fördern, und in Verbindung mit den Lehrern zu dem erwünschten Ziele zu führen. Er wird also nicht blos den sittlichen und religiösen Unterricht der Schulkinder allein und vollständig übernehmen, und hiezu in jeder Woche nach Maaßgabe der Zahl der Schulen und Schulkinder zwei, drei bis vier Stunden verwenden, sondern auch öfters außer den Religionsstunden in der Schule erscheinen, um hiedurch die Schulkinder und deren Anlagen, Fleiß und Fortschritte genau kennen zu lernen, und durch kleine mit denselben von Zeit zu Zeit vorgenommene Prüfungen zu erfahren, ob die Schule sich im Vor- oder Rückwärtsschreiten befinde, und ob in derselben auch die Schulordnung und Schuldisciplin nach Vorschrift zweckmäßig gehandhabt werde, u. s. w. damit er auf diese Weise allezeit in Stand gesetzt ist, über den Zustand der Schule zuverlässige Berichte, in der Regel alle sechs Monate, an die Schul-Kommission zu erstatten, und die etwa sich ergebenden Hindernisse und Unordnungen auf eine zweckdienliche Weise zu heben. — Auch der Fürstliche Regierungs-Commissär für israelitische Angelegenheiten und die Schulaufseher haben öfters und jedesmal, wenn sie hiezu vom Rabbiner eingeladen werden, in der Schule sich einzufinden, um sich selbst von dem Zustande derselben zu überzeugen, so wie ihnen auch außer der Schule eine strenge Aufsicht über das sittliche Betragen der Kinder obliegt.

§ 3: Unter Aufsicht eines jeweiligen Stadtpfarrers und mit Zugrundlegung gegenwärtiger Schulordnung ist die Bildung der Schulpräparanden einem an hiesiger Kirche angestellten Geistlichen übertragen.

§ 4: Die Oberaufsicht über die Schule der Gemeinde und die Leitung derselben überhaupt, ist einer eigenen, von der Regierung zu ernennenden Schulcommission übertragen, welche alljährlich an dieselbe einen umständlichen Bericht über die Beschaffenheit der Schule zu erstatten hat. —

Der Recurs von der Schulkommission geht in den geeigneten Fällen an die Regierung.

XI. Abschnitt.
Von der Schulvisitation.

§ 1: Die Schulvisitation findet auch künftighin wie bisher am Ende der Sommerschule statt. Sie wird von einem von der Schulkommission dazu ernannten Inspektor in Beiseyn der Lokalschul-Kommission und der Eltern, welche dabei erscheinen wollen, gehalten, damit sich jedermann von den Leistungen des Lehrers, der Unterrichtsmethode und der Beschaffenheit der Schule überzeugen kann.

§ 2: Die Lokal-Schul-Kommission ist verbunden, der jährlichen Schulvisitation beizuwohnen. Die Unterlassungs-Fälle sind von dem Inspektor nach abgehaltener Visitation sogleich bei der Oberschul-Kommission schriftlich anzuzeigen, auf deren Bericht von fürstl. Regierung die nähere Untersuchung und nach Beschaffenheit der Umstände die geeignete Bestrafung gegen die Saumseligen verfügt werden wird. Ebenso sind auch jene Eltern, welche am Tage der Schulvisitation eines ihrer schulpflichtigen Kinder nicht in die Schule zur Prüfung schicken, für jedes Versäumniß mit 1 Gulden und 30 Kr. zu bestrafen, welche Strafe zu Besten des Schulfonds unnachsichtlich einzuziehen ist.

§ 3: Die Lehrer haben bei der Schulvisitation dem Inspektor eine, nach vorgeschriebener Form verfertigte, genaue Liste, über die Eigenschaften, Kenntnisse und Schulversäumnisse ihrer Kinder im verflossenen Jahr vorzulegen, und die Schüler besonders namhaft zu machen, welche aus der Schule entlassen seyn wollen.

§ 4: Am Ende der Prüfung sind jene Schüler, welche sich durch Kenntnisse, Fleiß und gute Sitten besonders ausgezeichnet haben, öffentlich zu beloben. Hierauf werden sodann die Namen jener Schüler, welche die Fähigkeit zum Austritt aus der gewöhnlichen Schule besitzen, abgelesen, und ihnen hierüber, sowie über ihren Fleiß, ihre Kenntnisse und Aufführung schriftliche Zeugnisse ertheilt.

§ 5: Nach gehaltener Schulvisitation hat der Rabbiner an einem der darauffolgenden Sonntage in Gegenwart der Deputation und des Ausschusses, eine öffentliche Prüfung mit den Wiederholungs-Schülern vorzunehmen und jenen, welche das gesetzliche Alter und die nöthigen Kenntnisse besitzen, die Entlassung aus der Wiederholungs-Schule zu erteilen; jenen aber, welche auch nach zurückgelegtem 18. Jahre die erforderlichen Kenntnisse noch nicht erlangt haben, den Austritt zu verweigern, und sie zum fernern Besuch der Wiederholungs-Schule nach dem Erfinden auf ein, oder auch mehrere Jahre anzuhalten.

Von der Lokal-Schul-Kommission und den Lehrern wird mit Zuversicht erwartet, daß sie die in gegenwärtiger Schulordnung enthaltenen Vorschriften gewissenhaft befolgen, und nach Maßgabe ihres Wirkungskreises alles beitragen werden, was das Beste ihrer Schule zu fördern vermag, in welch rühmlichem Eifer ihnen die Unterstützung der vorgesetzten Behörden jederzeit zu Theil werden soll.

---

## Zehntes Kapitel.

# Die Aufhebung öffentlicher jüdischer Volksschulen.

Durch den Ministerialerlaß vom 28. Februar 1893 (Z.-Bl. S. 355) ist die Bestimmung getroffen, daß die Bezirksregierungen zur Aufhebung öffentlicher Volksschulen in jedem einzelnen Falle die Zustimmung des Ministers einzuholen haben. Der Erlaß lautet:

Auf den Bericht vom 30. Dezember v. J. erwidere ich der Königlichen Regierung, daß ich von der Aufhebung der Schule zu N. Kenntniß genommen habe und mir dieserhalb weitere Verfügung vorbehalte.

Ich erachte es jedoch als notwendig, die Aufhebung öffentlicher Volksschulen fortan von der diesseitigen Genehmigung abhängig zu machen.

Für den Fall, daß die Aufhebung einer solchen Schule geboten erscheint, wolle die Königliche Regierung daher unter ausführlicher Darlegung der dafür sprechenden Gründe einen bezüglichen Antrag stellen.

Dieser Rechtszustand ist durch das VUG. aufrechterhalten und gesetzlich festgelegt. § 65 Abs. 2 des Gesetzes bestimmt:

„Die Aufhebung öffentlicher Volksschulen bedarf der Genehmigung des Unterrichtsministers oder erfolgt auf seine Anordnung."

Bei der Beratung des Gesetzes wies die Unterrichtsverwaltung darauf hin, daß diese Bestimmung dem geltenden Rechte entspräche, da der Staat schon bisher in der Lage sei, eine Volksschule aufzuheben. Diese Aufhebung werde notwendig, wenn z. B., wie es wiederholt vorgekommen sei, Gemeinden die Schließungen von Zwergschulen mit 8 oder 9 Kindern verweigern. Hätte die Schulaufsichtsbehörde nicht das Recht, diese Schulen aufzulösen, so müßte der Staat sie bestehen lassen, obwohl er sie für nachteilig halte, und er müßte obendrein noch Zuschüsse zahlen. Daß dieses Recht nicht schrankenlos sei, gehe aus der Verpflichtung des Staates hervor, für die ordnungsmäßige Beschulung der Kinder zu sorgen. Darin liege eine sichere innere Grenze für die Entschließung der Unterrichtsverwaltung.

Die allgemeinen Grundsätze für die Aufhebung öffentlicher Volksschulen gelten auch für die öffentlichen jüdischen Volksschulen. Die Anregung zur Auflösung einer öffentlichen Volksschule, insbesondere einer öffentlichen jüdischen kann entweder von dem betreffenden Schulverbande (der bürgerlichen Gemeinde, der Synagogengemeinde, der jüdischen Schulsozietät) oder von der Schulaufsichtsbehörde ausgehen.

Für die Vermögensauseinandersetzung im Fall der Aufhebung einer öffentlichen jüdischen Volksschule ist § 4 des VUG. maßgebend, welcher lautet:

„Über die Vermögensauseinandersetzung, welche infolge der Bildung, Änderung oder Auflösung der Schulverbände notwendig wird, beschließt die Schulaufsichtsbehörde. Gegen deren Beschluß steht den Beteiligten gegeneinander innerhalb zwei Wochen die Klage im Verwaltungsstreitverfahren beim Bezirksausschusse zu."

Der Beschluß der Schulaufsichtsbehörde darf selbstverständlich kein willkürlicher sein, sondern muß in billiger Weise den Verhältnissen Rechnung tragen.

Unter den „Beteiligten", die auf den Weg des Verwaltungsstreitverfahrens verwiesen sind, sind, wie sich aus der Natur der Sache ergibt, nur die beteiligten Schulverbände zu verstehen. Dritte können ihre Rechte selbstverständlich im ordentlichen Rechtswege geltend machen[1]).

---

[1]) Ebenso Lezius a. a. O. S. 19, vgl. auch v. Bremen, Schulunterhaltungsgesetz, Anm. zu § 4 und § 24.

# Zweiter Teil.

## Die Rechtsstellung der Juden in Beziehung auf die nichtjüdischen öffentlichen Volksschulen.

# Erstes Kapitel.

## Die Aufnahme jüdischer Kinder in nichtjüdische öffentliche Volksschulen.

§ 10 ALR. Teil II, Tit. 12 bestimmte:

„Niemandem soll, wegen Verschiedenheit des Glaubensbekenntnisses der Zutritt in öffentliche Schulen versagt werden."

Daß insbesondere die jüdischen Kinder zum Besuch der nichtjüdischen Schulen berechtigt und eventuell, falls sie nämlich nicht in anderer Weise ihrer Schulpflicht genügten, verpflichtet seien, ist in einer Reihe von Ministerialerlassen ausgesprochen. So in den Erlassen vom 22. September 1823[1]), vom 15. Mai 1824[2]) und vom 14. März 1842[3]).

Ebenso weist das Gesetz vom 23. Juli 1847 die jüdischen Kinder, soweit nicht in anderer Weise für ihren ausreichenden und regelmäßigen Unterricht gesorgt ist, den ordentlichen Schulen des Ortes zu. Es bestimmen:

§ 60: In Bezug auf den öffentlichen Unterricht gehören die schulpflichtigen Kinder der Juden den ordentlichen Elementarschulen ihres Wohnorts an.

§ 61: Die Juden sind schuldig, ihre Kinder zur regelmäßigen Theilnahme an dem Unterrichte in der Ortsschule während des gesetzlich vorgeschriebenen Alters anzuhalten, sofern sie nicht vor der Schulbehörde sich ausweisen, daß ihre Kinder anderweitig durch häusliche Unterweisung oder durch ordentlichen Besuch einer anderen vorschriftsmäßig eingerichteten öffentlichen oder Privat-Lehr-Anstalt einen regelmäßigen und genügenden Unterricht in den Elementarkenntnissen erhalten.

Ähnliche Bestimmungen finden sich in den meisten Partikulargesetzen. So bestimmte:

Für das Herzogtum Schleswig

**das Gesetz vom 8. Februar 1854:**

Besuch der allgemeinen Ortsschule.

§ 29: An Orten, wo keine besondere Schule für Juden besteht, sind deren Kinder zum Besuche der allgemeinen Ortsschule und zur Theilnahme an dem gesammten

---

[1]) Siehe oben S. 12.
[2]) Siehe oben S. 12 ff.
[3]) Siehe oben S. 16 ff.

Unterrichte, mit Ausnahme des Religionsunterrichts, falls nicht die Eltern selbst wünschen, daß ihre Kinder an demselben Theil nehmen, verpflichtet.

Für das Herzogtum Holstein

## das Gesetz vom 14. Juli 1863:

Schulpflichtigkeit.

§ 19: An denjenigen Orten, wo besondere jüdische Schulen vorhanden, sind die Eltern und Pflegeeltern jüdischer Religion verpflichtet, ihre Kinder oder Pflegekinder vom vollendeten 6ten Jahre an, bis dieselben die im § 17 vorgeschriebene Religionsprüfung bestanden haben, an dem Unterricht in diesen Schulen Theil nehmen zu lassen, insofern sie nicht nachweisen, daß die Kinder anderweitig einen von der Aufsichtsbehörde für zulänglich erachteten Unterricht durch Privatlehrer oder in einer christlichen Schule genießen......

An solchen Orten, wo keine besondere Schule für Juden besteht, sind dieselben nach Maaßgabe der allgemeinen gesetzlichen Bestimmungen gehalten, ihre Kinder während der schulpflichtigen Jahre die öffentlichen Ortsschulen besuchen zu lassen.

Für das ehemalige Königreich Hannover

## 1. das Gesetz vom 30. September 1842:

§ 39: Eine solche (sc. jüdische) Schule muß von den jüdischen Kindern während, der Jahre der Schulpflichtigkeit, welche für die christlichen Schulkinder besteht, besucht werden. Jedoch bleibt den jüdischen Eltern unbenommen, ihre Kinder in den christlichen Schulen unterrichten zu lassen. .....

§ 41: Besteht keine besondere jüdische Schule, so müssen die Kinder der Juden, während der Jahre der Schulpflichtigkeit, welche für die christlichen Schulkinder besteht, an dem Unterrichte in den christlichen Ortsschulen, mit Ausnahme des christlichen Religionsunterrichts, Theil nehmen. .....

§ 42: Den jüdischen Kindern darf die Theilnahme an dem Unterrichte in den christlichen Ortsschulen nicht versagt werden.

## 2. die Bekanntmachung vom 19. Januar 1844:

§ 17: Besteht keine jüdische Schule für allgemeinen Unterricht, so ist von den Vorstehern, unter Mitwirkung des christlichen Schullehrers ꝛc., welchem ein Verzeichniß der schulpflichtigen jüdischen Kinder mitzutheilen ist, darauf zu halten, daß sie die christliche Schule besuchen (§ 41 des Gesetzes).

§ 18: Bestehen an dem Orte Schulen verschiedener christlicher Bekenntnisse, so können die Eltern oder die ihre Stelle Vertretenden die Schule wählen, in welcher die Kinder unterrichtet werden sollen.

Ist gewählt worden, so tritt damit das nämliche Verhältniß zu dem Schulverbande ein, welches hinsichtlich der ihm angehörenden Christen begründet ist.

Für das Großherzogtum Hessen

## 1. das Edict vom 17. Juli 1823:

7. An denjenigen Orten, wo die Bekenner der mosaischen Religion eigene Schulen nicht, oder doch nur solche haben, in welchen außer der Religionslehre kein sonstiger Unterricht ertheilt wird, sollen ihre Kinder die Ortsschulen besuchen......

## 2. das Edict das Volksschulwesen usw. betreffend, publ. am 11. Juli 1832.

Art. 55 Abs. 1.: Die Bekenner der mosaischen Religion sind, insofern sie nicht eigene Elementarschulen haben, verpflichtet, ihre Kinder zum Besuche der öffentlich angeordneten christlichen Schulen anzuhalten.

### Für die Landgrafschaft Hessen-Homburg.

## Das Edict vom 9. März 1838 über die Einrichtung des Volksschulwesens im Oberamt Meisenheim:

Art. 46: Die Bekenner der mosaischen Religion sind, insofern sie nicht eigene Elementarschulen haben, verpflichtet, ihre Kinder die öffentliche christliche Schule ihres Ortes besuchen .... zu lassen.

### Für das Fürstentum Hohenzollern-Sigmaringen

## das Gesetz vom 9. August 1837:

§ 34: „In denjenigen Orten, in welchen keine israelitische Elementarschule besteht, (§ 8 und § 15), sind die israelitischen Kinder zum Besuche der allgemeinen Ortsschule, gleich den Kindern der übrigen Einwohner .... anzuhalten. Ebenso haben in solchen Orten die aus der Elementarschule Entlassenen, bis zum gesezlichen Alter, die Sonntagsschule zu besuchen."

Hinsichtlich der Frage, welcher von mehreren nichtjüdischen Ortsschulen die jüdischen Kinder zuzuweisen sind, hat das Oberverwaltungsgericht unter dem 11. Januar 1898 entschieden, daß beim Mangel einer besonderen Norm für diesen Fall es dem Ermessen der Schulaufsichtsbehörde überlassen sei, welcher von verschiedenen nichtjüdischen Ortsschulen die jüdischen Kinder zuzuweisen sind.

Durch das VUG. ist die Frage der Einschulung einer gesetzlichen Neuregelung unterzogen worden. Dieselbe erstreckt sich auch auf die jüdischen Kinder. Mithin sind alle den bezüglichen Normen des VUG. entgegenstehenden älteren Bestimmungen außer Kraft gesetzt (§ 63 VUG.). Soweit ein derartiger Widerspruch nicht besteht, bleiben sie weiter in Geltung. Die bezüglichen Bestimmungen des VUG. lauten:

§ 33 Abs. 2: Wo in einem Schulverbande neben drei- oder mehrklassigen Schulen einklassige Schulen[1]) oder neben Schulen der im § 36 bezeichneten Art (d. s. Simultanschulen), solche der in den §§ 35, 38 und 40 Abs. 1 bezeichneten Art (d. s. evangelische, katholische und jüdische Konfessionsschulen) bestehen, sollen Kinder, soweit es mit der Rücksicht auf die örtlichen Schulverhältnisse vereinbar ist, insbesondere soweit dadurch nicht der Bestand einer bereits vorhandenen Schule gefährdet oder die Errichtung einer neuen Schule erforderlich wird, nicht gegen den Willen der Eltern oder deren Stellvertreter der einen oder anderen Schulart zugewiesen werden.

---

[1]) Von den zweiklassigen Schulen spricht das VUG. nicht. M. E. wird man sie wie die einklassigen zu behandeln haben, vgl. auch oben S. 120 Z. 4 u. 5.

## Erstes Kapitel.

# Die Aufnahme jüdischer Kinder in nichtjüdische öffentliche Volksschulen.

§ 10 ALR. Teil II, Tit. 12 bestimmte:

„Niemandem soll, wegen Verschiedenheit des Glaubensbekenntnisses der Zutritt in öffentliche Schulen versagt werden."

Daß insbesondere die jüdischen Kinder zum Besuch der nichtjüdischen Schulen berechtigt und eventuell, falls sie nämlich nicht in anderer Weise ihrer Schulpflicht genügten, verpflichtet seien, ist in einer Reihe von Ministerialerlassen ausgesprochen. So in den Erlassen vom 22. September 1823[1]), vom 15. Mai 1824[2]) und vom 14. März 1842[3]).

Ebenso weist das Gesetz vom 23. Juli 1847 die jüdischen Kinder, soweit nicht in anderer Weise für ihren ausreichenden und regelmäßigen Unterricht gesorgt ist, den ordentlichen Schulen des Ortes zu. Es bestimmen:

§ 60: In Bezug auf den öffentlichen Unterricht gehören die schulpflichtigen Kinder der Juden den ordentlichen Elementarschulen ihres Wohnorts an.

§ 61: Die Juden sind schuldig, ihre Kinder zur regelmäßigen Theilnahme an dem Unterrichte in der Ortsschule während des gesetzlich vorgeschriebenen Alters anzuhalten, sofern sie nicht vor der Schulbehörde sich ausweisen, daß ihre Kinder anderweitig durch häusliche Unterweisung oder durch ordentlichen Besuch einer anderen vorschriftsmäßig eingerichteten öffentlichen oder Privat-Lehr-Anstalt einen regelmäßigen und genügenden Unterricht in den Elementarkenntnissen erhalten.

Ähnliche Bestimmungen finden sich in den meisten Partikulargesetzen. So bestimmte:

Für das Herzogtum Schleswig

**das Gesetz vom 8. Februar 1854:**

Besuch der allgemeinen Ortsschule.

§ 29: An Orten, wo keine besondere Schule für Juden besteht, sind deren Kinder zum Besuche der allgemeinen Ortsschule und zur Theilnahme an dem gesammten

---

[1]) Siehe oben S. 12.

[2]) Siehe oben S. 12 ff.

[3]) Siehe oben S. 16 ff.

also z. B. die Klassenfrequenz oder die Schuleinrichtung die gewünschte Einschulung nicht als ratsam erscheinen, oder steht zu befürchten, daß infolge der gewünschten Einschulungen die Frequenz der einen Schule unter die für ihren Fortbestand erforderliche Mindestziffer herabgehen, die einer anderen so anschwellen könnte, daß die Errichtung einer neuen Schule erforderlich wird, so ist die Schulaufsichtsbehörde auch in den Fällen des § 33 Abs. 2 an die Zustimmung der Eltern bei der Einschulung nicht gebunden.

Die Errichtung einer neuen Schul k l a s s e infolge der Aufnahme der betreffenden Kinder ist nicht ausgeschlossen, die eventuelle Notwendigkeit einer solchen demnach nicht ausreichend zur Außerachtlassung des elterlichen Wunsches.[1])

Für die Einschulung der j ü d i s c h e n K i n d e r ergibt sich nach dem bisher Gesagten das Folgende:

1. Befindet sich in dem betreffenden Schulverbande eine einklassige oder mehrklassige jüdische Schule neben gleichklassigen christlichen Konfessionsschulen, so sind die jüdischen Kinder der jüdischen Schule zuzuweisen.

2. Befindet sich in dem Verbande eine einklassige jüdische Schule neben mehrklassigen christlich-konfessionellen Schulen, so haben die jüdischen Eltern die Wahl, ob sie ihre Kinder der jüdischen oder einer der christlichen Schulen zuführen wollen. Welcher von den vorhandenen christlichen mehrklassigen Schulen das Kind zuzuweisen ist, bestimmt die Schulaufsichtsbehörde.

3. Befindet sich in einem Schulverbande eine jüdische Schule und eine Simultanschule, so bleibt den Eltern die Wahl zwischen beiden, ohne Unterschied ob die Schulen gleiche oder verschiedene Klassenzahl haben.

4. Befindet sich in dem betreffenden Verbande eine jüdische Schule neben mehreren Simultanschulen, so steht den Eltern die Wahl zu, ob sie das Kind in die jüdische oder eine Simultanschule schicken wollen. In welche der vorhandenen Simultanschulen das betreffende Kind zu schicken ist, bestimmt die Schulaufsichtsbehörde.

5. Befindet sich in dem betreffenden Schulverbande keine besondere jüdische, sondern nur e i n e öffentliche christliche Konfessionsschule, so gehören die jüdischen Kinder zu dieser Schule.

6. Befinden sich in dem Verbande mehrere gleichklassige, konfessionell verschiedene christliche Schulen (eine einklassige evangelische und eine einklassige katholische oder eine mehrklassige evangelische und eine mehrklassige katholische Schule) so verfügt die Aufsichtsbehörde, welcher von beiden Schulen die jüdischen Kinder zuzuweisen sind.

7. Befinden sich in einem Verbande mehrere, verschiedenen christlichen Bekenntnissen zugehörige, nicht gleichklassige Schulen (z. B. eine einklassige evangelische und eine mehrklassige katholische Schule) so haben die Eltern die Wahl zwischen beiden.

---

[1]) Ebenso v. Bremen, Komm. S. 85.

8. Befindet sich in dem Schulverbande eine christliche Konfessionsschule und eine Simultanschule, so haben die Eltern der jüdischen Kinder die Wahl zwischen beiden.

9. Befinden sich in einem Schulverbande mehrere gleichklassige christlich-konfessionelle Schulen verschiedenen Bekenntnisses neben einer Simultanschule (z. B. eine einklassige katholische Konfessionsschule, eine einklassige evangelische Konfessionsschule und eine Simultanschule), so haben die Eltern die Wahl, ob sie die Kinder in die Simultanschule oder in eine konfessionelle Schule schicken wollen. Die Bestimmung darüber, welcher von den vorhandenen konfessionellen Schulen die jüdischen Kinder zuzuweisen sind, steht der Schulaufsichtsbehörde zu.

10. Besteht endlich in einem Verband eine Simultanschule neben Konfessionsschulen mit verschiedener Klassenzahl (z. B. neben einer einklassigen evangelischen und einer mehrklassigen katholischen Volksschule), so haben die Eltern die Wahl, ob sie das Kind in die Simultanschule oder die einklassige Konfessionsschule oder die mehrklassige Konfessionsschule schicken wollen.

---

## Zweites Kapitel.

# Die Rücksichtnahme auf die religiöse Eigenart jüdischer Kinder in nichtjüdischen Schulen.

### A. Dispensation der jüdischen Kinder vom Schulbesuch bzw. von schriftlichen Arbeiten an Sonnabenden und jüdischen Feiertagen.

Auf besonderen Antrag der Eltern oder deren Stellvertreter sind jüdische Kinder sowohl an Sonnabenden als an hohen Feiertagen vom Unterricht ganz oder für einzelne Stunden zu dispensieren. Kinder, welche an den genannten Tagen die Schulen besuchen, sind, gleichfalls auf ausdrücklichen Wunsch der Eltern oder deren Stellvertreter, von schriftlichen Arbeiten zu befreien. Der völlige Dispens erstreckt sich jedoch nur auf die Sabbathe und Feiertage selbst, nicht auch auf die vorausgehenden Nachmittage. Die Verantwortung für die aus derartigen Befreiungen bei den Schülern etwa eintretenden Folgen übernimmt die Schule nicht.

Die Eltern sind nicht befugt, ohne weiteres ihre Kinder an den bezeichneten Tagen von dem Schulbesuch fernzuhalten. Vielmehr haben sie ein besonderes Dispensationsgesuch einzureichen. Ohne ein solches gilt das Fernbleiben von dem Unterricht als eine Versäumnis ohne genügende Entschuldigung.

Die vorstehenden Bestimmungen gelten für sämtliche öffentliche Schulen, sowohl höhere als Volksschulen, im ganzen Gebiet der Monarchie.

Die angegebenen Grundsätze sind enthalten in den Ministerialerlassen vom 6. Mai 1859, 4. April 1868, 30. Januar 1869, 5. April 1884, 18. Januar 1894 und in der Entscheidung des Kammergerichts vom 24. März 1902.

Die Erlasse und die Entscheidung lauten:

### 1. Ministerialerlaß vom 6. Mai 1859 (Min.=Bl. S. 248).

Die Annahme, welche das Kgl. Provinzial-Schul-Kollegium in dem Bericht vom ........ mit Berufung auf Art. 12 der Verfassung vertritt, daß es für jüdische Eltern, die ihre Söhne in christliche Schulen schicken, zu den bürgerlichen Pflichten gehöre, dieselben auch Sonnabends am Unterricht Theil nehmen zu lassen, und daß deshalb eine Dispensation der Juden für diesen Tag nicht zu gestatten sei, kann als zutreffend nicht angesehen werden. Die Schulverwaltung kann den Ansprüchen solcher Eltern, welche aus religiösen Motiven ihre Söhne am Sonnabend ganz oder für die Stunden des Gottesdienstes vom Schulbesuche entbunden zu sehen wünschen, die gebührende Berücksichtigung nicht versagen. Demgemäß bestimme ich, daß in den Fällen, wo die Eltern selbst bei dem Königl. Provinzial-Schul-Kollegium darum nachsuchen, jüdischen Schülern die gedachte Dispensation ertheilt werde, wobei erstere darauf hinzuweisen sind, daß die Schule keinerlei Verantwortung für die aus derartigen Schulversäumnissen bei den betreffenden Schülern entstehenden Folgen übernimmt.

Hiernach hat das Kgl. Provinzial-Schul-Kollegium auf die wieder beiliegende Eingabe des Rabbiners N. vom ..... und auf die gleichfalls anliegende Reklamation des Vorstandes der jüdischen Gemeinde zu N. das Erforderliche zu veranlassen.

Berlin, den 6. Mai 1859.

Der Minister der geistlichen u. s. w. Angelegenheiten.

v. Bethmann-Hollweg.

U. 9333.

### 2. Ministerialerlaß vom 4. April 1868 (Min.=Bl. S. 205).

Auf die Vorstellung vom 18. Februar d. J., die Theilnahme jüdischer Kinder am Sonnabends-Unterricht in öffentlichen Schulen betreffend, erwiedere ich dem Magistrat, daß der vom dortigen Kgl. Provinzial-Schul-Kollegium unter dem 21. Januar d. J. in der Sache erlassene Bescheid (a) die Grundsätze genau bezeichnet, nach welchen von der diesseitigen Schulverwaltung in der Angelegenheit überall verfahren wird, und die auch in anderen neu erworbenen Landestheilen bereits zur Anwendung gebracht worden sind. Hiernach kann ich mich nicht veranlaßt finden, die gedachte Verfügung des Kgl. Provinzial-Schul-Kollegiums, wie der Magistrat wünscht, aufzuheben, bemerke jedoch, daß die betreffende Dispensation jedenfalls auf den Sonnabend zu beschränken ist, und nicht schon Freitags Nachmittags anzufangen hat.

Berlin, den 4. April 1868.

Der Minister der geistlichen pp. Angelegenheiten.

v. Mühler.

a.

Wir sehen uns außer Stande, dem Antrage des Magistrats entsprechend, den Bittsteller abschlägig zu bescheiden.

Vielmehr geben wir der Ministerial-Verfügung vom 6. Mai 1859 (Min.-Bl. S. 248) Anwendung, in deren Gemäßheit die Schulverwaltung den Ansprüchen jüdischer Eltern, welche aus religiösen Motiven ihre Kinder am Sonnabend ganz oder für die Stunden des Gottesdienstes vom Schulbesuch entbunden zu sehen wünschen, die gebührende Berücksichtigung nicht versagen soll. Demgemäß ist bestimmt, daß in den Fällen, wo die Eltern selbst bei dem Kgl. Provinzial-Schul-Kollegium darum nachsuchen, jüdischen Schülern die gedachte Dispensation ertheilt werde, wobei erstere darauf hinzuweisen sind, daß die Schule keinerlei Verantwortung für die aus derartigen Schulversäumnissen bei den betheiligten Schülern entstehenden Folgen übernimmt.

Wir ersuchen den Magistrat, dem N. in diesem Sinne Eröffnung in unserem Namen auf sein Gesuch vom 6. v. M. zu machen und die Direktoren mit Anweisung zu versehen, bemerken übrigens, daß der Direktor N. laut seines Berichts vom 31. v. M. obige Vorschrift bisher schon im Wesentlichen befolgt hat.

Hannover, den 21. Januar 1868.

Kgl. Provinzial-Schul-Kollegium.

## 3. Ministerialerlaß vom 30. Januar 1869 (Min.-Bl. S. 71).

Durch die Verfügung meines Herrn Amtsvorgängers vom 6. Mai 1859 (Min.-Bl. S. 248) ist bestimmt worden, daß in den höheren Lehranstalten jüdische Schüler, deren Eltern es wünschen, am Sonnabend ganz oder für die Stunden des Gottesdienstes vom Schulbesuch entbunden werden. Mit dieser für die öffentlichen höheren Schulen des Staats allgemein gültigen und durch die Grundsätze religiöser Toleranz gebotenen Anordnung ist es unvereinbar, daß jüdischen Knaben, welche die Schule Sonnabends besuchen, die geringere Berücksichtigung, sich des Schreibens an diesem Tage enthalten zu dürfen, versagt sein soll. Thatsächlich wird auch, soviel hier bekannt, den jüdischen Eltern, die ihre Wünsche in dieser Beziehung gehörigen Orts zu erkennen gegeben haben, bei allen öffentlichen Schulen in Preußen gewillfahrt, mit Ausnahme der dortigen Realschule, auf welche sich die Beschwerde bezieht, worüber das Kgl. Provinzial-Schul-Kollegium unter dem 4. v. M. u. J. berichtet hat.

Da aber die Anwendung vorgedachter allgemeiner Grundsätze durch Specialbestimmungen eines Patronats, sofern es sich nicht um eine geschlossene Anstalt handelt, nicht eingeschränkt werden kann, so kann § 3 des Statuts genannter Realschule, wonach sie jüdische Knaben nur unter der Bedingung aufnimmt, daß sie auch am Sonnabend die Schule besuchen, schreiben und zeichnen, nicht mehr aufrecht erhalten werden; auch hat nach der Anführung des Kgl. Provinzial-Schul-Kollegiums der Magistrat selbst sich für einzelne Fälle das Dispensationsrecht vorbehalten.

Ich beauftrage das Kgl. Provinzial-Schul-Kollegium, den Magistrat nunmehr im Sinne des Vorstehenden zu verständigen und ihn zu veranlassen, daß er den vorerwähnten Paragraphen des Statuts der Realschule ganz aufgebe und den Direktor ermächtige, jüdische Schüler auf ausdrücklichen Wunsch der Eltern vom Schreiben am Sonnabend zu dispensieren, wobei letztere gemäß der Verfügung vom 6. Mai 1859 darauf hinzuweisen sind, daß die Schule keine Verantwortung für die aus derartigen Versäumnissen bei den betreffenden Schülern etwa hervortretenden Folgen übernimmt.

Die Direktoren der anderen dortigen höheren Schulen, soweit es noch erforderlich sein sollte, mit entsprechender Anweisung zu versehen, bleibt dem Kgl. Provinzial-Schul-Kollegium überlassen.

Berlin, den 30. Januar 1869.

Der Minister der geistlichen u. s. w. Angelegenheiten.

v. Mühler.

## 4. Ministerialerlaß vom 5. April 1884 (Z.-Bl. S. 346f.).

Auf den Bericht vom 19. August v. J., die Verpflichtung jüdischer Kinder zum Schulbesuch am Sonnabend betreffend, erwidere ich der Königlichen Regierung, wie ich Bedenken trage, Derselben darin beizutreten, daß die schulpflichtigen jüdischen Kinder auf Grund des § 61 des Gesetzes vom 23. Juli 1847 gegen den Willen der Eltern auch an den Sonnabenden zum Schulbesuche anzuhalten seien.

Da die Schulverwaltung die Bestimmung getroffen hat, daß den Anträgen jüdischer Eltern auf Dispensation ihrer Söhne vom Sonnabendunterrichte an höheren Lehranstalten entsprochen werde, und dabei keinen Unterschied macht, ob die in Frage kommenden Schüler noch dem schulpflichtigen Alter angehören oder nicht, so fehlt es an einem ausreichenden Grunde, die Anträge jüdischer Eltern der Volksschüler weniger Berücksichtigung in dieser Beziehung finden zu lassen. Selbstverständlich kann die Schule keinerlei Verantwortung für die aus derartigen Schulversäumnissen für die betreffenden Schulkinder entstehenden Folgen übernehmen.

Die Königliche Regierung wolle daher Ihre in dieser Angelegenheit unter dem 21. Mai v. J. an den Kreisschulinspektor N. erlassene Verfügung hiernach abändern, bezw. den Kreisschulinspektor ermächtigen, die jüdischen Kinder auf den Antrag ihrer Eltern, bezw. der Stellvertreter derselben, nicht nur an den hohen Feiertagen, sondern auch an den Sonnabenden behufs Theilnahme an dem Synagogengottesdienste von dem Schulbesuche zu dispensieren.

Gleichzeitig bemerke ich, daß diejenigen jüdischen Kinder, welche an den Feiertagen oder Sonnabenden die Schule besuchen, während des Unterrichts zu schriftlichen Arbeiten gegen den Willen der Eltern oder der Stellvertreter derselben überhaupt nicht anzuhalten sind.

Der Minister der geistlichen rc. Angelegenheiten.

v. Goßler.

An die Kgl. Regierung zu N.
U. III a 12 676.

## 5. Ministerialerlaß vom 18. Januar 1894. U. III. D. 16 (Z.-Bl. 1894 S. 300).

Berlin, den 18. Januar 1894.

Auf den Bericht vom 30. Dezember v. J. erwidere ich der Königlichen Regierung, daß jüdische Kinder, welche christliche Volksschulen besuchen, auf Antrag der Eltern oder deren Stellvertreter an den Sonnabenden und an den hohen jüdischen Feiertagen von dem Schulbesuche zu dispensiren sind. Daß die betreffenden Kinder Gelegenheit haben, jedesmal dem Synagogen-Gottesdienste beizuwohnen, ist nicht Vorbedingung der Dispensation.

Die Königliche Regierung wolle die Schulaufsichtsbehörden Ihres Bezirkes hiernach mit Weisung versehen.

Der Minister der geistlichen rc. Angelegenheiten.

Im Auftrage: Kügler.

## 6. Entscheidung des Kammergerichts vom 24. März 1902 (Z.-Bl. 1902 S. 467).

Nach § 61 des Gesetzes vom 23. Juli 1847 über die Verhältnisse der Juden sind die Juden schuldig, ihre Kinder zur regelmäßigen Theilnahme an dem Unterrichte in der Ortsschule während des gesetzlich vorgeschriebenen Alters anzuhalten oder ihnen durch häusliche Unterweisung oder durch ordentlichen Besuch einer anderen vorschriftsmäßig eingerichteten öffentlichen oder Privat-Lehranstalt einen regelmäßigen und genügenden Unterricht in den Elementarkenntnissen zu Theil werden zu lassen. Nur zur Theilnahme an dem christlichen Religionsunterrichte sind die jüdischen Kinder nach § 62 a. a. O. nicht verpflichtet.

Da sonach eine regelmäßige Theilnahme für den Unterricht in den Ortsschulen vorgeschrieben und von den Unterrichtsgegenständen ausdrücklich nur der christliche Religionsunterricht ausgenommen ist, so besteht an sich für jüdische Kinder, wenn sie die Ortsschule besuchen, die Verpflichtung, auch den an jüdischen Feiertagen an dieser Schule stattfindenden Unterricht zu besuchen.

Der Minister der geistlichen usw. Angelegenheiten hat jedoch in den Erlassen vom 6. Mai 1859, 4. April 1868 und 5. April 1884 (abgedruckt bei Schneider und v. Bremen: Das Volksschulwesen im preußischen Staate, Bd. III S. 62, 63) angeordnet, daß wenn die Eltern der jüdischen Kinder aus religiösen Motiven wünschen, daß ihre Kinder an den Sonnabenden und jüdischen Feiertagen von dem Besuche der Schule entbunden werden, diese Ansprüche Berücksichtigung finden und die Kinder und zwar auch solche, welche die Volksschule besuchen, an diesen Tagen von der Theilnahme an dem Unterrichte durch die Schulaufsichtsbehörde dispensiert werden sollen.

Die Eltern können sonach nicht für befugt erachtet werden, nach ihrem Belieben ihre Kinder an den jüdischen Feiertagen ohne Weiteres von dem Besuche der Schule fernzuhalten, vielmehr ist ihnen dies nur gestattet auf Grund einer von Seiten der Schulaufsichtsbehörde erfolgten Dispensation, über deren Ertheilung die angezogenen Erlasse des Ministers ergangen sind.

Eine Schulversäumniß die, ohne diese Dispensation stattgefunden hat, kann daher als eine solche, für die ein genügender Grund vorliegt, nicht angesehen werden.

Das Gesetz vom 9. August 1837 für das Fürstentum Hohenzollern-Sigmaringen enthält in § 35, letzter Absatz, die Bestimmung:

Die israelitischen Kinder sind am Sabbath von dem Schulbesuche nicht dispensirt.

Es ergibt sich die Frage, ob diese Bestimmung der Anwendbarkeit der oben angeführten Ministerialerlasse auf das Gebiet des ehemaligen Fürstentums Hohenzollern-Sigmaringen im Wege steht. Die Frage ist m. E. zu verneinen. Denn die in Rede stehende Gesetzesbestimmung verbietet nicht die Dispensation der jüdischen Kinder vom Schulbesuch am Sabbat, sondern versagt ihnen nur den gesetzlichen Anspruch hierauf. Eine weitergehende Rücksicht zu üben, ist der Schulaufsichtsbehörde nicht verwehrt. Da, wie oben erwähnt, die Ministerialbestimmungen für das Gebiet der Gesamtmonarchie getroffen sind (vgl. den Ministerialerlaß vom 30. Januar 1869), so gelten sie auch für das in Rede stehende Gebiet.

## B. Die Rücksichtnahme auf das religiöse Bewußtsein der jüdischen Kinder.

Hinsichtlich der Rücksichtnahme auf das religiöse Bewußtsein der Andersgläubigen und den Standpunkt anderer Glaubensgemeinschaften bei dem Unterrichte nicht nur in den paritätischen, sondern auch in den Konfessionsschulen, in denen sich eine, wenn auch kleine Minderheit andersgläubiger Kinder befindet, ist folgender Ministerialerlaß vom 6. Mai 1901 (U. III a 719) (Z.-Bl. 1901 S. 552) ergangen:

Auf den Bericht vom 17. März d. Js.

Mit der Beurteilung und Behandlung des Vorganges in der Schule zu N. bin ich einverstanden. Auch ich bedaure, daß dort die konfessionelle Minderheit über einen Mangel an Schonung ihres religiösen Gefühls zu klagen Anlaß gehabt hat.

Legen an und für sich das Gebot der Duldsamkeit und das staatliche Interesse an einem freundlichen und friedlichen Zusammenleben der Angehörigen der verschiedenen Konfessionen jeder Schule die Pflicht auf, im Unterrichte Alles zu vermeiden, was die Gegensätze erweitert, und Alles zu pflegen, was das unbefangene Zusammenleben zu fördern geeignet ist, so muß die Rücksichtnahme auf den Standpunkt anderer Glaubensgemeinschaften besonders da sorgsam beachtet werden, wo Kinder verschiedener Konfessionen den Unterricht gemeinsam empfangen. Es gilt dies nicht nur für paritätische Schulen, sondern ebenso für Konfessionsschulen, in denen sich eine wenn auch kleine Minderheit von Kindern anderer Konfession befindet.

Soweit die Behandlung der Unterscheidungslehren im Unterricht notwendig ist, gehört sie in den Religionsunterricht. Aber auch dieser darf die Rücksichtnahme auf das religiöse Bewußtsein der Andersgläubigen niemals außer Acht lassen.

Darin sind alle Konfessionen einig, und die Erziehung der Schule muß diese Erkenntnis wachhalten und fördern, daß es nicht an weiten Gebieten fehlt, auf denen den Angehörigen verschiedener Konfessionen ein gemeinsames Wirken möglich und Pflicht ist, sowie daß viel Gutes und Schönes unentwickelt bleiben und das Staatswohl gefährdet werden müßte, wenn die Erziehung der Jugend nicht pflegte, was uns eint, sondern vertiefte, was unser Volk auf religiösem Gebiete trennt.

Ich vertraue, daß die Königliche Regierung den beteiligten Kreisen, wo es etwa erforderlich sein sollte, die sorgfältigste Beachtung dieser Grundsätze zur Pflicht machen wird.

An die Königliche Regierung zu N.

Abschrift zur Kenntnis und Nachachtung.

Der Minister der geistlichen rc. Angelegenheiten.

Studt.

An die übrigen Königlichen Regierungen und die Provinzialschulcollegien.

Hinsichtlich des Betragens der christlichen Schüler gegen Juden endlich ist die folgende Verfügung der Kgl. Regierung zu Kassel vom 15. November 1890[1]) ergangen:

Es ist in letzter Zeit mehrfach vorgekommen, daß israelitische Erwachsene und Kinder von christlichen Schülern öffentlich in ihrer Eigenschaft als Juden geschmäht und verhöhnt worden sind. Nach den stattgefundenen Ermittlungen haben es einzelne

---

[1]) Vergl. Giebe-Hildebrandt Bd. I S. 721 f.

Lehrer nicht bloß an der gebührenden Bestrafung der Schulkinder fehlen lassen, sondern sogar hier und da durch ihre eigene unvorsichtige Haltung einer in solchen Auftritten sich kundgebenden unchristlichen Lieblosigkeit Vorschub geleistet, was wir als Schulaufsichtsbehörde vom pädagogischen Standpunkte aus entschieden mißbilligen müssen. Ew.... wollen deshalb Veranlassung nehmen, in der nächsten amtlichen Lehrerkonferenz die Aufmerksamkeit der Ihnen unterstellten Lehrer auf diesen Punkt hinzulenken und denselben zur Pflicht zu machen, daß sie solchem für die Schulzucht schädlichen Treiben überall mit Entschiedenheit entgegentreten und bei maßvoller Zurückhaltung im öffentlichen Leben mit dem eigenen Beispiele christlicher Duldsamkeit gegen Andersglaubende der ihnen anvertrauten Schuljugend vorangehen.

Für das Gebiet des ehemaligen Hohenzollern-Sigmaringen bestimmt das Gesetz vom 9. August 1837:

§ 35: Wo die israelitischen Kinder die allgemeine Ortsschule zu besuchen haben (§ 34), haben die Ortsgeistlichen und Schullehrer Alles möglichst zu vermeiden, was diesen Kindern nach ihren Religions-Grundsätzen zum Anstoße gereichen könnte. Während des den übrigen Kindern zu ertheilenden christlichen Religionsunterrichtes sind die israelitischen Kinder, wo der Schulraum es gestattet, durch den Schullehrer auf andere Weise zu beschäftigen, im entgegengesezten Falle aber aus der Schule zu entlassen.

---

## Drittes Kapitel.

# Der jüdische Religionsunterricht der jüdischen Schüler nichtjüdischer öffentlicher Volksschulen.

## A. Die rechtliche Stellung des jüdischen Religionsunterrichts im Allgemeinen.

I. In den älteren Provinzen: Ost- und Westpreußen, Brandenburg, Pommern, Posen, Schlesien, Sachsen, Westfalen und Rheinprovinz:

§ 43 Teil II Titl. 12 des Allgemeinen Landrechts bestimmt:

Jeder Einwohner, welcher den nöthigen Unterricht für seine Kinder in seinem Hause nicht besorgen kann oder will, ist schuldig, dieselben nach zurückgelegtem fünften Jahre zur Schule zu schicken[1]).

Einer der Gegenstände, auf welche die allgemeine Schulpflicht, die in diesem Paragraphen ausgesprochen wird, sich erstreckt, ist der Unterricht in der Religion.

---

[1]) In ähnlicher Weise bestimmt Art. 21 Abs. 2 der Verfassungsurkunde vom 31. Januar 1850: „Eltern und deren Stellvertreter dürfen ihre Kinder oder Pflegebefohlenen nicht ohne den Unterricht lassen, welcher für die öffentlichen Volksschulen vorgeschrieben ist." Art. 21 gehört zu denjenigen Bestimmungen der Verf.-Urk., welche bis zum Erlaß des in Art. 26 verheißenen allgemeinen Gesetzes nach der Vorschrift des Art. 112 der Verf.-Urk. suspendiert sind. — Durch das Gesetz vom 10. Juli 1906, welches Art. 112 aufgehoben und Art. 26 abgeändert hat, ist materiell an diesem Rechtszustand nichts geändert worden. Vgl. oben S. 190, N. 1 und unten S. 244.

§ 75 Teil II Titl. 2 des Allgemeinen Landrechts bestimmt in diesem Sinne:

Dieser (der Vater) muß vorzüglich dafür sorgen, daß das Kind in der Religion und nützlichen Kenntnissen den nöthigen Unterricht, nach seinem Stande und Umständen, erhalte.

Die angezogenen Bestimmungen des Allgemeinen Landrechts über die Schulpflicht und den Religionsunterricht gelten ohne Einschränkung für sämtliche Einwohner der Monarchie.

Diese Allgemeingiltigkeit des § 75 a. a. O. ist wiederholt ausgesprochen worden. So bestimmt der Ministerialerlaß vom 16. Januar 1892,[1]) betreffend den Religionsunterricht der Dissidentenkinder unter ausdrücklicher Bezugnahme auf § 75 a. a. O., daß zu den bürgerlichen und staatsbürgerlichen Pflichten, soweit die Erziehung schulpflichtiger Kinder in Frage kommt, auch die Sorge dafür gehört, daß das Kind während des religionsunmündigen Alters nicht ohne Unterricht in der Religion gelassen werde[2]).

Die Anwendbarkeit der Vorschriften über die allgemeine Schulpflicht auf die jüdischen Kinder sprechen verschiedene Ministerialerlasse aus. So der Erlaß vom 22. September 1823[3]), der Erlaß vom 15. Mai 1824[4]), der Ministerialerlaß vom 11. März 1825[5]), das Zirkularreskript des Ministers der geistlichen usw. Angelegenheiten vom 10. Januar 1826[6]), das Zirkularreskript des Ministers der geistlichen usw. Angelgenheiten vom 29. Juni 1827[7]) und der Ministerialerlaß vom 14. März 1842[8]).

Daß insbesondere die Bestimmung des § 75 Teil II Titl. 2 des Allgemeinen Landrechts auch auf die Juden Bezug hat, und die Unterweisung in der Religion auch für die jüdischen Kinder einen Teil der Schulpflicht darstellt, ist unzweideutig ausgesprochen in der Denkschrift des Staatsministeriums zu dem Entwurfe des Gesetzes vom 23. Juli 1847. In der Begründung zu § 28 des Entwurfes, welcher als § 62 in das Gesetz vom 23. Juli 1847 übergegangen ist, sagt die Denkschrift[9]):

„Wenn Maßregeln in Vorschlag zu bringen sind, durch welche den jüdischen Kindern eine vollständige Elementarbildung gewährt wird, so kann dabei die Fürsorge des Staates für einen wesentlichen Theil des Elementar-Unterrichts, den Unterricht in der Religion, insoweit dies mit der Stellung der Juden, als einer bloß geduldeten Religions-Partei vereinbar ist, nicht ausgeschlossen bleiben. Bisher hat man es

---

1) Z.-Bl. S. 435.
2) Ebenso die Entscheidung des K.-G. vom 17. April 1893.
3) S. o. S. 12.
4) S. o. S. 12 ff.
5) Abgedr. bei Rönne-Simon S. 160.
6) Ibidem.
7) Ibidem.
8) S. o. S. 16 ff.
9) vgl. Vollständige Verhandlungen usw. S. XXXIII.

den jüdischen Eltern überlassen, für die Unterweisung ihrer Kinder in der Religion zu sorgen .....

Wenn es indeß im Interesse des Staates liegt, darüber zu wachen, daß seine Unterthanen ohne Ausnahme in der Religion, zu welcher sie sich bekennen, auch erzogen werden, nach der jetzigen Lage der Sache es aber lediglich dem Beschlusse und dem eigenen Gutbefinden der jüdischen Gemeinden anheimgestellt ist, ob sie ihren Kindern Religions-Unterricht ertheilen lassen wollen oder nicht, so werden nicht selten einzelne jüdische Kinder überhaupt ohne allen Religions-Unterricht aufwachsen. Es wird daher nothwendig Veranstaltung getroffen werden müssen, daß solche Fälle künftig nicht vorkommen...

Dem beabsichtigten Zwecke wird auch schon dadurch bedeutend näher getreten werden, wenn nur die Verfügung getroffen wird, daß jedem Kinde während des schulpflichtigen Alters nothwendig Unterricht in der Religion ertheilt werden muß, und die Fürsorge hiefür nicht in das Belieben der Eltern, sondern die diesfällige Verbindlichkeit den Judenschaften auferlegt wird, ohne ihnen jedoch die Mittel, welcher sie sich zu diesem Behufe zu bedienen haben, speziell vorzuschreiben."

In diesem Sinne bestimmt § 62 a. a. O.:

„..... eine jede Synagogengemeinde ist ... verbunden, solche Einrichtungen zu treffen, daß es keinem jüdischen Kinde während des schulpflichtigen Alters an dem erforderlichen Religionsunterricht fehlt."

Die Bedeutung dieser Bestimmung ist, wie sich aus den angeführten Sätzen der Denkschrift ergibt, nicht etwa die, daß die Synagogengemeinden wohl verpflichtet sind, Einrichtungen für den Religionsunterricht zu treffen für den Fall, daß die Eltern wünschen, für ihre Kinder davon Gebrauch zu machen, daß die Eltern aber frei darüber befinden können, ob sie ihren Kindern überhaupt Unterricht in der Religion erteilen lassen wollen oder nicht. Vielmehr hat die Bestimmung, wie aus der Denkschrift zweifelsfrei hervorgeht, zur Voraussetzung, daß auch für die jüdischen Kinder der Religionsunterricht einen Teil des vorgeschriebenen Elementarunterrichtes, und zwar einen wesentlichen Teil bildet, daß es „im Interesse des Staates liegt, darüber zu wachen, daß seine Untertanen ohne Ausnahme in der Religion, zu welcher sie sich bekennen, auch erzogen werden", „daß jedem Kinde während des schulpflichtigen Alters notwendig Unterricht in der Religion erteilt werden muß", m. a. W., daß auch für die jüdischen Kinder der Unterricht in der Religion obligatorisch ist. Die Bestimmung des § 62 ist das Korrelat dieses obligatorischen Charakters des jüdischen Religionsunterrichts. Verlangt der Staat, daß jedes jüdische Kind während des schulpflichtigen Alters Unterricht in der Religion erhält, so muß er auch Vorkehrungen treffen, daß es an der Möglichkeit nicht gebricht, dieser Verpflichtung zu entsprechen. Diese Forderung erfüllt der Staat, indem er den Synagogengemeinden die Aufgabe zuweist, „solche Einrichtungen zu treffen, daß es keinem jüdischen Kinde während des schulpflichtigen Alters an dem erforderlichen Religionsunterrichte fehlt".

## II. In den neuerworbenen Provinzen:

### a) Im Gebiete des ehemaligen Herzogtums Schleswig.

Für das Gebiet des ehemaligen Herzogtums Schleswig bestimmt das Gesetz vom 8. Februar 1854:

Lehrbücher und öffentliche Prüfung.

§ 21: Für den Unterricht in der Religion wird ein bestimmtes Lehrbuch in dänischer und deutscher Sprache autorisiert werden, und sollen sich künftig alle jüdischen Knaben und Mädchen in derselben Sprache einer öffentlichen Prüfung unterwerfen und ein Glaubensbekenntniß ablegen.

Art und Zeit der Prüfung.

§ 22: Diese Prüfung ist in der Synagoge von dem Geistlichen vorzunehmen. Um zu der Prüfung, welche zweimal im Jahre in der ersten Woche des Mai und November stattfinden kann, zugelassen werden zu können, müssen die Knaben das 15. und die Mädchen das 14. Jahr zurückgelegt haben, es sei denn, daß zuvor die Erlaubnis Unseres Ministerii für das Herzogthum Schleswig, sich der Prüfung in früherem Alter zu unterwerfen, beigebracht worden ist.

Folgen der unterlassenen Prüfung.

§ 23: Diejenigen, welche zur Zeit der Bekanntmachung dieser Verordnung das 14. Jahr schon vollendet haben, oder später mit Unserer Allerhöchsten Erlaubniß ins Herzogthum kommen, nachdem sie dieses Alter bereits erreicht haben, sind von der Verpflichtung, sich der Prüfung zu unterziehen, befreit. Übrigens soll künftig kein Jude zu einem Eide oder zur Eingehung einer Ehe gelassen, als Student aufgenommen, als Geselle in einer Zunft eingeschrieben werden, das Bürgerrecht in einer Stadt gewinnen, irgend einen Nahrungserwerb betreiben oder über sein Vermögen verfügen dürfen, bevor er sich der Prüfung unterworfen hat. Der Geistliche hat alle, welche sich zur Prüfung stellen, in einem nach dem angefügten Schema einzurichtenden Protokolle zu verzeichnen.

Besuch der allgemeinen Ortsschule.

§ 29: An Orten, wo keine besondere Schule für Juden besteht, sind deren Kinder zum Besuche der allgemeinen Ortsschule und zur Theilnahme an dem gesamten Unterrichte, mit Ausnahme des Religionsunterrichts, falls nicht die Eltern selbst wünschen, daß ihre Kinder an demselben theilnehmen, verpflichtet. Für den Religionsunterricht ist in solchen Fällen anderweitig zu sorgen, von Seiten der Eltern oder Pflegeeltern, welche nachzuweisen haben, daß dies geschieht.

### b) Im Gebiete des ehemaligen Herzogtums Holstein.

Für das Gebiet des ehemaligen Herzogtums Holstein bestimmt das Gesetz vom 14. Juli 1863:

Religionsprüfung.

§ 17: Für den Unterricht in der jüdischen Religion wird ein bestimmtes Lehrbuch in deutscher Sprache autorisiert werden und sollen sich künftig alle jüdischen Knaben und Mädchen einer öffentlichen Prüfung unterwerfen und ein Glaubensbekenntniß ablegen.

Diese Prüfung ist in der Synagoge von dem Geistlichen vorzunehmen. Um zu der Prüfung zugelassen zu werden, müssen die Knaben das 15., die Mädchen das 14. Lebensjahr zurückgelegt haben, es sei denn, daß zuvor die regierungsseitige Erlaubniß, sich der Prüfung in früherem Alter zu unterziehen, beigebracht wird.

Diejenigen Juden, welche zur Zeit der Publikation dieses Gesetzes das 15. resp. 14. Lebensjahr bereits vollendet haben oder künftig in das Herzogthum Holstein kommen, nachdem sie dieses Alter erreicht haben, sind von der Verpflichtung, sich der Prüfung zu unterziehen, befreit. Im Übrigen soll künftig kein Jude zur Eingehung einer Ehe oder zur Ableistung eines Eides zugelassen, als Student immatrikulirt, als Geselle von einer Zunft ausgeschrieben werden, das Bürgerrecht gewinnen, irgend einen Nahrungserwerb selbständig betreiben oder über sein Vermögen verfügen dürfen, bevor er sich der Prüfung unterworfen hat.

Die Geistlichen haben alle, welche sich der Prüfung vor ihnen unterzogen haben, in einem Protokolle zu verzeichnen.

Schulpflichtigkeit.

§ 19: An denjenigen Orten, wo besondere jüdische Schulen vorhanden, sind die Eltern und Pflegeeltern jüdischer Religion verpflichtet, ihre Kinder oder Pflegekinder vom vollendeten 6 ten Jahre an, bis dieselben die im § 17 vorgeschriebene Religions-Prüfung bestanden haben, an dem Unterricht in diesen Schulen theilnehmen zu lassen, insofern sie nicht nachweisen, daß die Kinder anderweitig einen von der Aufsichtsbehörde für zulänglich erachteten Unterricht durch Privatlehrer oder in einer christlichen Schule genießen.....

An dem christlichen Religionsunterricht nehmen die jüdischen Kinder nur dann theil, wenn ihre Eltern oder Pflegeeltern solches wünschen; ist dies nicht der Fall, so haben letztere anderweitig für den Unterricht in der jüdischen Religion zu sorgen und nachzuweisen, daß dies in einer nach dem Erachten des jüdischen Geistlichen ihrer Gemeinde ausreichenden Weise geschieht.

### c) Im Gebiete des ehemaligen Königreichs Hannover.

Für das Gebiet des ehemaligen Königreichs Hannover bestimmt das Gesetz vom 5. Februar 1854:

§ 1: Die jüdischen Eltern und Vormünder sind verpflichtet, ihre Kinder und Pflegebefohlenen während des schulpflichtigen Alters (§ 2) in der jüdischen Religion und in den Elementarkenntnissen unterrichten zu lassen.

§ 2: Das schulpflichtige Alter für jüdische Elementar- und Religionsschulen (§§ 3—6) beginnt mit dem vollendeten sechsten und endet mit dem zurückgelegten vierzehnten Lebensjahre.

In einzelnen dringenden Fällen kann der Landrabbiner, auf Antrag des Schulvorstandes, es gestatten, daß das schulpflichtige Alter um ein Jahr abgekürzt wird.

§ 8: Jüdische Kinder, welche nicht bereits jetzt aus dem schulpflichtigen Alter getreten sind, haben in Zukunft bei ihrem Eintritte in das bürgerliche Leben sich darüber auszuweisen, daß sie genügenden Unterricht in ihrer Religion genossen haben.

Das desfallsige Zeugniß ist von dem Lehrer und dem Schulvorstande unentgeltlich auszustellen.

d) Im Gebiete des ehemaligen Kurfürstentums Hessen.

Für das Gebiet des ehemaligen Kurfürstentums Hessen bestimmt das Gesetz vom 29. Oktober 1833:

§ 13: Die Schulpflichtigkeit der israelitischen Kinder beginnt mit dem siebenten Jahre und dauert bis zur Vollendung des vierzehnten Lebensjahres.

Die Aufnahme in eine höhere Schule und Studien-Anstalt, in Gewerbs- und Kunst-Schulen, sowie in die Lehre zur Erlernung eines Handwerks oder der Handlung darf nur nach Vorzeigung einer Bescheinigung des israelitischen Lehrers ihrer Gemeinde, oder wo deren mehrere an der israelitischen Schul-Anstalt sind, des ersten Lehrers, über genügend empfangenen Religions-Unterricht Statt finden.

e) Im ehemaligen Fürstentum Hohenzollern-Sigmaringen.

Für das Gebiet des ehemaligen Fürstentums Hohenzollern-Sigmaringen bestimmt das Gesetz vom 9. August 1837:

§ 36: Den Israeliten, deren Kinder keine israelitische Elementarschule besuchen können (§ 34 bezw. § 32), bleibt überlassen, denselben den erforderlichen Religions- und Moral-Unterricht durch Privatlehrer ertheilen zu lassen, die jedoch der Bestätigung der Regierung — nach vorgängiger Prüfung — bedürfen (§ 29).

Solche israelitische Kinder sind überdem verpflichtet, sich bei der Schulprüfung derjenigen israelitischen Kirchengemeinde, welcher sie angehören (§ 38), einzufinden, und der Prüfung zu unterziehen.

f) Im ehemaligen Fürstentum Hohenzollern-Hechingen.

Für Hechingen bestimmt die Schulordnung vom 23. April 1836:

II. Abschnitt.

§ 2: Die wesentlich nothwendigen Lehrgegenstände, welche in der Elementar- und Wiederholungsschule gelehrt werden müssen, sind:

1.—4. ..

5. Unterricht in der deutschen und hebräischen Sprache; und zwar bei letzterer nicht blos in der Grammatik, sondern auch in allen hebräischen Lehrgegenständen, worin bisher die Schuljugend unterrichtet wurde; 6. Religions- und Sittenlehre, und somit überhaupt Alles, was zur Erziehung und Bildung guter Israeliten und Unterthanen wesentlich erfordert wird. —

V. Abschnitt.

§ 2: Diejenigen der mehr erwachsenen Jugend, welche die Wiederholungsschule oder den Religions-Unterricht muthwillig versäumen, haben für jedes Versäumniß 6 Kreuzer Strafe zu bezahlen, welche . . . nach Abzug der Einziehungs-Kosten an den Local-Schulfond abzugeben ist.

§ 7: Jünglinge und Mädchen, die aus eigenem Verschulden die Wiederholungsschule oder den Religions-Unterricht leichtsinnig versäumen, haben die Strafe hierfür selbst zu entrichten, und sind im Verweigerungsfalle so lange mit Gefängnißstrafe zu belegen, bis solches geschehen ist. Auch ist ihnen von Seiten der betreffenden Behörden die Erlaubnis zur Verehelichung so lange zu verweigern, bis sie zur Ordnung zurückgekehrt sind, und sich über den empfangenen hinreichenden Unterricht durch Zeugnisse genügend ausgewiesen haben. In dem Falle aber, daß sie von dem Besuche des Religions-Unterrichtes oder der Wiederholungsschule durch ihre Dienstherren abgehalten würden, so haben diese für sie die gesetzliche Strafe zu bezahlen. —

§ 8: Auswärtige Jünglinge und Mädchen, die sich hier aufhalten und das 18te Jahr noch nicht zurückgelegt haben, sind ebenfalls verbunden, den am Samstag zu ertheilenden Religions-Unterricht und die Wiederholungsschule zu besuchen, so wie sich die hiesigen Jünglinge und Mädchen dieses Alters, die sich im Auslande aufhalten, bei ihrer Rückkunft durch beglaubigte Zeugnisse über den fleißigen Besuch des Religions-Unterrichtes und der Wiederholungsschule auszuweisen haben; widrigenfalls sie nie die Gerechtsame eines Gemeindegliedes ansprechen können. Bei Befolgung dieses und des vorhergehenden Paragraphen sind jedoch die im Abschnitte V § 3 angeführten Entschuldigungs-Gründe gehörig zu berücksichtigen.

g) Für das Gebiet des ehemaligen Herzogtums Nassau s. Verordnung vom 7. Januar 1852, abgedruckt S. 368ff.

## B. Der jüdische Religionsunterricht an den nichtjüdischen öffentlichen Volksschulen.

### I. Die Einrichtung jüdischen Religionsunterrichts an den nichtjüdischen öffentlichen Volksschulen.

Gilt, wie aus den vorstehenden Ausführungen ersichtlich ist, die gesetzliche Verpflichtung, die Kinder während des schulpflichtigen Alters in der Religion unterrichten zu lassen, in gleicher Weise für die jüdischen wie für die christlichen Väter, so besteht doch hinsichtlich der Erfüllung dieser Verpflichtung ein Unterschied: der christliche Religionsunterricht ist in den Plan der öffentlichen Volksschule eingegliedert und zu einem obligatorischen Gegenstand derselben gemacht worden, der jüdische Religionsunterricht aber nicht.[1])

Schon das Ministerialreskript vom 22. September 1823 (s. o. S. 12) bestimmte, daß es den Juden überlassen bleibe, für den Unterricht der die christlichen Schulen besuchenden jüdischen Kinder in der jüdischen Religion und der hebräischen Sprache durch Privatlehrer zu sorgen.

Durch das Gesetz von 1847 (s. o. S. 220ff.) wurde zwar die Fürsorge für den jüdischen Religionsunterricht dem freien Ermessen der jüdischen Gemeinden entrückt. Das Prinzip aber blieb unberührt. Nach wie vor wurde es als Aufgabe der jüdischen Gemeinden erklärt, für die jüdischen Kinder die Möglichkeit zu schaffen, der gesetzlichen Forderung der religiösen Unterweisung zu genügen, nicht aber den Schulunterhaltungspflichtigen die Verpflichtung auferlegt, für den Religionsunterricht der die öffentliche Volksschule besuchenden jüdischen Kinder in gleicher Weise zu sorgen, wie für den Religionsunterricht der christlichen Kinder.

Als Grund für die unterschiedliche Behandlung des jüdischen und des christlichen Religionsunterrichtes wurde in der Denkschrift des Staatsministeriums der Charakter der jüdischen Religionsgenossenschaft als einer „geduldeten Religionssekte" bezeichnet. — Diese Unterscheidung zwischen „ausdrücklich aufgenommenen" (aufrechterhaltenen und geschützten) und „öffentlich geduldeten"

[1]) Vgl. o. S. 130ff.

Religionsgesellschaften und die Bezeichnung insbesondere der jüdischen Religionsgesellschaft als einer öffentlich geduldeten, beruht auf dem Religionsedikt vom 9. Juli 1788 (N. C. C. T. VIII. S. 2175), von wo sie in das ALR. (Th. II Tit. 11, §§ 13—21) übergegangen ist.

Durch die Verfassungsurkunde vom 5. Dezember 1848 ist diese Unterscheidung aufgehoben worden. Ihre Wiederaufnahme in die revidierte Verfassungsurkunde vom 31. Januar 1850 ist bei der Revision der Verfassung beantragt, aber ausdrücklich abgelehnt worden.

Trotzdem sich hiernach die Rechtsbasis von Grund auf geändert hatte, indem das für die Verschiedenheit der Behandlung ausschlaggebende Moment fortgefallen war, so blieb doch der alte Zustand zunächst fortbestehen: die nichtjüdischen Volksschulen blieben weiterhin ohne besonderen Religionsunterricht für die sie besuchenden jüdischen Schüler; die jüdischen Bürger des Staates hatten weiter, um der staatlichen Schulpflicht auch hinsichtlich des Religionsunterrichtes zu genügen, doppelte Aufwendungen zu leisten. Sie mußten auf der einen Seite, in gleicher Weise wie die christlichen Bürger, zur Unterhaltung der öffentlichen Volksschulen beitragen, die ihre Kinder besuchten, und hatten überdies für Veranstaltungen zur religiösen Unterweisung ihrer Kinder gesetzlich Sorge zu tragen.

Nicht anders, wie in den älteren Provinzen, lagen die Verhältnisse in den neu erworbenen Gebietsteilen. Auch in ihnen fehlte es an einer Verpflichtung der Schulunterhaltungspflichtigen, an den öffentlichen Volksschulen für die jüdischen Schüler in gleicher Weise wie für die christlichen Religionsunterricht einzurichten.

So bestimmte

a) Für das Gebiet des ehemaligen Königreichs Hannover:

## Gesetz vom 5. Februar 1854.

§ 7: Der Stundenplan der jüdischen Elementar- und Religionsschulen ist so einzurichten, daß es den Kindern, welche die christlichen Ortsschulen besuchen, möglich ist, an dem jüdischen Religionsunterricht Theil zu nehmen.

b) Für das Gebiet des ehemaligen Herzogtums Schleswig:

## Gesetz vom 18. Februar 1854.

Besuch der allgemeinen Ortsschule.

§ 29 Abs. 1: An Orten, wo keine besondere Schule für Juden besteht, sind deren Kinder zum Besuche der allgemeinen Ortsschule und zur Theilnahme an dem gesamten Unterrichte, mit Ausnahme des Religionsunterrichts, falls nicht die Eltern selbst wünschen, daß ihre Kinder an demselben Theil nehmen, verpflichtet. Für den Religions-Unterricht ist in solchen Fällen anderweitig zu sorgen von Seiten der Eltern oder Pflegeeltern, welche nachzuweisen haben, daß dies geschieht.

c) Für das Gebiet des ehemaligen Herzogtums Holstein:

## Gesetz vom 14. Juli 1863.

§ 19 Abs. 3: An solchen Orten, wo keine besondere Schule für Juden besteht, sind dieselben nach Maaßgabe der allgemeinen gesetzlichen Bestimmungen gehalten, ihre Kinder während der schulpflichtigen Jahre die öffentlichen Ortsschulen besuchen zu lassen. An dem christlichen Religionsunterricht nehmen die jüdischen Kinder nur dann Theil, wenn ihre Eltern oder Pflegeeltern solches wünschen; ist dies nicht der Fall, so haben letztere anderweitig für den Unterricht in der jüdischen Religion zu sorgen und nachzuweisen, daß dies in einer nach dem Erachten des jüdischen Geistlichen ihrer Gemeinde ausreichenden Weise geschieht.

d) Für das Gebiet des ehemaligen Fürstentums Hohenzollern-Sigmaringen:

**Gesetz vom 9. August 1837.**

§ 34 Abs. 1: In denjenigen Orten, in welchen keine israelitische Elementarschule besteht, (§ 8 und § 15), sind die israelitischen Kinder zum Besuch der allgemeinen Ortsschule, gleich den Kindern der übrigen Einwohner, und zur Theilnahme am gesammten Unterricht, mit Ausnahme der Religionslehre, anzuhalten....

§ 36: Den Israeliten, deren Kinder keine israelitische Elementarschule besuchen können (§ 34 bzw. § 32), bleibt überlassen, denselben den erforderlichen Religions- und Moral-Unterricht durch Privatlehrer ertheilen zu lassen, die jedoch der Bestätigung der Regierung — nach vorgängiger Prüfung — bedürfen (§ 29).

Solche israelitische Kinder sind überdem verpflichtet, sich bei der Schulprüfung derjenigen israelitischen Kirchengemeinde, welcher sie angehören (§ 38), einzufinden, und der Prüfung zu unterziehen.

e) Für das Gebiet des ehemaligen Herzogtums Nassau vgl. II § 9 der Verordnung vom 7. Januar 1852 u. S. 369.

Die allgemeine Verfügung des Unterrichtsministers vom 15. Oktober 1872 über Einrichtung, Aufgaben und Ziel der Volksschule, welche auch heute noch die Grundlage des preußischen Volksschulunterrichts bildet[1]), änderte an diesem Verhältnisse nichts. In Ziffer 13 wird zwar unter den Lehrgegenständen der Volksschule allgemein „Religion" aufgeführt, in Ziffer 14 ff. jedoch nur der katholische und evangelische Religionsunterricht behandelt, während des jüdischen überhaupt nicht Erwähnung getan wird.

Eine tatsächliche Änderung des geschilderten Zustandes ergab sich in der Folge teilweise dadurch, daß eine Reihe von Kommunen sich freiwillig dazu verstand, bei einer genügenden Anzahl jüdischer Kinder auch für diese besonderen Religionsunterricht an den öffentlichen Volksschulen einzurichten.

Allmählich trug auch die Unterrichtsverwaltung den veränderten verfassungsrechtlichen Verhältnissen Rechnung. So erklärte ein Ministerialerlaß vom 30. April 1875[2]) für die höheren Schulen, hinsichtlich deren in diesem Punkte die Rechtslage die gleiche ist wie bei den Volksschulen, daß an dem Standpunkte, von welchem aus früher die Aufnahme des jüdischen Religionsunterrichts in den Lehrplan öffentlicher Schulen abgelehnt wurde, nicht mehr festgehalten werden könne.

---

[1]) Siehe oben S. 118 ff.
[2]) Vgl. Z.-Bl. S. 344.

Durch Erlaß des Ministers der geistlichen usw. Angelegenheiten vom 8. Juli desselben Jahres[1]) wurde dann weiter bestimmt, daß jüdische Lehrer zur Erteilung des jüdischen Religionsunterrichts an christlichen Volksschulen, die von jüdischen Schülern besucht werden, angestellt werden dürfen.

In der Folge wurde auf diesem Wege jedoch nicht konsequent fortgeschritten. Die Einrichtung jüdischen Religionsunterrichts durch die Kommune wurde wohl als wünschenswert erklärt und staatliche Förderung für sie in Aussicht gestellt. Eine Verpflichtung der Kommunen aber, für den jüdischen Religionsunterricht in gleicher Weise wie für den christlichen zu sorgen, wurde nicht ausgesprochen. Die Last des jüdischen Religionsunterrichts verblieb in erster Reihe nach wie vor den Synagogengemeinden.

In dieser Richtung bewegten sich die Ministerialerlasse vom 27. Dezember 1895 und 13. Mai 1899.

Der Erlaß vom 27. Dezember 1895[2]) bestimmte, daß bei Prüfung des Bedürfnisses für die Neueinrichtung eines Religionskurses in den Gemeindeschulen dem Magistrat eine Schranke nicht zu setzen sei. Wenn die Stadt bereit sei, entsprechende Mittel für die Remunerierung besonderer Religionslehrer zu bewilligen, so sei eine solche Fürsorge um so mehr anzuerkennen, je kleiner die Zahl der betreffenden Kinder sei.

Der Ministerialerlaß vom 13. Mai 1899[3]) setzte fest, daß Schulverbänden, die an Stelle leistungsunfähiger Synagogengemeinden in ihren Schulen besonderen jüdischen Religionsunterricht einrichteten, bei eigenem Unvermögen eine Beihilfe aus Staatsmitteln gewährt werden solle. Dabei sollten diejenigen Grundsätze zur Anwendung kommen, welche für die Gewährung einer Beihilfe zu den Kosten des Religionsunterrichts für die Kinder der Minderheiten christlicher Konfessionen maßgebend seien. Diese Grundsätze sind enthalten in den Ministerialerlassen vom 18. Mai 1886[4]), vom 29. Januar 1887[5]) und 1. Juli 1890[6]). Danach soll ein Staatsbeitrag gewährt werden, sobald mindestens 12 Kinder der betreffenden Minderheit vorhanden und die Kosten der Einrichtung nicht unverhältnismäßig groß sind. Beim Vorhandensein von 18 Kindern einer konfessionellen Minorität sei ein wöchentlich zweimaliger und zwar jedesmal zwei Stunden währender Religionsunterricht einzurichten.

In Ergänzung dieser Bestimmungen ist unter dem 1. August 1902[7]) ein Erlaß ergangen, der den Regierungen zur Pflicht macht, bei der Aufhebung von Unterrichtsstationen, wegen Rückganges der Teilnehmerzahl unter die festgesetzte Mindestziffer, möglichst schonend zu verfahren und von dieser Maß-

---

[1]) Siehe unten S. 308 f.
[2]) Vergl. unten S. 310 ff.
[3]) Siehe unten S. 240 f.
[4]) Siehe unten S. 237 f.
[5]) Siehe unten S. 238 f.
[6]) Siehe unten S. 239 f.
[7]) Siehe unten S. 241.

nahme jedenfalls überall da abzusehen, wo ein Steigen der Zahl der Schulkinder auf 12 bezw. über 12 hinaus für die Zukunft zu erwarten stehe, oder wo eine entsprechende Vermehrung der Schülerzahl durch Zuweisung der Minderheiten aus anderen benachbarten Schulen oder durch Vereinigung zweier oder mehrerer Unterrichtsstationen möglich sei.

Das war der Rechtszustand vor Erlaß des VUG.

Das VUG. hat daran im wesentlichen nichts geändert. Eine Verpflichtung der bürgerlichen Gemeinden, an den öffentlichen Volksschulen ebenso wie für die christlichen, so auch für die jüdischen Kinder Religionsunterricht einzurichten, ist nicht ausgesprochen worden. Nur eine Beihilfe zu den Kosten des Religionsunterrichts zu leisten, falls nicht die bürgerliche, sondern die Synagogengemeinde für denselben sorgt, ist der bürgerlichen Gemeinde unter bestimmten Bedingungen zur Pflicht gemacht.

Die betreffenden Bestimmungen im § 40 des Gesetzes lauten:

Werden die in den §§ 35—39 erwähnten öffentlichen Volksschulen (d. h. Schulen mit nur evangelischen oder nur katholischen oder nur evangelischen und katholischen Lehrern) von jüdischen Kindern besucht, so finden bei Aufbringung der Kosten für die Erteilung von jüdischem Religionsunterricht ... bis auf weiteres die jetzt bestehenden Bestimmungen Anwendung. Beträgt in einer öffentlichen Volksschule, die nur mit evangelischen oder nur mit katholischen oder nur mit evangelischen und katholischen Lehrkräften besetzt ist, die Zahl der einheimischen jüdischen Schulkinder dauernd mindestens zwölf und wird in einem solchen Falle der Religionsunterricht für diese durch von der Synagogengemeinde bestellte Lehrkräfte erteilt, so findet § 67 Nr. 3 des Gesetzes vom 23. Juli 1847 sinngemäß Anwendung[1]).

---

[1]) Der jüdische Religionsunterricht in den Verhandlungen über das Volksschulunterhaltungsgesetz von 1906.

Der Entwurf der Regierung regelte die Frage der religiösen Unterweisung der Kinder konfessioneller Minoritäten im § 21. Letzterer bestimmte, daß beim Vorhandensein von dauernd mindestens 12 evangelischen Kindern an einer katholischen oder der gleichen Anzahl katholischer Kinder an einer evangelischen Schule für diese ein besonderer Religionsunterricht einzurichten sei; daß die Notwendigkeit der Einrichtung mit Rücksicht auf das Bedürfnis der Schule oder mit Rücksicht auf die Leistungsfähigkeit der Verpflichteten nicht verneint werden dürfe; daß endlich, wo eine anderweitige Beschaffung des Unterrichts für die Minorität mit Schwierigkeit verbunden sei, zum Zwecke seiner Erteilung eine Lehrkraft angestellt werden dürfe, welche mit der Erteilung anderweiten Unterrichts gleichzeitig zu betrauen sei.

Auf die jüdischen Verhältnisse sollte diese Vorschrift sich nicht erstrecken. Vielmehr sollte nach § 24 des Entwurfes den Schulverbänden überlassen bleiben, da wo es bisher geschehen sei, für den Religionsunterricht der jüdischen Kinder nach Maßgabe des § 21 des Entwurfs zu sorgen.

Während also für die christlichen Minoritäten ein Anspruch auf Einrichtung besonderen Religionsunterrichtes durch die Kommune festgestellt wurde, sollte es hinsichtlich der jüdischen Kinder lediglich in das Ermessen der Kommunen gestellt sein, ob sie entsprechend den Bestimmungen des § 21 Religionsunterricht für dieselben einrichten wollten oder nicht.

Gründe für diese verschiedenartige Behandlung des jüdischen und des christlichen Religionsunterrichtes waren in den Motiven zu dem Gesetzentwurf nicht angegeben.

Gegen die in dem Entwurf geplante Regelung des jüdischen Religionsunterrichts wurden in verschiedenen Petitionen Vorstellungen erhoben.

Nach den angeführten Bestimmungen des VUG. gilt hinsichtlich der Einrichtung und Unterhaltung jüdischen Religionsunterrichtes an den christlichen Volksschulen das Folgende:

1. Die bürgerlichen Gemeinden sind berechtigt, an denjenigen öffentlichen Volksschulen, an denen nach §§ 35 und 38 VUG. christliche Lehrer anzustellen sind, für die dieselben besuchenden jüdischen Kinder besonderen jüdischen Religionsunterricht einzurichten (Min.-Erl. vom 27. Dezember 1895 und vom 13. Mai 1899 und Ausführungsanweisung zum VUG. vom 14. März 1908).

---

Der Verband der Deutschen Juden, dem sich die Vorstände von 889 (nach den an den Verband gelangten Mitteilungen 952) Synagogengemeinden anschlossen, sowie der Vorstand der Synagogengemeinde Hannover beantragten: 1. Es müßte, wenn für die religiöse Minderheit nicht ein besonderer Religionsunterricht vom Schulverband eingerichtet würde, von diesem, schon bei einer Kinderzahl von nicht dauernd 12, für einen von dem betreffenden Glaubensverband zu besorgenden Religionsunterricht der vorhandene Schulraum nebst Heizung und Beleuchtung kostenfrei bereit gestellt werden.

2. Es sollten, wenn eine öffentliche Volksschule aufgelöst würde, die nach obigem Antrage ergänzten Bestimmungen des § 21 auf die nächsten 10 Jahre Anwendung finden, wenn die Zahl der Schulkinder des betreffenden Glaubensbekenntnisses mindestens 5 beträgt.

3. Es sollte, wenn in benachbarten Volksschulen die Zahl der Schulkinder eines Glaubensbekenntnisses, für das kein besonderer Religionsunterricht eingerichtet sei, dauernd mindestens 12 betrüge, auf Antrag der zuständigen örtlichen Vertretungen des betreffenden Glaubensverbandes die gastweise Zuweisung in eine dieser Schulen für den Religionsunterricht zu erfolgen haben.

Die Vorsteherämter der Israeliten im Reg.-Bez. Kassel zu Kassel, Marburg, Fulda und Hanau beantragten, daß in Orten, in denen eine jüdische Volksschule nicht bestehe, die öffentlich-rechtlichen Träger der Schullast für den Religionsunterricht auch der Kinder jüdischen Glaubens zu sorgen hätten.

Der Bund gesetzestreuer jüdischer Lehrer Deutschlands, sowie der Vorstand der freien Vereinigung für die Interessen des orthodoxen Judentums endlich baten, die Bestimmung des Entwurfs dahin zu ändern, daß die Schulverbände verpflichtet würden, in gleicher Weise wie für die Minoritäten der christlichen Konfessionen, für mindestens 12 jüdische Kinder, die eine christliche Volksschule besuchen, einen besonderen Religionsunterricht einzurichten. Sollte eine für diesen Unterricht angestellte Lehrkraft nicht voll beschäftigt werden können, so sollte dem Lehrer der Religionsunterricht in einer anderen Schule desselben oder eines benachbarten Schulverbandes übertragen werden können. Im letzteren Falle sollten die Kosten für den Lehrer entsprechend repartiert werden.

Bei der Beratung des Regierungsentwurfes im Abgeordnetenhause herrschte bei allen Parteien Einstimmigkeit darüber, daß die von der Regierung vorgeschlagene Regelung der Frage des jüdischen Religionsunterrichtes einer Abänderung bedürftig sei. Dementsprechend wurden eine Reihe von Anträgen gestellt, die teils darauf abzielten, den Synagogengemeinden bei der Sorge für den jüdischen Religionsunterricht eine Erleichterung zu verschaffen, teils den jüdischen Religionsunterricht in gleicher Weise zu regeln, wie den christlichen, und den § 21, der das Recht der christlichen Minoritäten auf die Einrichtung besonderen Religionsunterrichts durch die Kommunen regelte, auch auf den jüdischen Religionsunterricht Anwendung finden zu lassen.

In ersterem Sinne beantragten die Abgeordneten v. Heydebrand und der Lasa, v. Zedlitz und Neukirch und Friedberg (Antrag Nr. 134) Staatsmittel

2. Die Berechtigung der Kommunen zur Einrichtung jüdischen Religionsunterrichtes an den öffentlichen christlichen Volksschulen ist unbeschränkt (Min.-Erl. vom 27. Dezember 1895).

3. Die Kosten für den von der bürgerlichen Gemeinde eingerichteten jüdischen Religionsunterricht an den öffentlichen christlichen Volksschulen hat die bürgerliche Gemeinde zu tragen.

4. Beträgt die Zahl der jüdischen Kinder an einer öffentlichen christlichen Volksschule mindestens 12, und erfordert die Einrichtung des jüdischen Reli-

---

bereit zu stellen, um den Synagogengemeinden aus einem besonderen Fonds eine Beihilfe zu der Einrichtung jüdischen Religionsunterrichts gewähren zu können.

Ein zweiter Antrag derselben Abgeordneten (Nr. 135) bezweckte, es hinsichtlich des jüdischen Religionsunterrichtes an den öffentlichen Volksschulen bei dem bisherigen Zustand zu belassen.

Ein Unterantrag des Abg. Schiffer und Genossen (Nr. 136) wünschte einen Zusatz, dahingehend, daß für den Fall, daß die Kommunen an ihren öffentlichen Volksschulen für jüdischen Religionsunterricht nicht sorgten, in sinngemäßer Anwendung des § 67 Nr. 3 des Gesetzes vom 23. Juli 1847 die bürgerlichen Gemeinden gehalten sein sollten, den Synagogengemeinden für die religiöse Versorgung der jüdischen Kinder einen Beitrag aus Kommunalmitteln zu gewähren.

Ein Unterantrag des Abg. v. Zedlitz und Neukirch zu dem Antrag Schiffer (Nr. 139) wünschte die Höhe dieses Kommunalbeitrages zu beschränken und zwar in der Weise, daß der zu gewährende Beitrag nicht über denjenigen Betrag hinausgehen sollte, der an jüdischen Steuern in den Aufwendungen der Kommune für den Religionsunterricht überhaupt enthalten sei.

Die Gleichstellung des jüdischen Religionsunterrichtes mit dem christlichen erstrebte der Antrag der Abg. Cassel und Funck (Nr. 138), der die Anwendung des § 21 auf den jüdischen Religionsunterricht verlangte.

Gegen die Gleichstellung des jüdischen Religionsunterrichtes wurde der Einwand erhoben, daß nach Art. 14 der Verfassungsurkunde den christlichen Kirchen eine bevorzugte Sonderstellung eingeräumt sei, als deren Konsequenz sich die Fürsorge des Staats für ihren Religionsunterricht darstelle. Dieser Sonderstellung würde es widersprechen, wenn der jüdische Religionsunterricht die gleiche Behandlung erführe.

Von seiten der Regierung wurde für die in dem Entwurf vorgesehene Regelung der Angelegenheit dieses Motiv nicht angeführt. Ihrerseits wurde vielmehr als Grund für die verschiedenartige Behandlung des jüdischen und des christlichen Religionsunterrichtes angegeben, daß es sich nicht um ein Volksschul-, sondern nur um ein Volksschulunterhaltungsgesetz handle, daß hierbei nicht die Gelegenheit geboten sei, die inneren Angelegenheiten des jüdischen Religionsunterrichtes zu regeln, die geordnet werden müßten, bevor eine gleiche Behandlung des jüdischen Religionsunterrichtes mit dem christlichen eintreten könnte. Es fehle den Synagogengemeinden an einer Organisation nach dem Muster der großen evangelischen und katholischen Volkskirchen; demzufolge auch an einem Organe, das in der Lage sei die Frage zu prüfen und zu entscheiden, welche jüdische Religionslehre die richtige sei, die orthodoxe oder die liberale. Die Folge davon sei, daß die jüdischen Lehrer von Staats wegen nicht in der Religion geprüft würden, die weitere Folge, daß, wie das Oberverwaltungsgericht entschieden habe, es für den jüdischen Religionsunterricht keinen Schulzwang gebe. Um den bürgerlichen Gemeinden die Verpflichtung auflegen zu können, für den jüdischen Religionsunterricht in gleicher Weise zu sorgen, wie für den der christlichen Konfessionen, müsse man in der Lage sein, ihnen anzugeben, welcher Art der einzurichtende Religionsunterricht sein müsse. Dazu sei man nach dem bisherigen Stande der Dinge nicht in der Lage.

gionsunterrichts nicht unverhältnismäßige Kosten, so erhalten die bürgerlichen Gemeinden eine Beihilfe aus Staatsmitteln nach den Grundsätzen, welche für die Gewährung von Staatsbeihilfen zur Einrichtung besonderen Religionsunterrichts für christliche Minoritäten aufgestellt sind (Min.-Erl. vom 13. Mai 1899; Min.-Erl. vom 18. Mai 1886; vom 29. Januar 1887).

5. Beträgt die Zahl der jüdischen Kinder, die auf einer Unterrichtsstation vereinigt sind, mindestens 18, so ist ein wöchentlich zweimaliger, jedes Mal zwei Stunden währender Religionsunterricht für dieselben einzurichten, zu welchem in gleicher Weise wie im Falle zu 4 Staatsbeihilfen gewährt werden (Min.-Erl. vom 1. Juli 1890 und 30. September 1890).

---

Gegen diese Argumente wurde angeführt, daß Art. 14 der Verfassung, der für gewisse Einrichtungen die Zugrundelegung der christlichen Religion verlange, sich nur auf Einrichtungen der Religions*übung* (vergl. hierzu *Makower*, D. Jur. Ztg. 1906 S. 195 ff.) erstrecke, nicht aber auf den Religions*unterricht*; daß Organe zur Aufsicht und Kontrolle auch des jüdischen Religionsunterrichtes wohl vorhanden seien, da seit mehr als 100 Jahren jüdischer Religionsunterricht erteilt und vom Staate kontrolliert werde. Das Gesetz vom 23. Juli 1847 sehe auch eine Qualifikation für die jüdischen Religionslehrer vor. Eine Prüfung derselben fände, wenn auch ohne Anwesenheit eines Staatskommissars, an den jüdischen Seminaren statt. (Vergl. jedoch oben S. 150 ff.) Die Sorge dafür, ob wahre, richtige jüdische Religion gelehrt werde oder nicht, könne den jüdischen Gemeinden und Rabbinern überlassen werden. Zudem stelle das Reformjudentum einen so verschwindenden Bruchteil innerhalb der jüdischen Gemeinschaft dar, daß der Staat bei der Regelung der Frage des jüdischen Religionsunterrichts auf dasselbe keine Rücksicht zu nehmen brauchte.

Mit Rücksicht auf den Einwand, der jüdische Religionsunterricht sei nach der Rechtsprechung der höchsten Gerichte nicht obligatorisch, die Kinder könnten zur Teilnahme an demselben nicht zwangsweise angehalten werden, wurde der Antrag, den § 21 schlechthin auch auf den jüdischen Religionsunterricht anzuwenden, durch einen neuen Antrag (Nr. 140) dahin modifiziert, daß die Bestimmungen des § 21 dann auf den jüdischen Religionsunterricht Anwendung finden sollten, wenn sich an einer öffentlichen Volksschule 12 zur Teilnahme *bereite* jüdische Kinder vorfänden.

Bei der Abstimmung wurde der Unterantrag des Abg. v. Zedlitz und Neukirch (Nr. 139) auf Beschränkung des Kommunalbeitrages an die jüdischen Gemeinden für den jüdischen Religionsunterricht von dem Antragsteller zurückgezogen.

Der Antrag, den § 21 auch auf den jüdischen Religionsunterricht anzuwenden (Nr. 138), wurde abgelehnt, desgleichen der modifizierte Antrag (Nr. 140), den § 21 auf den jüdischen Religionsunterricht für den Fall anzuwenden, daß sich an der betreffenden Schule 12 zur Teilnahme an dem Religionsunterricht *bereite* Kinder fänden.

Angenommen wurden die Anträge der Abg. v. Heydebrand, v. Zedlitz und Neukirch und Friedberg (Nr. 135) mit dem zugehörigen Unterantrag der Abgeordneten Schiffer und Genossen, die darauf abzielten, hinsichtlich des jüdischen Religionsunterrichts an den öffentlichen Volksschulen den bisherigen Zustand aufrechtzuerhalten mit der Maßgabe, daß die bürgerlichen Gemeinden verpflichtet sein sollten, falls sie an ihren Schulen jüdischen Religionsunterricht nicht einrichteten, den Synagogengemeinden für die religiöse Versorgung der jüdischen Kinder einen Beitrag gemäß § 67 Abs. 3 zu gewähren.

Im weiteren Verlauf der Gesetzesberatung erfuhr dieser Beschluß keine wesentliche Modifikation. Vielmehr ist er mit geringfügigen Änderungen, die vorwiegend stilistischer Natur sind, als Teil des § 40 Gesetz geworden.

6. Bei einem Rückgange der Zahl der jüdischen Kinder unter die festgelegte Mindestzahl ist mit der Auflösung des einmal eingerichteten Religionsunterrichtes möglichst schonend zu verfahren. Jedenfalls ist von einer derartigen Maßnahme überall da abzusehen, wo ein Steigen der Zahl der Schulkinder auf 12 bezw. über 12 hinaus für die Zukunft zu erwarten steht, oder wo eine entsprechende Vermehrung der Schülerzahl durch Zuweisung von jüdischen Schülern aus anderen benachbarten Schulen oder durch Vereinigung zweier oder mehrerer Unterrichtsstationen zu einer Station möglich ist (Min.-Erl. vom 1. August 1902).

7. Die bürgerlichen Gemeinden sind zur Einrichtung besonderen jüdischen Religionsunterrichtes an den nichtjüdischen öffentlichen Volksschulen nicht verpflichtet. Wo sie erfolgt, ist sie eine freiwillige Leistung der bürgerlichen Gemeinden (Min.-Erl. vom 13. Mai 1899 und 14. März 1908).[1])

8. Für den Fall, daß die bürgerliche Gemeinde von der Befugnis, besonderen jüdischen Religionsunterricht an den nichtjüdischen öffentlichen Volksschulen einzurichten, keinen Gebrauch macht, bestimmt § 40 VUG.:

„Beträgt in einer öffentlichen Volksschule, die nur mit evangelischen oder nur mit katholischen oder nur mit evangelischen und katholischen Lehrkräften besetzt ist, die Zahl der einheimischen jüdischen Schulkinder dauernd mindestens zwölf und wird in einem solchen Falle der Religionsunterricht für diese durch von der Synogengemeinde bestellte Lehrkräfte erteilt, so findet § 67 Nr. 3 des Gesetzes vom 23. Juli 1847 sinngemäß Anwendung".

Es ist nicht zweifellos, welche Bedeutung den Worten „und wird in einem solchen Falle der Religionsunterricht für diese durch von der Synagogengemeinde bestellte Lehrkräfte erteilt", beizumessen ist. Ob sie bedeuten: „und wird in einem solchen Falle der Religionsunterricht an der betreffenden Schule durch von der Synagogengemeinde bestellte Lehrkräfte erteilt", — oder ob sie bedeuten: „und wird in einem solchen Falle der Religionsunterricht in irgendeiner Weise, also auch außerhalb der betreffenden öffentlichen Volksschule durch von der Synagogengemeinde bestellte Lehrkräfte erteilt." M. a. W. Ob durch die fragliche Bestimmung der Synagogengemeinde das Recht eingeräumt wird, sobald an einer öffentlichen Volksschule die Zahl der jüdischen Kinder dauernd mindestens 12 beträgt, in jedem Falle die Einrichtung besonderen jüdischen Religionsunterricht es an der Schule selbst zu bewirken, indem sie nämlich, falls die bürgerliche Gemeinde für den Unterricht nicht sorgen will, ihrerseits eine Lehrkraft dafür bestellen darf, — oder ob der Synagogengemeinde dieses Recht nicht eingeräumt ist, die fragliche Bestimmung vielmehr nur bedeutet, daß die bürgerliche Gemeinde, falls sie selbst für die jüdischen Kinder keinen besonderen Religionsunterricht einrichten will, der Synagogengemeinde einen Beitrag

---

[1]) u. S. 378.

zu den Kosten d e s Religionsunterrichts zu leisten hat, welchen diese auf Grund der ihr obliegenden gesetzlichen Verpflichtung unterhält.

Die Entscheidung für die eine oder die andere Möglichkeit ist nicht unerheblich. Es ist denkbar, daß eine Synagogengemeinde im Interesse der Ersprießlichkeit des Unterrichtes und zur Verhütung einer unnötigen Mehrbelastung der Kinder besonderen Wert darauf legt, daß der jüdische Religionsunterricht in der Anstalt selbst, im Rahmen des allgemeinen Unterrichtsplanes und gleichzeitig mit dem Religionsunterricht der christlichen Kinder erteilt wird — so großen Wert, daß sie ihrerseits bereit ist, die Lehrkraft für den Unterricht zu stellen. Dann ist es allerdings von Wichtigkeit, ob sie die Einrichtung bzw. die Zulassung des Unterrichtes an der Schule selbst, f o r d e r n kann, sofern sie die Lehrkraft dafür stellt, oder nicht.

Prima facie dürfte man geneigt sein die Frage zu bejahen. Die Bestimmung spricht davon, daß an einer bestimmten Schule eine bestimmte Anzahl jüdischer Schulkinder vorhanden ist und für diese Religionsunterricht erteilt wird. Da das Gegenteil nicht ausdrücklich angegeben ist, liegt die Annahme nahe, daß es sich um Erteilung besonderen Religionsunterrichtes an der betreffenden Schule handelt. Entscheidet man sich in diesem Sinne, so muß man der Synagogengemeinde auf Grund der in Rede stehenden Bestimmung das Recht zuerkennen, gegebenenfalls ihrerseits jüdischen Religionsunterricht an der Schule einzurichten.

Lehnt man jedoch, und m. E. mit Recht, diese Entscheidung ab, mit Rücksicht darauf, daß es an einem entsprechenden ausdrücklichen Zusatz fehlt, und versteht man die fragliche Bestimmung dahin, daß es sich um eine Versorgung der Kinder mit Religionsunterricht durch die Synagogengemeinde a u ß e r h a l b der Schule handelt, so wird man die bürgerliche Gemeinde zur Leistung eines Beitrages nicht nur dann als verpflichtet erachten müssen, wenn an einer b e st i m m t e n öffentlichen Volksschule die Zahl der jüdischen Kinder dauernd mindestens 12 beträgt, sondern auch dann, wenn sich an s ä m t l i c h e n n i c h t - j ü d i s c h e n ö f f e n t l i c h e n V o l k s s c h u l e n d e s b e t r e f f e n d e n S c h u l - v e r b a n d e s z u s a m m e n d a u e r n d m i n d e s t e n s 12 j ü d i - s c h e S c h u l k i n d e r b e f i n d e n und die bürgerliche Gemeinde für deren Religionsunterricht nicht selbst sorgt. Denn die Forderung, daß an einer b e st i m m t e n Schule mindestens 12 Kinder vorhanden sein müssen, könnte nur dann einen Sinn haben, wenn es sich um die Einrichtung besonderen Unterrichtes für diese 12 Kinder an der betreffenden Schule handelte, indem dabei von der Annahme ausgegangen wird, daß die angegebene Schülerzahl die Mindestzahl darstellt, welche zur Bildung einer besonderen Unterrichtsstation erforderlich ist. Handelt es sich aber gar nicht um die Einrichtung eines besonderen Unterrichtes für diese Schüler an ihrer Schule, sondern um ihre unterrichtliche Versorgung außerhalb der Anstalt, zusammen mit den Kindern anderer Schulen, so muß es als gleichgültig erachtet werden, ob die geforderte Mindestzahl jüdischer Schulkinder in einer b e st i m m t e n öffentlichen Volksschule vorhanden ist, oder ob die jüdischen Zöglinge mehrerer öffentlichen Schulen zusammen diese Mindestzahl erreichen.[1])

9. Für die Bemessung des Beitrages kommt der § 67 Nr. 3 des Gesetzes vom 23. Juli 1847 sinngemäß zur Anwendung. Nach § 67, 3 a. a. O. ist bei der Berechnung des Beitrages Rücksicht zu nehmen:

a) auf den Betrag der Kommunalabgaben der jüdischen Einwohner;
b) auf den Betrag der aus den Kommunalkassen für das Ortsschulwesen sonst gemachten Verwendungen und
c) auf die Erleichterung, welche dem Kommunalschulwesen aus der Vereinigung der jüdischen Kinder in eine besondere jüdische Schule erwächst.

Über die Bedeutung des § 67, 3 a. a. O., über das Verhältnis insbesondere der angegebenen drei Faktoren zueinander ist das Erforderliche oben bereits gesagt (S. 53 ff.). Hier ist nur noch das Folgende hinzuzufügen:

Für: „aus den Kommunalkassen für das Ortsschulwesen sonst gemachten Verwendungen" ist hier sinngemäß zu sagen: „aus den Kommunalkassen für den Religionsunterricht sonst gemachten Verwendungen" für „Erleichterung, welche dem Kommunalschulwesen aus der Vereinigung der jüdischen Kinder in eine besondere jüdische Schule erwächst", „Erleichterung, welche dem Kommunalschulwesen aus der Einrichtung jüdischen Religionsunterrichts durch die Synagogengemeinde erwächst". Die Höhe des Beitrages wird zu suchen sein zwischen dem Betrage der jüdischen Kommunalabgaben, welcher in den Kommunalaufwendungen für den christlichen Religionsunterricht enthalten ist, und dem Betrage der Erleichterung, welche der bürgerlichen Gemeinde durch die Einrichtung des jüdischen Religionsunterrichts seitens der Synagogengemeinde erwächst.

Bezeichnet man den Gesamtbetrag der Kommunalabgaben mit A, den Gesamtbetrag der jüdischen Einwohner mit B, die Aufwendungen der bürgerlichen Gemeinde für den Religionsunterricht mit C, den Anteil der jüdischen Einwohner an den Aufwendungen der bürgerlichen Gemeinde für den allgemeinen Religionsunterricht mit x, so ist $x = \frac{B.C}{A}$. Beträgt z. B. der Gesamtbetrag der Kommunalabgaben 1000000 M., die Gesamtsumme der von den jüdischen Einwohnern zu zahlenden Kommunalabgaben 20000 M. und der Aufwand der bürgerlichen Gemeinde für den Religionsunterricht 5000 M., so beträgt der Anteil der jüdischen Einwohner an diesem Aufwand

$$\frac{20\,000.5000}{1\,000\,000} = 100 \text{ M.}$$

Die Erleichterung, welche die bürgerliche Gemeinde durch die Sorge der Synagogengemeinde für den jüdischen Religionsunterricht erfährt, wird

[1]) Vgl. auch die Ausführungsanweisung zum VUG. vom 25. Februar 1907 u. S. 377.

auf zwiefache Weise berechnet werden können. Entweder wird sie dem Betrage gleich zu setzen sein, welchen die bürgerliche Gemeinde aufzuwenden hätte, wenn sie an der betreffenden Schule jüdischen Religionsunterricht einrichten würde, — oder sie wird nach der Zahl der jüdischen Kinder unter Zugrundelegung desjenigen Betrages zu bemessen sein, welcher durchschnittlich für den Religionsunterricht jedes nichtjüdischen Kindes seitens der bürgerlichen Gemeinde aufgewendet wird.

Die Festsetzung der Beitragshöhe im Einzelfalle unterliegt zunächst der gütlichen Vereinbarung der bürgerlichen und der Synagogengemeinde. Kommt eine derartige Einigung nicht zustande, so erfolgt die Festsetzung durch die Minister der geistlichen usw. Angelegenheiten und des Innern.[1])

10. Es kann fraglich sein, wie es zu halten ist, wenn an einzelnen Schulen eines Schulverbandes besonderer Religionsunterricht für die jüdischen Schulkinder seitens der bürgerlichen Gemeinde eingerichtet ist, an anderen Schulen desselben Verbandes aber es an einer derartigen Einrichtung fehlt. M. E. ist zu sagen, daß in solchem Falle für diejenigen jüdischen Kinder, welche seitens der bürgerlichen Gemeinde nicht mit Religionsunterricht versorgt sind, von letzterer ein Beitrag an die Synagogengemeinde zu leisten ist, falls diese Einrichtungen getroffen hat, durch welche den in Betracht kommenden Kindern die Gelegenheit zum Religionsunterricht geboten wird. Die Bemessung des Betrages, um welchen die bürgerliche Gemeinde als erleichtert anzusehen ist, wird auch hier entweder nach der Zahl der jüdischen Kinder oder nach dem Betrage zu bemessen sein, welchen die bürgerliche Gemeinde aufwenden müßte, falls sie ihrerseits auch für die tatsächlich von ihr nicht versorgten Kinder Religionsunterricht einrichtete.

11. Bei der Beratung des VUG. ist vom Abgeordnetenhaus eine Resolution angenommen worden, „die Kgl. Staatsregierung aufzufordern, Mittel in den Staatshaushaltsetat einzustellen, um da, wo für den jüdischen Religionsunterricht nicht durch öffentliche jüdische Schulen oder seitens der bürgerlichen Gemeinden durch Anstellung jüdischer Lehrkräfte an den öffentlichen Volksschulen oder in anderer Weise gesorgt ist, den Synagogengemeinden die Beschaffung des jüdischen Religionsunterrichtes zu erleichtern“.

Bei der Beratung der Resolution wurde dem Wunsche Ausdruck gegeben, die Staatsregierung möge die Resolution möglichst weitherzig und weitgehend auffassen. Dieselbe bezwecke nicht, die Synagogengemeinden von der Beihilfe dann auszuschließen, wenn die bürgerliche Gemeinde irgendwelche jüdische Religionslehrer hingesetzt habe. Die Resolution wolle vielmehr, daß nur dann die Beihilfe des Staates nicht weiter in Anspruch genommen werden solle, wenn auch nach der Auffassung der Synagogengemeinden für den Religionsunterricht hinreichend gesorgt sei (Sten.Ber. S. 5193).

---

[1]) Vergl. auch die Ausführungsanweisung zum VUG. vom 25. Februar 1907 u. S. 377.

Seitens der Staatsregierung wurde die Erklärung abgegeben, die Regierung stehe der Erfüllung der Resolution durchaus wohlwollend gegenüber. Die Staatsregierung sei bereit, soweit der von der bürgerlichen Gemeinde zu leistende Beitrag nicht ausreiche, im Rahmen des Bedürfnisses nach Maßgabe der bestehenden Vorschriften, event. durch Staatsbeihilfe zu helfen (ebenda S. 5196).

In dem Entwurf des Staatshaushaltsetats für das Etatsjahr 1908 sind im Etat des Ministeriums der geistlichen usw. Angelegenheiten, Kap. 121 Tit. 43, 40 000 M. vorgesehen worden, um „leistungsschwache Synagogengemeinden in der Erteilung des jüdischen Religionsunterrichts an Volksschulkinder zu unterstützen, sofern die Kinder mindestens eine Zahl von 12 dauernd erreichen" (vgl. Sten.Ber. des Abg.-H. vom 21. Februar 1908 S. 2463).

Wie auch bei der Beratung des Entwurfs von verschiedenen Rednern hervorgehoben wurde, entspricht diese Regelung nicht der Resolution. Denn weder wollte diese die Bewilligung der Beihilfe auf leistungsschwache Gemeinden noch auf den Fall beschränken, daß dauernd mindestens 12 Kinder vorhanden wären. Die Regierungskommissare haben aber in der Sitzung des Abgeordnetenhauses vom 21. Februar 1908 daran festgehalten, daß die staatliche Beihilfe nur leistungsschwachen Synagogengemeinden zu gewähren sei.

Über die Bedeutung der Bestimmung, daß dauernd mindestens 12 Kinder vorhanden sein müßten, wenn aus dem fraglichen Fonds ein Staatsbeitrag gewährt werden könnte, wurde seitens des Vertreters des Kultusministeriums die folgende Erklärung abgegeben:

> „Es ist nicht nötig, daß diese 12 Kinder in einer politischen Gemeinde oder auch nur in einem Schulverband vorhanden sind, sondern es soll unter wohlwollender Berücksichtigung aller Verhältnisse die Möglichkeit gegeben werden, auch größere Bezirke zu unterstützen, so daß das Vorhandensein von 12 Kindern auch schon in einer Mehrheit von politischen Gemeinden ausreichen würde, um helfend eingreifen zu können" (Sten.-Ber. S. 2468).

Außerdem wurde für den Fall, daß der erwähnte Betrag nicht ausreichen sollte, eine Erhöhung des betreffenden Fonds in Aussicht gestellt (a. a. O. S. 2469).

---

## Anhang.

Die Ministerialerlasse, auf die im Vorstehenden Bezug genommen ist, lauten, soweit sie nicht an anderer Stelle angeführt sind, wörtlich, wie folgt:

### 1. Ministerialerlaß vom 18. Mai 1886 (Z.-Bl. 1887 S. 251).

Berlin, den 18. Mai 1886.

Nachdem durch den Staatshaushalts-Etat für 1. April 1886/87 die Mittel bereit gestellt worden sind, beabsichtige ich, den Religionsunterricht für die Kinder konfessioneller Minderheiten in denjenigen Volksschulen einzurichten, bei welchen dies wegen Unvermögens der verpflichteten Schulgemeinden bezw. wegen Mangels an Trägern der Verpflichtung bisher nicht ausführbar war.

Demgemäß veranlasse ich die Königliche Regierung, die in Ihrem Bereiche vorhandenen Fälle dieser Art zu prüfen und wegen Überweisung des zur Einrichtung des Unterrichtes erforderlichen Kostenbedarfes Anträge zu stellen, indem ich ausdrücklich bemerke, daß, wenn die Gemeinden zur Übernahme der Kosten zweifellos verpflichtet und leistungsfähig sind, die Staatshilfe ausgeschlossen bleibt.

Die Prüfung der einzelnen Fälle wird sich namentlich auch darauf zu erstrecken haben, ob Kinder, welche in ihren Schulen eine sehr geringe Minderheit bilden, nicht mit solchen aus einer oder mehreren anderen Schulen zusammen unterrichtet werden können. Ist eine Vereinigung nicht möglich, so ist der Unterricht da einzurichten, wo die Zahl der Kinder nicht unter 12 herabgeht.

Bei Fixirung der Remunerationen für die Ertheilung des Unterrichtes sind thunlichst enge Grenzen zu halten. Außerdem wird vorausgesetzt, daß die Unterrichtsräume von den Schulgemeinden unentgeltlich werden hergegeben werden.

Der Erledigung des vorstehenden Erlasses bezw. der Erstattung von Vakatanzeigen sehe ich binnen 3 Monaten entgegen.

Der Minister der geistlichen rc. Angelegenheiten.

v. Goßler.

An sämtliche Königliche Regierungen.

U. III a. 13201.

## 2. Ministerialerlaß vom 29. Januar 1887 (Z.-Bl. S. 251 f.).

Berlin, den 29. Januar 1887.

Auf die Berichte vom — überweise ich der Königl. Regierung hierdurch den Betrag von — Mark zur Bestreitung derjenigen Kosten für den Religionsunterricht der konfessionellen Minderheiten in den Volksschulen des dortigen Bezirkes, welche bis zum 1. April 1886 von dem Evangelischen Ober-Kirchenrathe getragen worden sind.

Außerdem stelle ich der Königl. Regierung noch einen weiteren Betrag von — Mark geschrieben „— Mark" für das laufende Etatsjahr zur Verfügung, um Dieselbe in den Stand zu setzen, die Kosten derjenigen Einrichtungen zu bestreiten, welche innerhalb desselben aus Veranlassung meiner Cirkular-Verfügung vom 18. Mai v. J. U. III a. 13201 — neu getroffen und wirklich ins Leben getreten sind, oder vor dem 1. März d. J. ins Leben treten werden.

Die bewilligten Remunerationen hat die Königl. Regierung den betreffenden Religionslehrern bezw. Geistlichen gegen deren Quittung durch Ihre Hauptkasse in monatlichen Raten postnumerando zahlen und in der Rechnung von der geistlichen und Unterrichts-Verwaltung für 1. April 1886/87 unter Kap. 121 Tit. 30 als Mehrausgabe nachweisen zu lassen.

Sollten die entstandenen bezw. entstehenden Kosten der gedachten Einrichtungen die bewilligten Beträge überschreiten, so erwarte ich umgehende Angabe der fehlenden Summe; ebenso wolle die Königl. Regierung baldmöglichst, jedenfalls vor dem 15. März d. J. anzeigen, wie viel etwa von dem Dispositionsquantum nicht zur Verwendung gelangt ist.

Für das nächste Etatsjahr stelle ich Derselben einen Betrag bis zur Höhe von — Mark zur Verfügung, da die knappe Bemessung des betreffenden Centralfonds mir eine höhere Bewilligung nicht gestattet. Ich setze aber auch voraus, daß dieser Betrag genügen wird, wenn Sich die Königl. Regierung, wie es die Natur der Sache erfordert, auf die Einrichtungen beschränkt, welche die Gewähr der Ausführbarkeit und der Dauer in sich tragen. Von der Einrichtung eines Unterrichtes, bei welchem ein regelmäßiger Schulbesuch nicht angenommen werden kann, sowie von solchen Aufträgen von Lehrer, welche während des größeren Teiles des Jahres nicht ausführbar sind, ist von vornherein Abstand zu nehmen. Die in manchen Fällen leicht ausführbare Vereinigung von Kindern aus verschiedenen Schulen zu einem gemeinsamen Religionsunterrichte wird also beispielsweise nur für solche Schulen ins Auge zu fassen sein, von welchen mindestens drei Kinder zum Unterrichte kommen können und wo der Schulweg nicht mehr als 4 km beträgt. Ebenso wird von der Beauftragung eines dem in Betracht kommenden Schulorte benachbarten Lehrers abzusehen sein, wenn derselbe seinen Weg regelmäßig nur zu Wagen zurücklegen kann. Werden demnach aussichtslose Versuche von vornherein aufgegeben, so wird die Durchführung lebensfähiger Einrichtungen wesentlich erleichtert werder. Auch daber wird sich aber eine möglichst gleichmäßige und die Grenzen des wirklichen Bedürfnisses innehaltende Bemessung der Remunerationen für die Lehrer bezw. Geistliche empfehlen.

Die Annahme, daß eine Heranziehung der Gemeinden auch da, wo ihre rechtliche Verpflichtung zur Tragung der in Rede stehenden Kosten zweifellos ist, gänzlich zu unterbleiben habe, trifft nur in den Fällen ihrer Leistungsunfähigkeit zu; andernfalls wird zu versuchen sein, sie wenigstens zur Deckung eines Theiles der entstehenden Kosten zu bestimmen.

Sollten, nachdem die nothwendigen neuen Einrichtungen in das Leben gerufen sind, noch Mittel verfügbar bleiben, dann, aber eben nur dann, können dieselben, wo ein dringendes Bedürfniß vorhanden ist, zur Erleichterung von Verpflichteten, welche zu älteren Einrichtungen der berepten Art die Mittel aufbringen, verwendet werden.

Die unter Beobachtung dieser Grundsätze aus der letztgedachten Summe bewilligten Remunerationen hat die Königl. Regierung in derselben Weise wie die Beträge aus der für das laufende Rechnungsjahr zur Verfügung gestellten Summe zahlen und in der Rechnung von der geistlichen- und Unterrichtsverwaltung' für 1. April 1887/88 als Mehrausgabe nachweisen zu lassen.

Anfangs Oktober d. J. erwarte ich einen Bericht über die erfolgte und etwa noch im Werke begriffene Verwendung des Dispositionsquantums pro 1887/88.

Der Minister der geistlichen rc. Angelegenheiten.

v. Goßler.

An die Königl. Regierung zu N.

Entsprechend ist eod. dato an die übrigen in Betracht kommenden Königlichen Regierungen verfügt worden.

## 3. Ministerialerlaß vom 1. Juli 1890 (Z.-Bl. S. 668).

Berlin, den 1. Juli 1890.

In Ihren Berichten vom 22. und 28. Februar d. Js. G. 331 und 483/2, betreffend die Beschwerden über die angebliche Verletzung der Parität Seitens der Schulverwaltung hat die Kgl. Regierung hervorgehoben, daß im dortigen Bezirke ein zweimaliger Religionsunterricht in der Woche erst beim Vorhandensein einer konfessionellen Minderheit von 30 Kindern ertheilt zu werden pflege. Diese Einrichtung ist geeignet, bei den Eltern der betreffenden Kinder Mißstimmung hervorzurufen und im Hinblicke auf die den Kindern der anderen Konfession zu Theil werdende ausgiebigere Unterweisung in der Religion auch weiteren Kreisen, wie geschehen, Anlaß zur Unzufriedenheit zu bieten.

Ich ordne deshalb an, daß bereits bei dem Vorhandensein einer auf eine Unterrichtsstation sich vereinigenden konfessionellen Minorität von 18 Kindern eine zweite wöchentliche Religionsstunde eingeführt wird, vorausgesetzt, daß nicht etwa in der weiten Entfernung zwischen dem Wohnorte des betreffenden Lehrers und dem Lokale, in welchem der Unterricht erteilt wird, oder in der Länge der Schulwege, welche die Kinder zurückzulegen haben, um zu der bezüglichen Unterrichtsstation zu gelangen, ein Hinderungsgrund vorliegt.

Indem ich in letzterer Beziehung auf die Festsetzungen in meiner Cirkular-Verfügung vom 29. Januar 1887 — U. III a. 10428 (Centralbl. für die Unterrichtsverwaltung für 1887 S. 251) — verweise, beauftrage ich die Kgl. Regierung hiernach das Erforderliche zu veranlassen und über die Höhe der in Folge obiger Anordnung etwa entstehenden Mehrkosten gelegentlich der durch meine Verfügung vom 20. Juli ds. Js. — U. III a. 14964 — erforderten Berichterstattung mir eingehenden Vortrag zu halten.

An die Kgl. Regierung zu N.

Abschrift erhält die Kgl. Regierung zur Kenntnisnahme und Nachachtung.

Der Minister der geistlichen rc. Angelegenheiten.
i. A.: Kügler.

## 4. Ministerialerlaß vom 30. September 1890 (Z.-Bl. S. 730).

Berlin, den 30. September 1890

Die Annahme der Kgl. Regierung in dem Berichte vom 4. September ds. Js. — II. 5291. —, daß es sich bei Erlaß der Verfügung vom 1. Juli d. Js. — U. III a. 1392 — Centr.-Bl. für 1890 S. 668 — darum gehandelt habe, einen wöchentlich zweimaligen, und zwar jedesmal zwei Stunden währenden Religionsunterricht für die Fälle anzuordnen, in denen die auf einer Unterrichtsstation vereinigte konfessionelle Minderheit die Zahl von 18 Kindern erreicht oder überschreitet, ist zutreffend.

Die in jenem Erlasse vorgesehene zweite wöchentliche Unterrichtsstunde ist daher in obigem Sinne aufzufassen.

An die Kgl. Regierung zu N.

---

Abschrift erhält die Kgl. Regierung mit Bezug auf den Bericht vom 31. August d. Js. — II. a. i. 4875 zur Kenntnisnahme.

Gegen die im dortigen Bezirke bestehende Einrichtung der Erteilung eines Religionsunterrichtes in wöchentlich nur zwei sich folgenden Stunden finde ich solange nichts zu erinnern, als die Zahl der konfessionellen Minorität einer Station unterhalb des vorbezeichneten Satzes von 18 Kindern verbleibt.

An die Kgl. Regierung zu N. N.

---

Abschrift erhält die Kgl. Regierung in Verfolg meiner Verfügung vom 1. Juli ds. Js. — U. III a. 13092 — zur Kenntnisnahme und gleichmäßigen Beachtung.

Der Minister der geistlichen rc. Angelegenheiten.
i. A.: Kügler.

An sämtliche übrigen Königlichen Regierungen und an das Königl. Provinzial-Schulkollegium hierselbst. U. III a. 21523.

## 5. Ministerialerlaß vom 13. Mai 1899 (Z.-Bl. 1899 S. 552).

Berlin, den 13. Mai 1899.

Auf Grund der gesetzlichen Bestimmungen über die Verhältnisse der Juden sind die Synagogengemeinden verpflichtet, in allen den Fällen, in welchen nicht besondere öffentliche jüdische Volksschulen vorhanden oder an paritätischen Schulen jüdische Lehrer angestellt sind, vielmehr die jüdischen Kinder die öffentlichen Volksschulen einer der christlichen Konfessionen besuchen, durch besondere jüdische, als Elementarlehrer geprüfte Religionslehrer für den Religionsunterricht der jüdischen Kinder auf ihre Kosten Sorge zu tragen.

Diese Verpflichtung wird vielfach von den kleinen, leistungsschwachen Synagogengemeinden schwer empfunden und hat schon wiederholt zu Anträgen auf Beihilfen aus staatlichen Fonds geführt.

Zu Beihilfen für Synagogengemeinden zur Anstellung von Religionslehrern stehen mir indessen Mittel nicht zur Verfügung.

Ich bin aber bereit, in Fällen nachgewiesener Leistungsfähigkeit der Synagogengemeinden solchen Schulverbänden, welche freiwillig an Stelle der Ersteren für die ihnen überwiesenen jüdischen Kinder besonderen jüdischen Religionsunterricht einrichten, bei eigenem Unvermögen eine Beihilfe aus den zu Beihilfen für unvermögende Schulverbände durch den Staatshaushalt-Etat bereit gestellten Mitteln zu gewähren. Dabei sollen auch diejenigen Grundsätze zur Anwendung kommen, welche nach den Erlassen vom 18. Mai 1886, 29. Januar 1887 und 1. Juli 1890 (Centrlbl. 1887 S. 251 ff. und 1890 S. 668) für die Gewährung einer Beihilfe zu den Kosten des Religionsunterrichts für die Kinder der Minderheiten christlicher Konfession maßgebend sind. Es würde demnach eine Beihilfe dann gewährt werden können, wenn die Zahl der zu einer Unterrichtsstation zu überweisenden Kinder mindestens 12 beträgt und die Einrichtung des Religionsunterrichts nicht unverhältnismäßige Kosten erfordert.

Ich veranlasse die Königliche Regierung, die hiernach in Ihrem Bezirke in Betracht kommenden Fälle, in denen die Einrichtung eines besonderen Religionsunterrichtes für die jüdischen Schulkinder unter Gewährung von Staatsbeihilfen erwünscht ist, in einer Nachweisung zusammenzustellen und bei jedem einzelnen Falle die Zahl der jüdischen Kinder und die Höhe der erforderlichen Beihilfe sowie anzugeben, ob der Schulverband voraussichtlich zur Einrichtung besonderen jüdischen Religionsunterrichtes bereit sein wird.

Der Minister der geistlichen 2c. Angelegenheiten.
Im Auftrage: Kügler.

## 6. Ministerialerlaß vom 1. August 1902 (Z.-Bl. 1903 S. 222f.).

Berlin, den 1. August 1902.

Wenn bei einer Unterrichtsstation die Zahl der Schulkinder unter 12 herabgeht und vorauszusehen ist, daß sie sich dauernd auf diesem niedrigen Stand erhalten wird, findet es kein Bedenken, die Erteilung des Religionsunterrichtes auf Kosten der Staatskasse bezw. unter Gewährung staatlicher Beihilfen einzustellen und es den betreffenden Kirchengemeinden zu überlassen, event. für die Fortsetzung des Unterrichtes unter Bereitstellung kirchlicher Mittel Sorge zu tragen. Ich mache aber der Königlichen Regierung zur Pflicht, bei der Aufhebung von Unterrichtsstationen möglichst schonend zu verfahren und von dieser Maßnahme jedenfalls überall da abzusehen, wo ein Steigen der Zahl der Schulkinder auf 12 bezw. über 12 hinaus für die Zukunft zu erwarten steht oder wo eine entsprechende Vermehrung der Schülerzahl durch Zuweisung der Minderheiten aus anderen benachbarten Schulen oder durch Vereinigung zweier oder mehrerer Unterrichtsstationen zu einer Station möglich ist.

Der Minister der geistlichen 2c. Angelegenheiten.
J. A.: Schwartzkopff.

### 7. Ministerialerlaß vom 10. Januar 1905 (Z.-Bl. S. 250 f.).

Berlin, den 10. Januar 1905.

Die Schulverbände sind, abgesehen von dem Geltungsbereiche des katholischen Schulreglements für Schlesien vom 18. Mai 1801, grundsätzlich verpflichtet, für den Religionsunterricht der konfessionellen Minderheit in der öffentlichen Volksschule zu sorgen und die dadurch entstehenden Kosten zu decken. Indessen ist, um ihnen nicht unverhältnismäßige Kosten aufzubürden, nachgelassen, daß besonderer Religionsunterricht für die konfessionelle Minderheit nur da eingerichtet zu werden braucht, wo die Zahl der betreffenden Kinder einer Schule mindestens zwölf beträgt oder wo diese Zahl durch Vereinigung der Kinder aus mehreren Schulen erreicht wird. Im ersteren Falle hat der Schulverband die gesamten Kosten des Religionsunterrichts allein zu tragen, während in dem letzteren Falle die Kosten auf die einzelnen Schulverbände verhältnismäßig zu verteilen sind. Soweit die Schulverbände zur Aufbringung der auf sie entfallenden Beträge nachweislich außerstande sind, können ihnen Beihilfen aus dem Fonds Kapitel 121 Titel 34 des Staatshaushaltsetats gewährt werden, vorausgesetzt, daß sie die Einrichtung des Religionsunterrichts beschlossen und die grundsätzliche Verpflichtung zur Aufbringung der Kosten anerkannt haben.

Ich veranlasse die Königliche Regierung, an diesen Grundsätzen festzuhalten und sie eintretendenfalls im Beschlußverfahren zur Durchführung zu bringen.

Der Minister der geistlichen ꝛc. Angelegenheiten.

Studt.

Vgl. auch die Ausführungsanweisung zum VUG. vom 25. Februar 1907 u. S. 377.

## II. Die Teilnahme an dem jüdischen Religionsunterricht der nichtjüdischen öffentlichen Volksschulen.

Wie die Einrichtung besonderen jüdischen Religionsunterrichtes an den nichtjüdischen öffentlichen Volksschulen nicht obligatorisch, vielmehr dem freien Willen der bürgerlichen Gemeinden überlassen ist, so ist auch die Teilnahme an dem Unterricht dort, wo die bürgerlichen Gemeinden solchen eingerichtet haben, nicht obligatorisch und daher nicht erzwingbar[1]).

Das ist ausgesprochen in dem Urteil des O.-V.-G. vom 29. Mai 1896 (Pr.-V.-Bl. XVIII S. 156 f.) und in der Entscheidung des K.-G. vom 14. März 1901 (Johow 21. C. 100).

In der Entscheidung des O.-V.-G. vom 29. Mai 1896 heißt es:

„Mit Recht ist der Vorderrichter davon ausgegangen, daß dem Kläger das Steuervorrecht der Elementarschullehrer nur dann zusteht, wenn die israelitische Religionsschule, an der er als Lehrer fungiert, als eine öffentliche Volksschule anzuerkennen ist, und er hat auch den jüdischen Schulen, welche lediglich der Erteilung des israelitischen Religionsunterrichts dienen, diesen Charakter mit Recht abgesprochen.

---

[1]) Hiervon ist wohl zu unterscheiden die Frage, ob für die jüdischen Kinder der Religionsunterricht überhaupt gesetzliches Erfordernis ist oder nicht. Diese Frage ist, wie oben (S. 219 ff.) ausgeführt ist, zu bejahen. Was hier verneint wird, ist nur die Verpflichtung der jüdischen Kinder, gerade an dem in den nichtjüdischen Volksschulen eingerichteten jüdischen Religionsunterrichte teilzunehmen. Sie können auch anderwärts Religionsunterricht erhalten. Irgendwo aber müssen sie während des schulpflichtigen Alters Unterricht in der Religion empfangen.

Bei einer Prüfung, ob einer Schule der Charakter einer öffentlichen Schule beiwohnt, ist von dem in Band XX S. 124/125 und im Band XVII S. 117 ff. und 162/163 der veröffentlichten Entscheidungen des Oberverwaltungsgerichts entwickelten Grundsatze auszugehen, daß Elementarschulen — Volksschulen — die der allgemeinen Schulpflicht dienenden, von den öffentlich-rechtlichen Trägern der Schullast erzwingbaren Schulen sind, deren Besuch obligatorisch ist und die keinem im Schulbezirk sich regelmäßig aufhaltenden Kinde verschlossen bleiben dürfen; es ist aber das Zutreffen dieser Voraussetzung im vorliegenden Falle zu verneinen.

Anzuerkennen ist, daß auch nach dem Kurhessischen Gesetz vom 30. Dezember 1823 den jüdischen Gemeinden die Fürsorge für den Unterricht der jüdischen Jugend in der Religion obliegt ..... Durch diese Vorschriften ist jedoch die Fürsorge für den jüdischen Religionsunterricht nicht als ein Teil der Schullast hingestellt. Nach den allgemeinen Bestimmungen über die Aufgaben und Ziele der Volksschule, wie sie in der Verfügung des Unterrichtsministers vom 15. Oktober 1872 (bei Schneider und v. Bremen III S. 403) zusammengefaßt sind, ist zwar der Religionsunterricht zu den Lehrgegenständen der Volksschule zu zählen (zu vgl. § 13, S. 405 a. a. O.). Dabei ist indeß, wie die folgenden näheren Bestimmungen zeigen, nur der christliche Religionsunterricht ins Auge gefaßt. Nur dieser ist in den Vorschriften der §§ 14—21 der angezogenen Verfügung geregelt, während der jüdische Religionsunterricht dort überhaupt nicht erwähnt und auch anderweit nicht durch allgemeine Verfügungen der Unterrichtsverwaltung geordnet ist (zu vgl. S. 405 und 406 a. a. O.). Daraus folgt, daß der jüdische Religionsunterricht nicht ein Teil des schulplanmäßigen Unterrichts in der Volksschule ist, sondern lediglich den Charakter gemeinsamer Religionsübung und der Unterweisung und Vorbereitung für diese hat, ebenso wie der Beichtunterricht in der katholischen und der Konfirmandenunterricht der evangelischen Kirchen, wenn er auch zeitlich einen größeren Umfang als diese hat. Die Pflicht zur Fürsorge für denselben kann daher auch nicht als ein Teil der Schullast, sondern nur als ein Ausfluß der Verbindlichkeit, für die zur gemeinsamen Religionsübung erforderlichen Einrichtungen Sorge zu tragen, angesehen werden. Wollte man aber auch den jüdischen Religionsunterricht als Teil des regelmäßigen Unterrichts der Volksschule ansehen, so würde doch eine Einrichtung, die sich lediglich auf Erteilung dieses Unterrichts beschränkt, nicht als eine der allgemeinen Schulpflicht dienende aufgefaßt werden können, da sie nur einen einzelnen Gegenstand aus dem Unterricht der Volksschule herausgreifen und im Übrigen hinsichtlich der Erfüllung der Schulpflicht auf andere Einrichtungen verweisen würde.

Hiernach kann Kläger auf das Steuervorrecht der Elementarlehrer eben so wenig einen Anspruch geltend machen, wie auf das des Kirchendieners . . ."

In der Entscheidung des K.-G. vom 14. März 1901 heißt es:

**Gründe:**

Die Angeklagten, welche jüdischer Konfession sind, wohnen in H., im früheren Kurfürstentume Hessen. Ihre Kinder besuchen die dortige öffentliche Volksschule, an welcher jüdischer Religionsunterricht nicht gelehrt wird. Bis zum Jahre 1896 ließen die Angeklagten ihren Kindern jüdischen Religionsunterricht durch einen Privatlehrer erteilen. Seitdem hat sich ein geeigneter Privatlehrer nicht mehr gewinnen lassen, weshalb die Regierung zu Kassel durch Verfügung vom 30. März 1899 / 18. Januar 1900 anordnete, daß die Kinder der Angeklagten den jüdischen Religionsunterricht des Lehrers Sch. in der Nachbargemeinde B. zu besuchen hätten. Die jüdische Synagogengemeinde H. sollte dem Sch. eine jährliche Remuneration von 200 M. zahlen. Die Angeklagten haben ihre Kinder nicht nach B. in die Religionsschule geschickt, teils weil ihnen die Entfernung für ihre Kinder zu weit erschien, teils weil sie sich gesetzlich nicht für verpflichtet erachteten, ihre Kinder noch in eine auswärtige Schule zu senden. Wegen Schulversäumnis in Bez. auf jene Sch.'sche Religionsschule angeklagt, sind sie in erster Instanz verurteilt, in zweiter freigesprochen worden. Das Berufungsgericht hat erwogen: Die Regierung habe zwar als Schulaufsichtsbehörde darüber zu wachen, daß die israelitischen Kinder Religionsunterricht genössen; sie dürfe aber nicht anordnen, daß ein Teil ihres Unterrichts, speziell der Religionsunterricht, in einer auswärtigen Schule erteilt werde, und selbst wenn sie diese Befugnis hätte, fehlte für Versäumnis dieses auswärtigen Schulunterrichts eine gesetzliche Strafbestimmung, weil das Hess. Ausschreiben vom 2. Januar 1818 und die Hess. Verordn. vom 17. Februar 1853 sich nur auf die Schulen des Wohnortes bezögen.

Die Revision der Staatsanwaltschaft rügt Verletzung des Gesetzes, sowohl der beiden angezogenen Verordnungen, wie der Hess. Verordn. vom 30. Dezember 1823 und des Hess. Ges. vom 29. Oktober 1833. Der jüdische Religionsunterricht bilde einen Teil des planmäßigen Volksschulunterrichts. Dies ergäbe sich aus dem § 13 Abs. 2 des Ges. vom 29. Oktober 1833 und dem § 12 Satz 2 der Verordn. vom 30. Dezember 1823. Die Regierung sei daher befugt, wenn dieser Unterricht nicht am Orte erteilt werden könne, zu seiner Entgegennahme den Besuch einer auswärtigen Schule neben dem der öffentlichen Volksschule des Wohnortes vorzuschreiben. Gerade für den jüdischen Religionsunterricht ergäbe sich dies außerdem aus dem angeführten § 12 Satz 2, indem nach diesem Satze mehrere Synagogengemeinden zur Bildung einer eigenen Schule zusammengelegt werden dürften. Solches sei durch die Verfügung vom 20. März 1899 / 18. Januar 1900 geschehen; die jüdische Gemeinde H. gehöre also bezüglich des Religionsunterrichts zur jüdischen Schule in B.; letztere sei für ihre Kinder „die Schule des Wohnorts."

Die Revision konnte keinen Erfolg haben. Die gesetzlichen und reglementarischen Strafbestimmungen über Schulversäumnisse haben den Zweck, die Durchführung der allgemeinen staatlichen Schulpflicht zu sichern, wie sie jetzt in Art. 21 der Preuß. Verfassung ausgesprochen ist:

> „Eltern und deren Stellvertreter dürfen ihre Kinder und Pflegebefohlene nicht ohne den Unterricht lassen, welcher für die öffentlichen Volksschulen vorgeschrieben ist[1])."

Der Besuch dieser öffentlichen Volksschulen wird durch jene Zwangs- und Strafgesetze gesichert; der Besuch anderer Schulen kann durch sie nicht erzwungen werden. Unter „öffentlichen Volksschulen" (gemeine Schulen nach ALR. § 12, II, 12, „Volksschulen" nach den Ges. vom 11. März 1872 § 2 und 26. Mai 1887 § 1) sind daher diejenigen öffentlichen Schuleinrichtungen zu verstehen, welche „zur Erfüllung der allgemeinen Schulpflicht" bestimmt sind. Deshalb scheiden insbesondere alle diejenigen Schuleinrichtungen aus, welche nicht der allgemeinen Schulpflicht, sondern den kirchlichen Zwecken der verschiedenen Religionsgesellschaften dienen, mögen sie Katechismus- und Bibelstunden, Beicht- und Konfirmationsunterricht oder Religionsunterricht schlechthin genannt werden. Diese kirchlichen Religionsschuleinrichtungen scheiden aus dem Grunde aus, weil sie nicht, wie die öffentlichen Volksschulen (vgl. ALR. § 10, II, 12; Erlasse des Preuß. Kultusministers vom 29. November 1862, 12. September 1873, 21. November 1882, 24. September 1870, letzterer speziell für Kurhessen; Schneider und v. Bremen, Volksschulwesen Bd. 3 S. 16 ff.) Jedermann, ohne Rücksicht auf die Konfession zugänglich, in diesem allgemeinen

---

[1]) Die Bezugnahme auf Art. 21 VU. ist unzutreffend. Art. 21 ist z. Zt. noch suspendiert und es sind maßgebend die §§ 43, II, 12 und 75, II, 2 ALR. Über die Anwendbarkeit beider §§ auch auf jüd. Kinder, bez. Väter s. o. S. 219. Vgl. auch die Entscheidung des K.G. v. 23. Januar 1907 (Z.-Bl. 1908, S. 385 ff., insbesondere S. 391 f.).

Sinne also keine „öffentlichen" oder „Volks"schulen sind, sowie namentlich deshalb, weil sie nur einen einzelnen Unterrichtsgegenstand behandeln, nicht der allgemeinen Schulpflicht dienen. Aus letzterem Umstand allein hat schon das Oberverwaltungsgericht in seinem Urteile vom 29. Mai 1896 (Preuß. Verw.-Bl. Bd. 18 S. 156/7) den jüdischen Religionsschulen des früheren Kurfürstentums Hessen den Charakter als öffentliche Volksschule abgesprochen. An dieser völligen Verschiedenheit und Trennung des kirchlichen Religionsunterrichts von der staatlichen allgemeinen Schulpflicht ändert sich auch nichts, wenn den verschiedenen Religionsgesellschaften von Staats wegen, durch Gesetze, Verordnungen (wie das nicht selten geschehen ist) zur besonderen Pflicht gemacht wird, für den religiösen Unterricht ihrer Angehörigen, namentlich der Jugend, zu sorgen. In gewisser Weise ist dies durch die §§ 7, 8 des Hess. Ges. vom 30. Dezember 1823 den jüdischen Gemeinden gegenüber allerdings geschehen, indem dort den Rabbinern „zugleich der Unterricht der Jugend in der Religon und die Führung der Synagogenbücher" zugewiesen, diesen Rabbinern und sonstigen Religionslehrern auch die vorherige Ablegung einer Prüfung zur Pflicht gemacht wird. Eine ganz ähnliche Bestimmung enthält übrigens der § 62 Abs. 1/2 des Preuß. Ges. vom 23. Juli 1847 über die Verhältnisse der Juden (GS. S. 263).

Darum bleibt aber der den Synagogengemeinden für Altpreußen bezw. Hessen zur Pflicht gemachte Religionsunterricht ihrer Angehörigen ein kirchlicher Religionsunterricht und wird keineswegs „ein integrirender Teil der allgemeinen Schulpflicht" wie die Revision annimmt. Nur derjenige Religionsunterricht, welcher an der öffentlichen Volksschule selbst gelehrt wird, und auch dieser nur, sofern er zu den obligatorischen Lehrgegenständen gehört, ist „integrirender Teil der allgemeinen Schulpflicht".

Nur seine Versäumung untersteht den staatlichen Schulversäumnißstrafen. Der jüdische Religionsunterricht ist nun nirgends in Preußen, auch nicht im früheren Kurfürstentume Hessen obligatorischer Unterrichtsgegenstand der öffentlichen Volksschule[1]). Der Kreis dieser obligatorischen Unterrichtsgegenstände der öffentlichen Volksschule ist nämlich gleichmäßig für ganz Preußen durch die allg. Min.-Verf. vom 15. Oktober 1872 bestimmt. Der § 13 des Hess. Ges. vom 30. Dezember 1823 kommt dafür, wie der Vorderrichter zutreffend darlegt, nicht in Betracht. Jene allgemeine Min.-Verf vom 15. Oktober 1872 § 13 ff. rechnet allerdings die „Religion", den „Religionsunterricht" zu den obligatorischen Unterrichtsgegenständen der öffentlichen Volksschule, aber nur den evangelischen oder katholischen, nicht den jüdischen. Mit Recht hat das Oberverwaltungsgericht (29. Mai 1896) daraus gefolgert, daß der jüdische Religionsunterricht im früheren Kurfürstentume Hessen selbst dann, wenn er an einer öffentlichen Volksschule gelehrt wird, „nicht ein Theil des schulplanmäßigen Unterrichts in der Volksschule ist, sondern lediglich den Charakter gemeinsamer Religionsübung und der Unterweisung und Vorbereitung für diese hat, ebenso wie der Beichtunterricht der katholischen und der Konfirmationsunterricht der evangelischen Kirche, wenn er auch zeitlich einen größeren Umfang als diese hat". Noch viel mehr muß solches für denjenigen jüdischen Religionsunterricht gelten, welcher nicht an einer öffentlichen Volksschule, sondern, wie hier, an einer besonderen jüdischen Religionsschule erteilt wird. Ob jene Ausführungen des Oberverwaltungsgerichtes sich auch auf die in § 12 des Hess. Ges. vom 30. Dezember 1823, § 12 des Ges. vom 29. Oktober 1833 nachgelassenen

[1]) Nicht zutreffend. Vgl. o. S. 131 f.

öffentlichen jüdischen Volksschulen übertragen lassen, kann hier dahin gestellt bleiben, weil eine solche nicht in Frage ist.

Aus Alledem folgt, daß der Nichtbesuch der jüdischen Religionsschule in B. mit den staatlichen Schulversäumnisstrafen nicht geahndet werden durfte. (Ob ihr Besuch durch kirchliche Zuchtmittel bezw. seitens des Vormundschaftsgerichts im Interesse der religiösen Ausbildung der Kinder erzwingbar ist, interessiert hier nicht.) Etwas anderes ergibt sich auch nicht aus den Hess. Verordn. vom 2. Januar 1818 und 17. Februar 1853. Daß das Ausschreiben vom 2. Januar 1818 nur die Einführungen in die allgemeine Volksschule im Auge gehabt hat und speziell jüdische Schulen (falls solche damals schon existierten), in keiner Weise gedacht hat, zeigen die Nr. 3—6 mit unverkennbarer Deutlichkeit. Die Verordnung vom 17. Februar 1853 aber hat lediglich die Nr. 4 und 6 auf sämmtliche Landesteile ausgedehnt und die Schulversäumnißstrafen genauer fixiert.

Wenn endlich die Revision die Reg.-Verf. vom 30. März 1899 / 18. Januar 1900 auf den § 12 Satz 2 der Verordnung vom 30. Dezember 1823 stützen, sie sogar als zwangsweise Verwirklichung dieser Vorschrift ansehen möchte, so irrt sie in mehrfacher Beziehung. Jener Satz lautet:

„Es stehet jedoch den Juden eines Ortes oder mehrerer benachbarten Orte frei, eine eigene öffentliche und mit geprüften Lehrern gehörig zu besetzende Schule, unter der Aufsicht des Vorsteheramtes sowie des Kreisrathes und unter der Leitung der Regierung mit der Genehmigung Unseres Ministerium des Innern (jetzt: Regierungen § 12 Ges. vom 29. Oktober 1833) einzurichten."

Dieser Satz gewährt den Juden in Hessen das Recht, eigene öffentliche Schulen zu gründen, legt ihnen dazu aber nicht die Pflicht auf, wie auch das Gesetz vom 29. Oktober 1833 nur von einer Genehmigung der Regierung, nicht von Einrichtung der Schule durch die Regierung spricht. Die Pflicht der Juden in Hessen wird vielmehr dahin formuliert: „Die jüdischen Glaubensgenossen sind verbunden, ihre Kinder in die öffentlichen Schulen ihres Wohnortes zu schicken", und diese Pflicht haben die Angeklagten erfüllt. Sodann übersieht die Revision, daß unter „öffentlicher Schule" nicht eine einseitige Religionsschule, sondern eben eine „öffentliche Volksschule" mit allen für sie obligatorischen Fächern gemeint ist, was mit noch größerer Deutlichkeit aus dem § 12 des Ges. vom 29. Oktober 1833 erhellt: „zur Errichtung eigener vollständiger öffentlicher Schulen". Nur wenn es sich um eine solche, gemäß dem § 12 des Ges. vom 29. Oktober 1833 eingerichtete, vollständige öffentliche jüdische Schule handelte, könnte es in Frage kommen, ob die Versäumniß ihres Religionsunterrichts den staatlichen Schulversäumnißstrafen untersteht. Allein auch hier wäre zu berücksichtigen, daß die Schulpflicht in Preußen nicht den Besuch einer bestimmten öffentlichen Schule vorschreibt, sondern nur den Besuch einer öffentlichen Schule überhaupt, daß es also im allgemeinen in das Belieben der Eltern gestellt ist, in welche öffentliche Volksschule ihres Wohnorts oder eines anderen Ortes sie ihre Kinder senden wollen (vgl., außer den oben citierten Erl., die Erl. d. Preuß. Kultusministers vom 9. Januar 1864, Schneider und v. Bremen, Bd. III S. 18 und vom 13. November 1860 a. E. ebenso Bd. I S. 222).

## C. Der Religionsunterricht der jüdischen Schulkinder außerhalb der nichtjüdischen öffentlichen Volksschulen.

(**Der Religionsunterricht der Synagogengemeinden.**)

Wie oben ausgeführt, gilt die gesetzliche Verpflichtung, Unterricht in der Religion zu empfangen, für die jüdischen Kinder in gleicher Weise wie für die christlichen. Andererseits besteht, wie gleichfalls schon ausgeführt, abweichend von der Ordnung des christlichen Religionsunterrichts für die bürgerlichen Gemeinden keine Verpflichtung, an den öffentlichen nichtjüdischen Volksschulen für die sie besuchenden jüdischen Schulkinder besonderen Religionsunterricht einzurichten. Es ergibt sich demnach die Frage, in welcher Weise sonst Vorsorge dafür getroffen ist, daß die schulpflichtigen, nichtjüdische Volksschulen besuchenden jüdischen Kinder Gelegenheit finden, den notwendigen Religionsunterricht zu empfangen.

In den älteren Provinzen und auch in einem Teile des neuerworbenen Gebietes ist den Synagogengemeinden zur Pflicht gemacht, für den Religionsunterricht Sorge zu tragen.

Für das Gebiet des Gesetzes vom 23. Juli 1847 bestimmt in diesem Sinne der § 62 dieses Gesetzes:

„..... eine jede Synagogen-Gemeinde ist ... verbunden, solche Einrichtungen zu treffen, daß es keinem jüdischen Kinde während des schulpflichtigen Alters an dem erforderlichen Religions-Unterrichte fehlt."

Für das Gebiet des ehemaligen Kurhessen bestimmt die Verordnung vom 30. Dezember 1823 im § 7:

„Alle grösern Gemeinden, welche einen Rabbinen besolden können, sollen einen solchen als Seelsorger haben, und diesem zugleich der Unterricht der Jugend in der Religion ..... obliegen.

Die kleineren Gemeinden haben sich zur Haltung eines Rabbinen entweder mit den gröseren Gemeinden oder untereinander der Regel nach in der Art zu vereinigen, daß für jeden Kreis ein Rabbine vorhanden sey."

Für das Gebiet des ehemaligen Königreichs Hannover bestimmt das Gesetz vom 5. Februar 1854:

§ 4: In den Schulverbänden, in welchen nicht durch das Bestehen vollständig eingerichteter jüdischer Schulen für die Ertheilung des jüdischen Religionsunterrichts gesorgt ist, soll auf die Gründung besonderer Religionsschulen thunlichst Bedacht genommen werden.

§ 5: In Schulverbänden, welche von zerstreut wohnenden Juden gebildet werden, soll der Religionsunterricht entweder in einer Filialschule oder in näher festzusetzender Weise, abwechselnd an verschiedenen Orten ertheilt werden, sofern die weite Entfernung oder der sonstige Schulbesuch eine regelmäßige Theilnahme aller Kinder an dem Religionsunterrichte nicht gestattet.

§ 6: Jüdische Kinder, welche gleichwohl einen genügenden Unterricht in der Religion nicht erhalten, sollen, wenn thunlich gegen das Ende ihres schulpflichtigen Alters, mindestens Ein Jahr lang, unausgesetzt eine jüdische Religionsschule besuchen.

§ 7: Der Stundenplan der jüdischen Elementar- und Religionsschulen ist so einzurichten, daß es den Kindern, welche die christlichen Ortsschulen besuchen, möglich ist, an dem jüdischen Religionsunterricht theilzunehmen.

§ 33: Der Unterricht in den jüdischen Religionsschulen umfaßt folgende Lehrgegenstände:

a) hebräisch Lesen und jüdisch Schreiben,
b) hebräische Sprüche und Gebete, so wie die Übersetzung derselben
c) Übersetzung und Erklärung der Heiligen Schrift,
d) hebräische Grammatik,

e) biblische und jüdische Geschichte,
f) systematische Religionslehre und wo thunlich
g) rabbinische Schriften und Gesang.

Für das Gebiet des ehemaligen Herzogtums Nassau, vgl. §§ 12 und 14 der Verordnung vom 7. Januar 1852 u. S. 368 f.

In den übrigen Gebietsteilen ist eine Verpflichtung der jüdischen Gemeinden zur Sorge für den jüdischen Religionsunterricht nicht ausdrücklich ausgesprochen.

Für das Gebiet des ehemaligen Herzogtums Holstein bestimmt das Gesetz vom 14. Juli 1863:

§ 12: Jede Gemeinde hat einen Vorsänger anzustellen, der zugleich Schullehrer sein kann (§ 18).

§ 17: Für den Unterricht in der jüdischen Religion wird ein bestimmtes Lehrbuch in deutscher Sprache autorisirt werden und sollen sich künftig alle jüdischen Knaben und Mädchen einer öffentlichen Prüfung unterwerfen und ein Glaubensbekenntniß ablegen.

Diese Prüfung ist in der Synagoge von dem Geistlichen vorzunehmen.

§ 19 Abs. 3: ..... An dem christlichen Religionsunterricht nehmen die jüdischen Kinder nur dann Theil, wenn ihre Eltern oder Pflegeeltern solches wünschen: ist dies nicht der Fall, so haben letztere anderweitig für den Unterricht in der jüdischen Religion zu sorgen und nachzuweisen, daß dies in einer nach dem Erachten des jüdischen Geistlichen ihrer Gemeinde ausreichenden Weise geschieht.

Für das Gebiet des ehemaligen Herzogtums Schleswig bestimmt in ähnlicher Weise das Gesetz vom 8. Februar 1854:

§ 21: Für den Unterricht in der Religion wird ein bestimmtes Lehrbuch in dänischer und deutscher Sprache autorisirt werden, und sollen sich künftig alle jüdischen Knaben und Mädchen in derselben Sprache einer öffentlichen Prüfung unterwerfen und ein Glaubensbekenntniß ablegen.

§ 22: Diese Prüfung ist in der Synagoge von dem Geistlichen vorzunehmen. ...

§ 29: An Orten, wo keine besondere Schule für Juden besteht, sind deren Kinder zum Besuche der allgemeinen Ortsschule ..... verpflichtet. Für den Religionsunterricht ist in solchen Fällen anderweitig zu sorgen von Seiten der Eltern oder Pflegeeltern, welche nachzuweisen haben, daß dies geschieht.

Für das ehemalige Fürstentum Hohenzollern-Sigmaringen bestimmt das Gesetz vom 9. August 1837:

§ 36: Den Israeliten, deren Kinder keine israelitische Elementarschule besuchen können (§ 34 bezw. § 32), bleibt überlassen, denselben den erforderlichen Religions- und Moral-Unterricht durch Privatlehrer ertheilen zu lassen, die jedoch der Bestätigung der Regierung — nach vorgängiger Prüfung — bedürfen (§ 29).

Solche israelitische Kinder sind überdem verpflichtet, sich bei der Schulprüfung derjenigen israelitischen Kirchengemeinde, welcher sie angehören (§ 38), einzufinden, und der Prüfung zu unterziehen.

Auch dort, wo die Synagogengemeinden gesetzlich verbunden sind, Einrichtungen für den jüdischen Religionsunterricht zu schaffen, besteht hinsichtlich der Teilnahme an diesen Einrichtungen eine Verschiedenheit.

Für das Gebiet des Gesetzes vom 23. Juli 1847 hat die Stellungnahme der preußischen Unterrichtsverwaltung zu der Frage gewechselt. Ein Ministerialerlaß vom 6. Februar 1856 hat dem von den Synagogen-Gemeinden eingerichteten Religionsunterricht obligatorischen Charakter zuerkannt. Der Erlaß lautet:

„In dem Gesetz vom 23. Juli 1847 ist in § 62 bestimmt, daß jede Synagogen-Gemeinde verbunden sei, solche Einrichtungen zu treffen, daß es keinem jüdischen Kinde während des schulpflichtigen Alters an dem erforderlichen Religionsunterrichte fehle.

Nach Einsicht der von den Kgl. Regierungen auf meine Cirkularverfügung vom 24. Oktober 1854 über die Frage erstatteten Berichte, ob jüdische Eltern, welche aus Indifferentismus oder Lauigkeit ihre Kinder überhaupt ohne Religionsunterricht aufwachsen lassen, seitens der Polizeibehörde angehalten werden könnten, ihre Kinder an dem jüdischen Religionsunterrichte theilnehmen zu lassen, eröffne ich der Kgl. Regierung, daß die Frage zu bejahen ist, soweit Anstalten für den jüdischen Religionsunterricht vorhanden sind, welche nach den über den Schulbesuch überhaupt geltenden Vorschriften von den betreffenden Kindern besucht werden können, und soweit nicht Kinder den Religionsunterricht von qualificirten Privatlehrern ertheilt erhalten."

Den entgegengesetzten Standpunkt nimmt das Ministerialreskript vom 13. November 1860 (M.-Bl. für 1861 S. 17) ein. Es heißt darin:

„Dem Antrage ... auf weitere legislative Ausführung des § 62 des Ges. vom 23. Juli 1847, betreffend die Religionsunterrichtseinrichtungen in Synagogengemeinden mittelst Regelung einer Zwangs-Theilnahme an diesen Einrichtungen kann ... nicht stattgegeben werden, da ein gesetzlicher Akt der beantragten Art einen nach Art. 15 der Verfassungs-Urkunde unzulässigen Eingriff des Staats in die inneren Angelegenheiten der jüdischen Religions-Genossenschaften in sich schließen würde."

Zu dem gleichen, den obligatorischen Charakter des von den Synagogengemeinden eingerichteten Religionsunterrichts verneinenden Ergebnisse kommt die Entscheidung des Oberverwaltungsgerichts vom 29. Mai 1896 (vgl. oben S. 242) und die Entscheidung des K.-G. vom 14. März 1901 (vgl. oben S. 243 ff.).

Für das Gebiet des ehemaligen Kurfürstentums Hessen ist in beiden Urteilen dieselbe Entscheidung wie für die älteren Provinzen der Monarchie getroffen.

Dagegen ist für das Gebiet des ehemaligen Königreichs Hannover der Besuch der von den Synagogengemeinden eingerichteten Religionsschulen für diejenigen jüdischen Schulkinder, welche nicht anderweitig ausreichenden jüdischen Religionsunterricht erhalten, in den Entscheidungen des Kammergerichts vom 20. Februar 1905 und 25. März 1907 als obligatorisch anerkannt.

Die Entscheidung vom 20. Februar 1905 (Johow 29, C. 24) lautet:

## Gründe.

Der zu B. (Hannover) wohnhafte Angeklagte ist auf Grund des § 125 Hannov. Pol.-St.-Ges. verurteilt worden, weil seine schulpflichtige Tochter D. im Juni 1904 an zwei Tagen den Unterricht der auf Grund der Schulordnung vom 5. Februar 1854 zu A.

errichteten jüdischen Religionsschule, zu deren Verband die in B. wohnhaften Juden gehören, ohne ausreichende Entschuldigung nicht besucht hat.

Der § 125, der nach Art. XV Kgl. Verordn. vom 25. Juni 1867 in Kraft geblieben und nach Art. X daselbst nur insoweit geändert ist, als an die Stelle des Verweises Geldstrafe von 1—3 Mark getreten ist, bedroht mit Strafe die Eltern, die ihre Kinder nicht zum Besuche der Volksschule anhalten, sofern sie gesetzlich dazu verpflichtet sind.

Der § 125 konnte sonach gegen den Angeklagten nur zur Anwendung gebracht werden, wenn der an der jüdischen Religionsschule zu A. erteilte Unterricht für die Tochter des Angeklagten ein obligatorischer Unterrichtsgegenstand ist, der den Unterrichtsgegenständen der öffentlichen Volksschule gleichgestellt ist.

Diese Frage ist auf Grund der für Hannover erlassenen gesetzlichen Bestimmungen in Übereinstimmung mit den Ausführungen der Strafkammer zu bejahen.

Das Gesetz über die Rechtsverhältnisse der Juden vom 30. September 1842 (GS. S. 211) läßt im Abschnitte III C §§ 38 ff. die Errichtung neuer jüdischer Schulen und die Beibehaltung der vorhandenen unter bestimmten Voraussetzungen zu und bestimmt im § 39, daß diese Schulen von den jüdischen Kindern während der Schulpflichtigkeit besucht werden müssen; doch wird den jüdischen Eltern gestattet, ihre Kinder auch in den christlichen Schulen unterrichten zu lassen. Besteht keine besondere jüdische Schule, so müssen nach § 41 die Kinder der Juden während der Jahre der Schulpflichtigkeit an dem Unterricht in den christlichen Schulen mit Ausnahme des christlichen Religionsunterrichts teilnehmen. Der § 41 bestimmt dann weiter: Es finden dabei die nämlichen Zwangsmittel wie gegen die christlichen Schulkinder und deren Eltern statt.

Zu diesen Zwangsmitteln gehört aber auch die zur Erfüllung der den Eltern auferlegten Pflicht, ihre Kinder, während sie schulpflichtig sind, in die Schule zu schicken, gesetzlich vorgesehene Bestrafung der Eltern wegen unbegründeter Schulversäumnisse ihrer Kinder.

In der Bekanntmachung des Ministers des Innern, das jüdische Synagogen-Schul- und Armenwesen betreffend, vom 19. Januar 1844 (GS. S. 43), die erlassen worden ist, zur Ausführung der Bestimmungen der §§ 19—49 des Gesetzes vom 30. September 1842, wird im § 16 angeordnet, daß die Vorsteher der Synagogengemeinden darauf zu halten haben, daß die schulpflichtigen jüdischen Kinder die jüdische Schule gehörig besuchen, sofern sie nicht in den christlichen Schulen unterrichtet werden (§ 39) und daß dabei die nämlichen Zwangsmittel wie gegen christliche Schulkinder und deren Eltern stattfinden. Der § 17 bestimmt unter Hinweis auf § 41 des Gesetzes, daß, wo keine jüdische Schule für den allgemeinen Unterricht besteht, von den Vorstehern darauf zu halten ist, daß die schulpflichtigen jüdischen Kinder die christliche Schule besuchen.

Aus allen diesen Bestimmungen ergibt sich, daß der Besuch der für den allgemeinen Unterricht bestimmten jüdischen Schulen für die schulpflichtigen jüdischen Kinder und deren Eltern ebenso obligatorisch sein sollte, wie der Besuch der christlichen Volksschulen für die christlichen Kinder und deren Eltern, und daß zur Erzielung eines regelmäßigen Besuchs auch dieser Schulen gegen die jüdischen Eltern die gleichen Zwangsmittel zur Anwendung kommen sollen wie gegen die christlichen Eltern mit Bezug auf den Besuch der Volksschule durch ihre Kinder.

Die jüdischen allgemeinen Schulen sind danach den Volksschulen gleichgestellt.

Nach § 19 der Bekanntmachung sind da, wo eine jüdische Religionsschule besteht, auch die Angelegenheiten dieser Schule, sofern sie nicht bloß Privatanstalt ist, von den Vorstehern der Synagogengemeinden zu versehen. Abgesehen davon, daß nach § 57 die Lehrer an den jüdischen Religionsschulen nur mit Genehmigung des Landrabbiners angenommen und entlassen werden können, enthält die Bekanntmachung keine weiteren Bestimmungen über die Religionsschulen.

Diese sind in der Schulordnung für die jüdischen Schulen vom 5. Februar 1854 (GS. S. 49), die zur Ausführung der über das jüdische Schulwesen in dem Gesetz vom 30. September 1842 und der Bekanntmachung vom 19. Januar 1844 enthaltenen Bestimmungen mit Allerhöchster Ermächtigung für die jüdischen Schulen des Königreichs Hannover erlassen worden ist, einer Regelung unterzogen.

Die Schulordnung macht es im § 1 den jüdischen Eltern zur Pflicht, ihre Kinder während des schulpflichtigen Alters in der jüdischen Religion und in den Elementarkenntnissen unterrichten zu lassen. Im § 2 wird das schulpflichtige Alter für die jüdischen Elementar- und Religionsschulen festgesetzt. Nach § 4 soll in den Schulverbänden, in welchen nicht durch das Bestehen vollständig eingerichteter jüdischer Schulen für die Erteilung des jüdischen Religionsunterrichts gesorgt ist, auf die Gründung besonderer Religionsschulen tunlichst Bedacht genommen werden. Die jüdischen Kinder, welche gleichwohl einen genügenden Unterricht in der Religion nicht erhalten, sollen, wenn tunlich, gegen Ende ihres schulpflichtigen Alters mindestens ein Jahr unausgesetzt eine jüdische Religionsschule besuchen (§ 6). Endlich sollen nach § 8 jüdische Kinder in Zukunft bei ihrem Eintritt in das bürgerliche Leben sich darüber ausweisen, daß sie genügenden Unterricht in der Religion genossen haben. Im § 33 werden die Lehrgegenstände aufgeführt, die den Unterricht an den jüdischen Religionsschulen umfassen, während der § 34 die weiteren zu diesen in den jüdischen Elementarschulen noch hinzukommenden Lehrgegenstände bezeichnet.

Nach diesen Bestimmungen ist *der jüdische Religionsunterricht ein obligatorischer Lehrgegenstand für die schulpflichtigen jüdischen Kinder*; diesen Unterricht erhalten sie in den allgemeinen jüdischen Schulen, wenn sie diese besuchen. Besuchen sie eine christliche Volksschule, so erhalten sie den Religionsunterricht entweder in der allgemeinen jüdischen Schule oder in einer in Gemäßheit der Bestimmungen der Schulordnung von den Synagogengemeinden errichteten Religionsschule, an denen der Unterricht in der Religion dieselben Gegenstände umfaßt wie in den jüdischen allgemeinen Schulen. Den jüdischen Eltern ist gesetzlich die Pflicht auferlegt, diesen jüdischen Religionsunterricht dann, wenn die Möglichkeit hierzu gegeben ist, ihren schulpflichtigen Kindern unter allen Umständen zuteil werden zu lassen.

Hinsichtlich des Besuches der allgemeinen jüdischen Schule und der christlichen Volksschule, falls ihre Kinder diese Schule besuchen, sind die jüdischen Eltern den gesetzlich vorgesehenen Zwangsmitteln unterworfen. Da zu den obligatorischen Lehrgegenständen der schulpflichtigen jüdischen Kinder der jüdische Religionsunterricht gehört und dieser Unterricht, sofern er an den jüdischen, von den Gemeinden in Gemäßheit der Schulordnung vom 5. Februar 1854 errichteten Religionsschulen erteilt wird, dem an den allgemeinen jüdischen Schulen erteilten durchaus gleichgestellt ist, so kommen auch hinsichtlich des Besuchs dieser Religionsschulen die gleichen Zwangsmittel in Anwendung, die hinsichtlich des Besuchs der christlichen Volksschulen vorgesehen sind. Als ein solches Zwangsmittel stellt sich der § 125 Hannov. Pol.-St.-G. dar, der eine Bestrafung der Eltern vorsieht, die ihre Kinder nicht zum Besuche der Volksschule anhalten.

Mit Rücksicht auf diese in Hannover für die jüdischen Schulen erlassenen besonderen Bestimmungen kann es unerörtert bleiben, ob nach der preußischen Gesetzgebung der an einer jüdischen Religionsschule erteilte Unterricht als ein Teil des öffentlichen Volksschulunterrichts angesehen werden kann (vgl. K.-G. 14 III 01, K.-G.-J. 21 S. C. 100.).

Diese besonderen Bestimmungen stehen mit der preußischen Gesetzgebung nicht in Widerspruch und sind durch diese nicht beseitigt, sie sind neben derselben in Kraft geblieben.

Nach den Feststellungen besteht in A. bei B. eine der Schulordnung vom 5. Februar 1854 entsprechende jüdische Religionsschule, zu deren Verbande die in B. wohnhaften Juden gehören.

Der Angeklagte war verpflichtet, seine schulpflichtige Tochter, die, wie anzunehmen ist, wenngleich dies nicht ausdrücklich festgestellt ist, die christliche Volksschule besucht hat, auch zum Besuche dieser Religionsschule anzuhalten.

..... (Es folgen Ausführungen, daß die Sache wegen nicht ausreichender Feststellung des Verschuldens des Angeklagten an das Berufungsgericht zurückzuverweisen war.)

## Die Entscheidung vom 25. März 1907 lautet:

### Gründe.

Das Berufungsgericht hat den Angeklagten, der Jude ist, auf Grund der Feststellung, daß er seinen Sohn Rudolf seit Beginn der Schulpflicht den jüdischen Religionsunterricht ohne Entschuldigung habe versäumen lassen, gemäß § 125 des Hannoverschen Polizei-Strafgesetzes in Verbindung mit den §§ 1, 2, 3 der Hannoverschen Schulordnung für die jüdischen Schulen vom 5. Februar 1854 zu Strafe verurteilt. Der Angeklagte bemängelt in der Revision die Giltigkeit der angewandten Rechtsnormen und vertritt die Ansicht, daß ihm durch § 1631 BGB. die Befugnis gewährt sei, den Religionsunterricht seiner Kinder zu bestimmen.

Das Rechtsmittel konnte keinen Erfolg haben. Die Entscheidung hängt von der Frage ab, ob das Hannoversche Gesetz über die Rechtsverhältnisse der Juden vom 30. September 1842, dessen Bestimmung über das jüdische Schulwesen durch die erwähnte Schulordnung vom Jahre 1854 Ausführungsvorschriften hinzugefügt sind, auch nach der Einverleibung des Königreichs Hannover in das Königreich Preußen Giltigkeit bewahrt hat. Die Frage ist vom Senat in bejahendem Sinne mit ausführlicher Begründung bereits in dem Urteil vom 20. Februar 1905 (Jahrbuch der Entsch. des K.-G. Bd. 29 S.C. 24) entschieden, der vorliegende Sachverhalt bietet keinen Anlaß, von dieser Rechtsansicht abzuweichen. Es ist nicht richtig und widerspricht der ständigen Judikatur des Kammergerichts, was der Revident ausführt, daß durch die Einführung der Preußischen Verfassung in Hannover die genannten hannoverschen Gesetze aufgehoben und daß zugleich alle übrigen preußischen Verordnungen in Hannover ohne weiteres Geltung erlangt hätten. Das Revisionsgericht hat stets den Standpunkt vertreten (Jahrbuch, Bd. 20 S. C. 57, Bd. 27 S. Cc. 49) und noch neuerdings (Urteil vom 7. März 1907 in Sachen c/a. Schütze I S. 51/07) ausführlich begründet, daß Gesetze kraft des ihnen zu Grunde liegenden gesetzgeberischen Willens sich nur auf dasjenige Gebiet, das zur Zeit der Verkündung die Monarchie bildet, erstrecken können, daß für später hinzutretende Gebiete ein erneuter Erlaß und eine anderweite Verkündigung stattfinden muß.

Diesem Grundsatz entsprach es, daß die Preußische Verfassung durch besonderes Gesetz (§ 2 des Gesetzes vom 20. September 1866 GS. S. 555) für das Gebiet des Königreichs Hannover eingeführt ist und daß erst durch die Verordnung vom 20. September 1867 auch das preußische Gesetz über die Polizeiverwaltung vom 11. März 1850 in Hannover Geltung erlangt hat. Die Einführung der Preußischen Verfassung in Hannover berührt aber keineswegs die weitere Giltigkeit der erwähnten hannoverschen Schulgesetze, insbesondere nicht in der Beziehung, soweit die religiöse Erziehung der Kinder in Frage kommt; denn hierüber ist in der Preußischen Verfassung nichts bekannt.

Der Angeklagte beruft sich ferner zu Unrecht auf § 1631 BGB. und legt diese Vorschrift unrichtig aus, wenn er meint, danach stehe dem Vater die Befugnis zu, zu bestimmen, in welchem Glaubensbekenntnis seine Kinder erzogen werden sollen: er übersieht, daß § 1631 gerade über die religiöse Erziehung der Kinder keine Bestimmung treffen wollte und konnte. Denn in Art. 134 Einf.-Ges. zum BGB. sind die landesgesetzlichen Vorschriften über die religiöse Erziehung der Kinder ausdrücklich aufrechterhalten. Die vom Revidenten behauptete Beschränkung des Art. 134 auf Kinder aus Mischehen ist willkürlich und findet im Gesetze keine Rechtfertigung.

Nach den hiernach noch für giltig zu erachtenden hannoverschen Gesetzesbestimmungen ist der jüdische Religionsunterricht ein obligatorischer Lehrgegenstand für die schulpflichtigen jüdischen Kinder; sie haben an Orten, wo eine jüdische Religionsschule besteht, den Unterricht in dieser Schule zu besuchen. Diese Schulpflicht der Kinder und damit auch die Pflicht der Eltern, auf diesen Schulbesuch hinzuwirken, bleibt bestehen, selbst wenn das schulpflichtige jüdische Kind bereits eine christliche Schule besucht und in dieser an dem christlichen Religionsunterricht teilnimmt.

Die Ausführungen des Berufungsgerichts sind auch in diesen Beziehungen zutreffend; die Verurteilung des Angeklagten erscheint daher gerechtfertigt.

Ebenso ist für das Gebiet des ehemaligen Herzogtums Nassau die Teilnahme an dem von den israelitischen Kultusgemeinden eingerichteten Religionsunterricht durch § 14 der Verordnung vom 7. Januar 1852 (u. S. 369) für obligatorisch erklärt und die Versäumnis mit Strafe belegt.

## D. Die Qualifikation der jüdischen Religionslehrer.

I. Die Qualifikationserfordernisse der jüdischen Religionslehrer bis zum Gesetze vom 23. Juli 1847 siehe oben S. 2 ff.

II. § 62 Abs. 2 des Gesetzes vom 23. Juli 1847 bestimmt:

Als besondere Religionslehrer können nur solche Personen zugelassen werden, welche zur Ausübung eines Elementarschul-Amtes vom Staate die Erlaubniß erhalten haben.

Die Denkschrift des Staatsministeriums zu dem Gesetzentwurf (Vollständige Verhandlungen u. s. w. S. XXXIII) besagte hierzu:

„In verschiedenen deutschen Bundes-Saaten, z. B. in Braunschweig, Oldenburg und Weimar, hat man den Ausweg gewählt, die jüdischen Gemeinen zur Errichtung und Unterhaltung besonderer jüdischer Religionsschulen zu verpflichten, an welchen jüdische Religionslehrer durch die Schul-Behörde des Staates nach der von dieser Behörde unter Zuziehung eines Rabbiners erfolgten Prüfung ihrer Qualifikation angestellt werden und worin sämtliche jüdische Kinder während des schulpflichtigen Alters unterrichtet werden müssen. Wenn es indeß den Verhältnissen der Juden, als einer geduldeten Religionssekte, entspricht, daß der Staat lediglich den Judengemeinen die Entscheidung über das Maß von Religionskenntnissen, welches sie von ihren Religionslehrern verlangen wollen, und über deren Rechtgläubigkeit überläßt, und daß er auch von dem materiellen Inhalte des den jüdischen Kindern zu erteilenden Religions-Unterrichts keine nähere Kenntnis nehmen kann, so läßt sich auch die zwangsweise Anhaltung der Juden zur Errichtung besonderer Religions-Schulen für ihre Kinder ..... nicht wohl rechtfertigen.....

Der Staat wird lediglich darüber zu wachen haben, daß, wenn die jüdischen Gemeinden besondere Religionslehrer annehmen wollen, dazu nur solche Personen zugelassen werden, welche zur Ausübung eines Lehramtes von der Schulbehörde die Erlaubnis erhalten haben. ..... Die eigentlichen jüdischen Religionskenntnisse können jedoch bei den für den jüdischen Religionsunterricht zu bestellenden Lehrern nicht Gegenstand der Prüfung sein und eben deshalb kann auch auf den in den kommissarischen Verhandlungen ausgesprochenen Wunsch,

daß besondere jüdische Seminarien zur Vorbildung für jüdische Religionslehrer errichtet werden möchten,

von Seiten der Staatsbehörde in der Weise, daß dieselbe die Errichtung solcher Seminarien anordnet, nicht eingegangen werden."

Seitens der ersten Abteilung der Herrenkurie des vereinigten Landtags war zu dem Regierungsvorschlag das folgende Gutachten abgegeben worden:[1])

„... Eben so ist es gewiß angemessen, daß die Religions-Lehrer vom Staate geprüft werden und die zum Lehramte im Allgemeinen nöthigen Kenntnisse nachweisen müssen. Ein Mehreres, namentlich der Nachweis der Kenntnisse in jüdischen Glaubenssachen, wird der Staat zwar nicht begehren, aber gewiß oft von den Juden gewünscht werden.

Um nun in dieser Beziehung, wenn solche Wünsche vorliegen, zur Erfüllung derselben eine Gelegenheit zu geben, an welcher es bisher in den meisten Fällen fehlt, schlägt die Abtheilung einstimmig vor, zu bestimmen, daß die vorstehend ad 18—22 (jetzt § 53—57) konstituirte Kommission dergleichen Prüfungen jüdischer Religions-Lehrer auf den Wunsch der Synagogen-Vereine vorzunehmen und über den Erfolg derselben Bescheinigungen zu ertheilen befugt sein soll. Solche Bescheinigungen werden dann selbstredend keine offizielle Bedeutung haben und keine Staats-Approbation bekunden, dagegen aber doch vielleicht durch die Autorität der Mitglieder der Kommission für den Verein von großem Wert und Bedeutung sein."

Der Vorschlag der Abteilung wurde von dem Plenum der Herrenkurie angenommen. Von der Staatsregierung ist er jedoch nicht akzeptiert und demzufolge in das Gesetz nicht aufgenommen worden.

Seitens der Abteilung der Dreiständekurie war bezüglich des in Rede stehenden Punktes das folgende Gutachten abgegeben worden:[2])

„Legt ..... der Staat den Synagogen-Gemeinden diese Verpflichtung (nämlich zur Fürsorge für den Religionsunterricht) auf, so, meinten einige Mitglieder, müsse er auch dafür sorgen, daß dieselben solcher genügen können, daß es an qualifizierten Religions-Lehrern nicht fehle. Hierzu seien besondere Bildungs-Anstalten, gewissermaßen Seminarien, notwendig. Wie der Staat Anstalten zur Heranbildung der Lehrer der christlichen Religion ins Leben rufe und unterhalte, so sei es auch seine Sache, zu Gunsten der Lehrer jüdischer Religion es zu thun, da die Juden zu seinen Bedürfnissen ebenso beisteuern, wie die Christen, und im Wege der allgemeinen Besteuerung selbst zur Unterhaltung der Anstalten für die Lehrer der christlichen Religion beitragen.

---

[1]) Vgl. Vollständige Verhandlungen u. s. w. S. 64.
[2]) a. a. O. S. 289 f.

Dem wurde von den übrigen Mitgliedern widersprochen, indem einzelne derselben unter Hinweisung darauf, daß die jüdische Religion nur eine geduldete sei, schon die Verpflichtung des Staats, überhaupt sich darum zu kümmern, wie die Juden sich ihre Religions-Lehrer heranbilden, Andere wenigstens die Obliegenheit desselben, die Kosten solcher Bildungs-Anstalten herzugeben, in Abrede stellten.

Als es zur Abstimmung kam, erklärte sich daher die Abtheilung mit sechs Stimmen gegen vier zwar dafür,

daß es überhaupt zweckmäßig und nothwendig sei, Anstalten zur Ausbildung jüdischer Religions-Lehrer einzurichten,

im gleichen Stimmen-Verhältnisse aber dagegen:

daß dies auf Kosten des Staates geschehe.

Eine Prüfung der jüdischen Religionslehrer in betreff ihrer Rechtgläubigkeit und des Maßes der ihnen beiwohnenden Religionskenntnisse kann füglich nicht stattfinden, weil das Judenthum eine geistliche Autorität überhaupt nicht anerkennt. Jedoch darf deshalb dem Staate es nicht gleichgültig sein, welche wissenschaftliche Bildung der Religionslehrer außerdem besitzt. Da von einem Manne, welcher einen gewissen Grad allgemeiner wissenschaftlicher Bildung sich angeeignet hat, mit Grund auch eine gesundere Auffassung der Religionswahrheiten zu erwarten ist, so schien es der Abtheilung zweckmäßig, von einem jüdischen Religionslehrer wenigstens die allgemeinen wissenschaftlichen Kenntnisse eines Elementarlehrers zu fordern und in dieser Beziehung ihn einer Staats-Prüfung zu unterwerfen. Sie wünscht demnach einstimmig, daß hierüber noch eine ausdrückliche Festsetzung erfolge, und würde ihrem Wunsche genügt werden, wenn in dem zweiten Abschnitte des vorliegenden Paragraphen hinter „zugelassen werden, welche" die Worte: „in einer mit ihnen anzustellenden Prüfung die allgemeinen wissenschaftlichen Kenntnisse eines christlichen Elementarlehrers nachgewiesen und" eingeschaltet würden.."

Der Standpunkt, welcher sowohl in dem Gesetz von 1847 und der begründenden Denkschrift des Staatsministeriums, wie in dem Gutachten der Abteilung zum Ausdruck kommt, daß nämlich der Staat von dem jüdischen Religionslehrer nur den Nachweis seiner allgemeinen wissenschaftlichen Befähigung für den Lehrberuf zu verlangen, eine Prüfung in den jüdischen Religionswissenschaften aber nicht vorzunehmen habe, ist grundsätzlich auch in der Folge festgehalten worden und entspricht für die älteren Provinzen im wesentlichen dem gegenwärtigen Stande der Dinge.

(Das Nähere darüber siehe im Kapitel über die Ausbildung der jüdischen Lehrer, oben S. 150 ff.)

Die Bestimmung, daß jüdische Religionslehrer die Elementarschullehrerqualifikation besitzen müßten, ist in der Folge durch die Ministerialrescripte vom 19. März 1863 und 3. Oktober 1870 dahin deklariert worden, daß dieses Erfordernis nur für den Fall gelte, wenn es sich um besondere Religionslehrer an einer von einer Synagogengemeinde eingerichteten Religionsschule handele. Wo solche Einrichtungen nicht beständen, könne auch Schächtern und ähnlichen Personen die Erlaubnis zur Erteilung des Unterrichts im Hebräischen und in der Religion auch ohne die Ablegung der Prüfung für das Elementarschulamt gestattet werden.

Die Ministerialreskripte haben den folgenden Wortlaut:

### 1. Ministerialreskript vom 19. März 1863 (M.-Bl. S. 87).

Auf den gefälligen Bericht vom 10. Januar d. J. erwidere ich Ew. etc. ergebenst, daß die Bestimmungen im § 62 des Gesetzes vom 23. Juli 1847, nach welcher als besondere jüdische Religionslehrer nur solche Personen zugelassen werden sollen, welche zur Ausübung eines Elementar-Schulamtes vom Staate die Erlaubniß erhalten haben, sofern die Ertheilung dieser Erlaubniß von der Ablegung der vollständigen Lehrer-Prüfung abhängig gemacht wird, nur auf solche Religionslehrer anzuwenden ist, welche an den, in demselben Paragraphen bezeichneten, von den Synagogen-Gemeinden eingerichteten Religions-Schulen den Unterricht ertheilen. Wo solche Einrichtungen nicht bestehen, kann Schächtern und ähnlichen Personen die Erlaubniß zur Ertheilung des Unterrichts im Hebräischen und in der Religion auch ohne die Ablegung jener Prüfung gestattet werden; nur ist in jedem einzelnen Falle darauf zu halten, daß diese Personen die Gränzen der ihnen ertheilten Erlaubniß nicht überschreiten, und daß die betreffenden Kinder den anderweitigen Unterricht in einer ordentlichen Elementarschule empfangen.

Berlin, den 19. März 1863.

Der Minister der geistlichen pp. Angelegenheiten.
v. Mühler.

### 2. Ministerialreskript vom 3. Oktober 1870 (Z.-Bl. S. 608 f.).

Berlin, den 3. Oktober 1870.

Auf die Vorstellung d. d. N., den 23. v. M. gereicht Ihnen zum Bescheid, daß die Absolvirung der vollständigen Lehrerprüfung für Sie nur dann erforderlich ist, wenn Sie als besonderer Religionslehrer an einer von einer Synagogengemeinde eingerichteten Religionsschule Unterricht ertheilen wollen. Dagegen kann Ihnen da, wo eine solche Einrichtung nicht besteht, ohne Ablegung jener Prüfung die Ertheilung des Unterrichts im Hebräischen und in der Religion in Ihrer Stellung als Schächter gestattet werden. Eine derartige Erlaubniß beschränkt sich indeß nur auf den Ort des jeweiligen Aufenthalts und ist eine allgemeine Genehmigung zu der gedachten Unterrichtsertheilung unzulässig.

Hiernach kann, da Sie das Amt eines Schächters und Vorbeters bei der jüdischen Gemeinde zu N. jetzt nicht mehr bekleiden, Ihrem Gesuch eine weitere Folge nicht gegeben werden. Ob die für Ihre Zulassung im speciellen Fall erforderlichen Sittenzeugnisse zureichend sind, darüber kann erst befunden werden, wenn Sie eine der früheren ähnliche Stellung gefunden haben.

Der Minister der geistlichen etc. Angelegenheiten.
In Vertretung: Lehnert.

Unter dem 7. Dezember 1875 ist hinsichtlich der Qualifikation der Rabbiner für den jüdischen Religionsunterricht eine Ministerialentscheidung dahin ergangen, daß „ordnungsmäßig qualifizierte und von den betreffenden Kultusgemeinden als solche anerkannte jüdische Gesetz- oder Religionslehrer

(Rabbiner, Priester)" eines weiteren Nachweises der Befähigung zur Erteilung des Religionsunterrichtes nicht bedürfen.

Der Erlaß lautet (Z.-Bl. 1876 S. 31):

Berlin, den 7. Dezember 1875.

Dem Königlichen Provinzialschulkollegium erwidere ich auf den Bericht vom 22. v. Mts., daß der israelitische Religionsunterricht auf den untern Klassen höherer Lehranstalten unbedenklich einem seminaristisch gebildeten Lehrer übertragen werden kann, für die oberen Stufen aber überall nur ordnungsmäßig qualificirte und von den betreffenden Kultusgemeinden als solche anerkannte jüdische Gesetz- oder Religionslehrer (Rabbiner, Priester) zuzulassen sein werden. Ein weiterer Nachweis der Befähigung zur Erteilung des Religionsunterrichts ist von den Genannten nicht zu erfordern. Daran wolle das Königliche Provinzialschulkollegium das Kuratorium des Gymnasiums in N. auf seine Eingabe vom 5. d. Mts. bescheiden.

Der Minister der geistlichen 2c. Angelegenheiten.

Falk.

An das Königl. Provinzialschulkollegium in N. U. II. 6279.

Die Gesetzgebungen für die neuerworbenen Gebietsteile enthalten hinsichtlich der Qualifikation der Religionslehrer die folgenden Bestimmungen[1])

a. Hannover.

### 1. Gesetz vom 30. September 1842.

§ 22: Die Anstellung der .... Schullehrer setzt eine Prüfung durch den Landrabbiner und einen von der Landdrostei zu ernennenden Commissarius .... voraus.

§ 47: Der Landrabbiner hat dahin zu sehen, daß es den jüdischen Kindern nicht am Religionsunterricht fehle und daß die Eltern zu solchem Ende einen geprüften jüdischen Lehrer annehmen.

### 2. Bekanntmachung vom 19. Januar 1844.

§ 3: Der Dienst eines Schächters soll..., wo es thunlich ist, auch von dem des Lehrers getrennt werden.

### 3. Gesetz vom 5. Februar 1854.

§ 50: Die Anstellungsfähigkeit der Lehrer ist durch das Bestehen der bei der Entlassung vom Seminar vorgenommenen, oder einer die Fähigkeit zur Verwaltung eines Lehramtes sonst genügend bekundenden Prüfung (§§ 51—54) bedingt.

§ 51: Die Prüfung der Lehrer ist von dem Landrabbiner zu halten; bei der Prüfung der Elementarlehrer soll ein von der Landdrostei zu ernennender Commissarius zugegen sein.

Über den Ausfall der Prüfung ist an die Landdrostei zu berichten.

§ 52: Die Prüfung zerfällt in eine schriftliche und mündliche. Für den Religionslehrer erstreckt dieselbe sich auf die in dem § 33[2]), für die Elementarlehrer auf die in den §§ 33 und 34 genannten Gegenstände der Schulunterweisung.

---

[1]) Vergl. auch oben S. 154 f.

[2]) § 33 lautet: Der Unterricht in den jüdischen Religionsschulen umfaßt folgende Lehrgegenstände:

Bei beiden ist die im allgemeinen erworbene pädagogische Ausbildung durch die Prüfung zu ermitteln.

Zur Darlegung der vorhandenen Lehrgabe ist eine Probelection zu halten.

§ 53: Das Zeugniß hat das Ergebnis der Prüfung durch die Prädicate

sehr gut
gut
genügend

auszudrücken. Das Maaß der erworbenen Kenntnisse in den einzelnen Lehrfächern ist in dem Zeugniß genau anzugeben und hiemit ein Urtheil über das Lehrgeschick des Geprüften zu verbinden.

§ 54: Lehrer, welche die Prüfung das erste Mal nicht mit dem gewünschten Erfolge bestanden haben, können erst nach Ablauf eines Jahrs zu einer nochmaligen Prüfung zugelassen werden.

## b. Kurhessen.

### 1. Gesetz vom 30. Dezember 1823.

§ 7 Abs. 1: Alle gröseren Gemeinden, welche einen Rabbiner besolden können, sollen einen solchen als Seelsorger haben, und diesem zugleich der Unterricht der Jugend in der Religion ... obliegen.

§ 8: Diejenigen Israeliten, welche Unterricht in der Religion ertheilen wollen, müssen zuvor über die Kenntnisse, welche von dergleichen Lehrer im allgemeinen erfordert werden, und zwar die Bewerber um Rabbinen-Stellen, durch die geeigneten Mitglieder der philosophischen Facultät in Marburg, sowie die übrigen Lehrer durch die betreffende Commission zur Prüfung der Bewerber um Schulstellen, sämmtlich aber rücksichtlich der jüdischen Religionslehre durch das Landrabbinat, im Beiseyn des landesherrlichen Commissars (s. § 35) oder eines geeigneten Stellvertreters desselben, geprüft und zum Berufe eines Lehrers und bezw. eines Rabbinen und Seelsorgers tüchtig befunden seyn.

### 2. Gesetz vom 29. Oktober 1833.

§ 11: Die im § 8 der Verordnung vom 30. Dezember vorgeschriebene, Prüfung

a) ......... der Bewerber um Rabbinen-Stellen soll ......
b) der Bewerber um blosse Lehrer-Stellen an israelitischen Schulen aber durch besondere, von unserem Ministerium des Innern zu bestellende, Prüfungs-Commissionen, welchen Lehrer und sonst wissenschaftlich gebildete Männer israelitischen Glaubens beizuordnen sind,

vorgenommen werden, bis die vollständige Besetzung des Landrabbinats anderweite Anordnungen ausführbar gemacht haben wird.

## c. Großherzogtum Hessen.

### Edikt vom 17. Juli 1823.

4. Die anzustellenden Lehrer sind von der dazu verordneten Prüfungsbehörde, unter Zuziehung eines Bekenners der mosaischen Religion, nach den bestehenden Vor-

a) Hebräisch lesen und jüdisch Schreiben.
b) Hebräische Sprüche und Gebete, sowie die Übersetzung derselben.
c) Übersetzung und Erklärung der heiligen Schrift.
d) Hebräische Grammatik.
e) Biblische und jüdische Geschichte.
f) Systematische Religionslehre und wo thunlich
g) Rabbinische Schriften und Gesang.

schriften zu prüfen. Ohne diese Prüfung und darauf erfolgte Approbation darf keiner eine Lehrerstelle an einer öffentlichen Schule übernehmen. Dasselbe gilt von Hauslehrern und Vorstehern von Privatlehr- und Erziehungsanstalten.

5. Um aber den dem Lehramte sich widmenden Jünglingen die Gelegenheit zu ihrer Ausbildung zu verschaffen und zu bewirken, daß in Zukunft tüchtige, bewährte, mit der vorgeschriebenen Methode vertraute Lehrer zu erhalten seien, soll es den Lehramts-Candidaten mosaischer Religion verstattet sein, die Schullehrer-Seminarien des Landes zu besuchen, und an den darin statt findenden Vorlesungen und Übungen Theil zu nehmen. Das Wohnen in den Seminarien selbst wird jedoch nicht von ihnen gefordert.

### d. Hohenzollern-Sigmaringen.

### Gesetz vom 9. August 1837.

§ 32: Der Religions-Unterricht in den israelitischen Elementarschulen ist von dem Rabbiner ... und bei dessen Behinderung oder Abwesenheit, von dessen Stellvertreter oder dem Schullehrer, nach Anleitung des Rabbiners, .... zu ertheilen.

§ 42: ......... der Moralunterricht darf, ohne besondere Ermächtigung der Staatsbehörde, durch keinen andern, als den gesezlich geprüften und ernannten Rabbiner, oder dessen stellvertretenden Vorsänger, vorgenommen werden.

§ 29: Die anzustellenden Schullehrer und Provisoren haben sich ebenfalls der Staatsprüfung zu unterziehen ........

§ 30: Damit die Schuldienste bei künftigen Erledigungsfällen der Vorsängerstellen mit diesen je nach Umständen vereinigt werden können, soll bei der Prüfung der Schullehrer hierauf die erforderliche Rüksicht genommen werden

### e. Nassau.

Über die Qualifikation und Rechtsstellung der jüdischen Religionslehrer im Gebiet des ehemaligen Herzogtums Nassau, vgl. § 12 der Verordnung vom 7. Januar 1852 u. S. 368f.

Das Volksschulunterhaltungsgesetz enthält bezüglich der Qualifikation für den jüdischen Religionsunterricht keine Bestimmungen.

Von früheren Gesetzentwürfen enthielt der Entwurf Altenstein[1]) vom 27. Juni 1819 im § 62 Z. 5 die folgende Bestimmung:

> „Bei Subjekten, welche an besonderen Schulen kleiner christlichen Sekten oder jüdischer Gemeinden angestellt werden sollen, wird die Prüfung in Religionskenntnissen den Vorgesetzten gedachter Schulen überlassen."

Die Entwürfe Bethmann-Hollweg vom Jahre 1861[2]) (§ 176) und Mühler vom Jahre 1869 (§ 145) hatten gleichlautend die folgende Regelung vorgesehen:

> „Rabbiner bedürfen zur Ertheilung von Religionsunterricht dem Staate gegenüber keines Nachweises ihrer Befähigung."

---

[1]) Die Gesetzgebung auf dem Gebiete des Unterrichtswesens u. s. w. S. 51.

[2]) a. a. O. S. 223 f.

„Wer sonst jüdischen Religionsunterricht in Schulen ertheilen will, muß abgesehen von seiner Befähigung für denselben die Prüfung für das Elementarschulamt bestanden haben."

In den Motiven zu den §§ 170—178 Ziffer 2 des Entwurfes Bethmann-Hollweg hieß es hierzu:

„Die Vorsteher religiöser Vereine, welche der Staat als solche zuläßt, werden auch ohne weiteren Nachweis als befähigt angesehen, den Kindern der diesem Verein Angehörigen einen, den religiösen Unterricht der öffentlichen Schule vertretenden Religionsunterricht zu ertheilen."

Der Entwurf Zedlitz vom Jahre 1892 enthielt in § 18 Abs. 2 die folgende Bestimmung:

„Mit Erteilung des Religionsunterrichts dürfen nur solche Lehrer beauftragt werden, welche sich im Besitz eines die Befähigung zur Erteilung des Religionsunterrichts aussprechenden Lehramtszeugnisses befinden."

Die Motive hierzu besagten: „Die Entscheidung darüber, ob der sachliche Inhalt des Religionsunterrichts der Lehre derjenigen Kirche bezw. Religionsgesellschaft entspricht, welcher die Kinder angehören, kann natürlich nur von den kirchlichen Oberbehörden bezw. von den zuständigen Organen der Religionsgesellschaft getroffen werden. ..... Zunächst müssen die zuständigen Organe der Religionsgesellschaft eine Mitwirkung bei Prüfung der Lehrer, welche den Religionsunterricht erteilen sollen, haben. .....

---

Anhang zum dritten Kapitel.

# Die Behandlung des jüdischen Religionsunterrichts in den früheren Gesetzentwürfen.

## 1. Entwurf Altenstein vom 27. Juni 1819.

§ 6 Z. 3 Abs. 3:[1]) Keine Schule darf zur Hinüberziehung der Kinder in eine andere Konfession gemißbraucht, deswegen dürfen Kinder von anderer Religion oder Konfession auch nicht zur Theilnahme an dem Religionsunterrichte und den religiösen Erbauungen der Schule wider ihrer Eltern und häuslichen Vorgesetzten oder wider ihren eigenen Willen angehalten, sondern es muß in solchen Fällen beides für sie durch Lehrer ihrer Konfession oder Religion besonders, besorgt werden.

Wo dies nicht möglich sein sollte, wird es um so mehr Gewissenpflicht ihrer Eltern oder Angehörigen, falls sie die Kinder von dem Religions-Unterricht und den religiösen Erbauungen der Schule zurückhalten, auf andere Weise dafür zu sorgen.....

---

[1]) Die Gesetzgebung u. s. w. S. 17.

Die Aufnahme von Kindern jüdischer Religion wird den christlichen Schulen gestattet; es gelten aber auch in Hinsicht ihrer die oben in Beziehung auf die Kinder anderer Konfessionen gegebenen Bestimmungen.

§ 31 Abs. 2. Die Juden auf dem Lande sollen an der Wohlthat der allgemeinen Vereinsschulen, aber nicht an ihrer Verwaltung theilnehmen. Jedoch für den Religionsunterricht ihrer Kinder muß von ihnen besonders gesorgt werden.

§ 62 Z. 5: Bei Subjekten, welche an besonderen Schulen kleiner christlichen Sekten oder jüdischen Gemeinden angestellt werden sollen, wir die Prüfung in Religionskenntnissen den Vorgesetzten gedachter Schulen überlassen.

## 2. Entwurf Ladenberg vom Jahre 1850.[1])

§ 12 Ziffer 5 Abs. 2: Für den Religionsunterricht derjenigen schulpflichtigen Kinder, welche denselben nach den Bestimmungen dieses Paragraphen in der Volksschule nicht erhalten können oder sollen, haben die betreffenden Eltern, beziehungsweise Kirchengemeinschaften zu sorgen.

## 3. Entwurf Bethmann-Hollweg vom Jahre 1861.[2])

§ 16: In der Volksschule ist der Religionsunterricht nach dem Lehrbegriff der evangelischen oder römisch-katholischen Kirche und zwar von dem Lehrer der Schule zu ertheilen.

Aus den Motiven zu § 16: „Daß, wie in § 16 geschehen, die Ertheilung des Religionsunterrichts in der öffentlichen Volksschule auf die evangelische und auf die römisch-katholische Kirche beschränkt werden muß, ist unter Bezugnahme auf den Art. 14 der Verfassungs-Urkunde in den vorausgeschickten allgemeinen Erörterungen nachgewiesen worden ..........

Für Juden und Dissidenten, welche den evangelischen oder römisch-katholischen Religionsunterricht der öffentlichen Volksschule für ihre Kinder nicht benutzen wollen, muß daher das Gesetz drei Wege offen lassen: entweder sie lassen ihre Kinder überhaupt privatim unterrichten, oder dieselben werden von dem in der öffentlichen Volksschule ertheilten Religionsunterricht dispensirt, oder die betreffenden Religionsgesellschaften errichten mit Genehmigung der Regierung öffentliche Schulen, welche sodann, was ihre Unterhaltung betrifft, den übrigen öffentlichen Volksschulen gleichgestellt werden....

In den konfessionell eingerichteten evangelischen und katholischen Schulen wird.. weder für die Kinder der Juden noch für die der Dissidenten Religionsunterricht ertheilt."[3])

## 4. Entwurf Mühler vom Jahre 1867.

§ 11: Sind einer Schule mehr als fünfzehn Kinder zugewiesen, welche einer anderen Confession als der des Lehrers angehören, so soll möglichst dafür gesorgt werden, daß diese Kinder durch einen benachbarten Lehrer oder Geistlichen ihres Bekenntnisses einen geordneten Religionsunterricht empfangen.

## 5. Entwurf Mühler vom Jahre 1868.

Art. IV § 7: Sind einer Schule mehr als 15 Kinder zugewiesen, welche einer anderen Confession als der des Lehrers angehören, so erstreckt sich die Schulunter-

[1]) a. a. O. S. 164.
[2]) Die Gesetzgebung u. s. w. S. 203.
[3]) a. a. O. S. 236.

haltungspflicht auch auf die Beschaffung eines geordneten Religionsunterrichts für diese Kinder durch einen benachbarten Lehrer oder Geistlichen ihrer Konfession, soweit das nicht etwa einen unverhältnißmäßigen Aufwand bedingen würde.

## 6. Entwurf Mühler vom Jahre 1869.[1])

§ 25: Beträgt die Zahl der die Schule besuchenden Kinder eines andern Bekenntnisses mehr als 15, so erstreckt sich die Schulunterhaltungspflicht auch auf die Beschafung eines geordneten Religionsunterrichtes für diese Kinder durch einen benachbarten Lehrer oder Geistlichen ihrer Confession, soweit das nicht etwa einen unverhältnißmäßigen Kostenaufwand bedingen würde.

## 7. Entwurf Goßler vom Jahre 1890.

§ 14 Abs. 4: Sind Kinder verschiedener Religionsgesellschaften in einer Volksschule vereinigt, so ist möglichst für die Angehörigen einer jeden von ihnen ein besonderer Religionsunterricht einzurichten, wenn nicht ihre Zahl weniger als 15 beträgt.

Gehören die betreffenden Kinder weder der evangelischen noch der katholischen Kirche an, so bedarf es außerdem in der Regel des Antrags seitens der zuständigen Organe der Religionsgesellschaft und des Nachweises eines zur Erteilung des Religionsunterrichts befähigten Lehrers.

§ 17: Den Religionsunterricht in der Volksschule leiten die betreffenden Religionsgesellschaften.

Demgemäß erfolgt

1. Die Einführung neuer Lehrpläne in Bezug auf den Religionsunterricht im Einvernehmen mit dem zuständigen Organe der Religionsgesellschaften.
   Ferner ist
2. Vor der Einführung neuer Schulbücher für den Religionsunterricht die Erklärung des zuständigen Organs der betreffenden Religionsgesellschaft einzuholen, daß gegen die in dem Buche enthaltene Lehre nichts einzuwenden sei.
   Endlich haben
3. Die von den Religionsgesellschaften hierzu beauftragten Personen das Recht, dem Religionsunterricht in der Schule beizuwohnen, durch Fragen sich von der sachgemäßen Erteilung und von den Fortschritten der Kinder zu überzeugen, den Lehrer nach Schluß des Unterrichts sachlich zu berichtigen und bei der Schulentlassung der Kinder an der Feststellung der Zeugnisse in der Religion mitzuwirken.

§ 121 Abs. 2: Lehrer sind verpflichtet ........ an benachbarten Schulen, wo ein besonderer konfessioneller Unterricht angeordnet ist, dessen Erteilung zu übernehmen.

Aus den Motiven:

„Der Gesetzentwurf .... verlangt, daß möglichst kein Kind ohne den Religionsunterricht seines Bekenntnisses bleibe, und daß überall, wo auch nur 15 Kinder einer konfessionellen Minderheit vorhanden sind, ein besonderer Unterricht für sie gewährt werde.

Geht die Zahl der Minderheit noch weiter herab, und ist es nicht möglich, durch Vereinigung von Kindern aus verschiedenen Schulen Hilfe zu schaffen, so wird sich ein Zwang gegen die Gemeinden nicht durchführen lassen, es ist aber dadurch nicht ausgeschlossen, daß, wenn ein Lehrer zu gewinnen ist, Staatsmittel ergänzend eintreten".

---

[1]) Schneider-v. Bremen, a. a. O. III. S. 774.

## 8. Entwurf Zedlitz vom Jahre 1892.

§ 17 Abs. 3: Sind Kinder verschiedener vom Staate anerkannter Religionsgesellschaften in einer Volksschule vereinigt, so ist möglichst für die Angehörigen einer jeden von ihnen ein besonderer Religionsunterricht einzurichten, wenn ihre Zahl 15 übersteigt.

Abs. 5: An konfessionell eingerichteten Schulen dürfen nur Lehrer der betreffenden Konfession beschäftigt werden. Diese Vorschrift findet auf den für die Kinder einer anderen Konfession anzustellenden Religionslehrer keine Anwendung. Letzterem kann, wenn die Beschaffung der Lehrkräfte mit erheblichen Schwierigkeiten und Kosten verbunden ist, ausnahmsweise nach Anhörung des Schulvorstandes die Ertheilung anderer, religiösen Fragen fernstehender Lehrstunden übertragen werden.

§ 18: Den Religionsunterricht in den Volksschulen leiten die betreffenden Religionsgesellschaften.

Mit Ertheilung des Religionsunterrichts dürfen nur solche Lehrer beauftragt werden, welche sich im Besitze eines die Befähigung zur Ertheilung des Religionsunterrichts aussprechenden Lehramtszeugnisses befinden

Der von den betreffenden Religionsgesellschaften mit der Leitung des Religionsunterrichts beauftragte Geistliche oder Religionsdiener hat das Recht, dem Religionsunterricht in der Schule beizuwohnen, durch Fragen sich von der sachgemäßen Erteilung desselben und von den Fortschritten der Kinder zu überzeugen, den Lehrer nach Schluß des Unterrichts sachlich zu berichtigen, sowie dementsprechend mit Weisungen zu versehen.

Aus den Motiven: (S. 16 und 17.)

Zu § 17: Für die Kinder konfessioneller Minderheiten muß auf Kosten der Gemeinde ein besonderer Religionsunterricht eingerichtet werden, wenn ihre Zahl über 15 beträgt und wenn sie einer vom Staate anerkannten Religionsgesellschaft angehören......

„Was den Begriff „der vom Staate anerkannten" Religionsgesellschaften betrifft, so sind hierunter nach der geschichtlichen Entwicklung zu verstehen..... endlich die früher sogenannten geduldeten Religionsgesellschaften wie die Mennoniten .... und die Juden.

Zu § 18: Die Entscheidung darüber, ob der sachliche Inhalt des Religionsunterrichts der Lehre derjenigen Kirche bezw. Religionsgesellschaften entspricht, welcher die Kinder angehören, kann natürlich nur von den kirchlichen Oberbehörden bezw. von den zuständigen Organen der Religionsgesellschaft getroffen werden.......

Zunächst müssen die zuständigen Organe der Religionsgesellschaften eine Mitwirkung bei Prüfung der Lehrer, welche den Religionsunterricht erteilen sollen, haben..

Das andere, was die Religionsgesellschaften zu verlangen haben, ist die Beteiligung bei der Einführung neuer Lehrpläne und Schulbücher für den Religionsunterricht.......

Endlich muß es den Religionsgesellschaften auch zustehen, von der Art und Weise Kenntnis zu nehmen, in welcher der Lehrplan ausgeführt und die Lehrbücher ausgenutzt werden."

# Viertes Kapitel.

# Die Teilnahme jüdischer Kinder am christlichen Religionsunterricht.

## A. Die Unzulässigkeit eines Zwanges zur Teilnahme seitens der Schule.

Ein Zwang zur Teilnahme jüdischer Schüler am christlichen Religionsunterricht darf in keiner Form ausgeübt werden. Diese Konsequenz des Grundsatzes der Gewissensfreiheit ist in den Gesetzgebungen der meisten Gebietsteile ausdrücklich ausgesprochen. Die bezüglichen Bestimmungen lauten:

I. Für das Geltungsgebiet des Gesetzes vom 23. Juli 1847 (Ost- und Westpreußen, Brandenburg, Pommern, Posen, Schlesien, Sachsen, Westfalen und die Rheinprovinz).

### 1. Allgemeines Landrecht Teil II Tit. 12.

§ 11: Kinder, die in einer anderen Religion, als welche in der öffentlichen Schule gelehrt wird, nach den Gesetzen des Staats erzogen werden sollen, können dem Religionsunterricht in derselben beizuwohnen nicht angehalten werden.

### 2. Gesetz vom 23. Juli 1847.

§ 62 Abs. 1: Zur Theilnahme an dem christlichen Religions-Unterrichte sind die jüdischen Kinder nicht verpflichtet. .....

II. Für das Gebiet des ehemaligen Herzogtums Holstein.

### Gesetz vom 14. Juli 1863.

§ 19 Abs. 3: An solchen Orten, wo keine besondere Schule für Juden besteht, sind dieselben nach Maßgabe der allgemeinen gesetzlichen Bestimmungen gehalten, ihre Kinder während der schulpflichtigen Jahre die öffentlichen Ortsschulen besuchen zu lassen. An dem christlichen Religionsunterricht nehmen die jüdischen Kinder nur dann Theil, wenn ihre Eltern oder Pflegeeltern solches wünschen.....

III. Für das Gebiet des ehemaligen Herzogtums Schleswig.

### Gesetz vom 8. Februar 1854.

Besuch der allgemeinen Ortsschule.

§ 29: An Orten, wo keine besondere Schule für Juden besteht, sind deren Kinder zum Besuch der allgemeinen Ortsschulen und zur Theilnahme an dem gesammten Unterrichte, mit Ausnahme des Religionsunterrichts, falls nicht die Eltern selbst wünschen, daß ihre Kinder an demselben Theil nehmen, verpflichtet.....

### IV. Für das Gebiet des ehemaligen Großherzogtums Hessen.

#### 1. Edict vom 17. Juli 1823.

7. An denjenigen Orten, wo die Bekenner der mosaischen Religion eigene Schulen nicht, oder doch nur solche haben, in welchen außer der Religionslehre kein sonstiger Unterricht ertheilt wird, sollen ihre Kinder die Ortsschulen besuchen, und an dem in denselben ertheilten Unterricht — jenen der Religion ausgenommen — Theil nehmen.

#### 2. Edict das Volksschulwesen usw. betreffend, publ. am 11. Julius 1832.

Art. 55 Abs. 1: Die Bekenner der mosaischen Religion sind, insofern sie nicht eigene Elementarschulen haben, verpflichtet, ihre Kinder zum Besuch der öffentlich angeordneten christlichen Schulen anzuhalten und an dem in denselben ertheilt werdenden Unterrichte, mit Ausnahme des Religionsunterrichts, während welchem die Kinder aus der Schule sich entfernen können, Theil nehmen zu lassen.

### V. Für das Gebiet des ehemaligen Fürstentums Hohenzollern-Sigmaringen.

#### Gesetz vom 9. August 1837.

§ 35 Abs. 2: Während des den übrigen Kindern zu ertheilenden christlichen Religionsunterrichtes sind die israelitischen Kinder, wo der Schulraum es gestattet, durch den Schullehrer auf andere Weise zu beschäftigen, im entgegengesetzten Falle aber aus der Schule zu entlassen.

---

Anhang.

## Die Teilnahme jüdischer Kinder an dem christlichen Religionsunterricht in den früheren Schulgesetzentwürfen.

Auch die meisten früheren Schul- bezw. Volksschulgesetzentwürfe enthielten ein Verbot des Zwanges jüdischer Kinder zur Teilnahme am christlichen Religionsunterricht. Die betreffenden Bestimmungen lauten:

#### 1. Entwurf Altenstein.[1])

§ 6 Ziffer 3 Abs. 3. Keine Schule darf zur Hinüberziehung der Kinder in eine andere Konfession gemißbraucht, deswegen dürfen Kinder von anderer Religion oder Konfession auch nicht zur Theilnahme an dem Religions-Unterrichte und den religiösen Erbauungen der Schule wider ihrer Eltern und häuslichen Vorgesetzten oder wider ihren eigenen Willen angehalten, sondern es muß in solchen Fällen beides für sie durch Lehrer ihrer Konfession oder Religion besonders gesorgt werden ...

---

[1]) vgl. die Gesetzgebung u. s. w. S. 17.

## 2. Entwurf Ladenberg.[1])

§ 11: In die Volksschule steht der Eintritt Kindern jedes Glaubensbekenntnisses offen. Zur Theilnahme an dem Religionsunterrichte eines von dem ihrigen verschiedenen Bekenntnisses können Kinder in der Volksschule nicht angehalten werden.

## 3. Entwurf Bethmann-Hollweg.[2])

§ 17: Wegen Verschiedenheit des Glaubensbekenntnisses darf einem Kinde der Besuch der öffentlichen Volksschule nicht versagt werden. Zur Theilnahme an dem Religionsunterricht eines von dem ihrigen verschiedenen Bekenntnisses können Kinder nicht angehalten werden.

§ 170: Den Kindern der Juden steht der Eintritt in die öffentlichen Volksschulen offen. Zur Theilnahme an dem Religionsunterricht in diesen Schulen sind diese Kinder nicht verpflichtet.

## 4. Entwurf Mühler vom Jahre 1867 (Z.-Bl. S. 715).

§ 9: Keinem Kinde darf der Besuch der öffentlichen Volksschule wegen Verschiedenheit des Glaubensbekenntnisses versagt werden.

§ 10: Kinder, welche einem anderen Religionsbekenntniß als dem des Lehrers angehören, dürfen wider den Willen des Vaters oder der Vormundschaftsbehörde nicht zur Theilnahme an dem Religionsunterricht des Lehrers angehalten werden.

## 5. Entwurf Mühler vom Jahre 1869.[3])

§ 21: Wegen Verschiedenheit des Glaubensbekenntnisses darf einem Kinde der Besuch der öffentlichen Volksschule nicht versagt werden. Zur Theilnahme an dem Religionsunterricht eines von dem ihrigen verschiedenen Bekenntnisses können Kinder nicht angehalten werden.

## 6. Entwurf Goßler.

§ 14 Abs. 3: Zur Theilnahme an einem anderen Religionsunterricht dürfen Kinder nur auf Antrag der Eltern oder deren Stellvertreter zugelassen werden.

§ 86: Zur Theilnahme an dem schulplanmäßigen Religionsunterrichte dürfen Kinder nicht angehalten werden, welche einer anderen Religion oder Konfession als derjenigen angehören, deren Lehren dem Unterricht zu Grunde liegen.

## 7. Entwurf Zedlitz.

§ 17: ..... Zur Theilnahme an einem anderen Religionsunterricht dürfen Kinder, welche einer vom Staate anerkannten Religionsgesellschaft angehören, nur auf Antrag der Eltern oder deren Stellvertreter zugelassen werden.

---

[1]) a. a. O. S. 164.

[2]) a. a. O. S. 203 u. 223.

[3]) Schneider-v. Bremen III. S. 774.

## B. Das Bestimmungsrecht der Eltern.

Die Frage, inwieweit die Eltern jüdischer Kinder berechtigt sind, dieselben am christlichen Religionsunterricht teilnehmen zu lassen, entscheidet sich nach den Bestimmungen über die religiöse Erziehung der Kinder überhaupt.

Nach Art. 134 des EG. zum BGB. sind die landesgesetzlichen Vorschriften über die religiöse Erziehung der Kinder unberührt geblieben.

Danach kommen in Betracht:

### AA. Für das Gebiet des allgemeinen Landrechts.

#### I. Die Grundsätze über die religiöse Erziehung der Kinder im allgemeinen.

Es bestimmt das ALR. Teil II Tit. 2:

§ 74: Die Anordnung der Art, wie das Kind erzogen werden soll, kommt hauptsächlich dem Vater zu.

§ 75: Dieser muß vorzüglich dafür sorgen, daß das Kind in der Religion und nützlichen Kenntnissen den nöthigen Unterricht, nach seinem Stande und Umständen, erhalte.

§ 76: Sind die Ältern verschiedenen Glaubensbekenntnissen zugethan, so müssen, bis nach zurückgelegtem vierzehnten Jahre, die Söhne in der Religion des Vaters, die Töchter aber in dem Glaubensbekenntnisse der Mutter unterrichtet werden.

§ 78: So lange jedoch die Ältern über den ihren Kindern zu ertheilenden Religionsunterricht einig sind, hat kein Dritter ein Recht, ihnen darin zu widersprechen.

§ 80: Auch nach dem Tode der Ältern muß der Unterricht der Kinder in dem Glaubensbekenntnisse desjenigen von ihnen, zu dessen Geschlecht sie gehören, fortgesetzt werden.

§ 81: Auf eine in der letzten Krankheit erst erfolgte Religionsveränderung wird dabei keine Rücksicht genommen.

§ 82: Hat aber der verstorbene Ehegatte ein zu seinem Geschlechte gehöriges Kind, wenigstens durch das ganze letzte Jahr vor seinem Tode, in dem Glaubensbekenntnisse des anderen Ehegatten unterrichten lassen; so muß dieser Unterricht in eben der Art, auch nach seinem Tode, bis zum vollendeten vierzehnten Jahre des Kindes fortgesetzt werden.

§ 83: Vor zurückgelegtem vierzehnten Jahre darf keine Religionsgesellschaft ein Kind zur Annahme, oder zum öffentlichen Bekenntnisse einer anderen Religion, als wozu dasselbe nach vorstehenden gesetzlichen Bestimmungen gehört, selbst nicht mit Einwilligung der Ältern seines Geschlechts, zulassen.

§ 84: Nach zurückgelegtem vierzehnten Jahre hingegen steht es lediglich in der Wahl der Kinder, zu welcher Religionspartei sie sich bekennen wollen

§ 642: Uneheliche Kinder werden bis zum geendigten vierzehnten Jahre in dem Glaubensbekenntnisse der Mutter erzogen.

§ 643: Doch muß, wenn der Vater ein Christ, die Mutter aber irgend einer anderen Religionspartei zugethan ist, ein solches uneheliche Kind bis nach zurückgelegtem vierzehnten Jahre, in der christlichen Religion erzogen werden.[1])

Der § 76 und dementsprechend die §§ 80 und 82 haben durch die Allerhöchste Kabinetsorder vom 21. November 1803 eine Abänderung erfahren.[2])

---

[1]) Der § 643 a. a. O. ist durch besonderes Gesetz vom 14. März 1871 (GS. S. 157) aufgehoben worden.

[2]) Vgl. GS. S. 1825 S. 222.

Diese lautet:

Seine Königliche Majestät von Preußen haben in Erwägung gezogen, daß die Vorschriften des Allgem. Landrechts Theil II Tit. 2 § 76, nach welchen bei Ehen zwischen Personen verschiedenen Glaubensbekenntnisses die Söhne in der Religion des Vaters, die Töchter aber in dem Glaubensbekenntnisse der Mutter, bis nach zurückgelegtem vierzehnten Jahre unterrichtet werden sollen, nur dazu dienen, den Religionsunterschied in den Familien zu verewigen, und dadurch Spaltungen zu erzeugen, die nicht selten die Einigkeit unter den Familiengliedern zum großen Nachtheile derselben untergraben. Höchstdieselben setzen daher hierdurch allgemein fest, daß eheliche Kinder jedesmal in der Religion des Vaters unterrichtet werden sollen, und daß zu Abweichungen von dieser gesetzlichen Vorschrift kein Ehegatte den andern durch Verträge verpflichten dürfe. Übrigens verbleibt es auch noch fernerhin bei der Bestimmung des § 78 a. a. O. des Landrechts, nach welcher Niemand ein Recht hat, den Eltern zu widersprechen, so lange selbige über den ihren Kindern zu ertheilenden Religions-Unterricht einig sind.

Seine Königliche Majestät befehlen sämmtlichen Landes-Justizcollegien und Gerichten, insbesondere den Consistorien und vormundschaftlichen Behörden, sich nach dieser Declaration gebührend zu achten, und soll selbige gedruckt und zur allgemeinen Kenntniß gebracht werden.

Berlin, den 21sten November 1803.

(gez.) Friedrich Wilhelm.

v. Goldbeck. v. Massow.

Mit Bezug auf die angeführten Bestimmungen des ALR. und der Deklaration vom 21. November 1803 sind eine Reihe von Entscheidungen der obersten Gerichte sowie verschiedene Regierungserlasse ergangen. Unter Berücksichtigung dieser Entscheidungen und Erlasse ergeben sich für die religiöse Erziehung der Kinder die folgenden Grundsätze:

### a) Eheliche Kinder.

1. Eheliche Kinder sind regelmäßig in der Religion des Vaters zu unterrichten.

Das gilt sowohl für Einheitsehen (Ehen von Personen gleichen Glaubensbekenntnisses) als auch von Mischehen (Ehen von Personen verschiedenen Glaubensbekenntnisses)[1]).

2. Maßgebend ist das jeweilige Religionsbekenntnis des Vaters, nicht das Glaubensbekenntnis zur Zeit der Geburt des Kindes. Ein Glaubenswechsel des Vaters ist demnach bestimmend für den Religionsunterricht des Kindes. Und zwar auch dann, wenn er nicht in den Formen des Gesetzes vom 14. Mai 1873 sondern nur durch Erklärung vor dem Geistlichen erfolgt ist[2]).

3. Eine Ausnahme von diesem Grundsatz findet nur statt, wenn der Glaubenswechsel des Vaters während der letzten Krankheit erfolgt. In diesem Falle bleibt der Glaubenswechsel unberücksichtigt. ALR. a. a. O. § 81.

---

[1]) Deklaration vom 21. November 1803; Beschluß des K.-G. vom 14. April 1902, Johow **24**, A. 29; Beschluß vom 1. Juli 1901, Johow **22** A. 225.

[2]) Beschluß des K.-G. vom 14. April 1902, Johow **24**, A. 29.

Als „letzte Krankheit" in diesem Sinne ist nicht jede zum Tode führende Krankheit vom Anbeginn derselben an zu verstehen. Vielmehr ist bei chronischen Krankheiten derjenige Zeitpunkt als Anfang der „letzten Krankheit" anzunehmen, in welchem der krankhafte Zustand derart akut wird, daß er ersichtlich unmittelbar zum Tode führt[1]).

4. Das Glaubensbekenntnis des Vaters bleibt grundsätzlich maßgebend auch für den Religionsunterricht des Kindes nach dem Tode des Vaters[2]).

Das Kind ist daher weiter in der Religion des Vaters zu unterrichten, auch dann, wenn die Mutter, welche ursprünglich dem gleichen Bekenntnis angehörte wie der Vater, nach dem Tode des Vaters den Glauben gewechselt hat[3]).

5. Eine Abweichung von dem allgemeinen Grundsatze der Deklaration, daß das Kind in dem väterlichen Glauben zu unterrichten ist, findet statt, wenn die Eltern über den Unterricht des Kindes in einer anderen Religion als der des Vaters einig sind. In diesem Falle hat kein Dritter das Recht, ihnen darin zu widersprechen[4]).

Das gilt sowohl für Mischehen als auch für Ehen, in denen beide Eltern des gleichen Bekenntnisses sind[5]).

Weder der Vater allein[6]) noch die Mutter allein kann demnach in einer Einheits- oder einer Mischehe den Unterricht des Kindes in einer anderen als der väterlichen Religion bestimmen.

6. Die Übereinstimmung der Eltern muß nicht bloß bei Eintritt des Kindes in das schulpflichtige Alter, sondern dauernd vorhanden sein[7]).

---

[1]) Beschluß des K.-G. vom 7. Januar 1901, Johow **21**, A. 45.

[2]) A.L.R. a. a. O. § 80.

[3]) Beschluß des K.-G. vom 1. Juli 1901, Johow **22**, A. 225.

[4]) ALR. a. a. O. § 78 und Deklaration vom 21. November 1803.

[5]) Deklaration vom 21. November 1803; Entscheidungen des K.-G., Johow **22**, A. 228 und **24**, A. 30. In der ersten Entscheidung heißt es: „Es kann dahingestellt bleiben, ob die Deklaration überhaupt voraussetzt, daß die Eltern einem verschiedenen Glaubensbekenntnisse angehören. Der Wortlaut der Deklaration, die in ihrem Eingang allerdings von Kindern aus Ehen zwischen Personen verschiedenen Glaubensbekenntnisses spricht, besagt im Fortgang ausdrücklich, es werde festgesetzt „daß eheliche Kinder jedesmal in der Religion des Vaters unterrichtet werden sollen". Der Grund, welcher zu den Vorschriften der Deklaration Veranlassung gegeben hat, ist offenbar der Übelstand gewesen, der sich in Ehen zwischen Personen verschiedenen Glaubensbekenntnisses herausgestellt hatte. Das infolge dieses Übelstandes erlassene Gesetz, der entscheidende Teil der Deklaration, bestimmt aber allgemein und ohne Unterscheidung, daß eheliche Kinder jedesmal in der Religion des Vaters unterrichtet werden sollen.

[6]) Anders jedoch die Entscheidung des Kammergerichts, Johow **28**, A. 12. Nach dieser ist der Vater allein zur Entscheidung über den religiösen Unterricht des Kindes berechtigt. Und zwar kann er das Kind auch in einem Glauben unterrichten lassen, dem weder er noch die Mutter angehört, auch ohne Rücksicht auf deren Willen. Vergl. jedoch über diese Entscheidung die Ausführungen auf S. 273 ff. Nr. 14.

[7]) Entscheidung des K.-G.: Johow **10**, 77.

7. Die Einigung der Eltern über den Unterricht des Kindes in einer anderen als der väterlichen Religion muß in einer bestimmten Form erklärt werden, und zwar muß sie vor dem Landrat, dem Richter oder Notar, in den kreisfreien Städten bei dem Leiter der Polizeiverwaltung (in Berlin dem Vorsteher der einzelnen Polizeireviere) von beiden Elternteilen persönlich ausdrücklich zu Protokoll gegeben werden. Bei weiten Entfernungen auf dem Lande können von den Landräten im einzelnen Falle die Amtsvorsteher zur Entgegennahme der Erklärung ermächtigt werden. In den kreisfreien Städten können die Bürgermeister bei Arbeitsüberlastung ermächtigt werden, ein anderes Magistratsmitglied, das aber nicht zugleich auch Mitglied der städtischen Schulbehörde sein darf, mit der Entgegennahme der Willenserklärungen zu betrauen. Die Erklärung darf sich nur auf solche Kinder erstrecken, die entweder bereits im schulpflichtigen Alter stehen, oder binnen drei Monaten, vom Tage der Erklärung ab gerechnet, schulpflichtig werden[1]).

Die Notwendigkeit einer derartigen formellen Erklärung besteht nicht nur bei Mischehen, sondern auch in den Fällen, in denen beide Eltern demselben Glaubensbekenntnisse angehören[2]), und nicht nur wenn es sich um die Teilnahme an dem Unterricht in einer anderen Konfession als der des Vaters, sondern auch einer anderen Religion als der väterlichen handelt.

Der letzte Satz bedarf noch einer eingehenderen Erörterung. Es könnte fraglich sein, ob die Bestimmungen, welche die Beurkundung der elterlichen Einigung in bestimmter Form fordern, die hier angenommene Tragweite besitzen, oder ob sie sich nicht etwa nur auf die christlichen Konfessionen beziehen.

Die Frage ist unbedenklich dahin zu beantworten, daß die in Rede stehende Erklärung auch dann notwendig ist, wenn es sich um die Teilnahme des Kindes eines jüdischen Vaters am Unterricht in einer anderen als der väterlichen Religion handelt. Das ergibt sich sowohl aus der gesetzlichen Grundlage wie aus der Tendenz der ministeriellen Anordnung.

Die Anordnung hat zur gesetzlichen Grundlage die Deklaration von 1803, welche zu einer Abweichung von dem Grundsatze, daß eheliche Kinder in der Religion des Vaters zu unterrichten sind, eine Einigung der Eltern verlangt. Die Tendenz der Anordnung geht dahin, die geforderte Einigung der Eltern zweifelsfrei klarzustellen. Eine derartige Klarstellung wird für um so notwendiger erachtet, „als es sich nicht um eine unbedeutende, sondern um eine für Schule und Kirche, wie für die beteiligten Personen gleich wichtige ..... Erklärung handelt" (Ministerialerlaß vom 6. August 1886).

---

[1]) Ministerialerlaß vom 6. August 1886, Z.-Bl. S. 711; Ministerialerlaß vom 29. Mai 1902, U. III A. 1080; Ministerialerlaß vom 16. August 1902, U. III A. 2006; Verf. der Kgl. Regierung zu Potsdam vom 17. Oktober 1902; Ministerialerlaß vom 8. April 1904, Z.-Bl. S. 363; Verfügung des Kgl. Prov.-Schulkollegiums zu Berlin vom 2. Januar 1906 (s. u. S. 294—296).

[2]) Vgl. die Verf. des Pr.-Sch.-C. vom 2. Januar 1906 (s. u. S. 296).

Die Bestimmungen der Deklaration sind nun „nicht bloß anzuwenden auf die Ehen von Ehegatten, welche den verschiedenen Konfessionen der christlichen Religion angehören, sondern allgemein auf Ehen, bei denen die Gatten zu verschiedenen Religionen gehören. Denn die Deklaration spricht allgemein von „Ehen zwischen Personen verschiedenen Glaubensbekenntnisses"; unter letzteren sind aber die neben der christlichen Religion zugelassenen Religionen, insbesondere auch die mosaische zu verstehen" (Entsch. d. K.-G. vom 9. März 1903 unten S. 288 f.). Gilt demnach die gesetzliche Forderung der Einigung für die Eltern jeden Glaubensbekenntnisses, so muß selbstverständlich auch die formelle Erklärung, welche zur zweifelsfreien Klarstellung dieser Einigung gefordert wird, von den Eltern jedweden Glaubensbekenntnisses, nicht nur von den einem der christlichen Bekenntnisse angehörigen Eltern gefordert werden.

Dem entspricht auch die Fassung des Ministerialerlasses vom 6. August 1886, welcher die Abgabe einer Erklärung vor dem Richter, Notar oder Landrat verlangt, falls die Eltern wünschen, ihr Kind „in einer anderen Religion" unterrichten zu lassen, als es „ohne diese Erklärung nach dem Gesetze geschehen würde." Ebenso spricht der Ministerialerlaß vom 16. August 1902 von der Willenserklärung eines Vaters, welcher „seine Kinder in einer anderen Religion erziehen lassen will, als es nach den Gesetzen geschehen würde."

Wenn nun in der Verfügung der Regierung zu Potsdam vom 17. Oktober 1902 (unten S. 295) oder des Pr.-Sch.-Koll. zu Berlin vom 2. Januar 1906 (unten S. 296) von dem Unterricht in einer anderen Konfession die Rede ist, und der Ministerialerlaß vom 8. April 1904 (unten S. 295 f.) von der religiösen Erziehung der Kinder aus konfessionell-gemischten Ehen spricht, so kann „Konfession" hier nur als gleichbedeutend mit „Glaubensbekenntnis" oder „Religion" aufgefaßt werden, wie auch in dem Ministerialerlaß vom 29. Mai 1902 (unten S. 294) nebeneinander und unterschiedslos die Rede ist von „konfessionell-gemischter" Ehe und Erziehung in einer anderen „Religion".

Eine Unterscheidung zwischen „Konfession" und „Religion" in dem Sinne, daß bei dem Unterricht in einer anderen Konfession (d. h. christlichen Konfession) die fragliche Erklärung der Eltern zu fordern, bei dem Unterricht in einer anderen Religion aber von einer solchen abzusehen sei, kann mit dem Ministerialerlaß vom 8. April 1904 nicht bezweckt sein. Denn eine derartige Unterscheidung würde eine nicht ausgesprochene und wie sich aus dem Zusammenhange ergibt, nicht beabsichtigte und deshalb nicht anzunehmende Aufhebung bezw. Abänderung der früheren Ministerialerlasse bedeuten, welche eine solche Unterscheidung nicht gemacht haben. Sodann würde sie der gesetzlichen Grundlage entbehren, nachdem, wie oben dargelegt, die Bestimmungen der Deklaration in gleicher Weise für die verschiedenen Religionen wie für die verschiedenen Konfessionen Gültigkeit haben.

Wollte man aber, entsprechend der Entscheidung des K.-G. vom 8. März 1906 (vgl. unten S. 289 ff.) für den Fall von Mischehen eine Unterscheidung machen zwischen konfessionell-gemischten und religiös-gemischten Ehen, so müßte man im Sinne der Ausführungen des K.-G. zu dem Ergebnisse gelangen, daß man gerade in den Fällen, in denen es sich um den Unterricht eines Kindes aus einer religiös-gemischten Ehe handelt, in erster Reihe und mit viel größerer innerer Notwendigkeit die formelle Erklärung der elterlichen Willensübereinstimmung zu fordern hätte. Denn das K.-G. gründet seine Entscheidung darauf, daß der Zustimmung eines jüdischen Vaters zur Taufe seines Kindes „eine viel weitergehende, stärkere Bindung beizumessen" sei, als der Zustimmung eines christlichen Vaters zur Taufe seines Kindes in einer anderen Konfession. Entsprechend müßte man sagen, daß der Zustimmung der Eltern zum Unterricht des Kindes in einer anderen Religion „eine sehr viel weitergehende, stärkere Bindung beizumessen" sei, als der Zustimmung der Eltern zum Unterricht in einer andern Konfession. Von um so größerer Wichtigkeit wäre dann aber auch die elterliche Entschließung, und in um so höherem Maße läge dann auch das Moment vor, das ausdrücklich als der Grund für die ministerielle Forderung der zweifelsfreien Beurkundung des elterlichen Willens angegeben ist, nämlich die Wichtigkeit des fraglichen Aktes für die Schule, für die Kirche und insbesondere für die beteiligten Personen.

8. Die ausschlaggebende Bedeutung der Willensübereinstimmung der Eltern für die religiöse Erziehung der Kinder, und die Ausschließung jeden Widerspruchs gegen diese Willensübereinstimmung beruht auf der Absicht, den Frieden der Ehe unter den Ehegatten zu wahren, der in empfindlicher Weise gestört werden könnte, wenn es erlaubt würde, auf die religiöse Erziehung derjenigen Kinder einzuwirken, über deren Unterweisung die Eltern unter sich eine Einigung getroffen haben[1]).

9. Aus der angegebenen Tendenz, den Frieden der Ehe zu wahren, folgt, daß die Einigung der Eltern nur maßgebend ist, solange die Ehe besteht. Sie ist daher belanglos, wenn die Ehe getrennt ist, sei es durch Scheidung[2]), sei es durch den Tod eines der Ehegatten[3]).

Es ist demnach sowohl die Zustimmung des geschiedenen, wie des verstorbenen Vaters zur Unterweisung des Kindes in einem anderen Religionsbekenntnis als dem seinigen rechtlich unerheblich[4]) und es gilt ausschließlich der Grundsatz der Deklaration, derzufolge das Kind im väterlichen Glauben zu unterrichten ist.

10. Eine weitere Abweichung von dem Grundsatz der Deklaration tritt in dem Falle ein, wenn der verstorbene Vater während des ganzen letzten

---

[1]) Beschl. d. K.-G. vom 9. März 1903, Johow **26**, A. 25.

[2]) Beschl. des K.-G. vom 9. März 1903 a. a. O.; vgl. dagegen Johow **10**, 77.

[3]) Entscheidung d. K.-G. vom 14. Juni 1889, Johow **9**, 45; Entsch. d. K.-G. vom 7. Januar 1901, Johow **21**, A. 45; Entscheidung des K.-G. vom 3. Dezember 1900, Johow **21**, A. 37; Entscheidungen d. K.-G., Johow **20**, A. 245 und 5, 65.

[4]) Entsch. d. K.-G. vom 9. März 1903, Johow **26**, A. 25 und Entscheidung d. K.-G. vom 3. Dezember 1900.

Jahres vor seinem Tode den Religionsunterricht des Kindes im Bekenntnis der Mutter zugelassen hat. In diesem Falle ist der Unterricht in dem mütterlichen Bekenntnisse auch nach dem Tode des Vaters bis zum vollendeten 14. Lebensjahre des Kindes fortzusetzen[1]).

11. Als Unterricht in diesem Sinne ist es nicht zu betrachten, wenn ein noch nicht schulpflichtiges, einer Mischehe entstammendes Kind, während eines Jahres vor dem Tode seines Vaters im Elternhause, in einer Spielschule u. dgl. (Kindergarten, Kinderbewahranstalt) in allgemeinen Lehren religiöser Art unterwiesen wird und Gebete, Lieder religiösen Inhalts oder auch Grundsätze der Glaubenslehre beigebracht erhält. Vielmehr ist als „Unterricht" in dem fraglichen Sinne nur ein systematischer, zu bestimmtem Ziele methodisch vorschreitender, konfessioneller Unterricht von einer Art zu verstehen, wie er in den öffentlichen Schulen auf Grund der Lehrpläne erteilt wird[2]).

12. Auf den Religionsunterricht der übrigen Kinder bleibt eine derartige Unterweisung des einen Kindes ohne Einfluß. Sie sind daher, falls auf sie nicht gleichfalls die Voraussetzung des § 82 a. a. O. (oben Z. 10) zutrifft, in der väterlichen Religion zu unterrichten, auch wenn das eine Kind, das zu Lebzeiten des Vaters allein schulpflichtig war, auf Grund des § 82 in einer von der väterlichen abweichenden Religion unterwiesen wird[3]).

13. Die Taufe eines Kindes in dem Bekenntnis der Mutter zu Lebzeiten und mit Einwilligung des Vaters rechtfertigt allein die religiöse Erziehung des Kindes in dem Glaubensbekenntnis der Mutter nach dem Tode des Vaters nicht[4]).

14. Hinsichtlich der Frage, in welcher Religion ein Kind nach dem Tode der Mutter zu unterrichten ist, hat sich das Kammergericht[5]) auf den Standpunkt gestellt, daß der Wille des Vaters maßgebend sei. Dieser könne nach freiem Ermessen bestimmen, ob das Kind in seinem (des Vaters) Glaubensbekenntnis, in dem der Mutter oder in welchem Bekenntnis sonst zu erziehen ist. Diese Entscheidung stützt sich auf das Reskript vom 30. Juli 1804 in Rabes Sammlung 8, 128; Bornemann, System zweite Ausgabe, Bd. 5 S. 281 zu 1; Koch, A.L.R. 8. Aufl., Anm.. 13a zu § 82, Anm. 3 zu § 754 II.2; Thudichum, Kirchenrecht, Bd. 1 § 13 S. 62, 6; Schmidt, Konfession der Kinder, S. 135, 2, 169; Kahl, Konfession der Kinder, S. 9, 42, 13, 62.

Denselben Standpunkt vertritt die Zirkularverfügung des Kgl. Appellationsgerichtes zu Breslau vom 7. Juni 1859 (abgedr. bei Schneider und v. Bremen, Bd. III S. 26).

Das K.-G. begründet seine Entscheidung wie folgt:

---

[1]) ALR. a. a. O. § 82.

[2]) Entscheidung d. K.-G.; Johow 25, A. 198.

[3]) Entsch. d. K.-G. 4, 78 und 21, A. 37.

[4]) Johow 20, A. 245 und 21, A. 37; vgl. jedoch unten S. 280 ff. die Ausführungen bezüglich eines Kindes aus einer jüdisch-christlichen Mischehe.

[5]) Johow 28, A. 12.

„Nach .... § 74, 75 II. 2, ALR. kommt die Anordnung der Art, wie das Kind erzogen werden soll, hauptsächlich dem (leiblichen) Vater zu und muß dieser vorzüglich dafür sorgen, daß das Kind in der Religion und nützlichen Kenntnissen den nötigen Unterricht nach seinem Stande und Umständen erhalte. Danach ist für die Frage, in welchem Glaubensbekenntnisse das Kind erzogen werden soll, der Wille des Vaters maßgebend (vgl. Jahrbuch, Bd. 22 S. A. 231). Dieser kann nach freiem Ermessen bestimmen, ob das Kind in seinem Glaubensbekenntnis, in dem der Mutter oder in welchem sonst zu erziehen ist.

Allerdings sollen nach der Deklaration vom 21. November 1803 ..... eheliche Kinder jedesmal in der Religion des Vaters unterrichtet werden, und es gilt dies auch für den Fall, daß beide Eltern demselben Glaubensbekenntnisse zugetan sind. ..... Jene Vorschrift hat aber nicht schlechthin zwingende Bedeutung und soll nicht sowohl das Bestimmungsrecht des Vaters, als vielmehr, namentlich für die Zeit nach dessen Tode, dasjenige der Mutter und des Vormundes hinsichtlich der religiösen Erziehung der Kinder einschränken.

Nach dem in der Deklaration aufrecht erhaltenen § 78 II. 2 ALR. hat niemand ein Recht den Eltern zu widersprechen, solange sie über den ihren Kindern zu erteilenden Religionsunterricht einig sind. Die Eltern können also, im Einverständnisse miteinander, ihre Kinder auch in einem anderen Glaubensbekenntnis als in dem des Vaters und der Mutter erziehen, und zwar wie unbedenklich anzunehmen ist, nicht bloß in Mischehen, sondern auch dann, wenn beide Elternteile demselben Glaubensbekenntnisse angehören. Das Gesetz bestimmt aber nicht, daß eine Abweichung von der in der Deklaration aufgestellten Regel ausschließlich im Fall der Einigung der Eltern zulässig sei. Wie sich aus § 82 II. 2 ALR. ergibt, muß, wenn der verstorbene Vater ein Kind wenigstens durch das ganze letzte Jahr vor seinem Tode in dem Glaubensbekenntnisse der Mutter hat unterrichten lassen, dieser Unterricht in eben der Art auch nach seinem Tode bis zum vollendeten vierzehnten Jahre des Kindes fortgesetzt werden. Die Zustimmung der Mutter zur Erziehung des Kindes in ihrem von dem des Vaters verschiedenen Glaubensbekenntnisse wird vom Gesetze nicht erfordert. Diese Erziehung kann daher der Vater, wie das Kammergericht bereits anerkannt hat (Beschluß vom 25. Mai 1903, 1. Y. 522/03), auch gegen den Willen der Mutter und nach deren Tode anordnen.

Enthält aber hiernach der § 82 lediglich die Anwendung und Erweiterung der §§ 74, 75 a. a. O. dahin, daß der Wille des Vaters unter bestimmten Voraussetzungen auch noch nach seinem Tode maßgebend ist, so liegt kein Grund vor, den Vater auf die Befugnis zu beschränken, das Kind in seinem eigenen Glaubensbekenntnis oder in dem der Mutter zu erziehen. Er muß vielmehr nach dem Grundsatze der §§ 74, 75 II. 2 ALR. auch als berechtigt gelten, das Kind in einem Glaubensbekenntnis unterrichten zu lassen, dem weder er noch die Mutter angehört und zwar ohne Rücksicht auf deren Willen, mithin auch nach ihrem Tode."

Dieser Entscheidung kann unter Berücksichtigung des sonst von dem Kammergericht eingenommenen Standpunktes nicht beigepflichtet werden. Das Kammergericht nimmt sonst grundsätzlich an, daß die gesetzlichen Bestimmungen über die religiöse Erziehung der Kinder ausschließliche sind. Deswegen ist ein Kind auch in dem Glaubensbekenntnis des Vaters nach dessen Tod zu erziehen, trotzdem der Vater vor seinem Tode wie immer geartete entgegengesetzte Bestimmungen oder Vereinbarungen getroffen;[1]) deswegen ist auch die ausdrückliche schriftliche Zustimmung des geschiedenen Vaters zur Erziehung des Kindes in einem anderen Glaubensbekenntnisse als dem seinigen unwirksam (vgl. unten S. 280). Es ist aber nicht abzusehen, weshalb jene Bestimmungen ausschließliche sein sollen, die Bestimmung der Deklaration, daß ein eheliches Kind „jedesmal" in der Religion des Vaters zu unterrichten sei, einen derartigen Charakter aber nicht haben und „nicht schlechthin zwingende Bedeutung" besitzen soll.

Das Kammergericht hat es selbst als unberechtigt erklärt, „eine Unterscheidung in das Gesetz hineinzutragen, die dieses selbst nicht gemacht hat" (vgl. unten S. 278). So muß auch eine Unterscheidung derart, daß die Bestimmung der Deklaration für die Mutter und den Vormund, nicht aber für den Vater zwingend sei, mangels einer entsprechenden ausdrücklichen Festsetzung im Gesetze selbst als unzulässig abgelehnt werden.

Das Kammergericht führt zur Begründung seiner Entscheidung an: Erstens sei nach § 74 und 75 a. a. O. für die Frage, in welchem Glaubensbekenntnisse das Kind zu erziehen sei, der Wille des Vaters maßgebend; zweitens beweise die Bestimmung des § 82, daß der Vater zu einer Abweichung von dem Grundsatze der Deklaration auch ohne eine „Einigung" berechtigt sei. Beide Beweisgründe sind als stichhaltig nicht anzusehen.

Was das erste Argument betrifft, so sind die Grundsätze, welche die §§ 74 und 75 ursprünglich für die Kindererziehung in Einheitsehen aufstellten, durch die Deklaration, die sich nicht nur auf Mischehen, sondern auch auf Einheitsehen bezieht (vgl. oben S. 268 N. 1 und 269 N. 5), als modifiziert anzusehen. Dem Vater liegt danach wohl nach wie vor die Sorge dafür ob, daß das Kind in der Religion unterrichtet wird; in welcher Religion er aber das Kind unterrichten lassen muß, bestimmt zwingend die Deklaration.

Was das zweite Argument betrifft, so ist § 82 nicht als Beweis dafür anzusehen, daß zu Abweichungen von dem Grundsatze der Deklaration keine Einigung der Eltern erforderlich, vielmehr der Vater allein dazu befugt sei, ohne auf den Willen der Mutter Rücksicht nehmen zu müssen. Denn auch im Falle des § 82 handelt es sich um eine Einigung der Eltern. Das ergibt sich mit aller Klarheit, sobald man auf die ursprünglichen Bestimmungen des Allgemeinen Landrechts zurückgeht. § 82 lautet in der ursprünglichen Fassung:

[1]) Vgl. o. S. 272 Note 3.

„Hat aber der verstorbene Ehegatte ein zu seinem Geschlechte gehöriges Kind, wenigstens durch das ganze letzte Jahr vor seinem Tode in dem Glaubensbekenntnisse des anderen Ehegatten unterrichten lassen; so muß dieser Unterricht in eben der Art, auch nach seinem Tode, bis zum vollendeten 14. Jahre des Kindes, fortgesetzt werden."

Die Voraussetzung dieser Bestimmung, wie die der übrigen Bestimmungen des Allgemeinen Landrechts über die Erziehung von Kindern aus Mischehen ist die, daß jeder Elternteil von dem natürlichen Streben beseelt ist, das Kind seinem Bekenntnisse zuzuführen. Die Zwistigkeiten, die bei der Verschiedenheit der elterlichen Bekenntnisse infolge dieses natürlichen Bestrebens zu befürchten sind, will das Gesetz beheben, indem es für den Streitfall eine zwingende Entscheidung trifft. Es bestimmt daher: falls beide Eltern einig sind, so hat kein Dritter ein Recht sich einzumischen (§ 78). Fehlt es aber an einer derartigen Einigung, so sind Söhne jedesmal in dem Bekenntnis des Vaters, Töchter in dem der Mutter zu unterrichten (§ 76). Es bestimmt ferner: die Einigung der Eltern gilt nur für bestehende Ehen. Abmachungen für die Zukunft, für die Zeit nach der Auflösung der Ehe, sind unwirksam (vgl. unten S. 280 f.). Nur ein Fall ist ausgenommen. Hat der verstorbene Ehegatte nämlich ein zu seinem Geschlechte gehöriges (und deshalb in seinem Glauben zu unterrichtendes) Kind wenigstens durch das ganze letzte Jahr vor seinem Tode in dem Glaubensbekenntnisse des anderen Ehegatten unterrichten lassen, so muß dieser Unterricht in eben der Art auch nach seinem Tode bis zum vollendeten 14. Jahre des Kindes fortgesetzt werden. Das ist die Bestimmung des § 82. Wenn nun hier nur davon die Rede ist, daß der eine Ehegatte (nach der ursprünglichen Bestimmung des Landrechts nicht nur der Vater, sondern gegebenenfalls auch die Mutter) das Kind in dem Glaubensbekenntnisse des anderen hat unterrichten lassen, nicht aber ausdrücklich die Zustimmung dieses anderen Ehegatten erfordert wird, so bedeutet dies nicht, daß diese Zustimmung nicht notwendig ist. Vielmehr wird sie nur deshalb nicht ausdrücklich gefordert, weil sie der Natur der Sache nach als selbstverständlich vorausgesetzt wird. Das Landrecht geht eben, wie schon ausgeführt, bei der Regelung der vorliegenden Frage von der Anschauung aus, daß regelmäßig jeder Elternteil wünschen wird, das Kind seinem Bekenntnisse zuzuführen. Es kann daher normalerweise als selbstverständlich angenommen werden, daß derjenige Elternteil, in dessen Religion das Kind unterrichtet werden soll, zu dessen Gunsten also gerade von der gesetzlichen Regel abgewichen werden soll, mit dieser Abweichung einverstanden ist. Danach ist auch in dem Fall des § 82 nicht die Rede davon, daß der eine Elternteil, ohne Einwilligung des andern, ja gegen seinen Willen, das Kind abweichend von der gesetzlichen Regel erziehen dürfe. Vielmehr hat auch die Ausnahme des § 82 die Einigung der Eltern zur Voraussetzung. Das Neue gegenüber dem § 78 liegt nur darin, daß § 78 von der Einigung bei bestehender Ehe spricht und regelmäßig eine solche über den Bestand der Ehe hinaus nicht zuläßt, § 82 jedoch hiervon eine Ausnahme macht, und in einem Falle die Einigung über die Ehe hinaus wirken läßt, nämlich in dem Falle, wo der verstorbene Ehegatte bereits zu Lebzeiten mindestens ein Jahr lang es zugelassen hat, daß das Kind nicht in seinem Religionsbekenntnisse, wie es die gesetzliche Regel gewesen wäre, sondern in dem des andern Elternteils unterrichtet wird.

Nach der Deklaration kommt jetzt nur noch der Fall in Frage, daß das Kind in einem von dem Bekenntnisse des Vaters abweichenden Glaubensbekenntnisse unterrichtet worden ist und weiter unterrichtet werden soll. Im übrigen aber hat sie an der Sach- und Rechtslage gegenüber den Bestimmungen des Allgemeinen Landrechts nichts geändert.

Danach ergibt sich, daß bei Lebzeiten beider Eltern der Vater nur mit Einwilligung der Mutter zur Abweichung von der Regel der Deklaration befugt ist, nach dem Tode der Mutter aber der Vater überhaupt nicht berechtigt ist, das Kind in einer anderen als seiner eigenen Religion unterrichten zu lassen, weil er auch zu Lebzeiten der Mutter allein, d. h. ohne die Zustimmung der Mutter, hierzu nicht befugt gewesen wäre. Die gegenteilige Auffassung würde auch zu einer Handhabung führen, die der Absicht des Gesetzgebers zuwiderliefe. Der Zweck der gesetzlichen Bestimmung geht dahin, den Frieden der Ehe zu wahren. Würde dem Vater das Recht eingeräumt, ohne Zustimmung oder gar wider den Willen der Mutter eine Abweichung von der gesetzlichen Regel vorzunehmen, so würde eine derartige Maßnahme geeignet sein, den Frieden der Ehe, statt ihn zu fördern, dauernd zu untergraben.

### b. Uneheliche Kinder.

1. Ein uneheliches Kind ist grundsätzlich in der Religion der Mutter zu unterrichten[1]).

2. Diese Bestimmung ist eine ausschließliche. Das nach dem BGB. der Mutter zustehende Recht im Beistande des Vormundes für die Person des unehelichen Kindes zu sorgen, erstreckt sich nicht auf die Auswahl des religiösen Bekenntnisses des Kindes. Die nach § 78 ALR. a. a. O. zulässige Einigung der Eltern wegen der Erziehung des Kindes in einer anderen Religion, als der nach der gesetzlichen Regel in Frage kommenden, ist auf uneheliche Kinder nicht analog anzuwenden. Auch wenn Mutter und Vormund übereinstimmend es wünschen, darf ein uneheliches Kind nicht in einem anderen als dem Glaubensbekenntnis der Mutter unterrichtet werden[2]).

3. Hinsichtlich der Frage, ob für die religiöse Erziehung eines unehelichen Kindes die Religion der Mutter zur Zeit der Geburt des Kindes oder das jeweilige mütterliche Bekenntnis maßgebend ist, schwankt die Judikatur des Kammergerichts. In einem Beschlusse vom 5. März 1883 (Johow 4, 79)

---

[1]) ALR. a. a. O. § 642.
[2]) Entsch. d. K.-G., Johow 25, 21

hat es sich auf den Standpunkt gestellt, daß ein Glaubenswechsel der Mutter nicht zu beachten, daß das Kind vielmehr in der Religion zu erziehen sei, welche die Mutter zur Zeit der Geburt des Kindes gehabt habe.

Dieser Standpunkt ist jedoch später aufgegeben, und es ist dahin entschieden worden, daß das Kind in dem jeweiligen Glaubensbekenntnisse der Mutter zu unterrichten sei, und daher einem Religionswechsel der Mutter zu folgen habe[1]).

Begründet ist diese Ansicht damit, daß der § 642 a. a. O. schlechtweg das Glaubensbekenntnis der unehelichen Mutter maßgebend sein lasse und eine Ausnahme für den Fall des Glaubenswechsels nicht mache. Der Richter sei nicht berechtigt, eine Unterscheidung in das Gesetz hineinzutragen, die dieses selbst nicht gemacht habe. Es würde dem Gesetz geradezu widersprechen, wollte man die unehelichen Kinder dem wechselnden Glaubensbekenntnis der Mutter nicht folgen lassen. Denn vom Augenblicke des Glaubenswechsels ab wäre keine Rede mehr davon, daß sie, wie das Gesetz vorschreibe, im Glaubensbekenntnisse der Mutter erzogen werden[2]).

4. Wird ein uneheliches Kind von einem Dritten an Kindesstatt angenommen, so tritt es zu dem Adoptivvater in die rechtliche Stellung eines ehelichen Kindes (vgl. BGB. § 1757). Hinsichtlich der religiösen Erziehung treten somit die Grundsätze der Deklaration vom 21. November 1803 in Kraft. Das Kind ist demzufolge bis zu seinem 14. Lebensjahre nicht mehr im Glaubensbekenntnis seiner Mutter, sondern in dem des Adoptivvaters zu erziehen[3]).

## II. Die Anwendbarkeit der Bestimmungen über die religiöse Kindererziehung auf Juden.

Die Anwendbarkeit der für Einheitsehen geltenden Bestimmungen auf Ehen, in denen beide Elternteile jüdisch sind, ist unbestritten und bedarf keiner näheren Begründung. Daß auch bei jüdischen Eltern zu einer Abweichung von der gesetzlichen Regelung die Bekundung der Willensübereinstimmung beider Elternteile in bestimmter Form erforderlich ist, ergiebt sich aus den Ausführungen auf S. 270 ff.

Hinsichtlich der Frage, inwieweit die Bestimmungen über die religiöse Erziehung von Kindern aus Mischehen auf den Fall Anwendung finden, in dem der eine Elternteil jüdisch ist, sind zwei Kammergerichtsentscheidungen ergangen (abgedruckt S. 288 ff.). Die eine vom 9. März 1903 (Johow **26**, A. 25), die zweite vom 8. März 1906 (Johow **32**, A. 58).

---

[1]) Entsch. d. K.-G. vom 17. März 1890, Johow 10, 71; Entsch. vom 3. Juni 1901, **22**, A. 230.

[2]) A. a. O.

[3]) Entsch. d. K.-G. **22**, A. 233.

Nach der ersten sind die Bestimmungen der Deklaration vom 21. November 1803 über die religiöse Erziehung der Kinder aus Mischehen nicht bloß auf die Ehen von Ehegatten anzuwenden, welche den verschiedenen Konfessionen der christlichen Religion angehören, sondern allgemein auf die Ehen, bei denen die Gatten zu verschiedenen Religionen gehören. Denn die Deklaration spreche allgemein von „Ehen zwischen Personen verschiedenen Glaubensbekenntnisses"; unter letzteren seien aber die neben der christlichen Religion zugelassenen Religionen, insbesondere auch die mosaische zu verstehen."

Nach der zweiten sind die Bestimmungen des ALR. und der Deklaration über die Mischehen auf jüdisch-christliche Ehen nicht schlechthin, sondern nur sinngemäß anzuwenden. Der Begriff der gemischten Ehe im Sinne der §§ 76, II. 2 ALR. und der Deklaration vom 21. November 1803 sei entsprechend dem damaligen Stande der Gesetze auf konfessionell-gemischte Ehen (zwischen Angehörigen verschiedener christlicher Konfessionen) einzuschränken, nicht aber auf religiös-gemischte Ehen (zwischen Christen und Nichtchristen, insbesondere Juden) auszudehnen; denn normalerweise seien Ehen der letzteren Art damals nicht vorgekommen, da ihre Schließung in Preußen nicht gestattet gewesen sei. Für religiös-gemischte Ehen, die erst infolge der Personenstandgesetzgebung vom Jahre 1874 bezw. 1875 zu den konfessionell-gemischten Ehen hinzugetreten seien, fehle es an ausdrücklichen gesetzlichen Bestimmungen. Die Lücke müsse auf dem Wege der Rechtsanalogie ausgefüllt werden. Voraussetzung für die analoge Rechtsanwendung sei, daß der fragliche Tatbestand im Einzelfalle einem in den Vorschriften des ALR. und der Deklaration über die Erziehung der Kinder aus konfessionell-gemischten Ehen geregelten Tatbestande derartig wesensgleich sei, daß sie schlechthin oder doch mit gewissen Einschränkungen auf ihn Anwendung finden können.

Der Natur der Sache nach könne es nun zwar kaum einem ernsthaften Zweifel unterliegen, daß bei den gemischten Ehen beider Art in bezug auf die religiöse Erziehung der daraus hervorgegangenen Kinder eine weitgehende Wesensübereinstimmung bestehe. Im allgemeinen sei daher eine Übertragung der bezüglichen für die konfessionell-gemischten Ehen unmittelbar gegebenen Vorschriften auf die religiös-gemischten Ehen wohl für zulässig zu erachten und als im Sinne des Gesetzgebers liegend anzusehen. Es würde jedoch zu weit gehen, wenn man jene Vorschriften ohne besondere Prüfung des einzelnen Falles schlechthin auf die religiös-gemischten Ehen anwenden wollt. Vielmehr erscheine grundsätzlich nur ihre sinngemäße Anwendung gerechtfertigt.

Die beiden Entscheidungen bedürfen noch einer näheren Betrachtung.

Der ersten lag der folgende Fall zugrunde:

In einer Mischehe war der Mann evangelisch, die Frau jüdisch. Der Ehe entstammte ein Kind. Die Ehe wurde geschieden, der Vater für allein schuldig erklärt und das Erziehungsrecht der Mutter übertragen. Die Mutter wünschte nun das Kind im mosaischen Glauben zu erziehen; der Vater gab schriftlich seine Einwilligung hierzu. Das Kammergericht aber entschied, daß trotzdem das Kind im evangelischen Glauben zu erziehen sei.

Zur Begründung wurde ausgeführt, daß nach dem in der Deklaration vom 21. November 1803 festgestellten Prinzip das Kind in dem Bekenntnis des Vaters erzogen werden müsse, es sei denn, daß die besondere Vorschrift der Deklaration Anwendung zu finden hätte, derzufolge es noch fernerhin bei der Bestimmung des § 78 verbleibe, nach welcher niemand das Recht habe, den Eltern zu widersprechen, solange dieselben über den ihren Kindern zu erteilenden Religionsunterricht einig seien.

Diese Bestimmung könne jedoch auf geschiedene Ehen nicht angewendet werden, denn die Geltung der Willensübereinstimmung der Eltern als maßgeblichen Faktors für die religiöse Erziehung und die Ausschließung jeden Widerspruchs gegen den übereinstimmenden Willen der Eltern beruhe auf der Absicht, den Frieden der Ehe unter den Ehegatten zu wahren, der in empfindlicher Weise gestört werden könne, wenn es erlaubt würde, auf die religiöse Erziehung der gemeinsamen Kinder einzuwirken, über deren Unterweisung die Eltern, die selbst verschiedenen Bekenntnisses seien, unter sich eine Einigung gefunden hätten. Dies folge aus der begründenden Einleitung der Deklaration und der Entstehungsgeschichte des § 78 Teil II Tit. 2. ALR.

Danach könne der angeführte Schlußsatz der Deklaration nur dahin ausgelegt werden, daß während bestehender Ehe die religiöse Erziehung der Kinder sich nach dem übereinstimmenden Willen der Eltern bestimme und so lange jeder Widerspruch untersagt sei. Hieraus folge, daß, sobald die Ehe geschieden sei, der übereinstimmende Wille der geschiedenen Eltern nicht mehr an erster Stelle wirksam sei, sondern der allgemeine Grundsatz der Deklaration in Anwendung komme, daß das Kind in dem Bekenntnisse des Vaters zu unterrichten sei.

Im zweiten Fall handelte es sich um das Folgende:

In einer Mischehe war der Vater jüdisch, die Frau evangelisch. Der Ehe entstammten zwei Kinder, die mit Zustimmung des Vaters evangelisch getauft wurden. Der Vater starb, bevor die Kinder schulpflichtig wurden. Als der Fall der Schulpflichtigkeit bei der älteren Tochter eintrat, beantragte die Mutter bei dem Vormundschaftsgerichte die Ermächtigung zur Erziehung des Mädchens in der christlichen Religion. Das Amtsgericht lehnte den Antrag ab und erklärte, daß die Kinder in der jüdischen Religion des Vaters erzogen werden müßten. Das Kammergericht entschied, daß die Erziehung im christlichen Bekenntnisse zu erfolgen habe.

In der Begründung wurde ausgeführt, daß das Kammergericht zwar in ständiger Rechtsprechung für konfessionell-gemischte Ehen daran festgehalten habe, daß die Taufe in der Konfession der Mutter eine Ausnahme von der Regel der Erziehung der Kinder in der Konfession des Vaters nicht rechtfertige (K.-G.-Johow **10**. 79; 20. A. 245; **21**. A. 41, 47).

Bei einer religiös-gemischten Ehe sei jedoch der Taufe der Kinder eines nichtchristlichen (jüdischen) Vaters in der Religion der Mutter grundsätzlich eine sehr viel weitergehende stärkere Bindung beizumessen. Wenn eine solche Taufe mit Zustimmung des nichtchristlichen Vaters erfolge, so handle es sich dabei augenscheinlich um einen Akt, dessen Unabänderlichkeit für die kirchliche Zugehörigkeit der Kinder nicht allein objektiv, sondern auch für den Vater subjektiv außer allem Zweifel stand. Unter diesen Umständen würde man durch die Anordnung der Erziehung der Kinder in der jüdischen Religion des verstorbenen Vaters einerseits mit den maßgebenden kirchenrechtlichen Grundsätzen über den Charakter des Sakraments der Taufe in Widerspruch geraten und andererseits dem vom Vater klar zum Ausdruck gebrachten endgiltigen Willen durchaus nicht gerecht werden.

Die beiden angeführten Entscheidungen widersprechen einander. Nicht nur, daß die erste aus dem Wortlaut der Deklaration die Anwendbarkeit der bezüglichen Bestimmungen sowohl auf die konfessionell- als auch auf die religiös-gemischten Ehen schlechthin folgert, die zweite aber zwischen beiden Arten von Mischehen einen Unterschied macht und die Anwendbarkeit der betreffenden Bestimmungen auf die religiös-gemischten Ehen nicht als schlechthin zulässig erklärt, — sondern auch in folgendem liegt ein unausgleichbarer Widerspruch:

Entweder die erste Entscheidung ist richtig: die Willensübereinstimmung der Eltern ist nur von Bedeutung, solange eine Ehe besteht; sobald die Ehe aber getrennt ist, sei es durch den Tod des einen Ehegatten, sei es durch Scheidung, gilt unter Ausschluß jeder gegenteiligen Vereinbarung der allgemeine Grundsatz der Deklaration, daß das Kind in dem Bekenntnisse des Vaters zu unterrichten ist; dann ist es im zweiten Falle vollständig belanglos, ob die Zustimmung des Vaters zur Taufe des Kindes nach der Konfession der Mutter in religiös-gemischten Ehen von anderer Bedeutung ist als in konfessionell-gemischten Ehen, ob ihr in der religiös-gemischten Ehe eine „sehr viel weitergehende, stärkere Bindung beizumessen" ist, und ob in ihr „der endgiltige Wille" des Vaters „klar zum Ausdruck gebracht" wird. Denn es handelt sich ja nicht um eine bestehende, sondern eine durch den Tod des Ehegatten getrennte Ehe, der Wille des Vaters ist demnach ebenso, wie die eventuelle Einigung der Eltern, ohne Belang, und es entscheidet ausschließlich der Grundsatz der Deklaration. Mithin muß das Kind in der Religion des Vaters unterrichtet werden.

Oder aber die zweite Entscheidung ist richtig: Die Einigung der Eltern ist ausschlaggebend auch bei nicht mehr bestehender Ehe, nur ist erforderlich, daß der feste, endgiltige, der Erziehung des Kindes in der mütterlichen Religion zustimmende Wille des Vaters klar und unzweideutig erkenntlich ist; dann müßte auch in dem ersten Falle die Erziehung des Kindes in der mütterlichen Religion ausgesprochen werden. Denn dem „festen und endgiltigen Willen" des toten Vaters, der aus seiner Zustimmung zur Taufhandlung geschlossen wird, wäre doch mindestens gleich zu setzen der ausdrücklich und schriftlich erklärte Wille des lebenden, von der Mutter geschiedenen Vaters, das Kind in dem mütterlichen Glauben erziehen zu lassen.

Beide Entscheidungen nebeneinander sind demnach unhaltbar. Entweder der Grundsatz der ersten wird aufrechterhalten: dann fällt die zweite Entscheidung; oder es bleibt bei dem in der zweiten Entscheidung aufgestellten Grundsatze: dann ist die erste Entscheidung unhaltbar.

**Für die jüdischen Verhältnisse ergibt sich nach dem bisherigen Gesagten für das Gebiet des ALR. das Folgende:**

1. Eheliche Kinder.

a. Bei bestehender Ehe.

α. Sind beide Eltern jüdisch, so ist das Kind in der jüdischen Religion zu unterrichten, es sei denn, daß beide Eltern sich über den Unterricht ihres Kindes in einer anderen Religion geeinigt haben. Die Einigung ist in bestimmter urkundlicher Form zu erklären (siehe oben S. 270 ff.). Ohne eine derartige ausdrückliche Erklärung beider Eltern ist das Kind vor vollendetem 14. Lebensjahre von einem anderen als dem jüdischen Religionsunterrichte zurückzuweisen. Nach vollendetem 14. Lebensjahre steht dem Kinde die Wahl des Unterrichts frei.

β. Ist der Vater jüdisch, die Mutter Christin, so gelten dieselben Grundsätze wie zu 1.

γ. Ist der Vater Christ, die Mutter Jüdin, so hat das Kind an dem Religionsunterricht in dem Bekenntnis des Vaters teilzunehmen. Zur Teilnahme an dem jüdischen Religionsunterricht oder dem Religionsunterricht in einem anderen Bekenntnis als dem des Vaters bedarf es der übereinstimmenden Erklärung beider Elternteile (siehe zu 1).

b. Bei getrennter Ehe (im Falle des Todes eines Elternteiles oder der Scheidung der Ehe).

α. Für den Fall, daß der Vater tot ist und die Mutter lebt:

αα. War der Vater Jude und ist die Mutter gleichfalls Jüdin, so muß das Kind in der jüdischen Religion unterrichtet werden. Eine Abweichung hiervon ist nicht zulässig. Auch wenn die Mutter nach dem Tode des Vaters ihren Glauben wechseln und zum Christentum übertreten sollte, ist das Kind weiter bis zum vollendeten 14. Lebensjahre unbedingt in der jüdischen Religion zu unterrichten.

Ist das Kind zu Lebzeiten des Vaters infolge übereinstimmender Erklärung beider Elternteile mindestens während des ganzen letzten Jahres vor dem Tode des Vaters in einer anderen Religion als der jüdischen unterrichtet worden, so ist dieser Unterricht bis zum vollendeten 14. Lebensjahre fortzusetzen.

ββ. War der Vater Jude und ist die Mutter Christin, so gelten dieselben Grundsätze wie zu a).

γγ. Gehörte der Vater einem christlichen Glaubensbekenntnisse an und ist die Mutter Jüdin, so ist das Kind in dem Bekenntnis des Vaters zu unterrichten. Hat das Kind mit Einwilligung des Vaters mindestens während des ganzen letzten Jahres vor seinem Tode Unterricht in der jüdischen Religion erhalten, so ist dieser Unterricht bis zum vollendeten 14. Lebensjahre fortzusetzen.

β. Für den Fall, daß die Mutter verstorben ist und der Vater lebt:

αα. Gehörten Vater und Mutter zu Lebzeiten der Mutter der jüdischen Religion an, so ist das Kind in dieser Religion zu unterrichten.

Ist das Kind während des ganzen letzten Jahres vor dem Tode der Mutter auf Grund der übereinstimmenden Willenserklärung beider Elternteile in einem der beiden christlichen Bekenntnisse unterrichtet worden, so ist dieser Unterricht auch nach dem Tode der Mutter bis zum vollendeten 14. Lebensjahre des Kindes fortzusetzen.

ββ. Ist der Vater Jude und gehörte die Mutter einem der beiden christlichen Bekenntnisse an, so ist das Kind in der jüdischen Religion zu erziehen, es sei denn, daß es während des ganzen letzten Jahres vor dem Tode der Mutter auf Grund der übereinstimmenden Willenserklärung beider Eltern in einem der beiden christlichen Bekenntnisse unterrichtet worden wäre.

γγ Gehört der Vater einem der beiden christlichen Bekenntnisse an und war die Mutter Jüdin, so ist das Kind in dem Bekenntnis des Vaters zu unterrichten. Ist das Kind mindestens während des ganzen letzten Jahres vor dem Tode der Mutter in der jüdischen Religion oder in einem von dem Bekenntnis des Vaters abweichenden christlichen Bekenntnis auf Grund der übereinstimmenden Willenserklärung beider Elternteile unterrichtet worden, so ist dieser Unterricht bis zum vollendeten 14. Lebensjahre des Kindes fortzusetzen.

γ. Für den Fall, daß die Ehe geschieden ist, gelten dieselben Grundsätze wie für den Fall, daß die Ehe durch den Tod eines der beiden Ehegatten getrennt ist.

δ. Vereinbarungen über den Bestand der Ehe hinaus mit Ausnahme der im Vorstehenden angegebenen sind nichtig.

2. Uneheliche Kinder.

a. Ist die Mutter Jüdin, so ist das Kind in der jüdischen Religion zu unterrichten.

b. Ist die Mutter zu einem der christlichen Bekenntnisse übergetreten, so ist das Kind bis zum vollendeten 14. Lebensjahre in diesem Bekenntnis zu erziehen.

c. Gehört die Mutter einer der beiden christlichen Konfessionen an, so ist das Kind in diesem Bekenntnisse zu unterrichten.

d. Das Glaubensbekenntnis des Vaters ist für den religiösen Unterricht des Kindes ohne Belang.

e. Wird das Kind von einem Dritten an Kindes Statt angenommen, so entscheidet das Glaubensbekenntnis des Adoptivvaters, und es gelten dieselben Grundsätze wie für die religiöse Erziehung ehelicher Kinder.

BB. Für die ehemals sächsischen Landesteile, Rheinland und Westfalen, die vormals bayrische Enklave Kaulsdorf und das vormalige Ober-Amt Meisenheim gilt gleichfalls die Deklaration vom 21. November 1803.

Sie ist eingeführt worden:

1. in den ehemals sächsischen Landesteilen durch das Patent vom 15. November 1816;
2. für Rheinland und Westfalen durch die Kabinettsorder vom 17. August 1825 (GS. S. 221);
3. für die vormals bayrische Enklave Kaulsdorf durch die Verordnung vom 20. Mai 1867 und
4. für das vormalige Oberamt Meisenheim durch die Verordnung vom 20. September 1867.

CC. Für das Gebiet des ehemaligen Herzogtums Nassau

## Nassauische Edicte vom 22. und 26. März 1808

über die Erziehung der Kinder aus gemischten Ehen.

..... verordnen, daß die Freiheit der Ehen zwischen den Verwandten der römisch-katholischen, der lutherischen und der reformierten Religion in Unserem vereinigten Herzogthum auf keine Art beschränkt sein soll, und daß aus solchen gemischten Ehen erzeugte Kinder zur Beseitigung aller entstehen könnenden Ehe- und Familienzwistigkeiten ohne Ausnahme und in allen Fällen in der Religion des Vaters erzogen werden sollen, jedoch denselben nach erreichtem 14. Lebensjahr, welches hiermit zur Unterscheidungszeit bestimmt wird, freistehen soll, eine andere Religion, als in welcher sie erzogen sind, zu wählen, wenn sie von dem Ortsgeistlichen ein Attestat über hinlängliche Kenntnisse der Religion, worin sie bis dahin Unterricht genossen haben, beibringen können. Von dieser Verordnung soll weder vor noch während der Ehe und weder durch mündliche Abrede noch schriftlichen Vertrag abgegangen, vielmehr alle Verträge oder Verabredungen solcher Art als gesetzwidrig und null und nichtig in Zukunft angesehen werden. .....

Wir befehlen und wollen ferner, daß die unehelichen Kinder, der Vater mag bekannt oder nicht bekannt sein, ebenso in der Religion der Mutter erzogen werden sollen.

DD. Für das ehemals kurhessische Gebiet.

## Kurhessische Verordnung vom 13. April 1853

wegen Abänderung des Gesetzes vom 29. Oktober 1848 betreffend die Religionsfreiheit und die Einführung der bürgerlichen Ehe.

§ 4: Über die kirchliche Erziehung der Kinder steht die Bestimmung

1. dem ehelichen Vater dergestalt zu, daß diejenige Anordnung, welche derselbe in der befragten Hinsicht trifft, für die Kinder von deren vollendetem 7. bis zum vollendeten 14. Lebensjahre ein für allemal maaßgebend bleibt, es sei denn, daß der Vater selbst zu einer anderen christlichen Kirche überträte;

2. falls von dem Vater keine ausdrückliche Bestimmung über die kirchliche Erziehung seiner Kinder getroffen worden, soll die kirchliche Erziehung bis zum vollendeten 14. Lebensjahre der Kinder in der Konfession des Vaters erfolgen, und soll

3. was uneheliche Kinder betrifft, die Verfügung über deren kirchliche Erziehung der unehelichen Mutter ebenso zukommen, wie bei ehelichen Kindern deren Vater.

EE. Für das Gebiet des früheren Herzogtums Holstein.

## Gesetz vom 14. Juli 1863

über die Religionsübung und Gemeindeverhältnisse der Reformierten, Katholiken, Menoniten, Anglikaner und Babtisten. (Gesetz und Min.-Bl. S. 163).

§ 6: ..... Versprechen dieser Art (d. h. Versprechen der Brautleute gemischter Konfession über die konfessionelle Erziehung der Kinder) sind ohne alle Giltigkeit.

§ 10: ..... Gehören die Eltern zu verschiedenen Religionsparteien, so kommt es auf den Willen des Vaters an, in welcher Konfession die Kinder zu erziehen sind und die Schule welcher Konfession dieselben mithin zu besuchen haben. Ist der Vater gestorben, ohne seinen Willen in der fraglichen Hinsicht erklärt zu haben, oder ist er unfähig geworden, seinen Willen zu erklären, ohne daß seine Absichten in dieser Beziehung nachzuweisen sind, so entscheidet zunächst der Wille der Mutter. Wenn auch dieser nicht konstatirt werden kann, so sind die Kinder in der Religion des Vaters zu erziehen. Diese Bestimmungen kommen auch auf Kinder aus solchen gemischten Ehen, in denen der eine Theil sich zur evangelisch-lutherischen Religion bekennt, zur Anwendung.

FF. Für das Gebiet des ehemaligen Herzogtums Schleswig.

## Verfügung vom 23. April 1864 (V.-O.-Bl. S. 57).

3. Die Regelung konfessioneller Beziehungen und namentlich jener Fragen, welche die ..... Erziehung der Kinder zum Gegenstande haben, bleibt dem freien Übereinkommen der Eheleute überlassen.

## GG. Für das Gebiet der freien Reichsstadt Frankfurt

### Frankfurter Verordnung vom 5. September 1811

über die Religionsbestimmung der Kinder aus gemischten Ehen.

Art. 3: Die Religionserziehung der Kinder ist ferner als Ausfluß der väterlichen Gewalt anzusehen. Bei Verschiedenheit der Denkungsart der beiden Eltern steht dem Vater, als Haupt der Familie, in Konformität des Art. 373 des Bürgerlichen Gesetzbuches die Bestimmung zu.

Art. 4: Über die Religionsbestimmung der Kinder aus gemischten Ehen finden Verträge und wechselseitige Übereinkünfte zwischen den Brautleuten und Eheleuten statt.

Art. 5 und 6. (Form dieser Verträge und deren Abänderung unter beiderseitiger Einwilligung.)

Art. 7: Dahingegen kann, nach dem Ableben eines Ehegatten, von dem überlebenden Theile in Ansehung der Religionserziehung der Kinder von dem geschlossenen Vertrag einseitig nicht abgegangen werden. Auch kann weder von einer obrigkeitlichen Behörde, noch von den Vormündern gegen den bestehenden Vertrag etwas anderes verfügt werden.

Art. 8: In Ermangelung besonderer Verträge über die Religionserziehung der Kinder sollen die Kinder beiderlei Geschlechts in der Religion des Vaters erzogen werden.

Art. 9: Bei einer Religionsveränderung der Eltern sollen die Kinder, insofern solche das 12. Jahr noch nicht angetreten haben, den Eltern in der Religionsveränderung folgen.

Art. 10: Sobald die Kinder aber das 12. Jahr angetreten haben, soll denselben nicht mehr zugemuthet werden können, der Religionsänderung ihrer Eltern, ohne eigene Überzeugung, zu folgen. Vom angetretenen 12. bis zum vollendeten 16. Jahre sollen daher Kinder, welche das 12. Jahr bereits angetreten haben, den früheren Religionsunterricht fortgenießen.

Art. 12: Bei unehelichen Kindern, welche der Vater anerkannt hat, hängt die Religionsbestimmung vom Vater, im Falle einer auf Seiten des Vaters nicht geschehenen Anerkennung aber, von der Mutter allein ab.

Art. 15: In Fällen, wo Eheleute, welche die Sorge eines gefundenen Kindes übernehmen, zu verschiedenen Religionsbekenntnissen gehören, soll der Ehemann die Religionserziehung des Kindes durch eine Erklärung bei dem Ortsmaire zu bestimmen haben.

## HH. Für das Gebiet des ehemaligen Königreichs Hannover.

### Hannoversche Verordnung vom 31. Juli 1826 (GS. S. I 174)

über die religiöse Erziehung der Kinder, deren Eltern verschiedner Konfession sind, sowie auch der Findlinge.

§ 1: Dem Ehemanne, als dem Haupte der ehelichen Gesellschaft, soll die uneingeschränkte Befugniß verbleiben, bloß nach eigener Überzeugung zu bestimmen, in welchem Glaubensbekenntniß seine ehelichen Kinder zu erziehen sind, und niemand soll das Recht haben, in diese Familien- und Erziehungsangelegenheiten auf irgend eine Weise sich zu mischen.

§ 2: Jeder Vertrag, wodurch der Ehemann und Vater auf sein obiges freies Recht, gleichviel vor oder nach eingegangener Ehe, im geringsten verzichten würde, soll nichtig, mithin unverbindlich sein.

§ 3: Nach des Vaters Tod muß die religiöse Erziehung der Kinder so eingeleitet oder fortgesetzt und vollendet werden, wie es dem vom Vater ernstlich und fortwährend gehegten Willen gemäß ist.

§ 4: In dieser Hinsicht wird gesetzlich vermuthet, daß der verstorbene Vater seine sämmtlichen ehelichen Kinder, die Söhne wie die Töchter, in seiner eigenen Religion habe wollen erziehen lassen. Alle hinterbliebenen Kinder sind demnach in der Religion des Vaters zu erziehen, und zwar, falls er solche geändert hätte, in derjenigen, wozu er sich in der neuesten Zeit öffentlich bekannt hat. Hiebei kommt jedoch ein Glaubenswechsel, der vielleicht erst in der letzten Krankheit erfolgt ist, in keinen Betracht.

§ 5: Von obiger gesetzlicher Vermuthung (§ 4) als Regel darf lediglich aus einem der beiden nachstehenden Gründe abgewichen werden:

a) wenn der Vater dem einzigen oder den mehreren bereits schulfähigen Kindern bis an seinen Tod den Hauptunterricht in der Religion, mit Inbegriff der unterscheidenden Glaubenslehren, immer nur durch Geistliche der anderen Kirche hat ertheilen lassen, nicht etwa abwechselnd auch durch Geistliche seiner eigenen Kirche. Bloß der Umstand, daß das Kind von einem Geistlichen der anderen Kirche getauft oder einem dieser angehörigen Schullehrer behufs des allgemeinen Elementarunterrichts zugesandt worden ist, genügt noch nicht, die Ausnahme zu begründen. Und

b) für die Fälle, wo jener Hauptunterricht in der Religion noch bei keinem der Kinder begonnen hat, mithin die unter a) bemerkte Thatsache nicht entscheidet: wenn der Vater bei seinem zuständigen persönlichen Gerichte zu Protokoll erklärt hat, „daß er seine Kinder in der Religion ihrer Mutter erzogen wissen wolle", auch diese Erklärung von ihm nachmals weder ausdrücklich, noch durch die That widerrufen worden ist. Doch darf diese Erklärung, wenn sie wirksam sein soll, nicht während der letzten Krankheit erfolgen.

§ 6: Vorstehende Bestimmungen (§§ 1—5) gelten ebenfalls für solche außerehelich geborene Kinder, welche durch die nachfolgende Heirath oder durch (landesherrliches) Reskript vollkommen legitimirt sind; desgleichen für diejenigen, welche der uneheliche Vater anerkannt hat und in seinem Hause oder doch auf seine alleinige Kosten, ohne alles Zuthun der Mutter, erziehen läßt.

Andere uneheliche Kinder folgen der Religion der Mutter.

§ 7: Die religiöse Erziehung derjenigen Kinder, welche nach zurückgelegtem 14. Jahre sich bereits bei der Confirmation oder durch die Communion selbstständig zu einer bestimmten Kirche bekannt haben, ist als vollendet anzusehen. Auf ihre Religionseigenschaft hat deshalb eine spätere Legitimation keinen Einfluß; ebensowenig die nachmals erfolgte Glaubensänderung der Eltern.

§ 8: Über die religiöse Erziehung der Findlinge oder sonstiger von ihren Eltern verlassenen Kinder hat derjenige zu bestimmen, dem die Verpflegung und Erziehung derselben entweder nach den Gesetzen obliegt — in zweifelhaften Fällen die Ortsobrigkeit — oder welcher solche gleich anfangs freiwillig übernimmt. .....

Die im Vorstehenden unter BB—HH aufgeführten Bestimmungen sind auch auf diejenigen Fälle für anwendbar zu erachten, in denen entweder beide Eltern oder ein Elternteil der jüdischen Religion angehört oder angehört hat. Bei denjenigen Bestimmungen, die ganz allgemein die religiöse Erziehung der Kinder regeln, folgt diese Anwendbarkeit aus der Allgemeingültigkeit der betreffenden Bestimmungen. Bei den anderen, die zunächst nur von den christlichen Konfessionen handeln, folgt sie aus dem Fehlen abweichender Bestimmungen für die jüdischen Verhältnisse und der bei Gleichheit der Voraussetzungen zulässigen und deshalb notwendigen analogen Gesetzesanwendung.

Anhang zum vierten Kapitel.

## 1. Beschluß vom 9. März 1903 (1. Y. 160/03).

### Amtsgericht I und Landgericht I Berlin.

Der evangelische K. war mit der mosaischen Johanna geb. N. verheiratet. Im Jahre 1897 wurde die Ehe geschieden und der Mann für allein schuldig erklärt. Aus der Ehe stammt ein zehnjähriger Sohn Walter. Das Vormundschaftsgericht entzog das Erziehungsrecht über dieses Kind dem Vater und übertrug es der Mutter, bei der das Kind lebt. Im Jahre 1898 verlangte die Mutter vom Vormundschaftsgerichte die Genehmigung, den Sohn im mosaischen Glauben erziehen zu dürfen. Das Vormundschaftsgericht entschied nach Anhörung eines dem Kinde bestellten Pflegers, daß das Kind im evangelischen Glauben zu erziehen sei. Demnächst überreichte die Mutter eine schriftliche Erklärung des Vaters vom 6. Dezember 1902, daß der Sohn im jüdischen Glauben erzogen werden könne. Das Vormundschaftsgericht blieb trotzdem bei seiner Entscheidung; es erachtete die Erklärung des Vaters für unerheblich, weil diesem das Erziehungsrecht aberkannt sei. Die Beschwerde der Mutter war erfolglos.

Die weitere Beschwerde ist zurückgewiesen worden aus folgenden

Gründen:

1. Die Bestimmungen der Deklaration vom 21. November 1803 über die religiöse Erziehung der Kinder aus Mischehen sind nicht bloß anzuwenden auf die Ehen von Ehegatten, welche den verschiedenen Konfessionen der christlichen Religion angehören, sondern allgemein auf die Ehen, bei denen die Gatten zu verschiedenen Religionen gehören. Denn die Deklaration spricht allgemein von „Ehen zwischen Personen verschiedenen Glaubensbekenntnisses"; unter letzterem sind aber die neben der christlichen Religion zugelassenen Religionen, insbesondere auch die mosaische zu verstehen. Nach dem in der Deklaration festgestellten Prinzipe würde Walter K., da sein Vater der evangelischen Konfession des christlichen Glaubens zugehört, im gleichen Bekenntnis erzogen werden müssen, es sei denn, daß, wie die Beschwerdeführerin ausführt, auf den vorliegenden Fall die besondere Vorschrift der Deklaration Anwendung zu finden hätte:

> „Übrigens verbleibt es auch noch fernerhin bei der Bestimmung des § 78, nach welcher Niemand das Recht hat, den Eltern zu widersprechen, so lange selbige über den ihren Kindern zu ertheilenden Religionsunterricht einig sind."

2. Allein diese Bestimmung kann nicht auf geschiedene Ehen angewendet werden. Denn die Geltung der Willensübereinstimmung der Eltern als maßgeblichen Faktors für die religiöse Erziehung und die Ausschließung jeden Widerspruchs gegen den übereinstimmenden Willen der Eltern beruht auf der Absicht, den Frieden der Ehe unter den Ehegatten zu wahren, der in empfindlicher Weise gestört werden kann, wenn es erlaubt wird, auf die religiöse Erziehung der gemeinsamen Kinder einzuwirken, über deren Unterweisung die Eltern, die selbst verschiedenen Bekenntnisses sind, unter sich eine Einigung gefunden haben. Dies folgt zunächst aus der Deklaration selbst, welche ihre Absicht verkündet, Spaltungen zu verhüten, die nicht selten die Einigkeit unter den Familienmitgliedern zum großen Nachteile derselben untergraben. Weiter aber ist die Einschränkung auf bestehende Ehen mit Sicherheit aus der Geschichte der Entstehung des (mit dem Schlußsatze der Deklaration wörtlich übereinstimmenden) § 78

II, 2 ALR. zu entnehmen. Dieser § 78 wurde bei der Beratung des Gesetzgebungswerkes gegen die Meinung von Svarez eingefügt; darauf bezieht sich die Rechtfertigung desselben in den Schlußvorträgen:

„Von diesen Sätzen (§§ 76—85) enthalten nur die §§ 78 und 82 Abweichungen von der bisherigen Praxis, die sich aber nach den Grundsätzen einer wahren Toleranz vollkommen verteidigen lassen. Es ist äußerst hart und stört notwendig den Frieden der Ehe, wenn die Eltern über die Religion, in welcher das Kind erzogen werden soll, einig sind, ein Dritter aber sich ex officio darin mischen und aus falschem Religionseifer ihren friedlich verabredeten Erziehungsplan zerrütten will" (v. Kamptz Jahrb., Bd. 41 S. 134).

Diese Erwägungen beziehen sich nur auf b e s t e h e n d e Ehen und fallen da weg, wo es sich um die Erziehung von Kindern aus g e s c h i e d e n e n Ehen handelt. Der oben angeführte Schlußsatz der Deklaration kann also nur dahin ausgelegt werden, daß während bestehender Ehe die religiöse Erziehung der Kinder sich nach dem übereinstimmenden Willen der Eltern bestimmt und so lange jeder Widerspruch untersagt ist. Hieraus folgt, daß sobald die Ehe g e s c h i e d e n ist, der übereinstimmende Wille der geschiedenen Eltern nicht mehr an erster Stelle wirksam ist, sondern der allgemeine Grundsatz der Deklaration in Anwendung kommt, daß das Kind in dem Bekenntnisse des Vaters zu unterrichten ist.

Muß dies angenommen werden, so rechtfertigt sich die Abweisung der weiteren Beschwerde, ohne daß noch darauf eingegangen zu werden braucht, ob die gegen den Vater ausgesprochene Entziehung des Erziehungsrechtes Einfluß auf den Religionsunterricht des Kindes ausübt.

## 2. Beschluß vom 8. März 1906. (1. Y. 181/06).

Amtsgericht und Landgericht Breslau.

Aus der Ehe des im Jahre 1903 v e r s t o r b e n e n jüdischen M. und seiner evangelischen Frau stammen zwei Kinder, die mit Zustimmung des Vaters evangelisch getauft sind. Als die ältere Tochter schulpflichtig wurde, beantragte die Mutter bei dem Vormundschaftsgericht, sie zur Erziehung des Mädchens in der christlichen Religion zu ermächtigen, indem sie angab, daß auch der Vater die christliche Erziehung gewollt habe. Das Amtsgericht erklärte unter Ablehnung des Antrages, daß die Kinder in der jüdischen Religion des Vaters erzogen werden müßten. Die Beschwerde des zuständigen evangelischen Geistlichen war erfolglos.

Seiner weiteren Beschwerde ist stattgegeben aus folgenden

G r ü n d e n:

Für die Beantwortung der Frage, ob die Vorschriften des Pr. ALR. und der Deklaration vom 21. November 1803 in gleicher Weise wie auf Kinder aus k o n f e s s i o n e l l = gemischten Ehen (zwischen Angehörigen verschiedener christlicher Konfessionen) so auch auf Kinder aus r e l i g i ö s = gemischten Ehen (zwischen Christen und Nichtchristen) anzuwenden sind, ist hauptsächlich auf den damaligen Stand der Gesetzgebung zurückzugehen (vgl. Windscheid-Kipp, Pand., 8. Aufl., § 21, A. 4b S. 84). Nur dieser erscheint geeignet, einen zuverlässigen Anhalt dafür zu gewähren, was man bei Erlassung jener Vorschriften unter „Ehen zwischen Personen von verschiedenem Glaubensbekenntnisse" verstanden und ob man dazu auch Ehen von Christen mit Nichtchristen, insbesondere mit Juden, gerechnet hat. In dieser Beziehung war in § 36 II, 1 ALR. bestimmt:

„Ein Christ kann mit solchen Personen keine Heirath schließen, welche nach den Grundsätzen ihrer Religion, sich den christlichen Ehegesetzen zu unterwerfen, gehindert werden."

Ferner war im § 951 (später 939) desselben Titels vorgeschrieben, daß Ehen in solchen Fällen nichtig sein sollten,

„wo der Unterschied der Religionen ein gesetzliches Ehehinderniß ausmacht",

und dabei ausdrücklich auf den mitgeteilten § 36 hingewiesen (vgl. auch § 953 (später § 941) und § 715 das.). Die Auslegung dieses § 36 hat zu Zweifeln, insbesonderer zu der Streitfrage Veranlassung gegeben, ob dadurch eine Ehe zwischen Christen und Juden verboten werden sollte. Die Entscheidung über sie hängt hauptsächlich davon ab, ob die Worte „Personen, welche nach den Grundsätzen ihrer Religion, sich den christlichen Ehegesetzen zu unterwerfen, gehindert werden", in objektivem oder subjektivem Sinne zu verstehen sind. Svarez hat allerdings bei den Beratungen über diese Vorschrift wohl den letzteren Standpunkt eingenommen; er sagt nämlich (Revis. monit. Abschr. Bl. 140, 141 r) auf die gegen die obige Fassung des § 36 erhobenen Erinnerungen und den Vorschlag, Ehen zwischen Christen und Nichtchristen schlechthin zu untersagen:

„Warum will man die Ehen zwischen Christen und Juden so schlechterdings verbieten? In den christlichen Ehegesetzen ist nichts, dem sich eine Jüdin nicht unterwerfen könnte. Findet sie also in der Trauungsliturgie keinen Anstoß, so mag sie ein Christ immerhin heiraten. Erlaubt doch Paulus, daß Christen sich mit Heiden verheiraten durften".

Er ging also hiernach davon aus, daß den Nichtchristen die Ehe mit Christen nur insoferne verboten sein sollte, als sie sich der bei der Eingehung der Ehen unter Christen hergebrachten Zeremonie nicht unterwerfen würden (Ges.-Revis.-Pens. XV 1830 S. 54 ff.; Friedberg R. der Eheschließung 1865 S. 703 A. 2; Boche-Altmann der preuß. legale evangelische Pfarrer 1867 S. 116 A. 38; Rönnes Erg. 6. Aufl. 3 S. 7 A. 3). Folgt man dieser Auffassung, so würde danach eine Ehe zwischen Christen und Juden je nach der subjektiven Stellung der letzteren zu dem christlichen Trauungsakte bereits für die damalige Zeit nicht als unzulässig anzusehen sein. Die preußische Praxis hat sich indes bei der Auslegung des § 36 von vornherein mit Entschiedenheit auf den entgegengesetzten Standpunkt gestellt. In der Gesetzrevision (a. a. O. 54 f.) wird erwähnt, daß Richter und Publikum bis auf diese Stunde (1830) allgemein in dem Glauben stehen, daß Ehen zwischen Christen und Nichtchristen unbedingt haben verboten werden sollen, sowie daß dieser Paragraph, soviel bekannt, bisher von allen Gerichtshöfen so verstanden worden ist.

Diese Praxis ist zwar wohl in der folgenden Zeit mehrfach angefochten worden, so namentlich von Rohe im Z.-Bl. für preußische Juristen 1839 S. 1162 ff. Schmidt, Pr. Fam.-R. 1843 S. 34 f und Koch ALR. 2. Aufl. 1857 S. 27, welcher letztere jenes Verbot jedenfalls durch Art. 12 Verf.-Urk. vom 31. Januar 1850 („Der Genuß der bürgerlichen und staatsbürgerlichen Rechte ist unabhängig von dem religiösen Bekenntnisse") für beseitigt erachtete. Die preußische Rechtsprechung hat jedoch bis zu der in den 1870er Jahren erfolgten bezüglichen Gesetzesänderung an der früheren Auffassung festgehalten; insbesondere hat das Obertribunal in seinem Erkenntnis vom 18. Dezember 1854 den Rechtsgrund festgestellt,

daß die Zulässigkeit der Ehe eines Christen mit einer Person verschiedenen Glaubens im § 36 II. 1 ALR. nicht von den individuellen Ansichten der letzteren, sondern davon abhängig gemacht ist, ob die Grundsätze der Religion dieses anderen Theils ihrem objektivem Inhalte zufolge diesen verhindern, sich den christlichen Ehegesetzen zu unterwerfen,

und es hat demnach eine Ehe zwischen Christen und Juden für verboten erklärt (E. 29 S. 364, Striethorsts Arch. 15 S. 292, Präj. Nr. 2586; vgl. auch Beschluß d. App.-G. Hamm vom 28. IV. 1870 i. App.-G.-J. 3 S. 47). Aber auch die Wissenschaft hat weiterhin überwiegend die Auffassung vertreten, (Haelschner i. ZBl. f. preuß. Jur. 1840 S. 249 ff.; Bornemann, Pr.-Ziv.-R. 2. Aufl., 1870 3 S. 485; Rintelen i. App.-G.-J. 3. 1874, S. 302 ff).

Dem entsprach auch die Verwaltungspraxis, wie ein von Geek in Ulrichs Arch. (11, 1845, S. 289) mitgeteilter Fall zeigt. Diese zunächst ausnahmslos maßgebende und späterhin herrschend gebliebene Auslegung des § 36 ist aber auch vom Standpunkt des ALR. aus als die allein richtige anzuerkennen. Zutreffend hat das O.-Tr. in dem angezogenen Erkenntnisse (S. 366) ausgeführt, daß der § 36 den Christen die Ehe mit solchen Personen verbiete, die nach den Grundsätzen ihrer Religion gehindert werden, sich den christlichen Ehegesetzen zu unterwerfen, daß somit dieses Verbot von den objektiven Grundsätzen dieser Religion abhängig gemacht sei und die letzteren den Maßstab für das Urteil über die Zulässigkeit einer solchen Ehe bilden sollten, nicht aber das individuelle Meinen des einzelnen; denn es verstehe sich ganz von selbst, daß derjenige Nichtchrist, der einen Christen zu heiraten entschlossen sei, seiner eigenen Meinung nach sich von den Grundsätzen seiner Religion nicht gehindert fühle, während es andererseits eines Verbotes für denjenigen nicht bedürfe, der sich durch diese Grundsätze verhindert achte, so daß das Gesetz auf diese Weise etwas ganz Richtiges gesagt haben würde, was aber ausgeschlossen erscheine, da eine unter Verletzung des § 36 geschlossene Ehe im § 939 für nichtig erklärt sei. Mit Recht hat das O.-Tr. (S. 367) weiter ausgeführt, daß gegenüber dem klaren Wortlaute des Gesetzes selbst auf die oben mitgeteilten Äußerungen von Svarez ein entscheidendes Gewicht nicht gelegt werden könne, zumal bei der Unterwerfung unter die christlichen Ehegesetze nicht bloß an den Trauungsakt zu denken sei, sondern auch an den Fortbestand der Ehe und an die Vorschriften, durch welche die christliche Taufe der Kinder und deren Erziehung im Christentume gefordert würden (S. 368). Ferner kann es auch keinem ernstlichen Zweifel unterliegen, daß nach den objektiven Grundsätzen der jüdischen Religion eine allseitige Unterwerfung unter die christlichen Ehegesetze als ausgeschlossen anzusehen war (Haelschner a. a. O. S. 249 ff.; vergl. Friedberg, Lehrb. d. Kirch.-R. 4. Aufl. 1895, § 150 S. 393. A. 4). Andererseits hatte nicht allein die katholische, sondern auch die evangelische Kirche an der Unstatthaftigkeit einer Ehe zwischen Christen und Nichtchristen beharrlich festgehalten (Friedberg das. A. 8; Behring, Lehrb. d. Kirch.-R. 2. Aufl., 1881, § 248 S. 905; Schulte, Lehrb. d. Kirch.-R. 4. Aufl. § 175 S. 395; Meyer Instit. d. Kirch.-R. 2. Aufl. 1856, S. 482; Richter-Dove, Lehrb. d. Kirch.-R. 7. Aufl., 1874, S. 951: Jacobson a. a. O. S. 135 A. 33; Bornemann a. a. O. S. 37; Förster a. a. O. S. 485 A. 54).

Für die Verneinung der Zulässigkeit einer Ehe zwischen Christen und Juden nach ALR. spricht aber neben der materiellen auch die formelle Reglung der Eheschließung durch dieses. Nach den §§ 136, 137 II 1 ALR. wurde eine vollgültige Ehe in der Regel durch die priesterliche Trauung vollzogen, während deren Vollziehung zwischen Personen fremder, im Staate geduldeter Religionen sich lediglich nach den Gebräuchen ihrer Religion richtete. In jedem Fall wurde also zum Ehevollzug ein religiöser Akt erfordert, dessen Zulässigkeit von den kirchlichen Vorschriften abhängig war (Rintelen a. a. O. S. 305). Zwischen Christen und Juden war aber ein derartiger religiöser Akt ausgeschlossen. An der Möglichkeit der Vollziehung einer solchen Ehe hat es auch weiterhin bis zu den 1870er Jahren gefehlt, obwohl die Gesetze über die Eheschließung der Juden inzwischen mehrfach geändert wurden, so durch § 25 Ed., betr. die bürgerlichen Verhältnisse der Juden usw., vom 11. März 1812 (GS. S. 20), § 15 V. vom 1. Juni 1833 (GS. S. 68) Kab.-O. vom 29. März 1836 (Kamptzs Jahrb. 47 S. 502) und die §§ 8, 12 ff. G. über die Verhältnisse der Juden vom 23. Juli 1847 (GS. S. 263). (Vgl. Jacobson S. 136 A. 5; Haelschner S. 253; Meyer S. 482 A. 6; Friedberg, R. d. Eheschl. S. 703 ff. A. 2; Rintelen S. 304; Richter-Kahl 8. Aufl. 1886 S. 1144). Erst durch § 56 PrG. über die Beurkundung des Personenstandes vom 9. März 1874 (GS. S. 95) wurden alle bezüglichen Hindernisse der Eheschließung beseitigt (vgl. § 39 RG. vom 6 II 75).

Nach alledem ist der Begriff der gemischten Ehe im Sinne der §§ 77 II ALR. und der Dekl. vom 21. November 1803, entsprechend dem damaligen Stande der Gesetze, auf konfessionell-gemischte Ehen (zwischen Angehörigen verschiedener christlicher Konfessionen) einzuschränken, nicht aber auf religiös-gemischte Ehen (zwischen Christen und Nichtchristen, insbesondere Juden) auszudehnen; denn normalerweise kommen Ehen der letzteren Art nicht vor. Daß unter ganz besonderen Umständen solche doch vorhanden sein konnten, z. B. wenn einer von zwei christlichen Ehegatten nachträglich zu einer anderen Religion übertrat (was übrigens nach ALR. § 715 II 1 ein Ehescheidungsgrund war) oder wenn der Wohnsitz der durch eine solche Ehe im Ausland gültig verbundenen Gatten nach dem Inland verlegt wurde, kann nicht ins Gewicht fallen, weil es sich dabei um ganz ausnahmsweise Fälle gehandelt haben würde, welche der Gesetzgeber bei der Erlassung jener Vorschriften zweifelsohne nicht im Auge gehabt hat.

Durch die Personenstandsgesetzgebung der 1870er Jahre sind sonach zu den gemischten Ehen im Sinne jener religiösen Erziehungsvorschriften als eine neue Art von gemischten Ehen die religiös-gemischten Ehen hinzugetreten, für welche diese Vorschriften nicht erlassen waren und somit nicht unmittelbar für anwendbar zu erachten sind. Indem man für die Kinder aus diesen Ehen neue einschlägige Bestimmungen nicht erließ (wozu an sich ein Bedürfnis wohl vorlag), entstand eine Lücke im Gesetze, welche bisher eine Ausfüllung im Wege der Gesetzgebung nicht gefunden hat. Hier ergänzend einzutreten, ist Aufgabe der Rechtsanalogie (Planck, BGB. Vorbemerk. II 1 z. Allg. Teile 3. Aufl. 1 S. 39; Windscheid-Kipp, Band 1 § 23 S. 90 ff.; Regelsberger, Pand. 1 § 38 S. 155 ff.; Dernburg, Bürg.R. 1 § 30). Es handelt sich hierbei in erster Reihe darum, für die verschiedenen rechtlichen Gesichtspunkte, welche sich je nach der besonderen Lage der Sache im Einzelfalle hinsichtlich der religiösen Erziehung der Kinder aus derartigen religiös-gemischten Ehen ergeben, zu bestimmen, ob der fragliche Tatbestand einem in jenen Vorschriften über die Erziehung der Kinder aus konfessionell-gemischten Ehen geregelten Tatbestande derartig wesensgleich ist, daß sie schlechthin oder doch mit gewissen Einschränkungen auf ihn Anwendung finden können. Insoweit diese Frage zu verneinen ist, kommt es weiter darauf an, zu ermitteln, ob sich nicht allgemeine Rechtsgrundsätze oder subsidiäre Rechtsnormen finden lassen, welche enine hinreichenden Ersatz für die fehlenden Gesetzvorschriften bieten.

Der Natur der Sache nach kann es nun wohl kaum einem ernstlichen Zweifel unterliegen, daß bei den gemischten Ehen beider Art in bezug auf die religiöse Erziehung der daraus hervorgegangenen Kinder eine weitgehende Wesensübereinstimmung besteht, so daß im allgemeinen eine Übertragung der bezüglichen für die konfessionell-gemischten Ehen unmittelbar gegebenen Vorschriften auf die religiös-gemischten Ehen wohl für zulässig zu erachten und als im Sinne des Gesetzgebers liegend anzusehen ist (vgl. K.-G.-J. 26 S. A. 26). Diese Übertragung darf selbstverständlich (wie hier ausdrücklich hervorgehoben werden soll) in Hinblick auf den oben erwähnten Art. 12 Pr. Verfass.-Urk. immer nur in der Weise erfolgen, daß dabei die Angehörigen einer nichtchristlichen Religion, insbesondere auch die Juden, nicht schlechter gestellt werden als die Christen. Es würde jedoch zu weit gehen, wenn man mit den Vorinstanzen jene Vorschriften ohne besondere Prüfung des einzelnen Falles schlechthin auf die religiös-gemischten Ehen anwenden wollte; vielmehr erscheint grundsätzlich nur ihre sinngemäße Anwendung gerechtfertigt; und zwar spricht hierbei hauptsächlich der Umstand mit, daß die Unterschiede zwischen der christlichen und anderen Religionen zweifellos für sehr viel erheblicher anzusehen sind als zwischen mehreren christlichen Konfessionen; das gilt nicht allein wegen des Glaubens und der Lehre, sondern auch rücksichtlich des Kultus und der Sakramente.

Für den vorliegenden Fall kommt es nun wesentlich darauf an, ob der Taufe eines Kindes aus religiös-gemischter Ehe für die religiöse Erziehung die gleiche Bedeutung beizumessen ist wie derjenigen eines Kindes aus konfessionell-gemischter Ehe; das ist aber nach dem Wesen der Taufe mit Entschiedenheit zu verneinen. Das ALR. enthält zwar hierüber keine besonderen Vorschriften; es sind aber in dieser Beziehung nach den oben entwickelten Grundsätzen die allgemeinen Normen des Kirchenrechts ergänzend heranzuziehen. Sowohl nach katholischem wie nach protestantischem Kirchenrechte wird durch das Sakrament der Taufe schlechthin die Mitgliedschaft der christlichen Kirche erworben (wobei freilich im einzelnen verschiedene Wirkungen angenommen werden); sie gewährt dem Getauften die unverlierbare Eigenschaft (character indelebilis) als Christ, gleichviel ob er katholisch oder protestantisch getauft worden ist. Im Falle des Übertritts eines Christen von einer Konfession zur anderen ist grundsätzlich eine Wiederholung der Taufe in der neuen Konfession ausgeschlossen (Hinschius Kirchen-R., 1886, 4 § 200 S. 23, 43 ff.; Richter-Kahl § 264 S. 1010 ff.; Friedberg § 132 S. 377). Mit dieser kirchenrechtlich allgemein anerkannten, interkonfessionell wenig erheblichen Bedeutung der Taufe steht es durchaus im Einklange, wenn in den religiösen Erziehungsvorschriften des preußischen Rechtes kein entscheidendes Gewicht darauf gelegt worden ist, ob die Kinder aus einer konfessionell-gemischten Ehe die Taufe von der Kirche des einen oder anderen Ehegatten gespendet erhalten haben; und es kann keineswegs als eine Verletzung der kirchenrechtlichen Anschauungen aufgefaßt werden, wenn das Kammergericht in ständiger Rechtsprechung für konfessionell-gemischte Ehen daran festgehalten hat, daß die Taufe in der Konfession der Mutter eine Ausnahme von der Regel der Erziehung der Kinder in der Konfession des Vaters nicht rechtfertigt (K.-G.-J. 10 S. 79; 20 S. A. 245; 21 S. A. 41, 47). Andererseits ist aber ohne weiteres klar, daß bei einer religiös-gemischten Ehe der Taufe der Kinder eines nichtchristlichen (jüdischen) Vaters in der Religion der Mutter grundsätzlich eine sehr viel weitergehende, stärkere Bindung beizumessen ist. Wenn eine solche Taufe mit Zustimmung des nichtchristlichen Vaters erfolgte, so handelte es sich dabei augenscheinlich um einen Akt, dessen Unabänderlichkeit für die kirchliche Zugehörigkeit der Kinder nicht allein objektiv, sondern auch für den Vater subjektiv außer allem Zweifel stand. Unter diesen Umständen würde man durch die Anordnung der Erziehung der Kinder in der jüdischen Religion des verstorbenen Vaters einerseits mit den maßgebenden kirchenrechtlichen Grundsätzen über den Charakter des Sakraments der Taufe in Widerspruch geraten und andererseits dem vom Vater klar zum Ausdrucke gebrachten endgültigen Willen durchaus nicht gerecht werden. Dazu kommt, daß eine Entscheidung in diesem Sinne auch den allgemeinen Rechtsanschauungen und dem Rechtsgefühl im Volke schwerlich entsprechen dürfte. Nach alledem muß man dazu gelangen, für den hier vorliegenden Fall der Taufe von Kindern aus einer religiös-gemischten Ehe dessen Wesensgleichheit mit dem entsprechenden Falle bei einer konfessionell-gemischten Ehe zu verneinen. Es kann also auch für diesen besonderen Fall nicht von einer analogen Anwendung jener gesetzlichen Vorschriften die Rede sein; vielmehr führen die dargelegten kirchenrechtlichen Grundsätze und allgemeinen Rechtsanschauungen dazu, daß man die mit Zustimmung des jüdischen Vaters erfolgte Taufe in der christlichen Religion der Mutter auch nach dem Tode des Vaters für die religiöse Erziehung der Kinder während ihrer Religionsunmündigkeit als maßgebend ansieht.

Schließlich ist noch kurz darauf hinzuweisen, daß die Vorschrift des § 83 II 2 ALR. nicht als Grund angesehen werden kann, um der mit Zustimmung beider Eltern erfolgten Taufe der Kinder die erwähnten Rechtswirkungen zu versagen. Wenn man überhaupt unter der dort erwähnten „Annahme eines Kindes zu einer anderen Religion, als wozu dasselbe nach den gesetzlichen Bestimmungen gehört" die Taufe verstehen will, so erscheint es doch nicht gerechtfertigt, diese Vorschrift (durch welche eine solche „Annahme" vor zurückgelegtem 14. Lebensjahre des Kindes selbst mit Einwilligung der Eltern seines Geschlechts verboten ist) auch auf den Fall zu beziehen daß beide Eltern darüber einig sind; auch würde in ihr nur ein an die betreffenden Religionsdiener gerichtetes Verbot zu erblicken sein, dessen Übertretung den sonst gültigen Taufakt noch nicht rechtsunwirksam machen würde.

Daraus folgt, daß die beiden hier fraglichen, mit Zustimmung beider Eltern getauften Kinder bis zum zurückgelegtem 14. Lebensjahre in der christlichen Religion zu erziehen sind. Dies war unter Aufhebung der vorinstanzlichen Entscheidungen anzuordnen.

### 3. Ministerialerlaß vom 6. August 1886. (Z.-Bl. S. 710 f.)

Berlin, den 6. August 1886.

Auf die Eingaben vom 2. April und 22. Juni d. J. erwidere ich Ihnen nach Prüfung derselben, daß ich es nicht mißbilligen kann, wenn die Königliche Regierung zu N. dahin Anordnung getroffen hat, daß die bei gemischten Ehen seitens der Eltern eventuell abzugebende übereinstimmende Willenserklärung, ihr Kind in einer anderen Religion unterrichten lassen zu wollen, als es ohne diese Erklärung nach dem Gesetze geschehen würde, in einer bestimmten Form, nämlich durch Abgabe derselben vor dem Landrathe, woneben diejenige vor dem Richter oder Notar freigelassen ist, erkennbar gemacht werde. Wenn Sie hervorheben, daß Ihnen durch den Weg zum Landrathe Weiterungen entstehen, so kann dies um so weniger in's Gewicht fallen, als es sich nicht um eine unbedeutende, sondern um eine für Schule und Kirche wie für die betheiligten Personen gleich wichtige, einmalige Erklärung handelt. Daß Sie anstatt dieser gebührenfreien Abgabe der Willenserklärung diejenige vor Gericht, welche, wie Sie bemerken, mit 4 Mk. Schreibgebühren verbunden gewesen ist, gewählt haben, haben Sie sich lediglich selbst zuzuschreiben.

Ihren Anträgen, die von der Königlichen Regierung getroffene Anordnung aufzuheben und Ihnen die gedachten Schreibgebühren zu erstatten, kann daher nicht entsprochen werden.

An den Arbeiter Herrn N. zu N.

Der Minister der geistlichen zc. Angelegenheiten.
In Vertretuug: Lucanus.

### 4. Ministerialerlaß vom 29. Mai 1902 (U. III A. 1080, U. III B.).[1]

Ich sehe nach dem Ergebnis der Ermittelungen die gegen den p. A. erhobenen Beschuldigungen zwar als erledigt an. Der Angriff selbst aber beweist aufs neue die Notwendigkeit, die staatl. Schulaufsichtsbeamten vor derartigen Vorwürfen der Proselytenmacherei zu schützen. Die Kgl. Regierung wolle daher sofort erwägen, ob es nicht auch für ihren Bezirk zweckmäßig erscheint, dahin Anordnung zu treffen, daß die bei confessionell gemischter Ehe seitens der Eltern abzugebende Willenserklärung, ihr Kind in einer anderen Religion erziehen zu lassen, als es ohne diese Erklärung nach dem Gesetz geschehen würde, durch Abgabe der Erklärung vor dem Landrat, Richter oder Notar erkennbar zu machen ist (vgl. Erl. vom 6. August 1886 Z.-Bl. S. 710). Dabei kann zugelassen werden, daß bei weiter Entfernung auf dem Lande im Einzelfalle der Amtsvorsteher vom Landrat ermächtigt wird, die Erklärung entgegenzunehmen.

### 5. Ministerialerlaß vom 16. August 1902 (U. III A. 2006).[2]

Die Verordnung der Kgl. Regierung unter Nr. 4 Ihrer Rundverfügung vom 6. Juli v. J., daß die Willenserklärung eines Vaters, welcher seine Kinder in einer anderen Religion erziehen lassen will, als es sonst nach den Gesetzen geschehen würde, sich nur auf diejenigen Kinder erstrecken darf, die entweder bereits im schulpflichtigen

---

[1]) Hildebrandt „Verordnungen usw." 2. Nchtrg. S. 150.

[2]) Hildebrandt a. a. O.

Alter stehen oder binnen drei Monaten, vom Tage der Verhandlung ab gerechnet, schulpflichtig werden, erachte ich für zweckmäßig. Die jedesmalige neue Abgabe einer Erklärung vor dem Landrat, sobald ein Kind schulpflichtig wird, mag für die Väter in manchen Fällen unbequem sein. Ein Verzicht auf dieselbe würde aber die sichere Unterlage für die Einschulung der Kinder mit Rücksicht auf die religiöse Erziehung beseitigen und damit eine geschäftliche Unsicherheit herbeiführen, welche Vorwürfe gegen die Schulverwaltung hervorrufen könnte. Was im Übrigen die etwaigen Erleichterungen betrifft, so nehme ich auf den Runderlaß vom 29. Mai d. J. U. III A. 1880 U. III. B. Bezug.

## 6. Verfügung der Regierung zu Potsdam vom 17. Oktober 1902 (Z.-Bl. S. 591).

Potsdam, den 17. Oktober 1902.

Wir heben unsere Verfügung vom 24. Oktober 1890 — II. 2371/10 — (Amtl. Schulblatt 1902 S. 45/46), betreffend Zuweisung der Kinder aus Mischehen zum Religionsunterrichte, auf und ordnen hiermit Folgendes an:

1. Die Willenserklärung, daß Kinder in einer anderen Konfession unterrichtet werden sollen, als es nach den bestehenden gesetzlichen Bestimmungen sonst geschehen müßte, ist fortan von den Eltern vor dem Landrat, Richter oder Notar abzugeben. In den kreisfreien Städten tritt an Stelle des Landrats der Leiter der Polizeiverwaltung.

2. Für die Gültigkeit der aufzunehmenden Verhandlung ist es unerläßlich, daß die Eltern sich persönlich vor dem Landrat (Polizeidirektor, Polizeiverwalter) einfinden. Bei weiten Entfernungen auf dem Lande wollen wir zulassen, daß die Herren Landräte im einzelnen Falle die Amtsvorsteher ermächtigen, die Erklärung entgegenzunehmen. Die Schulaufsichtsorgane haben Anträge der Beteiligten auf Ermächtigung eines Amtsvorstehers zur Entgegennahme der Erklärung anzunehmen und an die Herren Landräte zu befördern.

3. Die zur Verhandlung Erscheinenden haben dafür zu sorgen, daß ihre Persönlichkeit dem die Verhandlung führenden Beamten gegenüber ausreichend festgestellt wird.

4. Die Erklärung darf sich nur auf solche Kinder erstrecken, die entweder bereits im schulpflichtigen Alter stehen oder binnen drei Monaten, vom Tage der Erklärung ab gerechnet, schulpflichtig werden.

5. Die Herren Kreisschulinspektoren haben die Schulvorstände (Schuldeputationen) hiernach anzuweisen, daß sie ihrerseits derartige Erklärungen aufzunehmen nicht mehr berechtigt sind. Seitens der Landratsämter usw. wird den betreffenden Schulvorständen (Schuldeputationen) eine Abschrift jeder abgegebenen Erklärung zur weiteren Veranlassung zugefertigt werden. Wenn diese Erklärung nicht vorliegt, sind Kinder, die einer anderen Konfession angehören, unbedingt vom Religionsunterrichte zurückzuweisen.

Königliche Regierung, Abteilung für Kirchen- und Schulwesen.

v. Barbeleben.

An die beteiligten Behörden. II. 992/9.

## 7. Ministerialerlaß vom 8. April 1904 (Z.-Bl. S. 363).

Berlin, den 8. April 1904.

Dem Antrage in dem Berichte vom 28. Dezember v. Js., in den kreisfreien Städten die Kgl. Kreisschulinspektoren zur Entgegennahme der in dem

Erlasse vom 29. Mai 1902 — U III A 1080, U III B — gedachten Erklärungen über die religiöse Erziehung der Kinder aus konfessionell gemischten Ehen zu ermächtigen, kann ich nicht stattgeben.

Sollten die Bürgermeister der kreisfreien Städte wegen Überlastung mit Arbeit nicht in der Lage sein, die Willenserklärungen der Eltern selbst entgegenzunehmen, so kann ihnen gestattet werden, daß sie damit ein Mitglied des Magistrats betrauen. Dieses Magistratsmitglied darf aber nicht zugleich auch Mitglied der städtischen Schulbehörde (Schulkommission) sein.

Der Minister der geistlichen usw. Angelegenheiten.

i. A.: Schwartzkopff.

### 8. Verfügung des Kgl. Prov.-Schulkollegiums zu Berlin vom 2. Januar 1906 (III 6982).

Wenn ein noch nicht 14 Jahre altes schulpflichtiges Kind in einer anderen Konfession als der des Vaters unterrichtet werden soll, so ist es erforderlich, daß beide Elternteile eine dahingehende Erklärung persönlich vor dem Vorsteher der Polizeiverwaltung (in Berlin der einzelnen Polizeireviere) oder vor dem Landrat, Amtsrichter oder Notar ausdrücklich zu Protokoll abgeben.— Diese Bestimmung findet nicht nur bei Mischehen, sondern auch in den Fällen Anwendung, in denen beide Eltern derselben Konfession angehören. — Nur nach Vorlegung einer solchen Urkunde ist der Schüler dem betreffenden Religionsunterricht zuzuweisen.

---

## Fünftes Kapitel.

# Die Anstellung jüdischer Lehrer an nichtjüdischen öffentlichen Volksschulen.

## A. Die Anstellung jüdischer Lehrkräfte an nichtjüdischen öffentlichen Volksschulen nach dem Volksschulunterhaltungsgesetz.

Das Edikt vom 11. März 1812[1]), durch welches die Juden der preußischen Monarchie zu Staatsbürgern erklärt und ihnen grundsätzlich gleiche bürgerliche Rechte und Freiheiten wie den Christen eingeräumt wurden, erschloß ihnen auch das Schulamt. Die §§ 7 und 8 des Ediktes bestimmten:

§ 7: Die für Einländer zu achtende Juden..... sollen, insofern diese Verordnung nichts Abweichendes enthält, gleiche bürgerliche Rechte und Freiheiten mit den Christen genießen.

§ 8: Sie können daher akademische Lehr- und Schul-......Ämter, zu welchen sie sich geschickt gemacht haben, verwalten.

---

[1]) GS. S. 17 ff.

Dieses, den Juden eingeräumte Recht stand unter der Garantie des Deutschen Bundes, da Art. 16 der Deutschen Bundesakte vom 8. Juni 1815 den Juden die Aufrechterhaltung der ihnen bereits von den einzelnen Bundesstaaten eingeräumten Rechte garantierte[1]). Trotz dieser Garantie des Bundes wurden durch Allerhöchste Kabinettsorder vom 18. August 1822 die §§ 7 und 8 des Edikts vom 11. März 1812 aufgehoben und damit den Juden das Recht zur Bekleidung des öffentlichen Schulamtes wieder genommen.

Der § 2 des Gesetzes vom 23. Juli 1847 gestattete die Zulassung der Juden als Lehrer an Kunst-Gewerbe, Handels- und Navigationsschulen. Im übrigen aber sollte ihre Anstellung als Lehrer auf jüdische Unterrichtsanstalten beschränkt bleiben.

Durch § 5 der Verordnung vom 6. April 1848 über einige Grundlagen der preußischen Verfassung (GS. S. 87) wurde die Ausübung staatsbürgerlicher Rechte für fortan unabhängig vom religiösen Glaubensbekenntnis erklärt und damit die Beschränkung des § 2 des Gesetzes vom 23. Juli 1847 aufgehoben. Diese Bestimmung ging in die Verfassungsurkunde vom 5. Dezember 1848[2]) über, deren 11. Artikel den Satz enthielt:

„Der Genuß der bürgerlichen und staatsbürgerlichen Rechte ist unabhängig von dem religiösen Bekenntnisse und der Theilnahme an irgend einer Religionsgesellschaft".

Die einzige Einschränkung, welche dieser Grundsatz erfuhr, war die Bestimmung des gleichen Artikels, daß den bürgerlichen und staatsbürgerlichen Pflichten durch die Ausübung der Religionsfreiheit kein Abbruch geschehen dürfe.

Damit waren die Schulämter als Ämter des Staates, wie allen übrigen Bürgern, so auch den jüdischen Bürgern erschlossen.

In der Verfassungsurkunde vom 31. Januar 1850 ist die angeführte Bestimmung der Verfassungsurkunde vom 5. Dezember 1848 aufrechterhalten. Art. 12 bestimmt gleichfalls:

„....... Der Genuß der bürgerlichen und staatsbürgerlichen Rechte ist unabhängig von dem religiösen Bekenntnisse. Den bürgerlichen und staatsbürgerlichen Pflichten darf durch die Ausübung der Religionsfreiheit kein Abbruch geschehen."

Neu wurde in die Verfassungsurkunde vom 31. Januar 1850 als Art. 24 die folgende Bestimmung aufgenommen, welche in der früheren Verfassungsurkunde vom 5. Dezember 1848 nicht enthalten gewesen war:

„Bei der Einrichtung der öffentlichen Volksschulen sind die konfessionellen Verhältnisse möglichst zu berücksichtigen."

---

[1]) Art. 16 a. a. O. (vgl. GS. 1818, Anh. S. 153) lautet: „... Die Bundesversammlung wird in Berathung ziehen, wie auf eine möglichst übereinstimmende Weise die bürgerliche Verbesserung der Bekenner des jüdischen Glaubens in Deutschland zu bewirken sei und wie insonderheit denselben der Genuß der bürgerlichen Rechte gegen die Übernahme aller Bürgerpflichten in den Bundesstaaten verschafft und gesichert werden könne. Jedoch werden den Bekennern dieses Glaubens bis dahin die denselben von den einzelnen Bundesstaaten bereits eingeräumten Rechte erhalten".

[2]) GS. S. 375 ff.

Es fragt sich, welche Folgen sich aus der verfassungsmäßigen Neugestaltung der Verhältnisse ergaben. Daß eine Konsequenz des Grundsatzes, der die Ausübung der staatsbürgerlichen Rechte für unabhängig vom Glaubensbekenntnis erklärte, die Anstellungsfähigkeit der jüdischen Lehrer an den öffentlichen Schulen des Staates und der Kommunen sei, wurde in dem Ministerialreskript vom 26. Mai 1848 (Min.-Bl. S. 155)[1]) anerkannt.

In gleicher Weise wurde im Jahre 1860 wiederholt (vgl. den Min.-Erl. v. 13. Nov. 1860, unten S. 306, und die Grundsätze der Unterrichtsverwaltung im Z.-Bl. 1860 S. 258 ff, unten S. 306 f.) festgestellt, daß die Beschränkung im § 2 des Gesetzes vom 23. Juli 1847 als durch Art. 4 und 12 der Verfassungsurkunde vom 31. Januar 1850 aufgehoben anzusehen sei.

Andererseits wurde jedoch an dem Grundsatz festgehalten, daß die nicht-jüdischen Volksschulen christlich-konfessionellen Charakter hätten und dieser Umstand die Anstellung von Juden an diesen Anstalten ausschließe.

So wurde in den Grundsätzen der Unterrichtsverwaltung (Z.-Bl. S. 259 ff.) ausgeführt, daß der Anstellung von Juden im Ressort des Ministers der geistlichen Angelegenheiten ein Hindernis entgegenstehe in dem stiftungsmäßigen resp. althergebrachten und in der Natur der Sache begründeten konfessionellen Charakter des größten Teils der öffentlichen Unterrichtsanstalten. Insbesondere seien die öffentlichen Elementarschulen, abgesehen von den vorhandenen öffentlichen jüdischen Schulen, entweder evangelische oder katholische, d. h. es dürften an denselben nur evangelische oder nur katholische Lehrer angestellt werden. In den wenigen Fällen, in denen der konfessionelle Charakter einer Elementarschule noch nicht festgestellt sei, weil die Verhältnisse zur Zeit der Stiftung noch nicht genügend aufgeklärt seien, stehe doch der ausschließlich christliche Charakter der Schule unzweifelhaft fest. Die Notwendigkeit diesen Charakter aufrechtzuerhalten, ergebe sich, auch ganz abgesehen von Art. 24 der Verfassungsurkunde, wonach bei der Einrichtung der öffentlichen Volksschulen die konfessionellen Verhältnisse möglichst zu berücksichtigen seien, von selbst aus den Aufgaben der Volksschulen.

Im gleichen Sinne erklärte das Ministerialreskript vom 25. Januar 1869 (M.-Bl. S. 57)[2]):

Die Rücksichtnahme auf den christlich-konfessionellen Charakter der Anstalt habe mit dem staatsbürgerlichen Rechte nichts zu tun. Sie stelle vielmehr eine aus der Natur der Sache hervorgehende Schranke dar, welche nicht bloß den Juden, sondern auch den Evangelischen und Katholischen entgegenstehe. Daß ein Evangelischer sich in der Regel von der Anstellung an einer katholischen Lehranstalt ausgeschlossen sehe und umgekehrt, sei keine Beschränkung des staatsbürgerlichen Rechts, sondern eine in der Glaubensstellung des Einzelnen und dem Charakter der einzelnen Unterrichtsanstalt begründete Inhabilität.

---

[1]) Abgedruckt unten Anl. 1. S. 306.
[2]) Siehe unten Anl. 4. S. 307 f.

Der Zustand, wonach evangelische Elementarlehrer nur an evangelischen Elementarschulen, katholische nur an katholischen, jüdische nur an jüdischen angestellt würden, befinde sich mit der Natur der Verhältnisse und den sich daraus ergebenden Anforderungen dergestalt in Übereinstimmung, daß er niemals zu Klagen Veranlassung gegeben habe.

Dieser Standpunkt der Unterrichtsverwaltung ist aufgegeben worden durch den Ministerialerlaß (Falk) vom 8. Juli 1875 (U. III 7360)[1]). Durch denselben wurde dem Kgl. Provinzialschulkollegium zu Berlin die Ermächtigung erteilt, dem dortigen Magistrat zu gestatten, je nach den lokalen Bedürfnissen an den Gemeindeschulen neben dem evangelischen auch katholischen oder jüdischen Religionsunterricht von Lehrern des bezüglichen Bekenntnisses erteilen zu lassen und solche Lehrer als ordentliche Lehrer dieser Schulen zu berufen.

In Übereinstimmung mit diesem Erlaß steht ein fernerer vom 5. Mai 1876 (U. III 3852)[2]), durch welchen die Regierung zu Düsseldorf angewiesen wurde, zwei jüdische Lehrer nach Auflösung der Schulen, für welche sie berufen waren, an nichtjüdische öffentliche Volksschulen zu übernehmen. Bedenken gegen eine derartige Übernahme seien nicht vorhanden, nachdem durch Art. 4 und 12 der Verf.-Urk., insbesondere aber durch das Reichsgesetz vom 3. Juli 1869 die entgegenstehenden Bestimmungen aufgehoben seien.

Der Ministerialerlaß vom 8. Juli 1875 wurde durch einen Erlaß des Ministers der geistlichen Angelegenheiten (v. Bosse) vom 27. Dezember 1895 (U. III D. 4455)[3]) „in jedem Punkte" aufrechterhalten. In weiterer Ausführung desselben wurden die folgenden Anordnungen getroffen:

1. Bei Prüfung des Bedürfnisses der Neueinrichtung eines Religionskurses in den Gemeindeschulen sei dem Magistrat eine Schranke nicht zu setzen. Wenn die Stadt bereit sei, entsprechende Mittel für die Remunerierung besonderer Religionslehrer zu bewilligen, so sei eine solche Fürsorge umsomehr anzuerkennen, je kleiner die Zahl der betreffenden Kinder sei.

2. Für den Fall, daß der den Religionsunterricht erteilende Lehrer als **ordentlicher** Lehrer an der betreffenden Schule angestellt und neben dem jüdischen Religionsunterricht vorwiegend mit anderen Unterrichtsstunden betraut werden solle, müsse als Voraussetzung gefordert werden, daß es sich um die religiöse Versorgung von Kindern handle, die einen nicht unerheblichen Teil der die Schule insgesamt besuchenden Kinder bilde.

3. Was die Zahl der von einer Lehrkraft zu übernehmenden Religionsstunden anbelange, so sei davon auszugehen, daß einem Lehrer, bezw. einer Lehrerin bis 12 Religionsstunden wöchentlich an derselben Schule oder wo sich etwa zwei Schulen auf demselben Grundstücke befinden, in diesen beiden Schulen übertragen werden könnten.

---

[1]) Siehe unten Anl. 5. S. 308 f.
[2]) Vergl. unten Anl. 6. S. 309.
[3]) Vergl. unten Anl. 8. S. 310 ff.

4. Die mit der Erteilung des Religionsunterrichts betrauten jüdischen Lehrer und Lehrerinnen seien, sobald sie als ordentliche Lehrer und Lehrerinnen angestellt würden, zur Erteilung des Unterrichts in anderen Fächern heranzuziehen. Eine grundsätzliche Ausschließung von bestimmten Gegenständen, mit Ausnahme anderskonfessionellen Religionsunterrichtes, solle nicht stattfinden. Doch sei zu erwarten, daß die mit Aufstellung der Lehr- und Lektionspläne betrauten Personen jüdischen Lehrern und Lehrerinnen nicht solchen Unterricht zuteilen würden, welcher ihnen in ihrem eigenen und im Interesse der Schule nicht übertragen werden dürfte, z. B. die Geschichte der Ausbreitung des Christentums und der Kreuzzüge.

5. Die Übertragung eines Ordinariats an jüdische Lehrer und Lehrerinnen sei statthaft und von der Natur des einzelnen Falles abhängig zu machen.

6. Es sei jedoch zu vermeiden, daß jüdische Lehrpersonen das Ordinariat einer Klasse erhielten, in welcher sich keine oder nur ganz wenige jüdische Kinder befänden. Auch würde es der Sachlage nicht entsprechen, wenn ein jüdischer Lehrer oder eine jüdische Lehrerin eine Klasse über die verschiedenen Stufen hinaufführte.

Das Volksschulunterhaltungsgesetz vom 28. Juli 1906 hat diesen Zustand aufrecht erhalten. § 40 des Gesetzes bestimmt:

„Werden die in den §§ 35—39 erwähnten öffentlichen Volksschulen (d. s. solche Schulen, welche nur mit evangelischen oder nur mit katholischen oder nur mit evangelischen und katholischen Lehrkräften zu besetzen sind) von jüdischen Kindern besucht, so finden......hinsichtlich der Anstellung von jüdischen Lehrkräften an diesen Schulen zum Zwecke der Erteilung von jüdischem Religionsunterricht sowie hinsichtlich der anderweiten Beschäftigung der hierfür angestellten jüdischen Lehrkräfte an diesen Schulen bis auf weiteres die jetzt bestehenden Bestimmungen Anwendung".[1])

---

[1]) Der maßgebliche Charakter der Falkschen Erlasse (s. o. S. 299) auch für die Zeit nach dem Inkrafttreten des VUG. ist seitens der Unterrichtsverwaltung ausdrücklich anerkannt worden. In der Sitzung des Abgeordnetenhauses vom 18. März 1907 (Sten.-B. 2700) gab der Kommissar des Unterrichtsministers die folgende Erklärung ab:

„..Was nun die Frage des Bedürfnisses nach Anstellung jüdischer Lehrer an christlichen Volksschulen anbetrifft, so steht die Unterrichtsverwaltung auch hier noch völlig auf dem Standpunkt, den der Minister Falk seinerzeit festgelegt hat, dahingehend, daß die Anstellung jüdischer Lehrer an christlichen Volksschulen zulässig ist, soweit sich die Notwendigkeit herausstellt, den jüdischen Kindern Religionsunterricht zu erteilen."

Vgl. auch die vierte Ausführungsanweisung zum VUG. vom 14. März 1908 u. S. 378.

In verschiedenen Kommentaren zum VUG. (vgl. z. B. Lezius S. 74; Antoni S. 81 v. Rohrscheidt S. 222) werden als bestehende Bestimmungen über die Beschäftigung jüdischer Religionslehrer an christlichen Schulen mit anderweitigem Unterricht die Darlegungen des Ministerialerlasses vom Jahre 1860 (Z.-Bl. S. 259) und der Erlaß vom 19. Juli 1867 (M.-Bl. S. 299. Z.-Bl. S. 482) angeführt.

Der Ministerialerlaß vom Jahre 1860 ist unten (Anlage Nr. 3) abgedruckt. Über seine Unanwendbarkeit ist das Erforderliche im vorstehenden (oben S. 299) bereits gesagt.

Darüber hinaus läßt das VUG., abgesehen von den Bestimmungen der §§ 41[1]) und 42[2]) keinen Raum für die Anstellung jüdischer Lehrkräfte an nichtjüdischen öffentlichen Volksschulen. Es bestimmt:

---

Der Erlaß vom 19. Juli 1867 hat den folgenden Wortlaut:

Auf den Bericht vom 2. d. M. erwiedere ich dem Kgl. Provinzial-Schul-Kollegium, daß der Zulassung von Juden zu der Prüfung pro schola, sofern sie ihre Qualifikation vorschriftsmäßig nachweisen, ein Bedenken nicht entgegensteht. Hierdurch erleiden aber die in Betreff der Anstellung von Juden im Ressort der Unterrichts-Verwaltung bestehenden Bestimmungen keine Abänderung; insbesondere wird durch die Ablegung der in Rede stehenden Prüfung von Seiten jüdischer Examinanden die Berechtigung zur Anstellung als Lehrer an christlichen Schulen nicht erworben.

Berlin, den 19. Juli 1867.

Der Minister der geistlichen usw. Angelegenheiten.
In Vertretung: Lehnert.

Für den Fall, daß dieser Erlaß auf Volksschulen sich bezogen hätte, würde bezüglich seiner dasselbe zu sagen sein, wie bezüglich des Erlasses vom Jahre 1860 (Z.-Bl. S. 259).

Tatsächlich bezieht er sich aber auf das Volksschulwesen überhaupt nicht.

Die Prüfung pro schola ist geregelt durch das Zirkularreskript des Ministers der geistlichen usw. Angelegenheiten vom 29. März 1827, durch ein Zirkularreskript desselben Ministers vom 12. Juli 1833, durch ein Reskript vom 27. Juni 1835 und ein Reskript vom 18. September 1842 (Abgedr. bei v. Rönne, Das Volksschulwesen des Preußischen Staates, Berlin 1855 S. 424 ff).

Wie sich aus dem Reskript vom 29. März 1827 ergibt, stellte die Prüfung pro schola ein Examen dar, durch welches akademisch gebildete Personen, die sogenannten Literaten, insbesondere solche, die das Studium der Theologie absolviert hatten, sich die Qualifikation für die Bekleidung eines Lehramtes verschaffen konnten. Es sollten derartige Personen, insbesondere evangelische Kandidaten des Predigtamtes, nicht mehr ohne weiteres auf Grund ihres bestandenen theologischen Examens für fähig zur Verwaltung einer Lehrerstelle an einer städtischen Schule angenommen werden, vielmehr sollten sie gehalten sein, sich über ihre tatsächliche Befähigung für ein Lehramt durch Examen für das Schulamt (pro schola) auszuweisen.

Durch das Reskript vom 18. September 1842 wurde sodann bestimmt, daß auf Grund einer von dem Kgl. Provinzialschulkollegium in jedem einzelnen Falle zu erteilenden Genehmigung zur Prüfung pro schola vor den für dieselbe eingesetzten Prüfungskommissionen ausnahmsweise auch Kandidaten ohne Universitätsstudium, sogenannte Illiterati, zugelassen werden dürften. Durch das Reskript vom 27. Juni 1835 ist die Prüfung pro schola ausdrücklich für eine Unterart der höheren Prüfungen pro facultate docendi erklärt worden. Daraus ergibt sich zweifelsfrei, daß der in Rede stehende Erlaß für die Volksschulen überhaupt nicht in Betracht kommt.

[1]) § 41 VUG.: „Die Vorschriften der §§ 33 bis 40 beziehen sich nicht auf die lediglich für den technischen Unterricht (Zeichnen, Turnen, Handarbeit, Handfertigkeit, Hauswirtschaft) angestellten oder anzustellenden Lehrkräfte." Vgl. auch die vierte Ausführungsanweisung vom 14. März 1906 u. S. 378.

[2]) § 42: In dem Gebiete des ehemaligen Herzogtums Nassau bewendet es bei den bisherigen Vorschriften.

§ 35 Abs. 1: An Volksschulen, die mit einer Lehrkraft besetzt sind, ist stets eine evangelische oder eine katholische Lehrkraft anzustellen, je nachdem die angestellte Lehrkraft oder die zuletzt angestellt gewesene Lehrkraft evangelisch oder katholisch war.

§ 38 Abs. 1: Im übrigen sind an öffentlichen Volksschulen, welche mit mehreren Lehrkräften besetzt sind, nur evangelische oder nur katholische Lehrkräfte anzustellen. Bei der Anstellung weiterer Lehrkräfte an den bisher nur mit einer Lehrkraft besetzten Schulen (§ 35) sind evangelische oder katholische Lehrkräfte anzustellen, je nachdem die bisherige einzige Lehrkraft evangelisch oder katholisch war.

Hinsichtlich der Vertretung beurlaubter oder erkrankter Lehrpersonen im Gemeindeschuldienst der Stadt Berlin ist durch Verfügung des Kgl. Provinzialschulkollegiums zu Berlin vom 15. Mai und 6. Juni 1895 (vergl. auch den Ministerialerlaß vom 27. Dezember 1895 an den Vorstand der jüdischen Gemeinde zu Berlin unten Nr. 7) bestimmt, daß der Vertreter demselben Bekenntnisse angehören soll, wie derjenige, dessen Vertretung er übernimmt. Es soll demnach eine evangelische Lehrkraft regelmäßig durch eine evangelische, eine katholische durch eine katholische und eine jüdische Lehrkraft durch eine jüdische vertreten werden.

## B. Die Bestimmungen des Volksschulunterhaltungsgesetzes über die Religionsverhältnisse der Lehrer und das Reichsrecht.

Wie schon aus dem Min.-Erl. vom 5. Mai 1876 (oben S. 299) hervorgeht, bedarf jede Regelung der Frage der Lehreranstellung, die auf die religiösen Verhältnisse Rücksicht nimmt, einer Prüfung auf ihre Vereinbarkeit mit dem Reichsrecht, insbesondere dem Gesetz vom 3. Juli 1869. Es ist demnach zu untersuchen, inwieweit die Regelung, die das VUG. der Frage hat zuteil werden lassen, mit dem angeführten Reichsgesetz in Einklang zu bringen ist.

Durch das Gesetz vom 3. Juli 1869[1]), betreffend die Gleichberechtigung der Konfessionen in bürgerlicher und staatsbürgerlicher Beziehung, ist die Rechtsverschiedenheit zwischen den Angehörigen der verschiedenen Religionsgesellschaften, soweit diese eine Beschränkung der bürgerlichen und staatsbürgerlichen Rechte darstellt, grundsätzlich aufgehoben. Insbesondere ist die Befähigung zur Bekleidung öffentlicher Ämter vom religiösen Bekenntnisse unabhängig gemacht.

Eine Beschränkung dieses Grundsatzes ist im Gesetze nicht ausgesprochen. Doch ergibt sich eine Ausnahme aus der Natur der Sache.

Diejenigen Ämter, die *ihrem Wesen nach* bei dem Inhaber die Zugehörigkeit zu einem bestimmten Glaubensbekenntnisse voraussetzen, so die Ämter der Geistlichen oder sonstigen Religionsdiener, wo diese Ämter Staatsämter sind, das Amt des Religionslehrers, des Dozenten an einer theologischen Bildungsanstalt, des Lehrers für die Dogmatik eines bestimmten Bekenntnisses, kurz *alle diejenigen Ämter, die entweder*

[1]) Bundesgesetzblatt S. 292.

mit der Religionsübung zusammenhängen, oder sonst der Natur der Sache nach von dem Inhaber des Amtes verlangen, daß er auf dem religiösen Standpunkt steht, den zu vertreten das Amt von ihm heischt, werden solchen Personen vorbehalten bleiben müssen, die dem betreffenden Bekenntnisse angehören[1]).

Diese Ausnahme von dem Grundsatze des Gesetzes ist jedoch wie jede Ausnahme strikt zu interpretieren. Es würde dem Gesetz widersprechen, wenn irgend einem Amte, dem von Natur aus dieser Charakter nicht innewohnt, willkürlich ein religiöser Charakter beigelegt würde. Wenn beispielsweise mit gewissen Ämtern ein konfessioneller Amtseid verbunden und daraufhin erklärt würde: nur diejenigen sind als für diese Ämter qualifiziert zu erachten, die den erforderlichen Eid abzulegen ihrem Bekenntnisse nach in der Lage sind.

Auf das Amt des Volksschullehrers angewandt, ergeben die vorausgeschickten Erörterungen das Folgende:

Es kann zweifelhaft sein und soll dahingestellt bleiben, ob die Preußische Verfassungsurkunde die Berechtigung bietet, die Schulen „konfessionell" zu gestalten; ob die im Art. 24 geforderte Rücksichtnahme auf die konfessionellen Verhältnisse nur den konfessionellen Religionsunterricht sicherstellen, im übrigen aber das religiöse Moment aus dem Unterricht ausgeschaltet lassen will, oder ob sie die Möglichkeit bietet, über den Religionsunterricht hinaus die Volksschule in ihrer Ganzheit zu einer konfessionellen zu machen. Rechtlich sind beide Anschauungen möglich, und auch vom Standpunnkte der Pädagogik sowohl als vom Standpunkte der Politik lassen sich für das Prinzip der Konfessionalität wie für das der Simultanität gewichtige Gründe anführen. Aber auch für denjenigen, der sich für die Konfessionalität der Schule entscheidet, kann der Begriff der „Konfessionalität" nur aus dem Wesen und der Aufgabe der Schule gewonnen werden. Die „Konfessionalität" der Schule darf in nichts Äußerlichem, Willkürlichem bestehen, sondern die Forderung des konfessionellen Charakters der Schule kann nur die Bedeutung haben: der ganze Unterricht soll Erziehung sein, und zwar Erziehung auf der Grundlage eines bestimmten religiösen Bekenntnisses; nicht nur in dem Religionsunterricht sollen die Kinder religiös im Sinne jenes Bekenntnisses beeinflußt werden, sondern nicht minder in jedem anderen Unterricht, bei jeder Gelegenheit, die sich dazu bietet.

Eine derartige Erziehung in der Schule setzt aber unbedingt ein Zwiefaches voraus: Erstens, daß sämtliche Lehrkräfte dem betreffenden Bekenntnisse angehören; sodann, daß die Schule ausschließlich von Kindern des betreffenden Bekenntnisses besucht wird.

---

[1]) Vergl. auch Seydel, Bayr. Staatsrecht Bd. I S. 579.

Sämtliche Lehrer müssen demselben Bekenntnisse angehören. Denn nur, wer auf dem Boden des betreffenden Bekenntnisses steht, kann der Aufgabe, die Schüler auf dem religiösen Grunde dieses Bekenntnisses zu erziehen, wirklich gerecht werden. Jeder andere ist unfähig, an der Aufgabe der Schule mitzuwirken.

Es dürfen ausschließlich Kinder des betreffenden Bekenntnisses in die Schule aufgenommen werden. Denn sobald ein Kind eines anderen Bekenntnisses aufgenommen wird, verbietet sich die Konfessionalisierung des Gesamtunterrichts von selbst. Unter keinen Umständen dürfen Kinder, die in einer Schule aufgenommen werden, durch den Unterricht verletzt und in ihrem religiösen Empfinden beeinträchtigt werden. Das Gegenteil verstieße gegen die verfassungsmäßig gewährleistete Glaubensfreiheit und führte zu dem unerträglichen Zustande, daß Kinder in einer Schule, die sie auf Grund der gesetzlichen Schulpflicht besuchen müssen, zu deren Unterhaltung ihre Väter beizusteuern verpflichtet sind, in Gewissensnot gebracht werden[1]). Aus derartigen Erwägungen heraus ist bereits in dem ALR. ausgesprochen[2]), daß kein Kind zur Teilnahme an dem Unterricht in einer anderen Religion angehalten werden darf; aus denselben Erwägungen hat die Unterrichtsverwaltung die Forderung aufgestellt, daß in den Schulen auf die religiösen Anschauungen der Glaubensminderheiten Rücksicht zu nehmen, dasjenige zu betonen sei, was die verschiedenen Glaubensgemeinschaften eint, dasjenige vermieden werden müsse, was geeignet sei, die religiösen Gegensätze zu verschärfen[3]).

Demnach ergeben sich zwei Möglichkeiten:

Entweder es wird das Prinzip aufgestellt: die Volksschulen sind auf konfessioneller Basis zu errichten, derart, daß der gesamte Unterricht, nicht nur der in der Religion, gleichsam durchtränkt wird von den Anschauungen und Lehren des betreffenden Glaubensbekenntnisses. Dann wird auf der einen Seite allerdings verlangt werden können und müssen, daß der gesamte Unterricht und zwar ausnahmslos von Lehrern erteilt wird, die selbst auf dem Boden dieses Bekenntnisses stehen, auf der anderen Seite aber, daß ausschließlich Kinder dieses Bekenntnisses in die Schule aufgenommen werden dürfen.

Oder aber: der Zutritt zu den Schulen wird unabhängig gemacht von dem religiösen Bekenntnisse der Schüler. Dann verbietet sich nach dem

---

[1]) Vergl. Schulze, Pr. St.=R. 2. Aufl. II S. 352: „Auch muß der übrige Unterricht (sc. Nicht-Religionsunterricht) in rein wissenschaftlich-pädagogischem Sinne so erteilt werden, daß er auf die Kinder anderer Konfessionen keinen Gewissensdruck übt. Nur auf diese Weise kann der Staat den Familienvätern anderer Konfession zumuten, Beiträge zu einer derartigen Schule zu geben, ihre Kinder derselben anzuvertrauen."

[2]) Vergl. oben S. 264.

[3]) Siehe oben S. 218.

bisher Gesagten die Konfessionalisierung des Unterrichts mit Ausnahme des für jede Glaubensgruppe besonders zu erteilenden religiösen Unterrichts. Dann verbietet sich weiter die Abhängigkeitserklärung des Lehramtes von dem religiösen Bekenntnisse. Dann folgt die Forderung, daß der Lehrer auf dem Boden einer bestimmten religiösen Anschauung stehen müsse, nicht mehr aus der Natur der Sache; die Verquickung des Religionsbekenntnisses mit dem Lehramte wird vielmehr zur Willkür und widerspricht somit der reichsgesetzlichen Vorschrift des Gesetzes vom 3. Juli 1869.

Das Volksschulunterhaltungsgesetz hat sich auf den Standpunkt gestellt, daß lediglich des religiösen Bekenntnisses wegen keinem Kinde der Eintritt in eine öffentliche Volksschule seines Wohnortes versagt werden dürfe[1]). Es hat ferner zugelassen, daß unter Umständen auch ein Lehrer eines anderen Bekenntnisses, als des für die Schule regelmäßig verlangten, nicht nur als Religionslehrer, sondern auch als ordentlicher Lehrer für andere Unterrichtsgegenstände angestellt werden darf[2]). Es hat damit, wie gezeigt, die grundsätzlichen Voraussetzungen für die konfessionelle Gestaltung des gesamten Unterrichts: die ausnahmslose Zugehörigkeit der Schüler und Lehrer zu einem Bekenntnisse nicht erfüllt.

Sind aber die Schulen ihrem Wesen nach keine konfessionellen, so kann die Forderung, daß die Lehrämter an bestimmten Schulen regelmäßig nur Angehörigen eines bestimmten Bekenntnisses zugänglich sein sollen[3]), als aus der Natur der Sache fließend, und deshalb unter die natürliche Ausnahme von dem Gesetze vom 3. Juli 1869 fallend, nicht angesehen, sondern muß vielmehr als dem Reichsgesetze widersprechend bezeichnet werden. Nach Art. 2 der RV. gehen die Reichsgesetze den Landesgesetzen vor, und zwar ist ihre Wirkung eine unmittelbare, d. h jedes Reichsgesetz setzt alle entgegenstehenden landesgesetzlichen Bestimmungen sofort und unmittelbar außer Kraft[4]).

Die in Rede stehenden Bestimmungen des VUG. müssen demnach als ungültig angesehen werden[5]).

---

[1]) § 34 VUG.: „Lediglich wegen des Religionsbekenntnisses darf keinem Kinde die Aufnahme in die öffentliche Volksschule seines Wohnorts versagt werden."

[2]) § 37 Abs. 3: „Wo eine anderweite Beschaffung dieses Unterrichts (sc. des besonderen Religionsunterrichts für die Kinder der evangelischen bezw. katholischen Minorität) mit erheblichen Schwierigkeiten und Kosten verbunden ist, darf zum Zwecke seiner Erteilung eine evangelische oder katholische Lehrkraft angestellt werden, welche auch mit der Erteilung anderweiten Unterrichts zu betrauen ist." Vgl. auch die Ausführungen über die Anstellung jüdischer Lehrkräfte an nichtjüdischen Schulen oben S. 300.

[3]) Vgl. §§ 35 ff, insbesondere § 38 o. S. 301.

[4]) Vgl. auch Seydel a. a. O.

[5]) Zu demselben Ergebnis kommt auch Makower in der Jur. Wochenschrift Jahrgang 1907, S. 228.

## Anhang zum fünften Kapitel.

Die Ministerialerlasse, auf welche in den vorstehenden Ausführungen Bezug genommen ist, lauten, soweit sie nicht bereits wörtlich angeführt sind, wie folgt:

### 1. Ministerialreskript vom 26. Mai 1848 (M.-Bl. S. 155).

Den Herren Mitgliedern der Israelitischen Lehrerkonferenz erwiedere ich auf die Eingabe vom 5. d. M., daß es wegen der amtlichen Stellung der jüdischen Lehrer an öffentlichen und Privatschulen, nach dem bereits ausgesprochenen Grundsatze der gleichen Theilnahme aller Unterthanen des Staats an dem Genusse der staatsbürgerlichen Rechte ohne Rücksicht auf das religiöse Bekenntniß derselben insofern einer weiteren Bestimmung nicht bedarf, als der amtliche Charakter der jüdischen Lehrer sich wie bei allen übrigen Lehrern nach dem Charakter der Anstalt richtet, an welcher sie fungieren, und sie danach entweder öffentliche Lehrer an Staats- oder an Kommunal- oder Lehrer an Privatanstalten sein werden. Dieses Verhältniß bestimmt zugleich, aus welchen Kassen sie ihre Besoldung zu beziehen haben. Was die übrigen von den Herrn Bittstellern vorgetragenen Wünsche wegen Errichtung von besonderen Konfessionsschulen und wegen Prüfung der jüdischen Lehrer betrifft, so muß die desfallsige Bestimmung der künftigen Gesetzgebung vorbehalten bleiben.

Berlin, den 26. Mai 1848.

Der Minister der geistlichen rc. Angelegenheiten.
Graf v. Schwerin.

### 2. Ministerialerlaß vom 13. November 1860. (Z.-Bl. 1860 S. 705ff. M.-Bl. 1861 S. 16.)

Abs. 3: In Betreff der beantragten Zulassung der Juden zu den öffentlichen Aemtern überhaupt, insbesondere zu den richterlichen, administrativen und Lehrämtern, sowie zu denen im Baufach, geht die Staats-Regierung von dem Grundsatze aus, daß die Zugänglichkeit öffentlicher Aemter für jüdische Staats-Angehörige nicht mehr nach den durch die Verfassungs-Urkunde aufgehobenen Bestimmungen in §. 2. des Gesetzes vom 23. Juli 1847, sondern nur noch nach der Verfassungs-Urkunde selbst, namentlich nach den Artikeln 4. 12. und 14. derselben zu beurtheilen ist. Zu welchen einzelnen, den Juden bisher noch verschlossen gewesenen Kategorien von Aemtern sie in Gemäßheit dieses Grundsatzes künftig zuzulassen, wird je nach Anlaß und Bedürfniß näher erwogen werden.

Der Justiz-Minister, Simons. Der Min. der geistl. Ang. v. Bethmann-Hollweg. Der Min. des Innern. Graf v. Schwerin.

### 3. Grundsätze der Unterrichtsverwaltung bezüglich der Anstellung von Juden an öffentlichen Schulen (Z.-Bl. 1860 S. 258 ff.).

...Nachdem das Königliche Staats-Ministerium beschlossen hat, den §. 2. des Gesetzes vom 23. Juli 1847 als durch Artikel 4 und 12 der Verfassungs-Urkunde vom 31. Januar 1850 aufgehoben anzusehen, so ergeben sich unter Berücksichtigung des Art. 14 der Verfassungs-Urkunde, sowie der thatsächlichen und rechtlichen Verhältnisse hinsichtlich der Anstellung von Juden in dem Ressort des Ministeriums der geistlichen rc. Angelegenheiten nachstehende Consequenzen:

Im Allgemeinen wird den Juden als solchen die Anstellung auch in diesem Ressort, falls sie die Qualification dazu vorschriftsmäßig erworben haben nicht versagt werden können, sofern ihre Religion sie nicht hindert, den Pflichten des Amtes nachzukommen, resp. Artikel 14 der Verfassungs-Urkunde nicht entgegensteht. In wiefern letzteres der Fall sei, läßt sich nur in concreto nach der Natur und den besonderen Aufgaben des Amtes, welches Juden ambiren, beurtheilen. Das anderweit aus der jüdischen Religion und insbesondere aus den Vorschriften über die Heilighaltung des Sabbaths und der jüdischen Feiertage sich ergebende Hinderniß einer vollständigen Erfüllung der Amtspflichten bedingt die Nothwendigkeit, daß ein Jude, wenn er im Staatsdienst angestellt sein will, von der Befolgung jener Vorschriften seiner Religion sich lossagt und sich verpflichtet, erforderlichenfalls auch am Sabbath und an jüdischen Feiertagen den Pflichten seines Amtes nachzukommen. In keinem Falle wird ein Jude verlangen können, daß aus Rücksichten auf seine Religion besondere Einrichtungen Behufs seiner Vertretung am Sabbath getroffen werden. Der Staat berücksichtigt in Betreff der religiösen Feiertage nur die christliche Religion und ist hierbei in seinem vollen Recht (Artikel 14 der Verfassungs-Urkunde).

Abgesehen hiervon, tritt der Anstellung von Juden im Ressort des Ministeriums der geistlichen Angelegenheiten noch ein anderes Hinderniß entgegen in dem stiftungsmäßigen, resp. althergebrachten und in der Natur der Sache begründeten confessionellen Character des größten Theils der öffentlichen Unterrichtsanstalten.

Insbesondere sind die öffentlichen Elementarschulen — abgesehen von den vorhandenen öffentlichen jüdischen Schulen — entweder evangelische oder katholische, d. h. es dürfen an denselben entweder nur evangelische oder nur katholische Lehrer angestellt werden. In den wenigen Fällen, in denen der confessionelle Character einer Elementarschule noch nicht festgestellt ist, weil die Verhältnisse zur Zeit der Stiftung noch nicht genügend aufgeklärt sind, steht doch der ausschließlich christliche Character der Schule unzweifelhaft fest. Die Nothwendigkeit, diesen Character aufrecht zu erhalten, ergiebt sich auch ganz abgesehen vom Artikel 24 der Verfassungs-Urkunde, wonach bei der Einrichtung der öffentlichen Volksschule die confessionellen Verhältnisse möglichst zu berücksichtigen sind, von selbst aus den Aufgaben der Volksschule . . .[1])

## 4. Ministerialerlaß vom 25. Januar 1869 (M.-Bl. S. 57).

In der an den Herrn Minister-Präsidenten gerichteten, die Anstellungsfähigkeit der Juden im Dienste des höheren Unterrichts betreffenden Vorstellung vom 28. Dezember v. J., welche, wie Ihnen bekannt, an mich abgegeben worden ist, kehrt von Neuem die Verwechselung wieder, zwischen dem staatsbürgerlichen Recht der Juden und ihrer Befähigung für einen bestimmten Dienst.

Die staatsbürgerliche Berechtigung der Juden in Beziehung auf ihre Anstellungsfähigkeit im Schuldienst ist genau dieselbe, wie diejenige aller Preußen, und ich habe zu wiederholten Malen öffentlich erklärt, daß ihre Anstellung im Gebiete der Unterrichts-Verwaltung bei nachgewiesener Befähigung nicht werde beanstandet werden, soweit nicht der christlich-konfessionelle Charakter der Anstalt, bei welcher die Anstellung gesucht wird, ein Hinderniß bietet. Diese letztere Modifikation hat mit dem staatsbürgerlichen Rechte Nichts zu thun, ist vielmehr eine aus der Natur der Sache hervorgehende Schranke, welche nicht blos den Juden, sondern auch den Evangelischen und Katholischen entgegensteht. Daß ein Evangelischer sich in der Regel von der Anstellung an einer katholischen Unterrichts-Anstalt ausgeschlossen sieht, und umgekehrt, ist keine

[1]) vgl. auch die Rede des Ministers v. Bethmann-Hollweg in den Sitzungen des Abg.-Haus. vom 25. April und 10. Mai 1860 und die Erklärungen des Regierungskommissars in der Unterrichtskommission (Z.-Bl. 1860 S. 261 ff.).

Beschränkung des staatsbürgerlichen Rechts, sondern eine in der Glaubensstellung des Einzelnen und dem Charakter der einzelnen Unterrichts-Anstalt begründete Inhabilität.

Eine Beschwerde der Juden über Beeinträchtigung ihrer verfassungsmäßigen Stellung wäre nur dann als begründet anzuerkennen, wenn die jüdischen Bewohner des Preußischen Staats mit einem anderen Maaß gemessen würden, als die christlichen. Das ist jedoch nicht der Fall. Ich sehe hierbei von denjenigen Unterrichts-Anstalten ab, welche, wie die Universitäten und die sogenannten Fachschulen, einen bestimmten religiösen oder konfessionellen Charakter in der Regel nicht haben und eines solchen auch nicht bedürfen, weil sie nicht die Aufgabe der Erziehung haben. Eine Klage über Rechtsungleichheit auf diesen Gebieten der Unterrichts-Verwaltung wird Seitens der Juden mit Grunde nicht erhoben werden können.

Aber auch hinsichtlich derjenigen Unterrichtsanstalten, welche zugleich die Aufgabe der Erziehung haben, waltet vollständige Rechtsgleichheit ob. Das zeigt sich vor Allem bei der Elementarschule, indem da, wo das Bedürfniß vorhanden ist, für die Errichtung jüdischer Elementarschulen gesorgt wird, in denen jüdische Lehrer unterrichten. Der Zustand, wonach evangelische Elementarlehrer nur an evangelischen Elementarschulen, katholische nur an katholischen, jüdische nur an jüdischen angestellt werden, befindet sich mit der Natur der Verhältnisse und den sich daraus ergebenden Anforderungen dergestalt in Uebereinstimmung, daß er niemals zu Klagen Veranlassung gegeben hat. Wesentlich ebenso verhält es sich mit den höheren Unterrichts-Anstalten, soweit sie zugleich den Zweck der Erziehung verfolgen. Denn zur Erfüllung dieser letzteren Aufgabe können auch die höheren Unterrichts-Anstalten eines bestimmten religiösen resp. konfessionellen Charakters nicht entbehren, und hieraus folgt die Anforderung, daß die Lehrer-Kollegien dieser Anstalten in der Regel nur aus Personen bestehen dürfen, deren Bekenntniß dem religiösen Charakter der betreffenden Anstalt entspricht. Hierdurch sich beschwert zu finden, haben die Juden ebenso wenig Veranlassung, als die Evangelischen oder die Katholiken.

Wenn neuerdings die Anstellung einiger jüdischer Lehrer an höheren Unterrichts-Anstalten der Provinz Posen genehmigt worden ist, so bin ich mir vollständig bewußt gewesen und habe es ausdrücklich ausgesprochen, daß dies lediglich einzelne, nach den Verhältnissen der betreffenden Anstalten für zulässig erachtete Ausnahmen seien. Wenn aber, anstatt dies anzuerkennen, der Anspruch erhoben wird, jüdischen Lehrern den Eintritt in die Lehrer-Kollegien höherer konfessioneller Unterrichts-Anstalten als ein verfassungsmäßiges Recht allgemein zugestanden zu sehen, so finde ich mich außer Stande, um des persönlichen Interesses einzelner jüdischer Lehrer willen, den christlichen Charakter der Preußischen Unterrichts-Anstalten, welcher auf innerer Nothwendigkeit beruht und eine durch Jahrhunderte gehende Entwickelung hinter sich hat, Preis zu geben.

Berlin, den 25. Januar 1869.

Der Minister der geistlichen 2c. Angelegenheiten
v. Mühler.

## 5. Ministerialerlaß vom 8. Juli 1875.

Der Erlaß ist zitiert in dem Ministerialerlaß vom 27. Dezember 1895 (siehe unten Nr. 7).

Der bezügliche Passus in dem Erlasse vom 27. Dezember 1895 lautet:

Der Magistrat hiesiger Königlichen Haupt- und Residenzstadt hatte durch die Vorstellung vom 10. Mai 1875 unter 2 wörtlich beantragt:

„uns zu gestatten, je nach den lokalen Bedürfnissen an den Gemeindeschulen (mit Ausnahme der 11., 20., 31., 70., 36., 37., 38., 39., 40. und 41.) neben dem evangelischen auch katholischen oder jüdischen Religionsunterricht von Lehrern desselben Bekenntnisses ertheilen zu lassen und solche Lehrer als ordentliche Lehrer dieser Schulen zu berufen."

Daraufhin ist diesseits unterm 8. Juli 1875 verfügt worden: „ermächtige ich das Königliche Provinzial=Schulkollegium, dem hiesigen Magistrat zu gestatten, je nach den lokalen Bedürfnissen an den Gemeindeschulen (mit Ausnahme der 11., 20., 31., 70., 36., 37., 38., 39., 40. und 41.) neben dem evangelischen auch katholischen oder jüdischen Religionsunterricht von Lehrern des bezüglichen Bekenntnisses ertheilen zu lassen und solche Lehrer als ordentliche Lehrer dieser Schulen zu berufen."

## 6. Ministerialerlaß an die Regierung zu Düsseldorf vom 5. Mai 1876. (U. III, 3852).[1])

Der Königlichen Regierung erwidere ich auf den Bericht vom ....., daß die in demselben erwähnten 2 jüdischen Lehrer zu Mülheim a. d. Ruhr und zu D., sofern dieselben definitiv angestellt sind, nach Auflösung der Schulen, für welche sie berufen waren, an diejenigen Schulen übergehen, mit welchen die bisher von ihnen geleiteten verbunden werden. Aus den Bestimmungen des § 2 des Ges. vom 23. Juli 1847 können Bedenken dagegen nicht ausreichend begründet werden, da jene durch Art. 4 und 12 der Verfassungsurkunde und namentlich durch das Reichsgesetz vom 3. Juli 1869 außer Kraft gesetzt sind. Was die Amtsthätigkeit der beiden jüdischen Lehrer anlangt, so wird die Königliche Regierung zu bestimmen haben, für welche Unterrichtsgegenstände dieselben Verwendung finden sollen. Ebenso wird Vorsorge zu treffen sein, daß der regelmäßige Unterrichtsbetrieb durch die Ausübung der religiösen Pflichten der jüdischen Lehrer nicht beeinträchtigt wird.

## 7. Ministerialerlaß vom 27. Dezember 1895 an den Vorstand der jüdischen Gemeinde zu Berlin. (U. III. D. 4455.)

Berlin, den 27. Dezember 1895.

Die Befürchtungen, welche der Vorstand der jüdischen Gemeinde in Seiner Eingabe vom 17. Juni d. Js. an die Verfügung des hiesigen Königlichen Provinzial-Schul-Kollegiums vom 15. Mai d. Js. knüpft, sind, wie ich nach wiederholter genauer Ermittelung des Sachverhalts festgestellt habe, nicht begründet. Das von der hiesigen städtischen Schul-Deputation an die sämmtlichen im Gemeindeschuldienst der Stadt Berlin beschäftigten, noch nicht definitiv angestellten jüdischen Lehrerinnen gerichtete Schreiben vom 6. Juni d. Js., das in den betheiligten Kreisen Beunruhigung hervorgerufen hat, beruht auf einem Mißverständnisse der oben bezeichneten Verfügung des Kgl. Provinzial-Schulkollegiums, welches durch eine weitere Verfügung dieser Behörde vom 29. September d. Js. aufgeklärt worden ist. Es hat sich nur darum gehandelt, daß bei Heranziehung von Vertretern und Vertreterinnen für beurlaubte oder erkrankte Lehrpersonen im Gemeindeschuldienst der Stadt Berlin der Vertreter auch demselben Bekenntnisse angehört, wie derjenige, dessen Vertretung er übernimmt. Der Erlaß meines damaligen Herrn Amtsvorgängers vom 8. Juli 1875 wird durch die bezügliche Anordnung überhaupt nicht berührt.

Bosse.

An den Vorstand der jüdischen Gemeinde hier.

---

[1]) Vgl. Giebe-Hildebrandt S. 244.

## 8. Ministerialerlaß vom 27. Dezember 1895 an das Königliche Provinzial-Schulkollegium zu Berlin.

Abschrift (des unter Nr. 7 angeführten Erlasses) erhält das Königliche Prov.-Schulkollegium vom 15. und 26. November d. J., Nr. II, 6968 und 8405, bei Rücksendung des eingereichten statistischen Materials zur Kenntnis mit dem Bemerken, daß der Erlaß meines damaligen Herrn Amtsvorgängers vom 8. Juli 1875, — U. III 7360 — an dem ich in jedem Punkte festhalten will, von dem Königlichen Provinzial-Schulkollegium zutreffend aufgefaßt worden ist.

Der Magistrat hiesiger Königlichen Haupt- und Residenzstadt hatte durch die Vorstellung vom 10. Mai 1875 unter 2 wörtlich beantragt: „uns zu gestatten, je nach den lokalen Bedürfnissen an den Gemeindeschulen (mit Ausnahme der 11., 20., 31., 70., 36., 37., 38., 39., 40. und 41.) neben dem evangelischen auch katholischen oder jüdischen Religionsunterricht von Lehrern desselben Bekenntnisses ertheilen zu lassen und solche Lehrer als ordentliche Lehrer dieser Schulen zu berufen".

Daraufhin ist diesseits unterm 8. Juli 1875 verfügt worden: „Ermächtige ich das Kgl. Prov.-Schulkollegium, dem hiesigen Magistrat zu gestatten, je nach den lokalen Bedürfnissen an den Gemeindeschulen (mit Ausnahme der 11., 20., 31., 70., 36., 37., 38., 39., 40. und 41.) neben dem evangelischen auch katholischen oder jüdischen Religionsunterricht von Lehrern des bezüglichen Bekenntnisses ertheilen zu lassen, und solche Lehrer als ordentliche Lehrer dieser Schulen zu berufen."

Dieses durch die örtlichen Verhältnisse gerechtfertigte, ja nothwendig gewordene Zugeständniß hat den konfessionellen Charakter der Berliner Gemeindeschulen nicht geändert; es sind thatsächlich 167 hiesige Gemeindeschulen von dem erwähnten Erlasse unberührt geblieben, und auch die anderen 42 Schulen haben dadurch ihren evangelisch-christlichen Charakter nicht verloren, daß den sie besuchenden jüdischen Kindern Religionsunterricht von fest angestellten Lehrern oder Lehrerinnen ihres Bekenntnisses erteilt wird.

Ein Bedürfniß, darüber hinauszugehen und jetzt die Einrichtung von paritätischen Schulen einzuleiten, liegt nicht vor. Wenn der Gedanke, welchem der hiesige Magistrat in seiner Vorstellung vom 18. Oktober 1883 in den Worten Ausdruck gibt: „daß die in christlichen Lehrerinnenseminaren vorgebildeten jüdischen Lehrerinnen so sehr in christlichen Weltanschauungen leben, daß die vereinzelte Thätigkeit einer solchen weder auf die einzelne Schule noch das Gesammtschulwesen einen nennenswerthen Einfluß ausübt" auch neuerdings wieder geltend gemacht worden ist, so wird dabei übersehen, daß es sich um Lehrer und Lehrerinnen handelt, deren Hauptaufgabe es ist, jüdischen Religionsunterricht zu ertheilen und welche daher ihrer Religionsgemeinschaft auch innerlich angehören müssen. Wenn ferner in den verschiedenen mir vorliegenden Eingaben auf Theil II Tit. 12 § 10 des allgemeinen Landrechts verwiesen und daran erinnert wird, daß nach dieser Vorschrift keinem Kinde wegen Verschiedenheit des Glaubensbekenntnisses der Zutritt in öffentliche Schulen versagt werden darf, und wenn der Magistrat berichtet, daß die große Mehrzahl der jüdischen Eltern die Aufnahme ihrer Kinder in evangelische Schulen der Einrichtung besonderer jüdischer Schulen vorzögen, so ist demgegenüber darauf hinzuweisen, daß nirgends einem jüdischen Kinde die Aufnahme in eine christliche Schule verweigert worden ist, und daß thatsächlich 3414 jüdische Kinder in evangelischen Gemeindeschulen Aufnahme gefunden haben.

Von entscheidender Bedeutung ist dagegen, daß der Magistrat selbst einräumt, wie es ihm seinerzeit nicht gelungen sei, eigentliche paritätische Schulen einzurichten, weil die Eltern der Schulkinder den bezüglichen Anordnungen widerstrebten.

Ich erkenne gern an, daß der Magistrat die hier zur Sprache gebrachte Auslegung des Erlasses vom 8. Juli 1875 nur in seinen Vorstellungen theoretisch zu begründen versucht, aber sie nicht praktisch zur Anwendung gebracht, sondern im Großen und Ganzen sich in den Grenzen gehalten hat, welche der Wortlaut des erwähnten Erlasses vorschreibt. Immerhin hat derselbe von der ihm ertheilten Ermächtigung trotz der in den Jahren 1883 und 1884 gegebenen bestimmten Weisung zur Innehaltung der durch das Konfessions-Verhältniß gegebenen Grenzen auch fernerhin einen so weiten Gebrauch gemacht, daß es geboten erscheint, in Bezug hierauf besondere, mehr in's Einzelne gehende Bestimmungen zu treffen.

Die mir vorgelegte im März d. Js. aufgenommene Statistik ergiebt, daß an 42 Berliner Gemeindeschulen 67 Religionskurse für jüdische Kinder eingerichtet und diese Kurse von 2379 Kindern besucht waren. Die Abhaltung der Kurse lag in den Händen von 54 ordentlichen Lehrkräften (8 Lehrer und 46 Lehrerinnen) und 4 Hospitantinnen. Den ordentlichen Lehrkräften lag außer dem Religionsunterricht auch die Ertheilung anderer Unterrichtsstunden ob, und zwar betrug die Pflichtstundenzahl jeder einzelnen Lehrkraft wöchentlich mehr als 20. Die Zahlen schwanken zwischen 22 und 28. 3 Lehrer, 4 Lehrerinnen und eine Hospitantin (Vertreterin) hatten den Religionsunterricht in je 2 Kursen mit wöchentlich zusammen je 8 Stunden, 1 Hospitantin in 4 Kursen mit zusammen 16 Stunden wöchentlich zu ertheilen. Die übrigen jüdischen Lehrer, Lehrerinnen und Hospitantinnen hielten nur je einen Religionskursus, jeden mit 4 Stunden wöchentlich ab. Die anderen Unterrichtsstunden, welche die jüdischen Lehrkräfte zu ertheilen hatten, umfassen alle übrigen Lehrgegenstände der Volksschule. In Bezug auf die Anzahl der jüdischen Kinder, für welche besondere Religionskurse eingerichtet, und demzufolge auch jüdische Lehrkräfte angestellt waren, herrschen große Verschiedenheiten. Die höchste Zahl der Kinder für einen Kursus betrug 68, die niedrigste 11.

In 21 Fällen waren schon für 25 und weniger jüdische Kinder Religionskurse eingerichtet. Recht auffallend erscheint, daß in der 110., 174. und 25. Gemeindeschule schon für 22 und 20 bezw. für 14 und 21 und für 20 und 18 jüdische Kinder je zwei Religionskurse eingerichtet und für diese geringen Kinderzahlen 6 jüdische Lehrkräfte angestellt bezw. beschäftigt waren.

Das Königliche Provinzial-Schul-Kollegium weise ich an, von jetzt ab bei Ausführung des Erlasses vom 8. Juli 1875 betreffs der Berücksichtigung des religiösen Bedürfnisses jüdischer Kinder, welche christliche Gemeindeschulen besuchen, die nachstehenden Grundsätze zu beachten.

Bei Prüfung des Bedürfnisses der Neueinrichtung eines Religionskurses in den Gemeindeschulen ist dem Magistrat eine Schranke nicht zu setzen. Wenn die Stadt bereit ist, entsprechende Mittel für die Remunerierung besonderer Religionslehrer zu bewilligen, so ist eine solche Fürsorge um so mehr anzuerkennen, je kleiner die Zahl der betreffenden Kinder ist. Nur wenn der, den Religionsunterricht ertheilende Lehrer daneben und vorwiegend mit anderen Unterrichtsstunden betraut und als ordentlicher Lehrer an der betreffenden Schule angestellt werden soll, wird aus Rücksicht auf die Kinder anderer Konfession als Voraussetzung gefordert werden müssen, daß es sich um die religiöse Versorgung von Kindern handelt, die einen nicht unerheblichen Theil der die Schule insgesammt besuchenden Kinder bilden.

Es ist also zulässig, auch bei einer ganz geringen Anzahl jüdischer Kinder einen jüdischen Religionskursus einzurichten. Nur müssen Zustände vermieden oder doch eingeschränkt werden, wie sie beispielsweise an der 173., 72., 101., 112., 2., 64., 123., 125., 23., 135., 137., 58., 105., 121., 13. und 14. Gemeindeschule bestehen. In diesen Schulen befinden sich:

| | | | | | |
|---|---|---|---|---|---|
| 639 | Kinder, | darunter | nur | 16 | jüdische, bezw. |
| 685 | „ | „ | „ | 22 | „ |
| 855 | „ | „ | „ | 22 | „ |
| 705 | „ | „ | „ | 19 | „ |
| 842 | „ | „ | „ | 15 | „ |
| 882 | „ | „ | „ | 24 | „ |
| 873 | „ | „ | „ | 19 | „ |

| | | | | | | |
|---|---|---|---|---|---|---|
| 809 | Kinder, | darunter | nur | 21 | jüdische, | bezw. |
| 1234 | „ | „ | „ | 27 | „ | |
| 926 | „ | „ | „ | 23 | „ | |
| 855 | „ | „ | „ | 20 | „ | |
| 809 | „ | „ | „ | 15 | „ | |
| 1083 | „ | „ | „ | 25 | „ | |
| 1023 | „ | „ | „ | 31 | „ | |
| 1032 | „ | „ | „ | 24 | „ | |
| 798 | „ | „ | „ | 27 | „ | und |
| 637 | „ | „ | „ | 11 | „ . | |

Trotzdem ist an jeder dieser Schulen eine besondere jüdische Lehrkraft angestellt und neben nur vier Religionsstunden wöchentlich anderweit voll beschäftigt. Zu den vorgedachten Fällen treten noch die bereits oben namhaft gemachten bei der 110. und 25. Gemeindeschule. An der ersteren sind für 42 jüdische neben 933 christlichen Kindern 2 jüdische Lehrpersonen angestellt, welche neben 4 Religionsstunden wöchentlich je 20 Stunden in anderen Fächern Unterricht ertheilen. An der 25. Gemeindeschule sind für 38 jüdische neben 909 christlichen Kindern zwei jüdische Lehrkräfte beschäftigt, obwohl der als ordentlicher Lehrer angestellte jüdische Lehrer Schlesinger unter 26 wöchentlichen Unterrichtsstunden nur 4 Religionsstunden erteilt und demnach die 2te Religionsabteilung recht wohl hätte übernehmen können.

Bei der ferneren Prüfung, ob die Einrichtung des neuen Religionskurses auch die Heranziehung einer neuen Lehrkraft des bezüglichen Bekenntnisses erforderlich macht, ist davon auszugehen, daß einem Lehrer bezw. einer Lehrerin bis 12 Religionsstunden wöchentlich an derselben Schule, oder wo etwa, wie vielfach der Fall ist, sich zwei Schulen auf demselben Grundstück befinden, in diesen beiden übertragen werden können.

Daß für je 4 Religionsstunden an einer und derselben Schule oder an nahe bei einander liegenden Schulen eine besondere Lehrkraft angestellt und anderweit voll beschäftigt wird, widerspricht der Rücksicht, welche die die Schule besuchenden christlichen Kinder beanspruchen dürfen.

Wo wegen einer erheblichen Zahl jüdischer Kinder die mit Ertheilung des Religionsunterrichts betrauten jüdischen Lehrer und Lehrerinnen als ordentliche Lehrer und Lehrerinnen angestellt werden, sind sie, wie bisher, zur Ertheilung des Unterrichts in anderen Fächern heranzuziehen. Ich trage Bedenken, in dieser Hinsicht bestimmte Vorschriften zu treffen, und die jüdischen Lehrpersonen, abgesehen von dem Religionsunterrichte, von dem Unterrichte in gewissen Gegenständen auszuschließen, erwarte aber, daß die mit Aufstellung der Lehr- und Lektionspläne betrauten Personen jüdischen Lehrern und Lehrerinnen nicht solchen Unterricht zutheilen werden, welcher ihnen in ihrem eigenen und im Interesse der Schule nicht übertragen werden darf. Ich erinnere dabei nur an die Geschichte der Ausbreitung des Christentums und der Kreuzzüge.

Die Übertragung eines Ordinariats an jüdische Lehrer und Lehrerinnen wird von der Natur des einzelnen Falles abhängig zu machen sein.

Es wird zu vermeiden sein, daß jüdische Lehrpersonen das Ordinariat einer Klasse erhalten, in welcher sich keine oder nur ganz wenige jüdische Kinder befinden. Auch würde es der Sachlage nicht entsprechen, wenn ein jüdischer Lehrer oder eine jüdische Lehrerin eine Klasse über die verschiedenen Stufen hinaufführte.

Es kann keine Schwierigkeit bieten, da, wo die Verhältnisse für Übertragung eines Ordinariats nicht gegeben sind, die betreffenden Lehrpersonen mit je einigen Stunden in verschiedenen Klassen zu beschäftigen.

Hiernach wolle das Königliche Provinzial-Schul-Kollegium die hiesige städtische Schuldeputation mit Anweisung und die Witwe Pauline Blumenreich hierselbst, auf hier beifolgende Immediat-Vorstellung vom 12. Juni d. Js. und die beigefügte, an mich gerichtete Eingabe vom 29ten desselben Monats, ferner die Lehrerinnen Anna Mankiewitz und Genossinnen auf die anliegende Vorstellung vom 3. Oktober d. Js., endlich die jüdischen Lehrer und Lehrerinnen an den hiesigen Gemeindeschulen auf die gleichfalls angeschlossene, von einer Deputation mir am 2ten Dezember d. Js. übergebene Vorstellung ohne Datum in meinem Namen mit Bescheid versehen.

(gez.) Bosse.

An das Kgl. Prov.-Schul-Kollegium, hier.

## 9. Verfügung des Kgl. Provinzial-Schulkollegiums zu Berlin vom 29. Januar 1896 (II. 9238).

Abschrift vorstehenden Erlasses (vom 27. Dezember 1895 an das Kgl. Provinzialschulkollegium oben Nr. 8) erhält der Magistrat auf den Bericht vom 18. Juni v. Js. zur Kenntnisnahme und Nachachtung. Hiernach behält es bezüglich der Vertretung beurlaubter oder erkrankter jüdischer Lehrpersonen bei unseren Verfügungen vom 15. Mai und vom 29. September v. Js. sein Bewenden. Unsere Verfügung vom 16. Juli v. Js. betreffend Ertheilung des jüdischen Religionsunterrichts wird hierdurch aufgehoben und statt der dortigen Vorschriften, was folgt angeordnet:

1. Die Neueinrichtung von jüdischen Religionskursen ist auch bei einer ganz geringen Anzahl jüdischer Kinder zulässig. Dieser Unterricht darf von remunerierten Religionslehrern- bezw. -Lehrerinnen ertheilt werden. Es ist aber in jedem einzelnen Falle zur Beschäftigung derselben unter Nachweis der Qualifikation bei uns die Genehmigung nachzusuchen.

Ein Verzeichniß der jetzt bereits beschäftigten remunerierten Religionslehrer, bezw. Religionslehrerinnen mit Angabe der Namen, der Zahl der Stunden und der Kinder und der Höhe der Remuneration ist bis zum 15. März d. Js. bei uns einzureichen.

2. Die feste Anstellung einer jüdischen Lehrkraft als ordentlicher Lehrer an den Gemeindeschulen (mit Ausnahme der 11., 20., 31., 70., 36., 37., 38., 39., 40. und 41.) ist künftig nur zulässig:

a) unter der Voraussetzung, daß die jüdischen Kinder einen nicht unerheblichen Theil der die betreffende Schule insgesammt besuchenden Kinder bilden, worüber uns bei jedem desfallsigen Antrage der entsprechende Nachweis zu führen ist und

b) wenn die bereits angestellten Lehrkräfte bis zu je 12 Religionsstunden herangezogen sind.

3. Die ordentlichen jüdischen Lehrkräfte sind bis zu ihrer Pflichtstundenzahl auch zum Unterricht in anderen Fächern heranzuziehen.

Es sind uns aber bis zum 15. März d. Js. die Lektions- und Lehrpläne der betreffenden Lehrkräfte vorzulegen.

4. Ein Ordinariat darf einer jüdischen Lehrkraft in einer Klasse, in welcher sich keine oder nur ganz wenige jüdische Kinder befinden, nicht übertragen werden und ist von der Übertragung eines solchen in jedem einzelnen Falle an uns zu berichten.

Bis zum 15. März d. Js. ist uns anzuzeigen, welche von den jetzt angestellten jüdischen Lehrkräften mit einem Ordinariat betraut sind und in welchen Schulen und Klassen sie dasselbe führen.

5. Die Weiterführung der Kinder durch mehr als eine Klasse seitens einer jüdischen Lehrkraft ist nicht gestattet und ist bis zum 15. März d. Js. anzuzeigen, ob und in welchen Fällen das etwa bisher geschehen ist.

6. Zum 1. März eines jeden Jahres ist uns auf Grund eines Formulars, welches dem Magistrat noch zugehen wird, über die Unterrichtsertheilung der jüdischen Lehrkräfte in den Gemeindeschulen Bericht zu erstatten.

Berlin, den 29. Januar 1896.

Kgl. Provinzialschulkollegium.

An den Magistrat
hiesiger Königlichen Haupt- und Residenzstadt.

### 10. Ministerialerlaß vom 26. Juli 1899. (U. III. D. 1842).

Berlin, den 26. Juli 1899.

Auf die Eingabe vom 23. März.

Der Erlaß meines Herrn Amtsvorgängers vom 8. Juli 1875 — U. III 7360 — ging von der Auffassung aus, daß der ursprüngliche Charakter der Berliner Gemeindeschulen durch die Anstellung einzelner für den Religionsunterricht berufener Lehrpersonen anderer Confession nicht verändert wird. Dieser Anschauung, die ich vollkommen theile, entspricht es, wenn Einrichtungen und Gewohnheiten an den Berliner Gemeindeschulen, die allmählich zu einer gegentheiligen Auffassung führen konnten, von der aufsichtführenden Behörde beanstandet worden sind. Soweit bei der Ausführung meines Erlasses vom 27. Dezember 1895 — U. III 4455 — Härten gegenüber bewährten jüdischen Lehrpersonen eingetreten oder zu befürchten waren, habe ich durch die Verfügung vom 14. Februar d. Js. — U. III D. 3601 — dafür Sorge getragen, daß mit möglichster Schonung verfahren und jede Kränkung vermieden werde. Zu einer Beunruhigung in dieser Hinsicht dürfte demnach kein Grund mehr vorliegen.

Auch an der Bezeichnung der Berliner Gemeindeschulen nach der Confession als evangelischer und katholischer Anstalten wird der Vorstand der jüdischen Gemeinde, welcher selbst, wie ich gern anerkenne, zwei blühende, von nahezu 1000 jüdischen Kindern besuchte Confessionsschulen unterhält, kaum Anstoß nehmen können. Nach wie vor werden einzelne jüdische Lehrpersonen im Maße des unterrichtlichen Bedürfnisses an den Berliner Gemeindeschulen Anstellung finden können, und ihre Verwendung wird nur denjenigen Beschränkungen unterliegen, welche der konfessionelle Charakter der Volksschule fordert.

Ew. Hochwohlgeboren stelle ich ergebenst anheim, von dem Vorstehenden den Herren Mitunterzeichnern der Vorstellung Kenntniß zu geben.

(gez.) Bosse.

---

## Sechstes Kapitel.

# Die Teilnahme von Juden an der Verwaltung nichtjüdischer öffentlicher Volksschulen.

## A. Die allgemeinen Grundsätze der Schulverwaltung.

### I. Schuldeputation und Schulvorstand.

An der Schulverwaltung, soweit sie nach dem Volksschulunterhaltungsgesetz den Gemeinden obliegt, sind durchgängig zwei Hauptfaktoren beteiligt:

in den Stadtgemeinden die verfassungsmäßigen Gemeindeorgane und die Schuldeputation;

in den Landgemeinden die verfassungsmäßigen Gemeindeorgane und der Schulvorstand (in größeren Gemeinden unter bestimmten Bedingungen gleichfalls die Schuldeputation);

in den Gutsbezirken der Gutsvorsteher und der Schulvorstand, im Falle des § 8, Abs. 2 (d. h. falls der Gutsbezirk nicht ausschließlich im Eigentum des Gutsbesitzers steht, oder innerhalb des Gutsbezirkes einer anderen

Person als dem Gutsbesitzer ein Erbbaurecht zusteht, oder im Gutsbezirke Steuerpflichtige wohnen, die nicht in einem Lohn- oder Dienstverhältnisse zum Besitzer stehen), eine zu diesem Zwecke besonders zu bildende Gutsvertretung und der Schulvorstand;

in den Gesamtschulverbänden der Verbandsvorsteher und der Schulvorstand.

Die Kompetenzen sind, wie folgt, verteilt:

### 1. In den Stadtgemeinden.

Den verfassungsmäßigen Gemeindeorganen liegt ob:

1. Die Feststellung des Schulhaushalts,
2. die Bewilligung der für die Schule erforderlichen Mittel,
3. die Verwaltung des Schulvermögens,
4. die vermögensrechtliche Vertretung nach außen und
5. die Anstellung der Beamten.

Der Schuldeputation liegt ob: die Verwaltung der übrigen, der Gemeinde zustehenden Angelegenheiten. In dieser Hinsicht ist die Schuldeputation Organ des Gemeindevorstandes.

Die Schuldeputation übt ferner die nach dem Gesetze vom 11. März 1872 (GS. S. 183) den Gemeinden und deren Organen vorbehaltene Teilnahme an der Schulaufsicht aus. Hierbei handelt sie als Organ der Schulaufsichtsbehörde (§ 43).

### 2. In den Landgemeinden.

Den verfassungsmäßigen Gemeindeorganen liegt ob:

1. die Feststellung des Schulhaushalts,
2. die Bewilligung der für die Schule erforderlichen Mittel,
3. die Rechnungsentlastung und
4. die vermögensrechtliche Vertretung nach außen (§ 46).

(Also nicht: die Verwaltung des Schulvermögens und die Anstellung der Beamten.)

Dem Schulvorstand bezw. der Schuldeputation liegt ob: Die Verwaltung aller übrigen der Gemeinde zustehenden Angelegenheiten (also auch die Verwaltung des Schulvermögens und die Anstellung der Beamten). (§ 47, Abs. 1).

Der Schulvorstand hat außerdem für die äußere Ordnung im Schulwesen zu sorgen und die Verbindung zwischen Schule und Elternhaus zu pflegen. (§ 47 Abs. 2).

### 3. In den Gutsbezirken.

Dem Gutsvorsteher bezw. der Gutsvertretung liegen dieselben Angelegenheiten ob, die in den Landgemeinden den verfassungsmäßigen Gemeindeorganen zugewiesen sind, also:

1. die Feststellung des Schulhaushalts,
2. die Bewilligung der für die Schule erforderlichen Mittel und
3. die vermögensrechtliche Vertretung nach außen.

Dem Schulvorstand liegen dieselben Angelegenheiten ob, wie dem Schulvorstand in den Landgemeinden.

4. In den Gesamtschulverbänden.

In den Gesamtschulverbänden liegen sämtliche der Gemeinde zustehenden Angelegenheiten, ferner die Sorge für die äußere Ordnung im Schulwesen und die Pflege der Verbindung zwischen Schule und Elternhaus dem Verbandsvorsteher und dem Schulvorsteher ob.

### II. Schulkommissionen.

Als Unterorgane der Schuldeputationen bezw. der Schulvorstände sieht das Gesetz die Schulkommissionen vor. Diese zerfallen in drei Arten:

1. Schulkommissionen, welche in den großen Städten als Organe der Schuldeputationen zum Zwecke der weiteren Dezentralisation gebildet worden sind und neu gebildet werden dürfen (§ 44, IV).

Diesen Kommissionen liegt die Erledigung einzelner Geschäfte ob, wie die Einschulung, die Kontrolle des Schulbesuchs, die Bewilligung freier Lehrmittel und dergleichen.

2. Schulkommissionen, welche gleichfalls als Organe der Schuldeputationen durch Gemeindebeschluß für eine oder mehrere Volksschulen eingerichtet werden können, und die besonderen Interessen dieser Schulen wahrzunehmen, sowie in Ausübung der Schulpflege die Verbindung zwischen Schule und Eltern zu fördern haben (§ 45).

Die Einrichtung dieser Kommissionen ist fakultativ. Sie können sowohl für Schulen mit Lehrkräften verschiedener Konfession (Simultanschulen) als auch für Schulen mit Lehrkräften nur einer Konfession (Konfessionsschulen) eingerichtet werden.

3. Schulkommissionen, welche als Organe der Schulvorstände in den Landgemeinden und Gutsbezirken für einzelne Schulen oder für mehrere Schulen derselben Art einzurichten sind, wenn in den betreffenden Landgemeinden oder Gutsbezirken nebeneinander Volksschulen verschiedenen konfessionellen Charakters bestehen (Schulen mit nur katholischen Lehrkräften neben Schulen mit nur evangelischen Lehrkräften, oder Schulen mit evangelischen und katholischen Lehrkräften neben Schulen mit Lehrkräften nur einer Konfession).

Die Errichtung dieser Kommissionen ist obligatorisch. Ihre Aufgabe besteht in der Sorge für die äußere Ordnung im Schulwesen und in der Pflege der Verbindung zwischen Schule und Elternhaus (§ 48).

4. Schulkommissionen, die in Gesamtschulverbänden als Organe der Schulvorstände einzurichten sind. Die Bedingungen ihrer Einsetzung und ihre Aufgaben sind die gleichen wie die der unter 3. aufgeführten Kommissionen (§ 55).

## B. Die Beteiligung des Rabbiners an der Schulverwaltung.

An der Verwaltung der Volksschule ist neben den Geistlichen der evangelischen und katholischen Kirche dem **Rabbiner** in bestimmten, durch das Gesetz festgestellten Grenzen eine Mitwirkung eingeräumt.

Die hierauf bezüglichen Bestimmungen des VUG. lauten, wie folgt:

1. **Stadtgemeinden.**

§ 43 .....

§ 44: I. Die Schuldeputation besteht aus:

1. einem bis drei Mitgliedern des Gemeindevorstandes (Beigeordneten, Schöffen usw.). An Stelle eines Gemeindevorstandsmitglieds kann ein Stadtschulrat gewählt werden, auch wenn er nicht Mitglied des Gemeindevorstandes ist,
2. der gleichen Zahl von Mitgliedern der Stadtverordnetenversammlung (Bürgervorsteher usw.) sowie
3. mindestens der gleichen Zahl von des Erziehungs- und Volksschulwesens kundigen Männern, unter diesen mindestens einem Rektor (Hauptlehrer) oder Lehrer an einer Volksschule.

Hierzu treten:

4. der dem Dienstrange nach vorgehende oder sonst der dem Dienstalter nach älteste Ortspfarrer der evangelischen Landeskirche und der katholischen Kirche.

   Statt des vorgenannten Pfarrers kann, falls hierüber ein Einverständnis zwischen der Schulaufsichtsbehörde und der kirchlichen Oberbehörde stattfindet, ein anderer Geistlicher in die Schuldeputation eintreten.

   Auf gleichem Wege ist für die Fälle der Verhinderung des geistlichen Mitglieds als dessen Vertreter ein anderer Geistlicher zu bestimmen.
5. **Sofern sich in der Stadt mindestens 20 jüdische Volksschulkinder befinden, tritt außerdem der dem Dienstrange nach vorgehende oder sonst der dem Dienstalter nach älteste Ortsrabbiner ein.**

Die zuständigen Kreisschulinspektoren nehmen an den Sitzungen der Schuldeputationen als Kommissare der Schulaufsichtsbehörde teil und sind auf Verlangen jederzeit zu hören.

Dem Gemeindevorstande bleibt es überlassen, den Stadtarzt und andere Gemeindebeamte zu den Sitzungen der Schuldeputation mit beratender Stimme abzuordnen.

Den Stadtgemeinden bleibt es überlassen, durch Gemeindebeschluß mit Genehmigung der Schulaufsichtsbehörde die Zahl der in Nr. 1 bis 4 bezeichneten Mitglieder abweichend festzusetzen. Wenn die Zahl der zu Nr. 3 bezeichneten Mitglieder auf vier oder mehr festgesetzt wird, so müssen darunter wenigstens zwei Rektoren oder Lehrer sein. In diesem Falle können an Stelle der Lehrer auch Lehrerinnen gewählt werden. Wählbar sind die Lehrerinnen, die an einer der Schuldeputation unterstellten Schule angestellt sind

II. Die Mitglieder aus dem Gemeindevorstande (Beigeordneten, Schöffen usw.) und aus ihrer Zahl der Vorsitzende werden vom Bürgermeister ernannt. Der Bürgermeister ist befugt, außerdem jederzeit selbst in die Schuldeputation einzutreten und den Vorsitz mit vollem Stimmrechte zu übernehmen.

Die Mitglieder aus der Stadtverordnetenversammlung werden von dieser gewählt; die des Erziehungs- und Volksschulwesens kundigen Personen werden von den der Schuldeputation angehörigen Mitgliedern des Gemeindevorstandes (Beigeordneten, Schöffen usw.) und der Stadtverordnetenversammlung (Bürgervorsteher usw.) gewählt.

Die in I Nr. 2, 3 und 5 bezeichneten Mitglieder der Schuldeputation bedürfen der Bestätigung der Schulaufsichtsbehörde.

Wird eine Person, welcher die Bestätigung versagt ist, wiedergewählt, so ist, falls die Stelle nicht unbesetzt bleiben kann und eine Ersatzwahl binnen einer zu bestimmenden Frist nicht erfolgt, die Schulaufsichtsbehörde befugt, einen Ersatzmann zu ernennen.

Die Wahlen erfolgen auf die Dauer von sechs Jahren. In betreff der Verpflichtung zur Übernahme der Stellen gelten die für unbesoldete Gemeindeämter bestehenden gesetzlichen Vorschriften. Die Gewählten sind berechtigt, ihr Amt nach drei Jahren niederzulegen. Die Beschlüsse der Schuldeputation werden nach Stimmenmehrheit gefaßt; bei Stimmengleichheit gibt die Stimme des Vorsitzenden den Ausschlag. Die Beschlußfassung kann gültig nur erfolgen, wenn mehr als die Hälfte der Mitglieder zugegen ist; wird die Schuldeputation zum zweitenmal zur Beratung über denselben Gegenstand zusammenberufen, so sind die erschienenen Mitglieder ohne Rücksicht auf ihre Anzahl beschlußfähig. Bei der zweiten Zusammenberufung muß auf diese Bestimmung ausdrücklich hingewiesen werden. An Verhandlungen und Beschlüssen über Gegenstände, an welche einzelne Mitglieder persönlich interessiert sind, dürfen diese nicht teilnehmen.

Die weiteren Bestimmungen über die Vornahme der Wahlen der in I Nr. 3 und I Abs. 4 bezeichneten Mitglieder und über die Geschäftsführung der Schuldeputation werden von dem Gemeindevorstande getroffen und unterliegen der Bestätigung der Schulaufsichtsbehörde.

III. Ein Mitglied der Schuldeputation, das die Pflichten verletzt, die ihm als solchem obliegen, oder das sich durch sein Verhalten inner- oder außerhalb seiner Tätigkeit als Mitglied der Schuldeputation der Achtung, des Ansehens oder des Vertrauens, welche die Zugehörigkeit zu einer Schuldeputation erfordert, unwürdig macht oder gemacht hat, kann, wenn es zu den in I Nr. 2 bis 5 bezeichneten Personen gehört, von der Zugehörigkeit zur Schuldeputation durch Verfügung der Schulaufsichtsbehörde ausgeschlossen werden. Gegen diese Verfügung steht dem Mitgliede binnen zwei Wochen die Klage im Verwaltungsstreitverfahren beim Bezirksausschusse zu.

IV. Wo bisher zur Erledigung einzelner Geschäfte (Einschulung usw.) und für die besonderen Geschäfte einzelner oder mehrerer Volksschulen besondere Kommissionen unter Leitung der Schuldeputation eingesetzt sind, kann es nach Beschluß der städtischen Behörden dabei sein Bewenden behalten. Auch können solche Kommissionen durch Gemeindebeschluß neugebildet werden.

Auf den Ausschluß der Kommissionsmitglieder und der gemäß § 5 Abs. 6 bestellten Mitglieder finden die Bestimmungen unter III entsprechende Anwendung.

§ 45.: Durch einen Gemeindebeschluß, welcher der Genehmigung der Schulaufsichtsbehörde bedarf, können als Organe der Schuldeputation für eine oder mehrere Volksschulen Schulkommissionen eingesetzt werden, welche die besonderen Interessen dieser Schulen wahrzunehmen, in Ausübung der Schulpflege die Verbindung zwischen Schule und Eltern zu fördern haben und berechtigt sind, Anträge an die Schuldeputation zu stellen, auch verpflichtet sind, deren Aufträge auszuführen.

Die Schulkommissionen bestehen aus dem Bürgermeister oder einem vom Bürgermeister ernannten Magistratsmitgliede (Beigeordneten, Schöffen usw.) oder Kommissionsmitglied als Vorsitzenden, dem etwa vorhandenen Ortsschulinspektor, dem nach dem Dienstrange vorgehenden oder sonst dem dienstältesten Ortspfarrer der evangelischen Landeskirche oder der katholischen Kirche, oder, sofern für jede Schule eine Kommission eingesetzt ist, dem nach dem Dienstrange vorgehenden oder sonst dem dienstältesten der Pfarrer, zu deren Pfarreien die Schulkinder gehören, ferner einem von der Schuldeputation zu ernennenden Rektor (Hauptlehrer) oder Lehrer (Lehrerin) der betreffenden Volksschule (Volksschulen), endlich mehreren Mitgliedern, die von der Schuldeputation aus der Zahl der zu den Schulen des betreffenden Schulbezirks gewiesenen Einwohner gewählt werden. Für Schulen, die ausschließlich mit Lehrern einer Konfession besetzt sind, sind nur Einwohner derselben Konfession wählbar. Wegen Eintritts eines anderen Geistlichen finden die Vorschriften des § 44 I Nr. 4, betreffs des Ausschlusses von Mitgliedern die Bestimmungen des § 44 III entsprechende Anwendung.

Wo derartige Organe unter oder neben einer Schuldeputation oder ohne eine solche schon bisher in Städten bestehen, in denen die Volksschullast den bürgerlichen Gemeinden obliegt, hat es dabei sein Bewenden, vorbehaltlich der anderweiten Ordnung ihrer Zusammensetzung und Zuständigkeit nach den in Abs. 1 und 2 gegebenen Vorschriften. Die Aufhebung einer Schulkommission darf nur aus erheblichen Gründen mit Genehmigung der Schulaufsichtsbehörde erfolgen.

Die näheren Anweisungen über die Zuständigkeit und die Geschäftsführung der Schulkommissionen werden von dem Gemeindevorstande getroffen. Sie bedürfen der Genehmigung der Schulaufsichtsbehörde.

Kommt ein gültiger Gemeindebeschluß im Falle des Abs. 3 nicht zustande oder erläßt der Gemeindevorstand nicht die Anweisung (Abs. 4), so beschließt die Schulaufsichtsbehörde über die Zusammensetzung, Zuständigkeit und Geschäftsführung der Schulkommissionen.

### 2. Landgemeinden und Gutsbezirke.

§ 46.: Die Feststellung des Schulhaushalts, die Bewilligung der für die Schule erforderlichen Mittel, die Rechnungsentlastung und die vermögensrechtliche Vertretung nach außen erfolgt in Landgemeinden, welche einen eigenen Schulverband bilden, durch deren verfassungsmäßige Organe nach Maßgabe der Landgemeindeordnungen, in Gutsbezirken, die einen eigenen Schulverband bilden, durch den Gutsvorsteher, im Falle des § 8 Abs. 2[1]) durch eine zu diesem Zwecke zu bildende Gutsvertretung.

Die näheren Vorschriften über die Zusammensetzung und Wahl der Gutsvertretung sind in dem gemäß § 8 Abs. 2 durch den Kreisausschuß zu erlassenden Statute zu treffen. Auf die Befugnisse, Beschlußfassung und Geschäftsführung der Gutsvertretung sowie auf die Mitwirkung der Aufsichtsbehörden finden die in Landgemeinden

[1]) Siehe Note 1 auf S. 321.

für die Gemeindevertretung und Gemeindeverwaltung geltenden Vorschriften Anwendung. Der Gutsvorsteher hat der Gutsvertretung gegenüber die Befugnisse des Gemeindevorstehers.

Die im § 35 Abs. 2 des Zuständigkeitsgesetzes dem Besitzer des Gutes gegebene Klage steht im Falle des § 8 Abs. 2[1]) dem Gutsvorsteher zu.

§ 47: In Landgemeinden, welche einen eigenen Schulverband bilden, ist für die Verwaltung der der Gemeinde zustehenden Angelegenheiten der Volksschulen ausschließlich der im § 46 Abs. 1 bezeichneten ein Schulvorstand einzusetzen.

Der Schulvorstand hat zugleich für die äußere Ordnung im Schulwesen zu sorgen und die Verbindung zwischen Schule und Elternhaus zu pflegen. Die näheren Anweisungen werden von der Schulaufsichtsbehörde getroffen.

Der Schulvorstand besteht aus dem Gemeindevorsteher, in der Provinz Westfalen und in der Rheinprovinz außerdem dem Amtmann und Bürgermeister, einem von der Schulaufsichtsbehörde bestimmten Lehrer der Schule und dem nach dem Dienstrange vorgehenden oder sonst dem dienstältesten derjenigen Pfarrer der evangelischen Landeskirche und der katholischen Kirche, zu deren Pfarreien die Schulkinder gehören. Statt des genannten Pfarrers kann ein anderer Geistlicher eintreten, falls hierüber Einverständnis zwischen der Schulaufsichtsbehörde und der kirchlichen Oberbehörde besteht. Auf den Eintritt des Rabbiners finden die für die Schuldeputation gegebenen Vorschriften sinngemäß Anwendung. Umfaßt der Schulverband nur Schulen, die mit Lehrkräften ein und derselben Konfession besetzt sind, so gehört weder der Pfarrer der anderen Konfession noch der Rabbiner dem Schulvorstand an.

Endlich gehören zum Schulvorstande zwei bis sechs zu den Schulen des Schulverbandes gewiesene Einwohner. Die Festsetzung der Zahl der Mitglieder erfolgt durch Beschluß der Gemeindeorgane. Die Wahl geschieht durch die Gemeindevertretung (Gemeindeversammlung).

Die gewählten Mitglieder des Schulvorstandes sowie der Rabbiner bedürfen der Bestätigung der Schulaufsichtsbehörde. Die Schulaufsichtsbehörde ist befugt, das Bestätigungsrecht auf die ihr nachgeordneten Organe zu übertragen. Der § 44 II Abs. 4 findet Anwendung.

Betreffs des Ausschlusses von Mitgliedern des Schulvorstandes finden die Bestimmungen des § 44 III mit der Maßgabe entsprechende Anwendung, daß die Klage im Verwaltungsstreitverfahren bei dem Kreisausschusse stattfindet.

Die Dauer der Ämter, die Verpflichtung zur Annahme der Wahlen sowie die Beschlußfassung des Schulvorstandes richtet sich nach den Vorschriften des § 44 II Abs. 5, jedoch mit der Maßgabe, daß die gewählten Mitglieder zur Niederlegung ihres Amtes nach dreijähriger Amtsführung nur bei dem Vorhandensein eines der Entschuldigungsgründe berechtigt sind, welche im § 65 Abs. 2 der Landgemeindeordnung vom 3. Juli 1891 (Gesetz-Samml. S. 233)[2]) aufgeführt sind.

Der Vorsitzende des Schulvorstandes wird von der Schulaufsichtsbehörde in der Regel aus der Zahl der Mitglieder des Schulvorstandes bestimmt. Eine Teilung des Vorsitzes nach Geschäftszweigen ist zulässig.

Der Ortsschulinspektor ist, soweit er nicht Mitglied ist, berechtigt, an den Sitzungen des Schulvorstandes teilzunehmen, und muß zu diesen eingeladen werden. Er ist auf Verlangen jederzeit zu hören.

In Landgemeinden mit mehr als 10000 Einwohnern kann auf Beschluß der Gemeindeorgane eine Schuldeputation eingesetzt werden, auf deren Zusammensetzung und

---

[1]) Siehe Note 1 auf S. 321.

[2]) Vgl. S. 334.

Zuständigkeit die §§ 43 bis 45 sinngemäß Anwendung finden. In gleicher Weise können in Landgemeinden mit mehr als 3000 Einwohnern Schuldeputationen, jedoch nur mit Genehmigung der Schulaufsichtsbehörde, eingerichtet werden.

In Gutsbezirken, die einen eigenen Schulverband bilden, ist im Falle des § 8 Abs. 2[1]) ein Schulvorstand zu bilden, auf dessen Befugnisse und Zusammensetzung die Vorschriften der Abs. 1 bis 9 mit der Maßgabe Anwendung finden, daß die Zahl der Mitglieder in dem Statute festgesetzt wird und daß die Wahl durch die Gutsvertretung erfolgt.

In Gutsbezirken der im § 8 Abs. 1 bezeichneten Art bestimmt der Gutsvorsteher die Zahl der aus den Einwohnern des Schulverbandes zu entnehmenden Mitglieder und ernennt sie. Die ernannten Mitglieder bedürfen der Bestätigung der Schulaufsichtsbehörde. Im übrigen finden die Bestimmungen der Abs. 2 bis 9 Anwendung.

§ 48: In Landgemeinden (Gutsbezirken), welche neben lediglich mit evangelischen Lehrkräften besetzten Schulen solche mit nur katholischen Lehrkräften besetzte oder neben der einen oder anderen Art Schulen der im § 36 Abs. 1 erwähnten Gattung unterhalten, ist unter Bestätigung der Schulaufsichtsbehörde zur Wahrnehmung der im § 47 Abs. 2 bezeichneten Geschäfte für jede einzelne Schule oder für mehrere Schulen derselben Art als Organ des Schulvorstandes eine besondere Schulkommission einzusetzen, auf welche die Vorschriften des § 47 Abs. 3 bis 9 sinngemäß Anwendung finden.

### 3. Gesamtschulverbände.

§ 49: Die Verwaltung der im § 43 Abs. 1 und 2 und § 47 Abs. 2 bezeichneten Angelegenheiten erfolgt in Gesamtschulverbänden durch den Schulvorstand und den Verbandsvorsteher. Letzterer ist die ausführende Behörde.

§ 50: Der Schulvorstand besteht aus Vertretern der zum Schulverbande gehörigen Gemeinden und Gutsbezirke. Jede Gemeinde und jeder Gutsbezirk sind wenigstens durch einen Abgeordneten zu vertreten. Die Gesamtzahl der Vertreter muß mindestens drei betragen.

Das Verhältnis, in welchem die zum Schulverbande gehörigen Gemeinden und Gutsbezirke im Schulvorstande zu vertreten sind, und das den Vertretern beizulegende Stimmrecht bemißt sich nach dem Gesamtbetrage der von den Gemeinden und Gutsbezirken für die Verbindlichkeiten des Schulverbandes zu entrichtenden Abgaben. Mit dieser Maßgabe beschließt über die Zahl der Vertreter, das ihnen beizulegende Stimmrecht und ihre Verteilung auf die Gemeinden und Gutsbezirke mangels einer Einigung der Beteiligten für einen Zeitraum von je fünf Jahren der Kreisausschuß, sofern eine Stadt beteiligt ist, der Bezirksausschuß. Verschieben sich in der Zwischenzeit die für die Verteilung maßgebenden Verhältnisziffern in erheblichem Umfange, so ist der Beschluß des Kreisausschusses (Bezirksausschusses) von Amts wegen oder auf Antrag eines Beteiligten auch vor Ablauf der fünf Jahre erneut zu prüfen.

Die Vertretung der Landgemeinden erfolgt durch den Gemeindevorsteher oder seinen Stellvertreter und durch andere von der Gemeindevertretung (Gemeindeversammlung) aus den zum Schulbezirke des Verbandes gehörigen Einwohnern zu wählende Abgeordnete. Die Vertretung der Stadtgemeinden erfolgt durch den Bürgermeister oder den Beigeordneten (zweiten Bürgermeister) oder ein sonstiges

[1]) D. h. wenn der Gutsbezirk nicht ausschließlich im Eigentum des Gutsbesitzers steht, oder innerhalb des Gutsbezirks einer anderen Person als dem Gutsbesitzer ein Erbbaurecht zusteht oder im Gutsbezirk Steuerpflichtige wohnen, die nicht in einem Lohn- oder Dienstverhältnis zum Gutsbesitzer stehen.

Magistratsmitglied und durch andere von der Stadtverordnetenversammlung gleicherweise zu wählende Abgeordnete. Wählbar sind nur die zur Übernahme des Amtes als Gemeindeverordnete (Gemeindeausschußmitglieder, Stadtverordnete) befähigten Personen.

Die dem Gutsbezirke zustehenden Stimmen werden vom Gutsbesitzer oder dessen Beauftragten geführt. Der Gutsbesitzer kann auch eine der ihm zustehenden Stimmenzahl entsprechende Anzahl von Vertretern ernennen. Im Falle des § 8 Abs. 2 ist über die Führung der dem Gutsbezirke zustehenden Stimmen in dem vom Kreisausschusse zu erlassenden Statute mit der Maßgabe Bestimmung zu treffen, daß das Stimmrecht tunlichst der Beitragspflicht angepaßt wird.

Abweichungen von den vorstehenden Bestimmungen können auf Antrag eines Beteiligten (Gemeinde, Gutsbezirk) durch den Kreisausschuß, sofern eine Stadt beteiligt ist, durch den Bezirksausschuß festgesetzt werden. Die Festsetzung unterliegt der Genehmigung der Schulaufsichtsbehörde.

Auf den Eintritt der Geistlichen, Rabbiner und Lehrer finden die Vorschriften des § 47 Abs. 3 sinngemäß Anwendung.

Die gewählten und die vom Gutsbesitzer ernannten Mitglieder des Schulvorstandes sowie der Rabbiner bedürfen der Bestätigung der Schulaufsichtsbehörde. Die Schulaufsichtsbehörde ist befugt, das Bestätigungsrecht auf die ihr nachgeordneten Organe zu übertragen. Der § 44 II Abs. 4 findet Anwendung.

Betreffs des Ausschlusses von Mitgliedern des Schulvorstandes finden die Bestimmungen des § 47 Abs. 6 Anwendung.

Besteht ein Verband lediglich aus Gutsbezirken, welche demselben Gutsbesitzer gehören, und in denen eine Unterverteilung nach § 8 Abs. 2 nicht stattfindet, so steht die Verwaltung der im § 43 Abs. 1 und 2 bezeichneten Angelegenheiten dem Gutsvorsteher zu und, falls mehrere Gutsvorsteher beteiligt sind, dem vom Kreisausschusse hierfür bezeichneten. Auf die Bildung und Zuständigkeit des Schulvorstandes finden die Bestimmungen im § 47 letzter Absatz sinngemäß Anwendung.

§ 51: Der Verbandsvorsteher sowie ein Stellvertreter für ihn werden von der Schulaufsichtsbehörde aus der Zahl der Mitglieder des Schulvorstandes ernannt. Ist keine geeignete Persönlichkeit im Schulvorstande vorhanden, so wird von der Schulaufsichtsbehörde eine andere Persönlichkeit kommissarisch mit den Geschäften des Vorsitzenden oder seines Stellvertreters betraut. Der kommissarische Vorsitzende hat in den Angelegenheiten der Feststellung des Schulhaushalts, der Bewilligung der für die Schule erforderlichen Mittel und der Rechnungsentlastung kein Stimmrecht.

Der Ortsschulinspektor ist, soweit er nicht Mitglied ist, befugt, an den Sitzungen des Schulvorstandes teilzunehmen und muß zu diesen zugezogen werden.

In der Provinz Westfalen versieht der Amtmann, in der Rheinprovinz der Bürgermeister das Amt des Verbandsvorstehers für die in seinem Amte beziehungsweise seiner Bürgermeisterei bestehenden Gesamtschulverbände. Erstreckt sich ein Schulverband über mehrere Ämter oder Bürgermeistereien, so bestimmt der Landrat, sofern eine Stadt beteiligt ist, der Regierungspräsident den zuständigen Amtmann oder Bürgermeister.

§ 52: Die Wahlen erfolgen auf die Dauer von sechs Jahren. In betreff der Verpflichtung zur Übernahme der Stellen gelten die für unbesoldete Gemeindeämter bestehenden Vorschriften. Die Gewählten sind berechtigt, nach drei Jahren unter den im § 47 Abs. 7 erwähnten Voraussetzungen ihr Amt niederzulegen.

Der Verbandsvorsteher und sein Stellvertreter werden vor ihrem Amtsantritte von dem Landrat oder in seinem Auftrage vereidigt.

Der ernannte Verbandsvorsteher hat den Ersatz seiner baren Auslagen und die Gewährung einer mit seiner amtlichen Mühewaltung in angemessenem

Verhältnisse stehenden Entschädigung zu beanspruchen. Ihre Aufbringung liegt dem Verband ob.

Über die Festsetzung der baren Auslagen und der Entschädigung des Verbandsvorstehers und des kommissarischen Vorstehers beschließt der Kreisausschuß, sofern eine Stadt beteiligt ist, der Bezirksausschuß auf Antrag der Beteiligten.

Bezüglich der Dienstvergehen der Verbandsvorsteher und der sonstigen Beamten des Gesamtschulverbandes finden die für die Dienstvergehen der Gemeindevorsteher, Bürgermeister usw. geltenden Bestimmungen Anwendung.

§ 53: Der Verbandsvorsteher bereitet die Beschlüsse des Schulvorstandes vor, beruft ihn, führt den Vorsitz in den Versammlungen und bringt die Beschlüsse zur Ausführung.

Die Beschlüsse werden nach Stimmenmehrheit bei Anwesenheit von mindestens drei Mitgliedern gefaßt. Bei Stimmengleichheit gibt die Stimme des Vorsitzenden den Ausschlag. Kommt eine beschlußfähige Versammlung nicht zustande, so ist eine zweite Sitzung anzuberaumen. Ist auch diese beschlußunfähig, so hat der Verbandsvorsteher allein hinsichtlich der auf der Tagesordnung stehenden Gegenstände Anordnung zu treffen. An Verhandlungen und Beschlüssen, an welchen einzelne Mitglieder persönlich interessiert sind, dürfen diese nicht teilnehmen. Bei Beschlüssen über Angelegenheiten, betreffend die Feststellung des Schulhaushalts, die Bewilligung der für die Schulen erforderlichen Mittel und die Rechnungsentlastung, haben die im § 47 Abs. 3 bezeichneten Lehrer und Geistlichen kein Stimmrecht.

Beschlüsse des Schulvorstandes, welche seine Befugnisse überschreiten oder die Gesetze, das Gemeinwohl oder das Interesse des Verbandes verletzen, hat der Verbandsvorsteher — entstehendenfalls auf Anweisung der Schulaufsichtsbehörde — zu beanstanden. Gegen die beanstandende Verfügung steht dem Schulvorstande die Klage im Verwaltungsstreitverfahren beim Bezirksausschusse binnen zwei Wochen zu.

Der Verbandsvorsteher vertritt den Schulverband nach außen. Urkunden, welche den Schulverband verpflichten, sind von dem Verbandsvorsteher oder seinem Stellvertreter und einem Mitgliede des Schulvorstandes zu vollziehen.

§ 54: Der Verbandsvorsteher hat die Leistungen für den Verband und die Schule nach den Gesetzen und den Beschlüssen des Schulvorstandes auf die Gemeinden (Gutsbezirke) und Dritte, nach öffentlichem Rechte Verpflichtete, zu verteilen und wegen ihrer Einziehung und Abführung die erforderlichen Anordnungen zu treffen.

Gegen die Veranlagung steht den Beteiligten binnen vier Wochen der Einspruch zu.

Auf Beschwerden und Einsprüche, betreffend

1. die Verpflichtung der Zahlung von Fremdenschulgeld (§ 6),
2. die Heranziehung der einzelnen Gemeinden und Gutsbezirke sowie nach öffentlichem Rechte verpflichteter Dritter zu den Leistungen für den Verband und die Schule,

beschließt der Verbandsvorsteher.

Gegen den Beschluß findet binnen zwei Wochen die Klage im Verwaltungsstreitverfahren statt.

Zuständig ist in erster Instanz der Kreisausschuß, sofern eine Stadt beteiligt ist, der Bezirksausschuß.

Beschwerden und Einsprüche haben keine aufschiebende Wirkung.

Der Entscheidung im Verwaltungsstreitverfahren unterliegen desgleichen Streitigkeiten zwischen Beteiligten über ihre in dem öffentlichen Rechte begründeten Verpflichtungen zu Leistungen für den Verband und für die Schule.

Der § 48 des Zuständigkeitsgesetzes findet auf Gesamtschulverbände Anwendung. Sofern eine Stadt beteiligt ist, ist nach den für Stadtschulen geltenden Vorschriften zu verfahren.

§ 55: In Gesamtschulverbänden, welche neben lediglich mit evangelischen Lehrkräften besetzten Schulen solche mit nur katholischen Lehrkräften besetzte oder neben der einen oder anderen Art Schulen der im § 36 Abs. 1 erwähnten Gattung unterhalten, ist zur Wahrnehmung der im § 47 Abs. 2 bezeichneten Geschäfte für jede einzelne Schule oder für mehrere Schulen derselben Art als Organ des Schulvorstandes eine besondere Schulkommission einzusetzen, auf die die Vorschriften des § 47 Abs. 3 bis 9 sinngemäß Anwendung finden.

§ 56: Aus Gemeinden und Gutsbezirken oder Teilen von solchen bestehende kommunale nachbarliche Verbände, welche anderen Zwecken dienen (Amtsverbände in Westfalen, Bürgermeistereien in der Rheinprovinz usw.), können auf ihren Antrag, sofern sie nach ihrer Verfassung einen Vorsteher und eine Verbandsvertretung (Ausschuß usw.) haben, von der Schulaufsichtsbehörde im Einvernehmen mit dem Regierungspräsidenten zu Gesamtschulverbänden erklärt werden. Auf diese finden in bezug auf die Verwaltung der Volksschulangelegenheiten und die Aufbringung der hierzu erforderlichen Mittel die für Gesamtschulverbände gegebenen Vorschriften Anwendung, soweit nicht ihre Verfassung anderweit geordnet ist.

§ 57: Auf die Einrichtung von Schuldeputationen finden die Bestimmungen des § 47 Abs. 10 sinngemäß Anwendung. Gehört dem Gesamtschulverband eine Stadt an, so ist stets eine Schuldeputation einzurichten.

Demnach gelten für die Teilnahme des Rabbiners an der Schulverwaltung die folgenden Grundsätze:

## I. Schuldeputation.

1. Befinden sich in einer Stadt mindestens 20 jüdische Volksschulkinder, so tritt der Ortsrabbiner in die Schuldeputation ein. (VUG. § 44, I, 5.)

2. Befinden sich in der Stadt mehrere Ortsrabbiner, so wird, falls ein Rangunterschied zwischen ihnen besteht, der dem Dienstrange nach vorgehende, falls sie gleichgestellt sind, der dem Dienstalter nach älteste, Mitglied der Schuldeputation (ebenda).

3. Als „Ortsrabbiner"[1]) ist immer der zuständige Rabbiner anzusehen, d. h. derjenige, welcher von der nach Maßgabe des Gesetzes vom 23. Juli 1847[2]) gebildeten Synagogengemeinde, in deren Bezirk die Stadt liegt, zum Rabbiner bestellt ist.

4. Als „Ortsrabbiner" gilt demnach nicht der Rabbiner einer Nachbargemeinde, der nur nebenher mit der Aufsicht über den Religionsunterricht der in Frage kommenden Gemeinde betraut ist (vergl. auch St. Ber. des Abgeordneten-H. S. 5214, 5241 und 5242).

---

[1]) Vgl. auch die dritte Ausführungsanweisung zum VUG. vom 6. November 1907 (Z.-Bl. S. 865.) IV, 1, e: „Den vorgenannten Mitgliedern tritt außerdem der Ortsrabbiner hinzu, sofern sich in der Stadt (Landgemeinde, Gesamtschulverband) mindestens 20 jüdische Volksschulkinder befinden. Ortsrabbiner ist der für den betreffenden Ort zuständige Rabbiner, gleichviel ob er am Orte wohnt, nicht aber der nebenher mit dem Religionsunterricht u. s. w betraute Rabbiner der Nachbargemeinde".

[2]) In den neueren Gebietsteilen der daselbst geltenden entsprechenden Bestimmungen.

5. Hingegen gilt als „Ortsrabbiner" der zuständige Rabbiner auch dann, wenn er nicht in der betreffenden Stadt wohnt. Umfaßt z. B. der Bezirk einer Synagogengemeinde mehrere Städte, so ist der Rabbiner der betreffenden Synagogengemeinde auch für diejenige Stadt oder diejenigen Städte des Synagogenbezirks als „Ortsrabbiner" anzusehen, in der bezw. in denen er nicht seinen Wohnsitz hat.

So gehören zu dem Bezirke der Synagogengemeinde Berlin die Städte: Berlin, Charlottenburg, Schöneberg, Wilmersdorf, Rixdorf. Für alle diese Städte gelten als „Ortsrabbiner" die von der Synagogengemeinde Berlin, nicht aber etwa die in den einzelnen Städten von privaten Synagogengemeinden angestellten Rabbiner.

6. Fraglich könnte sein, wie es in denjenigen Städten zu halten ist, in denen (wie in Berlin, Frankfurt a. M. und Wiesbaden) nebeneinander mehrere Synagogengemeinden auf Grund des Austrittgesetzes vom 28. Juli 1876[1]) bestehen: Ob, falls jede dieser beiden Gemeinden über 20 Schulkinder zählt, die Rabbiner beider Gemeinden in den Schulvorstand einzutreten haben, oder nur einer von beiden, und, falls nur einer, welcher von beiden. Ob der Eintritt des Rabbiners geboten ist, falls jede der beiden Gemeinden für sich allein weniger als 20 jüdische Volksschüler zählt, in beiden zusammen aber diese Zahl erreicht wird.

Das Gesetz enthält hierüber keine ausdrücklichen Bestimmungen. Die Antwort ist daher auf dem Wege der Interpretation zu gewinnen.

Was zunächst die letzte Frage betrifft, ob der Eintritt des Rabbiners geboten ist, falls jede der beiden Gemeinden für sich allein weniger als 20 jüdische Volksschulkinder zählt, in beiden zusammen aber diese Zahl erreicht wird, so dürfte sie ohne weiteres zu bejahen sein. Als Voraussetzung für den Eintritt des Rabbiners in die Schuldeputation wird verlangt, daß sich in der Stadt „mindestens 20 jüdische Volksschulkinder befinden". Diese Voraussetzung ist erfüllt, wenn überhaupt in der Stadt sich 20 jüdische Volksschulkinder befinden, ohne Unterschied, ob sie sämtlich einem religiösen Verbande, oder die einen dieser, die andern jener Gemeinde angehören.

Schwieriger ist die zweite Frage, welcher Rabbiner in die Schuldeputation einzutreten hat: ob in jedem Falle der Rabbiner der einen von beiden Gemeinden, oder der dienstältcste der Rabbiner beider Gemeinden, oder endlich etwa derjenige, zu dessen Gemeinde die Mehrzahl der Volksschulkinder gehört. Die Antwort ist m. E. der Definition zu entnehmen, die oben (Ziff. 3) für den Begriff „Ortsrabbiner" gegeben ist. Danach würde als „Ortsrabbiner" der Rabbiner derjenigen Synagogengemeinde anzusehen sein, welche in Gemäßheit des Gesetzes vom 23. Juli 1847[2]) gebildet worden ist.

---

[1]) In Frankfurt a. M. auf Grund des Ges. v. 21. März 1899; vgl. S. 326 Anm. 2.

[2]) In den neueren Gebietsteilen der entsprechenden daselbst gültigen Gesetze.

Zwar genießen nach § 8 des Gesetzes vom 28. Juli 1876 die Vereinigungen der Ausgetretenen, falls ihnen durch königliche Verordnung diese Stellung beigelegt ist, die Rechte einer Synagogengemeinde. Doch wird man als Synagogengemeinde des Ortes, als Ortsgemeinde, die auf Grund des Gesetzes vom 23. Juli 1847[1]) gebildete zu betrachten haben. Denn diese ist die Regel, jene nur eine zugelassene Ausnahme. Sämtliche Juden des Ortes gehören ohne weiteres zu der auf Grund des Gesetzes von 1847[1]) gebildeten Synagogengemeinde. Jeder neu hinzuziehende wird gleichfalls ohne weiteres ihr Mitglied, und nur durch einen besonderen Rechtsakt kann diese Mitgliedschaft gelöst, die der Austrittsgemeinde erworben werden[2]). Ist demnach die auf Grund des Gesetzes von 1847[1]) gebildete Synagogengemeinde als Ortsgemeinde schlechthin zu betrachten, auch deshalb, weil jeder Ort, an welchem Juden wohnen, zu einer derartigen, nicht aber zu einer Synagogengemeinde der anderen Art gehört, so ist als „Ortsrabbiner" auch nur der Rabbiner einer auf Grund des Gesetzes von 1847[1]) gebildeten Synagogengemeinde anzusehen. Daraus ergibt sich, daß dieser Mitglied der Schuldeputation wird, und zwar auch dann, wenn der Rabbiner der anderen Gemeinde im Dienstalter vorangeht, und auch in dem Fall, wenn die Mehrzahl der jüdischen Volksschulkinder des Ortes der Austrittsgemeinde angehört.

Die Frage, ob beide Synagogengemeinden Anspruch auf Vertretung in der Schuldeputation haben, falls jede von ihnen mindestens 20 Volksschulkinder zählt, liegt der Frage analog, ob nur ein Geistlicher der evangelischen Kirche und nur ein Geistlicher der katholischen Kirche, oder ob gegebenenfalls ein lutherischer und ein reformierter, ein altkatholischer und ein römisch-katholischer Geistlicher nebeneinander in die Schuldeputation einzutreten haben.

Von Bremen (Komment. S. 143 N. 7) vertritt den Standpunkt[3]), daß sowohl innerhalb der katholischen wie der evangelischen Kirche den verschiedenen Arten (Alt-Katholiken und Römisch-Katholischen; Lutheranern, Reformierten und Unierten) nebeneinander Vertretungen in der Schuldeputation zustehen.

Von diesem Standpunkte aus wird man zu der Konsequenz gelangen, daß in Städten, in denen nebeneinander zwei jüdische Gemeinden bestehen, die beide

---

[1]) Vgl. S. 325 Anm. 2.

[2]) Für Frankfurt a/M. ist die entsprechende Regelung in dem Gesetz vom 21. März 1899 (GS. S. 73) gegeben. Danach gehören alle im Bezirk der ehemaligen freien Stadt Frankfurt a/M. wohnenden Juden ohne weiteres zur Synagogengemeinde „Israelitische Gemeinde zu Frankfurt a/M." Zum Austritt aus dieser Gemeinde und der ausschließlichen Zugehörigkeit zur Synagogengemeinde „Israelitische Religionsgesellschaft" bedarf es einer ausdrücklichen, schriftlichen Mitteilung an den Polizeipräsidenten.

[3]) Vgl. jedoch die Ausführungsanweisung zum VUG. v. 6. November 1907 IV, 1, d, Abs. 1.

die Rechte von Synagogengemeinden besitzen und mindestens 20 Volksschulkinder in ihrer Mitte haben, die ranghöchsten oder dienstältesten Rabbiner beider Gemeinden in die Schuldeputation einzutreten haben.

Stellt man sich aber auf den Standpunkt, daß nach dem Gesetze „der" Ortspfarrer der evangelischen Landeskirche und der katholischen Kirche, also nur ein Vertreter der gesamten evangelischen, ein Vertreter der gesamten katholischen Kirche der Schuldeputation anzugehören hat, so wird man folgerichtig zu dem Ergebnis gelangen, daß auch im Falle des Nebeneinanderbestehens zweier Synagogengemeinden, deren jede mindestens 20 jüdische Volksschulkinder zählt, nur „der" Ortsrabbiner, d. h. nur ein Rabbiner in die Schuldeputation einzutreten hat, und zwar der ranghöchste, bezw. dienstälteste Ortsrabbiner. Wer gegebenenfalls als solcher anzusehen ist, ergibt sich aus dem oben (S. 324 ff.) Gesagten.

7. Hat die betreffende Synagogengemeinde keinen Rabbiner, so bleibt sie als religiöse Interessengemeinschaft ohne besondere Vertretung. Ist also nur ein anderer Kultusbeamter oder ein Lehrer in der Synagogengemeinde angestellt, so kann er zwar in seiner Eigenschaft als wahlfähiger Bürger zum Mitgliede der Deputation gewählt werden (vergl. unten S. 336 ff). Ein Anspruch auf Mitgliedschaft, entsprechend dem Anspruch des Ortsrabbiners, steht ihm jedoch nicht zu.

8. Zur Erfüllung der gesetzlichen Voraussetzung für den Eintritt des Rabbiners in die Schuldeputation ist erforderlich, daß sich in der betreffenden Stadt mindestens 20 jüdische Volksschulkinder befinden. Kinder höherer Lehranstalten zählen demnach nicht mit. Auf der anderen Seite macht es jedoch keinen Unterschied, welcher Art die Volksschulen sind, welche die Kinder besuchen. Es sind demnach die Kinder jüdischer Volksschulen in gleicher Weise zu berücksichtigen, wie die in nichtjüdischen Schulen eingeschulten Kinder.

Fraglich könnte sein, ob Schulkinder eines anderen Schulverbandes, die gastweise den Schulen der betreffenden Stadt zugewiesen werden, (§ 5 VUG.) mitzuzählen sind oder nicht.

Die Frage ist m. E. zu bejahen[1]). Die Absicht des Gesetzes geht dahin, der jüdischen Glaubensgemeinschaft eine Vertretung ihrer Interessen in der Schulverwaltung unter gewissen Bedingungen einzuräumen, sobald die Zahl der zu dieser Verwaltung gehörigen jüdischen Schulkinder genügend groß ist, um eine derartige Sondervertretung als angemessen erscheinen zu lassen. Unter diesem Gesichtspunkte aber muß es als gleichgültig erscheinen, ob die Kinder, sofern sie nur zu dem Bereiche der fraglichen Verwaltungskörperschaft gehören, in dem betreffenden Schulverband ortsansässig oder nur gastweise ihm zugewiesen sind.

9. Im Gesetz findet sich keine ausdrückliche Bestimmung darüber, in welcher Weise der Eintritt des Rabbiners vor sich geht: ob die Berufung direkt an den

[1]) Ebenso Schiffer a. a. O. S. 74 N. 6.

Rabbiner ergeht, oder ob die Vermittlung des Vorstandes der Synagogengemeinde in Anspruch zu nehmen ist. M. E. hat man sich für das letztere zu entscheiden, um so mehr, als der Magistrat bezw. die Aufsichtsbehörde, falls mehrere Rabbiner in der Synagogengemeinde vorhanden sind, häufig gar nicht in der Lage sein dürfte, aus eigener Kenntnis zu entscheiden, welcher Rabbiner der „dem Dienstrange nach vorgehende" oder der „dem Dienstalter nach älteste Ortsrabbiner" ist. Die gegebene Instanz zur Entscheidung dieser Frage ist der Vorstand der zuständigen Synagogengemeinde.

10. Gelangt man zu dem Ergebnis, daß für die Berufung des Rabbiners in die Schuldeputation die Vermittlung des Vorstandes der Synagogengemeinde in Anspruch zu nehmen ist, so kommt man zu der ferneren Frage, ob diese Behörde im Einvernehmen mit der Schulaufsichtsbehörde befugt ist einen anderen, als den ranghöchsten oder dienstältesten Rabbiner zum Eintritt in die Deputation zu präsentieren. Eine derartige Abweichung von dem gegebenen Prinzip könnte z. B. in Frage kommen, weil der zunächst zuständige Rabbiner nicht so geeignet erscheint, wie ein anderer, oder, weil er, wie z. B. im Bezirk der Synagogengemeinde Berlin einer Reihe von Schuldeputationen und Schulvorständen gleichzeitig angehören müßte, für die er sämtlich der „dem Dienstrange nach vorgehende oder sonst der dem Dienstalter nach älteste Ortsrabbiner" ist.

Hinsichtlich des Ortspfarrers der beiden christlichen Kirchen enthält das Gesetz eine entsprechende Bestimmung: § 44 I Nr. 4 Abs. 2 besagt, daß an Stelle des ranghöchsten bezw. dienstältesten Ortspfarrers ein anderer Geistlicher in die Schuldeputation eintreten kann, „falls hierüber ein Einverständnis zwischen der Schulaufsichtsbehörde und der kirchlichen Oberbehörde stattfindet". Die Motive zu dem Regierungsentwurf begründeten die Zulässigkeit einer derartigen Abweichung von der Norm (S. 84) wie folgt: „Es kann sein, daß ein anderer mehr geeignet ist und daß die kirchliche Oberbehörde und die Schulaufsichtsbehörde im gegenseitigen Einvernehmen dessen Eintritt für zweckdienlich halten." Hinsichtlich des Ortsrabbiners fehlt es an einer entsprechenden Bestimmung. Da aber der angegebene Grund für die Ausnahme von dem gesetzlichen Prinzip in gleicher Weise auch hinsichtlich des Ortsrabbiners als zutreffend erachtet werden muß, und überdies, wenn man die Zulässigkeit jener Ausnahme verneint, bei der eigenartigen Abgrenzung der Synagogenbezirke der Fall eintreten kann, daß ein Rabbiner gar nicht in der Lage ist, sämtlichen Schuldeputationen und -Vorständen seines Bezirkes zugleich anzugehören, wird man in analoger Anwendung der angezogenen Bestimmung des § 44 I Nr. 4 Abs. 2 zu dem Ergebnis gelangen, daß auch ein anderer als der ranghöchste oder dienstälteste Ortsrabbiner in die Schuldeputation eintreten kann, falls hierüber ein Einverständnis zwischen der Schulaufsichtsbehörde und dem Vorstand der Synagogengemeinde stattfindet. Es soll nicht verkannt werden, daß eine derartige Entscheidung nicht unbedenklich ist. Man würde, falls nur die Bestimmung im § 44 I Nr. 5 für die Interpretation in Frage käme, kaum umhin können, die Bestimmung, daß der ranghöchste bezw. dienstälteste Ortsrabbiner in die Schuldeputation einzutreten hat, als eine zwingende anzusehen, und eine Ausnahme, da sie nicht ausdrücklich vorgesehen ist, als unstatthaft zu erachten. Nachdem aber für die Geistlichen der christlichen Kirchen eine Ausnahme ausdrücklich zugelassen ist, wird man die analoge Anwendbarkeit der Ausnahmebestimmung auf den Fall des Eintritts des Rabbiners kaum ablehnen können, da ein sachlicher Grund für eine verschiedenartige Behandlung der beiden Fälle hinsichtlich der in Rede stehenden Frage nicht einzusehen ist.

11. Für den Geistlichen der evangelischen und der katholischen Kirche ist für die Fälle der Verhinderung ein anderer Geistlicher als Vertreter zu bestellen (§ 44 I Nr. 4 Abs. 3). Hinsichtlich des Rabbiners ist die gleiche Bestimmung im Gesetze nicht getroffen. Besteht demnach keine Verpflichtung zur Bestellung eines Vertreters für den Fall der Behinderung des Rabbiners, so wird doch die Bestellung eines anderen Rabbiners für diesen Fall als zulässig zu erachten sein. Es würden sonst, entgegen der Absicht des Gesetzgebers die Interessen der jüdischen Glaubensgemeinschaft ohne zwingenden Grund zeitweilig unvertreten sein. Die Bestellung eines Vertreters, der entsprechend der für die Geistlichen der christlichen Kirchen geltenden Bestimmung ein Rabbiner sein müßte, hätte, gleichfalls in analoger Anwendung der Bestimmung für die christlichen Geistlichen, im Wege der Einigung zwischen dem Vorstande der Synagogengemeinde und der Aufsichtsbehörde zu erfolgen.

12. Der Rabbiner bedarf zum Eintritt in die Schuldeputation der Bestätigung der Schulaufsichtsbehörde. Für die Geistlichen der christlichen Kirchen besteht eine derartige Beschränkung nicht. Zur Begründung dieses Ausnahmezustandes wurde geltend gemacht, daß es für die Qualifikation der Rabbiner keine staatlichen gesetzlichen Bestimmungen gebe, wie sie für die evangelischen und katholischen Pfarrer auf Grund des Vorbildungsgesetzes vom 11. Mai 1873 vorgeschrieben seien, insbesondere auch Männer ohne akademische Vorbildung zu Rabbinern gewählt werden könnten (Komm.-Ber. A.-H. S. 368).

13. Gegen die Versagung der Bestätigung ist die Beschwerde im Aufsichtswege zulässig[1]).

Ist die Bestätigung einmal erfolgt, so kann sie nicht widerrufen werden[2]).

14. Fraglich ist, was zu geschehen hat, falls dem Rabbiner die Bestätigung als Mitglied der Schuldeputation versagt wird.

Abgesehen von dem Rabbiner verlangt das Gesetz die Bestätigung der Schulaufsichtsbehörde auch für die von der Stadtverordnetenversammlung aus ihrer Mitte gewählten Mitglieder (Nr. 2) und für die des Erziehungs- und

---

[1]) Vgl. Lezius a. a. O. S. 92 N. 17.

[2]) Der Regierungsentwurf wollte, um ungeeignete Elemente fernzuhalten, die Bestätigung widerruflich machen (§ 28 des Entwurfs). Diese Regelung ist jedoch abgelehnt und an ihre Stelle das Ausschlußverfahren gesetzt worden (siehe unten S. 333); vgl. Komm.-Ber. H.-H. S. 90 und 96.

Volksschulwesens kundigen Männer, welche von den der Schuldeputation angehörigen Mitgliedern des Magistrats und der Stadtverordnetenversammlung gewählt werden. (Nr. 3).

Im Anschluß hieran bestimmt nun § 44 II Abs. 4.

> „Wird eine Person, welcher die Bestätigung versagt ist, wiedergewählt, so ist, falls die Stelle nicht unbesetzt bleiben kann und eine Ersatzwahl binnen einer zu bestimmenden Frist nicht erfolgt, die Schulaufsichtsbehörde befugt, einen Ersatzmann zu ernennen."

Soweit es sich um den Rabbiner handelt, ist diese Bestimmung unklar. Da sie sich unmittelbar an die Bestimmung anschließt, daß die Deputierten der Stadtverordnetenversammlung, die des Erziehungs- und Volksschulwesens kundigen Männer und die Rabbiner der Bestätigung bedürfen, da ferner für den Rabbiner nichts anderes bestimmt ist, so wird man unter einer „Person, welcher die Bestätigung versagt ist", gegebenenfalls auch den Rabbiner verstehen müssen. Andererseits ist nicht klar, was man in bezug auf den Rabbiner unter der Wahl („wiedergewählt" und „Ersatzwahl") verstehen soll. Wie bereits vorher ausgeführt ist, bestimmt das Gesetz, ebenso wie bei den Geistlichen der beiden christlichen Kirchen den ranghöchsten bezw. dienstältesten Ortsrabbiner zum Mitgliede der Schuldeputation. Für eine Wahl bleibt demnach regelmäßig kein Raum. Und auch der oben unter 10 (S. 328) behandelte Fall scheidet in diesem Zusammenhange aus, weil die dort als zulässig erachtete Ausnahme die vorgängige Zustimmung der Schulaufsichtsbehörde voraussetzt, hier aber es sich um den Fall handelt, daß ein Rabbiner von der Schulaufsichtsbehörde nicht bestätigt worden ist. Hierzu kommt, daß in § 47 Abs. 5 und § 50 Abs. 7 ausdrücklich unterschieden wird zwischen „gewählten Mitgliedern" und dem Rabbiner.

Da andererseits für den Fall der Nichtbestätigung des Rabbiners Vorsorge getroffen werden muß, wird man, um nicht eine Lücke im Gesetz zu erhalten, zu der Entscheidung kommen, daß die angeführte Bestimmung sinngemäß auch auf den Rabbiner anzuwenden ist. Im Falle der Nichtbestätigung des zunächst durch das Gesetz berufenen Ortsrabbiners würde demnach, wenn mehrere Ortsrabbiner vorhanden sind, der Vorstand der Synagogengemeinde einen anderen zum Mitgliede in die Schuldeputation zu wählen haben und die Aufsichtsbehörde befugt sein, einen Rabbiner als Ersatzmann zu ernennen, falls die Wahl nicht binnen der von ihr bestimmten Zeit erfolgt.

15. Nicht minder fraglich muß erscheinen, ob § 44 II Abs. 5, der bestimmt:

> „Die „Wahlen" erfolgen auf die Dauer von sechs Jahren. In Betreff der Verpflichtung zu Übernahme der Stellen gelten die für unbesoldete Gemeindeämter bestehenden gesetzlichen Vorschriften. Die Gewählten sind berechtigt, ihr Amt nach drei Jahren niederzulegen"

auf den Rabbiner Anwendung findet oder nicht. Beide Möglichkeiten werden demnach zu erörtern sein.

a. Entscheidet man sich, trotz der unter Nr. 14 angeführten Bedenken, als Konsequenz des dort gewonnenen Ergebnisses für die Anwendbarkeit der Bestimmung auf den Rabbiner, so ergibt sich bezüglich der Dauer der Amtszeit, der Verpflichtung zur Übernahme und der Berechtigung zur Niederlegung des Amtes das Folgende:

α. Die Amtsdauer des Rabbiners als Mitglied der Schuldeputation beträgt 6 Jahre. Ist er mit Rücksicht auf das Vorhandensein der gesetzlich erforderten Zahl von mindestens 20 jüdischen Volksschülern in die Deputation eingetreten, so verbleibt er in derselben bis zum Ablauf der angegebenen Amtszeit, und zwar auch, wenn in der Folge die Zahl der jüdischen Volksschulkinder unter 20 heruntergehen sollte. Denn das Vorhandensein der angegebenen Mindestzahl ist nur als Voraussetzung für den Eintritt des Rabbiners in die Deputation gefordert, nicht aber zur Bedingung seines Verbleibes in derselben gemacht. Die Forderung des „dauernden" Vorhandenseins der festgesetzten Mindestzahl, die an anderen Stellen des Gesetzes sich findet (vergl. § 37 Abs. 1, § 40 Abs. 2) ist hier nicht erhoben. Eine Beendigung der Amtstätigkeit des einmal in die Deputation eingetretenen Ortsrabbiners vor Ablauf der 6jährigen Amtszeit kann nur in 5 Fällen eintreten:

1. wenn er stirbt,
2. wenn er aufhört, Ortsrabbiner, d. h. Rabbiner der zuständigen Synagogengemeinde zu sein,
3. wenn er aufhört, der ranghöchste oder dienstälteste Ortsrabbiner zu sein, sei es, daß ein anderer Ortsrabbiner in einen höheren Rang, als der seine ist, aufrückt, oder ein neuer Ortsrabbiner, der ihm im Dienstalter vorgeht, angestellt wird,
4. wenn er sein Amt als Mitglied der Schuldeputation niederlegt, (das Nähere hierüber s. u.) und
5. wenn er rechtsgültig von der Zugehörigkeit zur Schuldeputation ausgeschlossen ist (das Nähere s. u. S. 333).

β. In betreff der Verpflichtung des Rabbiners zur Übernahme des Amtes als Mitglied der Schuldeputation gelten die für unbesoldete Gemeindeämter bestehenden gesetzlichen Vorschriften. Diese lauten:

**Städteordnung f. d. sechs östl. Provinzen vom 30. Mai 1853 (GS. S. 261) § 74:**

„Ein jeder stimmfähiger Bürger ist verpflichtet, eine unbesoldete Stelle in der Gemeinde-Verwaltung oder -Vertretung anzunehmen, sowie eine angenommene Stelle mindestens drei Jahre lang zu versehen.

Zur Ablehnung oder zur früheren Niederlegung einer solchen Stelle berechtigen nur folgende Entschuldigungsgründe:

1. Anhaltende Krankheit,
2. Geschäfte, die eine häufige oder lange dauernde Abwesenheit mit sich bringen;

3. ein Alter über 60 Jahre;
4. die früher stattgehabte Verwaltung einer unbesoldeten Stelle für die nächsten drei Jahre;
5. die Verwaltung eines anderen öffentlichen Amtes;
6. ärztliche oder wundärztliche Praxis;
7. sonstige besondere Verhältnisse, welche nach dem Ermessen der Stadtverordneten-Versammlung eine gültige Entschuldigung begründen.

Wer sich ohne einen dieser Entschuldigungsgründe weigert, eine unbesoldete Stelle in der Gemeinde-Verwaltung oder Vertretung anzunehmen oder die noch nicht drei Jahre lang versehene Stelle ferner zu versehen, sowie derjenige, welcher sich der Verwaltung solcher Stellen thatsächlich entzieht, kann durch Beschluß der Stadtverordneten auf drei bis sechs Jahre der Ausübung des Bürgerrechts verlustig erklärt und um ein Achtel bis ein Viertel stärker zu den direkten Gemeindeabgaben herangezogen werden. Dieser Beschluß bedarf der Bestätigung der Aufsichtsbehörde[1])".

γ) Nach drei Jahren ist der Rabbiner gesetzlich berechtigt, das Amt niederzulegen. Will eine Synagogengemeinde dagegen gesichert sein, infolge der Amtsniederlegung des Rabbiners in der Schuldeputation unvertreten zu bleiben, so wird sie dem Rabbiner in dem eventl. mit ihm abzuschließenden Vertrag die Verpflichtung auferlegen müssen, gegebenenfalls in die Schuldeputation einzutreten und für die Dauer seines Rabbineramtes in derselben zu verbleiben.

b. Entscheidet man sich dafür, daß die oben angeführte Bestimmung des Abs. 5 nur auf diejenigen Mitglieder der Schuldeputation Anwendung findet, die zu solchen wirklich gewählt sind, d. h. auf die Deputierten der Stadtverordnetenversammlung (Nr. 2) und die des Erziehungs- und Volksschulwesens kundigen Männer (Nr. 3), nicht aber auf den Ortsrabbiner, so gelangt man zu folgendem Ergebnis:

α. Der Ortsrabbiner, der auf Grund der gesetzlichen Voraussetzungen und nach erfolgter Bestätigung der Schulaufsichtsbehörde in die Schuldeputation eingetreten ist, bleibt Mitglied derselben, solange er der ranghöchste bezw. dienstälteste Ortsrabbiner ist, es sei denn, daß er rechtsgültig von der Angehörigkeit zur Schuldeputation ausgeschlossen wird, oder sein Amt als Mitglied der Schuldeputation niederlegt oder daß endlich der oben unter Nr. 10 behandelte Fall einer abweichenden Einigung des Vorstandes der Synagogengemeinde und der Schulaufsichtsbehörde eintritt.

β. Erachtet man die Bestimmung des Abs. 5 als auf den Rabbiner nicht anwendbar, so wird man ihn gesetzlich weder zur Übernahme des Amtes noch

---

[1]) Übereinstimmend § 4 der St.-O. f. d. Provinz Westfalen vom 19. März 1856 (GS. S. 237) § 79 d. St.-O. f. d. Rheinprovinz vom 15. Mai 1856 (GS. S. 406) §§ 17, 18 des Gem.-Verf.-Ges. für die Stadt Frankfurt a/M. vom 25. März 1867 (GS. S. 401); im wesentlichen auch §§ 9, 10 des Ges. betr. die Verf. und Verw. der Städte und Flecken der Provinz Schleswig-Holstein vom 14. April 1869 (GS. S. 589) § 85 der St.-O. f. d. Provinz Hessen-Nassau vom 4. August 1897 (GS. S. 254).

zu seiner Fortführung als verpflichtet ansehen können. Es wird dann entsprechend dem oben unter a, γ. Gesagten ausschließlich als Aufgabe der Synagogengemeinden erachtet werden müssen, sich durch entsprechende vertragliche Verpflichtung des Rabbiners dagegen zu sichern, daß sie des gesetzlichen Anspruchs auf Vertretung in der Schulverwaltung durch die Weigerung des Rabbiners, das Amt zu übernehmen bezw. fortzuführen, verlustig geht.

16. Wie bereits oben ausgeführt wurde, ist die Bestätigung nicht widerruflich. Ist der Rabbiner bestätigt, so kann er von der Zugehörigkeit zur Schuldeputation, ebenso wie die Geistlichen der beiden christlichen Kirchen, die Deputierten der Stadtverordnetenversammlung und die in die Deputation gewählten des Erziehungs- und Volksschulwesens kundigen Männer nur ausgeschlossen werden, wenn er die Pflichten verletzt, die ihm als Mitglied der Schuldeputation obliegen oder sich durch sein Verhalten inner- oder außerhalb seiner Tätigkeit als Mitglied der Schuldeputation der Achtung, des Ansehens oder des Vertrauens, welche die Zugehörigkeit zu einer Schuldeputation erfordert, unwürdig macht oder gemacht hat[1]). Der Ausschluß erfolgt durch Verfügung der Schulaufsichtsbehörde. Gegen diese Verfügung steht dem Rabbiner binnen zweier Wochen die Klage im Verwaltungsstreitverfahren beim Bezirksausschusse zu.

Vor dem Ausschluß des Rabbiners wird sich die Schulaufsichtsbehörde in der Regel mit dem Vorstand der Synagogengemeinde ins Einvernehmen setzen[2]).

Zu den Pflichten, die einem Mitgliede der Schuldeputation als solchem obliegen, gehört insbesondere auch die Amtsverschwiegenheit[3]).

17. Wenngleich die Berufung des Rabbiners in die Schuldeputation zunächst dazu dienen soll, der jüdischen Bevölkerung der betreffenden Stadt eine Vertretung ihrer religiösen Sonderinteressen zu gewährleisten, so beschränkt sich doch die Tätigkeit des Rabbiners im Kollegium, sowenig wie die der christlichen Geistlichen, auf die Vertretung dieser Interessen. Vielmehr hat er, wie jedes andere Mitglied, die Gesamtheit der in Frage kommenden Interessen wahrzunehmen. Der Kreis seiner Pflichten und Rechte ist dem jedes anderen Gliedes des Kollegiums gleich[4]). Er ist demzufolge zu allen Sitzungen, auch wenn er nicht am Orte wohnt, einzuladen und hat bei allen zur Beratung stehenden Gegenständen mitzuraten und mitzustimmen.

---

[1]) Diese Bestimmung ist dem § 2 des Ges. betr. die Dienstvergehen der nicht richterlichen Beamten vom 21. Juli 1852 (GS. S. 465) nachgebildet.

[2]) Vgl. Sten. Ber. Abg.-H. S. 5860.

[3]) Vgl. Schiffer a. a. S. 79.

[4]) Vgl. Antoni a. a. O. S. 87, N. 3.

## II.

## Der Schulvorstand der Landgemeinden und Gutsbezirke.

Hinsichtlich der Mitgliedschaft des Rabbiners in den Schulvorständen der Landgemeinden und Gutsbezirke gelten im wesentlichen dieselben Grundsätze wie für die Mitgliedschaft des Rabbiners in den städtischen Schuldeputationen. — Nur in folgenden Punkten findet eine Abweichung statt:

1. Umfaßt der betreffende Schulverband nur Schulen einer bestimmten Konfession (nur Schulen, die ausschließlich mit evangelischen, oder nur Schulen, die ausschließlich mit katholischen Lehrkräften besetzt sind), so gehört ebensowenig wie der Pfarrer der anderen Konfession der Rabbiner dem Schulvorstande an (§ 47,3).

2. Die Schulaufsichtsbehörde ist befugt, das Recht der Bestätigung des Rabbiners auf die ihr nachgeordneten Organe zu übertragen, also z. B. auf die Kreis- und Lokal-Schulinspektoren (§ 47,4).

3. Die Klage gegen die Ausschlußverfügung der Schulaufsichtsbehörde (vergl. o. unter Nr. 16) ist bei dem Kreisausschusse anzubringen.

4. Nach dreijähriger Amtsführung ist der Rabbiner nicht ohne weiteres, wie bei den städtischen Schuldeputationen, berechtigt, sein Amt niederzulegen, vielmehr ist erforderlich, daß einer der Entschuldigungsgründe vorhanden ist, welchen § 65 Abs. 2 der Landgem.-Ordnung vom 3. Juli 1891, GS. S. 233 anführt[1]).

§ 65 Abs. 2 L.-O. lautet: Zur Ablehnung oder früheren Niederlegung solcher Ämter berechtigen folgende Entschuldigungsgründe:

1. anhaltende Krankheit;
2. Geschäfte, welche eine häufige oder lange dauernde Abwesenheit vom Orte mit sich bringen;
3. das Alter von 60 Jahren;
4. die Verwaltung eines unmittelbaren Staatsamtes;
5. sonstige besondere Verhältnisse, welche nach dem Ermessen der Gemeindevertretung oder, wo eine solche nicht besteht, des Gemeindevorstehers, eine gültige Entschuldigung begründen.

## III.

## Der Schulvorstand der Gesamtschulverbände.

Hinsichtlich der Mitgliedschaft des Rabbiners in den Schulvorständen der Gesamtschulverbände gelten dieselben Grundsätze wie für die Mitgliedschaft des Rabbiners in den Schulvorständen der Landgemeinden und Gutsbezirke.

---

[1]) Das gilt nur für den Fall, daß der Rabbiner als gewähltes Mitglied im Sinne des § 47 Abs. 7 betrachtet wird, das Nähere darüber s. o. S. 332 Z. 15 a, γ.

Jedoch mit einer Maßgabe, die sich aus den weiteren Kompetenzen des Schulvorstandes der Gesamtschulverbände gegenüber dem der Landgemeinden ergibt. An Verhandlungen und Beschlüssen, an denen der Rabbiner persönlich interessiert ist (z. B. wenn es sich um die Tätigkeit des Rabbiners als Religionslehrer innerhalb des betreffenden Gesamtschulverbandes handelt), darf er nicht teilnehmen. Bei Beschlüssen über Angelegenheiten betreffend die Feststellung des Schulhaushalts, die Bewilligung der für die Schulen erforderlichen Mittel und die Rechnungsentlastung hat der Rabbiner, ebenso wie die Geistlichen der christlichen Kirche und der dem Schulvorstande angehörige Lehrer, kein Stimmrecht. (§ 53 Abs. 2).

## IV.
## Die Mitgliedschaft des Rabbiners in den Schulkommissionen.

### 1. Die städtischen Schulkommissionen des § 44, IV (s. o. S. 316 Z. 1).

Für diejenigen Schulkommissionen, welche in großen Städten als Organe der Schuldeputationen zur Erledigung einzelner Geschäfte für sämtliche der betreffenden Deputation unterstellte Schulen bestehen bezw. gebildet werden, (vgl. o. S. 316 Z. 1) ist die obligatorische Mitgliedschaft des Rabbiners ebenso wie die der Geistlichen der beiden christlichen Kirchen im Gesetz nicht vorgesehen.

### 2. Die städtischen Schulkommissionen des § 45 (s. o. S. 316, Z. 2).

Für diejenigen Schulkommissionen, welche als Organe der Schuldeputation oder für eine oder mehrere Volksschulen eingerichtet werden können und die besonderen Interessen dieser Schulen wahrzunehmen, sowie in Ausübung der Schulpflege die Verbindung zwischen Schule und Eltern zu fördern haben, ist zwar die Mitgliedschaft des Geistlichen der evangelischen oder katholischen Kirche, nicht aber die des Rabbiners vorgesehen.

### 3. Die Schulkommissionen der Landgemeinden (Gutsbezirke) und Gesamtschulverbände (s. o. S. 316, Z. 3 u. 4).

Für die Schulkommissionen, welche in den Landgemeinden (Gutsbezirken) und Gesamtschulverbänden als Organe der Schulverbände für einzelne Schulen oder für mehrere Schulen derselben Art einzurichten sind, wenn in den betreffenden Schulverbänden nebeneinander Volksschulen verschiedenen konfessionellen Charakters bestehen (§ 48 und § 55), ist die obligatorische Mitgliedschaft des Rabbiners ebensowenig, wie die des Geistlichen der anderen christlichen Kirche vorgesehen.

C.

**Die Wahl von Juden zu Mitgliedern der Schulverwaltung,** (der Schuldeputationen, -Vorstände und -Kommissionen).

Die Stellungnahme der Unterrichtsverwaltung zur Frage der Wählbarkeit der Juden in die Schulvorstände hat mehrfach gewechselt.

Bis zum Jahre 1871 ist die Wahl von Juden in die Vorstände nichtjüdischer Schulen als unzulässig bezeichnet worden.

In diesem Sinne spricht sich der Ministerialerlaß vom 31. Juli 1860 (Z.-Bl. S. 555 f.) wie folgt aus:

Auf den Bericht vom 27. März d. J. betreffend die Verwaltung des Schulzenamts in N. eröffnen wir der Königlichen Regierung, daß es im Hinblick auf Artikel 14. der Verfassungs-Urkunde allerdings angemessen erscheint, wenn jüdische Schulzen von der Theilnahme an dem Schulvorstande ausgeschlossen bleiben.

Wir sind aber, nachdem durch den im Einverständnisse mit dem Königlichen Staats-Ministerium ergangenen Erlaß des mitunterzeichneten Ministers des Innern vom 3. Februar d. J. die rechtliche Befähigung jüdischer Gemeinde-Eingesessenen zur Verwaltung des Schulzenamts anerkannt worden, mit der Königlichen Regierung auch darin einverstanden, daß die Unfähigkeit, als Mitglied des Schulvorstandes zu fungiren, nicht auch den Ausschluß von der Schulzenamts-Verwaltung im Gefolge haben darf. Vielmehr genehmigen wir, daß dem Schulzen N. während seiner Amtsdauer in der Eigenschaft als Mitglied des Ner Schulvorstandes einer der beiden Schöppen substituirt werde.

Wenn übrigens, wie der Landrath v. N. am Schlusse seines hier beifolgenden Berichts vom 4. April d. J. beiläufig bemerkt, der rc. N. in der That an jedem Sonnabend die Erfüllung seiner Amtspflichten verweigern und bei dieser Renitenz verharren sollte, nachdem er auf die Folgen derselben aufmerksam gemacht, so wird ihm die persönliche Verwaltung des Schulzenamts für die Folge allerdings nicht belassen werden können.

Der Königlichen Regierung überlassen wir, hiernach das weiter Erforderliche an den Landrath N. zu verfügen.

Berlin, den 31. Juli 1860.

| Der Minister der geistl. rc. Angelegenheiten. | Der Minister des Innern |
|---|---|
| v. Bethmann-Hollweg, | Graf v. Schwerin. |

An die Königliche Regierung zu N.
16, 937. U. M. d. g. A. I B, 2, 684. M. d. J.

Diesen Standpunkt hat die Unterrichtsverwaltung in dem Ministerialreskript vom 26. Januar 1871 (M.-Bl. S. 103) aufgegeben und den Grundsatz ausgesprochen, daß mit Rücksicht auf das Reichsgesetz vom 3. Juli 1869 die Wahl eines Juden zum Mitgliede einer städtischen Schuldeputation als zulässig erachtet werden muß.

Das Ministerialreskript lautet:

Auf die Berichte vom 18. Oktober und 15. Dezember v. J. eröffne ich der Kgl. Regierung, daß mit Rücksicht auf das Gesetz vom 3. Juli 1869 (Bundesgesetzblatt S. 292), nach welchem die Befähigung zur Theilnahme an der Gemeinde- und Landes-

Vertretung und zur Bekleidung öffentlicher Ämter vom religiösen Bekenntniß unabhängig ist, der Wahl eines Juden zum Mitgliede einer städtischen Schul-Deputation um seines religiösen Bekenntnisses willen die Bestätigung nicht versagt werden kann.

Berlin, den 26. Januar 1871.

Der Minister der geistlichen ꝛc. Angelegenheiten.

v. Mühler.

Unter dem 21. November desselben Jahres ist ein neues Reskript ergangen, welches den Erlaß vom 26. Januar dahin deklarierte, daß die Wählbarkeit von Juden sich nur auf die städtischen Schuldeputationen erstrecke, nicht aber auf die Vorstände christlicher Schulen.

Das Reskript lautet (M.-Bl. f. 1872 S. 53):

In dem Bericht vom 6. Mai d. J. geht die Kgl. Regierung mit Recht davon aus, daß die Verfügung vom 26. Januar d. Js. (Z.-Bl. S. 76), wonach in Folge des Gesetzes vom 3. Juli 1869 (Bundesgesetzblatt S. 292) der Wahl eines Juden zum Mitgliede einer städtischen Schuldeputation um seines religiösen Bekenntnisses willen die Bestätigung nicht versagt werden kann, auf die Wahl zum Mitgliede des Vorstandes einer christlichen Schule keine Anwendung findet. Denn beide Fälle sind in ihren Voraussetzungen wesentlich von einander verschieden. Eine städtische Schuldeputation hat sämmtliche Schulen der Stadt zu respicieren. Ihr liegt die Sorge auch dafür ob, daß das Schulbedürfniß für die Kinder der der Stadt angehörigen Juden befriedigt werde. Um dieser umfassenderen Aufgabe der Schuldeputation willen hat die Zulassung von Juden zu ihren Geschäften selbst dann, wenn in der betreffenden Stadt eigene jüdische Schulen nicht bestehen, kein prinzipielles Bedenken. Anders dagegen verhält es sich mit dem Vorstande einer einzelnen Schule. Dieser hat mit der Befriedigung des Schulbedürfnisses für eine bestimmte Klasse von Staats-Angehörigen garnichts zu thun. Seine Aufgabe erschöpft sich in der Sorge für die ihm anvertraute bestimmte Schule. Ist diese eine christliche, so hat ein Jude auch in ihrem Vorstande keine Stelle.

Berlin, den 21. November 1871.

Der Minister der geistlichen ꝛc. Angelegenheiten.

v. Mühler.

Unter dem 10. März 1876 endlich ist auch der letzte Vorbehalt fallen gelassen und der Grundsatz ausgesprochen worden, daß auf Grund des Schulaufsichtsgesetzes vom 11. März 1872 in Verbindung mit dem Bundesgesetz vom 3. Juli 1869 der Ausschluß der jüdischen Mitglieder der Schulgemeinde von der Mitgliedschaft in den Vorstand einer christlichen Schule nicht als zulässig erachtet werden könne. — Das Reskript lautet (Z-Bl. S. 264):

Berlin, den 10. März 1876.

Ich kann es nicht für gerechtfertigt erachten, den Gutsbesitzer N. in N., welcher bereits seit einigen Jahren als Mitglied des Schulvorstandes der dortigen Schule fungirt, und sich nach dem Anerkenntnisse des Lokal-Schulinspektors Pfarrer N. im Interesse der Schule stets eifrig gezeigt hat, seines jüdischen Glaubens wegen aus dem Schulvorstande zu entfernen. Ob der Erlaß meines Amtsvorgängers vom 21. November 1871 (U. 11764), welcher den Grundsatz ausspricht, daß ein Jude zwar Mitglied der städtischen Schuldeputation, nicht aber Mitglied des Vorstandes einer christlichen Schule sein könne, nach Lage der damaligen Gesetzgebung, insbesondere auch für den Geltungsbereich der Schulordnung vom 11. Dezember 1845 ausreichend begründet ist, mag dahingestellt bleiben. Aus den Bestimmungen des inzwischen ergangenen Gesetzes über die Schulaufsicht vom 11. März 1872 in Verbindung mit dem Bundesgesetz vom 3. Juli 1869 folgt, daß die jüdischen Mitglieder der Schulgemeinde allein ihres Glaubensbekenntnisses wegen von der Mitgliedschaft im Schulvorstand nicht mehr ausgeschlossen werden können.

U. III 2577.

Das Volksschulunterhaltungsgesetz enthält bezüglich des Glaubensbekenntnisses der Schulvorstandsmitglieder (Mitglieder der Schuldeputationen, -vorstände und -kommissionen) abgesehen von den geistlichen Vertretern der verschiedenen Glaubensgemeinschaften im allgemeinen keine Bestimmungen.

Nur für die Schulkommissionen, welche für eine oder mehrere Volksschulen zur Wahrnehmung ihrer besonderen Interessen eingerichtet werden (s. o. S. 336, Z. 2) bestimmt § 45 Abs. 2:

„Für Schulen, die ausschließlich mit Lehrern einer Konfession besetzt sind, sind nur Einwohner derselben Konfession wählbar".

Diese Bestimmung kann als gültig nicht erachtet werden, da sie wie in dem Ministerialerlaß vom 10. März 1876 (s. o. S. 337 f) ausgeführt ist, dem Reichsgesetz vom 3. Juli 1869 in Verbindung mit dem Schulaufsichtsgesetz vom 11. März 1872 widerspricht.

Demnach ergibt sich, daß Juden in sämtliche Schulvorstände: in die städtischen Schuldeputationen, in die Schulvorstände der Landgemeinden und Gutsbezirke, sowie in sämtliche Schulkommissionen wählbar sind und lediglich wegen ihres Glaubensbekenntnisses von der Mitgliedschaft in einer der genannten Verwaltungskörperschaften nicht ausgeschlossen werden dürfen.

# Dritter Teil.

## Jüdisch-christliche Schulen.

# Jüdisch-christliche Schulen.[1])

Bezüglich der jüdisch-christlichen Schulen enthält die Begründung des Regierungsentwurfs zum Volksschulunterhaltungsgesetze (S. 67 f.) Folgendes:

„Vielfach bestehen auch Schulen, die nach Maßgabe ihrer besonderen Verfassung mit jüdischen und christlichen Lehrkräften zu besetzen sind. Sie sind entstanden aus der Verschmelzung jüdischer und christlicher Schulsozietäten. Es waren davon 1903 im Regierungsbezirke Marienwerder 9, Posen 5, Bromberg 6, Oppeln 5, Arnsberg 1 vorhanden."

Für die Behandlung dieser Schulen sah der Regierungsentwurf in § 24 Abs. 3 die folgende Regelung vor:

„An einer Volksschule, an welcher nach ihrer besonderen Verfassung bisher gleichzeitig jüdische und christliche Lehrkräfte angestellt werden konnten, hat es dabei auch in Zukunft sein Bewenden, sofern nicht die Schulverbände eine Einrichtung nach Maßgabe des Abs. 2 bezw. der §§ 19, 20 und 22 (d. h. die Einrichtung einer jüdischen bezw. christlich-konfessionellen oder christlich-paritätischen Schule) beschließen."

Die Begründung zum Regierungsentwurf (S. 68) erklärte diese Bestimmung dahin:

„Den Schulverbänden ist überlassen, diese Schulen beizuhalten oder sie in besondere öffentliche jüdische und christliche (mit evangelischen oder katholischen oder mit evangelischen und katholischen Lehrkräften nach der bisherigen Einrichtung zu besetzende) zu teilen."

Bei der Beratung des Gesetzes beschloß die Kommission des Abgeordnetenhauses, es auch hinsichtlich der jüdisch-christlichen Schulen bei dem bisherigen Rechtszustande bewenden zu lassen und die Bestimmung des Regierungsentwurfes wie folgt abzuändern:

„Für die Errichtung und Unterhaltung von öffentlichen Volksschulen, an welchen nach ihrer besonderen Verfassung, abgesehen von dem Falle

---

[1]) Anläßlich der Beratung des Gesetzes in der Kommission des Herrenhauses wurde seitens des Vertreters des Unterrichtsministers hervorgehoben, daß hinsichtlich eines Teiles der Berliner städtischen Volksschulen zwischen der Stadt und der Unterrichtsverwaltung eine Differenz bestehe. Die Stadt Berlin vertrete den Standpunkt, daß die fraglichen Schulen christlich-jüdische Simultanschulen seien, während die Unterrichtsverwaltung entschieden habe, daß es sich um Konfessionsschulen handle. (Kommissionsbericht des H.-H. S. 79).

des Abs. 2 (d. i. der Fall der Anstellung jüdischer Lehrkräfte an christlichen Volksschulen zum Zwecke der Erteilung jüdischen Religionsunterrichts), christliche und jüdische Lehrer zugleich anzustellen sind, bewendet es bei dem bestehenden Rechte".

Diese Bestimmung ist dann als Absatz 3 des § 40 in das Volksschulunterhaltungsgesetz übergegangen.

Die erste Ausführungsanweisung des Ministers der geistlichen usw. Angelegenheiten vom 25. Februar 1907 besagt hinsichtlich der jüdisch-christlichen Volksschulen:

„Für die jüdischen, sowie für die jüdisch-christlichen Volksschulen bleiben die bisherigen Vorschriften maßgebend. Diese Schulen bleiben von der in § 1 statuierten Einführung des Gemeindeprinzips unberührt. Die zu ihrer Erhaltung Verpflichteten gelten aber als Schulverbände im Sinne des Gesetzes (§ 40). Auf sie finden daher insbesondere auch die §§ 14 ff., 17, 18 ff. Anwendung.[1]) Bei der Aufstellung des Verteilungsplanes durch die Kreisausschüsse (§ 23) sind sie zu berücksichtigen."

Was das bestehende Recht betrifft, welches durch § 40 des VUG. hinsichtlich der jüdisch-christlichen Schulen aufrecht erhalten ist, so ist Folgendes zu bemerken:

Hinsichtlich der jüdisch-christlichen Volksschulen bestehen bisher weder gesetzliche noch allgemeine ministerielle Bestimmungen. Für ihre Unterhaltung[2]) sowie für die Anstellung der Lehrer an ihnen gelten die besonderen Verfassungen der einzelnen Schulen. Dieselben sind insbesondere auch maßgebend für die Religionszugehörigkeit der anzustellenden Lehrer.

Da hinsichtlich der Errichtung jüdisch-christlicher Schulen durch § 40 a. a. O. das geltende Recht aufrechterhalten ist, so ist auch nach dem Inkrafttreten des VUG. ebenso wie bis zum Erlaß desselben die Neuerrichtung jüdisch-christlicher Schulen in der Weise zulässig, daß in der besonderen Verfassung der Schule die gleichzeitige Anstellung christlicher und jüdischer Lehrer festgelegt wird.

---

[1]) Vgl. o. S. 52, 63, 48 f., 50 f.

[2]) Die Staatsbeihilfen (vgl. o. S. 41 ff.) erhalten auch die jüdisch-christlichen Volksschulen.

# Vierter Teil.

## Anhang.

## Die auf die jüdischen Unterrichtsverhältnisse bezüglichen Gesetzesbestimmungen.

# Die auf die jüdischen Unterrichtsverhältnisse bezüglichen Gesetzesbestimmungen.

## 1. Die älteren Provinzen.

(Ost- und Westpreußen, Brandenburg, Pommern, Posen, Schlesien, Sachsen, Westfalen und Rheinprovinz.)

### Gesetz vom 23. Juli 1847 (GS. S. 263).

Unterrichtswesen.

§ 60: In Bezug auf den öffentlichen Unterricht gehören die schulpflichtigen Kinder der Juden den ordentlichen Elementarschulen ihres Wohnorts an.

§ 61: Die Juden sind schuldig, ihre Kinder zur regelmäßigen Theilnahme an dem Unterrichte in der Ortsschule während des gesetzlich vorgeschriebenen Alters anzuhalten, sofern sie nicht vor der Schulbehörde sich ausweisen, daß ihre Kinder anderweitig durch häusliche Unterweisung oder durch ordentlichen Besuch einer anderen vorschriftsmäßig eingerichteten öffentlichen oder Privat-Lehr-Anstalt einen regelmäßigen und genügenden Unterricht in den Elementarkenntnissen erhalten.

§ 62: Zur Theilnahme an dem christlichen Religions-Unterrichte sind die jüdischen Kinder nicht verpflichtet; eine jede Synagogen-Gemeinde ist aber verbunden, solche Einrichtungen zu treffen, daß es keinem jüdischen Kinde während des schulpflichtigen Alters an dem erforderlichen Religions-Unterrichte fehlt.

Als besondere Religionslehrer können nur solche Personen zugelassen werden, welche zur Ausübung eines Elementarschul-Amtes vom Staate die Erlaubniß erhalten haben.

§ 63: Zur Unterhaltung der Ortsschulen haben die Juden in gleicher Weise und in gleichem Verhältnisse wie die christlichen Gemeindeglieder den Gesetzen und bestehenden Verfassungen gemäß beizutragen.

§ 64: Eine Absonderung von den ordentlichen Ortsschulen können die Juden der Regel nach nicht verlangen; doch ist ihnen gestattet, in eigenem Interesse auf Grund diesfälliger Vereinbarungen unter sich mit Genehmigung der Schul-Behörden Privat-Lehranstalten nach den darüber bestehenden allgemeinen Bestimmungen einzurichten. Ist in einem Orte oder Schulbezirke eine an Zahl und Vermögensmitteln hinreichende christliche und jüdische Bevölkerung vorhanden, um auch für die jüdischen Einwohner ohne deren Überbürdung eine besondere öffentliche Schule anlegen zu können, so kann, wenn sonst im allgemeinen Schulinteresse Gründe dazu vorhanden sind, die Absonderung der Juden zu einem eigenen Schulverbande auf den Antrag des Vorstandes der Synagogengemeinde angeordnet werden.

§ 65: Die Regierung hat in solchem Falle über die beabsichtigte Schultrennung und den dazu entworfenen Einrichtungsplan die Kommunalbehörde des Orts und die übrigen Interessenten mit ihren Erklärungen und Anträgen zu vernehmen.

§ 66: Ergiebt sich hierbei ein allseitiges Einverständniß über die Zweckmäßigkeit der Schulabtrennung und über die Bedingungen der Ausführung, so ist die Regierung befugt, die entsprechenden Festsetzungen und Einrichtungen unmittelbar zu treffen.

Im Falle obwaltender Differenzen bleibt die Entscheidung dem Minister der geistlichen ꝛc. Angelegenheiten vorbehalten.

§ 67: Eine nach §§. 64—66. errichtete jüdische Schule, hat die Eigenschaften und Rechte einer öffentlichen Schule. Insbesondere gelten dabei folgende nähere Bestimmungen:

1) Die Unterrichtssprache in einer solchen Schule muß die deutsche sein.
2) Die Errichtung und Unterhaltung dieser Schule liegt in Ermangelung einer anderweitigen Vereinbarung den jüdischen Einwohnern des Schulbezirks allein ob. Die Aufbringung der erforderlichen Kosten wird nach Maaßgabe der Bestimmung des §. 58. bewirkt.
3) Wo die Unterhaltung der Ortsschulen eine Last der bürgerlichen Gemeinde ist, haben die Juden im Fall der Errichtung einer eigenen öffentlichen Schule eine Beihülfe aus Kommunalmitteln zu fordern, deren Höhe, unter Berücksichtigung des Betrages der Kommunalabgaben der jüdischen Einwohner, der aus den Kommunalkassen für das Ortsschulwesen sonst gemachten Verwendungen und der Erleichterung, welche dem Kommunalschulwesen aus der Vereinigung der jüdischen Kinder in eine besondere jüdische Schule erwächst, zu bemessen, und in Ermangelung einer gütlichen Vereinbarung von den Ministern der geistlichen ꝛc. Angelegenheiten und des Innern festzusetzen ist.
4) Die Juden werden, wenn sie eine öffentliche jüdische Schule unterhalten, sowohl von der Entrichtung des Schulgeldes, als auch von allen unmittelbaren, persönlichen Leistungen zur Unterhaltung der ordentlichen Ortsschulen frei.
5) Der Besuch der öffentlichen jüdischen Schulen bleibt auf die jüdischen Kinder beschränkt.

## Bestimmungen für das Großherzogtum Posen.

§ 69: Desgleichen finden die Vorschriften der §§. 51—67. über das Kultuswesen, über die Armen- und Krankenpflege so wie über die Schulangelegenheiten auch hier Anwendung. Diejenigen jüdischen Schulen, welche nach §. 10. der Verordnung vom 1. Juni 1833. als öffentliche jüdische Schulen errichtet worden sind, bleiben als solche bestehen, so lange nicht eine anderweitige Einrichtung von den Regierungen für nothwendig erachtet wird.

## Die auf das Schulwesen bezüglichen Bestimmungen der Verordnung vom 1. Juni 1833 (GS. S. 66) für das Großherzogtum Posen lauteten:

(Sorge der Korporationen für den Schul- und Religionsunterricht der jüdischen Kinder.)

§ 9 : Die jüdischen Korporationen, und insbesondere ihre Verwaltungsbehörden, sind verpflichtet, dafür zu sorgen, daß es keinem schulfähigen Kinde — vom 7. bis zum zurückgelegten 14. Lebensjahre — an dem gehörigen Schulunterrichte fehle. Sie sind dafür verantwortlich, daß alle Kinder, mithin sowohl Knaben als Mädchen, in diesem Alter die öffentlichen Schulen vorschriftsmäßig besuchen, und zugleich verbunden, ganz bedürftigen Kindern die nöthigen Kleidungsstücke, das Schulgeld und die sonstigen Schulbedürfnisse aus den etwa dafür bestehenden besonderen Fonds, in deren Ermangelung aber aus dem Korporationsvermögen zu gewähren.

§ 10: Unter öffentlichen Schulen werden sowohl die christlichen, als die mit Genehmigung des Staats nach einem bestimmten Lehrplane eingerichteten und mit vollständig qualificirten und durch die Regierung bestätigten jüdischen Lehrern besetzten jüdischen Schulen verstanden. Jedoch kann der Privatunterricht der Kinder, mit ausdrücklicher Genehmigung der Regierung, den Eltern ausnahmsweise gestattet werden.

§ 11: Für den besonderen Religionsunterricht der jüdischen Kinder zu sorgen, bleibt jeder Gemeinde vorbehalten. Jedoch sollen auch als Religionslehrer nur solche Personen zugelassen werden, welche zur Ausübung eines Lehramts vom Staate die Erlaubniß erhalten haben.

§ 12: Die Lehrsprache beim öffentlichen Unterricht in den jüdischen Schulen ist die deutsche.

§ 13: Nach vollendeter Schulbildung der jüdischen Knaben haben die Verwaltungsbehörden der Korporationen dafür zu sorgen und sind dafür verantwortlich, daß jeder Knabe irgend ein nützliches Gewerbe erlerne, oder sich auf wissenschaftlichen Lehranstalten einem höhern Berufe widme, und daß keiner derselben zu einem Handel oder Gewerbsbetrieb im Umherziehen gebraucht werde. Dieser Verbindlichkeit sollen sie durch die mit den Vätern oder Vormündern zu treffenden Verabredungen zu genügen suchen, wenn aber durch diese der Zweck nicht zu erreichen ist, so haben sie sich an den Kreis-Landrath zu wenden, welcher die Väter oder Vormünder (letztere unter Vernehmung mit der obervormundschaftlichen Behörde) anhalten soll, die Knaben einer Wissenschaft oder Kunst, oder dem Landbau oder einer nützlichen Handarbeit, oder der Fabrikation, oder einem bestimmten Handwerke, oder dem Handel von festen Verkaufsplätzen aus zu bestimmen (§ 18).

## 2. Herzogtum Holstein.

## Gesetz vom 14. Juli 1863.

(Ges.- und Min.-Bl. f. d. Herzogtümer Holstein und Lauenburg, S. 167 ff.)

### § 17. Religionsprüfung.

Für den Unterricht in der jüdischen Religion wird ein bestimmtes Lehrbuch in deutscher Sprache autorisirt werden und sollen sich künftig alle jüdischen Knaben und Mädchen einer öffentlichen Prüfung unterwerfen und ein Glaubensbekenntniß ablegen.

Diese Prüfung ist in der Synagoge von dem Geistlichen vorzunehmen. Um zu der Prüfung zugelassen zu werden, müssen die Knaben das 15te, die Mädchen das 14te Lebensjahr zurückgelegt haben, es sei denn, daß zuvor die regierungsseitige Erlaubniß, sich der Prüfung in früherem Alter zu unterziehen, beigebracht wird.

Diejenigen Juden, welche zur Zeit der Publikation dieses Gesetzes das 15te resp. 14te Lebensjahr bereits vollendet haben oder künftig in das Herzogthum Holstein kommen, nachdem sie dieses Alter erreicht haben, sind von der Verpflichtung, sich der Prüfung zu unterziehen, befreiet. Im Uebrigen soll künftig kein Jude zur Eingehung einer Ehe oder zur Ableistung eines Eides zugelassen, als Student immatrikulirt, als Geselle von einer Zunft ausgeschrieben werden, das Bürgerrecht gewinnen, irgend einen Nahrungserwerb selbständig betreiben oder über sein Vermögen verfügen dürfen, bevor er sich der Prüfung unterworfen hat.

Die Geistlichen haben alle, welche sich der Prüfung vor ihnen unterzogen haben, in einem Protokolle zu verzeichnen.

### § 18. Einrichtung jüdischer Schulen.

Die an einem Orte wohnhaften Juden sind befugt, besondere Schulen für ihre Kinder einzurichten, insofern sie die Gehalte der Lehrer und die übrigen Bedürfnisse der Schule aufzubringen vermögen. Wenn sie auf diese Weise eine eigene jüdische Schulcommüne bilden, sind sie von Personal-Schullasten für das christliche Volksschulwesen befreiet.

Zur Aufsicht über die Schulen sollen besondere Aufsichtsbehörden bestellt werden, deren nähere Anordnung der Regierung vorbehalten bleibt.

Die Wahl der Lehrer, insofern diese nicht zugleich das Amt eines Geistlichen bekleiden, wird den Gemeinden überlassen, jedoch bedürfen dieselben der Bestätigung der Aufsichtsbehörde.

Die jüdischen Schulen sind von der Regierung mit besonderen Regulativen zu versehen, in welchen über die Bedingungen der Anstellung der Lehrer, Lehrplan, Schulinspection u.s.w. das Nähere festgestellt werden wird.

§ 19. Schulpflichtigkeit.

An denjenigen Orten, wo besondere jüdische Schulen vorhanden, sind die Eltern und Pflegeeltern jüdischer Religion verpflichtet, ihre Kinder oder Pflegekinder vom vollendeten 6ten Jahre an, bis dieselben die im § 17 vorgeschriebene Religionsprüfung bestanden haben, an dem Unterricht in diesen Schulen Theil nehmen zu lassen, insofern sie nicht nachweisen, daß die Kinder anderweitig einen von der Aufsichtsbehörde für zulänglich erachteten Unterricht durch Privatlehrer oder in einer christlichen Schule genießen.

Wenn Eltern oder Pflegeeltern sich in Erfüllung dieser Verpflichtungen säumig zeigen, so haben die Vorsteher, falls Ermahnungen nicht fruchten, solches der Aufsichtsbehörde anzuzeigen, welche die Säumigen nöthigenfalls durch Zwangsmittel zur Erfüllung ihrer Verbindlichkeit anhält oder anhalten läßt.

An solchen Orten, wo keine besondere Schule für Juden besteht, sind dieselben nach Maaßgabe der allgemeinen gesetzlichen Bestimmungen gehalten, ihre Kinder während der schulpflichtigen Jahre die öffentlichen Ortsschulen besuchen zu lassen. An dem christlichen Religionsunterricht nehmen die jüdischen Kinder nur dann Theil, wenn ihre Eltern oder Pflegeeltern solches wünschen; ist dies nicht der Fall, so haben letztere anderweitig für den Unterricht in der jüdischen Religion zu sorgen und nachzuweisen, daß dies in einer nach dem Erachten des jüdischen Geistlichen ihrer Gemeinde ausreichenden Weise geschieht.

## 3. Herzogtum Schleswig.

## Verordnung vom 8. Februar 1854.

(Chronol. Sammlung der i. J. 1854 ergangenen Verordnungen, S. 124 ff.)

§ 21. Lehrbücher und öffentliche Prüfung.

Für den Unterricht in der Religion wird ein bestimmtes Lehrbuch in dänischer und deutscher Sprache autorisirt werden, und sollen sich künftig alle jüdischen Knaben und Mädchen in derselben Sprache einer öffentlichen Prüfung unterwerfen und ein Glaubensbekenntniß ablegen.

§ 22. Art und Zeit der Prüfung.

Diese Prüfung ist in der Synagoge von dem Geistlichen vorzunehmen. Um zu der Prüfung, welche zweimal im Jahre in der ersten Woche des Mai und November Statt finden kann, zugelassen werden zu können, müssen die Knaben das 15. und die Mädchen das 14. Jahr zurückgelegt haben, es sei denn, daß zuvor die Erlaubniß Unseres Ministerii für das Herzogthum Schleswig, sich der Prüfung in früherem Alter zu unterwerfen, beigebracht worden ist.

§ 23. Folgen der unterlassenen Prüfung.

Diejenigen, welche zur Zeit der Bekanntmachung dieser Verordnung das vierzehnte Jahr schon vollendet haben, oder später mit unserer Allerhöchsten Erlaubniß ins Herzogthum kommen, nachdem sie dieses Alter bereits erreicht haben, sind von der Verpflichtung, sich der Prüfung zu unterwerfen, befreit. Uebrigens soll künftig kein Jude zu einem Eide oder zur Eingehung einer Ehe gelassen, als Student aufgenommen, als Geselle in einer Zunft eingeschrieben werden, das Bürgerrecht in einer Stadt gewinnen, irgend einen Nahrungserwerb betreiben oder über sein Vermögen verfügen dürfen, bevor er sich der Prüfung unterworfen hat. Der Geistliche hat alle, welche sich zur Prüfung stellen, in einem nach dem angefügten Schema einzurichtenden Protokolle zu verzeichnen.

Schema zu einem Protokoll über die vorgenommene Religionsprüfung (§ 23).

Knaben

| No. | Name und Aufenthaltsort | Name u. Nahrung der Eltern oder d. Hausherrn oder der Pflegeeltern | Alter nach Tag u. Datum belegt durch gehör. Atteste | Urtheil über Kenntnisse und Aufführung | Wann und von wem vaccinirt | Bemerkungen |
|---|---|---|---|---|---|---|
| | | | | | | |

Mädchen

| No. | Name und Aufenthaltsort | Name u. Nahrung der Eltern oder d. Hausherrn oder der Pflegeeltern | Alter nach Tag u. Datum belegt durch gehör. Atteste | Urteil über Kenntnisse und Aufführung | Wann und von wem vaccinirt | Bemerkungen |
|---|---|---|---|---|---|---|
| | | | | | | |

§ 27. Einrichtung besonderer Schulen.

Die an einem Orte sich aufhaltenden Juden sind befugt, besondere Schulen für ihre Kinder einzurichten, insofern sie die Gehalte der Lehrer, und die übrigen Bedürfnisse der Schule aufzubringen vermögen.

Zur Aufsicht über die Schulen sollen besondere Aufsichtsbehörden ernannt werden, in welcher Beziehung eine nähere Bestimmung vorbehalten wird. Die Schulgesetze und der Lehrplan bedürfen der Genehmigung Unseres Ministerii für das Herzogthum Schleswig.

Die Wahl der Lehrer, insofern diese nicht zugleich das Amt eines Geistlichen bekleiben, wird den Vorstehern überlassen; jedoch sind dieselben von der Aufsichtsbehörde zu bestätigen.

§ 28. Schulpflichtigkeit.

Die Eltern und Pflegeeltern jüdischer Religion sind verpflichtet, ihre Kinder oder Pflegekinder vom vollendeten 6ten Jahre an bis zum vollendeten 15ten Jahre für die Knaben und 14ten Jahre für die Mädchen an dem öffentlichen Schulunterricht Theil nehmen zu lassen, insofern sie nicht nachweisen, daß dieselben sonst einen von der Aufsichtsbehörde für zulänglich erachteten Unterricht durch Privatlehrer oder an einer christlichen Schule genießen.

§ 29. Besuch der allgemeinen Ortsschule.

An Orten, wo keine besondere Schule für Juden besteht, sind deren Kinder zum Besuch der allgemeinen Ortsschulen und zur Theilnahme an dem gesammten Unterrichte, mit Ausnahme des Religionsunterrichts, falls nicht die Eltern selbst wünschen, daß ihre Kinder an demselben Theil nehmen, verpflichtet. Für den Religionsunterricht ist in solchen Fällen anderweitig zu sorgen von Seiten der Eltern oder Pflegeeltern, welche nachzuweisen haben, daß dies geschieht.

Wenn Eltern und Pflegeeltern sich in Erfüllung der ihnen nach § 28 obliegenden Verpflichtungen säumig erweisen, so haben die Vorsteher, falls Ermahnungen nicht fruchten, solches der Aufsichtsbehörde anzuzeigen, welche die Säumigen, nöthigenfalls durch bei der Obrigkeit zu bewirkende Zwangsmittel, zur Erfüllung ihrer Verbindlichkeit anhält.

## 4. Königreich Hannover.

### a) Gesetz vom 30. September 1842.

(GS. für das Königreich Hannover I. Abt. S. 211).

§ 19: Den Juden steht die Ausübung des Gottesdienstes in der Synagoge frei.

Auch können sie ihre Kinder in besonderen jüdischen Schulen unterrichten lassen (§ 38).

§ 20: Das Synagogen-Schul- und Armenwesen der Juden steht unter Aufsicht der Regierung.

Diese Aufsicht wird, neben den Ortsobrigkeiten, zunächst durch die Landrabbiner unter Leitung der Landdrosteien ausgeübt.

§ 22: Die Anstellung der ..... Schullehrer setzt eine Prüfung durch den Landrabbiner und einen von der Landdrostei zu ernennenden Kommissarius, auch Bestätigung der Landdrostei voraus. .....

Die Entlassung der ..... Schullehrer erfordert Genehmigung der Landdrostei

§ 25: Jüdische ..... Schul- ..... Verbände (§ 35, 40 und 48) können mit Genehmigung der Landdrostei durch Verfügungen unter Lebenden und von Todes wegen Vermögen erwerben. .....

§ 26: Die Aufsicht der Regierung erstreckt sich auf die Verwaltung des Vermögens der jüdischen ..... Schulen ......

§ 27: Die Anlegung neuer ..... Schulen ..... erfordert landdrosteiliche Genehmigung.

§ 28: Die Juden haben die Kosten ihres ..... Schul- ..... wesens, sofern nicht in Rücksicht auf Schul- ..... wesen eine Verbindung mit dem christlichen eintritt (§§ 41 und 49) allein zu tragen.

Der Betrag dieser Kosten und die Art ihrer Aufbringung ist, soweit nöthig, durch die Behörde festzustellen. .....

§ 29: Die Juden sind zu Beiträgen für das christliche ..... Schul- ..... wesen nicht verbunden, vorbehältlich der folgenden Bestimmungen:

§ 30: 1. Sind Lasten dieser Art bisher nicht besonders aufgebracht, sondern aus einer Gemeinde-Kasse bestritten, zu welcher alle Einwohner der Gemeinde beizutragen verpflichtet sind, so tritt in Ansehung der Juden keine Ausnahme ein.

§ 31: 2. Letztere haben von ihrem etwaigen Grundbesitze zu allen denjenigen Lasten beizutragen, welche ganz oder theilweise bisher von den Grundeigenthümern der Gemeinde getragen sind, oder in Zukunft von denselben etwa zu tragen seyn werden.

§ 32: 3. Eigentliche Reallasten, welche in Bezug auf das christliche ..... Schul- ..... wesen Statt finden, bleiben bestehen.

§ 38: Die Zulassung neuer jüdischer Schulen und die Beibehaltung der vorhandenen setzt die Nachweisung bei der Landdrostei voraus, daß für gehörigen Unterricht in allgemeinen Kenntnissen durch einen befähigten und geprüften Lehrer (§ 22), für angemessene Diensteinnahme desselben und für sonstige Bedürfnisse der Schulanstalt genügend gesorgt sei.

§ 39: Eine solche Schule muß von den jüdischen Kindern während der Jahre der Schulpflichtigkeit, welche für die christlichen Schulkinder besteht, besucht werden. Jedoch bleibt den jüdischen Eltern unbenommen, ihre Kinder in den christlichen Schulen unterrichten zu lassen, vorbehältlich der Entrichtung ihres Beitrages zu den Kosten der Unterhaltung der jüdischen Schule.

§ 40: Die Bezirke der jüdischen Schulen sollen in der Art näher festgestellt werden, daß allen zur Schulgemeinde gehörenden Kindern der Besuch der Schule möglich ist.

So fern es thunlich, sollen die Bezirke der Synagogengemeinden zum Grunde gelegt werden.

§ 41: Besteht keine besondere jüdische Schule, so müssen die Kinder der Juden, während der Jahre der Schulpflichtigkeit, welche für die christlichen Schulkinder besteht, an dem Unterrichte in den christlichen Ortsschulen, mit Ausnahme des christlichen Religionsunterrichts, Theil nehmen.

Es finden dabei die nämlichen Zwangsmittel, wie gegen die christlichen Schulkinder und ihre Eltern, Statt.

§ 42: Den jüdischen Kindern darf die Theilnahme an dem Unterrichte in den christlichen Ortsschulen nicht versagt werden.

§ 43: Die jüdischen Schulkinder sind rücksichtlich der Schulzucht den Anordnungen der Lehrer und Behörden, wie die christlichen Kinder unterworfen.

§ 44: Werden in christlichen Schulen durch Aufnahme der jüdischen Kinder etwa besondere Kosten, namentlich durch bauliche Einrichtungen, veranlaßt, so sind sie von den Juden zu tragen.

Streitigkeiten hierüber sind im Wege der Verwaltung zu entscheiden.

§ 45: Das Schulgeld und die sonstigen Beiträge behufs des christlichen Schulwesens sind von den Juden, deren Kinder die christliche Ortsschule besuchen, gleichwie von den Christen, zu entrichten.

Auf Verlangen des christlichen Schullehrers sollen die diesen etwa gebührenden Natural-Leistungen rücksichtlich der Juden in eine entsprechende Geldleistung nach Bestimmung der Obrigkeit verwandelt werden.

§ 46: Jüdische Hauslehrer können nur nach vorgängiger Prüfung durch den Landrabbiner und mit Genehmigung der Obrigkeit angenommen werden.

Das Halten eines Privatlehrers befreiet nicht vom Schulgelde.

Dasselbe muß da, wo eine jüdische Schule besteht, an diese, sonst an die christliche Ortsschule entrichtet werden.

§ 47: Der Landrabbiner hat dahin zu sehen, daß es den jüdischen Kindern nicht an Religionsunterrichte fehle, und daß die Eltern zu solchem Ende einen geprüften jüdischen Lehrer annehmen.

## b) Bekanntmachung vom 19. Januar 1844.

(GS. für das Königreich Hannover, I. Abt. S. 43 ff.)

§ 1: Die Bezirke der jüdischen ..... Schulen ..... so wie solche gemäß den §§ 35, 40 und 48 des Gesetzes über die Rechtsverhältnisse der Juden festgestellt sind oder werden, können, wenn es sich künftig als angemessen darstellt, durch die Landdrosteien nach Vernehmung des betreffenden Landrabbiners und mit Unserer Genehmigung abgeändert werden.

§ 2: Die jetzt zugelassenen Schulen können wieder aufgehoben werden, wenn sich künftig zeigt, daß den Erfordernissen des Gesetzes im § 38 nicht genügt werden kann.

§ 3: Der Dienst eines Schächters soll ..... wo es thunlich ist, auch von dem des Lehrers getrennt werden.

§ 7: Es ist darauf zu halten, daß das Vermögen der ..... Schulen ..... erhalten und die Einkünfte desselben zweckgemäß verwendet, auch etwaige Schulden abgetragen werden.

§ 8: Der Fuß für Aufbringung der Beiträge zu den Kosten des jüdischen ..... Schul- ..... wesens richtet sich nach dem, was darüber feststeht, und sofern nichts besteht, oder das Bestehende nicht für angemessen zu halten ist, nach dem, was darüber von den Betheiligten mit obrigkeitlicher Genehmigung beschlossen, oder, soweit nöthig, von der Obrigkeit bestimmt wird (§ 28 des Gesetzes). .....

§ 9: Erstreckt sich der ..... Schul- ..... verband durch die Bezirke mehrerer Obrigkeiten, so ist von der Landdrostei diejenige Obrigkeit zu bestimmen, welche nach § 20 des Gesetzes neben dem Landrabbiner die Aufsicht über jüdisches ..... Schul- ..... wesen zu führen hat.

Geeignete Mitwirkung der andern Obrigkeit ist jedoch nicht ausgeschlossen.

§ 10: Die obrigkeitlichen Geschäfte, durch jene Aufsichtsführung veranlaßt, erfolgen unentgeltlich.

§ 11: Jede Synagogen-Gemeinde soll einen Vorsteher haben.

In den größeren Synagogen-Gemeinden können, wenn es angemessen ist, auch mehrere bestellt werden.

§ 14: Die Vorsteher haben zugleich die Angelegenheiten der jüdischen Schulen, insbesondere auch das etwaige Vermögen derselben zu verwalten.

§ 15: Fällt der Bezirk der Schule nicht mit dem Bezirke der Synagogen-Gemeinde zusammen, so ist von dem Schulverbande für die Schulangelegenheiten ein besonderer Vorsteher zu bestellen. Es kann jedoch auch der Synagogen-Vorsteher dazu bestellt werden.

§ 16: Die Vorsteher haben insbesondere darauf zu halten, daß die schulpflichtigen jüdischen Kinder die jüdische Schule gehörig besuchen, sofern sie nicht in den christlichen Schulen unterrichtet werden (§ 39 des Gesetzes).

Es finden dabei die nämlichen Zwangsmittel wie gegen christliche Schulkinder und ihre Eltern Statt.

§ 17: Besteht keine jüdische Schule für allgemeinen Unterricht, so ist von den Vorstehern, unter Mitwirkung des christlichen Schullehrers u.s.w., welchem ein Verzeichniß der schulpflichtigen jüdischen Kinder mitzutheilen ist, darauf zu halten, daß sie die christliche Schule besuchen (§ 41 des Gesetzes).

§ 18: Bestehen an dem Orte Schulen verschiedener christlicher Bekenntnisse, so können die Eltern oder die ihre Stelle Vertretenden die Schule wählen, in welcher die Kinder unterrichtet werden sollen.

Ist gewählt worden, so tritt damit das nämliche Verhältniß zu dem Schulverbande ein, welches hinsichtlich der ihm angehörenden Christen begründet ist.

§ 19: Da, wo eine jüdische Religionsschule besteht, sind auch die Angelegenheiten dieser Schule, sofern sie nicht bloß Privatanstalt ist, von den Vorstehern zu versehen.

§ 24: Die Vorsteher vertreten ..... den Schulverband ..... namentlich auch vor Gericht (vgl. jedoch § 44).

§ 34: Außer dem Vorsteher muß für jede Synagogen-Gemeinde ein Rechnungsführer zur Hebung der Einnahme und Leistung der Ausgabe bestellt werden. .....

§ 35: Der Rechnungsführer hat in der Regel die Rechnung der Synagoge, Schule und Armenpflege zu führen.

Es können jedoch, sofern es angemessen erscheint, für Schul- und Armenwesen besondere Rechnungsführer bestellt werden.

§ 40: Werden neben den Angelegenheiten der Synagoge auch die der Schule und der Armenpflege von ihm (sc. dem Vorsteher der Synagogen-Gemeinde unter Mitwirkung des Rechnungsführers) versehen, so sind die Uebersichten (sc. der Aufbringung des Fehlenden) danach soweit nöthig getrennt aufzustellen.

§ 41: Erfolgt in der Versammlung (sc. der Gemeinde) die Genehmigung (sc. des Voranschlages der muthmaaßlichen Ein- und Ausgaben), so sind die Beiträge der Gemeindeglieder nebst den sonstigen Einnahmen an Schulgeld ..... durch den Rechnungsführer, nöthigenfalls unter obrigkeitlicher Hülfe (§ 28 des Gesetzes) zu heben und zu berechnen.

§ 48: So oft zu Wahlen oder sonstigen Zwecken des jüdischen ..... Schul- ..... wesens eine Versammlung der jüdischen Gemeinde Statt finden muß, sind durch die Vorsteher oder, wo diese noch fehlen, durch die Obrigkeit sämmtliche stimmfähige Mitglieder zu laden.

§ 53: Die Landrabbiner haben in ihren Bezirken, unter Leitung der Landdrosteien, die Oberaufsicht über ..... Schul- ..... wesen der Juden, ..... zu führen (§ 20 u. f. des Gesetzes).

§ 54: Sie haben wahrgenommene Mängel in diesen Angelegenheiten abzustellen, auch Beschwerden und Streitigkeiten darüber zu schlichten (§ 23 des Gesetzes).

Sofern es nöthig ist, haben Landdrostei oder Obrigkeit dabei mitzuwirken.

§ 55: Sie haben darauf zu halten, daß die jüdischen ..... Schulen mit geprüften ..... Lehrern besetzt seyn (§ 22 des Gesetzes).

§ 56: Die Anträge der Gemeinden auf Anstellung und Entlassung von ..... Lehrern sind durch den Landrabbiner gutachtlich der Landdrostei zur Bestätigung (§ 22 des Gesetzes) vorzulegen.

§ 57: Lehrer an jüdischen Religionsschulen (§ 19) können nur mit Genehmigung des Landrabbiners angenommen und entlassen werden; vorbehältlich der obrigkeitlichen Genehmigung bei Zulassung von Ausländern (§ 73 und 74 des Gesetzes).

§ 58: Die Landrabbiner haben alle Synagogen-Gemeinden ihres Bezirks mindestens alle fünf Jahre, und so oft es sonst von der Landdrostei bestimmt wird, zu bereisen, um sich vom Zustande des ..... Schul- ..... wesens Kenntniß zu verschaffen.

Sie haben darüber der Landdrostei Bericht zu erstatten.

§ 72: Alle entgegenstehenden früheren Bestimmungen werden hiemit aufgehoben.

## c) Schulordnung für die jüdischen Schulen vom 5. Februar 1854.

(GS. für das Königreich Hannover, Jhrg. 1854, I. Abt. S. 49 ff.)

Inhalt:

6. Beitragsfuß (§ 12).
7. Schulgeld (§§ 13—14).
8. Streitigkeiten über die Kosten (§ 15).

III. Beaufsichtigung und Verwaltung des Schulwesens (§§ 16—27).

9. Behörden (§ 16).
[Ausgegeben zu Hannover am 15. Februar 1854.]
10. Landrabbiner (§ 17).
11. Schulvorstand. Aufsicht und Verwaltung desselben (§§ 18—27).

IV. Einrichtung der Schulen (§§ 28—44).

12. A. Aeußere Einrichtung (§§ 28—31).
a) Schullocal (§ 28).
b) Reiheschule (§ 29).
c) Schulgeräthe und Lehrmittel (§ 30).
d) Heitzung und Beleuchtung (§ 31).

13. B. Innere Einrichtung (§§ 32—44).
a) Stundenzahl (§ 32).
b) Lehrgegenstände (§§ 33, 34).
c) Lehrbücher (§ 35).
d) Schuljahr und Lehrgänge (§ 36).
e) Lehr- und Stundenpläne (§ 37).
f) Schulzucht (§ 38).
g) Schulregister (§ 39).
h) Lehrgehülfen (§ 40).
i) Dispensationen (§ 41).
k) Classenabtheilungen (§ 42).
l) Schulprüfungen (§ 43).
m) Ferien (§ 44).

V. Lehrer. Rechte und Verhältnisse derselben (§§ 45—61).

14. Einkommen (§ 45).
15. Reihetisch (§ 46).
16. Wohnung (§ 47).
17. Zahlungsfristen (§ 48).
18. Feststellung des Einkommens (§ 49).
19. Anstellungsfähigkeit (§ 50).
20. Prüfung (§§ 51—54).
21. Besetzung der Lehrämter (§ 55 und 56).
22. Nebenämter (§ 57).
23. Obliegenheiten der Lehrer (§ 58).
24. Entlassung der Lehrer (§ 59).

VI. Schlußbestimmungen (§§ 60—62).

a) Aufhebung entgegenstehender Bestimmungen (§ 60).
b) Abweichung von der Schulordnung (§ 61).

Zur Ausführung der über das jüdische Schulwesen in dem Gesetze über die Rechtsverhältnisse der Juden vom 30sten September 1842 und in der Bekanntmachung vom 19ten Januar 1844 enthaltenen Bestimmungen wird mit Allerhöchster Genehmigung nach Anhörung der Landrabbiner folgende Schulordnung für die jüdischen Schulen des Königreichs erlassen:

## I. Allgemeine Bestimmungen.

### 1. Schulzwang.

§ 1: Die jüdischen Eltern und Vormünder sind verpflichtet, ihre Kinder und Pflegebefohlenen während des schulpflichtigen Alters (§ 2) in der jüdischen Religion und in den Elementarkenntnissen unterrichten zu lassen.

### 2. Schulpflichtiges Alter.

§ 2: Das schulpflichtige Alter für jüdische Elementar- und Religionsschulen (§§ 3—6) beginnt mit dem vollendeten sechsten und endet mit dem zurückgelegten vierzehnten Lebensjahre.

In einzelnen dringenden Fällen kann der Landrabbiner, auf Antrag des Schulvorstandes, es gestatten, daß das schulpflichtige Alter um ein Jahr abgekürzt wird.

### 3. Arten des Unterrichts.

a) Elementarschulen.

§ 3: Die Unterweisung der jüdischen Kinder erfolgt an den Orten, an denen vollständig eingerichtete jüdische Schulen bestehen, in diesen, sofern nicht die Eltern es vorziehen, ihren Kindern den Unterricht in den Elementargegenständen in den christlichen Ortsschulen ertheilen zu lassen (§ 11).

Besteht keine besondere jüdische Schule, so müssen die Kinder der Juden an dem Unterrichte in den christlichen Ortsschulen, mit Ausnahme des Religionsunterrichts, Theil nehmen.

b) Religionsschulen.

§ 4: In den Schulverbänden, in welchen nicht durch das Bestehen vollständig eingerichteter jüdischer Schulen für die Ertheilung des jüdischen Religionsunterrichts gesorgt ist, soll auf die Gründung besonderer Religionsschulen thunlichst Bedacht genommen werden.

§ 5: In Schulverbänden, welche von zerstreut wohnenden Juden gebildet werden, soll der Religionsunterricht entweder in einer Filialschule oder in näher festzusetzender Weise, abwechselnd an verschiedenen Orten ertheilt werden, sofern die weite Entfernung oder der sonstige Schulbesuch eine regelmäßige Theilnahme aller Kinder an dem Religionsunterrichte nicht gestattet.

§ 6: Jüdische Kinder, welche gleichwohl einen genügenden Unterricht in der Religion nicht erhalten, sollen, wenn thunlich gegen das Ende ihres schulpflichtigen Alters, mindestens Ein Jahr lang, unausgesetzt eine jüdische Religionsschule besuchen.

§ 7: Der Stundenplan der jüdischen Elementar- und Religionsschulen ist so einzurichten, daß es den Kindern, welche die christlichen Ortsschulen besuchen, möglich ist, an dem jüdischen Religionsunterricht Theil zu nehmen.

### Nachweis des Religionsunterrichts.

§ 8: Jüdische Kinder, welche nicht bereits jetzt aus dem schulpflichtigen Alter getreten sind, haben in Zukunft bei ihrem Eintritte in das bürgerliche Leben sich darüber auszuweisen, daß sie genügenden Unterricht in ihrer Religion genossen haben.

Das desfallsige Zeugniß ist von dem Lehrer und dem Schulvorstande unentgeltlich auszustellen.

c) Privatunterricht.

§ 9: Privatunterricht befreit von dem Besuche der öffentlichen Schulen nur insoweit, als derselbe mindestens die für letztere vorgeschriebenen Gegenstände umfaßt, und von Lehrern ertheilt wird, welche nach vorgängiger Prüfung durch den Landrabbiner und mit Genehmigung der Obrigkeiten angenommen sind.

Das Halten von Winkelschulen ist unzulässig.

## II. Schulverbände und deren Obliegenheiten.

### 4. Feststellung der Schulverbände.

§ 10: In der Regel bildet jede Synagogengemeinde einen Schulverband. In besonderen Fällen können jedoch die Bezirke mit Genehmigung der Landdrostei anderweitig festgestellt werden.

Wo solches den Schulbesuch oder die Einrichtung eines zweckmäßigen Schulwesens erleichtert, ist es zulässig, Synagogengemeinden oder einzelne Orte derselben, auch wenn sie verschiedenen Landrabbinaten angehören, zu einem Schulverbande zu vereinigen.

Mit Genehmigung der Landdrostei ist festzusetzen, wo vollständig eingerichtete jüdische Schulen, und wo Religionsschulen bestehen sollen.

Abänderungen einmal eingerichteter Schulverbände sind nicht ohne vorgängige Vernehmung der Betheiligten und gegen deren Willen nur in Folge veränderter Verhältnisse oder aus sonst erheblichen Gründen zu verfügen.

### 5. Deren Obliegenheiten.

§ 11: Jedes zahlungsfähige Mitglied eines Schulverbandes ist pflichtig, zu den Kosten der jüdischen Schuleinrichtung beizutragen.

Eltern, welche ihre Kinder in den christlichen Schulen oder durch Privatlehrer unterrichten lassen, werden hierdurch von der Erlegung des Schulgeldes oder von sonstigen Beiträgen zu den Kosten der Unterhaltung der jüdischen Schule nicht befreit.

### 6. Beitragsfuß.

§ 12: Besteht über den Beitragsfuß schon eine Bestimmung, so hat es dabei sein Bewenden.

Ist ein solcher nicht vorhanden oder der vorhandene nicht angemessen, so ist für jedes schulpflichtige Kind zunächst ein Schulgeld zu entrichten.

Der alsdann, in Ermanglung stiftungsmäßiger ausreichender Fonds, sich noch ergebende Bedarf ist, wie die übrigen Gemeindebeiträge, auf die Mitglieder des Schulverbandes von einer aus dessen Mitte erwählten Commission zu vertheilen oder, soweit nöthig, von den Behörden eine Bestimmung zu treffen.

Für die vom Schulorte entfernter wohnenden Mitglieder ist eine Ermäßigung des Schulbeitrages zulässig.

### 7. Schulgeld.

§ 13: Das Schulgeld soll, sofern nicht ein Anderes besonders angeordnet wird, jährlich mindestens Einen Thaler für jedes Kind betragen.

Für Schüler, welche einem auswärtigen Schulverbande angehören, kann das Schulgeld bis auf das Doppelte des sonst festgesetzten Betrages erhöht werden (§ 36). Der das gewöhnliche Schulgeld übersteigende Betrag soll den Lehrern zufallen.

Diese Bestimmung leidet auf Kinder nicht Anwendung, denen ihrer Armuth halber vom Schulvorstande das Schulgeld ganz oder bis auf den gewöhnlichen Betrag erlassen ist.

### Befreiung vom Schulgelde.

§ 14: Von der Erlegung des Schulgeldes an die Schulcasse (§ 26) ihres Schulbezirks sind jedoch befreit

a) Die Kinder, welche eine auswärtige Schule besuchen, wenn sie zugleich auswärts untergebracht sind und dort Schulgeld bezahlen.

Eine Befreiung vom Schulgelde überhaupt sollen ferner genießen:

b) Die Kinder, welche wegen körperlicher oder geistiger Gebrechen auf wenigstens ein Vierteljahr vom Schulbesuche dispensiert sind;

c) Die Kinder derjenigen Armen, welche von Gemeindebeiträgen befreit sind.

Eine theilweise Ermäßigung oder ein gänzlicher Erlaß des Schulgeldes kann zugestanden werden

d) für Kinder der Angestellten der Gemeinde;

e) für das dritte und die folgenden Kinder derselben Familie, welche gleichzeitig die nämliche Schule besuchen.

8. Streitigkeiten über die Kosten.

§ 15: Zweifel und Streitigkeiten über den Betrag der Kosten und die Art ihrer Aufbringung sind durch die Behörden zu entscheiden.

## III. Beaufsichtigung und Verwaltung des Schulwesens

9. Behörden.

§ 16: Die Aufsicht über das jüdische Schulwesen wird neben den Ortsobrigkeiten zunächst durch die Landrabbiner unter Leitung der Landdrosteien in dem durch das Gesetz begründeten Umfange ausgeübt.

10. Landrabbiner.

§ 17: Die Landrabbiner haben darüber zu wachen, daß die bestehenden Anordnungen von Seiten der jüdischen Gemeinden und Lehrer in ihrem wahren Sinne vollzogen und befolgt werden.

Die zur Vervollkommnung des jüdischen Schulwesens dienenden Bestimmungen sind von den Landrabbinern bei den zuständigen Behörden in Antrag zu bringen.

Sie haben dahin zu sehen, daß in dem Zeitmaße und der Stufenfolge der Unterrichtsgegenstände, in der Festsetzung des Lehrzieles und in der Anwendung der Schulzucht und Lehrart richtige Grundsätze befolgt werden.

Mindestens alle drei Jahre sind von ihnen sämmtliche Schulen ihres Bezirks einer sorgfältigen Visitation zu unterziehen.

In der Zwischenzeit sind sie ermächtigt, durch tüchtige Lehrer ihres Bezirks einzelne Schulen untersuchen und sich über den Befund berichten zu lassen.

11. Schulvorstand.

§ 18: Nach näherer Anweisung der Landrabbiner hat der Gemeindevorsteher, als Schulvorstand, die Angelegenheiten des jüdischen Schulwesens zu beaufsichtigen und zu verwalten.

In größeren Schulverbänden kann ein besonderer Schulvorstand von den stimmfähigen Gemeindegliedern aus deren Mitte erwählt werden.

a) Aufsicht desselben.

§ 19: Das berufsmäßige Verhalten der Lehrer, die vorschriftsmäßige Ertheilung des Unterrichts, eine angemessene Handhabung der Schulzucht und das Stattfinden eines geregelten Schulbesuchs unterliegen der Aufsicht des Schulvorstandes.

§ 20. Mängel und Hindernisse, welche die ersprießliche Unterweisung der Jugend und die erfolgreiche Thätigkeit der Lehrer in Erfüllung ihres Berufes erschweren, sind von dem Schulvorstande, soweit thunlich, zu beseitigen.

Wenn eine Rücksprache mit dem Lehrer oder demselben ertheilte Rügen ohne Erfolg bleiben, oder es der Mitwirkung der Behörden zur Abstellung der Mängel bedarf, hat der Schulvorstand dem Landrabbiner die nöthige Anzeige zu machen.

Ein Eingreifen in die Thätigkeit des Lehrers ist jedoch weder dem Schulvorstande, noch einzelnen Gemeindegliedern gestattet. Etwaige Beschwerden der letzteren sind dem Schulvorstande anzuzeigen.

§ 21: Dem Schulvorstande steht das Recht zu, von dem innern und äußern Zustand der Schule zu jeder Zeit Kenntniß zu nehmen. Er ist verpflichtet, mindestens einmal im Monate die Schule zu besuchen und sich die Schulregister (§ 39) zur Einsicht und Unterschrift vorlegen zu lassen.

§ 22: Über die nicht gerechtfertigten Schulversäumnisse hat der Schulvorstand am Ende jedes Monats eine Liste bei der Obrigkeit einzureichen. Die erkannten Strafgelder fallen der jüdischen Schulcasse zu.

b) Verwaltung.

§ 23: Der Schulvorstand hat dafür zu sorgen, daß die Verbindlichkeiten gegen die Schule rechtzeitig erfüllt werden.

Er wacht darüber, daß die Schuleinrichtung der vorgeschriebenen Ordnung (§§ 28—44) entspricht und die Lernenden sich im Besitze der nöthigen Schulbücher und Lehrmittel befinden. Die Kinder der Armen sind auf Kosten der Armencasse mit letzteren zu versehen.

Sofern andere Gemeindeglieder ihre desfällige Verpflichtung unerfüllt lassen, ist dies der Obrigkeit anzuzeigen.

§ 24: Der Schulvorstand hat für die Erhaltung des Vermögens und der Dotation der Schule zu sorgen. Von ihm ist das Inventar über die Gegenstände der Schule zu führen und in Ordnung zu erhalten.

c) Rechnungsführung.

§ 25: Die Rechnungsführung über Einnahme und Ausgabe der Schule hat der Schulvorstand, wo nicht besondere Rechnungsführer bestellt sind, zu übernehmen, und, sofern die Gemeinde dies für nöthig hält, Sicherheit zu leisten.

§ 26: Wo dem Schulvorstand die Rechnungsführung übertragen wird, hat er die den Rechnungsführern nach den bestehenden Vorschriften obliegenden Verpflichtungen zu erfüllen (§§ 39—47 der Bekanntmachung vom 19ten Januar 1844).

Dem Rechnungsführer liegt es ob, das Schulgeld, wo nicht kürzere Zahlungsfristen eingeführt sind, vierteljährlich zu erheben und an die Schulcasse abzuliefern.

d) Jahrsberichte.

§ 27: Am Schlusse jedes Schuljahres ist von dem Lehrer ein Bericht über den Zustand der Schule (§ 58) an den Schulvorstand einzureichen, und von diesem an den Landrabbiner mit seinen Bemerkungen einzusenden.

## IV. Einrichtung der Schulen.

### 12. A. Äußere Einrichtung.

a) Schullocal.

§ 28: In jedem Schulverbande muß ein gesundes, hinreichend geräumiges und helles Schullocal vorhanden sein.

Das Schullocal darf nicht zur Wohnung des Lehrers benutzt werden.

b) Reiheschule.

§ 29: Die Reiheschule, wo bald in diesem, bald in jenem Hause Unterricht ertheilt wird, ist, sofern nicht das Local mindestens auf ein ganzes Jahr überlassen wird, nicht gestattet.

c) Schulgeräthe und Lehrmittel.

§ 30: In der Schule müssen alle nothwendigen Geräthe, insbesondere Tische, Bänke, Dintenfässer, eine schwarze Tafel, ein verschließbarer Schrank mit Fächern zur Aufbewahrung der Lehrmittel (Wandkarten, Vorlegeblätter, Censurbücher u. s. f.) vorhanden sein.

d) Heizung und Beleuchtung.

§ 31: Der Schulverband hat auf seine Kosten für angemessene Heizung, Beleuchtung und das Reinhalten des Schullocals zu sorgen.

13. B. Innere Einrichtung.

a) Stundenzahl.

§ 32: In den jüdischen Elementarschulen sollen wöchentlich wenigstens dreiunddreißig Stunden Unterricht ertheilt und mindestens eilf Stunden auf die Religionsgegenstände verwendet werden.

Die Vertheilung der Stunden auf die einzelnen Unterrichtsgegenstände so wie die Festsetzung der wöchentlich in den Religionsschulen zu ertheilenden Stunden bleibt den Landrabbinern überlassen (§§ 7 und 17).

b) Lehrgegenstände.

§ 33: Der Unterricht in den jüdischen Religionsschulen umfaßt folgende Lehrgegenstände:

a) hebräisch Lesen und jüdisch Schreiben,
b) hebräische Sprüche und Gebete, so wie die Übersetzung derselben.
c) Übersetzung und Erklärung der heiligen Schrift,
d) hebräische Grammatik,
e) biblische und jüdische Geschichte,
f) systematische Religionslehre und wo thunlich
g) rabbinische Schriften und Gesang.

§ 34: In jüdischen Elementarschulen kommen zu diesen Gegenständen noch deutsch Lesen und Schreiben, deutsche Sprache, Rechnen, Geographie, Geschichte, Naturkunde, so wie Denk- und Sprechübungen.

c) Lehrbücher.

§ 35. Die bei dem Unterrichte in den jüdischen Schulen zu benutzenden Lehrbücher werden, mit Genehmigung des Ministeriums des Innern, von den Landrabbinern gemeinsam bestimmt.

d) Schuljahre und Lehrgänge.

§ 36: Das jüdische Schuljahr beginnt in der Woche nach dem Pessachfeste und zerfällt in zwei Halbjahre.

Die Aufnahme und Entlassung der Schüler findet in der Regel nur halbjährlich Statt.

Ausnahmen von dieser Vorschrift können vom Schulvorstande in dringenden Fällen zugelassen werden.

Kinder, welche einem auswärtigen Schulverbande angehören, dürfen nicht, ohne Anzeige bei dem Schulvorstande, in die Schule aufgenommen werden.

Die Theilnahme an dem Unterrichte soll denselben jedoch nur aus erheblichen Gründen versagt werden.

e) Lehr- und Stundenpläne.

§ 37: Vier Wochen vor dem Beginn des Schuljahres sind die Lehr- und Stundenpläne dem Landrabbiner zur Prüfung vorzulegen. Nach erfolgter Genehmigung ist der Stundenplan im Schulzimmer anzuheften und eine Abschrift vom Schulvorstande der Obrigkeit mitzutheilen.

f) Schulzucht.

§ 38: Der Lehrer hat, unter Mitwirkung des Schulvorstandes, darüber zu wachen, daß Fleiß, Ordnung und gute Zucht unter den Lernenden herrscht. Zur Aufrechterhaltung der Schulzucht dienen dieselben Mittel, welche in den christlichen Schulen angewendet werden.

g) Schulregister.

§ 39: Die Schulregister, Versäumnißlisten, Classenbücher und Censuren sind, nach näherer Anordnung der Landrabbiner möglichst gleichmäßig einzurichten und sorgfältig aufzubewahren. Bei jeder Schulvisitation (§§ 17 und 21) sind dieselben zur Einsicht und Unterschrift vorzulegen.

h) Lehrgehülfen.

§ 40: Fortgeschrittene und sonst dazu geeignete Schüler kann der Lehrer bei der Beaufsichtigung der Mindergeübten zuziehen und dieselben zum Hülfsunterricht in einzelnen Fächern anleiten.

i) Dispensationen.

§ 41: Dispensationen vom Schulbesuche, welche über die Dauer von 3 Tagen hinausgehen, sind bei dem Schulvorstande zu erwirken. Dieselben sind nur in dringenden Fällen, nach Rücksprache mit dem Lehrer unter Angabe der Gründe schriftlich zu ertheilen.

k) Classenabtheilungen.

§ 42: Bei einer größern Zahl von Schulkindern ist auf die Absonderung nach den Geschlechtern und eine passende Classenabstufung möglichst Bedacht zu nehmen.

l) Schulprüfungen.

§ 43: An jeder Schule ist mindestens einmal im Jahre eine Prüfung vorzunehmen. Dieselbe soll, wenn die Umstände es zulassen, öffentlich gehalten werden. Auch die Kinder, welche Privatunterricht genießen, sind verpflichtet, an diesen Prüfungen Theil zu nehmen, und bei den Visitationen der Schule, welche die Landrabbiner vornehmen, zugegen zu sein.

m) Ferien.

§ 44: Die Ferien sind mit Genehmigung der Landrabbiner festzustellen und nicht willkührlich abzuändern.

## V. Lehrer. Rechte und Verhältnisse derselben.

14. Einkommen.

§ 45: Die Einnahme der jüdischen Lehrer soll, neben angemessener Wohnung und ohne Anrechnung der Beköstigung, nicht unter 40 Thaler jährlich betragen.

15. Reihetisch.

§ 46: Es soll auf Abstellung der Reihetische gegen einen angemessenen Geldersatz thunlichst hingewirkt werden.

Ist dies nicht zu erreichen, so soll der Lehrer das ganze Jahr hindurch täglich, Morgens, Mittags und Abend freie Beköstigung auf seinen Wunsch möglichst in seiner Wohnung erhalten.

Die Mitglieder des Schulverbandes außerhalb des Schulorts sind in der Regel (§ 12) verpflichtet, eine angemessene Beihülfe für diesen Zweck so wie für die Wohnung zu geben.

16. Wohnung.

§ 47: Kann dem Lehrer eine dauernde Wohnung nicht angewiesen werden, so darf dieselbe wider seinen Willen, ohne Zustimmung des Landrabbiners, nicht häufiger als halbjährlich wechseln.

17. Zahlungsfristen.

§ 48: Die Besoldung, sowie die Geldvergütungen für Beköstigung, Wohnung und Feurung sind, wo nicht kürzere Zahlungsfristen bestehen, am Ende jedes Vierteljahres auszuzahlen.

18. Festsetzung des Diensteinkommens

§ 49: Das Einkommen aller einzelnen jüdischen Schulstellen ist mit Genehmigung der Landdrostei festzustellen.

Der Geldersatz, welcher an die Stelle von Naturalleistungen tritt (§§ 46 u. 47), ist nach den örtlichen Verhältnissen zu bestimmen. Gebühren und etwaige sonstige Einkommensbezüge der Lehrer sind, wo nöthig, einer Festsetzung zu unterziehen.

In Betreff der Befreiung von den Beiträgen zur jüdischen Gemeinde verbleibt es bei dem Herkommen.

Spätere Abänderungen der festgesetzten Einnahmen sind nur mit Genehmigung der Landdrostei statthaft.

Die bereits angestellten Lehrer sollen eine Schmälerung ihrer bisherigen Einnahme hierdurch nicht erleiden.

19. Anstellungsfähigkeit.

§ 50: Die Anstellungsfähigkeit der Lehrer ist durch das Bestehen der bei der Entlassung vom Seminar vorgenommenen, oder einer die Fähigkeit zur Verwaltung eines Lehramts sonst genügend bekundenen Prüfung (§§ 51—54) bedingt.

20. Prüfung.

§ 51: Die Prüfung der Lehrer ist von dem Landrabbiner zu halten; bei der Prüfung der Elementarlehrer soll ein von der Landdrostei zu ernennender Commissarius zugegen sein.

Über den Ausfall der Prüfung ist an die Landdrostei zu berichten.

§ 52: Die Prüfung zerfällt in eine schriftliche und mündliche. Für die Religionslehrer erstreckt dieselbe sich auf die in dem § 33, für die Elementarlehrer auf die in den §§ 33 und 34 genannten Gegenstände der Schulunterweisung.

Bei beiden ist die im allgemeinen erworbene pädagogische Ausbildung durch die Prüfung zu ermitteln.

Zur Darlegung der vorhandenen Lehrgabe ist eine Probelection zu halten.

§ 53: Das Zeugniß hat das Ergebniß der Prüfung durch die Prädicate

sehr gut
gut
genügend

auszudrücken. Das Maaß der erworbenen Kenntnisse in den einzelnen Lehrfächern ist in dem Zeugniß genau anzugeben und hiemit ein Urtheil über das Lehrgeschick des Geprüften zu verbinden.

§ 54: Lehrer, welche die Prüfung das erste Mal nicht mit dem gewünschten Erfolge bestanden haben, können erst nach Ablauf eines Jahrs zu einer nochmaligen Prüfung zugelassen werden.

### 21. Besetzung der Lehrämter

§ 55: Die eingetretene Erledigung einer Lehrerstelle ist vom Schulvorstande dem Landrabbiner sofort anzuzeigen und, wenn dieser es für erforderlich erachtet, unter Angabe der damit verbundenen Diensteinnahme öffentlich bekannt zu machen.

Die Wiederbesetzung der Lehrerstelle muß vom Schulverbande spätestens zwei Monate nach der eingetretenen Erledigung erfolgen. Unter mehreren Bewerbern entscheidet die Stimmenmehrheit der Gemeindeglieder.

Erfolgt die Wiederbesetzung der Stelle nicht während der genannten Frist, so steht dem Landrabbiner das Recht zu, die Stelle einem geeigneten Lehrer zu übertragen.

Unter sonst gleichen Verhältnissen ist auf den Ausfall der Prüfung und die bisher bewährte Treue vorzugsweise Gewicht zu legen.

Die Anstellungsurkunde ist der Landdrostei zur Bestätigung vorzulegen. In dieser ist das Diensteinkommen genau anzugeben.

§ 56: Die Anstellung derer, welche zum ersten Male eine Lehrerstelle verwalten, erfolgt für die ersten drei Jahre unter Vorbehalt des Widerrufs.

In Schulgemeinden, in welchen wegen der geringen Zahl jüdischer Familien die feste Anstellung eines Lehrers nicht als Bedürfniß erscheint, kann mit landdrosteilicher Genehmigung die Annahme eines Lehrers auf Kündigung gestattet werden.

Bei ausländischen Juden, welche als Lehrer zugelassen werden, ohne daß ihnen die Niederlassung im Königreiche gestattet worden (§ 71 des Gesetzes), ist die Kündigung jeder Zeit vorzubehalten.

### 22. Nebenämter.

§ 57: Die Stell des Vorbeters soll in der Regel mit der des Lehrers verbunden werden.

Der Dienst des Schächters soll dagegen da, wo es thunlich ist, von dem des Lehrers getrennt werden.

Über die dem Lehrer als Vorbeter und Schächter obliegenden Geschäfte ist durch eine besondere Anweisung das Nähere zu bestimmen.

Auf den Wunsch der Gemeinde kann der Lehrer gegen eine billige Vergütung die Aufzeichnung der Verhandlungen in den Gemeinde-Versammlungen übernehmen.

Ohne besondere Genehmigung der Landdrostei ist die Übernahme anderer Beschäftigungen neben der Schulstelle nicht statthaft.

Während der Schulzeit hat der Lehrer sich jeder anderen Beschäftigung zu enthalten.

### 23. Pflichten der Lehrer.

§ 58: Die Lehrer haben ihr Amt mit gewissenhafter Treue zu verwalten, die Lehrstunden sorgfältig und regelmäßig zu ertheilen und nicht ohne Genehmigung des Schulvorstandes auszusetzen.

Über Fleiß, Ordnung und gute Sitte der Schüler in- und außerhalb der Schule ist von ihnen zu wachen und auf die Bildung derselben durch Lehre und Beispiel einzuwirken.

Ihre Amtsführung und ihr Unterricht ist dieser Schulordnung gemäß einzurichten. Den Anweisungen der vorgesetzten Behörden haben sie Gehorsam zu leisten und in einträchtigem Zusammenwirken mit dem Schulvorstande das Beste des Schulwesens nach Kräften zu fördern.

In Betreff des gesammten innern- und äußern Zustandes der Schule und ihrer Leistungen haben sie vor Ablauf des Schuljahrs bei dem Schulvorstande (§ 27) einen Bericht einzureichen.

### 24. Entlassung der Lehrer.

§ 59: In den Anstellungsurkunden sämmtlicher jüdischer Lehrer ist es vorzubehalten, daß dieselben wegen fortgesetzter Verletzung der Pflichten ihres Berufes, oder wegen eines anstößigen, unwürdigen und zum Ärgerniß gereichenden Verhaltens, nach vorgängiger Ermittelung der beschwerenden Thatsachen, auf Antrag des Landrabbiners durch landdrosteiliche Entscheidung von ihrem Lehramte entlassen werden können.

Wenn nicht dringende Gründe das Gegentheil erfordern, soll eine Entlassung vom Schulamte regelmäßig nur am Schlusse des Schulhalbjahrs Statt finden.

Erachtet der Schulvorstand bei den nicht festangestellten Lehrern (§ 56) die Kündigung für angemessen, so ist die Genehmigung des Landrabbiners hierzu so zeitig zu erwirken, daß die Kündigung dem Lehrer mindestens drei Monate vor dessen Abgang schriftlich angezeigt werden kann. Der Landrabbiner kann die Genehmigung, wenn die Gründe der beabsichtigten Kündigung nicht zureichend befunden werden, versagen.

Sämmtlichen Lehrern ist es zwar unbenommen, aus dem von ihnen verwalteten Schulamte auszuscheiden. Sofern sie dies wünschen, müssen dieselben jedoch gleichfalls drei Monate vor ihrem Abgange den Schulvorstand hievon in Kenntniß setzen. Lehrer, welche eine anderweitige Anstellung an einer jüdischen Schule des Königreichs wünschen, bedürfen zur zeitweiligen Niederlegung ihres Schulamts die Genehmigung der Landdrostei.

Auf Versetzungen von einer Schulstelle zur anderen leiden diese Bestimmungen keine Anwendung.

### VI. Schlußbestimmungen.

#### a) Aufhebung entgegenstehender Bestimmungen.

§ 60: Alle dieser Schulordnung widersprechenden älteren Bestimmungen werden hiedurch aufgehoben.

#### b) Abweichungen von der Schulordnung.

§ 61: Auf Antrag des Landrabbiners oder der Obrigkeiten kann die Landdrostei solche Abweichungen von dieser Schulordnung zulassen, welche nach den besonderen Verhältnissen nothwendig sind.

§ 62: Ein Abdruck dieser Schulordnung soll sich beständig in jeder Synagogen-Gemeinde und in jeder jüdischen Schule befinden.

---

Diese Schulordnung ist in die erste Abtheilung der Gesetzsammlung aufzunehmen.

Hannover, den 5. Februar 1854.

Königlich Hannoversches Ministerium des Innern
gez. Wedemeyer.

## 5. Kurhessen.

### a) Verordnung vom 30. Dezember 1823.

(Kurhess. Ges.-Samml. S. 87 ff.)

§ 7: Alle gröseren Gemeinden, welche einen Rabbiner besolden können, sollen einen solchen als Seelsorger haben, und diesem zugleich der Unterricht der Jugend in der Religion ... obliegen.

Die kleineren Gemeinden haben sich zur Haltung eines Rabbinen entweder mit den gröseren Gemeinden oder untereinander der Regel nach in der Art zu vereinigen, daß für jeden Kreis ein Rabbine vorhanden sey.

§ 8: Diejenigen Israeliten, welche Unterricht in der Religion ertheilen wollen, müssen zuvor über die Kenntnisse, welche von dergleichen Lehrern im Allgemeinen erfordert werden, und zwar die Bewerber um Rabbinen-Stellen, durch die geeigneten

Mitglieder der philosophischen Fakultät in Marburg, sowie die übrigen Lehrer durch die betreffende Kommission zur Prüfung der Bewerber um Schulstellen sämmtlich aber rücksichtlich der jüdischen Religionslehre durch das Landrabbinat, im Beiseyn des landesherrlichen Kommissars (s. § 35) oder eines geeigneten Stellvertreters desselben, geprüft und zum Berufe eines Lehrers und beziehungsweise eines Rabbinen und Seelsorgers tüchtig befunden seyn........

§ 9: Die Bestellung sowie die Entlassung der Rabbinen der Gemeinden oder Kreise geschieht durch die Regierung der Provinz auf den Vorschlag des Vorsteher-Amtes.

§ 12: Die jüdischen Glaubensgenossen sind verbunden, ihre Kinder in die öffentlichen Schulen ihres Wohnortes zu schicken. Es steht jedoch den Juden eines Ortes oder mehrerer benachbarten Orte frei, eine eigene öffentliche und mit geprüften Lehrern gehörig zu besetzende Schule, unter der Aufsicht des Vorsteher-Amtes sowie des Kreisrathes und unter der Leitung der Regierung, mit der Genehmigung Unseres Ministeriums des Innern einzurichten. Hingegen wird die Annahme von Privatlehrern zum Ersatze des öffentlichen Schulunterrichts da, wo für denselben durch eine zureichende Anstalt gesorgt ist, gänzlich untersagt; auch soll zum Halten irgend eines jüdischen Privatlehrers, wenn gleich bloß für den Religions-Unterricht, die Erlaubniß der Regierung, bei Meidung einer Geldbuse von zwanzig Thalern ausgewirkt werden, welche Strafe bei fortgesetztem Zuwiderhandeln bis zu zweihundert Thalern erhöhet werden darf.

§ 13: Die israelitischen Religionslehrer haben in dem Unterrichte der Jugend und der Erwachsenen allgemeine Menschenliebe, Unterwürfigkeit unter die Obrigkeit, Fügung in die bürgerliche Ordnung und Liebe zu dem Lande, in welchem sie geboren sind, oder ihren Lebensunterhalt und Schutz finden, nach eigener Angabe und richtiger Auslegung ihrer wesentlichen Religions-Vorschriften zu lehren.

§ 16: ........ Auch soll die Einführung sowohl eines zweckmäßigen Lehrbuches der jüdischen Religion in teutscher Sprache zum Gebrauche bei dem Jugend-Unterrichte als eines ebenfalls hierzu dienlichen teutschen Gesangbuches durch das Landrabbinat mit Genehmigung Unseres Ministeriums des Innern veranstaltet werden.

§ 29: Die Vorsteher-Ämter, welche an dem Sitze der Regierungen, diesen untergeordnet, errichtet sind, haben:

1—4 .....

5. die Mitaufsicht auf den jüdischen Jugend-Unterricht (vgl. §§ 12—14 u. § 55).

§ 36: Dem Landrabbinate liegt ob:

1. die Oberaufsicht auf ...... den Religions-Unterricht zu führen und über dessen Zustand und die angemessen erscheinenden Verbesserungen jährlich an das Ministerium des Innern zu berichten,

2. die in den §§ 8 und 28 vorgeschriebenen Prüfungen vorzunehmen, und darüber pflichtmäßige Zeugnisse zu ertheilen.

§ 38: Als besondere Abgaben der Israeliten zu den Kosten ihres ... Unterrichtes ..... finden Statt:

a) Eine Einkommensteuer, welche von dem Haupte einer jeden Familie für sich und die dazu gehörigen Glieder, sowie von denjenigen Israeliten, welche zwar noch nicht Familien-Vorstände sind, jedoch einen selbstständigen Erwerb haben, erhoben wird;

b) —.......

## b) Gesetz vom 29. Oktober 1833.

(Kurhess. Ges.-Samml. S. 144.)

§ 5: Von den Befugnissen, welche Israeliten des Kurstaates erwerben können, sind allein ausgeschlossen,

1) das Patronatsrecht über christliche Kirchen,
2) Die Fähigkeit zur Anstellung in christlichen Kirchen-Ämtern, und als Lehrer der christlichen Religion.

§ 10: In Bezug auf gemeinschaftlichen Gottesdienst und Unterricht, .... bleibt die bereits für den ganzen Staat geltende Verordnung vom 30sten Dezember 1823 mit folgenden näheren Bestimmungen auch ferner in Kraft.

§ 11: Die, im § 8 der Verordnung vom 30sten Dezember 1823 vorgeschriebene, Prüfung:

a) .......der Bewerber um Rabbinen-Stellen soll..........

b) Der Bewerber um blose Lehrer-Stellen an israelitischen Schulen aber durch besondere, von Unserem Ministerium des Innern zu bestellende, Prüfungs-Kommissionen, welchen Lehrer und sonst wissenschaftlich gebildete Männer israelitischen Glaubens beizuordnen sind, vorgenommen werden, bis die vollständige Besetzung des Landrabbinats anderweite Anordnungen ausführbar gemacht haben wird.

§ 12: Die Regierungen werden ermächtigt, denjenigen Synagogen-Gemeinden, welche zum gesammten Jugend-Unterrichte fähige und nach vorstehendem Paragraph geprüfte Lehrer vorzuschlagen und zu besolden vermögen, die nach § 12 der Verordnung vom 30sten Dezember 1823 erforderliche Genehmigung zu Errichtung eigener vollständiger öffentlichen Schulen zu ertheilen.

Auch darf die Annahme nur solcher Privatlehrer gestattet werden, welche die in § 11 bestimmte Prüfung bestanden haben.

§ 13: Die Schulpflichtigkeit der israelitischen Kinder beginnt mit dem siebenten Jahre und dauert bis zur Vollendung des vierzehnten Lebensjahres.

Die Aufnahme in eine höhere Schule und Studien-Anstalt, in Gewerbs- und Kunst-Schulen, sowie in die Lehre zur Erlernung eines Handwerks oder der Handlung darf nur nach Vorzeigung einer Bescheinigung des israelitischen Lehrers ihrer Gemeinde, oder wo deren mehrere an der israelitischen Schul-Anstalt sind, des ersten Lehrers, über genügend empfangenen Religions-Unterricht Statt finden.

## 6. Großherzogtum Hessen.

## Edict wegen des Jugendunterrichtes der Israeliten (publ. den 1. August 1823).

(Arch. d. Großherzogl. Hessischen Gesetze u. Verordnungen, Bd. IV, S. 116 ff.)

Ludewig v. G. G. Großherzog von Hessen u. bei Rhein ꝛc. ꝛc.

Wir haben Uns seit längerer Zeit von der dringenden Nothwendigkeit überzeugt, daß dem Jugendunterricht derjenigen Unserer Unterthanen, welche sich zu der mosaischen Religion bekennen, eine zweckmäßigere Einrichtung gegeben werde. Zu dem Ende, und um den an Uns gebrachten Wünschen Unserer treuen Stände zu entsprechen, verordnen Wir folgendes:

1. Soll jeder Bekenner der mosaischen Religion verbunden seyn, seine Kinder fernerhin zum Besuche der öffentlich angeordneten Schulen anzuhalten. Was die Bestimmungen über Anfang und Dauer dieses Unterrichts betrifft, so gelten hinsichtlich ihrer dieselben Vorschriften, welche überhaupt desfalls ertheilet sind.

2. Zu dem Ende soll es allen mosaischen Religions-Gemeinden frei stehen, eigene Schulen zu errichten, oder ihre etwa schon bestehenden Religionsschulen, auch für den, hier beabsichtigten Unterricht einzurichten. Sie haben sich hierbei nach den, für die Volksschulen überhaupt, ertheilten Vorschriften zu richten.

3. Die Lehrgegenstände in diesen Schulen sind, mit Ausnahme des Religionsunterrichtes, die in den Volksschulen überhaupt vorgeschriebenen. Der Unterricht in

der hebräischen Sprache soll daher in denselben nicht ertheilet werden, sondern es bleibt solcher den höheren Lehranstalten vorbehalten.

4. Die anzustellenden Lehrer sind von der dazu verordneten Prüfungsbehörde, unter Zuziehung eines Bekenners der mosaischen Religion, nach den bestehenden Vorschriften zu prüfen. Ohne diese Prüfung und darauf erfolgte Approbation darf keiner eine Lehrerstelle an einer öffentlichen Schule übernehmen. Dasselbe gilt von Hauslehrern und Vorstehern von Privatlehr- und Erziehungsanstalten.

5. Um aber den dem Lehramte sich widmenden Jünglingen die Gelegenheit zu ihrer Ausbildung zu verschaffen und zu bewirken, daß in Zukunft tüchtige, bewährte, mit der vorgeschriebenen Methode vertraute Lehrer zu erhalten seyen, soll es den Lehramts-Candidaten mosaischer Religion verstattet seyn, die Schullehrer-Seminarien des Landes zu besuchen, und an den darin stattfindenden Vorlesungen und Übungen Theil zu nehmen. Das Wohnen in den Seminarien selbst wird jedoch nicht von ihnen gefordert.

6. Die in diesen Schulen zu gebrauchenden Vorlesebücher sind vorerst der Schulbehörde zur Genehmigung vorzulegen.

7. An denjenigen Orten, wo die Bekenner der mosaischen Religion eigene Schulen nicht, oder doch nur solche haben, in welchen außer der Religionslehre kein sonstiger Unterricht ertheilt wird, sollen ihre Kinder die Ortsschulen besuchen, und an dem in denselben ertheilten Unterricht — jenen der Religion ausgenommen — Theil nehmen.

8. Die Leitung des Schulwesens der Bekenner der mosaischen Religion ist, so lange hierüber keine anderweite Bestimmung erfolgt, derselben Behörde übertragen, welcher die Aufsicht und Leitung des Schulwesens überhaupt anvertraut ist.

Urkundlich Unserer eigenhändigen Unterschrift und des hierauf gedrückten Staatssiegels.

Darmstadt, den 17. Juli 1823. (L. S.)

gez. v. Grolmann. gez. Ludewig.

## b) Edict, das Volksschulwesen in dem Großherzogtume überhaupt und insbesondere die Organisation der Behörden zur Leitung der Schulangelegenheiten betr. (Publ. den 11. Julius 1832.)

(Archiv d. Großherzogl. Hessischen Ges. u. Verordng., Bd. VI, S. 413 ff.)

Art. 55: Die Bekenner der mosaischen Religion sind, insofern sie nicht eigene Elementarschulen haben, verpflichtet, ihre Kinder zum Besuch der öffentlich angeordneten christlichen Schulen anzuhalten und an dem in denselben ertheilt werdenden Unterrichte, mit Ausnahme des Religionsunterrichts, während welchem die Kinder aus der Schule sich entfernen können, Theil nehmen zu lassen.

Errichten die israelitischen Einwohner, nach den Bestimmungen des Edicts vom 17. Julius 1823, eigene Schulen, so finden auf diese alle, für die öffentlichen Schulen bestehenden Anordnungen volle Anwendung. Insbesondere bleibt es, was den Gehalt solcher, an israelitischen, vorschriftsmäßig organisirten Volksschulen angestellten Lehrer betrifft, bei der Bestimmung, daß die Juden mit ihren Schullehrern wegen des Einkommens und der Besoldung weder Privatverträge abschließen, noch viel weniger sie nach Gutdünken wieder verabschieden können, sondern es soll in solchen Fällen, nach Verhältniß der Arbeit, für den Lehrer eine angemessene Besoldung, nebst der Art und Weise, wie solche unter den Gliedern der jüdischen Gemeinde zu erheben sey, festgesetzt, den Schullehrern eine, ihre Competenz regulirende Instruction ertheilt und ihr ganzes Dienstverhältniß auch in dieser Hinsicht unter die Aufsicht der betreffenden Staatsbehörden gestellt werden.

## 7. Fürstentum Hohenzollern-Sigmaringen.

### Landesfürstliches Gesetz, die staatsbürgerlichen Verhältnisse der israelitischen Glaubensgenossen betreffend vom 9. August 1837.

(Sammlg. d. Ges. u. Verordng. f. das Fürstenthum pp., Bd. IV S. 565 ff.)

Von dem Schulwesen der Israeliten.

§ 28: Die Vorschriften und Anordnungen der allgemeinen Schulordnung, sowie alle im Schulwesen bestehenden oder künftig ergehenden Geseze und Verordnungen, finden auch auf die in den Judengemeinden bestehenden Schulen volle Anwendung.

§ 29: Die anzustellenden Schullehrer und Provisoren haben sich ebenfalls der Staatsprüfung zu unterziehen und werden von der Regierung ernannt.

§ 30: Damit die Schuldienste bei künftigen Erledigungsfällen der Vorsänger-Stellen mit diesen je nach Umständen vereinigt werden können, soll bei der Prüfung der Schullehrer hierauf die erforderliche Rüksicht genommen werden.

§ 31: Die aus der israelitischen Elementarschule entlassenen Kinder beiderlei Geschlechtes haben vom 14ten bis 20sten Jahre die Sabbathschule zu besuchen, welche von den israelitischen Schullehrern, zur Erhaltung der in der Schule erworbenen Kenntnisse und zur weiteren Fortbildung in denselben, zu halten ist.

§ 32: Der Religions-Unterricht in den israelitischen Elementarschulen ist von dem Rabbiner wenigstens wöchentlich zwei Mal, und bei dessen Verhinderung oder Abwesenheit, von dessen Stellvertreter oder dem Schullehrer, nach Anleitung des Rabbiners, und zwar in deutscher Sprache, zu ertheilen.

§ 33: Die wegen der Schullehrer-Lesegesellschaften und Schullehrer-Konferenzen bestehenden Anordnungen finden auch auf die israelitischen Schullehrer Anwendung: es sind hienach dieselben zu jenen Anstalten in den betreffenden Bezirken beizuziehen.

§ 34: In denjenigen Orten, in welchen keine israelitische Elementarschule besteht (§ 8 und § 15), sind die israelitischen Kinder zum Besuche der allgemeinen Ortsschule, gleich den Kindern der übrigen Einwohner, und zur Theilnahme am gesammten Unterricht, mit Ausnahme der Religionslehre, anzuhalten. Ebenso haben in solchen Orten die aus der Elementarschule Entlassenen, bis zum gesezlichen Alter, die Sonntagsschule zu besuchen.

Die Israeliten sind in diesem Falle in Hinsicht auf die Leistungen für die Bedürfnisse der Schule, Schullehrer-Besoldungen, Schulhauskosten ꝛc. ꝛc. den übrigen Ortseinwohnern gleich zu behandeln.

§ 35: Wo die israelitischen Kinder die allgemeine Ortsschule zu besuchen haben (§ 34), haben die Ortsgeistlichen und Schullehrer Alles möglichst zu vermeiden, was diesen Kindern nach ihren Religions-Grundsäzen zum Anstoße gereichen könnte.

Während des den übrigen Kindern zu ertheilenden christlichen Religionsunterrichtes sind die israelitischen Kinder, wo der Schulraum es gestattet, durch den Schullehrer auf andere Weise zu beschäftigen, im entgegengesezten Falle aber aus der Schule zu entlassen.

Die israelitischen Kinder sind am Sabbath von dem Schulbesuche nicht dispensirt.

§ 36: Den Israeliten, deren Kinder keine israelitische Elementarschule besuchen können (§ 34 beziehungsweise § 32), bleibt überlassen, denselben den erforderlichen Religions- und Moral-Unterricht durch Privatlehrer ertheilen zu lassen, die jedoch der Bestätigung der Regierung — nach vorgängiger Prüfung — bedürfen (§ 29).

Solche israelitische Kinder sind überdem verpflichtet, sich bei der Schulprüfung derjenigen israelitischen Kirchengemeinde, welcher sie angehören (§ 38), einzufinden, und der Prüfung zu unterziehen.

§ 42: Der Gottesdienst in den Synagogen sowohl, als der Moralunterricht, darf, ohne besondere Ermächtigung der Staatsbehörde, durch keinen Andern, als den gesezlich geprüften und ernannten Rabbiner, oder dessen stellvertretenden Vorsänger, vorgenommen werden.

### 8. Amt Homburg.

### Edict vom 19. August 1842 (Archiv pp. S. 376).

§ 1: Das unterm 9. October 1838 erlassene und am 4. November desselben Jahres in Nr. 44 des damaligen Amtsblattes verkündigte Edict über die Einrichtung des Volksschulwesens im Oberamt Meisenheim, ..... soll auch für das Amt Homburg Gültigkeit und Wirksamkeit haben. .....

### 9. Frankfurt a. M.

Für den Landkreis Frankfurt, soweit derselbe früher zu dem Kurfürstenthum Hessen gehört hat, gelten die kurhessischen Verordnungen.

Für den Stadtkreis Frankfurt und den Landkreis Frankfurt, soweit er zu dem Gebiete der ehemals freien Stadt Frankfurt gehört hat, bestehen keine besonderen gesetzlichen Bestimmungen über das jüdische Schulwesen.

Für das ehemalige Herzogthum Nassau bestehen keine besonderen gesetzlichen Bestimmungen über das jüdische Schulwesen.

### 10. Frühere Landgrafschaft Hessen-Homburg.

### Edict vom 9. Oktober 1838

über die Einrichtung des Volksschulwesens im Oberamt Meisenheim. Archiv der Landgräfl. Hess. Ges. u. Verordng., S. 269.

Artikel 46.

Die Bekenner der mosaischen Religion sind, insofern sie nicht eigene Elementarschulen haben, verpflichtet, ihre Kinder die öffentliche christliche Schule ihres Ortes besuchen und an allen Unterrichtsgegenständen, mit Ausnahme des Religionsunterrichts, Theil nehmen zu lassen.

Wollen die israelitischen Bewohner eines Ortes eine eigene Schule gründen, so müssen sie hierzu die Erlaubniß von der Landesregierung erwirken, und es finden alsdann alle für die öffentlichen Volksschulen gegebenen Bestimmungen auch auf jene Schulen volle Anwendung.

### 11. Nassau.

### Verordnung vom 7. Januar 1852,

die Kultusverhältnisse der Israeliten betreffend (Verordnungsblatt des Herzogtums Nassau S. 6 ff.).

II. § 12.

Außer der Verwaltung des Vermögens der Cultusgemeinde hat der Vorsteher sein Augenmerk darauf zu richten, daß der vorgeschriebene Religionsunterricht von dem Religionslehrer ohne Unterbrechung erteilt und von den schulpflichtigen Kindern regelmäßig besucht werde. Die israelitischen Religionslehrer bedürfen zum Antritte ihres Dienstes der speziellen Genehmigung der Ministerialabtheilung des Innern, welche nur nach vorgängiger Prüfung über genügende Qualification ertheilt wird; sie beziehen aus den Cultuscassen fixe Gehalte von wenigstens 150 fl., für deren pünktliche Entrichtung in Quartalraten die Vorsteher zu sorgen haben und dazu erforderlichen Falls im Disciplinarwege angehalten werden können. Die Dauer der Dienstzeit der Lehrer ist als auf Wohlverhalten bestimmt zu betrachten, es hängt daher deren Entlassung nicht von der Willkühr der Cultusgemeinde ab, sondern bedarf der Genehmigung der Ministerialabtheilung des Innern. Die israelitischen Religionslehrer bekleiden in der Regel zugleich das Vorsängeramt, dürfen aber ohne spezielle Erlaubniß den Schächterdienst nicht übernehmen. Bei den von den Cultusvorstehern mit Religionslehrern abzuschließenden Verträgen haben sich dieselben nach diesen Bestimmungen zu bemessen, und in jedem Falle die abgeschlossenen Verträge dem Herzoglichen Kreisamte vorzulegen, welches dieselben mit dem Gutachten des betreffenden Bezirksrabbiners der Ministerialabtheilung des Innern zur Entschließung vorlegt.

Bei der Annahme von Religionslehrern ist einem Angehörigen des Herzogthums vor einem Auswärtigen bei zureichender Befähigung der Vorzug zu geben. Ueber disponible einheimische Religionslehrer werden die Bezirksrabbiner auf Anfrage Auskunft ertheilen.

§ 14.

Die von dem Vorsteher angesetzten Geldstrafen fließen in die Cassen der israelitischen Cultusgemeinde. Ebenso hat der Vorsteher die Strafen wegen Versäumniß des Religionsunterrichts anzusetzen und der israelitischen Cultuscasse zu überweisen.

Für eine versäumte Stunde wird bei dem gewöhnlichen Religionsunterrichte eine Strafe von 1 kr., bei dem Confirmationsunterrichte eine Strafe von 2 kr. und bei der sabbathlichen Andachtsstunde eine Strafe von 3 kr. angesetzt.

Auf Beschwerden, welche gegen Diciplinarstrafen der Cultusvorsteher gerichtet sind, hat zunächst das betreffende Kreisamt, bei weiterem Recurse die Ministerialabtheilung des Innern zu entscheiden. Letzterer steht auch die Entschließung auf Recurse gegen solche Strafverfügungen der Kreisämter zu, welche diese zur Sicherung des Vollzugs der in Betreff der Cultusverhältnisse der Juden ertheilten Bestimmungen erlassen.

§ 16.

Hinsichtlich der äußeren Einrichtungen des Religionsunterrichts und Gottesdienstes findet stets eine wechselseitige Benehmung zwischen dem Vorstande und dem israelitischen Geistlichen resp. dessen Vertreter (dem Religionslehrer und Vorsänger) statt. Uebrigens hat der Vorstand, auch was das Innere des israelitischen Lehr- und Seelsorgeramts betrifft, den Geistlichen und Religionslehrer durch Wort und That zu unterstützen und auf Beförderung und Erhaltung des religiösen Sinnes und Wandels in der Gemeinde hinzuwirken

§ 9.

Als Beitrag zu Bestreitung der durch den Religionsunterricht der Jugend entstehenden Kosten ist ein mäßiges Schulgeld, welches von dem Vorsteher und dessen Gehülfen unter Genehmigung des Herzoglichen Kreisamtes festgesetzt wird, von den Eltern der schulpflichtigen Kinder an die Casse der Gemeinde zu bezahlen.

## IV.

### Israelitischer Centralcultusfonds.

Zu Bestreitung der Kosten, welche durch die Aufsicht auf den israelitischen Cultus und Religionsunterricht entstehen, ist ein israelitischer Centralcultusfonds gebildet, welcher unter der Verwaltung der Ministerialabtheilung des Innern und unter der Controlle Herzoglicher Rechnungskammer steht, und dessen Einnahme sich zunächst durch Beiträge aus den Cassen der israelitischen Cultusgemeinden des Herzogthums bildet.

Für die Beaufsichtigung des israelitischen Cultus und Religionsunterrichts sind vier israelitische Theologen, Bezirksrabbiner, jeder für einen bestimmten Bezirk provisorisch angestellt, welche außer den ihnen an ihrem Wohnorte obliegenden geistlichen Verrichtungen bei den übrigen israelitischen Cultusgemeinden ihres Bezirks den Cultus sowie den Religionsunterricht beaufsichtigen, letzteres unter Mitwirkung der Herzoglichen Schulinspectoren nach Maßgabe der darüber ertheilten näheren Bestimmungen.

## 12. Hohenzollern-Hechingen.

### Hochfürstliche Regierungs-Verordnung, betr. die Einführung einer Schulordnung für die israelitische Schule in Hechingen, vom 23. April 1836.

Zur Verbesserung und zweckmäßigeren Einrichtung und Beaufsichtigung der hiesigen israelitischen Schule wird in Folge ertheilter Höchsten Genehmigung Seiner Hochfürstlichen Durchlaucht nachstehende Schul-Ordnung zur Nachachtung hiermit bekannt gemacht.

#### I. Abschnitt.

Bestimmung der Schulzeit und des pflichtmäßigen Schulbesuches für die Winter-, Sommer- und Wiederholungs-Schule.

§ 1: Das Schuljahr beginnt mit der jedesmaligen Eröffnung der Winterschule, welche alljährlich im Monate Oktober, am Tage nach dem Laubhüttenfeste, wenn derselbe nicht ein Feiertag oder Samstag ist, Statt finden soll. Am Samstage vor dem Beginne des Schuljahres hat der Rabbiner in einer angemessenen Rede die Eltern und Vormünder an die Pflichten einer guten Erziehung ihrer Kinder und Pflegempfohlenen zu erinnern, sie auf die Vortheile eines fleißigen Schulbesuches aufmerksam zu machen, und ihnen die nachtheiligen Folgen eindringend zu schildern, die aus einer vernachlässigten Erziehung und Bildung der Jugend, für die lebenden und kommenden Geschlechter unausbleiblich erwachsen. Nach gehaltener Rede hat sodann der Rabbiner den Tag des Wiederbeginnens der Schule zu verkünden, und die Namen jener Kinder abzulesen, welche die Schule in dem eintretenden Schuljahre das erste Mal zu besuchen verpflichtet sind. — Die wirkliche Eröffnung der Schule hat jedes Mal in Beysein des Rabbiners und der Schulaufseher, mit einer passenden Feierlichkeit zu geschehen.

§ 2: Alle Kinder männlichen und weiblichen Geschlechtes sind nach zurückgelegtem 6ten Jahr verbunden, die Schule bis zu ihrem vollendeten 13ten Jahr zu besuchen, wenn nicht wichtige Ursachen, welche dem Inspector bei der jährlichen Schulvisitation zur Entscheidung vorzulegen sind, eine Abkürzung oder Verlängerung dieser Zeit in Beziehung auf einzelne Schüler nöthig machen.

§ 3: Die Kinder, welche neu in die Schule aufgenommen werden sollen, müssen das erste Mal von ihren Eltern oder Vormündern in derselben ordentlich und reinlich gekleidet, wie sie auch nachher allezeit in der Schule zu erscheinen haben, vorgestellt werden. Der Eintritt der Kinder in die Schule findet sowohl im Anfange der Sommer- als der Winterschule Statt. Wenn daher ein Kind erst nach einigen Monaten des Schuljahres oder der begonnenen Sommerschule das sechste Jahr erreichen sollte, so hat dasselbe den Anfang des künftigen Schuljahres oder der künftigen Sommerschule abzuwarten.

Solche Kinder aber, welche wenige Wochen nach dem Anfange der Sommer- oder Winterschule das gesetzliche Alter erreichen, haben bei der Eröffnung der Schule gleich den übrigen einzutreten.

§ 4: Einzelnen Eltern bleibt es immerhin gestattet, ihre Kinder anstatt in der Schule, zu Hause durch Privatlehrer unterrichten zu lassen; jedoch müssen sie die Erlaubniß dazu bei der Schulcommission nachsuchen und ihre Kinder, welche Privatunterricht genossen haben, alljährlich zu der öffentlichen Prüfung in die Schule schicken, und das sie treffende Schulgeld an die Schulcasse entrichten. Diese Vorschrift haben die Eltern auch in dem Falle zu beobachten, wenn sie ihren Kindern auswärtige Privatlehrer halten wollten.

§ 5: Die Winterschule hat bis zum ersten Tage des Monats Nisan, welcher in der ersten Hälfte des Monats April seinen Anfang nimmt, und die Sommerschule, die am Tage nach dem Osterfeste, wenn derselbe nicht ein Feiertag oder Samstag ist, eröffnet wird, bis zum Beginne der Versöhnungstage, welche in die zweite Hälfte des Monats September fallen, ununterbrochen fortzudauern. — Die Schule ist die ganze Woche hindurch, mit Ausnahme des Samstags und eines Feiertags sowohl Vor- als Nachmittags 3 Stunden lang abzuhalten. Nur am Dienstag und Freitag, an den Halbfeiertagen, an Fest- und Jahrmarktstagen ist Nachmittags Vakanz. —

§ 6: Wenn die Schüler das 13te Jahr vollständig zurückgelegt, oder dasselbe bei der Beendigung der Sommerschule beinahe erreicht haben, so dürfen sie nicht eigenmächtig und zu jeder beliebigen Zeit die Schule verlassen, sondern erst nach der Schulvisitation, welche am Ende der Sommerschule Statt findet. — Bei der Schulvisitation sind namentlich jene Schüler, welche aus der Schule entlassen seyn wollen, genau zu prüfen, und es ist ihnen nur alsdann die Entlassung aus der Schule zu ertheilen, wenn sie in allen Lehrgegenständen gehörig unterrichtet befunden werden; widrigenfalls müssen sie noch so lange die Schule besuchen, als es der Inspector für nöthig erachtet. Dieser bezeichnet auch bei der jedesmaligen Schulvisitation die Schüler, welche alljährlich aus der untern in die obere Schulklasse aufzusteigen haben.

§ 7: Die aus der gewöhnlichen Schule entlassenen Schüler beiderlei Geschlechtes sind verpflichtet, von ihrem 13ten bis zu ihrem gänzlich zurückgelegten 18ten Jahre, die Wiederholungs-Schule zu besuchen; wobei jedoch die Abschnitt 5. § 3 angeführten Entschuldigungsgründe berücksichtigt werden sollen. — Die Schule ist an jedem Sonntag das eine Mal mit den Jünglingen, das andere Mal mit den Mädchen, wenigstens 1½ Stunde lang, jedoch ohne Beeinträchtigung des an diesem Tage auch den Elementarschülern zu ertheilenden Unterrichtes, abzuhalten. Dem Unterrichte in der Wiederholungsschule hat der Rabbiner jedesmal beizuwohnen.

## II. Abschnitt.

### Lehrgegenstände und Unterrichts-Methode in der Schule.

§ 1: Aller Unterricht, welcher in der Schule ertheilt wird, muß der Fassungskraft der Schüler angemessen, zur möglichsten Entwicklung ihrer Gesammtanlagen und Kräfte dienen, und für ihre künftigen Lebensverhältnisse, von wahrem und bleibendem Nutzen seyn.

§ 2: Die wesentlich nothwendigen Lehrgegenstände, welche in der Elementar- und Wiederholungsschule gelehrt werden müssen, sind: 1. Lesen; 2. Schön- und Rechtschreiben; 3. Kopf- und Tafelrechnen; 4. Verfertigung schriftlicher Aufsätze; 5. Unterricht in der deutschen und hebräischen Sprache; und zwar bei letzterer nicht blos in der Grammatik, sondern auch in allen hebräischen Lehrgegenständen, worin bisher die Schuljugend unterrichtet wurde; 6. Religions- und Sittenlehre, und somit überhaupt alles, was zur Erziehung und Bildung guter Israeliten und Unterthanen wesentlich erfordert wird. — In Verbindung mit der Ertheilung des Unterrichtes über die genannten Lehrgegenstände, haben die Lehrer mit den Schülern auch häufige Verstandes- und Gedächtniß-Uebungen vorzunehmen, um ihre Aufmerksamkeit, ihren

Beobachtungsgeist, ihre Denk- und Beurtheilungskraft, so wie überhaupt ihre geistigen Anlagen und Fähigkeiten, nach dem Bedürfniß ihrer einstigen Thätigkeit zu wecken, zu nähren und auszubilden. Dem Hauptunterricht in der Schule ist von der Geschichte, Erdbeschreibung, Naturlehre, Naturgeschichte, Gesundheitslehre, Technologie und Landwirtschaft, nur soviel beizufügen, als für die gute Betreibung bürgerlicher Gewerbe, oder des Feldbaues, so wie für die Verdrängung des Aberglaubens und anderer schädlicher Vorurtheile, zweckmäßig und nothwendig ist.

§ 3: Da der Gesang in den Schulen ein Mittel zur Erheiterung und sittlichen Bildung der Jugend ist, so haben die Lehrer, die eine Befähigung für die Anleitung zum Singen besitzen, denselben in der Schule einzuführen, und die Kinder in Absingung geistlicher, oder sonst anständiger Lieder zu üben.

§ 4: Was die Lehrmethode sowohl im Allgemeinen, als auch in Beziehung auf einzelne Gegenstände betrifft, so hat die oberste Schulbehörde sorgfältig darauf zu sehen, daß von den Lehrern keine angenommen und befolgt werde, die von ihr mit dem guten und zweckmäßigen Unterricht nicht übereinstimmend erfunden würde. Die hiesige christliche Schule wird auch in dieser Beziehung stets auf der Stufe von einer Musterschule sich zu erhalten bestreben.

§ 5: Die in allen Schulen des Landes eingeführte Eintheilung der Schüler in 3 Klassen, so wie die für dieselben vorgeschriebene Vertheilung der betreffenden Lehrgegenstände ist auch in der israelitischen Schule zu beobachten.

§ 6: Bei dem Unterrichte können nur die gesetzlich vorgeschriebenen Lehrbücher gebraucht werden, und jede willkührliche Abweichung, wodurch die Gleichförmigkeit des Unterrichts gestört wird, ist aufs strengste untersagt. Auch dürfen neue Schulbücher nur mit ausdrücklicher Genehmigung der obersten Behörde eingeführt werden. —

Nebst den gesetzlich vorgeschriebenen Lehrbüchern sollte auch in der Schule eine kleine, aber gut gewählte Büchersammlung angelegt werden. Der israelitischen Localschul-Commission wird dieser wichtige, das Schulwesen ungemein fördernde Gegenstand besonders empfohlen, und die Anschaffung der für diesen Zweck besonders brauchbaren Bücher ihrer eigenen Einsicht und Wahl überlassen. Die Mittel zur Begründung und Bereicherung der Schulbüchersammlung sind aus dem Localschulfond oder der Gemeindecasse zu nehmen.

## III. Abschnitt.

### Sittliche Erziehung in der Schule.

§ 1: Nebst der Ertheilung des Unterrichts in der Schule ist die sittliche Erziehung der Schulkinder eine Hauptpflicht ihrer Lehrer; denn diese sind nicht blos Lehrer; sondern auch Erzieher der Jugend; deßwegen haben sie dafür zu sorgen, und darüber zu wachen, daß die ihrer Sorge und Pflege empfohlenen Kinder, die ihnen in ihrem jugendlichem Kreise zu erfüllenden Pflichten genau und gewissenhaft ausüben.

Dieser großen Anforderung werden aber die Lehrer nur dann entsprechen, wenn sie die Erziehung der ihnen anvertrauten Jugend so leiten und handhaben, daß aus deren Betragen allezeit hervorleuchtet: Folgsamkeit, Liebe und Dankbarkeit gegen ihre Eltern und Lehrer; Ehrerbietung und Gehorsam gegen den Landesfürsten, gegen geistliche und weltliche Vorgesetzte; Arbeitsamkeit, Fleiß und geordnete Thätigkeit bei all ihrem Thun; Anstand, Bescheidenheit, Wahrhaftigkeit, Aufrichtigkeit, Redlichkeit, Leutseligkeit, Freundlichkeit, Dienstfertigkeit, Verträglichkeit und Sanftmuth gegen Jedermann; Mitleiden und Barmherzigkeit gegen Arme und Unglückliche; Hochachtung und Ehrfurcht gegen das Heilige; und daß keine den genannten Tugenden entgegengesetzte Sünden und Fehler je begangen, sondern auf alle Weise von der Schuljugend vermieden werden. —

§ 2: Um aber die soeben bezeichnete höchst nothwendige sittliche Erziehung der Schuljugend womöglich zu erreichen, ist vor Allem erforderlich: 1. ein nach Gegenstand und Form plan- und zweckmäßig angelegter und ertheilter Unterricht; 2. eine genaue Befolgung der in dieser Schulordnung enthaltenen Vorschriften; 3. ein gutes Beispiel der Lehrer; 4. ein harmonisches Zusammenwirken der Erzieher überhaupt; 5. ein einstimmiges Wirken des Rabbiners und Lehrers mit den Eltern und Vormündern der Schulkinder; 6. eine richtige Beurtheilung der einzelnen Kinder, wornach sich das Verfahren des Lehrers, bei Belohnungen, Strafen, Warnungen, Zurechtweisungen, Aufmunterungen u. dgl. zu richten hat; indem nicht ein Kind wie das andere behandelt werden kann; vielmehr sind hiebei Alter, Gemüthsart, Fähigkeit, körperliche Beschaffenheit u.s.w. genau zu berücksichtigen; 7. eine zweckgemäße und vernünftige Anwendung von Strafen und Belohnungen. —

Nur dann, wenn alle Ermahnungen, Warnungen und Drohungen fruchtlos geblieben sind, darf eine Strafe angewendet und vollzogen werden, deren Zweck aber einzig und allein die Besserung des zubestrafenden Kindes seyn und bleiben muß. — Die höchste körperliche Strafe ist der Gebrauch der Ruthe auf die offene dargereichte Hand, alle andern körperlichen Strafen sind aufs Strengste untersagt und verboten. Das Ehrgefühl der Kinder muß durch grobes Zanken nicht untergraben, sondern es muß vielmehr darauf gesehen werden, dasselbe zu erwecken und zu erhalten. —

Hausfehler zu bestrafen liegt den Eltern ob; Synagogen- und Gassenfehler aber werden nach unverdächtigen Anzeigen auf Anordnung des Rabbiners oder der Local-Schul-Commission von dem Lehrer in der Schule bestraft. — Bei Belohnung darf nur dasjenige in Berücksichtigung kommen, was eine Folge des freien Willens, eines besonderen Fleißes, der Selbstüberwindung und einer guten Absicht ist; nicht aber pure Talente, noch eine Handlung, die sich selbst belohnt oder die blos deswegen gut ist, weil sie kein bestehendes Gebot verletzte. — Die Arten der Belohnungen sind: Verdienstscheine und Fortgangstafeln, das Vor- und Hinaufsetzen, Geschenke und Ergötzungen. — Eine öffentliche Austheilung der Prämien, da sie nur Neid, Mißgunst und Entmuthigung der Gemüther auf der einen, Eitelkeit, Hochmuth und Eigenliebe auf der andern Seite bezwecken, darf künftighin nie Statt finden. —

## IV. Abschnitt.

### Schulgebäude und innere Einrichtung desselben.

§ 1: Die Gemeinde darf nicht eigenmächtig und nach ihrer Willkühr ein Schulhaus oder ein Schulzimmer bauen; es ist dieses eine Obliegenheit des Bauamtes, das vorerst Plan und Ueberschlag der Schul-Commission und diese der Regierung vorzulegen hat, und erst nach erfolgter höchster Genehmigung kann dieser Bau vorgenommen werden, wobei alles Das zu berücksichtigen ist, was zu einem guten und zweckmäßigen Schulgebäude erfordert wird.

§ 2: Der mit einer verschlossenen Schublade versehene Pult des Lehrers muß im Schulzimmer so angebracht seyn, daß er von jenem aus alle Kinder sehen und vor Augen haben kann. Auch die Anschreibtafel ist so zu stellen, daß sämmtliche Schüler sie gehörig anschauen und benützen können.

§ 3: Die Kinder müssen in ihren Bänken nicht zu nahe an einander sitzen, sondern in denselben so vielen Raum übrig haben, daß sie im Stande sind, alle ihre Aufgaben und Arbeiten ungehindert zu lösen und zu verrichten.

§ 4: Die Lehrer haben darauf zu sehen, daß in den Schulzimmern immer reine Luft erhalten werde; deßwegen haben dieselben jedes Mal vor und nach der Schule, und nach Bedürfniß auch während derselben die Fenster eine Zeit lang zu öffnen; auch im Winter ist diese Vorschrift, jedoch mit der Vorsicht zu beobachten, daß die Schulzimmer nicht allzusehr erkältet, aber auch nicht von allzu großer Ofenhitze erwärmt werden.

§ 5: Eben so sind die Lehrer verpflichtet, für die größte Reinlichkeit im Schulgebäude zu sorgen, so wie sie namentlich auch die Wände von allem frei zu erhalten haben, was einen widrigen Anblick zu geben im Stande wäre; wohin besonders schlechte

Bilder gehören, die nicht selten geeignet sind, den verderblichsten Aberglauben zu erwecken und zu nähren.

§ 6: Schulbücher, Dinte, Federn, Papier, Kreide u s.w. haben die Schulkinder selbst, nach Beschaffenheit ihres Vermögens anzuschaffen; wo aber dieses bei dem einen oder dem andern Kinde nicht zureichend ist, sollen für sie jene Bedürfnisse aus dem Local-Schulfond oder der Gemeinde-Casse bezahlt werden.

## V. Abschnitt.

### Von den Schulversäumnissen.

§ 1: Jedes gesetzwidrige Versäumniß einer Vor- oder Nachmittagsschule wird künftighin unnachsichtlich mit 2 Kreuzern, und bei lange fortgesetzten Versäumnissen mit 4—6 Kreuzern bestraft.

Die Lehrer haben daher in jeder Vor- und Nachmittagsschule alle Versäumnisse genau mit namentlichem Aufrufe der Abwesenden zu bemerken, und jede Woche das Verzeichniß der Schulversäumnisse dem Rabbiner vorzulegen. Dieser übergiebt sodann dasselbe dem fürstlichen Regierungs-Commissär für israelitische Angelegenheiten, der die Strafgelder sogleich, nöthigen Falls mit höherer obrigkeitlicher Hülfe einzuziehen und zu dem Schulfond zu liefern hat.

§ 2: Diejenigen der mehr erwachsenen Jugend, welche die Wiederholungsschule oder den Religions-Unterricht muthwillig versäumen, haben für jedes Versäumniß 6 Kreuzer Strafe zu bezahlen, welche ebenfalls nach Abzug der Einziehungs-Kosten an den Local-Schulfond abzugeben ist.

§ 3: Die Erlaubniß, von der Schule hinweg zu bleiben, darf künftighin nur der Rabbiner ertheilen, zu deren Ertheilung ihn nur wichtige Gründe, wie Krankheits- und andere außerordentliche Fälle bestimmen sollen.

§ 4: Der Rabbiner, welcher auf die Schulversäumnisse eine unausgesetzte Aufmerksamkeit zu richten, und die Verzeichnisse derselben fleißig zu durchgehen hat, soll theils bei seinen Schulbesuchen den Kindern die nöthigen Erinnerungen darüber geben, theils die Eltern derjenigen Kinder, die sich öfters gesetzwidrige Schulversäumnisse zu Schulden kommen lassen, zu sich bescheiden, und sie hierin alles Ernstes an ihre Pflichten erinnern.

§ 5: Die Strafen wegen gesetzwidriger Schulversäumnisse werden zunächst gegen die Eltern, welche ihre Kinder nicht regelmäßig in die Schule schicken, oder dieselben wohl gar davon abhalten, verhängt. Können aber die Eltern die Geldstrafen ihrer Armuth wegen nicht bezahlen, so wird ihnen der Betrag derselben, so fern sie aus der Armencasse oder sonst einer milden Stiftung eine Unterstützung erhalten, von dieser abgezogen, unter Androhung eines gänzlichen Verlustes ihres Almosens, das ihnen bei fortgesetzter Widerspenstigkeit oder Nachlässigkeit auch wirklich zu entziehen ist. In dem Falle aber, daß sie keine Unterstützung genießen, wird die gesetzliche Geldstrafe in eine entsprechende Gefängnißstrafe verwandelt.

§ 6: Schieben die Eltern die Schuld der Schulversäumnisse der Bosheit oder Trägheit ihrer Kinder zu, und ist gegen die Wahrheit dieser Angabe kein gegründeter Verdacht vorhanden, so werden die Kinder selbst auf Anordnung des Rabbiners von dem Lehrer gestraft, jedoch schließt diese Züchtigung der Kinder die Bestrafung der Eltern, so weit ihnen die Schuld der Schulversäumnisse beizumessen ist, nicht aus.

§§ 7 und 8 s. oben Seite 224 f.

§ 9: Sollte es geschehen, daß Eltern oder Vormünder sich eine boshafte Widersetzlichkeit gegen die Schulordnung, oder eine muthwillige Beleidigung des Lehrers, Rabbiners oder einer andern mit dem Schulwesen beschäftigten Person zu Schulden kommen lassen, so sind dieselben nach Maßgabe ihres Verschuldens und Vermögens, nach stattgehabter Untersuchung von den betreffenden obrigkeitlichen Behörden, mit einer Geldstrafe von einem bis sechs Gulden zu belegen. Auch diese Geldstrafe ist zum Besten der Schule zu erheben und an den Schulfond abzuliefern.

## VI. Abschnitt.

### Von den Schullehrern.

§ 1: Die geprüften und angestellten Schullehrer und Schullehramts-Gehülfen sind von der Militärpflichtigkeit und allen persönlichen Dienstleistungen gänzlich befreit.

§ 2: Es ist Pflicht für die Gemeinde, ihre Schullehrer so zu besolden, daß dieselben anständig leben können. Auch haben die Lehrer das Schulgeld nicht selbst einzusammeln, sondern dasselbe muß von dem Gemeinde-Cassier erhoben und dem Schullehrer ohne Rücksicht des Eingehens in vierteljährigen Terminen aus der Ge-Gemeinde-Casse zugestellt werden.

§ 3: Die Ernennung der Schullehrer erfolgt von der Schul-Commission, unterliegt aber der Bestätigung der Regierung. Bei dieser Ernennung haben jene Schul-Candidaten den Vorzug, die in der Schullehrer-Bildungs-Anstalt in Hechingen den gesetzlich vorgeschriebenen Unterricht genossen haben, so wie auch jene, die Angehörige der hiesigen israelitischen Gemeinde sind; — und nur in dem Falle, daß in derselben kein zum Lehramte taugliches Subjekt sich vorfindet, kann ein anderes dazu ernannt werden. — Vor der Ernennung eines neuen Schullehrers ist jedes Mal der Bericht des Rabbiners darüber einzuholen, und auch der Gemeinde-Vorstand über den guten Leumund des in Vorschlag gebrachten Schul-Kandidaten zu befragen, welcher sodann in Gegenwart des Rabbiners und Gemeinde-Vorstandes von der Schul-Commission öffentlich geprüft werden muß. — Es versteht sich von selbst, daß, in dem Falle einer Einrede oder Beschwerde, jede nachtheilige Angabe über das zum Lehrer zu ernennende Subjekt einer gerichtlichen Untersuchung unterliege. — Der neu ernannte Schullehrer wird sodann von dem Rabbiner mit einer passenden Anrede, der Schuljugend und der Gemeinde vorgestellt und in sein Amt eingesetzt.

§ 4: Die Schullehrer stehen unmittelbar unter dem Rabbiner, sodann unter der künftighin stattfindenden Lokal-Schul-Commission (siehe Abschnitt X, § 1). Etwaige Beschwerden gegen dieselben können sie bei der Ober-Schul-Commission und im erforderlichen Falle bei der Regierung anbringen; wie es dann auch in ihrer Amtspflicht liegt, den oberen Behörden alles anzuzeigen, was den guten Fortgang der Schule nach ihrer Ansicht hindere oder denselben zu befördern im Stande wäre.

§ 5: Die Ober-Schul-Commission kann in vorkommenden Fällen einen Schullehrer von seinem Dienst suspendieren, wobei aber darauf zu sehen ist, daß der Unterricht in der Schule nicht unterbrochen werde. Eine förmliche Dienstentsetzung kann jedoch nur durch einen gerichtlichen Ausspruch erfolgen.

§ 6: Die Schullehrer haben nicht nur ihren Dienst mit Fleiß, Eifer und fortwährender Thätigkeit zu erfüllen, sondern sie sollen auch in ihren Reden und Handlungen ein sittliches gutes Vorbild der ihnen untergebenen Jugend seyn.

## VII. Abschnitt.

### Von den Schulkonferenzen.

§ 1: Es ist Pflicht der Lehrer sich auch außer der Schulzeit mit ihrem Fache zu beschäftigen, um sich immer mehr in demselben zu vervollkommnen und auszubilden; damit aber dieses desto besser und zuverlässiger erfolge, werden alle Jahre im Frühlinge und im Herbste an den von der Schul-Commission bestimmten Tagen und in ihrer Gegenwart Schulkonferenzen gehalten.

§ 2: Sechs Wochen vor der Konferenz ist den Lehrern von der Schul-Commission eine Aufgabe zu geben, die sie schriftlich zu beantworten, und in dieselbe einzuschicken haben. Nach vorheriger Prüfung wird die Schul-Commission diese Aufsätze beloben oder tadeln, und den Inhalt derselben besonders zum Gegenstand der Konferenz machen, auch die wohlgelungenen von den Verfassern ablesen lassen.

§ 3: Diesen Schulkonferenzen hat der Rabbiner beizuwohnen, und etwaige Anstände im Lehramte sind in denselben gleichfalls vorzutragen, zu berathen und durch die Schul-Commission zu erledigen.

VIII. Abschnitt.

(Siehe Ausbildung der jüdischen Lehrer, S. 155 f.)

IX. Abschnitt.

Die Industrieschule.

§ 1: Die Industrieschule ist nach dem Beispiele der hiesigen Stadtschule einzuführen, und es soll mit derselben unverzüglich der Anfang gemacht werden. — Der Zweck dieser Schule ist die Erlernung aller jener Arbeiten, welche grade nicht an eine besondere Profession gebunden sind, deren Erzeugnisse aber zu einer gut eingerichteten bürgerlichen Haushaltung gehören, und die den Wohlstand überhaupt, besonders aber den der Familien befördern.

§ 2: Der Nutzen und Vortheil, den eine solche Schule gewähret, ist unberechenbar; indem dadurch die Jugend an Arbeitsamkeit und Thätigkeit gewöhnt wird, und vieles selbst und gut verfertigen lernt, was sie sonst in ihrem spätern Alter, ohne eine richtige Kenntniß davon erlangt zu haben, von andern verfertigen lassen, und auf guten Glauben hin annehmen müßte. Auch werden dadurch Kenntnisse und Erfahrungen allgemeiner verbreitet, und manche Nahrungsquellen eröffnet, dem verderblichen Müßiggange wird entgegengearbeitet, und dem lästigen Bettel gesteuert.

§ 3: Die Industrieschule für die Mädchen ist am Dienstag Nachmittag von 1—4 Uhr und am Sonntag und Donnerstag in der Frühe von 8—9 Uhr in den gewöhnlichen Schulzimmern abzuhalten.

§ 4: Das Nähere über Errichtung dieser Schule soll in einer weitern Berathung der Schul-Commission mit den Vorstehern der Gemeinde ausgemittelt und festgesetzt werden.

X. und XI. Abschnitt.

(Siehe unter Beaufsichtigung der jüdischen Schulen S. 201 f.).

## 13. Für die Gesamtmonarchie mit Ausnahme der Provinzen Westpreußen und Posen.

### Gesetz, betreffend die Unterhaltung der öffentlichen Volksschulen, vom 28. Juli 1906 (GS. S. 335).

§ 40[1]).

Für die Errichtung, Unterhaltung und Verwaltung der für jüdische Kinder bestimmten und mit jüdischen Lehrkräften zu besetzenden öffentlichen Volksschulen gelten bis auf weiteres die jetzt bestehenden Vorschriften mit der Maßgabe, daß der § 67 Nr. 3 des Gesetzes vom 23. Juli 1847 über die Verhältnisse der Juden

---

[1]) Die auf das jüdische Schulwesen bezüglichen Bestimmungen der Ausführungsanweisungen des Ministers der geistlichen u. s. w. Angelegenheiten zum VUG. lauten:

### a. Erste Ausführungsanweisung vom 25. Februar 1907 (Z.-Bl. S. 311).

VI. Jüdisches Schulwesen.

Für die jüdischen, sowie für die jüdisch-christlichen Volksschulen bleiben die bisherigen Vorschriften maßgebend. Diese Schulen bleiben von der im § 1 statuierten Einführung des Gemeindeprinzips unberührt. Die zu ihrer Unter-

(Gesetz-Samml. S. 263) für den ganzen Umfang der Monarchie zur Anwendung gelangt. Die zur Unterhaltung solcher Schulen Verpflichteten gelten als Schulverbände im Sinne dieses Gesetzes.

Werden die in den §§ 35 bis 39 erwähnten öffentlichen Volksschulen von jüdischen Kindern besucht, so finden bei Aufbringung der Kosten für die Erteilung von jüdischem Religionsunterricht und hinsichtlich der Anstellung von jüdischen Lehrkräften an diesen Schulen zum Zwecke der Erteilung von jüdischem Religionsunterricht sowie hinsichtlich der anderweiten Beschäftigung der hierfür angestellten jüdischen Lehrkräfte an diesen Schulen bis auf weiteres die jetzt bestehenden Bestimmungen Anwendung. Beträgt in einer öffentlichen Volksschule, die nur mit evangelischen oder nur mit katholischen oder nur mit evangelischen und katholischen

---

haltung Verpflichteten gelten aber als Schulverbände im Sinne des Gesetzes (§ 40). Auf sie finden daher insbesondere auch die §§ 14ff., 17, 18ff. Anwendung. Bei der Aufstellung des Verteilungsplanes durch die Kreisausschüsse (§ 23) sind sie zu berücksichtigen. Bei der Beurteilung der Leistungsfähigkeit der jüdischen Schulverbände sind die ihnen von den bürgerlichen Gemeinden nach § 40 Abs. 1 des Gesetzes in Verbindung mit § 67 Nr. 3 des Gesetzes vom 23. Juli 1847 (Gesetzsamml. S. 263) zu leistenden Beihilfen zu beachten. Wegen der Grundsätze für die Gewährung dieser Beihilfen wird auf die Erlasse vom 29. Januar und 11. September 1873 (s. Zentralbl. der Unterrichtsverwaltung 1873, S. 185 und 1874 S. 403) verwiesen. Die Beihilfe ist unter Berücksichtigung der gesamten in Betracht kommenden Verhältnisse (s. § 67 Nr. 3 a. a. O.) in billiger Weise zu bemessen. Die Feststellung der Höhe ist zunächst der gütlichen Vereinbarung der Beteiligten zu überlassen. Falls eine Verständigung nicht zu erreichen ist, hat die Königliche Regierung behufs der Festsetzung zu berichten.

Wird der jüdische Religionsunterricht nicht in besonderen jüdischen Schulen erteilt oder wird für seine Beschaffung nicht von den bürgerlichen Gemeinden u. s. f. nach § 40 Abs. 2 Satz 1 des Gesetzes Sorge getragen, wird derselbe vielmehr durch von der Synagogengemeinde bestellte Lehrkräfte erteilt, so haben die Synagogengemeinden nach § 40 Abs. 2 Satz 2 des Gesetzes einen Anspruch gegen die bürgerlichen Gemeinden auf eine Beihilfe, sofern in einer öffentlichen christlichen Volksschule die Zahl der einheimischen jüdischen Kinder dauernd mindestens zwölf beträgt. Die Beihilfe ist auch hier unter sinngemäßer Berücksichtigung der im § 67 Nr. 3 a. a. O. hervorgehobenen Umstände in billiger Weise zu bemessen. Die Feststellung der Beihilfe ist zunächst der gütlichen Vereinbarung der Beteiligten zu überlassen. Wegen Bewilligung staatlicher Unterstützung an diese Synagogengemeinden bleibt besondere Verfügung vorbehalten.

Berlin, den 25. Februar 1907.

Der Minister der geistlichen, Unterrichts- und Medizinalangelegenheiten.

U. III. D. 41. von Studt.

## b. Vierte Ausführungsanweisung zum VUG. vom 14. März 1908 (Z.-Bl. S. 461 ff.).

A. 1.

§ 33 Abs. 2: „Wo in einem Schulverbande neben drei- oder mehrklassigen Schulen einklassige Schulen oder neben Schulen der im § 36 bezeichneten Art solche der in den §§ 35, 38 und 40 Abs. 1 bezeichneten Art bestehen, sollen Kinder, soweit es mit der Rücksicht auf die örtlichen Schulverhältnisse vereinbar ist, insbesondere soweit dadurch nicht der Bestand einer bereits vorhandenen Schule gefährdet oder die Errichtung einer neuen Schule erforderlich wird, nicht gegen den Willen der

Lehrkräften besetzt ist, die Zahl der einheimischen jüdischen Schulkinder dauernd mindestens zwölf und wird in einem solchen Falle der Religionsunterricht für diese durch von der Synagogengemeinde bestellte Lehrkräfte erteilt, so findet § 67 Nr. 3 des Gesetzes vom 23. Juni 1847 sinngemäß Anwendung.

Für die Errichtung und Unterhaltung von öffentlichen Volksschulen, an welchen nach ihrer besonderen Verfassung, abgesehen von dem Falle des Abs. 2, christliche und jüdische Lehrer zugleich anzustellen sind, bewendet es bei dem bestehenden Rechte.

Für die Provinz Hannover bewendet es bei dem Gesetze vom 7. März 1868 (Gesetz-Samml. S. 223) § 1 Nr. 3, betreffend die Unterstützung des jüdischen Schulwesens der Provinz durch den Provinzialverband.

S. auch §§ 44 ff. oben S. 317 ff.

---

Eltern oder deren Stellvertreter der einen oder anderen Schulart zugewiesen werden."

Der Wunsch der Eltern bei der Einschulung der Kinder ist nach Möglichkeit zu berücksichtigen.

§ 34. „Lediglich wegen des Religionsbekenntnisses darf keinem Kinde die Aufnahme in die öffentliche Volksschule seines Wohnorts versagt werden."

Unter Wohnort ist hier der ständige Aufenthalt zu verstehen. Als Religionsbekenntnis gilt nicht nur das evangelische und katholische, sondern auch das jüdische.

3. Jüdisches Schulwesen.

Die jüdischen Schulkinder sind berechtigt, die öffentlichen christlichen Volksschulen an ihrem Wohnort zu besuchen, und dann zur Teilnahme an allen Unterrichtsgegenständen mit Ausnahme des christlichen Religionsunterrichts verpflichtet. Für diesen Fall bestimmt

§ 40 Abs. 2 „Werden die in den §§ 35—39 erwähnten öffentlichen Volksschulen von jüdischen Kindern besucht, so finden bei Aufbringung der Kosten für die Erteilung von jüdischem Religionsunterricht und hinsichtlich der Anstellung von jüdischen Lehrkräften an diesen Schulen zum Zwecke der Erteilung von jüdischem Religionsunterricht, sowie hinsichtlich der anderweiten Beschäftigung der hierfür angestellten jüdischen Lehrkräfte an diesen Schulen bis auf weiteres die jetzt bestehenden Bestimmungen Anwendung."

Die Sorge für den jüdischen Religionsunterricht ist Sache der Synagogengemeinden. Es ist aber in einzelnen Fällen zugelassen, daß die bürgerlichen Gemeinden sich des jüdischen Religionsunterrichts annehmen und zu diesem Zwecke jüdische Lehrer an den christlichen Schulen anstellen.

Diese Lehrer werden auch mit solchem anderen Unterricht betraut, dessen Erteilung an christliche Kinder durch jüdische Lehrer keine Bedenken hervorruft; sie können unter Umständen auch ein Klassenordinariat übernehmen. An diesem auf Verwaltungsverfügung beruhenden Zustande soll nichts geändert werden. Die Einrichtung darf aber nur nach dem Maße des wirklichen Bedürfnisses getroffen werden.

4. Technische Lehrkräfte.

§ 41. „Die Vorschriften der §§ 33—40 beziehen sich nicht auf die lediglich für den technischen Unterricht (Zeichnen, Turnen, Handarbeit, Handfertigkeit, Hauswirtschaft) angestellten oder anzustellenden Lehrkräfte."

Bei den technischen Lehrkräften kommt es hiernach nicht auf das Religionsbekenntnis an, vorausgesetzt, daß sie lediglich für den technischen Unterricht angestellt sind.

Berlin, den 14. März 1908.

Der Minister der geistlichen u. s. w. Angelegenheiten

Holle.

# Register.

## A. Verzeichnis der angeführten Gesetze, Verordnungen und Entscheidungen.

An den Stellen, die durch Fettdruck hervorgehoben sind, sind die Zitate wörtlich abgedruckt; A in Klammern hinter der Seitenzahl bedeutet Anmerkung.

## I. Gesetze und Verordnungen.

### 1. Bundes- und Reichsgesetze.



### 2. Preußen.

## II. Entscheidungen.

### 1. Entscheidungen des Kammergerichts.

(Die eingeklammerten fettgedruckten Ziffern bezeichnen die Bandzahl des Jahrbuches für Entscheidungen des Kammmergerichts, herausgegeben von Johow und Ring, die danebenstehenden Ziffern die Seitenzahlen der betreffenden Bände.)



### 2. Entscheidungen des Oberverwaltungsgerichts.



## B. Alphabetisches Sachregister.

# Literatur und Abkürzungen.

a. a. O. = am angegebenen Orte.
A. H. = Abgeordnetenhaus.
H. H. = Herrenhaus.
A. L. R. = Preußisches Allgemeines Landrecht.
Annalen = Jahrbücher f. d. preußische Gesetzgebung, Rechtswissenschaft und Rechtsverwaltung, herausgegeben von Kamptz, Berlin 1825 ff.
Antoni, G., Das Gesetz betreffend die Unterhaltung der öffentlichen Volksschulen in Preußen vom 28. Juli 1906. Köln 1906.
Beschl. = Beschluß.
v. Brauchitsch, Die neuen Preußischen Verwaltungsgesetze, Bd. VII. Berlin 1907.
v. Bremen, Die preußische Volksschule. Stuttgart u. Berlin 1905. (Zitiert: von Bremen, Die Volksschule, oder von Bremen ohne nähere Bezeichnung.)
— Kommentar zum Schulunterhaltungsgesetz vom 28. Juli 1906. Stuttgart u. Berlin 1906.
E. = Entscheidung.
E. d. K.-G. = Entsch. d. K.-G. = Entscheidung des Kammergerichts.
E. O.-V.-G. = Entscheidung des Königlich Preußischen Oberverwaltungsgerichts.
Erl. = Erlaß.
Der Erste Vereinigte Landtag in Berlin 1847, herausgeg. unter Aufsicht des Vorstehers des Zentralbureaus im Min. d. Innern Bleich. I. Th. Berlin 1847.
Die Gesetzgebung auf dem Gebiete des Unterrichtswesens in Preußen. Vom Jahre 1817 bis 1868. Aktenstücke mit Erläuterungen. Berlin 1869.
Giebe-Hildebrandt. Verordnungen betr. das gesammte Volksschulwesen in Preußen hrsgg. v. Giebe. 5. Aufl. Düsseldorf 1898. I. Nachtrag 1901, II. Nachtrag 1903.
G. S. = Gesetzsammlung.
G. S. S. = Gesetzsammlung Seite.
G.-V.-G. = Gerichtsverfassungsgesetz.
Johow. Jahrbuch für Entscheidungen des Kammergerichts von R. Johow und Viktor Ring.
K.-G. = Kammergericht.
v. Kamptz = Annalen.
Komm.-Ber. A.-H. = Kommissionsbericht des Abgeordnetenhauses, betr. die Unterhaltung der öffentlichen Volksschulen, Session 1905/6.
Komm.-Ber. H.-H. = Kommissionsbericht des Herrenhauses usw.
Kr.-O. = Kreis-Ordnung.
Lezius, Das Gesetz betr. die Unterhaltung der öffentlichen Volksschulen vom 28. Juli 1908 erläutert. Berlin 1906.
L.-G.-O. = Landgemeinde-Ordnung.
M.-Bl. = Min.-Bl. = Ministerialblatt für die gesammte innere Verwaltung in den preußischen Staaten.
M. E. = Min.-Erl. = Ministerial-Erlaß (ohne nähere Angaben: Erlaß des Ministers der geistlichen usw. Angelegenheiten).
O. V. G. E. = E. O. V. G.
Pr.-Sch.-C. = Pr.-Sch.-Koll. = Provinzial-Schul-Kollegium.
Publ. = Publikandum.
Pr. V.-Bl. = Preußisches Verwaltungsblatt.

v. Rohrscheidt, Kommentar zum V.U.G. 3. Aufl. Berlin 1908.
R.=V. = Reichs=Verfassung.
Rönne=Simon. Die früheren und gegenwärtigen Verhältnisse der Juden in den sämtlichen Landesteilen des preußischen Staates von Ludwig von Rönne und Heinrich Simon. Breslau 1843.
s. o. = siehe oben.
s. u. = siehe unten.
Schiffer, Kommentar zum V.U.G. 1906.
Schneider=v. Bremen = Das Volksschulwesen im Preußischen Staate, bearbeitet von K. Schneider und E. v. Bremen. 3 Bde. Berlin 1886.
H. Schulze, Das preußische Staatsrecht. 2. Aufl. Leipzig 1888.
Seydel, Bayrisches Staatsrecht. München 1884.
Stein, Bericht über fünfundzwanzigjährige Amtstätigkeit. Kassel 1891.
Sten.=B. = Stenographische Berichte.
St.=O. = Städte=Ordnung.
Verf. = Verfügung.
Vollständige Verhandlungen des Ersten Vereinigten Preußischen Landtages über die Emanzipationsfrage der Juden. Berlin 1847.
V.U. = Preuß. Verfassungsurkunde.

Druck von Georg Reimer in Berlin.

FSC
www.fsc.org
MIX
Papier | Fördert
gute Waldnutzung
FSC® C083411

Kolibri 360 GmbH
Ferdinand-Jühlke-Straße 7
99095 Erfurt, Deutschland
produktsicherheit@kolibri360.de